GÉNÉALOGIE

DE LA

MAISON DE LASTEYRIE

PAR

L'abbé A. LECLER

Membre de la Société archéologique et historique du Limousin,
du Conseil héraldique de France.

FAIS LE BIEN ADVIENNE QUE POURRA

LIMOGES

IMPRIMERIE-LIBRAIRIE Vᵉ H. DUCOURTIEUX

7, RUE DES ARÈNES, 7

1895

GÉNÉALOGIE

DE LA

MAISON DE LAMBERTIE

LIMOGES, IMP. Vᵉ H. DUCOURTIEUX

GÉNÉALOGIE

DE LA

MAISON DE LAMBERTIE

PAR

L'ABBÉ A. LECLER

Membre de la Société archéologique et historique du Limousin,
du Conseil héraldique de France.

FAIS LE BIEN ADVIENNE QUE POURRA

LIMOGES
IMPRIMERIE-LIBRAIRIE Vᵉ H. DUCOURTIEUX
7, RUE DES ARÈNES, 7
—
1895

A Monsieur Antoine-Philippe-Lucien marquis de Lambertie

et de Cons-la-Grandville,

MONSIEUR LE MARQUIS,

Les recherches que je faisais en publiant le Nobiliaire du Limousin, *il y a déjà plus de trente ans, me conduisirent aux ruines du château de Lambertie, le berceau de votre famille, et c'est là que peu après j'eus l'avantage de faire votre connaissance. Vous aussi vous cherchiez alors les documents pour établir votre généalogie.*

Depuis cette époque vous avez acquis cette terre de Lambertie, et fait sortir le château de ses ruines. Vous avez aussi voulu conserver à vos descendants les titres recueillis dans les archives de différentes provinces, et pour cela le fruit de vos recherches, uni à celui des miennes, m'a permis de composer le présent volume.

Au moment de son impression, nous avons eu le concours de Monsieur l'abbé de Clisson, qui s'est particulièrement occupé de l'Armorial,

et celui de Monsieur de Gouttepagnon à qui nous devons les écussons intercalés dans le texte. Monsieur le baron de Verneilh-Puyraseau, l'auteur du projet de restauration du château de Lambertie, a dessiné les vues des châteaux qui accompagnent la généalogie. Enfin, Mademoiselle votre fille a utilisé son talent de photographe, en faisant les clichés des portraits qui ornent le volume. Il est juste de leur témoigner ici notre reconnaissance pour un concours si utile et si bienveillant.

Ce volume n'est pas aussi complet que je le désirais ; il n'en est pas moins un recueil qui gardera bien des actes exposés à être perdus pour la postérité. Je désire aussi qu'il soit pour vous, Monsieur le Marquis, le témoignage de l'affectueux attachement de votre très humble serviteur.

A. LECLER.

Limoges, le 15 juin 1895.

CHATEAU DE LAMBERTYE

GÉNÉALOGIE

DE LA

MAISON DE LAMBERTIE

(OU LAMBERTYE)

ARMES : *D'azur à deux chevrons d'or.*

DEVISE : *Fais le bien, advienne que pourra.*

SUPPORTS : *Deux sauvages armés de massue.*

———

La maison de Lambertie ou Lambertye (1) tient, sans contredit, un rang très distingué dans la noblesse du Limousin et du Périgord, et son origine remonte aux premiers temps de la féodalité. Cependant, par suite de la destruction de l'ancien château de Lambertie pendant les guerres des Anglais au XIV⁰ siècle, il est impossible de retrouver les titres anciens qui auraient fait connaître la filiation

———

(1) Le nom de la famille qui vient du latin *de Lambertia* doit s'écrire *Lambertie*. Depuis le XVIII⁰ siècle on a l'usage de mettre *Lambertye*, mais cette forme est moins exacte.

de la famille avant cette époque On a recueilli dans les archives du Limousin et du Périgord quelques notes concernant divers personnages nommés *Lamberti* dans les titres latins, mais ce nom dérivé du prénom Lambert se trouve commun à plusieurs familles et l'on ne peut pas distinguer facilement à quelle famille appartiennent les individus mentionnés dans les titres. Nous avons choisi un certain nombre d'extraits qui paraissaient se rapporter plus particulièrement à la contrée habitée par la famille de Lambertie, et nous les donnons suivant la forme plus ou moins défectueuse usitée dans les notes prises au XVIIIe siècle, d'après les manuscrits de la généalogie de Lambertie et le volume 84 de la collection de Dom Fonteneau, de la bibliothèque de Poitiers.

La preuve la plus importante de l'antiquité de la maison de Lambertie consiste certainement dans la transmission de son nom patronymique au château qu'elle a construit. Les ruines de cet édifice présentant les caractères architectoniques d'une construction du XIIe siècle, on doit certainement faire remonter à cette époque l'existence du personnage qui a donné l'origine à la famille.

La position du château de Lambertie, situé sur la limite même du Limousin et du Périgord, et l'importance du bourg qui l'entourait, où se trouvait une église dont les substructions sont encore apparentes, donnent lieu de croire que les premiers seigneurs de Lambertie tenaient un rang considérable parmi les nobles du pays ; et c'est avec raison que plusieurs auteurs comptent la maison de Lambertie parmi celles qui ont figuré aux Croisades, quoique les titres constatant ce fait n'aient pas été retrouvés.

« Plus que ses titres, ses domaines et ses alliances, ce qui a donné à cette maison son rang dans la noblesse française, c'est que toujours, partout et avant tout, elle fut une race de soldats.

» François II de Lambertie avec ses huit fils et ses huit petit-fils, maréchaux de camp, colonels ou capitaines, mais tous soldats, dont sept tués à l'ennemi, suffirait pour illustrer ce nom.

» Le régiment de Lambertie était célèbre dans l'armée et à chaque génération il y avait du sang de Lambertie sur les champs de batailles. » (*Généalogie de la famille de La Rochefoucauld*)

On peut penser avec grande vraisemblance que le *Petrus Lamberti, miles,* qui se trouve parmi les seigneurs de la cour du vicomte de Limoges, dans une charte de l'abbaye de Solignac de l'an 1196, était un membre de la famille de Lambertie, car ses fiefs s'étendaient dans plusieurs paroisses de la vicomté de Limoges.

La possession certaine de nombreux domaines autour de Châlus, Nexon, etc., par les Lambertie du xvᵉ siècle, fait supposer, avec raison, que les *Lamberti* résidant dans ces paroisses aux xiiiᵉ et xivᵉ siècles, appartenaient à diverses branches de la même famille. Il y a plus de difficulté à admettre comme se ratta-chant à la maison de Lambertie les seigneurs de Bones près d'Aubeterre, nommés *Lamberti* dans les titres latins, qui pourraient être des *de Lambert*. La distance assez considérable (une vingtaine de lieues) qui sépare Bones du châ-teau de Lambertie est déjà une présomption contre la communauté d'origine des *Lamberti* de Lambertie et des *Lamberti* de Bones. Cependant la généalogie manuscrite de la maison de Lambertie contient un fragment de filiation des seigneurs de Bones à cause du doute qui a toujours existé sur cette question.

NOMS ISOLÉS

Les personnages qui suivent, ayant habité en grande partie les environs du château de Lambertie, peuvent être considérés en général comme appartenant aux premières générations de la maison de Lambertie.

Petrus Lamberti, miles, fut témoin avec Guy Blanc, chevalier, Pierre de Veyrac, Guy de Rochefort, archidiacre de Limoges, Aimery de Maumont, chanoine de Limoges et autres, d'une donation faite par le vicomte de Limoges Adhémar à l'abbaye de Solignac (1), le septième jour des calendes de juillet de l'an 1196. (Manuscrit de Dom Estiennot. Note dans Dom Fonteneau, 84. 113). Ce Pierre, qui était l'un des chevaliers de la cour du vicomte de Limoges, pourrait être considéré comme l'un des auteurs de la maison de Lambertie, car l'impor-tance de l'ancien château de Lambertie placé à la limite du Limousin et du Périgord, indique que ses possesseurs, dès l'origine, devaient occuper un rang distingué parmi les fidèles vassaux du seigneur suzerain.

Geraldus Lamberti et fratres ejus est mentionné dans un rôle d'hommages dus au comte de Périgord, ou se trouvent les noms de Seguin de Montfrebeuf, Himbert de Montfrebeuf (*Montfraibo*) (2), Gérard Geoffroy de Chaumont, etc.

---

(1) Solignac. — La célèbre abbaye de Solignac, fondée par Saint-Eloi en 631, est au chef-lieu de la commune du même nom, canton sud de Limoges, Haute-Vienne.

(2) Le lieu de Montfrebeuf est commune de Marval, canton de Saint-Mathieu, arrondissement de Rochechouart, Haute-Vienne. La paroisse de Marval, comme Lambertie dont elle était voisine, faisait partie de l'ancien archiprêtré de Nontron, au diocèse de Limoges, sur les limites du Limousin et du Périgord.

(Ce rôle est supposé dans les notes de Dom Fonteneau, dater du milieu du xii⁰ siècle (vers 1150), mais il serait plus probablement du xiii⁰ (vers 1250). (Dom Fonteneau 84 113)

Gaufridus Lamberti et Raymond de la Marche, damoiseaux, sont témoins d'un acte passé à l'abbaye de Dalon (1) le 3 juin 1205. (Titre des archives de Dalon. Dom Font., 84. 114)

Petrus Lamberti, domicellus est reconnu seigneur suzerain conjointement avec *Dᵘˢ Helias Cramaudi, miles et Dᵘˢ Petrus Vigerii, miles*, dans un contrat de vente passé le jour de saint Thomas 1276. (Dom Fonteneau, vol. 84. — Bibliothèque de Poitiers). Les Cramaud et les Vigier habitaient Rochechouart et Saint-Mathieu, près des Lambertie.

Gerardus ou *Geraudus Lamberti, miles* est nommé comme témoin dans un hommage fait à Hélie de Taleirand, chevalier, pour le fief de Châteauneuf, le 15 août 1280. (Archives de Montignac. — Dom Font., 84. 114.)

Guido Lamberti, avec Guillaume Adhémar, Aimery et Guillaume Pautene, Guy de *Costendris*(?), chanoines de Saint-Yrieix, est témoin du testament fait par noble Guy Sulpice (*Guido Sulpitii*) en 1297, qui nomme exécuteur testamentaire Hélie de Maulmont, doyen du Chapitre (2). (Archives de Pompadour.— Dom Font., 84. 114.)

Les héritiers de *Guido Lamberti*, conjointement avec Hélie Bessos, devaient ensemble une rente à Audoin Béchade, chevalier, qui possédait des biens dans les châtellenies d'Aixe (3), Thiviers, Lastours, Saint-Yrieix, etc. (Rôle en parchemin, sans date, mais du XIII⁰ siècle, aux archives de la Haute-Vienne, fonds des Cars, n⁰ 425, E.)

Aimericus Lamberti, domicellus de Annexonio (4) passe un accord en 1299, sous le sceau du vicomte de Limoges, avec Pierre de Campagnes, pour la construction d'un moulin (D. Pradillon, copie informe au cabinet du roi.)

---

(1) L'abbaye de Dalon fut fondée en 1114 dans la paroisse de Saint-Tric ou Trojan, archiprêtré de Lubersac, au diocèse de Limoges. Aujourd'hui, la commune de Saint-Tric fait partie du canton d'Excideuil, Dordogne.

(2) Saint-Yrieix, chef-lieu d'arrondissement, Haute-Vienne.

(3) La famille Béchade, qui faisait partie de l'ancienne noblesse chevaleresque, possédait au xii⁰ siècle la Béchadie, aujourd'hui commune de Jourgnac, canton d'Aixe-sur-Vienne, arrondissement de Limoges, Haute-Vienne.

(4) Nexon, chef-lieu de canton dans l'arrondissement de Saint-Yrieix, Haute-Vienne. La terre de Nexon, qui appartint d'abord aux vicomtes de Limoges, passa successivement par des ventes aux Pérusse de Cars et aux de Lastours. Les familles de Verneilh et Gay de Nexon l'achetèrent par moitié au xv⁰ siècle. Cette dernière la possède encore.

Petrus Lamberti, prêtre de la paroisse de Mellet (Miallet) (1), est témoin dans une enquête faite en 1308 à la requête de Simon de Rochechouart, chevalier, pour prouver que la seigneurie de la Coussière (2) relève du château de Rochechouart (3). (Archives de Rochechouart. — Dom Font., 84. 114). Ce Pierre est très probablement un membre de la famille de Lambertie.

Stephanus Lamberti, damoiseau, beau-frère d'Etienne Cotet, damoiseau de Saint-Yrieix, est nommé par lui son exécuteur testamentaire, conjointement avec Mons' Etienne Cotet, chevalier, et Hélie Cotet, damoiseau, son fils, par testament du 7 des ides de mars 1321. (Archives de Rochechouart, liasse G, nᵒ 19. Notes de Dom Caffiaux.)

Dominus Jordanus Lamberti, miles, vend diverses rentes en blé, à la mesur^e de Rochechouart, pour la somme de 200 écus, à Monsieur Aimery de Montcocul, chevalier, et à Jourdain de Montcocul, damoiseau, son fils, par acte passé le jeudi après la quinzaine de Pâques 1321.

Noble seigneur *Jordanus Lamberti, miles*, passe acte avec noble et puissant seigneur Foucaud, vicomte de Rochechouart, chevalier, noble seigneur Aimery de Montcocul, chevalier, et noble Jourdain de Montcocul, damoiseau, son fils, en présence de Pierre *Ricos* et Raoul de Prunh (4), damoiseau, l'an 1326. (Ces deux titres étaient aux archives de La Vauguyon. — Dom Font., 84. 131.)

Ramnulfus Lamberti, domicellus passe un acte de vente le quatorzième jour des calendes de juin 1317, en faveur de Jean Baille? (*Bajuli*), de diverses terres, paroisse de Lastours (5). (Dom Font., 84. 134. — Cité par le *Dictionnaire de la noblesse.*)

Ramnulfus Lamberti, frère prêcheur, est l'un des légataires de noble et puissant Gouffier de Lastours, chevalier, seigneur de Lastours, Bessos, Linars, le lundi avant l'Annonciation 1354. (Archives de Lastours, extraits de Dom Col).

Bernardus Lamberti, domicellus, possédait, paroisse de Nexon, une terre

---

(1) Miallet, canton de Saint-Pardoux, arrondissement de Nontron, Dordogne. C'est sur la limite de la paroisse de Miallet qu'est situé le château de Lambertie.

(2) La Coussière, commune de Saint-Sault, canton de Saint-Pardoux, arrondissement de Nontron, Dordogne.

(3) Rochechouart, chef-lieu d'arrondissement, Haute-Vienne.

(4) Prunh, que les Lambertie ont possédé dans la suite, est commune de Vayres, canton et arrondissement de Rochechouart, Haute-Vienne.

(5) Lastours, aujourd'hui commune de Rilhac-Lastours, canton de Nexon, arrondissement de Saint-Yrieix, Haute-Vienne.

joignant au domaine de Guy de Campagnes, damoiseau, fils de Gauscelin de Campagnes, chevalier, d'après un acte de 1326. (Dom Font. 84. 131.)

Helias Lamberti, domicellus, fut témoin avec Monsieur Hugues de Lespinasse, chevalier, d'une quittance donnée par noble Gouffier Flament, damoiseau, seigneur de Lastours et Rilhac, à noble Odon de Neuville, doyen du chapitre de Limoges, fondé de procuration de Mons' Hélie de Neuville, chevalier, au sujet de la dot promise à noble Agnès de Neuville, sa fille, épouse de Gouffier Flament. Acte passé la veille de la Pentecôte 1315. (Archives de Linars. — Dom Font., 84. 131.)

Helias Lamberti, domicellus, fit une vente le 13ᵉ jour des calendes de décembre 1319, par acte passé sous le sceau de l'official de Limoges. (Dom Font., 84. 115.)

Helias Lamberti, domicellus, de Anexonio (de Nexon), vendit une rente sur la borderie de Chalyeys? paroisse de Burgnac (1), le samedi après la nativité de Notre-Seigneur, l'an 1336, en présence de plusieurs habitants de Burgnac, Nexon, etc. (Dom Font., 84. 132.)

Helias Lamberti, domicellus, est témoin de la vente d'une rente sur la Villemaudie, paroisse de Nexon, par Jean Aubert, damoiseau de Nexon, par acte passé en 1331. (Archives de Pompadour. — Dom Font., 84. 124.)

Cet Hélie était très probablement un membre de la famille des seigneurs de Lambertie, car il habitait pour ainsi dire le même pays. Il possédait des fiefs dans la paroisse de Pageas (2), près Châlus, où la famille de Lambertie avait des domaines au xvᵉ siècle. Marié à Almodie d'Aubanie, il eût un fils qui porta le même nom que lui.

Helias Lamberti, domicellus, est nommé dans une donation faite par sa mère Almodie d'Aubanie (*de Albano*) à l'église de Pageas en 1350. (D'après le registre de Pageas possédé au xviiiᵉ siècle par Nadaud, curé de Teyjac. — (Dom Font., 84 132).

Helias Lamberti, domicellus, de Anexonio, filius quandam defuncti Héliæ Lamberti, domicelli, fut témoin d'un acte passé le mercredi après l'exaltation de la Sainte-Croix l'an 1354, par noble dame Eustache Chanin (*Chanina*), dame de Lastours et de Linars au diocèse de Limoges (Dom Font. 84. 115.)

---

(1) Le Chalier, commune de Burgnac, canton d'Aixe-sur-Vienne, arrondissement de Limoges, Haute-Vienne.

(2) Pageas, canton de Châlus, arrondissement de Saint-Yrieix, Haute-Vienne.

Helias Lamberti, domicellus, est nommé dans l'acte de cession d'une maison au bourg de Nexon, joignant à son verger et à la maison de défunt *Guillelmi Lamberti,* faite au profit de Hugues Tison qui avait la seigneurie directe de cette maison, par un nommé Pierre de Gaudy? le jeudi après la Saint-Georges 1370. (Registre de Boher, notaire. — Dom Font., 84. 115.)

Cet Hélie, dans quelques mémoires généalogiques de la maison de Lambertie est dit marié à Anne de Pérusse, fille d'Arnoul de Pérusse, seigneur des Cars, et de souveraine de Pompadour, mais ce renseignement ne paraît pas être exact.

Jean de la Lambertie? acquit le lundi après *Reminiscere* 1340, plusieurs rentes vendues par Luce Sechaude, damoiselle, veuve d'Arnaud de Peytavau? (*Arnauldi Peytavii*) damoiseau de Montbrun. (Archives de Rochechouart, liasse J 66. — Dom Caffiaux. — Dom Font., 84. 132.) Selon toutes les apparences, ce Jean était seigneur de Lambertie et l'ancêtre direct de Pierre de Lambertie qui commence la filiation suivie.

Petrus Lamberti, domicellus, fit bail à rente d'un jardin lui appartenant à Saint-Geniez dans la paroisse de Seuris, dépendant de la châtellenie de Chabanais, à Etienne des Ages, clerc de la paroisse de Saint-Quentin (1), le samedi après saint Luc 1331. (Archives de Chabanais. — Dom Font., 84. 131.)

Petrus Lamberti, domicellus, fut témoin le 9 juin 1352 d'un acte concernant le domaine de la Forie? paroisse de Nexon, passé par Guy de Campagnes, chevalier. (Archives de Lastours, recueil de Dom Col, III. 623.)

Hugo Lamberti, domicellus, donna divers domaines, le 16 avril 1365, à sa fille Agnès, mariée à Hélie de Belleplaine (*ou Beauplan*) damoiseau. Cette donation est rappelée dans une vente faite le 18 décembre 1408, par cette dame devenue veuve, de plusieurs rentes sur la terre de Belleplaine, paroisse de Saint-Paul (2) en Périgord, que son mari lui avait données en échange de ses biens dotaux. L'acte de 1408 fut passé en présence de Pierre de Coral (*Petri Coralli*), d'Ithier d'Aixe et de Pierre Bruchard, damoiseaux. (Registre de P. de Ruppe, folio 103, conservé aux archives de la Tourdonnet au XVIIIe siècle. — Dom Font., 84. 132.)

Raymond de Lambertie? damoiseau, est nommé parmi les parents et amis qui assistèrent au contrat de mariage d'Aimery Chat (*Chapt*), damoiseau, neveu d'Aimery Chat, évêque de Limoges, avec Marguerite Flament, fille de Monsr

---

(1) Saint-Quentin et Chabanais étaient du diocèse de Limoges ; aujourd'hui, Saint-Quentin est un chef-lieu de commune, dans le canton de Chabanais, arrondissement de Confolens, Charente.
(2) Saint-Paul-La-Roche, canton de Jumilhac, arrondissement de Nontron, Dordogne.

Hélie Flament, chevalier, seigneur de Bruzac, et de Marguerite de Comborn. Acte passé au château d'Isle, près Limoges, le 24 janvier 1375, en présence de Ithier de la Chaise, chevalier, Olivier Jaubert, seigneur de Nantiat, Hugues de Lespinasse, damoiseaux. (Dom Font., 84. 116.) Raymond de Lambertie? damoiseau, fut témoin d'un accord passé le 17 juillet 1379, au sujet du contrat de mariage signé le 8, entre Guy Brun, damoiseau de Montbrun (1), et Souveraine de Pompadour, fille de Renoul, seigneur de Pompadour. (Archives de Rochechouart. — Dom Font. 84. 132.)

Guillaume de Lambertie? avec Jean Palardit, Jean de Confolens, Jean de Chabanais, Jean de Cougnac, Aimery Brulon, et autres, servait comme écuyer sous Mons' Jean de Cramaud, chevalier-bachelier, le 15 mai 1387. (Dom Font.)

LAMBERTI, SEIGNEURS DE BONES

Iterius Lamberti, miles, fit hommage de la seigneurie de Bones (2) en 1200 (?) Mais ailleurs on trouve un personnage du même nom vivant en 1295 et 1300, ce qui semble la date véritable.

1. *Willelmus Lamberti, miles*, est énoncé père de *Willelmi Lamberti*, damoiseau, dans un aveu des seigneuries de Bones, de Nadaleins, de Curzac, fait en 1243 à Pierre, vicomte de Castillon, seigneur d'Aubeterre.

Willelmus Lamberti, miles (le même sans doute), servait avec huit hommes d'armes et seize sergents en 1250. Il eut pour enfants : 1° Guillaume, qui suit; 2° Pierre, qui a formé une branche cadette.

2. *Willelmus Lamberti*, damoiseau, mentionné avec son père dans l'aveu de Bones en 1243, paraît être le même que le *Guillelmus Lamberti de Valletas*, servant avec un écuyer en 1250. Il reçut donation de son frère Pierre en 1270 et fit plusieurs actes avec lui en 1278 et 1288. Dans ce dernier, on rappelle le *Willelmus Lamberti, miles*, père des deux frères. Il paraît avoir eu pour en-

---

(1) Montbrun, que les Lambertie ont possédé dans la suite, est situé, comme Lambertie, dans la commune de Dournazac, canton de Saint-Mathieu, arrondissement de Rochechouart, Haute-Vienne.

(2) Bones, placé comme Lambertie sur la rive droite de la Dronne, faisait partie du Périgord, mais depuis la division de la France en départements, c'est un chef-lieu de commune du canton d'Aubeterre, arrondissement de Barbezieux, Charente.

fants : 1° Guillaume, qui suit ; 2° Guy, mentionné dans plusieurs actes comme frère de Guillaume en l'an 1300.

(Suivant un autre système il n'y aurait eu que deux Guillaume de cette branche, et Guy serait fils du premier).

3. *Guillelmus Lamberti*, damoiseau, passe acte avec son frère Guy en 1300, ratifié par Marie *Gaufridi* (ou de Jauffre?), femme de ce Guillaume. *Guillelmus Lamberti, senior* (le vieux), damoiseau du diocèse de Périgueux, fit accord avec l'abbé de Fage? en 1303 au sujet d'un moulin sur la Dronne. Il acquit, avec sa femme et son fils Archambaud, divers domaines vendus par *Guillelmus Lamberti* de la Chaisadie, damoiseau, en 1310.

Il avait épousé Marie de Jauffre (*Gaufridi*), veuve de Pierre de Boischet? damoiseau de Montagrier, dont il eut : 1° *Archambaldus Lamberti*, damoiseau de Bones, mentionné dans des actes de 1310, 1326, qui paraît être décédé sans postérité ; 2° Anne ou Agnès, qui épousa en 1321 Guy de la Roche, damoiseau. (Ils eurent pour enfants Guy de la Roche, évêque de Lavaur et Aimery de la Roche qui hérita de la seigneurie de Bones, passée ensuite par alliance aux Rudel, aux Comblezac et aux de la Marthonie.) 3° Pétronille, mariée à Hélie de Malayolles, chevalier, dont elle était veuve en 1326, puis à Aimery de Vauségur (*de Vallesecuro*), damoiseau.

BRANCHE CADETTE

2. *Petrus Lamberti*, damoiseau, seigneur de Bones en partie, fils de Guillaume, chevalier (1er degré) et frère de Guillaume, damoiseau, passa divers actes avec son frère en 1270, 1278, 1288, etc. Il est appelé Pierre le Vieux (*senior*) dans un acte de 1317. Marié deux fois, d'abord à Pétronille, puis à Agnès ; il eut du premier lit : 1° Guillaume qui suit ; du deuxième lit : 2° Pierre, qui partagea avec son frère en 1319 et paraît être le même que le *Petrus Lamberti, miles*, qui fit hommage au prince de Galles en 1364 ; 3° Archambaud, qui partagea en 1319 avec 4° Zélie ; 5° Isabelle ; 6° Mabile.

3. *Guillelmus Lamberti*, damoiseau, partagea avec ses frères et sœurs consanguins en 1317. Il était alors époux de Cornélie et paraît avoir épousé en secondes noces Jeanne de Podenas, d'après un acte de 1329.

CHATEAU DE LAMBERTYE

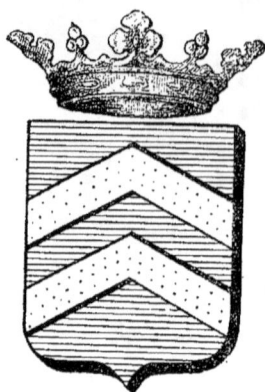

§ I. — SEIGNEURS DE LAMBERTIE, BARONS DE MONTBRUN

COMTES DE LAMBERTIE

(LIMOUSIN ET PÉRIGORD)

La filiation de la famille de Lambertie a été prouvée par des titres authentiques, à partir de l'an 1400, pour les honneurs de la Cour, les chapitres nobles, l'ordre de Malte, etc. Les personnages mentionnés déjà aux noms isolés, surtout les *Lamberti* de Nexon qui possédaient des fiefs aux environs du château de Lambertie, sont sans doute les ancêtres des Lambertie, mais la filiation directe ne peut pas être établie par des titres.

I. — Noble homme **Pierre de LAMBERTIE**, écuyer, seigneur de Lambertie, de Miallet (1), des Vassoux, de Baronnie, de Mouton, de Domphon (2), etc., fut du nombre des cent quarante écuyers de la compagnie de Guillaume Le Bouteiller, chevalier bachelier, dont la montre fut faite à Saint-Geniez, le 18 juin 1405, destinée à servir dans les guerres de Guyenne sous Monseigneur d'Albret, connétable de France. Au nombre de ces écuyers sont aussi Jean Brachet, seigneur de Pérusse, Pierre Vigier, Aimery et Jean de

---

(1) Miallet, canton de Saint-Pardoux, arrondissement de Nontron, Dordogne.
(2) Domphon, comm. de Maisonnais; Mouton, comm. de St-Mathieu, arr. de Rochechouart, Hte-Vienne.

Pérusse, Jean et Pierre de Maulmont, Louis de Rochechouart, Pierre de Salignac, Geoffroy Hélie, etc. (Original, au IVᵉ volume des Chartes du Saint-Esprit, fol. 1476.)

Il épousa vers 1400 **Catherine des FORGES**, mieux **des FARGES** (*de Fargiis*) de la famille des seigneurs des Farges, dans la paroisse de Burgnac (1). Elle était sœur? de noble Audoin des Farges, damoiseau, dont il est parlé dans le *Nobiliaire du Limousin* (t. II, p. 108). Dans quelques généalogies, on dit par erreur que cette dame était fille de Guillaume Raymond de Farges et d'Armande de Gontaut, car ces personnages étaient de la Guyenne tandis que les des Farges, alliés aux Lambertie, étaient du Haut-Limousin. Etant veuve elle rendit un hommage à Audoin de Pérusse des Cars, seigneur de La Vauguyon et de La Coussière, pour noble personne Jean de Lambertie, son fils mineur, le 10 mai 1428, à cause des fiefs de Domphon et de Mouton, (signé F. de Bonneville; mentionné dans les preuves de Malte de 1603). Comme tutrice de Jean, Marguerite et Jeanne de Lambertie, ses enfants, le premier mercredi de décembre 1428, elle en rendit un autre à noble et puissant seigneur, le seigneur de Chabanais *de Cabanesio*, pour le mas de Chalitrat, appelé aussi les Buffaux, paroisse de Pressignac (2) près Chabanais. (Original en parchemin, signé Dauniely). Cet acte prouve que dès cette époque les Lambertie possédaient des domaines dans les environs de Chabanais et de Rochechouart et que ces domaines paraissent être de l'estoc paternel. La famille des Farges porte peut-être : *d'argent au lion de gueules*.

Pierre de Lambertie mourut assez jeune, avant 1428, laissant sa femme tutrice de trois enfants mineurs :

1° **Jean de LAMBERTIE**, qui suit;

2° **Marguerite de LAMBERTIE**, mineure en 1428, épousa noble **Hélie PANET**, écuyer, seigneur de Romain (3), capitaine du château de la Coussière (4) suivant une enquête du 17 juillet 1471 (Archives de

(1) Burgnac, canton d'Aixe-sur-Vienne, arrondissement de Limoges, Haute-Vienne.
(2) Pressignac, canton de Chabanais, arrondissement de Confolens, Charente.
(3) Romain, canton de Saint-Pardoux, arrondissement de Nontron, Dordogne.
(4) La Coussière, château complètement ruiné aujourd'hui, dans la commune de Saint-Sault, canton de Saint-Pardoux, arrondissement de Nontron, Dordogne.

Frugie.) Ce qui est confirmé par le mariage de Marguerite leur fille avec noble homme Elzias Flamenc, du 15 septembre 1476 (Inventaire original de 1583). Hélie Panet, seigneur de Romain, par acte du 12 octobre 1451, céda au monastère de Saint-Pardoux-la-Rivière (1) différents revenus à la charge de célébrer tous les ans un anniversaire pour ledit seigneur (Inventaire des archives dudit monastère, aux archives de la Dordogne, page 361.)

3° **Jeanne de LAMBERTIE**, mineure en 1428, nommée dans un titre de 1454 *nobilis mulier Johanna de Lambertia*, habitait le château de La Coussière, et ne paraît pas s'être mariée.

II. — Noble personne **Jean de LAMBERTIE**, écuyer, seigneur de Lambertie et de Miallet, de Vassou, Domphon, La Brousse, des Barreaux, de Baronnie, de Mouton, de Nouhère, d'Echallat, de Saint-Paul-la-Roche (2), était sous la tutelle de sa mère le 1er décembre 1428. Héritier universel de son père, il fut attaché à la maison d'Audouin de Pérusse, seigneur des Cars, qui lui fit legs dans son testament. En 1448 il est qualifié capitaine du château de la Coussière, appartenant au seigneur des Cars. Ces diverses circonstances font croire qu'il y avait parenté entre les deux familles, peut-être par suite de l'alliance d'Hélie *Lamberti* de Nexon, avec Anne de Pérusse, alliance indiquée dans les mémoires de famille.

On connaît de lui plusieurs hommages; le premier du 25 avril 1441, à Jean de Bretagne, vicomte de Limoges, pour les biens qu'il possédait dans les paroisses de Chalus-Chabrol, Maumont, Courbefy, Objat, Savignac, et dans la baronnie de

---

(1) Saint-Pardoux-la-Rivière, prieuré de religieuses de l'ordre de Saint-Dominique, fondé par Marguerite, fille du duc de Bourgogne, vicomtesse de Limoges, et construit, en 1271 par Gérard de Maulmont, exécuteur testamentaire de la fondatrice.

(2) Saint-Paul-la-Roche, canton de Jumilhac-le-Grand, arrondissement de Nontron, Dordogne, dépendait au xive siècle de la châtellenie de Bruzat. Le repaire et château d'El Chalard était le fief dominant de la seigneurie dont l'origine se perd dans la nuit des temps et dont était seigneur, au xive siècle, Bernard Bestene, damoiseau, d'après son testament du samedi avant la fête de la Toussaint, 1350, mentionné par Lespine, vol. 35. Nous trouvons dans le même recueil qu'en 1356, Raoul, David et Hélie de Bellesplaines, de Saint-Priest-la-Roche, figurent comme témoins au contrat de mariage d'Isabelle Flamenc, fille d'Hélie, chevalier, seigneur de Bruzac. Ce château, situé sur une colline dominant le vallon du ruisseau de La Rochille, à moins de 200 mètres sud de Saint-Paul-la-Roche, fut détruit pendant les guerres anglaises du xve siècle. Le temps et les habitants de la contrée ont fait le reste, et on n'en retrouve plus à travers les ronces que les soubassements et l'entrée des anciens souterrains, le tout entouré de fossés à demi comblés, dont l'eau était alimentée autrefois par une fontaine amenée de 400 mètres environ, au moyen d'un aqueduc, mis à découvert il y a peu de temps, par suite des déblais et des travaux de construction du chemin de Saint-Paul à Thiviers.

Nontron ; le second du 15 avril 1445 au seigneur de La Vauguyon pour le fief de Domphon ; le troisième du 5 septembre 1445 à Jean de Vendôme, vidame de Chartres, seigneur de Chabanais pour le fief de Chalitrac, paroisse de Pressignac (La Chesnaye-des-Bois.) Jean de Lambertie, Seguin de Campagnes (1), etc., firent hommage le 3 décembre 1445, à noble et puissant homme Jean de Lastours, damoiseau, de biens situés dans la juridiction de Lastours (Titres produits par le seigneur de Lastours et de Nexon, contre le seigneur des Cars).

Il était témoin, avec Pierre de St-Marc et Léon de Jumilhac, damoiseau, au mariage de Marguerite de Salagnac, le 18 mars 1443 (*Nobil. du Lim.*, III, 417).

Il eut une déclaration de Gauthier de Pérusse, seigneur des Cars le 13 octobre 1444, signée Illarii, notaire. En qualité de fils et d'héritier universel de son père, il rendit hommage le 21 octobre 1445 à Jean de Vendôme, chevalier, vidame de Chartres, seigneur de Chabanais, Confolens (2), etc., de Chalitrac dit des Buffaux, paroisse de Pressignac, relevant de sa dite terre de Chabanais. (Original, signé Flory, clerc.) Il était présent le 8 juillet 1446 à un hommage rendu à Gauthier de Pérusse, seigneur des Cars et de la Vauguyon. (Original en parchemin.) Ainsi qu'à un bail à cens passé le 7 .... 1449 par noble Hélie Panet, damoiseau de Nontron, au diocèse de Limoges (original). Il consentit, ainsi que ce dernier, le 1er avril 1449, un arrentement paroisse de Saint-Paul-la-Roche, à Jean Guerrier, habitant dudit bourg (acte signé Jean Flaury, clerc).

Dans une reconnaissance qu'il reçut au nom de Gauthier de Pérusse, seigneur des Cars, de la Vauguyon et de la Coussière, le 25 octobre 1448, il est dit *Nobilis vir Joannes de Lambertia domicellus capitaneus castri de Cosseria* (Expédition signée Illarii, notaire). Il obtint une sentence rendue aux assises de Nontron le 11 avril 1453, contre noble Raymond de la Marthonie, damoiseau (Original, signé Poyalibus). Au nom de sa femme, petite-fille de Hugon Vigier, damoiseau, seigneur de Teullet, il reçut le 6 août 1451, une déclaration de vente en la tenue du Soleilavant, paroisse de Bussière-Galand (3), signée Fournier, notaire. (Archives du collège des Jésuites de Limoges.)

Pendant qu'il habitait le château de la Coussière, il eut un procès avec noble Raymond de la Marthonie, et obtint une sentence du lieutenant général du sénéchal du Périgord, rendue aux assises générales de Brantôme le 9 septembre 1454.

---

(1) Campagnes, commune de Nexon, arrondissement de Saint-Yrieix, Haute-Vienne.
(2) Chabanais, arrondissement de Confolens, Charente.
(3) Bussière-Galant, canton de Châlus, arrondissement de Saint-Yrieix, Haute-Vienne.

(Original.) Le 22 novembre 1456, il fit foi et hommage à Charles, seigneur de Lebret (Albret) pour tout ce qu'il possédait dans les châtellenies de Courbefi, Chalus-Chabrol et Maumont, et de même à Jehan de Lebret le 25 février 1482. (Archives de Pau, E. 721.) Gauthier de Pérusse des Cars, chevalier, seigneur des Cars, de la Coussière, de Varaignes, de La Vauguyon, etc., dans son testament du 26 janvier 1455, ratifie les donations que son père a faites à Roger Morni et à Jean de Lambertie, ses écuyers; il veut que Jean de Saint-Fief soit toujours continué capitaine des Cars, attendu qu'il l'avait bien servi (Bibl. Nat. mss. Cabinet des titres. Série : Nouveau d'Hozier.) Il comparut, comme brigandinier à deux chevaux, en 1456, avec Raymond de la Marthonie, Antoine de Salagnac, le baron de Biron, le baron de Commarque et de Caumont, etc., aux montres des nobles du Périgord. (Invent des titres du Périgord et du Limousin. Bibl. Royale). Il fit une transaction le 28 décembre 1457, avec noble homme Raymond de la Marthonie, sur le procès élevé entre eux deux à la cour de Nontron, par laquelle le dit seigneur de Lambertie lui cède tous les droits qu'il peut avoir sur les repaires de la Marthonie (1), de Milhac en la paroisse dudit lieu et de la Brosse et celle de Miallet ; et ledit de la Marthonie lui cède tous les droits qu'il prétend avoir sur le repaire des Barrons (2) et dans les lieux de Chalus-Chabrol, de Nontron, de la Coussière, etc. (Original.)

Noble homme Jean de Lambertie, écuyer, et Jeanne Vigier, damoiselle, sa femme, dame de Nouhère, firent accord le 30 mars 1457 avec l'abbé de St-Cybard d'Angoulême pour partager des fiefs à Lunesse, paroisse d'Asnières. (Cartulaire, B. 54.) Il était présent à un acte passé le 1er mai 1458, par Antoine Vigier, damoiseau, seigneur de la Rocheablon (Original). Il fit un échange le 26 juin 1461 avec noble homme Pierre de Maulmont, damoiseau, du lieu de Montbrun (Original). Le 28 novembre 1471 il assistait avec son épouse au mariage de leur fille Marguerite. Le 27 mars 1473 il rendit un hommage à Jean, vicomte de Rochechouart, et le 10 mai 1483 il en rendit deux à Gauthier de Pérusse, seigneur de la Vauguyon et la Coussière, l'un pour une partie de la terre de Lambertie (Les Sauvages) et l'autre pour les fiefs de Mouton et de Domphon. Il rendit deux hommages, les 7 avril et 22 mars 1483, à Jean de Montbrun, seigneur du dit lieu, de La Farge, Champagnac, etc., pour les lieux et villages de la Brousse, la Raymondie, de la

---

(1) La Marthonie, château dans le bourg de Saint-Jean-de-Côle, canton de Thiviers, arrondissement de Nontron, Dordogne.

(2) Les Barrons, ou Barraux, ou Barros, fief situé au bourg de Saint-Pierre-de-Frugie, canton de Junilhac-le-Grand, arrondissement de Nontron, Dordogne.

Renie, avec toutes leurs dépendances et de tout ce qu'il tenait en la justice et seigneurie de Montbrun, ainsi que du lieu noble des Barreaux situé au bourg de Saint-Pierre-de-Frugie, diocèse de Périgueux (Registre original du not. signé de Agia). Il était mort avant le 13 novembre 1494.

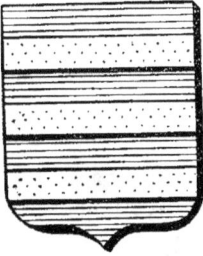

Il avait épousé, en 1440, demoiselle **Jeanne VIGIER**, dame de Nouhère et d'Eschallat (1), fille de noble Pierre Vigier, damoiseau, seigneur de la Mothe (2), homme d'armes des ordonnances du roi, et de Marguerite Guyonnie (3). La dite Jeanne Vigier fit donation de la moitié des dites terres, etc,, situées aux comtés d'Angoulême et de Poitou à Raymond de Lambertie, son fils, par acte du 9 avril 1486, passé sous le sceau de la seigneurie de Montbrun (Original). Etant représentée par Raymond de Lambertie, son fils, elle eut le 9 juin 1487, une attestation de Jean de Maulmont, écuyer, seigneur de Maulmont et autres, à l'occasion d'un procès qu'il avait eu avec Jeanne de Montalembert et Jean Goullart, son fils, portant qu'il y avait en la seigneurie de Montbrun un sceau authentique dont il avait usé et joui pendant plus de quarante ans. Cet acte est donné sous le sceau du roi à Limoges (Original). Elle était morte avant le 18 septembre 1508, époque à laquelle leurs enfants partagèrent les biens de leurs père et mère. Les armes de la famille Vigier sont : *d'azur à deux* (ou *trois*) *fasces d'or*. Le nombre des fasces a varié : on en trouve très souvent trois, comme sur l'écusson sculpté à la voûte de la chapelle du château de Lambertie.

Ils laissèrent :

1° **François de LAMBERTIE**, qui suit ;

2° Noble homme **Jean de LAMBERTIE**, damoiseau, seigneur en partie de Lambertie, de Nouhère et d'Eschallat, demeurant au Repaire de Lam-

---

(1) Le fief de Nouhère, apporté à Jean de Lambertie par Jeanne Vigier, dame de Nouhère et d'Echalat, est situé dans la commune d'Asnières, canton d'Hiersac, Charente. Il appartenait au xviiie siècle à la famille Nadault (*Nobiliaire Limousin*, IV, p. 478, 480) et au xviie à la famille de la Place : Elie de la Place, seigneur de la Tour-Garnier, sieur de Nouhère, époux d'Anne de la Charlonie, fit aveu de Nouhère au duché d'Angoulême le 11 mars 1653. Ce fief avait été vendu précédemment par les Lambertie.

Echalat, jadis Eschallat, est aussi une commune dans le canton d'Hiersac, Charente.

(2) La Mothe, commune de Feuillade, canton de Montbron, arrondissement d'Angoulême, Charente.

(3) La Chesnaye-des-Bois la dit fille de noble Hugon Vigier, damoiseau, descendu Etienne Vigier qui prenait le titre de chevalier en 1490. Il faut probablement lire petite-fille, comme il est dit dans l'acte de 1451.

bertie, paroisse de Miallet, diocèse de Périgueux, reçut des reconnaissances féodales avec François, son frère, en 1497. (Original.) Il était homme d'armes sous les ordres du comte de Périgord. Il épousa N... dont il eut un fils nommé Raymond. Ce dernier mourut jeune, peu après son père. Il sont nommés l'un et l'autre comme défunts, le 18 septembre 1508, dans un acte de partage par lequel on voit que Jean de Lambertie avait eu les maisons nobles de Nouhère et d'Eschalat, au diocèse d'Angoulême.

3° Noble homme **Guyon**, alias **Guy de LAMBERTIE**, seigneur de Vassoux, homme d'armes dans la compagnie de cinquante lances de Monseigneur le comte de Laval, 1491-1492. Il passa la revue à Leuvolen en 1491, à Montfort, à Châtelgiron et à Dinan en 1492, et sous la charge du seigneur d'Alègre à Chazelles le 5 juin 1494, et à Rome en 1494. Il participa au partage du 18 septembre 1508, et dans cet acte il est dit écuyer, seigneur de Vassoux et de la Baronnie, paroisse de Saint-Pierre-de-Frugie. Il fut institué l'un des exécuteurs testamentaires de François, son frère, en 1528. Il était mort en 1538, lorsque ses neveux, Raymond et François de Lambertie, firent un partage de biens. Il eut un fils naturel, Pierre, bâtard de Lambertie.

4° **Jacques de LAMBERTIE**, homme d'armes sous la charge et conduite du comte de Laval, passa la revue en cette qualité ainsi que François et Guyon de Lambertie à Dinan le 28 mars 1492 et à Montfort le 29 août 1492 (Bibliothèque royale.)

5° Noble, vénérable et discrète personne **Raymond de LAMBERTIE** était clerc chapelain ou recteur de l'église de Metré au diocèse de Tours en 1479 (original), bachelier en droit, étudiant en l'université de Poitiers en 1482. Son père, noble homme, Jean de Lambertie, écuyer, seigneur dudit lieu, lui fit donation, le 17 mars 1482, du lieu de La Ville, paroisse de la Bussière, au diocèse de Limoges, près le moulin de Lambertie (original). Il était prêtre étudiant en l'université de Paris, chanoine de l'église collégiale de Laval en 1486 et 1489. Le 13 novembre 1494, avec sa mère, demoiselle Jeanne Vigier, dame de Lambertie, veuve de Jean de Lambertie, écuyer, il donna une procuration passée devant Dautarive, notaire en la châtellenie de Montbrun, sous le scel y établi par noble et puissant seigneur M. de Montbrun, de Cramault et de Puyjoyeux. (Bibliot. nat. mss. Pièces originales, Lambertie, n° 31.) Il était curé de Miallet, prévôt et seigneur de Saint-Raphaël en 1508, 1514 et 1522 (originaux). Il fit son testament au château de Lambertie le 8 octobre 1545 ; il est dit dans cet acte, prêtre et ancien curé de Miallet. Il choisit sa sépulture en l'église de Miallet, au tombeau

3

de ses prédécesseurs, les seigneurs de Lambertie, et voulut qu'il y ait à son enterrement cent prêtres chantant messes. (Titre original.)

6° Demoiselle **Marguerite de LAMBERTIE,** qui épousa, au château de Connezac (1), au diocèse de Périgueux, par acte du 28 novembre 1471, signé Agia, noble **Jean VIGIER,** damoiseau, fils de Pierre Vigier, damoiseau, seigneur de la Mothe et de Jeanne Vigière. (*Nobiliaire du Lim.*, III, p. 417.) Selon une autre généalogie, Jean Vigier était son oncle et fils de noble Pierre Vigier, damoiseau, seigneur de la Mothe, et de D^lle Jeanne de Farmard, sa seconde femme. Ils vivaient tous deux en 1504 (original). Vigier porte *d'azur à trois fasces d'or*.

7° Demoiselle **Agnète** ou **Agnès de LAMBERTIE,** qui épousa noble **Simon MENUET,** fils de noble Pierre Menuet, damoiseau, seigneur de Lavalette, de La Chaise, de Lascoux-Botizon, des Combes, capitaine et gouverneur des ville et château de Montbron et de D^lle Jeanne de Saint-Martin. Ils partagèrent avec leurs frères et sœurs, beau-frères et belles-sœurs en 1482. Elle était morte avant le 30 novembre 1519 (original). Dans un acte du 4 janvier 1519, elle est dite mère de noble homme Antoine Menuet, seigneur de Lascoux-Botizon (2).

III. — Noble homme **François de LAMBERTIE,** écuyer, seigneur de Lambertie, de Miallet, Pensol (3), Nouhère, Echalat, Saint-Paul-la-Roche (*Nobil. du Limousin*, III, 417.) Il eut une procuration de son frère Raymond, le 10 mars 1479 (original). Il était l'un des neuf hommes d'armes de la compagnie de cinquante lances de Monseigneur le comte de Laval, dont la montre fut faite à Leuvolen, en Basse-Bretagne, le 15 juin 1491, à Dinan en Bretagne, le 28 mai 1492, et à Montfort le 29 août de la même année (Bibliothèque royale). Il servait aussi en la même qualité d'homme d'armes avec Guyon et Jacques de Lambertie à Chastelgiron en 1491 (original). Il reçut, avec Jean son frère, des reconnaissances féodales par acte passé au bourg de Pressignac, en Périgord (4), les 18 et 28

(1) Connezac, canton et arrondissement de Nontron, Dordogne.
(2) Lascoux-Botizon, commune de Busserolles, canton de Bussière-Badil, arrondissement de Nontron, Dordogne.
(3) Pensol, canton de Saint-Mathieu, arrondissement de Rochechouart, Haute-Vienne.
(4) Pressignac, canton de Lalinde, arrondissement de Bergerac, Dordogne.

septembre 1497 (original signé Ademari, notaire). Il obtint, le 9 août 1497, de Jacques de Vendôme, vidame de Chartres, prince de Chabanais, un délai pour rendre les foi et hommage de ce qu'il possédait en la paroisse de Pressignac, relevant de la principauté de Chabanais (original). Il partagea avec Guy, son frère, le 18 septembre 1508, la succession de Jean, leur autre frère, et donna audit Guy une somme de mille livres. Cet acte est passé au lieu de Lambertie devant l'official de Périgueux. Il y est dit que dans le partage qu'ils avaient précédemment fait des biens de leurs père et mère, ledit François, comme aîné, avait eu la maison noble et seigneurie de Lambertie, paroisse de Miallet en Périgord.

Etant au lieu et repaire noble de Lambertie, paroisse de Miallet, il passa une procuration, le 20 octobre 1514, à Raymond, son frère, pour recevoir les hommages qui lui étaient dus (original, signé de Landis). Raymond, chargé de procuration dudit François de Lambertie, son frère, rendit avœu, le 5 octobre 1516, à très puissant prince Alain d'Albret, comme vicomte de Limoges, de sa maison noble appelée de Lambertie en la paroisse de Pageas, en Limousin (1), de sa maison noble des Vassoux (2), etc. François de Lambertie était présent au contrat de mariage de sa fille, Agnès, le 5 février 1516. Représenté par son frère Raymond, il fit une acquisition, le 6 juin 1522, d'Etienne de Masvaleys, damoiseau seigneur dudit lieu, en la paroisse de Nanteuil, en Périgord (3). Il faut remarquer que dans l'acte original de cette vente, le nombre centenaire a été omis, aussi quelquefois, l'a-t-on daté de 1022, comme dans la généalogie de la maison de Salles ; mais l'écriture, les noms et le style prouvent qu'il est de 1522.

François de Lambertie rendit hommage, le 11 juillet 1513, à Alain, sire d'Albret, de tout ce qu'il tenait de lui à cause de ses châteaux de Châlus-Chabrol (4), Maumont et Courbefy (5), en Limousin. (Biblioth. royale.) François de Lambertie et Raymond, son frère, reçurent, le 9 octobre 1525, des reconnaissances de rentes nobles et cens au nombre de 404, sur des biens situés dans les paroisses d'Asnières, de Saint-Saturnin, de Douzac, de Mérignac, Saint-Amand, de Nouhère, d'Eschallat, de Saint-Cybard, dépendant des châstels, hôtels nobles et seigneuries de Nouhère et d'Eschallat, confrontant aux terres de l'évêché d'Angoulême et de

(1) Pageas, canton de Châlus, arrondissement de Saint-Yrieix, Haute-Vienne.

(2) Vassoux, commune de Firbeix, canton de Saint-Pardoux-la-Rivière, arrondissement de Nontron, Dordogne.

(3) Nanteuil, canton de Thiviers, arrondissement de Nontron, Dordogne.

(4) Châlus-Chabrol, chef-lieu de canton, arrondissement de Saint-Yrieix, Haute-Vienne.

(5) Courbefy, aujourd'hui Saint-Nicolas de Courbefy, canton de Châlus, arrondissement de Saint-Yrieix, Haute-Vienne.

l'abbaye de Saint-Cybard. Dans ces reconnaissances en sont mentionnées d'autres rendues au père dudit seigneur de Lambertie en 1438, 1448 et 1464. Elles leur furent rendues en vertu des lettres patentes de François Ier, en date du 6 septembre 1525, par lesquelles lettres on voit que les vassaux et censitaires dudit seigneur de Lambertie, tant nobles que autres, avaient refusé de lui rendre les hommages, cens et rentes, à quoi ils étaient tenus, les terriers et titres du seigneur de **Lam**bertie ayant été perdus et *hadirés* pendant les guerres (original).

François fit son testament au château de Lambertie le 11 août 1528, sous le scel de l'official de Périgueux; il y demande que sa sépulture soit devant le grand autel de l'église paroissiale de Miallet avec ses parents et prédécesseurs, qu'il soit appelé trente prêtres pour son enterrement ainsi qu'à la fin de l'année; il y fait des donations pour les réparations de l'église et pour des prières qu'il demande chaque dimanche; institue son héritier universel, Raymond, son fils aîné, lui substitue François, son second fils, et autre François, son troisième fils, il fait des legs à ses huit filles, en fait aussi un à Guyot, son fils bâtard, et nomme exécuteurs de son testament, son fils aîné Raymond, et son propre frère Guyon de Lambertie. Cet acte est signé de plusieurs témoins et de Pierre Marquet, notaire. (Original). Il était mort avant le 1er avril 1551, époque à laquelle ses enfants partagèrent les biens de leurs père et mère.

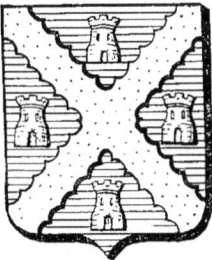

Il avait épousé **Marguerite de MAUMONT**, fille de Gilles de Maumont, baron de Saint-Vitte, Cussac et ¹a Croisille, et de Marguerite de Brasdefer (1). Elle était morte avant 1528 lorsque son mari testa. La famille de Maumont a pour armes : *d'azur au sautoir d'or en ondes*, c'est-à-dire *engreslé, cantonné de quatre tours d'argent maçonnées de sable*. Nous trouvons ces armes sculptées à la voûte de la chapelle de Lambertie. D'autres branches de la famille de Maumont portaient : *d'azur à la croix d'or cantonnée de quatre bezants du même* (Dict. hérald.), ou *d'azur à une croix besantée d'or*. (Maintenue de 1666.) Leurs enfants furent au nombre de douze :

1° **Raymond de LAMBERTIE** qui suit ;

2° **François de LAMBERTIE** qui a formé la branche des seigneurs de Menet en Angoumois, rapportée § VI.

---

(1) Elle était petite fille d'Alexandre de Maumont et de Philippe d'Aubusson, et belle-sœur de Françoise de Noailles, l'épouse de son frère Louis de Maumont.

3° **François de LAMBERTIE**, le plus jeune des légataires de son père, était curé de Miallet en 1545, 1557. Il fut l'exécuteur du testament de Raymond, son frère, daté du 15 janvier 1559. Il assistait au contrat de mariage de François de Lambertie, son neveu, et dans cet acte du 1er juillet 1571 il est dit écuyer, curé de Miallet et de Vars, prévost et seigneur de Saint-Raphaël. Le 22 février 1543, il avait donné un dénombrement, en cette qualité, au roi de Navarre. (Pièce publiée aux documents.)

4° **Agnès** (appelée dans le testament de son père **Agnète) de LAMBERTIE** qui épousa, par contrat du 6 février, *alias* 16 décembre 1516, noble **François de la FAYE**, écuyer, seigneur de Saint-Privat, des Roberts et en partie de Marval (1). (Grosse en parchemin signée Chavreille et des Landes.) D'après la maintenue de noblesse par d'Aguesseau, François de la Faye, seigneur de Genis, paroisse dudit lieu, élection de Brive, aurait épousé Agnès de Lambertie le 16 décembre 1516. (*Nobiliaire du Limousin*, II, 115.) La Faye porte pour armes : *de gueules à la croix d'argent, au lambel de cinq pendants de même en chef* (ailleurs on dit la croix ancrée). Dans l'église de Marval, on voit une pierre sculptée sur laquelle les armoiries de la Faye sont jointes à celles de la famille de Lambertie, la croix n'y est pas *ancrée* (2). Agnès de Lambertie était morte avant le 27 mars 1557.

5° **Hélie** ou **Heliette de LAMBERTIE**, qui épousa le 5 février 1516 noble **Guillaume CALUEAU**, fils d'Arnauld Calueau, écuyer, seigneur de Lozellerie ou Loizellerie. Le château de l'Oisellerie, bâti sous François Ier, est dans la commune de La Couronne, canton d'Angoulême. On y trouve, sur une fontaine monumentale qui décore le jardin, les armes des Lambertie réunies à celles des Calueau. Ces der-

---

(1) Le fief et château des Robert était situé dans le bourg de Marval, ou Maraval, canton de Saint-Mathieu, arrondissement de Rochechouart, Haute-Vienne.

(2) La maison de La Faye, en Limousin et Périgord, se divisa en plusieurs branches qui furent maintenues nobles en 1667 avec des blasons un peu différents. Dans le *Nobiliaire du Limousin* on lit : « au chef bretessé de quatre créneaux » ce qui est une confusion avec les pendants du lambel de forme antique.

nières sont : *d'azur au croissant d'argent surmonté d'une étoile d'or.* On a ajouté, dans un vitrail de la fenêtre centrale de ce château, *un chef de gueules au vol d'argent* pour distinguer la branche de l'Oisellerie.

6° **Françoise de LAMBERTIE** épousa noble **Jean de JEHAN**, seigneur de Bort ou de Bord, que l'on croit le fils de François de Jehan, baron de Saint-Projet, et de Marguerite d'Arvieu. La famille de Jehan de Saint-Projet porte : *écartelé par deux traits de gueules, aux 1er et 4° d'azur au chevron d'or accompagné en chef de deux fleurs de lis d'or et en pointe de trois besants d'argent mal ordonnés,* qui est de Jehan ; *aux 2e et 3e d'azur à trois bandes d'or,* qui est de Saint-Projet. Mais on trouve aussi sous le nom de Jehan, seigneur du Bois : *d'azur à trois bandes d'or, à la bordure de gueules chargée de huit rocs d'argent.* (Peut-être plus exact).

7° **Anne de LAMBERTIE**, qui était sourde et muette de naissance. Dans une généalogie manuscrite copiée par Dom Fonteneau, on dit qu'elle épousa Henri de Talmont, mais cela parait être une erreur.

8° **Catherine de LAMBERTIE**, qui épousa noble **Fourton FOURIEN** dit **FLAMENC**, écuyer, seigneur de Bellucières. Étant veuve elle transigea avec son frère, Raymond, le 1er avril 1551. Forien-Flamenc de Bellucières porte : *écartelé aux 1er et 4° d'or à trois lions de gueules, à l'orle de sable chargé de huit besants d'argent* (1), *aux 2e et 3e d'azur à une cloche d'or entourée de fleurs de lis d'or.*

9° **Louise de LAMBERTIE**, qui épousa par contrat du 6 juillet (*alias* 16 juillet) 1533 passé au château de Lambertie, noble **Louis de COUSTIN**, écuyer, seigneur du Mas-Nadaud (2), fils de Foucaud de Coustin, écuyer, seigneur du Mas-Nadaud et d'Isabeau de Fougerac (*Nobiliaire du Lim.,* t. III, p. 417). Elle fit son testament le 28 avril 1581, en faveur de François de Coustin du Mas-Nadaud, seigneur

(1) Sur le dessin les besants sont omis par erreur.
(2) Mas-Nadaud, commune de Pageas, canton de Châlus, arrondissement de Saint-Yrieix, Hte-Vienne.

dudit lieu, chevalier de l'ordre du roi, son fils. Les armes de cette famille sont : *d'argent au lion de sable, armé, lampassé et couronné de gueules.*

10° **Marguerite de LAMBERTIE**, épousa, par contrat du 1ᵉʳ avril 1542, noble **Agnet de LEYRISSE**, écuyer, seigneur de Lascaux, paroisse de Sainte-Terre en la vicomté de Rochechouart (minute originale). De Leyris porte : *d'or à trois rochers de gueules deux et un, au chef d'azur chargé de trois étoiles d'or.* (Généalogie Lubersac, *Nobiliaire du Limousin*, III, 629).

11° **Raymonde** (*alias* **Munde**) **de LAMBERTIE**, religieuse à Saint-Pardoux-la-Rivière. Le 4 janvier 1546, lorsque Marguerite de Rochechouart prit possession de l'abbaye de Saint-Pardoux-la-Rivière, on y remarquait les religieuses suivantes : Raymonde de Lambertie, Charlotte d'Izelle, Anne de Foix, Catherine et Marguerite de Lur, Marguerite et autre Marguerite de Noailles, Raymonde de Vigier, Jeanne et Madeleine de Saint-Geniex (Archives de Rochechouart).

12° **Médard de LAMBERTIE**, vivant en 1528, lorsque son père testa, mort sans alliance.

Outre ces enfants une généalogie cite encore Marie (plutôt Magdeleine ou Marguerite comme au testament de 1528) de Lambertie, qui serait morte sans alliance. François de Lambertie eut aussi un bâtard du nom de Guyot, qu'il nomme dans son testament de 1528.

IV. — Noble personne **Raymond de LAMBERTIE**, écuyer, seigneur de Lambertie, de Miallet, Pensol, Nouhère, d'Echallat, de Vassoux et de Saint-Paul-la-Roche, fut mestre de camp de vingt enseignes, de cent hommes chacune. Il fut convoqué par le roi en 1522 avec la noblesse du Périgord, et servait en qualité d'enseigne d'hommes d'armes des ordonnances du roi. Il reçut une quittance le 1ᵉʳ novembre 1537 de François de Lambertie, son frère puîné, d'une somme de 45 livres qu'il lui paya en déduction de celle de 500 livres qu'il lui avait promise par son contrat de mariage, passé au lieu noble de Menet, paroisse de Saint-Maurice de Montbron, devant Bayle, notaire (original). Il passa un acte au lieu noble de Lambertie, paroisse de Miallet, le 4 juillet 1538, pour la vente des droits qu'il avait aux villages de

Messières, des Champs et de Puisserat (original). Il partagea avec François, son frère, la succession de Guyon, leur oncle, par acte du pénultième d'août 1538 (original). Il fit une vente le 28 octobre 1538 (original). Il reçut une quittance de François, son frère puîné, le 4 décembre 1538 et une autre le dernier février 1541 (original). Il possédait aussi la châtellenie d'Abjat et celle de Savignac, canton et arrondissement de Nontron (Dordogne), dont il fit hommage au vicomte de Limoges le 11 octobre 1541 (*Notes hist. sur le Nontronnais*, p. 15). Il était présent au mariage de Marguerite, sa sœur, le 1er avril 1542 et il lui constitua en dot une somme de 1,530 livres et 100 écus pour ses vêtements (minute originale). Le 26 février 1543, il fit aveu et dénombrement pour tout ce qu'il tenait du roi de Navarre, comte de Périgord, vicomte du Limousin. Le 13 mai 1545, il était présent au contrat de mariage de Jeanne, sa fille.

Les seigneurs de Ribeireix et de Lambertie furent nommés commissaires pour la distribution des étapes, pour le passage des gens de guerre, dans les villes de Châlus et autres, par commission de Charles de Coucy, lieutenant-général en Guyenne, du 8 juillet 1545 (original).

Raymond de Lambertie fut institué héritier universel par le testament de Raymond de Lambertie, ancien curé de Miallet, son oncle et son parrain, daté du 8 octobre 1545 (original). Il transigea le 1er avril 1551 avec Catherine, sa sœur, sur le partage des biens de leurs père et mère et de Guyot et Raymond leurs oncles (original). Le 27 mars 1557, il transigea aussi avec François de La Faye, écuyer, seigneur de Chardeille, en Périgord, son neveu, fils d'Agnète de Lambertie, sa sœur, sur le partage de la succession des père et mère desdits Raymond et Agnète et de Guyot de Lambertie, leur oncle (original).

Raymond de Lambertie, seigneur de Vassoux, de Nouhère et d'Echallat, fit son testament au dit lieu de Lambertie, le 15 janvier 1559, par lequel il choisit sa sépulture dans l'église de Miallet, au tombeau de ses parents et prédécesseurs, seigneurs dudit lieu de Lambertie, fit des legs à ses filles et institua François, son fils unique, son héritier universel (original). Il vivait encore le 20 janvier 1559 comme on le voit dans une quittance, mais il est rappelé comme mort dans des titres du 1er juillet 1571.

Il épousa par contrat passé au château de Romain, le 17 octobre 1530, devant Bayle, notaire, demoiselle **Jeanne HÉLIE DE COLONGES**, fille de noble personne Guy *alias* Jean Hélie de Colonges, écuyer, et de

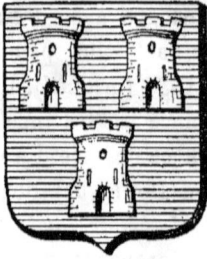

demoiselle Jeanne de Flamenc, seigneur et dame de Romain (1), d'Estoüars (2), de Saint-Laurent, de Serenas et de Teyjac (3) (copie collationnée). Elle était morte avant le 13 avril 1601. La famille Hélie de Colonges est une branche cadette de celle d'Hélie de Pompadour, qui, ainsi que celle de Flamenc, est des plus illustres, des plus anciennes et des mieux alliées du Périgord, elle porte : *d'azur à trois tours d'argent maçonnées de sable posées 2 et 1.*

Leurs enfants furent :

1° **François** qui suit ;

2° **Jeanne de LAMBERTIE**, épousa : 1° par contrat du 13 mai 1545, noble **Jean de BRIE**, écuyer, seigneur dudit lieu, en la paroisse de Champagnac, diocèse de Limoges (4), et eut en dot 2,500 livres (original). De ce premier mariage elle eut entre autres enfants, Catherine de Brie, mariée à François de Meillars, chevalier de l'ordre du roi. La famille de Brie portait pour armes : *d'or à trois lions rampants de gueules 2 et 1, couronnés de sinople (ou d'azur), lampassés et armés de sable.*

Jeanne de Lambertie habitait le château de Brie lorsqu'elle épousa en deuxièmes noces, par contrat signé Rouchaud, en date du 22 février 1556, **Jean de La GUYONNIE**, écuyer, seigneur dudit lieu, paroisse de Royère (5), l'un des cent gentilshommes de la garde du roi, qui, en 1584, était âgé de soixante cinq ans et habitait Brie. Ils firent ensemble une transaction le 7 avril 1593 (original et *Nobiliaire du Limousin*, t. II,

(1) Romain, canton de Saint-Pardoux-la-Rivière, arrondissement de Nontron, Dordogne.
(2) Estouars, canton de Bussière-Badil, arrondissement de Nontron, Dordogne.
(3) Teyjac, canton et arrondissement de Nontron, Dordogne.
(4) Champagnac-sur-Gorre, canton d'Oradour-sur-Vayres, arrondissement de Rochechouart, Haute-Vienne.
(5) Royère, paroisse réunie à celle de La Roche-l'Abeille, canton de Nexon, arrondissement de Saint-Yrieix, Haute-Vienne.

4

p. 244). Mais elle était veuve le 6 mars 1598, lorsqu'elle fit une donation, reçue par Judde, à Jean de Meillars (1), sieur dudit lieu (*idem*), qui devint seigneur de Brie (*Nobiliaire du Limousin*, t. III, p. 226). Les armes de La Guyonnie sont : *bandé d'argent et de sable, au chef d'or chargé de trois guignes de cerises de gueules.*

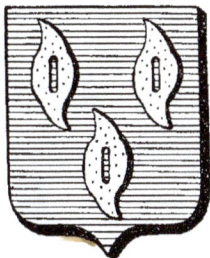

3° **Catherine de LAMBERTIE**, qui, en 1555, était épouse de **François TEISSIER**, écuyer, seigneur du Breuil (2), fils de François Teissier, écuyer, seigneur de Javerlhac, Auginhac et Abjat, en Périgord (3), suivant une quittance de dot de 2,500 livres (original) et une autre de 400 livres pour les habillements, datée du 4 janvier 1557. Les armes de la famille Texier de Javerlhac, sont : *d'azur*, alias *de gueules, à trois navettes d'or.* On a aussi attribué à cette famille des armes où les navettes du tisserand, *tessier* en langue limousine, sont remplacées par des scorpions : *d'or à cinq scorpions de sable en sautoir.*

4° Autre **Catherine** *alias* **Léonette de LAMBERTIE** qui épousa, par contrat du 6 août 1559, reçu par de Lage et Belle, notaires, **Jean AYMERY** *alias* **EYMERIC**, écuyer, fils d'André Aymery, aussi écuyer, seigneur du Chastain (4) et des Blancs, et de Jeanne de La Vergne (Biblioth. nat., manuscrits, fonds français, volume 5448, folio 83). Jean Eymeric, qui avait fait hommage au roi de Navarre, pour Les Blancs, le 28 février 1583, testa le 10 mars 1593. Ses armes ne sont pas connues d'une manière certaine : une généalogie manuscrite les dit *d'or à une fasce de gueules chargée de trois émerillons d'argent,* pendant qu'une autre lui donne *une bande et six carreaux ou billettes en orle.* Mais au château de La Morelie où elles seraient accolées à celles de Jarrige, la moitié de l'écusson est peinte *de gueules à la fasce d'or accompagnée en chef d'un souci... (?).* Dans la généalogie de la famille de Jarrige, qui s'est alliée deux fois avec les Aymery du Chastain, on les trouve *d'argent au pal de sable chargé de trois bandes d'or.* (*Nobiliaire du Limousin*, t. II, p. 549.)

---

(1) Meillars, canton d'Uzerche, arrondissement de Tulle, Corrèze.
(2) Le Breuil, commune de Jumilhac, arrondissement de Nontron, Dordogne.
(3) Javerlhac, Auginhac, Abjat, canton et arrondissement de Nontron, Dordogne.
(4) Le Chastain, commune de Ladignac, canton et arrondissement de Saint-Yrieix, Haute-Vienne.

5° **Françoise de LAMBERTIE**, légataire en 1559, épousa **Jean de VARS**, écuyer, seigneur de La Boissière (1), suivant un acte du 5 de mai 1563 et un autre du 7 juin de la même année, où il est dit fils d'Antoine de Vars, écuyer, seigneur de La Boissière, et de noble Jeanne de Cardalhiac. (Original.) Il était homme d'armes dans la compagnie de M. des Cars en 1569 ; fut depuis enseigne de ladite compagnie et gentilhomme ordinaire de la chambre du roi en 1601. De Vars porte : *d'azur à trois cœurs d'argent.*

V. — Haut et puissant seigneur **François de LAMBERTIE**, baron de Montbrun, seigneur des châtellenies de Lambertie, Miallet, Pensol, Nouhère, Eschallat, Saint-Paul-la-Roche, Vassoux, etc. Il était âgé de plus de quatorze ans lorsqu'il fut institué héritier universel par le testament de son père du 15 janvier 1559. Sa sœur Françoise ainsi que son beau-frère firent une renonciation en sa faveur le 5 mai 1563. (Original.) Il servait en qualité d'enseigne d'une compagnie de gens de pied sous les ordres du comte de Brissac, à Malte et à Milan en 1552, ayant dix-huit à dix-neuf ans. Il fut successivement guidon, enseigne, et lieutenant-commandant d'une compagnie d'hommes d'armes des ordonnances du roi, et il fut nommé gentilhomme ordinaire de la chambre de Sa Majesté le 1er mars 1582.

Il était capitaine de chevau-légers lorsqu'il reçut des ordres du roi en 1565 pour se trouver aux Etats. Il obtint le 5 mai 1565 des lettres de chancellerie au Parlement de Bordeaux pour se faire payer des sommes dues à son père depuis dix, vingt et trente ans .(Original.) Il reçut une lettre de Monsieur d'Aubeterre, en date du 2 juin 1567, par laquelle il l'invite à secourir Fontenay, assiégé par le roi de Navarre, ce qui était une très belle occasion pour acquérir de l'honneur et beaucoup d'utilité pour le service du roi. Il le prie de se rendre à Mareuil et de marcher avec tous ses amis. La suscription est « à Monsieur mon cousin, Monsieur de Lambertie. » (Original.) Il se distingua à ce siège de Fontenay, à ceux de Périgueux, de Limoges, de Montflanquin et à la fameuse

(1) La Boissière, commune de Saint-Martin-Sépert, canton de Lubersac, arrondissement de Brive, Corrèze.

bataille de Saint-Denis. Il était guidon d'une compagnie de trente hommes des ordonnances du roi sous la charge de M. le comte des Cars, lorsqu'il donna, le 1er juillet 1568, quittance de ses gages. Cette quittance est scellée du sceau de ses armes représentant *deux chevrons*. Il obtint le 31 juillet 1569 un certificat de M. le comte des Cars, capitaine de cent hommes d'armes et lieutenant-général pour le roi en Limousin et en Périgord, comme ayant passé la revue à Veyrac, près Limoges, le 28 juillet 1569 (original).

Ayant remontré au roi que durant les derniers troubles, étant absent pour le service de Sa Majesté, ceux de la religion prétendue réformée avaient brûlé sa maison et château de Lambertie où il avait retiré tous ses titres concernant les terres et seigneuries de Lambertie, de Nouhère et d'Eschallat, Vassoux et autres, il obtint de sa dite Majesté, le 21 mai 1571, des lettres pour informer de la perte desdits titres (copie collat. par des notaires de Paris en 1702). Ce qui est confirmé par un procès-verbal judiciaire, signé par plus de cent témoins, qui constate les vestiges de ce château de Lambertie, nouvellement incendié, et celui de l'ancien château et village de Lambertie, précédemment incendiés par les Anglais, où se trouve l'enceinte d'une église avec la forme de trois autels et où il reste encore un pan de muraille avec une cloche.

Il fut reçu chevalier de l'ordre du roi en 1571. Guidon de la compagnie de trente hommes d'armes de M. le comte des Cars, il était absent lors de la revue passée le 9 décembre 1574 au lieu de Soulhe, paroisse de Rully (Rouillé), en Poitou, près Lusignan (original). Il reçut plusieurs lettres du roi Henri III. Par la première, en date du 22 août 1575, ce prince le prie d'assister M. de Bourdeilles à la reprise de Périgueux; par la seconde, du 14 novembre 1576, il l'assure du désir qu'il a de conserver la paix entre tous ses sujets et lui mande qu'il a fait convoquer les Etats-Généraux en la ville de Blois; par la troisième, du 13 février 1576, il le prie d'assister le sieur de Saint-Maigrin et le sieur de Schomberg à la défense et sûreté de la ville de Limoges, avec le plus grand nombre de ses amis qu'il pourrait rassembler; et par la quatrième, du 22 mai 1589, il l'assure de la bonne volonté qu'il lui porte après tant de preuves qu'il lui a données de sa fermeté et de sa constance à son service, et se persuade qu'il n'a rien diminué de sa fidélité envers lui, etc. (Ces quatre lettres sont en original).

Il fit un échange le 29 mars 1581 de la terre et seigneurie de Nouherre, paroisse d'Asnières et de Meignac, etc., pour la seigneurie d'Echallat, paroisse dudit lieu, près de l'abbaye de La Couronne (original) (1). François de Lambertie, écuyer, seigneur dudit lieu, de Challard, de Vassoux et la Soupèze (2) enseigne de cent hommes d'armes des ordonnances du roi, sous la charge de M. des Cars, acquit les 16 mai, 27 juillet et 15 novembre 1585, de Henry, roi de Navarre, la chatellenie de Melet, dite Miallet, avec droits de suzeraineté sur les villages de Frugie, Saint-Pardoux, etc. (Expédition en vertu d'ordonnance du 24 juin 1591).

Il reçut une lettre de Henri IV (alors roi de Navarre) le 27 juillet 1588, signée : « Votre bien bon ami, HENRI », datée de Bergerac. (Original.) Il en reçut une autre de ce même prince, conçue en ces termes : « M' de Lambertie, entre les gentilshommes de mon pays de Guyenne desquels j'ai désiré d'être servi, j'ai toujours fait principalement état de votre affection au bien de mes affaires par les preuves et importantes occasions où vous avez été employé. Et parcequ'au voyage que je suis délibéré de faire incontinent en mon pays de Lyonnais pour m'opposer aux forces que mes ennemis y font descendre, il se présente une belle occasion d'acquérir de l'honneur, de continuer les effets de votre fidélité ; ayant commandé au sieur de Bourdeille, sénéchal et gouverneur de mon pays de Périgord de s'y trouver, je vous prie aussi de me faire le service de vouloir bien vous y rendre dans le meilleur équipage que vous pourrez, pour participer à l'honneur que mes bons serviteurs auront de m'avoir fidèlement assisté. Je reconnaîtrai à jamais ce bon service à tout ce qui s'offrira à votre bien et avantage. Priant Dieu, Monsieur de Lambertie qu'il vous ait en sa sainte et digne garde. A Paris le 7 mars 1595, (signé) HENRI ».

Il en reçut une autre du même prince (dont la date et la signature sont emportées), où il lui marque qu'il le tient au nombre des plus apparents de sa noblesse de son pays de Limousin et lui commande de reconnaître et d'assister le duc d'Epernon qu'il avait nommé gouverneur de cette province (original) (3). Il était, ainsi que son épouse demoiselle Jeanne de la Douze, au château de Lambertie, paroisse de Miallet, lorsque le 28 mai 1598, ils ratifièrent le contrat de mariage de Catherine leur fille (original).

---

(1) Echallat, canton d'Hiersac, arrondissement d'Angoulême, Charente.
(2) La Soupèze, dans la commune de Dournazac, canton de Saint-Mathieu, arrondissement de Rochechouart, Haute-Vienne.
(3) Cette lettre publié dans le XLI⁰ volume du *Bulletin de la Société archéologique du Limousin*, semble être du 8 novembre 1597, année où le duc d'Epernon prit possession du gouvernement du Limousin.

En 1593, il vendit le fief de Baronnie à noble messire Antoine Arlot de Firbeix.

Par contrat du 7 décembre 1598, passé par Antoine Chadirac, notaire et tabellion royal en la ville et cité de Bordeaux, haut et puissant seigneur Louis de Stuard de Caussade, chevalier de l'ordre du roi, seigneur et vicomte de Saint-Mégrin, comte de La Vauguyon, prince de Carency, Tonnains, baron de Montbrun et autres places, vendit à haut et puissant seigneur François de Lambertie, seigneur dudit lieu, Miallet, Saint-Paul-la-Roche, la Valouse, Vassoux et autres places, habitant au château de Lambertie, paroisse de Miallet, représenté par Gabriel de Lambertie, son fils aîné, « la dite baronnie, terre, seigneurie, justice et châtellenie dudit Montbrun, sise et située au pays de Poitou, paroisse de Dournazac en Limousin, consistant en château, maison-forte, pont-levis, fossés, granges, écuries, jardins, etc..... étangs, moulins, métairies, droits de moutures et de pescheries..... plus les droits de justice haute, moyenne et basse, mère, mixte, impère, droit et exercice d'icelle en tout droit de justice de baronnie et châtellenie, avec pouvoir d'y instituer juge, procureur, greffier, sergent, prévot, notaire..... avec tous droits de dîmes inféodées, tant sur les habitants dudit bourg et juridiction de Montbrun et en la paroisse de Miallet..... plus tous et chacun des hommages, fiefs, arrière-fiefs, dépendant et mouvant de la dite baronnie, savoir par le dit sieur de Lambertie, à cause des fiefs de la Soupèze, Gaudilie, Raymondie et Repaire de Vassoux. Plus par le sieur du Masnadaud et Ganet de Puiffe à cause du fief du Repaire de Faugeras en la paroisse de Miallet. Plus par le sieur de Maumont à cause des fiefs nobles de Maumont, le Chadeau, Lavie. Plus par le sieur de Vieillecourt à cause du fief du Grand-Vieillecourt. Plus par Pierre Deschamps, sieur de la Tranchardie à cause du fief noble de Balangat, ... et a été faite la dite vendition pour et moyennant le prix et somme de vingt milles écuts ». (Papiers de la famille de Conan, donnés aux archives de la Dordogne en 1875).

Il vendit le 2 mars 1599 la terre et seigneurie de la Valouze (1), les villages de la Mosnière, de Pardoux, de Souvieux, Arnesson, la Chevalerie, de

---

(1) La Valouse, commune de Saint-Priest-les-Fougères, canton dn Jumilhac, arrondissement de Nontron, Dordogne. — Saint-Paul-la-Roche, Sainte-Marie-de-Frugie, Saint-Jory, La Coquille, etc., sont dans le même canton. C'est par contrat du 2 mars 1599 que François de Lambertie, seigneur de Miallet, *Saint-Paul-la-Roche, la Valouse*, Vassoux, etc., vendit à Antoine et Jacques Arlot, frères, seigneurs de Frugie et de la Mousnerie, la terre de Saint-Paul-la-Roche et la juridiction de la Valouse, démembrées de la prévôté de Thiviers.

A partir de cette époque, divers membres de la famille Arlot ajoutèrent à leurs premiers titres

Masgondeau, de Chastelary, de la Ribeyroulie, la Blanchardie, de Piaugau, la Coquille, Grateloup, etc, avec tous les droits de haute, moyenne et basse justice dans les paroisses de Saint-Priest, de Saint-Paul, de Sainte-Marie, de Saint-Jory et de Bussière-Galland. (Minutes originales.) Il transigea le 13 avril 1601 avec Jean de Vars, écuyer, seigneur de la Boissière et de la Vergne, gentilhomme ordinaire de la chambre du roi, son beau-frère. (Original.)

Il fit son testament au bourg de Dournazac le 14 novembre 1607, par lequel il dispose de la moitié de ses revenus et des revenus de sa baronnie de Montbrun en faveur de Jeanne de La Douze, son épouse; institue Gabriel son fils aîné son héritier et fait des legs à ses autres enfants. (Original.) François de Lambertie fut tué à l'armée en 1612, après quarante-cinq ans de service. Deux de ses fils et quatre de ses petits-fils finirent de même leur carrière militaire.

En 1873 M. L. Ribault de Laugardière publiait à Nontron des *Notes historiques sur le Nontronnais*, où on lit à la page soixante-unième la phrase suivante : « Partant de Limoges pour venir à Nontron, le voyageur rencontre aux confins de la Dordogne, à un kilomètre de la route, perdues dans les bois, les ruines du château-fort de Lambertie, appartenant autrefois au chef calviniste de ce nom, qui s'empara de Périgueux le 7 [il faut lire le 6] août 1575. » Ma surprise fut grande en voyant François de Lambertie transformé en chef calviniste; mais l'erreur était si évidente, que je ne crus pas nécessaire de la relever.

Quelque temps après M. Léo Drouyn, auteur des *Variétés girondines,* me fit connaître le passage suivant du *Journal de François de Syreuil, chanoine de Saint-André de Bordeaux, archidiacre de Blaye* : « *Item.* et la nuyct du samedi au soir xv° dudit moys d'octobre [1580] la ville de Saint-Emillion fut surprise par ceulx qui tiennent le parti dudict roy de Navarre. Les chefs de la dicte entreprinze estoient les cappitaines Saint-Terre, Lambertie et Melon. » Ce passage est extrait des *Archives historiques de la Gironde*

---

ceux de seigneur de Sainte-Marie et de la Valouse, notamment dans deux actes du 4 mars 1603 et 17 février 1609, consentis par noble Jacques d'Arlot et par noble Antoine d'Arlot.

Mais la seigneurie de Saint-Paul-la-Roche passa plus tard en d'autres mains, d'après le *Nobiliaire* de Nadaud, où nous lisons que le 31 juin 1633, Jean de Saint-Fief, seigneur de Saint-Paul-la-Roche, épousa Louise de Coral, et que de 1715 à 1720, Marie de Conan, épousa Gabriel d'Expert, chevalier, seigneur de Saint-Paul-la-Roche, en Périgord.

et les rédacteurs de cet ouvrage ont ajouté en note : « François de Lambertie, gentilhomme limousin, tué en 1612 après avoir brillamment porté les armes pendant quarante-cinq ans. »

Pour ne pas laisser cette erreur se propager, il était bon de la signaler, et de remonter aux sources pour en découvrir la cause. C'est ce que j'ai fait dans deux articles insérés au *Bulletin de la Société historique et archéologique du Périgord* (t. VI, p. 245, et t. VII, p. 297). Il y avait en effet à cette époque dans l'armée calviniste un capitaine du nom de Lambertie, qui contribua à la prise de Montflanquin en 1574, à celle de Périgueux en 1575 et à celle de Saint-Emilion en 1580, mais il est bien différent de François de Lambertie, qui eut son château de Lambertie pris et brûlé par cette même armée calviniste, et auquel Henri III écrivait le 22 août 1575 pour l'envoyer avec le sieur de Bourdeille et le duc d'Epernon reprendre la ville de Périgueux.

Tous les auteurs qui ont écrit sur les guerres de cette époque sont restés dans la vérité en nommant un capitaine Lambertie parmi les chefs calvinistes, (D'Aubigné, t. II, liv. II p. 162. — R. P. Jean Dupuy : *l'Etat de l'Eglise du Périgord*, t. II, p. 200. — De Verneilh-Puyraseau : *Histoire d'Aquitaine*, t. III, p. 15), mais l'auteur des *Notes historiques sur le Nontronnais* est tombé dans l'erreur en disant que « le château-fort de Lambertie appartenait autrefois au chef calviniste de ce nom », tout comme les rédacteurs des *Archives historiques de la Gironde* en affirmant que ce chef calviniste était « François de Lambertie, gentilhomme limousin, tué en 1612. »

Grâce au bienveillant concours de M. Léo Drouyn, j'ai pu découvrir quel était ce chef calviniste. Il y avait une maison noble de La Lambertie dans la juridiction de Sainte-Foy-la-Grande, elle était située dans la paroisse de Pineuilh, sur les confins de celle de Saint-André-Cabouze (canton de Sainte-Foy, arrondissement de Libourne, Gironde). Un contrat de mariage nous en donne la preuve : « Le cinq septembre 1514, contrat de mariage passé dans la maison noble de La Lambertie, juridiction de Sainte-Foy en Agénois, entre noble Giron de Carentelle, écuyer, seigneur du noble repaire de La Lambertie d'une part, et Audette Gaillard, damoiselle, d'autre part. » Plus tard, le 2 mars 1580, le seigneur d'une maison noble des environs de Sauveterre, adressant une requête aux membres du Parlement de Bordeaux, se plaint que sa maison ait été saccagée par « aulcuns

CHATEAU DE MONTBRUN

soldats catholiques de la ville de Sauveterre, lesquels y auroient mis ceulx de la nouvelle prétendue religion, même Jehan Caratele (*sic*) sieur de La Lambertie, avec sa suite. »

Voilà le capitaine calviniste désigné par les historiens sous le nom de Lambertie. Il se nommait Jean Carentelle, seigneur du noble repaire de La Lambertie, en Agénois. Il n'avait rien de commun, si ce n'est une ressemblance de nom avec François de Lambertie, seigneur de Lambertie.

François de Lambertie épousa par contrat passé, au château de la Douze, par Castaingt, notaire, le 1ᵉʳ juillet 1571, demoiselle **Jeanne d'ABZAC DE LA DOUZE**, fille de messire Gabriel d'Abzac de la Douze, chevalier, seigneur de Reilhac et de Verg, chevalier de l'ordre du roi, et de demoiselle Anne *alias* Antoinette de Bernard, dame de Vieilleville. A ce contrat étaient présents et ont signé : les seigneurs de Bourdeille, de Meillars, de Bruzac. Les armes de la famille d'Abzac sont : *écartelé aux 1ᵉʳ et 4ᵉ d'argent à vne bande d'azur chargée au milieu d'un besant d'or, à la bordure d'azur, chargée de huit besants d'or*, qui est d'Abzac; *aux 2ᵉ et 3ᵉ d'or à vne fasce de gueules accompagnée de six fleurs de lis d'azur*, qui est de Barrière. Le 23 avril 1578 Jeanne d'Abzac donna, avec son mari, quittance de sa dot, montant à la somme de 10,000 livres. (Minute originale.) Elle était présente au contrat de mariage de Gabriel de Lambertie, son fils aîné, le 3 février 1605, et assistait encore, étant veuve, le 6 juin 1615, au mariage de Gabriel, son troisième fils, auteur de la branche de Chambouraud.

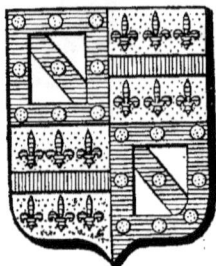

Leurs enfants furent :

1° **Gabriel de LAMBERTIE**, qui suit;

2° **Louis de LAMBERTIE**, écuyer, seigneur du Chalard (d'Echallat), donna une quittance à son frère le 13 février 1613. Il était capitaine, commandant une compagnie au régiment de Sauvebœuf, le 26 octobre 1615 (Original.), et devint mestre de camp de seize enseignes de cent hommes chacune, et maréchal de camp. Il fut tué à l'armée.

3° **Gabriel de LAMBERTIE**, seigneur de La Valouze, capitaine de cent hommes d'armes, qui a fait la branche de Chambouraud rapportée § V.

4° **Jean de LAMBERTIE** qui fit ses preuves en 1603 pour entrer dans l'ordre de Malte et y fut reçu le 11 novembre 1604. (Original, extrait du livre vert.) Son père lui légua son entretien en 1607 jusqu'à ce qu'il fut pourvu d'une commanderie dans l'ordre de Malte. Il fut parrain de sa nièce en 1624, et légataire de François son frère en 1639. Il commandait la galère de Mgr le duc d'Espernon, le 6 octobre 1627. Il fut un des premiers capitaines du régiment d'Abwine(?). Etant commandeur de Ville-Dieu il fit recevoir Jean de La bertie, son neveu, chevalier de Malte, en la langue d'Auvergne, sur preuves faites en 1621. Il fut successivement receveur général du grand prieuré de Saint-Gilles et de celui de Champagne. Il fut aussi capitaine au régiment d'Halvinck (Halluin).

5° **François de LAMBERTIE**, curé de Miallet (6 mars 1630), et de Vars. Il est dit noble Mgr François de Lambertie, prieur commendataire de La Faye, abbé de Plaignes, dans un acte de 1635. (Original.) Il fut aussi prévôt de Saint-Raphaël.

6° **Georges de LAMBERTIE**, seigneur de Saint-Paul, fut gentilhomme ordinaire de la chambre du roi, charge dont il se démit en faveur de son neveu. Il fut institué héritier universel de François de Lambertie, son frère, en 1639. Il était lieutenant d'une compagnie de cavalerie du marquis de La Ferté-Senectère, gouverneur de Lorraine, le 22 février 1644. (Acte original.) Dans un acte passé avec son frère François de Lambertie, seigneur de Mazières, le 21 octobre 1651, il est dit Mgr Georges de Lambertie, seigneur de Saint-Paul, commandant la compagnie de chevau-légers de M. le Maréchal de La Ferté-Senectère. Il était capitaine de cavalerie, au service du roi en Lorraine, lorsqu'il fit son testament à Miallet le 14 mars 1657. Il fut inhumé le 17 ...... 1657 dans l'église de Miallet.

7° **François de LAMBERTIE**, seigneur de Mazières et de Villers-sur-Genivault. Il devint acquéreur de cette dernière seigneurie par décret du bailliage de cette ville le 27 septembre 1647, et il l'engagea plus tard à Jean de Lambertie, son neveu. Il fut successivement page du roi, capitaine de cent hommes au régiment de Lambertie en 1635, capitaine au régiment de Languedoc. Il assista au siège de Leucate en 1637, où il fut blessé en combattant courageusement. (*Mercure de France*, t. XXI, fol. 470 et 5049). Étant sur le point d'aller au secours de Salus, il fit son testament olographe le 14 octobre 1639. (Original.) Il était lieutenant du roi au gouvernement de la citadelle de Metz, lorsqu'il passa un acte avec Georges, son frère, le 21 octobre 1651. (Original.) Il fut aussi lieutenant du roi au gouvernement de Furnes, comme on le voit dans les inventaires faits après sa mort en 1658 et 1659. (Originaux.)

8° **Gabriel de LAMBERTIE,** qui se destinait d'abord à l'état ecclésiastique, fut depuis seigneur de La Brousse et cornette d'une compagnie de chevau-légers, commandée par M. de Maillé. Il fut tué au service du roi. Sa mort et celle de Louis, seigneur du Chalard, son frère, sont mentionnées dans les lettres patentes de l'érection en comté des châtellenie et baronnie de Lambertie et Montbrun.

9° **Catherine de LAMBERTIE,** qui épousa : 1° par contrat du 29 août 1594, noble **Roland JOUSSINEAU DE LA VERGNE,** écuyer, seigneur d'Estivaux (1), coseigneur de La Vergne, fils de Pierre Joussineau III° du nom, et de Hélène de Badefol. Il mourut le 8 février 1596, au château de Lambertie, chez son beau-père, et fut enterré le 11 dans l'église de Vic. (*Nobiliaire du Limousin*, II, p. 465.) Les armes de cette famille sont : *de gueules au chef d'or.*

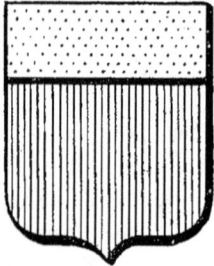

Elle se maria : 2° par contrat du 30 juin 1597, ratifié le 28 mai 1598, à **Jean de LA FAYE,** écuyer, fils aîné de Léonet de La Faye, écuyer, seigneur de Saint-Privast et du Bost, et de demoiselle Léonarde de La Brousse. Cette famille porte : *de gueules à la croix d'argent, au lambel de cinq pendants de même en chef.* Le 14 mars 1631, Gabriel de Lambertie, chevalier, seigneur dudit lieu, baron de Montbrun, faisait insinuer à Périgueux, pour lui et pour Catherine de Lambertie, sa sœur, la donation faite par elle en faveur de son mariage à Jean de La Faye, écuyer, seigneur de Saint-Privat, son fils, comme il est contenu dans le contrat du 7 mai 1630, reçu et signé par Marilhaud, notaire royal. (Archives de la Dordogne. — Insinuation.)

---

(1) Estivaux, commune de Vic, canton de Saint-Germain-les-Belles, arrondissement de Saint-Yrieix Haute-Vienne.

10° **Henrie**, *alias* **Henriette de LAMBERTIE**, que son père, par son testament de 1607, dote pour être religieuse ; elle entra en effet au monastère de Boubon (1), dépendant de Fontevrault, le dernier février 1604, et y fut religieuse.

11° **Isabeau de LAMBERTIE**, qui épousa par contrat du 13 février 1611, noble **Pierre de La FAYE**, fils de noble Alain de La Faye, écuyer, seigneur de Chardeuil, la Martinie, Segonzac, et de demoiselle Jeanne Vigier, dame de la Martinie (Original.) Leur fille Marguerite de La Faye, épousa, par contrat passé au château de Lambertie, le 12 février 1654, Jean de Lambertie, seigneur de Menet (§ VI, degré VII). La Faye porte : *de gueules à la croix d'argent au lambel de cinq pendants de même en chef* ou *de gueules à la croix ancrée d'argent*.

12° **Charlotte de LAMBERTIE**, qui épousa en 1597, **Philippe de VASSOIGNE**, écuyer, seigneur de la Forêt-d'Horte. Il vivait le 26 février 1632. (Exploit original signé de Chassac, sergent royal.) Les armes de cette famille sont : *d'or au lion de sable couronné de même* (ou *de gueules*), *armé et lampassé de gueules, à trois souches d'arbre de sable, 2 et 1.* (*Nobiliaire du Limousin*, IV, 620). Ailleurs on lit : « *d'or au lion couronné de sable* ».

13° **Françoise de LAMBERTIE**, religieuse à l'abbaye de la Règle à Limoges.

14° **Gabrielle de LAMBERTIE**, qui épousa par contrat du 19 mai 1604, passé au château de Lambertie, devant F. Labrousse, notaire royal, **Jean ARLOT**, écuyer, sieur de Peyrussas (2), fils aîné d'Antoine Arlot, écuyer, seigneur de Firbeys (3) et de La Mosnerie. En faveur de

---

(1) Boubon. L'ancienne paroisse de Boubon, est réunie à celle de Cussac, canton d'Oradour-sur-Vayres, arrondissement de Rochechouart, Haute-Vienne.

(2) Peyrussac, commune de Bussière-Galand, canton de Chálus, arrondissement de Saint-Yrieix, Haute-Vienne.

(3) Firbeys, canton de Saint-Pardoux-la-Rivière, arrondissement de Nontron, Dordogne.

ce mariage, ledit seigneur de Firbeys donna à son fils le château de La Mosnerie, où il habitait alors, avec le jardin, granges, préclotures, le tout situé entre le bourg de Firbeys et le village de Guadonneys. Etaient témoins de ce contrat François Aimeric du Chastain, écuyer, seigneur dudit lieu, Antoine Chapelle de Jumilhac, écuyer, seigneur dudit lieu, Jacques d'Arlot, aussi écuyer, seigneur de Frugie (1), François Chapelle de Jumilhac, écuyer, seigneur de la Vallade, etc. On voit par le même contrat que Gabrielle de Lambertie, eut le repaire noble de Vassoulx, situé dans la paroisse de Frugie, estimé seize mille deux cents livres tournois. Son testament fait le 14 mai 1620, devant Chabassier, notaire, fut insinué à Périgueux, le 17 septembre 1632. Les armes de la famille Arlot sont : *d'azur à trois étoiles d'argent rangées en fasce, accompagnées en chef d'un croissant d'argent et en pointe d'une grappe de raisin d'or, tigée et feuillée de même* (ou *de sinople*).

15° **Françoise de LAMBERTIE**, que son père invita par son testament de 1607 à se faire religieuse. Dans des généalogies elle est même dite religieuse, à l'abbaye de la Règle à Limoges. Par erreur La Chesnaye des Bois, la dit épouse de N..., Texier, seigneur de Javerlhac.

VI. — Haut et puissant seigneur **Gabriel de LAMBERTIE**, comte de Lambertie, baron de Montbrun, chevalier, seigneur de Lambertie, Miallet, Pensol, le Chalard, Saint-Paul-la-Roche et les Plassons, chevalier de l'ordre du roi, conseiller en tous ses conseils, etc., fut successivement capitaine de chevau-légers, mestre de camp de vingt enseignes de cent hommes chacune, maréchal de camp, commandant de Vieuchâteau, lieutenant général pour le roi, ayant le commandement des ville et citadelle de Nancy. Il était présent le 7 février 1608 au contrat de mariage de Jeanne de Lambertie, fille du seigneur de Marval, son cousin. Son père l'avait institué son héritier universel par son testament du 14 novembre 1607. Il assista au contrat de mariage de Gabriel, son frère puiné, du 6 juin 1615.

---

(1) **Frugie** : Saint-Pierre-de-Frugie, canton de Jumilhac-le-Grand, arrondissement de Nontron, Dordogne.

Il eut le 24 août 1621 un certificat de Henri de Bourdeille, capitaine de cent hommes d'armes, gouverneur et sénéchal de Périgord, portant qu'il avait servi et servait Sa Majesté avec distinction, avec nombre de ses amis qui l'avaient accompagné en bon équipage de guerre. (Original.) Habitant le château de Lambertie, en Périgord, il passa une transaction le 15 février 1628, à l'occasion de François de Lambertie, son fils aîné. (Original.)

Le baron de Lambertie défit un corps de Lorrains en 1630. (*Histoire de Lorraine*). Il est dit mestre de camp d'un régiment composé de douze enseignes de cent hommes chacune et commandant dans la ville et citadelle de Stenay, dans deux actes, l'un du 29 mars, et l'autre du 22 septembre 1632. (Originaux.) Ce fut « en considération de ses services et de ses mérites » que le roi le nomma mestre de camps de ce régiment par commission du 6 février 1632. (Original.) Il fut désigné pour prendre possession des villes, châteaux et citadelles de Stenay, Jametz et Cermont, pour y commander suivant les articles arrêtés le 26 juin 1632. (Commission originale.) Il commandait dans la ville et la citadelle de Coblentz, lorsqu'il obtint du roi, le 28 août 1633, une gratification de 3,000 livres. D'après un certificat du 14 mars ·1633, il rendit des services importants à la ville de Coblentz. (Original.) Il présenta requête le 27 octobre 1635, au sénéchal de Poitou, pour être dispensé de se trouver à l'arrière-ban, en considération des services qu'il rendait en personne à Sa Majesté. (Original.) Dame Isabeau de Rochechouart, son épouse obtint le 20 juin 1636, un certificat de plusieurs gentilhommes portant que Gabriel de Lambertie, baron de Montbrun, son mari, servait Sa Majesté avec son régiment de douze enseignes depuis trois ans sans interruption, qu'il avait levé ce beau et brave régiment il y avait plus de trois ans et qu'il l'avait conduit en Lorraine à l'armée commandée par le maréchal de la Force.

Gabriel de Lambertie reçut, depuis l'an 1623 jusqu'en 1636, vingt-cinq lettres de Sa Majesté par lesquelles elle se loue de son affection et de sa fidélité à son service ; lui ordonne différentes marches vers la Picardie, à Stenay, à Jametz, à l'armée d'Allemagne, à Nancy, et lui donne différents ordres relatifs au service. (25 lettres originales.) Pendant le même temps il en reçut d'autres de Monsieur de Vaubecourt, du maréchal de Schomberg, de Monsieur de Saint-Chaumont, qui sont remplies de témoignages honorables de sa valeur ; une de l'Electeur de Trèves, une du cardinal de Richelieu, etc. (Original.) Etant colonel d'infanterie, il fut dangereusement blessé à l'attaque des retranchements de Leucate, sous les ordres du duc d'Hallwin, en 1737.

(*Histoire du Languedoc et Mercure français*, t. XXI, p. 470 et suivantes.)
Le 15 juin 1642 il était lieutenant du roi au gouvernement de Nancy,
lorsqu'il fut commandé pour aller au secours de la ville de Neufchâteau,
attaquée par les troupes du duc de Lorraine, avec ordre à tous mestres de
camp et autres officiers de lui obéir comme chargé de commander les dites
troupes. (Original.)

De 1637 jusqu'en 1645, il reçut seize lettres de Sa Majesté par lesquelles
elle lui marque qu'elle a en particulière recommandation les services qu'il
lui rend pour la conservation de la place de Nancy; lui ordonne de faire
chanter le *Te Deum* à Nancy à l'occasion de la naissance de son second
fils (22 septembre 1640); il lui donne des éloges sur sa conduite dans
l'échange des prisonniers, etc. (Toutes ces lettres sont en original.) Il en
reçut aussi une du cardinal Mazarin, en date du 22 janvier 1643, par
laquelle ce ministre l'assure de son affection : « J'estime trop votre mérite,
dit-il, et je sais assez combien vous êtes utile au service de Sa Majesté,
pour avoir d'autres sentiments pour vous. » (Original.)

Pendant que Gabriel de Lambertie était lieutenant du roi à Nancy et
mestre de camp d'un régiment de vingt compagnies à drapeau blanc,
il obtint du Roi, le 1er juin 1644, des lettres patentes d'érection en
comté de sa châtellenie de Lambertie, située en la province de Guyenne
et dépendant du présidial de Périgueux. Dans le préambule de ces lettres
il est dit qu'il avait rendu des services signalés à Sa Majesté et à
ses prédécesseurs depuis plus de cinquante ans, tant dans la charge qu'il
occupait, qu'en celle de capitaine de ses chevau-légers; que son père,
qui était chevalier de Saint-Michel, avait aussi rendu des services en
plusieurs importantes occasions; qu'il avait perdu la vie ainsi que deux
frères dudit Gabriel et un de ses enfants, pour le service du roi et qu'il
n'avait eu jusqu'à présent aucune récompense; que ladite châtellenie de
Lambertie, possédée de temps immémorial par ses prédécesseurs en
portant le nom, était un grand bourg où il y avait château avec fossés
et pont-levis, dont dépendaient plusieurs villages, terres, fiefs, vassaux, etc.
(Original). Lesdites lettres furent enregistrées au Parlement et à la
chambre des comptes. Le roi en érigeant ainsi la châtellenie de Lambertie
en comté, y joignit celle de Miallet et de Pensol, ainsi que la baronnie de
Montbrun.

Il reçut aussi une lettre du cardinal de Mazarin, par laquelle ce ministre
lui mande qu'il est bien juste qu'après avoir consommé tant d'années au

service, il ajoute le repos et la tranquillité ; qu'il a trouvé le roi très disposé à récompenser ses travaux, en lui procurant quelques marques d'honneur qu'il souhaitait; qu'en attendant Sa Majesté avait donné à son fils les expéditions nécessaires pour être pourvu de son régiment et de la lieutenance du roi, dont son mérite d'ailleurs le rendait très digne, etc. (Original.)

Gabriel de Lambertie épousa par contrat passé au château de la Forest en Poitou, le 3 février 1605, devant Raymond et Pinguet, notaires, **Isabeau (de PONTVILLE) de ROCHECHOUART,** fille de feu haut et puissant messire Louis vicomte de Rochechouart, chevalier de l'ordre du roi, capitaine de cent hommes d'armes de ses ordonnances et de haute et puissante dame Madeleine de Bouillé, son épouse ; la future est assistée de sa mère et de haut et puissant vicomte Jean de Rochechouart, autre Jean, René et Joachim de Rochechouart, ses frères. (Original.) Cette dame était cousine du 4° ou 5° degré des rois de France Henri III et Henri IV, et des rois d'Espagne et d'Angleterre. Elle obtenait une sentence du présidial de Poitiers, le 6 septembre 1616. (Expédition originale.) Elle assistait au mariage de Jean de Lambertie, son fils puîné, le 1er janvier 1641. (Original.) De Pontville de Rochechouart (famille substituée à la branche aînée des Rochechouart) porte : *Fascé, ondé d'argent et de gueules de six pièces* (Rochechouart); *écartelé de gueules au pont d'or* (Pontville).

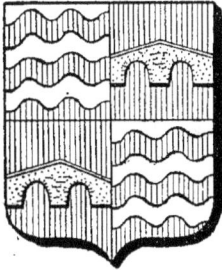

Leurs enfants furent :

1° **François de LAMBERTIE,** qui suit ;

2° **Jean de LAMBERTIE,** qui a formé la branche de Lorraine, rapportée § II.

3° **Georges de LAMBERTIE,** baron de Saint-Paul, capitaine au régiment de La Ferté, puis lieutenant-colonel du même régiment, par démission de Georges de Lambertie son oncle (commission du 30 décembre 1645), gentilhomme ordinaire de la chambre du roi; fut tué à l'armée. Il avait fait son testament au château de Lambertie, le 14 mars 1657. (Publié aux documents).

4° **François de LAMBERTIE,** lieutenant-colonel du régiment de M. le duc d'Espernon, fut tué à l'armée à Furnes (Flandre), ce qui est mentionné dans les lettres patentes obtenues par son père au mois de juin 1644.

5° **Anne de LAMBERTIE**, qui fit profession à l'abbaye de la Règle à Limoges en 1630. (Original.)

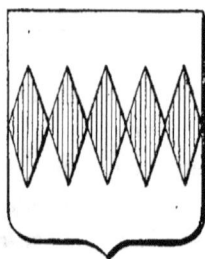

6° **Jeanne de LAMBERTIE**, qui épousa en 1623, **Charles JOUBERT DE LA BASTIDE**, chevalier, seigneur de Châteaumorand, Fressinet, Coignac, fils d'Annet Joubert, baron de Châteaumorand et d'Hélène de Joussineau, dont une fille Françoise, qui se fit religieuse à Boubon en 1655 (*Nobil. du Lim.*, II p. 451). Elle est nommée dame de Fressinet, dans une transaction passée entre ses frères le 5 mai 1630. La famille Joubert de la Bastide porte pour armes : *d'argent* (alias *d'or*) *à cinq fusées de gueules, mises en fasce.*

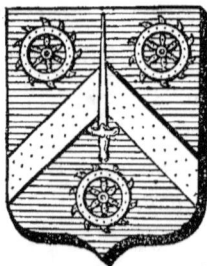

7° **Catherine de LAMBERTIE**, qui épousa en premières noces le 1ᵉʳ février 1643, au château de Lambertie, noble **Gaspard de GENTILS**, écuyer, seigneur de la Jonchapt et de Villebranges, fils d'Yrieix de Gentils et d'Isabeau de Jonrnet. Les armes de cette famille sont : *d'azur, à un chevron d'or, accompagné de trois roues de Sainte-Catherine de même, deux en chef et une en pointe, et une épée d'argent posée en pal, le pointe en haut, brochant sur le tout.*

Elle se maria en secondes noces le 26 octobre 1662 à Messire **Pierre des BORDES**, écuyer, seigneur de Murat, capitaine au régiment d'Estissac (Maintenue de Noblesse, des Bordes). Il portait pour armes : *d'or à une tête de Maure de sable, le turban d'argent; au chef d'azur chargé de trois branches de fougère d'argent* (alias *de sinople*) *en fasce.*

6

VII. — Haut et puissant seigneur, **François, comte de LAMBERTIE**, baron de Montbrun, chevalier, seigneur de Miallet, Pensol, le Chalard, Saint-Paul-la-Roche, La Tranchade (1), Marillac-le-Serf, Saint-Victurnien (2), Marillac-le-Franc, la Robinière et le Breuil, chevalier de l'ordre du roi, etc. Son nom se trouve gravé sur une pierre engagée dans la muraille extérieure de l'église de Miallet portant l'inscription suivante : F. DE LAMBERTYE — 1619.

En 1632 il était premier capitaine du régiment de Lambertie, dont son père était colonel, et tenait garnison pour le service du roi dans la ville et citadelle de Stenay. Il passa une transaction au château de Lambertie le 5 mai 1639, avec Jean, son frère puîné, qui était sur le point de se marier en Lorraine, par laquelle la légitime dudit Jean est fixée à la somme de 12,000 livres. (Minute originale.) Le 11 janvier 1645, il fit faire avec la dame Aymerie de Nesmond, son épouse, et Jean, marquis de Rochechouart-Mortemart et de Saint-Victurnien, et dame Marie de Nesmond, sa femme, un inventaire des meubles de la seigneurie de la Tranchade. (Original.) Marie de Nesmond étant veuve et sans enfants, attaquée depuis quatre mois de la fièvre quarte, fit son testament, reçu Mallet, au château de Saint-Victurnien, (2) le 8 février 1667, par lequel elle veut être inhumée dans l'église dudit lieu, au tombeau de son mari, institue héritière Marie d'Aydie, comtesse de Lambertie, épouse de Jean-François de Lambertie. (NADAUD, *Nobiliaire*, art. Rochechouart.) C'est par ce testament que la terre de Saint-Victurnien entra dans la famille de Lambertie.

Le duc d'Espernon écrivait de Cadilhac, au comte de Lambertie, le 26 août 1649 : « Monsieur, j'ai su les sentiments obligeants dans lesquels vous êtes pour moi et l'affection que vous témoignez avoir pour venir me joindre dans les occasions qui se présentent pour le service du roi, et me réservant à vous donner avis du temps auquel il sera à propos que vous vous donniez cette peine, je me contente maintenant de vous protester que je suis très obligé à vos bontés et que je m'estimerais heureux de pouvoir par quelques services vous témoigner à quel point je suis, Monsieur, votre très fidèle ami et serviteur. Le duc d'Espernon. » (Original.

---

(1) La Tranchade, château dans la commune de Gurat, canton d'Angoulême, Charente.
(2) Saint-Victurnien, canton de St-Junien-sur-Vienne, arrondissement de Rochechouart, Hte-Vienne.

Le 28 mars 1658, il vendit à Yrieix Chouly de Permangle et à sa femme, Anne de Saint-Mathieu, plusieurs cens et rentes, assis sur les villes haute et basse de Châlus (1) pour le prix de 3,200 livres que les acquéreurs s'engageaient à payer au frère du vendeur, messire Jean de Lambertie, chevalier, gouverneur de Longwy, lieutenant du roi au gouvernement de la ville de Nancy. (*Nobiliaire du Limousin*, III, p. 418.) Il mourut le 12 juin 1658 et fut enterré le lendemain dans le chœur de l'église de Notre-Dame de Miallet. (Extrait légalisé.)

Il avait épousé : 1° par contrat passé en la ville de Niort, le 29 novembre 1623, demoiselle **Jeanne de NOSSAY**, fille de haut et puissant seigneur François de Nossay, seigneur de Thorigné, de Biarroux, du grand et du petit Puy, et de dame Françoise Laurens. (Original.) Elle était morte avant le 15 février 1628, date à laquelle son son mari fit une transaction avec François de Nossay, chevalier, seigneur de Torrigny, Biarroux, etc., père de la dite Jeanne. (Original.) Il ne vint pas d'enfant de ce mariage. Nossay porte : *d'argent à trois fasces de sable, accompagnées de dix merlettes aussi de sable, 4, 3, 2 et 1.*

Il épousa : 2° par contrat passé au château de la Tranchade le 23 novembre 1633, demoiselle **Aimerye de NESMOND**, fille de François de Nesmond, chevalier, seigneur de la Tranchade, gentilhomme ordinaire de la chambre du roi, lieutenant d'une compagnie de gens d'armes des ordonnances de sa Majesté, et de feue Jeanne de Volvire, laquelle eut en dot la somme de 50,000 livres. Elle fit plusieurs testaments et différents codicilles en 1672 et en 1673, qu'elle révoqua successivement ; par le dernier, du 8 janvier 1673, passé à St-Victurnien, chez sa sœur, devant A. Mallet, notaire, elle fait donation à ses petites-filles (les filles de Jean-François de Lambertie, son fils aîné). Elle mourut à l'âge de soixante-douze ans et fut inhumée à Miallet le 20 novembre 1679. Les armes de la famille de Nesmond sont : *d'or à trois cors de chasse de sable, liés de gueules.*

_____

(1) Châlus, chef-lieu de canton, arrondissement de Saint-Yrieix, Haute-Vienne.

Leurs enfants furent :

1° **Jean-François de LAMBERTIE**, qui suit ;

2° **François de LAMBERTIE**, qui fut enterré à St-Etienne-du-Mont, à Paris, en 1664;

3° **André de LAMBERTIE**, baptisé le 23 mai 1649, mourut le 22 décembre 1711, et fut enterré dans l'église de Sainte-Marie de Miallet. Il est souvent appelé André Nesmond de Lambertie. Il avait épousé le 8 décembre 1672 demoiselle **Julie de NESMOND**, veuve en premières noces de Gilbert du Pin, chevalier, seigneur de la Coste et de la Pardomie, et en secondes noces de Charles du Pin, chevalier, seigneur de Lagerie, fille de Philippe de Nesmond, chevalier, seigneur baron des Etangs, et de feue demoiselle Isabeau de Pressac. Ils eurent une fille : **Marie-Pétronille**, née le 30 juillet 1680 et baptisée dans l'église de Chassenon.

4° **Marie-Elisabeth**, *alias* **Isabeau de LAMBERTIE** baptisée le 24 septembre 1634. Elle épousa, le 12 septembre 1649, **Martial de VERTHAMONT**, comte de Lavaux, chevalier, seigneur du Mas du Puy, etc., premier chambellan de Monsieur (Gaston de France) frère unique du roi. Martial de Verthamont était fils de François de Verthamont, chevalier, seigneur de Lavaux, et de feu dame Jeanne de Chevaille. Les armes de la famille de Verthamont sont : *écartelé au 1er de gueules au lion d'or ; aux 2e et 3e à cinq points d'or équipollés à quatre d'azur; au 4e de gueules plein.*

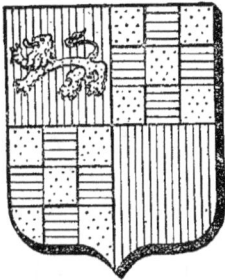

5° **Anne-Marie**, *alias* **Emerye de LAMBERTIE**, religieuse à Boubon, nommée dans des actes de 1657 et du 6 janvier 1658.

6° **Marie de LAMBERTIE**, qui épousa : 1° dans l'église de Miallet, le 1er août 1661, **Jacques de VIROULAUD**, chevalier, seigneur de Marillac, en Angoumois, capitaine de cavalerie. De ce mariage vinrent des enfants, dont descendent les barons de Chasteigner du Lindois et MM. du Haumont et de La Rochefoucaud-Magnac. Jacques Viroulaud était fils de Pierre Viroulaud et de Renée d'Escravayat. Ses armes sont : *colicé en pal d'argent et de gueules de onze pilles, au lambel de trois pendants d'argent.*

Elle épousa : 2° **Robert d'ENJOBERT**, chevalier, seigneur de Martillac, en Auvergne, major-général des dragons duroi. Il était fils de François Enjobert et de Jeanne Savaron (*Nobiliaire d'Auvergne*, II, p. 393), et portait pour armes : *d'azur à 3 épis d'or, 2 et 1*. Il n'y eut pas d'enfants de ce mariage.

7° **Marie-Françoise de LAMBERTIE**, née le 26 juin 1647, baptisée le 7 juillet dans la chapelle de Girac, en Angoumois, épousa : 1° par contrat du 4 février 1665, reçu par Mallet, Monseigneur **François de MAULMONT**, chevalier, seigneur de Lasterie, le Chadaud, La Vie, Lamidet, Balengeas, veuf de Suzanne d'Eyquen, fils de Jean de Maumont, et de sa première femme Catherine des Cubes. De Maumont porte : *d'azur au sautoir engrelé d'or, accompagné de quatre tours d'argent maçonnées de sable*. On trouve cependant que la branche de Lasterie a porté : *d'azur à la croix besantée d'or*.

Marie-Françoise de Lambertie épousa : 2° par contrat du 20 juin 1702, **Jean ROUX**, chevalier, seigneur de Pombost, paroisse de Saint-Front-la-Rivière, diocèse de Périgueux (1), Aixe et Vigneras. Elle fit son testament à Pombost, le 20 décembre 1710, et mourut au château de Lasterie le 30 novembre 1720; elle fut inhumée dans l'église paroissiale de Dournazac, le lendemain, et laissa plusieurs filles. (*Nobiliaire du Limousin*, III, p. 214.) La famille Roux de Vigneras porte : *d'argent à trois fasces d'azur, au chef d'azur, chargé de trois fleurs de lis d'or*.

Une de ses filles, Jeanne de Maumont, épousa Jean de Campniact, chevalier seigneur de Romain, qui devint baron de Montbrun, et transmi, cette baronnie, par le mariage de sa petite-fille, Marie de Campniac à la famille de Conan, qui la garda jusqu'à la Révolution.

8° **Catherine-Marie de LAMBERTIE**, baptisée le 4 novembre 1655.

---

(1) St-Front-la-Rivière, canton de St-Pardoux-la-Rivière, arrondissement de Nontron, Dordogne.

VIII. — Haut et puissant seigneur **Jean-François de LAMBERTIE**, comte de Lambertie, marquis de Saint-Victurnien (1), baron de Montbrun, seigneur de Miallet, Pensol, etc., fut maintenu dans sa noblesse par M. Pellot, intendant de Guyenne, par sentence du 28 avril 1668. Il est nommé dans le testament de Georges de Lambertie, seigneur de St-Paul, son grand-oncle, du 14 mars 1657. Anne-Marie de Lambertie, sa sœur, fit une renonciation en sa faveur le 6 janvier 1658. Il mourut, n'étant pas pas encore âgé de trente ans, au château de St-Victurnien, le 7 mai 1667, et fut inhumé le lendemain au tombeau de ses prédécesseurs, dans la chapelle de Lambertie, paroisse de Miallet.

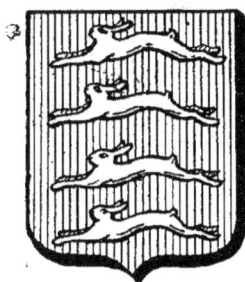

Il épousa, par contrat du 1er octobre 1654, passé au château des Bernardières, paroisse de Champeau, en Périgord (2), demoiselle **Marie d'AYDIE**, née le 15 juillet 1642, fille de haut et puissant seigneur Armand, comte d'Aydie, chevalier, seigneur des Bernardières et de Montcheuil, et de haute et puissante dame Charlotte de Belcier, baronne de Cozes, en Saintonge. Le mariage fut célébré dans l'église de Champeau. Elle hérita, ainsi que sa fille aînée Marie, de Marie de Nesmond, veuve donataire de Jean de Rochechouart, marquis de Saint-Victurnien, dont le testament est du 8 février 1667.

Marie d'Aydie étant veuve, assistait au contrat de projet de mariage de Marie, sa fille, le dernier novembre 1667, passé au château de Lambertie, mariage qui n'a pas eu lieu. Elle passa une procuration le 25 janvier 1668 en qualité d'héritière de feue haute et puissante dame Marie de Nesmond, veuve de haut et puissant seigneur Jean de Rochechouart, marquis de Saint-Victurnien. (Minute originale.) Elle fit une acquisition le dernier février 1686. (Original.) Le 12 mars 1670, Marie d'Aydie, comtesse de Lambertie, baronne de Montbrun, dame de Miallet, la Valouse, Pensol, Marilhac, etc., fait donner assignation à différents particuliers pour se faire rendre les foi-hommages et dénombrements qu'on lui devait, à cause du comté de Lambertie et de la baronnie de Montbrun. (Original.) Le 14 janvier 1709, elle reçut, au château de Lambertie, de Jean de Campniac, seigneur de Saint-Romain, foi et hom-

---

(1) Saint-Victurnien, canton de Saint-Junien, arrondissement de Rochechouart, Haute-Vienne.
(2) Champeau, canton de Mareuil, arrondissement de Nontron, Dordogne.

mage pour le fief de Maumont. (Copie originale.) Le même jour elle
reçut encore foi et hommage pour les fiefs de La Vie, Lasterie. Elle
mourut à Paris le 10 février 1712 et fut enterrée le lendemain, étant
âgée d'environ soixante-onze ans. Les armes de la famille d'Aydie sont :
de gueules à quatre lapins d'argent courant l'un sur l'autre.

De ce mariage vinrent :

1° **Marie de LAMBERTIE**, comtesse de Lambertie, marquise
de Saint-Victurnien, baronne de Montbrun, baronne de Cozes, dame
de Miallet, de Pensol, de Marilhac, de la Tranchade, etc., etc., née
le 3 avril 1661. Elle fut mise en tutelle le 22 novembre 1667.
Par contrat passé au château de Lambertie le dernier novembre 1676,
elle fut fiancée à son oncle à la mode de Bretagne, Georges,
marquis de Lambertie, de la branche de Lorraine, fils de Jean, comte
de Lambertie, baron de Cons-la-Grandville, commandant pour le roi
à Nancy et à la citadelle de Metz, gouverneur de Longwy, maréchal de
camp, et de Marguerite de Custine. Mais le mariage n'eut pas lieu.

Elle épousa, dans l'église de Saint-Sulpice à Paris, le 21 mars 1691,
haut et puissant seigneur **Hubert, marquis
de CHOISEUL-LA-RIVIÈRE**, colonel, mestre
de camp du régiment de cavalerie de la reine,
brigadier des armées du roi, fils de François de
Choiseul-de-Chavigny, marquis de la Rivière, et de
noble Paule de la Rivière. (Registre de la dite
paroisse.) Voici comment les journaux de l'époque
parlent de ce mariage : « Le 20 de ce mois il se
fit ici [à Paris] un mariage fort considérable, de Mr le marquis de Choiseul,
mestre de camp du régiment de la Reine-cavalerie, avec Mademoiselle
de Lamberti, héritière d'un grand mérite et de grands biens. Elle est
fille de feu Mr le comte de Lamberti, qui est une maison illustre et très
distinguée dans le Périgord, ses ancêtres ayant eu de grands emplois.
Son grand-père était colonel d'infanterie, Madame sa mère est de l'ancienne
maison Dedy de Ribérac, dont les prédécesseurs ont eu de si grands
emplois auprès de nos rois. La maison de Choiseuil est si connue qu'il
est inutile d'en parler. Elle a paru dans tous les siècles passés avec un
fort grand éclat, et a eu même l'honneur de s'allier à celle de France,
dans la personne de Renauld de Choiseuil, qui épousa Alix de Dreux,
petite-fille de Louis-le-Gros. Depuis elle s'est toujours maintenue dans

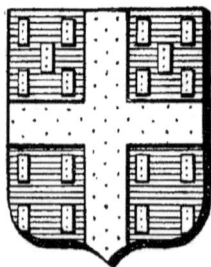

l'élévation où nous la voyons, par des maréchaux de France, chevaliers de l'ordre, ducs et pairs. M^r le marquis de Choiseuil, dont je vous parle, répond dignement à sa naissance. Il est dans le service depuis plusieurs années, et s'est distingué en beaucoup d'occasions, entre autres à la bataille de Stafarde, en Piémont, où il commandait un escadron de dragons, et eut un cheval blessé. Depuis ce temps le Roi l'a honoré du régiment de cavalerie de la Reine. M^r le comte de Chauvigny, son père, a servi le Roi plusieurs années dans son régiment des gardes, avec distinction. Madame sa mère est de la maison de la Rivière qui est très illustre et ancienne. Un de ses prédécesseurs, Boireau de la Rivière, fut grand chambellan sous les rois Charles V et VI, et est enterré à Saint-Denis, aux pieds du dernier. C'est un mariage très notable, puisque le mérite personnel, les grands biens et la qualité s'y trouvent. » (*Mercure galant*, mars 1691, pages 280, 281.)

De ce mariage il ne vint qu'une fille qui mourut au berceau. Marie de Lambertie mourut elle-même le 27 novembre 1710, et fut inhumée à Saint-Sulpice de Paris. Choiseuil porte : *d'azur à la croix d'or, cantonnée de dix-huit billettes d'or, cinq à chaque canton d'en haut et quatre à chaque canton d'en bas.*

Le marquis de Choiseuil épousa en secondes noces, Henriette-Louise de Beauveau, fille de Gabriel-Henry, marquis de Beauveau, et de Marie de Saint-André, dont est issu le marquis de Choiseuil-Praslin, ministre de la marine et des affaires étrangères, chevalier des ordres du roi.

2° **Aymerie de LAMBERTIE,** née le 13 mars 1664 (extrait légalisé), est nommée dans une donation de 1679. Elle mourut étant encore jeune.

3° **Marie de LAMBERTIE,** à qui on nommait un tuteur en 1667, mourut à l'âge de quinze ans, en 1682.

Ainsi s'éteignit la branche aînée des comtes de Lambertie.

Sa riche succession fut recueillie, du côté paternel, par les seigneurs de Maumont, de Campniac, de Conan, de Verthamont, de Vigneras, de Chasteigner barons du Lindois, de Marilhac, de La Rochefoucauld, et autres ; et du côté maternel, par les comtes d'Aydie de Ribérac et de Riom, la comtesse Darco, la marquise de Chapt de Laxion, le comte de Noyan, la marquise de Saint-Viance et autres. Le comté de Lambertie appartint par droit de succession au marquis de Chapt de Laxion, et la baronnie de Montbrun passa au comte de Conan.

FAÇADE EXTÉRIEURE DU CHATEAU DE CONS-LA-GRANDVILLE.

(Meurthe - et - Moselle)

§ II. — MARQUIS DE CONS-LA-GRANDVILLE, MARQUIS DE LAMBERTIE

(LORRAINE)

VII. — Haut et puissant seigneur **Jean, baron de LAMBERTIE,** fils puiné de Gabriel de Lambertie et d'Isabeau de Rochechouart (§ I, degré VI, page 44), naquit au lieu de Dournazac en Limousin [au château de Lambertie], le 15 janvier 1608, et fut baptisé le dernier dudit mois dans l'église de cette paroisse, diocèse et sénéchaussée de Limoges. (Expédition de 1660.)

Il fut seigneur de la baronnie de Cons-la-Grandville (1), de Bioncourt, de la Tour-en-Woëvre, seigneur de toutes les terres domaniales de Longwy, par donation du roi. Il fut successivement lieutenant-colonel du régiment de Lambertie, mestre de camp de seize enseignes de cent hommes chacune, lieutenant du roi avec le commandement dans les ville et citadelle de Nancy, maréchal des camps et armées du roi, commandant à Stenay, Jametz, Clermont, Vieux-Château; gouverneur de Longwy.

---

(1) Cons-la-Grandville, chef-lieu de commune, canton de Longuyon, Meurthe-et-Moselle. — L'ancienne maison de Cons portait : *d'argent à une branche de cinq roses de gueules, 1, 2 et 2, feuillée de sinople.*

7

Il fut reçu chevalier de l'ordre de Saint-Jean de Jérusalem de la langue d'Auvergne le 7 mai 1621, et fut présenté en 1623, étant âgé de douze à treize ans, page du grand-maître de Malte, par Jean de Lambertie, commandeur de la Ville-Dieu, son oncle, pour prendre l'habit de chevalier, à Jean de Ribani, bailly de l'Aigle, sénéchal de Malte, commandeur de Saint-Thomas. Le certificat de ce dernier dit qu'il lui donna l'habit de chevalier seulement pour porter la croix hors du couvent, n'étant point en âge de faire ses vœux. (Original.)

Le 29 septembre 1645 il eut un certificat de Monsieur le duc d'Henghien (Enghien), portant qu'il avait servi et servait actuellement dans l'armée, que ce prince commandait, en qualité de lieutenant-colonel du régiment composé des troupes tirées des garnisons des places de Champagne et de Lorraine, et même à la bataille de Nortlinghem, où il avait été blessé et fait prisonnier. (Original.) Une lettre du cardinal Mazarin adressée à son père le 15 janvier 1646, dit que le roi avait ordonné les expéditions nécessaires pour qu'il fut pourvu de son régiment et de la lieutenance du roi à Nancy, dont son mérite le rendait très digne, etc. (Original.) Etant mestre de camp d'un régiment d'infanterie pour le service du roi et son lieutenant au gouvernement de Nancy, il fut nommé gouverneur des ville et château de Longwy en Lorraine, par brevet de Sa Majesté du 12 août 1646; « la conservation et l'importance de cette place exigeant une personne qui ait toutes les qualités requises, et ledit sieur de Lambertie ayant donné plusieurs preuves de sa valeur et de son expérience en différentes occasions et notamment durant le siège de ladite place où il s'était signalé sous les ordres de Monsieur le Maréchal de la Ferté-Seneterre » (Original.)

Jean comte de Lambertie rendit le dénombrement de ses terres à la chambre des comptes de Bar, le 14 juin 1646. C'est par lettres patentes du roi, du 1er mars 1648 que fut faite, en faveur de Jean comte de Lambertie, gouverneur de la ville et citadelle de Longwy, la donation des domaines, seigneurie et prévôté de Longwy, terres, prés, bois, moulins, rentes, etc, « en reconnaissance des services importants qu'il a rendus au roi et à l'état. » (Original.) Il reçut une lettre de M. le prince de Condé (le grand Condé) en date du 6 février 1649 qui finit ainsi : « Je vous fais celle-ci pour vous dire que je tiendrai toujours à faveur la marque d'amitié de laquelle je vous demande la continuation avec la même instance que je vous prie de faire état de la mienne en toute occasion. » (Original.)

Il reçut une lettre du roi en date du 28 juin 1649 par laquelle Sa Majesté lui ordonne d'envoyer des troupes de la garnison de Longwy, à l'armée de Monsieur de la Ferté-Seneterre. (Original.) Une autre de M. Le Tellier, secrétaire d'Etat, du 20 janvier 1650, par laquelle il lui témoigne combien les assurances de sa fidélité au service du roi, qu'il avait données à la reine, ont été agréables à Sa Majesté. (Original.) Il en reçut plusieurs autres du duc de Lorraine en 1654, du roi et de la reine mère en 1655; quatre du cardinal Mazarin en 1657. Dans une de ces dernières le ministre lui marque que Sa Majesté n'a point douté que M. son oncle et lui ne continuassent à lui donner les mêmes marques de zèle et de fidélité, et que Sa Majesté se reposait entièrement sur ses soins de la sûreté de la citadelle de Metz. Elle est datée du 5 avril 1657.

Il acheta, en 1657 la terre de La Tour-en-Woëvre de Nicolas de Boncourt, chevalier, seigneur de Guy et Eumont, dont il fit ses reprises le 30 juillet 1662. Cette terre fut revendue le 24 décembre 1748, à François-Charles de la Tour, comte de la Tour, chevalier seigneur de Saronnières. Le 17 août 1661, il fit une vente à Marie de Nesmond, veuve de Jean de Rochechouart, dame de Saint-Victurnien. (Pièce publiée aux documents.)

Jean comte de Lambertie, seigneur d'Arraye (1), de la Tour-en-Woëvre, etc, rendit aveu le 5 janvier 1664 à Charles, duc de Lorraine, des château, terre et baronnie de Cons, et des villages, fiefs et seigneuries d'Ugny, du Grand-Failly, de Tellancourt (2), du Petit-Failly, de Villers-la-Chèvre, etc, de la terre de Praucourt, etc., le tout relevant du château et donjon de Longwy, et possédé par ledit seigneur de Lambertie, comme mari de Marguerite de Custine, qui l'avait en dot du feu seigneur de Custine, son père, baron de Cons, de Bioncourt, de Brise, etc. (Original.)

Il fit son testament le 20 août 1680 dans lequel il nomme les enfants qu'il a eu de Marguerite de Custine, il leur fait des legs, et institue Georges son héritier universel. Il mourut le 13 février 1681, et fut inhumé dans le caveau de famille, sous le chœur de l'église de Cons.

Il avait épousé, étant lieutenant-colonel au régiment de son père, par

---

(1) Arraye-et-Han, canton de Nomény, arrondissement de Nancy, Meurthe-et-Moselle.
(2) Tellancourt, canton de Longuyon, arrondissement de Briey, Meurthe-et-Moselle.

contrat passé à Nancy, le 1ᵉʳ janvier 1641 par Dujean et Bostel, demoiselle **Marguerite de CUSTINE,** qui avait été reçue abbesse de l'illustre chapitre des Dames chanoinesses de Bouxières en l'an 1639. Custine porte : *écartelé aux 1ᵉʳ et 4ᵉ d'argent à la bande de sable, cotoyée de deux filets de même, aux 2ᵉ et 3ᵉ de sable semé de fleurs de lis d'argent.* Elle était fille de haut et puissant Jean de Custine, chevalier, seigneur de Bioncourt, baron de Cons-la-Grandville, conseiller d'Etat de son Altesse royale le duc de Lorraine, et de haute et puissante dame Dorothée de Ligniville. Il y fut assisté de ses père et mère. (Original.) Ce mariage fut célébré le lendemain dans l'église paroissiale de Saint-Sébastien de Nancy, avec déclaration de l'évêché de Toul que le dit seigneur Jean est libre de tous vœux et profession de l'ordre de Saint-Jean de Jérusalem, quoiqu'il ait porté l'habit et la croix de cet ordre pendant plusieurs années. (Original.) Etaient présents au contrat de mariage : Antoine d'Allamont, abbé de Beaupré, Henri de Tillion, chevalier seigneur de Bouxières, Jean de Joubert, baron de Nantiat, Anne-Hélie des Cars et Jacques de Belcastel, l'un et l'autre capitaine au régiment de Lambertie.

Marguerite de Custine, fit un testament mutuel avec son mari le 20 août 1680, et elle mourut le 8 décembre 1687. On a élevé un mausolée dans le caveau de famille situé sous le chœur de l'église des Bénédictins de Cons-la-Grandville où repose le corps de Jean comte de Lambertie et de Marguerite de Custine, sur lequel on lit :

« Cy-git haut et puissant seigneur messire Jean de Lambertie, chevalier, comte dudit lieu, baron de Cons, maréchal des camps et armées du roi, gouverneur de Longwy, lieutenant pour le roi, avec le commandement de la ville et citadelle de Nancy, mestre de camp d'un régiment d'infanterie, qui mourut le 13 février 1681, âgé de soixante-treize ans.

« Cy-git haute et puissante dame Marguerite de Custine, son épouse, qui mourut le 8 décembre 1687, âgée de quatre-vingt-six ans. »

Autour du mausolée sont, d'un côté, les armoiries de Lambertie, de Rochechouart, d'Abzac-de-la-Douze, d'Hélie de Colonges, de Bernard de Vieilleville, de Tournon, de Bouillé, d'Estouteville ; et de l'autre côté, de Custine, de Ligniville, de Guermanche, d'Epinal, de Liocourt, de Conty, des Armoises, de Cazaty et de Danemarck.

FAÇADE DU CHATEAU DE CONS LA GRAND VILLE

Leurs enfants furent :

1° **Georges**, qui suit;

2° **Henry-Joseph**, chevalier de Malte, né le 22 mai 1644, mort étant encore jeune;

3° **Marie-Thérèse de LAMBERTIE**, baptisée à Nancy le 21 mai 1643, qui épousa par contrat passé au château de La Grandville, en Lorraine, le 19 janvier 1666, messire **Louis-René de FICQUELMONT**, chevalier, fils de messire Léonard de Ficquelmont, chevalier, seigneur de Mars-la-Tour, de Moncel, etc., et de feue dame Anne de Raigecourt, souveraine de Fougerolles en partie. (Original.) Il avait été baptisé à Mars-la-Tour le 25 juin 1647 étant âgé de quatre ans huit mois, et il mourut le 6 février 1711. De ce mariage vint une fille chanoinesse à Remiremont en 1690, qui a été mariée au marquis des Salles de Rorthay. Marie-Thérèse est morte le 1er mars 1716 et a été inhumée le 2 dans l'église collégiale de Mars-la-Tour. La maison de Ficquelmont porte pour armes : *d'or à trois pals alésés et fichés de gueules surmontés d'un loup courant de sable.*

VIII. — Haut et puissant seigneur **Georges, marquis de LAMBERTIE**, baron de Cons-la-Grandville, chevalier, seigneur de Bioncourt, d'Arraud, de Drouville, du Grand et Petit-Failly, de Rechicourt, baptisé à Nancy, paroisse de Saint-Sébastien, le 30 mars 1647, a été successivement capitaine de chevau-légers, conseiller d'Etat de Son Altesse royale le duc de Lorraine, maréchal de Lorraine et Barrois, grand bailli et gouverneur de Nancy.

Il fut nommé capitaine d'une compagnie de chevau-légers de 150 hommes, de nouvelle levée, par commission du 7 janvier 1673. (Original). Il rendit un dénombrement à la chambre des comptes de Metz, le 2 février 1682. Il fut nommé par lettre du roi du dernier janvier 1695 pour travailler à la confection du rôle de la capitation de la noblesse de Lorraine et Barrois, conjointement avec l'intendant de la province. (Original.) Il est dit comte de Lambertie et conseiller d'Etat de Léopold, duc de Lorraine, lorsqu'il fut pourvu de la charge de bailli de la ville de Nancy, à la place du marquis de Gerbeviller, par provision de ce prince du 14 juin 1698. (Original.)

Il passa un accord avec les religieuses de la congrégation de Verdun, le 16 novembre 1698. (Original.) En 1698 il fit enregistrer ses armoiries qui sont : *d'azur à deux chevrons d'or.* Le 11 octobre 1699 il fit foi hommage et serment de fidélité pour la terre et seigneurie de Rechicourt et autres.

Les lettres patentes qui nomment Georges de Lambertie maréchal de Lorraine et maréchal du Barrois sont du 4 janvier 1700, il y est dit « homme de qualité d'un mérite distingué et très attaché à la gloire de l'Etat ». Georges de Lambertie et Henry comte de Tornielle, présidèrent, en qualité de maréchaux de Lorraine et Barrois, à l'assemblée de la noblesse de ces duchés, le 29 avril 1702. (Original.)

Il fit son testament au château de la Tour-en-Woëvre le 24 décembre 1706 en faveur de ses fils, ainsi que de sa seconde épouse. (Original.) Il mourut le 25 décembre 1706 et fut enterré dans l'église des cordeliers de Nancy.

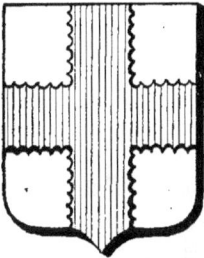

Il avait épousé : 1° par contrat passé au château de La Grandville et à celui de Gondrecourt (Lorraine), par Adam et Antoine, notaires à Noulroy, bailliage de St-Michel, le 5 avril 1672, demoiselle **Christiane de LENONCOURT,** fille de haut et puissant seigneur François de Lenoncourt, chevalier, comte du Saint-Empire, marquis de Blainville, et de haute et puissante dame Antoinette de Savigny. (Original.) Elle était morte avant 1699. La famille Lenoncourt porte pour armes : *d'argent à la croix engreslée de gueules.*

De ce mariage naquirent :

1° **Absalon-Louis-François de LAMBERTIE,** baptisé à Cons-la-Grandville le 12 juin 1679, mort jeune.

2° **Nicolas-François de LAMBERTIE,** qui suit.

3° **André-Louis** (appelé aussi **François**), **comte de LAMBERTIE,** baptisé le 16 août 1686, qui fut nommé capitaine au régiment des gardes duc de Lorraine, le 1er septembre 1702. (Original.) Il était présent au contrat de mariage de son frère le 23 novembre 1705. André-Louis, comte de Lambertie, chevalier, chambellan de Son Altesse Royale, capitaine au régiment des gardes, transigea avec son frère les 20 avril, 8 juin, 18 août 1707 et 18 janvier 1708. Il mourut sans postérité le 2 mai 1713, et fut transporté et inhumé au lieu de la Grandville le 2 décembre 1726. (Original.)

4° Jeanne-Marguerite de LAMBERTIE, baptisée le 19 avril 1673, fut d'abord chanoinesse du chapitre de Bouxières. Elle épousa, par contrat du 7 février 1693 et dans la chapelle du château de Cons-la-Grandville, Messire **Philippe-François-Evrard de LA FONTAINE**, chevalier, fils de Jean-Evrard, chevalier, vicomte de la Fontaine-d'Harnoncourt, et de Marguerite de Maillet. Elle eut un fils nommé Jean-Evrard. Elle mourut le 31 mai 1699 et fut enterrée près de sa mère dans le caveau de famille, à Cons-la-Grandville. De La Fontaine d'Harnoncourt porte : *d'or à 2 bourdons de pèlerin d'azur, posés en sautoir, surmontés d'une coquille de gueules.* Cette famille qui subsiste en Autriche, porte un blason très compliqué chargé de plusieurs quartiers; le blason ci-dessus paraît être celui de la famille de La Fontaine.

5° Antoinette-Louise de LAMBERTIE, naquit à Montmédy en 1675 et les cérémonies du baptême lui furent suppléées à Cons-la-Grandville le 20 novembre 1676. (Extrait légalisé.) Elle fut chanoinesse de l'abbaye de Sainte-Marie de Metz. Elle épousa par contrat du 3 mars 1700 (mariage célébré le 9 dans l'église de Notre-Dame de Nancy), messire **Anne-Joseph de TORNIELLE**, chevalier, comte de Brionne, marquis de Gerbeviller (1), conseiller d'Etat, gentilhomme ordinaire de la chambre de Son Altesse Royale le duc de Lorraine, grand-maître de sa garde-robe, bailli de Barrois et capitaine de cavalerie au régiment de Somiré, pour le service du roi de France, fils majeur de de messire Henri-Hyacinthe, comte de Tornielle et de Brionne, marquis de Gerbeviller, baron de Beaufrémont, seigneur de Valhey, etc., etc., et de Marie-Marguerite de Tiercelin de Saveuse. Il transigea avec ses

(1) Gerbeviller, chef-lieu de canton, arrondissement de Lunéville. Meurthe-et-Moselle. Seigneurie de Lorraine qui appartenait primitivement à la maison du Châtelet; puis en 1590 à celle de Tornielle; elle fut érigée en marquisat en faveur de cette dernière, le 4 mai 1621. (*Dict. des fiefs*).

beaux-frères en 1707. Les armes de la famille de Tornielle sont : *de gueules à un écusson d'or chargé d'un aigle à deux têtes couronnées de sable, l'écusson accosté de deux massues d'or en braquemards.*

Le comte de Tornielle mourut à Nancy le 30 mai 1737 âgé de soixante-quatorze ans. Antoinette-Louise de Lambertie mourut le 30 novembre 1738, âgée d'environ soixante-trois ans. Dans son *Histoire des villes vieille et neuve de Nancy,* l'abbé J.-J. Lionnois donne la description de leur tombeau qui était placé dans l'église des PP. Tiercelins qui n'existe plus :

« Dans ce sanctuaire, et du côté de l'Epître, on a placé dans le mur un fort beau mausolée d'environ vingt pieds de hauteur, sur une largeur proportionnée. Sur un tombeau de pierre est une urne de marbre noir sur laquelle se repose un génie qui éteint un flambeau : au côté droit, un autre génie assis sur un carquois rempli de flèches, tient un casque ; à gauche, une corne d'abondance, de laquelle sortent des monnoies et des perles, est accompagné d'un caducée. Une table de marbre noir, qui se termine en forme de rideau, couvre au haut une tête de mort environnée de trophées d'armes, et surmontée de deux écus accollés : le premier, de Tornielle, *de gueules à l'écu d'or chargé d'un aigle impérial de sable environné de deux massues d'or ;* le second, de Lambertye, *d'azur à deux chevrons d'or,* et pour supports un lion et un griffon, avec une couronne de marquis.

» Sur cette table de marbre est l'inscription suivante :

D. O. M.

« In cœlo regnatura obiit pridie kalend. decemb. anno MD.CCXXXVIII Domina D. Antonia Ludovica ex comitibus de Lambertye, conjux illustrissima excelsi ac præpotentis Domini D. Annæ Josephi comitis de Tornielle et de Brionne, marchionis de Gerbeviller Carolo VI Rom. Imper, Leopoldo, Francisco III, regiis Loth. Ducibus à sanctioribus consiliis, summi cameræ præfecti, in suprema Loth. et Barri curia inter senatores equitis honorarii, prætorii Nanceiani magni ballivii. Postmodûm mærens ejus vidua, sexûs honor, urbis deliciæ, provinciæ decus, genere magna, amplissimis animi dotibus major, in Deum pietate, in pauperes charitate, invicta in adversis, in diuturnis doloribus, in ultimis fortitudine, existimatione supra famam maxima conjugum norma, illibata sponso dilectissimo semper servata fide etiam post mortem, cordi ejus hic deposito perenni fœdere voluit sociari. Geminatis utrique fave precibus, viator.

CHATEAU DE CONS LA GRAND VILLE .

« Sur une autre table de marbre noir placée dans le tombeau même, on lit encore ce qui suit :

« Deo misericordi, et æternæ ad altare sanctum memoriæ piissimæ mulieris, cujus pietates non defuerunt, quæ erogata huic domui duorum librarum Turonensium millium eleemosina, unum missæ sacrificium in mortis suæ, alterum in sponsi iij kal. Junii anno MDCCXXXVII defuncti, annua die celebrandum in perpetuum instituit.

« Le cœur de M. de Tornielle, marquis de Gerbeviller, époux de la dame de Lambertye, enfermé dans une boîte de plomb, fut déposé dans cette église le 31 mars 1737. »

6° **Antoinette - Charlotte de LAMBERTIE**, née le 7 avril 1678, baptisée le 20 novembre 1679 (extrait légalisé), religieuse au monastère de la congrégation de Verdun.

7° **Louise-Marie-Charlotte de LAMBERTIE**, religieuse au monastère de la Visitation de Nancy en 1707.

8° **Thérèse - Charlotte de LAMBERTIE**, religieuse au monastère de la Visitation de Nancy en 1707.

9° **Louise-Ernestine** (*alias* **Esmère**) **de LAMBERTIE**, baptisée à Cons-la-Grandville, le 9 août 1680 (extrait légalisé), eut pour parrain le jeune baron de Mercy et pour marraine Madame de Belcastelle.

10° **Henriette-Innocente-Gabrielle de LAMBERTIE**, baptisée le 8 septembre 1681, à Cons-la-Grandville, fut tenue sur les fonts baptismaux par le seigneur Henry de Hol, lieutenant du roi à Montmédy, et dame Innocente sa femme.

11° **Françoise-Christophorine-Eléonore de LAMBERTIE** fut baptisée le 15 septembre 1683, à Cons-la-Grandville (extrait légalisé) ; mais elle ne reçut les cérémonies du baptême que le 28 octobre 1684, ayant pour parrain Christophe de Custine, seigneur d'Auflance, et marraine dame Françoise, comtesse de Viltz.

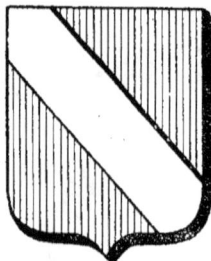

Elle épousa par contrat passé à Longwy, le 4 juin 1699 (mariage célébré le 25 dans la chapelle du château de Cons-la-Granville), messire **Georges de MOZET**, chevalier, seigneur de Grunne et d'Harsin, fils de feu messire Georges de Mozet, seigneur

8

desdits lieux et de dame Florence de Copin. Il mourut au château de Grunne, le 27 avril 1749. De ce mariage sont nés des filles chanoinesses à Remiremont, l'une a épousé le comte de Warté, et quatre fils, dont l'un général et les autres colonels au service de l'empereur. Georges de Mozet transigea avec ses beaux-frères en 1707. Les armes de cette famille sont : *de gueules à la bande d'argent.*

12° **Marie-Gabrielle de LAMBERTIE,** baptisée à Cons-la-Grandville, le 9 novembre 1684. (Extrait légalisé.) Elle reçut les cérémonies du baptême le 21 janvier 1686, ayant pour parrain haut et puissant seigneur Louis-Gabriel de Custine, chevalier, seigneur de Pontigny, Cosnes et autres lieux, et pour marraine haute et puissante dame Marie-Marguerite de Viltz. Elle était religieuse à Notre-Dame de Verdun en 1698 (Original.), et mourut supérieure de ce couvent le 2 mars 1771.

13° **Jeanne-Françoise de LAMBERTIE**, née et baptisée à Cons-la-Grandville le 15 janvier 1688. Son parrain fut François de Ficquelmont, son cousin-germain, et sa marraine Jeanne-Marguerite de Lambertie, dame chanoinesse de Bouxières, sa sœur aînée. Elle était pensionnaire chez les religieuses de la congrégation de Verdun en 1698, et y mourut religieuse au mois de juillet 1757.

Georges de Lambertie épousa : 2° dans la chapelle du château de la Mallegrange, à Nancy, le 17 août 1706, et par contrat du 12 novembre 1706, très haute et puissante dame **Charlotte-Erardine D'ANGLURE**, fille de haut et puissant seigneur messire Arnould-Saladin d'Anglure, chevalier, marquis de Coublans, baron et seigneur de Saint-Loup et autres lieux, et de haute et puissante dame Christine du Chastelet, dont il n'eut pas de postérité. Etant veuve, elle reçut le droit et usage de vaine et grasse pâture dans le bois de Bussy, le 25 juin 1710 et le 27 avril 1718 la confirmation des domaines utiles et honorifiques de la justice, haute, moyenne et basse de Damas-au-Bois, etc. Elle se remaria en secondes noces avec très haut et très puissant seigneur Louis, marquis de Beauvau, conseiller d'Etat, grand bailly d'Allemagne, maréchal de Lorraine et Barrois. Elle mourut le 21 juillet 1756 et fut enterrée à Notre-Dame de Nancy. La famille d'Anglure porte : *d'or semé de grelots d'argent (ou d'azur) soutenus de croissants de gueules.*

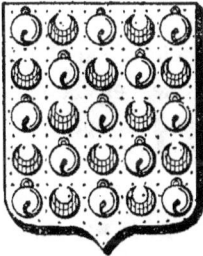

IX. — Haut et puissant seigneur **Nicolas-François, marquis de LAMBERTIE** et de Cons-la-Grandville, baron de Bioncourt, chevalier, seigneur d'Array, de Drouville (1) de Rechicourt, d'Inville-aux-Jards, d'Euvillez (2), du Grand et Petit Fayet, etc., fut baptisé le 17 septembre 1682 dans l'église paroissiale de Drouville, en Lorraine. Il était né la veille. (Extrait légalisé.)

Il fut nommé capitaine d'une compagnie dans le régiment de cavalerie de Beringhem par commission du 24 mai 1701 (Original), chambellan de Son Altesse Royale Léopold, duc de Lorraine, et son premier écuyer par commissions datées de Lunéville le 1er avril 1705, enregistrées à la Chambre des comptes de Nancy le 20 mars 1706. (Original.) Il obtint de ce prince une pension de 1800 livres par brevet du 1er décembre 1705. Il transigea avec son frère le 20 avril 1707 (et avec sa belle-mère relativement aux droits de la dite dame) au sujet de la succession de leur père. Il fit une autre transaction avec André-Louis, son frère, pour la succession de leur père, et enfin un partage le 18 avril 1708. (Originaux.) Il fut nommé premier gentilhomme de la chambre de Son Altesse Royale le duc de Lorraine par brevet du 11 septembre 1711, en considération des services qu'il avait rendus en qualité de premier écuyer. (Original.)

Il eut, le 26 octobre 1714, un sauf-conduit de Léopold, duc de Lorraine, en qualité de son Envoyé auprès du roi de la Grande-Bretagne. Il avait reçu ses instructions pour cette négociation le 24 août précédent. Il eut un autre sauf-conduit le 15 mai 1715 pour aller en la même qualité auprès de l'Electeur de Cologne (ses instructions portent que le but secret de cette mission diplomatique était de faire avoir l'électorat, en cas de vacance, à Son Altesse Royale le prince François de Lorraine). (Original.) Il eut des lettres de Léopold, duc de Lorraine, le 30 mai 1717 par lesquelles ce prince lui fait donation de la haute justice du bourg d'Inville en considération des services qu'il a rendus dans les cours étrangères. (Original.)

Il acheta la terre de Pierrepont et obtint confirmation de cette vente le 27 décembre 1718. Il obtint l'érection de la baronnie de Cons-la-

(1) Drouville, canton et arrondissement de Lunéville, Meurthe-et-Moselle.
(2) Euvillez, aujourd'hui Jolivet, près Lunéville.

Grandville en marquisat par lettres patentes du 18 février 1719 dans le préambule desquelles il est dit « que la maison de Lambertie est l'une des plus anciennes de la province du Périgord, qu'elle tire son nom de l'ancienne terre de Lambertie, érigée en comté, qu'elle a fourni aux rois très chrétiens des hommes illustres qu'ils ont décoré du titre de chevaliers de leur ordre, des officiers généraux auxquels ils ont confié avec succès le commandement de leurs armées et le gouvernement de leurs terres, etc. » Ces lettres d'érection du marquisat de Cons-la-Grandville, dans la prévôté de Villers-la-Montagne, sont données à Lunéville par Léopold, duc de Lorraine, de Bar et de Montferrant, roi de Jérusalem, duc de Calabre et de Gueldres, marquis de Pont-à-Mousson, etc. Sont incorporés à ce marquisat les terres et seigneuries de Pierrepont, composées des villages de ce nom, de Beuveuil, Doncourt et Ham, sises en ladite prévôté de Villers-la-Montagne, les parts et portions de justices, domaines et droits seigneuriaux de la seigneurie de Cosne, Ugny, Tellancourt Villers-la-Chèvre et autres lieux dépendant en partie de ladite baronnie, moyennant un cens annuel et perpétuel, par contrat passé le 24 décembre 1718 par le procureur général de la chambre des comptes de Lorraine. Il est dit dans ces lettres que cette baronnie avait pour armes : *d'argent à cinq roses de gueules, 1, 2 et 2, tigées et feuillées de sinople*, couronne de marquis, cimier, *une rose de gueules tigée et feuillée de sinople.*

Nommé bailly de Lunéville le 14 août 1720, il fit foi et hommage pour la terre d'Huviller le 10 janvier 1721, et pour la justice le 21 septembre 1724.

Nicolas-François, marquis de Lambertie et de Cons-la-Grandville, premier gentilhomme de la chambre de Son Altesse Royale, grand bailly de Lunéville et dame Elisabeth de Ligniville, sa femme, assistèrent comme oncle et tante au contrat de mariage de haute et puissante demoiselle Marguerite de Beauvau, avec très haut, très puissant et très illustre prince Jacques-Henri de Lorraine, prince de Lixheim, marquis de Dambleville, grand maître de la maison de Son Altesse Royale, le 18 août 1721. (*Cabinet du Roi. Chevaliers du Saint-Esprit,* t. CCIV, fol. 1372.)

Il fit hommage au duc de Lorraine, le 15 avril 1721, de son marquisat de Cons-la-Grandville, seigneuries de Tellancourt, Burey-la-Ville, Villers-la-Chèvre, Réchicourt, Pierrepont, Fresnoy, Cutry, Bouligny, Ollières, Chênières, Praucourt, etc., le tout relevant de ce prince à différents titres. (Original.) Il eut des sauf-conduits en 1730 et des instructions du

CHATEAU DE CONS LA GRAND VILLE

duc François de Lorraine pour se rendre en qualité d'Envoyé auprès de Leurs Altesses Electorales de Trèves, de Cologne, de Mayence, Palatinat, et auprès du Margrave de Rastadt. (Originaux.) Les archives de Cons-la-Grandville conservent le manuscrit qu'il a rédigé lors de ce voyage, il a pour titre : « Relation de Monsieur le marquis de Lamberty, Envoyé de S. A. R. de Lorraine à leurs A. E. de Trèves, de Cologne, de Mayence, de Pallatina et à la cour de Baden, au moys de juin 1730. »

Nicolas-François et dame Elisabeth de Ligniville, son épouse, assistèrent au contrat de mariage de François-Charles, leur fils aîné, le 1er juillet 1736, et à celui de Camille, leur autre fils, le 21 du même mois.

Le marquis de Lambertie fut nommé capitaine en chef des compagnies des gardes du corps de Stanislas, roi de Pologne, duc de Lorraine, par provisions de ce prince du 31 mars 1737. Le prince dans ces lettres dit que cette charge est une des plus importantes de ses états, et que ledit marquis de Lambertie est la personne la plus capable de la soutenir avec éclat, tant à cause de l'ancienneté et des illustrations de sa maison, l'une des plus distinguées de ses états, que par son mérite personnel. (Original.) Il était colonel des gardes du roi de Pologne lorsqu'il fut nommé lieutenant général des camps et armées du roi de France, en considération de ses services importants et de ses exploits à la guerre, par pouvoirs datés de Versailles le 2 janvier 1741. (Original.)

Il reçut depuis 1712 jusqu'en 1741 une quantité de lettres des ducs de Lorraine, des princes de cette maison, des Electeurs, du roi Stanislas, etc., et entre autres trois du prince Camille de Lorraine, des années 1712, 1713, 1714, qui le traite de son ami ; cinq de l'Abbé de Lorraine en 1718 qui lui marque que sa famille le remercie de l'honneur de son souvenir ; une du prince Eugène, de 1718 ; quatre des électeurs de Cologne, de 1722 à 1739, où ils l'assurent de l'estime particulière qu'ils font de son rare mérite ; cinq du duc François de Lorraine, de 1729 à 1736, par lesquelles il lui demande part dans son amitié et le prie d'assister à son mariage avec l'archiduchesse, et quatre du roi Stanislas, de 1737 à 1741, par lesquelles il l'assure de sa parfaite estime et de sa véritable amitié, etc. Ce prince écrivait aussi à la veuve du marquis de Lambertie pour lui témoigner combien il prend part à sa perte irréparable, etc. Toutes ces lettres sont en originaux et la plupart sont écrites en entier de la main de ces princes.

Il a écrit un ouvrage qui a pour titre : « Instruction politique ou Abrégé des qualités indispensables à un ministre public, par M. le marquis de Lamberty, chambellan du roy de Pologne, duc de Lorraine, cy-devant ministre de France à la cour de Londres. » Le manuscrit autographe est conservé à Bruxelles, Bibliothèque royale des manuscrits de l'Etat (ancienne Bibliothèque de Bourgogne), n° 14379 de l'inventaire général. On en trouve une copie in-4° de 35 pages dans les archives du château de Cons-la-Grandville.

Nicolas-François, marquis de Lambertie, mourut en 1741 et fut inhumé le 22 juin en son caveau dans le chœur de l'église paroissiale de Cons-la-Grandville, diocèse de Trèves. Son épitaphe porte que « sa bonté et sa bienfaisance lui avaient mérité le surnom de patron des Lorrains et l'amitié de la Nation ».

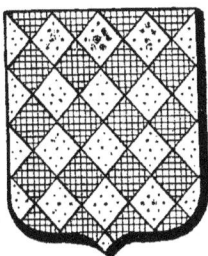

Il épousa, par contrat passé au château de Lunéville, par Richard, notaire à Nancy, le 23 novembre 1705, demoiselle **Elisabeth de LIGNIVILLE,** fille d'honneur de Son Altesse Royale Madame la duchesse de Lorraine, née comtesse de Tuméjus, fille de haut et puissant seigneur messire Melchior de Ligniville, chevalier, comte du Saint-Empire et de Tuméjus, marquis d'Henecourt, seigneur de Lironcourt, Gironcourt, Bessoncourt, les Theys-sous-Montfort, chambellan de Son Altesse Royale, puis maréchal de Lorraine et Barrois, et de haute et puissante dame Marguerite-Antoinette de Bouzey. Ce mariage se fit avec l'agrément et en présence de leurs Altesses Royales le duc Léopold et Elisabeth-Charlotte d'Orléans, duchesse de Lorraine, des princesses Elisabeth-Charlotte et Gabrielle de Lorraine, d'Anne-Marie-Joseph de Lorraine, comte d'Harcourt, etc., qui signèrent au contrat. Elle mourut à Nancy, le 29 juillet 1759, âgée d'environ soixante-six ans. Une sœur d'Elisabeth de Ligniville, avait épousé Marc de Beauvau, prince de Craon et du Saint-Empire, grand d'Espagne de première classe, chevalier de la Toison d'or, Grand écuyer de M. le Prince et Vice-Roi de la Toscane, et une autre sœur avait épousé le comte de Messey. Les armes de la famille de Ligniville sont : *losangé d'or et de sable.*

Les enfants nés de ce mariage sont :

1° **François-Charles** (*alias* **François-Antoine**) **de LAMBERTIE** qui suit;

2° **Joseph de LAMBERTIE,** né à Gerbeviller, le 12 mai 1711, et baptisé le même jour. Il fut reçu chevalier de Malte de minorité ; obtint une compagnie au régiment du général de Ligniville, et fut tué au service de l'empereur en Corse.

3° **André-Louis de LAMBERTIE**, né à Gerbeviller, le 17 juin 1712. Il fut nommé chambellan de Son Altesse royale et capitaine au régiment de ses gardes, place qu'avait occupé son oncle André-Louis.

4° **Camille de LAMBERTIE**, qui a fait la branche des comtes de Torniello, marquis de Gerbeviller, en Lorraine, rapportée § III.

5° **Antoine de LAMBERTIE**, né à Lunéville, le 27 août 1716.

6° **Charles-Philippe de LAMBERTIE**, baptisé à Saint-Jacques de Lunéville, le 23 mars 1718, fut abbé commendataire de l'abbaye de Bouzonville. Il assista au contrat de mariage de Louise-Thérèse, sa sœur, en 1742. Il fut aussi chevalier de l'ordre de Malte, et premier gentilhomme de la chambre de Sa Majesté le Roi Stanislas de Pologne, duc de Lorraine et de Bar. Charles-Philippe est mort prieur de Romont, arrondissement d'Epinal (Vosges), à l'âge de soixante-quatre ans, le 24 octobre 1781.

7° **Charles-Alexandre-Gabriel marquis de LAMBERTIE**, qui a fait la branche des Seigneurs de Lambertie établie à Pont-à-Mousson en Lorraine, rapportée § IV.

8° **Elisabeth-Charlotte de LAMBERTIE**, née et baptisée à Lunéville, le 17 décembre 1706, morte en bas-âge.

9° **Antoinette-Charlotte de LAMBERTIE**, née à Lunéville, le 5 novembre 1709.

10° **Catherine-Antoinette-Louise marquise de LAMBERTIE**, baptisée le 30 avril 1713, à Lunéville, fit ses preuves pour le chapitre de Mons, en 1715, où le prince Eugène de Savoie, lui conféra une prébende en 1718. Elle épousa à Nancy, le 15 juin 1728, **Jean-Baptiste-François marquis de LENONCOURT**, et de Blainville, comte du Saint-Empire, grand-maître de la garde-robe de Son Altesse Royale, guidon de gendarmerie en France, fils de Charles-Henri-Gaspard, marquis de de Lenoncourt, grand chambellan de Son Altesse Royale, et de dame Charlotte-Yolande

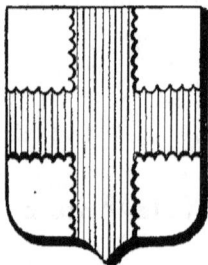

de Nettancourt. Ils avaient obtenu de la Cour de Rome une lettre de Notre-Saint-Père le Pape, en forme de dispense pour l'empêchement qui s'opposait à leur mariage, car ils étaient parents du deuxième ou troisième degré de consanguinité. Cette dispense datée du 1ᵉʳ avril 1728, a été fulminée par l'official de Toul, le 6 juin de la même année. Le marquis de Lenoncourt mourut à Nancy, le 7 février 1763, agé d'environ soixante-trois ans. Ses armes sont : *d'argent à la croix engrelée de gueules.* Catherine-Antoinette-Louise mourut à Saint-Max, près de Nancy, le 24 décembre 1786.

11° **Louise-Thérèse-Françoise de LAMBERTIE,** baptisée à Saint-Evre à Nancy, le 7 février 1720, fut reçue dame chanoinesse du chapitre de Remiremont, le 7 septembre 1728. Elle épousa à Gerbeviller, le 3 mai 1742, haut et puissant seigneur messire **Christophe-Charles du BOST,** seigneur d'Esche-sur-la-Surre. marquis du Pontdoye, comte de Sel, demeurant à Luxembourg. Le contrat fut passé en présence du roi Stanislas. Louise-Thérèse de Lambertie mourut à Anlier, province du Luxembourg-Belge, le 30 décembre 1773, âgée d'environ soixante ans, et son mari, qui était né le 7 mars 1714 à Luxembourg, décéda à Montigny-sur-Chiers (Meurthe-et-Moselle), le 3 janvier 1785. Il était fils de messire Charles-Bernard du Bost-Moulin, seigneur d'Esch et de dame Marie-Marguerite de Stassin. Du Bost du Pontdoye porte : *d'or au chêne au naturel chargé de glands d'or.* On trouve ailleurs *d'argent au chêne de sinople terrassé de même et un sanglier de sable mouvant du fut à dextre,* ou mieux *passant derrière le tronc.*

12° **Angélique-Scolastique de LAMBERTIE,** baptisée à l'église de Saint-Evre à Nancy le 7 février 1721, fut chanoinesse de Remiremont le 3 mars 1732. Elle épousa : 1° par contrat du 2 mai 1742, Monseigneur **François-Henri de HOURIER,** chevalier, comte de Viarmes, lieutenant au régiment de Roche-chouart-infanterie, fils de messire Gaspard de Hourier, chevalier, comte de Viarmes, et de dame Anne-Charlotte, comtesse de La Porte de Vezin. Hourier de

VUE INTÉRIEURE DE L'AILE DROITE DU CHATEAU DE CONS-LA-GRANDVILLE

(Meurthe-et-Moselle)

Viarmes porte : *d'azur au chevron d'argent accompagné de trois oiseaux (merlettes) de même, le chef aussi d'argent chargé de trois pommes de pin de sinople.*

Elle épousa : 2° à Paris, le 10 juillet 1752, très haut et très puissant seigneur **Pierre-François-Joseph-Gabriel de LOPIS DE LA VILLANNOVA,** marquis de La Fare, chevalier, baron-né de l'Empire, seigneur de Saint-Privat, coseigneur de Venasque, Saint-Didier et autres lieux, veuf de dame Catherine de Camelin. Ses armes sont : *de gueules, au château d'argent, maçonné de sable, flanqué de deux tours du même, accompagné en pointe d'un loup d'or ravissant un agneau d'argent.*

13° **Béatrix de LAMBERTIE,** baptisée à Saint-Jacques de Lunéville le 18 janvier 1722, fut reçue chanoinesse de Remiremont le 3 mars 1732. Elle épousa, à Cons-la-Grandville, le 2 mai 1741, haut et puissant seigneur messire **Charles LAMBERT, marquis des ARMOISES,** chevalier, seigneur de Spincourt, né à Etain (Meuse) le 3 novembre 1724, qui mourut à Etain le 12 août 1744. Il était fils de Pierre-Louis Lambert et d'Antoinette-Louise, marquise des Armoises et de Spincourt. Béatrix de Lambertie mourut à Paris le 24 mars 1752, âgée de trente ans, et fut enterrée dans l'église de Saint-Benoit. Elle n'avait pas eu d'enfant. La famille des Armoises porte : *gironné d'or et d'azur de douze pièces, à l'écusson de gueules posé en abîme.*

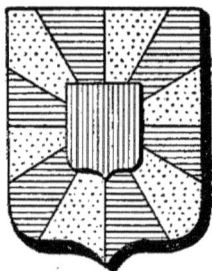

14° **Catherine-Louise de LAMBERTIE,** baptisée dans l'église d'Euvillez en Lorraine (1) le 4 août 1723.

X. — Haut et puissant seigneur **François-Charles** (*alias* **François-Antoine) marquis de LAMBERTIE** et de Cons-la-Grandville, baron de Bioncourt, chevalier, seigneur de Chénières, de Villers-la-Chèvre, de Cones, Flabeuville, de Cutry, du Grand et Petit-Failly,

---

(1) Euvillez, aujourd'hui Jolivet, canton et arrondissement de Lunéville, Meurthe-et-Moselle.

naquit à Lunéville le 22 octobre 1708 et fut baptisé le lendemain. Il eut pour parrain le prince François de Lorraine, depuis empereur, et pour marraine la princesse aînée fille de Son Altesse Royale. Il fut nommé à une compagnie dans le régiment des gardes du duc de Lorraine, vacante par la mort du comte de Lambertie, son oncle, en considération des services de son père, le 30 avril 1713. (Original). En 1742 il était capitaine et lieutenant-colonel au régiment des gardes de Son Altesse Royale François, grand duc de Toscane (et depuis empereur), chambellan de Sa Majesté polonaise. Il fit son testament le 14 janvier et mourut le 9 février 1777; il fut inhumé le 10 dans le caveau de l'église de Cons-la-Grandville.

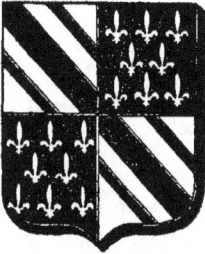

Il avait épousé : 1° par contrat passé au château de Wiltz le 1er juillet 1736, demoiselle **Marie-Anne-Françoise-Xavière de CUSTINE de WILTZ**, fille de haut et puissant seigneur messire Charles-Ferdinand de Custine, comte de Wiltz et de haute et puissante dame Marie-Xavière d'Arnould, baronne de Meisembourg. Elle était née le 8 décembre 1720 et mourut le 9 novembre 1739, sans avoir eu d'enfant. De Custine porte : *écartelé, aux 1er et 4e d'argent à la bande de sable, cotoyée de deux filets du même; aux 2e et 3e de sable semé de fleurs de lis d'argent.*

Il épousa : 2° en 1758, haute et puissante dame **Antoinette de VAUX**, fille d'un conseiller au Parlement de Metz. Elle fit son testament le 6 octobre 1769, par lequel elle laisse audit seigneur son mari l'usufruit de tous ses biens, et déclare devoir quelque chose à M. de Vaux, son frère, conseiller au Parlement de Metz, au sujet de M. Evrard, président au Parlement de Metz, son premier mari. (Original.) Les armes de la famille de Vaux sont : *d'azur au cor d'argent lié d'or et trois étoiles de même, deux en chef et une en pointe.*

Il épousa : 3° par contrat passé à Longuyon (Meurthe-et-Moselle) le 21 janvier 1771, demoiselle **Marie-Françoise LOUVAIN-DES-FONTAINES**, fille de feu Jean-Nicolas Louvain-des-Fontaines et de demoiselle Marie Françoise Prévost. Elle est décédée à Cons-la-Grandville le 5 août 1798 (18 thermidor an XI). La famille Louvain a pour armes : *d'argent au chêne de sinople au bas duquel est posé un limier de sable.*

De ce troisième mariage sont nés :

1° **Emmanuel-François de LAMBERTIE**, né le 9 janvier 1772, fut baptisé le 12 dans l'église de Cons-la-Grandville, en Lorraine, diocèse de Trèves. Il eut pour parrain Emmanuel-François de Lambertie, baron de Corigny, brigadier des armées du roi, etc. (son cousin), et pour marraine Madame la marquise de Lambertie du Puget, sa tante. Il fut mis sous la tutelle de sa mère par le testament de son père du 14 janvier 1777. Reçu à l'École militaire de Pont-à-Mousson en 1783, il mourut jeune à l'armée sans avoir été marié;

2° **Antoine-Philippe-Joseph de LAMBERTIE**, qui suit :

XI. — **Antoine-Philippe-Joseph marquis de LAMBERTIE** et de Cons-la-Grandville, né trois mois après la mort de son père, le 26 mai 1777, fut baptisé le lendemain dans l'église de Cons-la-Grandville. Il est mort le 29 décembre 1843 à Verdun (Meuse)

Il avait épousé, à Cons-la-Grandville le deuxième jour complémentaire de l'an VI (18 août 1798), **Marie-Thérèse PAUMIER**, de Fermont, fille de Michel Paumier et de Marie-Barbe Ledoyen, qui est morte à Cons-la-Grandville le 25 février 1872 âgée de quatre-vingt-dix ans.

Leurs enfants furent :

1° **Anne-Catherine-Antoinette de LAMBERTIE**, née à Cons-la-Grandville le 26 mars 1800 (5 germinal an VIII), et décédée à Cons-la-Grandville le 29 janvier 1890;

2° **Joseph-Joachim de LAMBERTIE**, qui suit;

3° **Marie-Thérèse de LAMBERTIE**, née le 29 fructidor an XI (16 septembre 1803) à Cons-la-Grandville, décédée au même lieu, sans alliance, le 31 août 1828.

4° **Henriette-Eugénie-Joséphine de LAMBERTIE**,

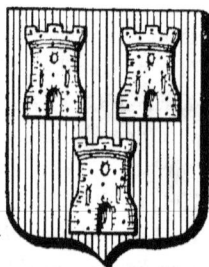

née à Cons-la-Grandville le 17 mars 1805 (26 ventôse an XIII) a épousé, le 4 mai 1825, **Charles-Gabriel-Joseph, comte de SAINTIGNON**, né le 14 fructidor an VIII (1er septembre 1800) à Volsfeld dépendant de Dockendorff, province de Trèves (Prusse), fils d'Alexandre-Charles-Joseph, comte de Saintignon, élève à l'École militaire de Pont-à-Mousson, officier dans Royal-Cravate, émigré, et de Marie-Suzanne-Antoinette, comtesse de Reumont. Il est mort à Lexy, canton de

Longwy (Meurthe-et-Moselle), à l'âge de soixante-trois ans, le 26 septembre 1863. La maison de Saintignon, d'ancienne noblesse chevaleresque, est fort illustre et d'une origine fort reculée. La première des trois anciennes familles ou lignages de la cité de Verdun, elle y possédait la souveraine puissance. Elle s'était divisée en trois branches : Saintignon de Belleville, de Villers-le-Preud'homme et de Netting. On lira avec intérêt l'histoire généalogique de cette maison par l'abbé Léonnais. Ses armes qu'on trouve dans l'*Armorial universel* (tome III, page 41), imprimé à Nuremberg en 1496, sont : *de gueules à trois tours d'or, maçonnées de sable, 2 et 1.* Henriette-Eugénie-Joséphine de Lambertie est décédée à Cons-la-Grandville le 9 avril 1889, et a été inhumée dans le caveau de famille.

5° **Antoinette-Angélique-Julienne de LAMBERTIE,** née le 8 avril 1807, morte sans alliance, à Nancy, le 19 juin 1826.

6° **Antoine-Philippe-Lucien de LAMBERTIE,** qui suit après son frère ;

7° **Marie-Thérèse-Stéphanie de LAMBERTIE,** née à Cons-la-Grandville le 20 octobre 1810, célibataire, morte au château de Cons-la-Grandville le 19 octobre 1888 ; inhumée dans le caveau de la famille, sous le chœur de l'église ;

8° **Marc-Jean-Baptiste-Achille comte de LAMBERTIE,** né à Cons-la-Grandville le 26 mai 1812, ancien capitaine de cavalerie au service de l'Autriche, célibataire. Mort au château de Cons-la-Grandville le 1er avril 1889 et inhumé dans le caveau de famille.

XII. — Joseph-Joachim marquis de LAMBERTIE, naquit à Cons-la-Grandville, le 19 ventose an X (10 mars 1802). Il est mort à Clouange, commune de Vitry, arrondissement de Thionville (Moselle, aujourd'hui Prusse), le 8 février 1864, étant âgé de soixante et un ans.

Il avait épousé à Novéant, canton de Gorce (Moselle, aujourd'hui Prusse),

le 2 décembre 1829, **Marie-Charlotte** *alias* **Caroline LE GOUX DE NEUVRY,** née à Metz le 25 prairial an XIII (14 juin 1805), fille de Louis-Nicolas Le Goux de Neuvry, ancien conseiller au parlement de Nancy, émigré, et d'Antoinette Durand d'Aunoux. Elle est morte à Clouange, âgée de cinquante-cinq ans, le 15 avril 1861. Ses armes sont : *d'azur à la croix tréflée d'argent.*

Phototypie J. Royer, Nancy.

PORTE de la CHAPELLE du CHATEAU de CONS-la-GRANDVILLE

(Meurthe-et-Moselle)

De ce mariage sont nés :

1° **Marie-Charlotte-Blanche de LAMBERTIE**, née à Cons-la-Grandville, le 20 mars 1831, mariée à Clouange, commune de Vitry, le 19 juin 1860, à **Marie-Eugène-Léopold DÉGOUTIN**, né à Vandelainville, canton de Thiaucourt (Meurthe-et-Moselle), le 16 avril 1822, fils de Marie-Antoine-Dégoutin et de Marie-Georges des Aulnois. Il est mort à Vandelainville, sans postérité, le 6 avril 1881. Ses armes sont : *d'azur au lion armé d'une épée en pal d'argent ;*

2° **Elisabeth-Louise de LAMBERTIE**, née le 24 août 1832, à Cons-la-Grandville, morte à Metz le 16 février 1874, âgée de quarante-et-un ans. Elle avait épousé à Vandelainville, canton de Thiaucourt (Meurthe-et-Moselle), le 5 mai 1866, **Ernest de FRANCHESSIN**, lieutenant-colonel du 2ᵉ zouaves, officier de la Légion d'honneur, officier du Mérite militaire de Savoie, officier de l'Ordre de Notre-Dame de la Guadeloupe. Il était né à Talange, arrondissement de Thionville, le 28 décembre 1824, fils de Jacques-Victor de Franchessin, ancien capitaine d'artillerie, et d'Agathe-Louise (*alias* Lydie) baronne de Pouilly. Il fut colonel au 96ᵉ régiment de ligne, et fut tué à la bataille de Freschviller, le 6 août 1870. Ses armes sont : *d'azur à cinq têtes de chien d'argent posées 3 et 2 ;*

3° **Louis-Ferdinand-Ernest de LAMBERTIE**, né à Cons-la-Granville le 26 janvier 1835, mort à bord de l'*Andromaque*, en revenant de Crimée, le 4 janvier 1855.

XII *bis*. — **Antoine-Philippe-Lucien marquis de LAMBERTIE**, et de Cons-la-Grandville, est né à Cons-la-Grandville, le 14 décembre 1808. Il a fait reconnaître ses droits à la possession de son titre de marquis par décret impérial du 2 mai 1863.

Il a acheté le 9 novembre 1875, de M. Bermondet de Cromières la propriété de Lamberlie, berceau de la famille, qui à l'extinction de la branche aînée, par la mort de Marie de Lambertie, en 1710, était passée dans la famille Chapt de Laxion. Le 22 juin 1796, Jean-Louis-Charles-Gabriel de Chapt de Rastignac la donna à sa parente Gabrielle-Cécile-Marguerite-Françoise de Chaban de Richemont, en l'épousant. Cette dernière se remaria avec Louis Grand de Bélussière qui vendit cette propriété, le 16 juin 1824, au comte de Cromières. M. le marquis de Lambertie fait rebâtir l'ancien château qu'il a trouvé complètement ruiné lorsqu'il en est devenu propriétaire.

Il a épousé à Liège (Belgique), le 16 juillet 1855, **Anne-Marie-Joseph-Ferdinande-Laurence-Catherine CERFONTAINE**, veuve de Constantin-Edmond-Joseph-Marie Bogaerts, fille de François-Joseph-Théodore Cerfontaine Leduc de Sougnier et de Marie-Catherine-Josèphe de Stas, née à Liège, le 20 mars 1824, morte à Cons-la-Grandville, le 12 décembre 1872, âgée de quarante-huit ans. Les armes de cette famille sont : *d'azur à la croix d'or denchée aux 2e et 3e quartiers; cantonnée aux 1er et 4e d'un dextrochère en pal, couvert de son armure d'argent, tenant une épée en bande, issant d'un bonnet en forme de couronne de gueules.*

De ce mariage sont nés :

1° **Laurence-Marie-Thérèse-Blanche de LAMBERTIE**, née le 29 septembre 1857, à Bruxelles (Belgique), morte à Nice, le 12 mars 1880 ;

2° **Lucien-Jean-Raymond de LAMBERTIE**, qui suit ;

3° **Laurence-Jeanne-Marie-Stéphanie de LAMBERTIE**, née à Bruxelles, le 23 mars 1860 ;

4° **Marie-Louis-Jean de LAMBERTIE**, né à Cons-la-Granville, le 29 mai 1861 ;

5° **Christine-Marie-Caroline de LAMBERTIE**, née à Cons-la-Grandville, le 18 avril 1863 ; morte au même lieu le 14 mai 1863 ;

6° **Georges-Marie-Lucien de LAMBERTIE**, né le 31 décembre 1864, à Cons-la-Grandville, où il est mort le 14 juillet 1865.

XIII. — Lucien-Jean-Raymond comte de LAMBERTIE, né à Bruxelles, le 15 février 1859.

A épousé, au château de Frenois, commune de Montmédy (Meuse), le 6 décembre 1886, **Marie-Reine-Marguerite d'ANSAN d'EGREMONT**, née le 12 mai 1866, à Petit-Failly, canton de Longuyon (Meurthe-et-Moselle), fille de Gustave d'Ansan d'Egremont et de Marie-Gabrielle de Saint-Amand . D'Ansan d'Egremont porte : *d'or à un arbre arraché de sinople, accosté de deux lions de gueules contre-rampants et lampassés de sable.*

Dont : 1° **Marie-Nicolas-François de LAMBERTIE**, né au château de Frenois, le 13 décembre 1887.

CHEMINÉE DU GRAND SALON DE CONS LA GRAND VILLE

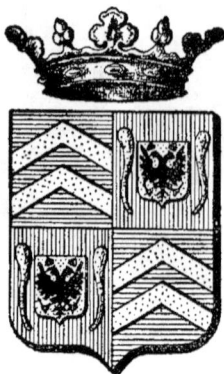

§ III. — MARQUIS DE GERBEVILLER, COMTES DE ROMONT

(LORRAINE)

X. — Haut et puissant seigneur **Camille comte de LAMBERTIE**, fils de Nicolas-François de Lambertie et d'Elisabeth de Ligniville (§ II, degré IX, page 67), substitué aux nom et armes des Tornielle, était qualifié marquis de Gerbeviller (1), comte de Romont (2), de Tornielle et de Brionne, chevalier, seigneur de Villerupt (3), d'Audun-le-Tiche (4), etc.

Anne-Joseph de Tornielle n'ayant jamais eu d'enfant de son épouse Antoinette-Louise de Lambertie, fille de Georges marquis de Lambertie, conseiller d'Etat, maréchal de Lorraine, bailli commandant de Nancy, et de Christine de Lenoncourt, choisit pour son héritier quelque temps avant sa mort, arrivée le 30 mai 1737, Camille de Lambertie, qui quitta

---

(1) Gerbeviller est une petite ville fortifiée du duché de Lorraine, à une petite journée de Nancy, capitale du pays, sur la rivière l'*Aigne* qui baigne ses murailles. Le 4 mai 1621 elle fut érigée en marquisat (duquel dépendaient dix-huit villages), en faveur de la famille de Tornielle qui la possédait depuis 1590.

(2) Romont, canton de Rambervillers, arrondissement d'Epinal, Vosges.

(3) Villerupt, chef-lieu de commune dans le canton de Longwy, arrondissement de Briey, Meurthe-et-Moselle.

(4) Audun-le-Tiche, était, avant la perte de la Lorraine, un chef-lieu de commune dans le canton d'Audun-le-Roman, arrondissement de Briey, Moselle.

10

son nom pour prendre, avec le titre de comte de Tornielle, les armes de cette illustre maison. C'est ainsi que par un don tout gratuit la terre de Gerbeviller passa à la famille de Lambertie qui en est encore aujourd'hui propriétaire.

Il naquit à Lunéville (Meurthe-et-Moselle), le 20 février 1714, et fut baptisé le 21; ayant pour parrain très haut et très puissant prince Monseigneur le prince Camille de Lorraine et pour marraine Madame Marguerite-Antoinette de Bouzey, maréchale de Ligniville.

Il fut reçu chevalier de Malte de minorité le 5 mars 1717. (Original.) La substitution faite par le marquis de Gerbeviller en sa faveur fut confirmée le 15 octobre 1725. C'est lui qui a fait bâtir le château de Gerbeviller (1). Il a été successivement capitaine au régiment d'Anjou-cavalerie, chambellan de l'empereur, grand-maître du Vautrait, grand louvetier en survivance du roi de Pologne. Il mourut subitement le 14 octobre 1770 à Bruyères (Vosges); il est inhumé dans le caveau de Gerbeviller, où se voit l'inscription suivante :

CAMILLE DE LAMBERTYE, COMTE DE TORNIELLE

MARQUIS DE GERBEVILLER

CHAMBELLAN DU ROI DE POLOGNE

DÉCÉDÉ LE 14 OCTOBRE 1770.

Il épousa, par contrat passé à Nancy le 26 juillet 1736 par Monjean, demoiselle **Barbe-Françoise HURAULT DE MORAINVILLE,** fille de messire François-Joseph Hurault, chevalier, seigneur d'Audun-le-Tiche et Villerupt, conseiller d'Etat du duc Léopold, premier duc de Lorraine et de Bar, et de dame Marie-Elisabeth Vautrin. Le contrat de mariage est signé de la duchesse de Lorraine, des princesses Elisabeth, Thérèse et Anne-Charlotte, du prince d'Elbœuf, d'Anne-

---

(1) Le bienfait de la pomme de terre cultivée depuis longtemps déjà dans l'arrondissement de Saint-Dié, ne s'était point étendu au reste de la Lorraine. Au milieu des guerres qui ne discontinuaient presque jamais, on n'avait pas le loisir de s'occuper d'agriculture. En **1718** M. de Lambertie ayant été envoyé à Londres pour saluer de la part de Léopold, le nouveau roi Jacques, rapporta de son voyage des pommes de terre qui furent trouvées meilleures que celles des Vosges. Alors on commença d'en planter un peu en Lorraine. Mais cette culture ne prit de l'extension qu'en **1740.** (Notice historique et descriptive de la ville de Gerbeviller. Pierets-Obry).

Marguerite de Beauvau, princesse de Lixin, cousine-germaine, d'Anne-Joseph comte de Tornielle, grand chambellan, et de Louise-Antoinette de Lambertie, marquise de Gerbeviller, ses oncle et tante; de Marc de Beauveau, prince de Craon et du Saint-Empire, grand d'Espagne, chevalier de la Toison d'or, grand écuyer de Lorraine, et d'Anne-Marguerite de Ligniville, princesse de Craon, ses oncle et tante. La famille Hurault de Morainville porte pour armes : *d'argent, au lion de sable, lampassé et armé d'or, chargé d'une croisette potencée du même; à la bordure engrelée de gueules et chargée de treize billettes d'argent.*

De ce mariage naquirent :

1° **Nicolas-François-Camille de LAMBERTIE**, qui suit;

2° **Louise-Antoinette-Gabrielle de LAMBERTIE**, née le 13 et baptisée le 14 janvier 1738, à Saint-Nicolas de Nancy; épousa par contrat passé à Nancy, par Tranchot, notaire, le 22 décembre 1758 (mariage célébré en l'église de Bouxières-aux-Chênes, le 2 janvier 1759), très haut et très puissant seigneur **Emmanuel-François, marquis de LAMBERTIE**, baron de Corigné, chevalier, seigneur de Saint-Martin-Lars, Puydemaux, l'Artimache, la Grande et Petite-Épine, La Vau, La Cour-d'Usson, etc., veuf en premières noces de Marie-Jeanne d'Anché, fils de Cosme, comte de Lambertie et de Marie-Angélique du Breuil-Hélion. Elle est morte à Nancy le 2 mai 1812. (Voir la branche de Saint-Martin-Lars, § XI).

3° **Louise-Françoise-Antoinette de LAMBERTIE**, baptisée à Nancy, paroisse de Saint-Roch, le 15 février 1743. Elle fut dame chanoinesse du chapitre de Poulangy et est titrée comtesse de Lambertie, dame de Milberg, dans un acte du 22 janvier 1780. (Original.) Elle habitait Essen (Prusse) avec sa sœur en 1795, et mourut à Nancy le 12 février 1812.

XI. — Nicolas-François-Camille de LAMBERTIE, marquis de Gerbeviller, comte de Tornielle et de Romont, naquit et fut baptisé le 27 novembre 1739, à Nancy paroisse de Saint-Roch. Il entra aux chevau-légers en 1757 (son certificat de noblesse est du 7 avril). Il fut présent le 22 décembre 1758, au mariage de sa sœur, avec Emmanuel-François marquis de Lambertie. Etant encore mineur et sous l'autorité de sa mère, il partagea avec ses sœurs le 22 juin 1769. Dans un partage fait avec son beau-frère, le marquis de Lambertie, le 26 octobre 1776, il est dit ci-devant guidon de gendarmerie, premier chambellan de Son Altesse Royale Monseigneur le comte d'Artois. (Original.) Il servait d'aide-de-camp à Son Altesse Monseigneur le comte de Clermont en 1759; fut reçu capitaine au régiment, mestre-de-camp cavalerie, le 19 décembre 1760; lieutenant-colonel de cavalerie le 13 février 1761, et le même jour second cornette des chevau-légers sous le titre d'Aquitaine. Il fut nommé premier chambellan de Charles-Philippe de France, comte d'Artois, frère du roi, par lettres patentes du 9 août 1774, et prêta le serment de fidélité pour ladite charge le 28 octobre suivant.

Il épousa par contrat passé à Paris, le 24 mai 1785, et le 27

dans l'église de Saint-Sulpice, haute et puissante demoiselle **Louise-Victoire-Rose-Parfaite du CHAYLARD**, âgée de dix-huit ans, née à Besançon (Doubs), le 19 janvier 1767, fille de feu haut et puissant seigneur Jean-Antoine, marquis du Chaylard et de dame Marie-Anne-Claude de Rochechouart. Les témoins furent : du côté de l'époux, très haut et très puissant seigneur Marie-Gérôme Eon, comte de Cely, maréchal des camps et armées du roi, inspecteur général de l'infanterie; haut et puissant seigneur Sébastien-Anne-Julien de Poilvillain, comte de Crenay et de Montaigu, maréchal des camps et armées du roi, premier maître de la garde-robe de Monsieur frère du roi, chevalier, commandeur des ordres royaux et militaires de Saint-Lazare et de Notre-Dame du Mont-Carmel; du côté de l'épouse, haut et puissant seigneur Philippe-Claude comte de Montboissier, lieutenant-général des armées du roi, chevalier de ses ordres, gouverneur de Bellegarde, commandant en chef dans la province d'Auvergne; haut et puissant seigneur Claude de Morton, comte de Chabrillant, lieutenant-général des armées du roi, maître-de-camp commandant du corps des carabiniers, capitaine des gardes du corps de Monsieur frère du roi, chevalier, commandeur des ordres royaux et militaires de Saint-Lazare et de Notre-Dame du Mont-Carmel.

Louise-Victoire-Rose-Parfaite du Chaylard épousa en secondes noces

CHATEAU DE GERBÉVILLER

(MEURTHE-ET-MOSELLE)

Auguste-Joseph Baude, comte de la Vieuville, officier de la Légion d'honneur, chevalier de Saint-Louis, alors préfet. Elle mourut à Paris le 3 juillet 1846 et fut transportée dans la chapelle de Gerbeviller où se trouve l'inscription suivante :

DAME LOUISE-VICTOIRE-ROSE-PARFAITE DU CHAYLAR

MARQUISE DE GERBEVILLER, PUIS COMTESSE DE LA VIEUVILLE

1767-1846

Du Chaylard porte : *écartelé aux 1ᵉʳ et 4ᵉ d'or à trois bandes de gueules, aux 2ᵉ et 3ᵉ d'azur au chef d'argent chargé d'un soleil de gueules.*

Nicolas-François-Camille a eu pour fils **Marie-Antoine-Camille-Ernest de LAMBERTIE** qui suit.

XII. — Marie-Antoine-Camille-Ernest comte de LAMBERTIE, de Brionne et de Tornielle, marquis de Gerbeviller, officier supérieur, chevalier de l'ordre de la Légion d'honneur, conseiller général du département de la Meurthe. Né à Paris en 1789. Il est mort à Paris le 24 mars 1862 à l'âge de soixante-treize ans.

Il épousa à Paris, dans l'église de la Madeleine, le 19 mai 1817, **Marie-Charlotte-Léontine de ROHAN-CHABOT**, fille d'Alexandre-Louis-Auguste de Rohan-Chabot, duc de Rohan, pair de France, lieutenant-général des armées du roi, etc., et d'Anne-Louise-Elisabeth de Montmorency. Les témoins étaient : du côté de l'époux, Joseph-Emmanuel-Auguste-François, marquis de Lambertie, lieutenant-général des armées du roi, commandeur de l'ordre royal et militaire de Saint-Louis ; Marie-Ive-Athanase-François comte de Gouy, chevalier de l'ordre de Saint-Jean de Jérusalem ; du côté de l'épouse, Anne-Joseph Thibaut de Montmorency, comte de Montmorency, maréchal des camps et armées du roi ; Louis-Guillaume, vicomte de Rohan-Chabot, maréchal des camps et armées du roi. Marie-Charlotte-Léontine de Rohan-Chabot était née à Londres en 1796, elle est morte à Paris le 15 mars 1841, âgée de quarante-cinq ans. Elle a laissé à Gerbeviller de touchants souvenirs de sa charité et de ses vertus. Elle était sœur de Louis-François-Auguste duc de Rohan-Chabot, prince de Léon, ancien

officier des mousquetaires de Louis XVIII, qui, après la mort funeste de sa femme, entra dans les ordres sacrés où sa naissance lui fit bientôt obtenir l'archevêché de Besançon et le chapeau de cardinal. La famille de Rohan-Chabot porte : *de gueules à neuf macles d'or, accolées et aboutées 3 à 3, en trois fasces; écartelé d'or à 3 chabots de gueules.*

De ce mariage naquirent :

1° **Stanislas-Louis-Alfred-Camille de LAMBERTIE,** comte de Tornielle, né à Paris le 7 mars 1818. Il a été membre du conseil général du département de la Meurthe pour le canton de Gerbeviller. Il est mort à Paris le 7 février 1862, âgé de quarante-trois ans et onze mois, peu de jours avant son père. Ils ont été transportés l'un et l'autre dans la chapelle de Gerbeviller où se voient sur le marbre les inscriptions suivantes :

ICI REPOSENT

MARIE-ANTOINE-CAMILLE-ERNEST DE LAMBERTYE

MARQUIS DE LAMBERTYE ET DE GERBEVILLER

1789-1862

MARIE-ALFRED-STANISLAS-CAMILLE DE LAMBERTYE

COMTE DE TORNIELLE ET DE BRIONNE

1819-1862

2° **Marie-Charles-Auguste-Ernest de LAMBERTIE,** marquis de Gerbeviller, comte de Romont, né à Paris le 24 décembre 1828, camérier d'honneur de S. S. le pape Pie IX et de S. S. le pape Léon XIII, habite le château de Gerbeviller. Il a magnifiquement fait réparer et presque réédifier l'église de N.-D. du Mont-Carmel, dite chapelle du château de Gerbeviller, dont la consécration a eu lieu le 18 juillet 1865. Voici l'inscription commémorative de cette dédicace :

$$\underset{\text{A} \top \omega}{\overline{\mathsf{P}}}$$

Sacram hanc œdem
Olim PP. Karmelitarum
A Maria-Kar.-Aug.-Ernesto
De Lambertye
Marchione de Gerbeviller
Ex antiqua ac fatiscente
Renovatam sumptu proprio ampliatam

Et omni splendidiore quem cernis cultu
Exornatam,
Karolus-Martialis Allemand-Lavigerie
Nanceiensium et Tullensium episcopus
Deo, in honorem D.-N. Mariæ-a-Monte-Karmelo
Et primitivi patronis S. Johannis Baptistæ
Solemnibus ceremoniis rite dedicavit
Die XVIII, mensis juli. An. Dom. MDCCCLXV.
Feliciter.

C'est aussi lui qui a pourvu cette église de précieuses reliques, d'un mobilier et d'ornements qui ne le cèdent en rien aux plus riches cathédrales.

3° **Charles-Edmond de LAMBERTIE**, né à Paris le 2 décembre 1832, mort en bas âge à Montgermont, commune de Pringy, canton de Melun (Seine-et-Marne), le 4 juin 1834. Il a été inhumé dans la chapelle de Gerbeviller où l'on trouve l'inscription suivante :

CHARLES-EDMOND DE LAMBERTYE
1833-1835.

4° **Marie-Joseph-Henri-Edmond de LAMBERTIE**, qui suit ;

5° **Marie-Fernand-Edmond de LAMBERTIE**, qui suit après son frère.

XIII.— Marie-Joseph-Henri-Edmond de LAMBERTIE-TORNIELLE, comte de Lambertie et de Tancarville, né à Gerbeviller le 3 août 1837.

A épousé à Rouen (Seine-Inférieure), le 27 novembre 1871, **Marguerite-Blanche POUYER**, fille de Augustin-Thomas-Joseph Pouyer-Quertier, député à l'Assemblée nationale, président du Conseil général du département de l'Eure, ancien ministre des finances, grand officier de la Légion d'honneur, et de Blanche Delamare. Elle était née à Rouen le 17 décembre 1852 et y est morte le 26 mars 1884.

De ce mariage sont nés :

1° **Marie-Joseph-Camille-Ernest-Henri-Robert comte de LAMBERTIE**, de Tornielle et de Tancarville, né à Rouen le 23 août 1872 ;

2° **Marie-Joseph-Nicolas-Augustin-Georges de LAM-BERTIE**, né à Rouen le 13 août 1873, mort sans alliance, à Cannes (Alpes-Maritimes), le 18 avril 1890.

XIII *bis.* — **Marie-Fernand-Edmond de LAMBERTIE**, comte de Romont, né à Paris le 13 décembre 1840.

A épousé à Madrid, le 9 mai 1882, **Marie-Thérèse-Caroline-Gabrielle-Eustaquie-Valentine MARTINEZ DE YRUJO**, fille de don Carlos-Fernando Martinez de Yrujo et de dona Gabriella de l'Alcazar, duchesse de Soto-Mayor, dont les armes sont : *parti, au 1ᵉʳ d'azur à une étoile d'argent*, qui est de Martinez ; *au 2ᵉ d'argent à trois fasces ou filets de sable, bordés d'un échiqueté or et gueules de deux traits*, qui est de Soto-Mayor.

De ce mariage sont nés :

1° **Charles-Edmond-Marie-Gabriel-Ernest-Tous-les-saints de LAMBERTIE**, né à Madrid le 30 février 1883 ;

2° **Marie-Manuel-Henri-Elène-Joseph-Gabriel-Charles Raimond-Julien-Tous-les-saints de LAMBERTIE**, né à Madrid le 16 mars 1884.

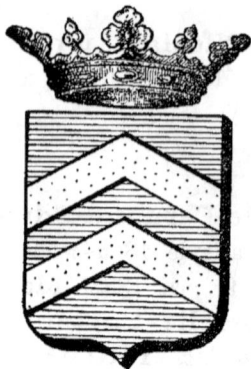

(A PONT-A-MOUSSON)

X. — Charles-Alexandre-Gabriel de LAMBERTIE, fils de haut et puissant seigneur messire Nicolas-François, marquis de Lambertie et de Cons-la-Grandville, et de dame Elisabeth de Ligniville (§ II, degré IX, page 67), naquit et fut baptisé le 14 mai 1725. Il eut pour parrain le prince Charles-Alexandre de Lorraine, frère de l'empereur, et pour marraine Marguerite-Gabrielle de Beauvau, princesse de Lixin.

Il servit pendant deux ans et demi comme cadet gentilhomme dans la compagnie du baron de Schack, maréchal de camp, commandant pour le roi de Pologne, suivant un certificat de ce dernier du 6 mars 1742. Il obtint la commission de lieutenant au régiment des gardes Lorraine commandé par le prince de Beauvau, le 7 février 1742, et celle de cornette au régiment d'Arcourt-dragons dans la compagnie du marquis de Polignac du 20 avril 1746. (Original.) Il était présent au contrat de mariage de sa sœur Louise-Thérèse de Lambertie avec Christophe-Charles du Bost, marquis du Pondoye en 1742. (Original.) Il fut nommé chambellan du roi Stanislas de Pologne, duc de Lorraine et de Bar, par commission ou lettres patentes du 10 décembre 1747; dans ces lettres sont rappelés les services rendus par son père Nicolas-François marquis de Lambertie, capitaine commandant en chef les compagnies des gardes du corps de

11

Sa Majesté. (Copie vidimée du 26 février 1783, signée Le Breton, lieutenant général de Pont-à-Mousson). Il fut envoyé en 1757 par le roi de France, et chargé des affaires de Sa Majesté, auprès du roi d'Angleterre pendant l'absence du maréchal de Mirepoix, son cousin germain.

Il épousa : 1° par contrat passé à Troyes, le 13 février 1747, demoiselle **Jeanne-Caroline-Angadresme de PUGET,** fille de haut et puissant seigneur messire Pierre de Puget de Monthoron, chevalier grand bailly de la ville de Troyes, seigneur de la Marcheboureuse, Rozière, etc., et de feue haute et puissante dame Anne-Angadresme Esmangeard, son épouse en premières noces. Elle fut dame d'honneur de Leurs Altesses sérénissimes Mademoiselle de la Roche-Guyon et Madame la princesse de Conty, et tint sur les fonts baptismaux, Emmanuel-François de Lambertie, neveu de son mari, le 12 janvier 1772. Elle mourut âgée d'environ cinquante ans, et fut inhumée à Saint-Sulpice de Paris le 15 janvier 1775. Ses armes sont : *écartelé, aux 1er et 4e de gueules à une étoile de seize rais d'argent, aux 2e et 3e d'or à un bélier rampant de sable accolé d'argent.* Quelquefois l'écu est chargé en chef *d'un lambel de trois pièces d'argent.*

Il épousa : 2° haute et puissante dame, très noble et très illustre **Marguerite-Charlotte-Thérèse, marquise du BOST de PONTDOYE,** sa nièce, née à Anlier, province du Luxembourg belge, le 5 et baptisée le 6 avril 1744, ancienne chanoinesse du très illustre chapitre d'Andenne-sur-Meuse, aux Pays-Bas autrichiens, fille de très noble et très illustre seigneur Christophe-Charles du Bost, marquis de Pontdoye, et de très noble et très illustre dame Louise-Thérèse, née marquise de Lambertie. La bénédiction nuptiale leur fut donnée le 11 septembre 1782 à Pont-à-Mousson (Meurthe-et-Moselle). Marguerite-Charlotte-Thérèse du Bost avait fait ses preuves de chanoinesse au noble et illustre chapitre d'Andenne, selon une attestation datée de la chambre héraldique de Bruxelles le 27 juillet 1771. (Original.) Du Bost de Pontdoye porte pour armes : *d'or au chêne terrassé de sinople, au sanglier de sable mouvant du fut à dextre* (ou plutôt *passant derrière le tronc*).

Charles-Alexandre-Gabriel de Lambertie eut pour enfants du premier mariage :

1° **Charlotte-Stanislas de LAMBERTIE**, née et baptisée le 9 janvier 1748, ayant pour parrain Sa Majesté le roi de Pologne, Duc de Lorraine. Elle fit profession et fut religieuse au couvent des Dames de la Visitation, de la rue du Bac, à Paris.

2° **Marie-Catherine de LAMBERTIE**, née et baptisée le 7 janvier 1749.

Il eut du second mariage :

3° **Charles-Nicolas de LAMBERTIE**, surnommé le bien-aimé, baptisé le 2 juin 1781, ayant alors trois ans, et légitimé par le mariage de ses père et mère. Il est mort à l'armée des princes en 1793.

§ V. — SEIGNEURS DE CHAMBOURAUD

VI. — Messire **Gabriel de LAMBERTIE,** écuyer, seigneur de la Valouse, de Chambouraud (1), de la Borie, la Salomonie (2), fils puiné de François de Lambertie, baron de Montbrun, et de Jeanne d'Abzac de la Douze (§ I, degré V, page 37). Il habitait le château de Lambertie, et son père, dans son testament fait au bourg de Dournazac, le 14 novembre 1607, le nomme comme un de ses légataires. Sa mère, Jeanne d'Abzac de la Douze, lui faisait une donation en 1616. Il fit une transaction avec le seigneur de Champniers, signée Rousseau, notaire royal, le 29 décembre 1620. Le 23 janvier 1621 il donna une quittance à Gabriel seigneur de Lambertie, son frère aîné. (Original.) Il fut capitaine au régiment de Lambertie par commission du 6 février 1632. Ce régiment était celui de son frère aîné et tenait alors garnison à Stenay. Il testa le dernier décembre 1635 en faveur de sa femme et de ses enfants, et était mort en 1641.

---

(1) Chambouraud, commune de Saint-Mathieu, arrondissement de Rochechouart, Haute-Vienne.
(2) La Salomonie, commune de Saint-Barthélemy de Villechalane, canton de Bussière-Badil, arrondissement de Nontron, Dordogne.

Il épousa par contrat passé au château de Rochechouart, le 6 juin 1615, demoiselle **Charlotte VIGIER**, fille aînée de feu Claude Vigier, écuyer, seigneur de Chambouraud, et de demoiselle Diane Téxier de Javerlhac. Etant veuve, le 18 octobre 1645, elle fit une donation à son fils Jean. Les armes de la famille Vigier de Saint-Mathieu sont : *d'azur à la croix ancrée d'argent.* (On les trouve à l'église de Saint-Mathieu sculptées en 1486 : *parti, au 1er d'azur à trois fasces d'or ; au 2e coupé d'azur à trois bandes d'argent, et d'azur à la croix d'argent*).

De ce mariage naquirent :

1° **Jean de LAMBERTIE**, qui suit ; .

2° Autre **Jean de LAMBERTIE**, nommé dans le testament de son père le 31 décembre 1635 ;

3° **Jeanne de LAMBERTIE**, aussi nommée dans le testament de son père, épousa par contrat du 24 novembre 1637, **Pierre de SANZILLON**, écuyer, seigneur de Douliac (1) et de Pouzol (2), fils d'autre Pierre, *alias* Paul de Sanzillon, écuyer, seigneur de la Foucaudie, Pouzol, et de Françoise Roux. Leur fille a épousé le marquis de Taillefer, seigneur de la Barrière et Roussille. Les armes des Sanzillon sont : *d'azur à trois sanzilles ou pigeons d'argent, les ailes, becs et pieds de sable.*

4° **Anne de LAMBERTIE**, nommée dans le testament de son père en 1635.

VII. — Messire **Jean de LAMBERTIE**, chevalier, seigneur de Chambouraud, la Valouse, la Borie, la Salomonie, né au château de Chambouraud, le 26 février 1623, reçut les cérémonies du baptême à Saint-Mathieu le 2 mars 1625, ayant pour parrain messire Jean de Rochechouart, seigneur, vicomte dudit lieu, chevalier, conseiller du roi et premier baron de Saint-Germain, et pour marraine Françoise de Javerlhac. (Registres de Saint-Mathieu.)

---

(1) Douliac, commune de Saint-Yrieix, Haute-Vienne.
(2) Pouzol, commune de Corgnac, canton de Thiviers, arrondissement de Nontron, Dordogne.

Il fut nommé capitaine d'infanterie au régiment de Lambertie par commission du 6 février 1632. Un certificat de service lui fut donné par Henri de Lorraine, comte d'Arcourt, lieutenant général, commandant l'armée en Guyenne, daté du camp de Levybourragne le 8 mars 1652. (Original.) Il demeurait dans sa maison noble de Chambouraud, paroisse de Saint-Mathieu, élection de Poitiers, lorsqu'il fut maintenu dans sa noblesse et produisit ses titres en 1665 devant Mᵉ Colbert, intendant de Poitiers. Il fut aussi maintenu dans sa noblesse par jugement de Mᵉ Barentin, intendant de Poitiers, le 8 octobre 1667, sur titres remontant à l'an 1528 (Cabinet du roi). Il mourut le 20 avril 1686 et fut inhumé le lendemain dans la chapelle du cimetière de l'église paroissiale de Saint-Mathieu.

Il avait épousé par contrat du 22 octobre 1647 passé au château de la Vigne, paroisse de Saint-Brice (1) et signé Dupuy, demoiselle **Françoise de CARBONNIÈRE**, fille de haut et puissant seigneur Annet de Carbonnière, chevalier, seigneur de Chamberri, de Saint-Brice et de la Vigne, et de feue dame Françoise des Monstiers de Mérinville. Elle mourut à l'âge de cinquante-trois ans, le 18 mai 1682 et fut inhumée dans la même chapelle du cimetière de Saint-Mathieu. Les armes des Carbonnière sont : *d'argent à trois bandes d'azur accompagnées de huit charbons de sable allumés de gueules posés entre les bandes 1, 3, 3, 1.*

Leurs enfants furent au nombre de sept, dont quatre fils qui moururent en combattant pour la patrie, et trois filles qui se firent religieuses. Ainsi finit la branche de Chambouraud, et les biens de ces enfants passèrent à leur cousine germaine, la marquise de Taillefer, et à M. de Sanzillon de Douliac.

1° **Melchior de LAMBERTIE**, chevalier seigneur de Chambouraud, la Borie, la Salomonie, etc., fut capitaine de la 3ᵉ compagnie du régiment de dragons de Monseigneur le Dauphin et devint lieutenant-colonel de son régiment. Il passa un bail à ferme le 6 mars 1689·

(1) Saint-Brice, canton de Saint-Junien, arrondissement de Rochechouart, Haute-Vienne.

Il avait passé la revue dans un champ près l'Estoile, en Dauphiné, et donné quittance pour trente hommes de sa compagnie, les officiers compris (dont Georges de Lambertie, lieutenant), le dernier décembre 1685: Le roi lui fit donation des droits des lots et ventes de la terre de Castelmore, en Agénois, par lettres données à Marly le 28 mars 1691. Il passa la revue avec sa compagnie où était lieutenant son frère Jacques de Lambertie, à Courtray, le 11 mars 1691, et donna quittance de ses appointements et de ceux de quarante-six hommes de sa compagnie. (Original.) D'après une procuration passée le 2 avril 1694, par François de Sanzillon, pour toucher le reliquat de sa pension et appointements, il fut blessé au combat de Stinkerque, et mourut de ses blessures à Mons le 7 août 1692.

2° **François de LAMBERTIE**, né à Chambouraud le 6 juin 1662, fut baptisé le 28 avril 1663 dans l'église de Saint-Mathieu, il eut pour parrain François de Carbonnière, son cousin germain, et pour marraine Anne de Lambertie, sa sœur. Il fut capitaine au régiment Dauphin et tué au service du roi.

3° **Georges de LAMBERTIE**, capitaine au régiment de Saint-Fremont-dragons en 1689; il avait passé la revue en qualité de lieutenant au régiment de Dauphin-dragons, à l'Estoile, en Dauphiné, le dernier octobre 1685. Il fut tué au service du roi.

4° **Jacques de LAMBERTIE**, chevalier, né le 9 janvier 1664, fut baptisé le lendemain dans l'église de Saint-Mathieu. Il passa la revue en qualité de lieutenant au régiment de Dauphin-dragons, à Courtray, le 11 mars 1691. Représenté par Melchior de Carbonnière, il présenta requête le 20 août 1693 au lieutenant général de Montmorillon. (Original.) Il était lieutenant au régiment Dauphin-dragons lorsqu'il fut mortellement blessé au combat de Stinkerque. Il testa le 1ᵉʳ août 1692 et mourut de ses blessures à Mons où il fut enterré.

5° **Anne de LAMBERTIE**, qui fut marraine de son frère François le 28 avril 1663, se fit religieuse à Boubon en 1671.

6° **Marguerite de LAMBERTIE**, religieuse à Saint-Junien en 1675.

7° **Charlotte de LAMBERTIE**, religieuse à Boubon en 1676, devint supérieure de ce monastère.

CHATEAU DE MENET

(CHARENTE)

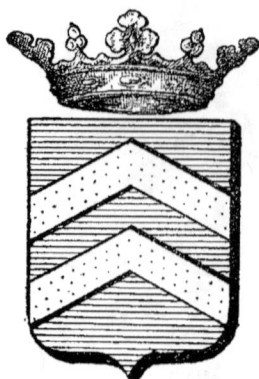

§ VI. — SEIGNEURS DE MENET, MARQUIS DE LAMBERTIE

(ANGOUMOIS)

IV. — Noble personne **François de LAMBERTIE,** écuyer, seigneur de Menet (1), de Perry, du Couraud, de Chapt, etc., était fils puîné de François de Lambertie, écuyer, seigneur de Lambertie et de Miallet, et de Marguerite de Maumont (§ I, degré III, page 24). Son père lui fit un legs et le substitua à Raymond, son frère aîné, dans son testament du 11 août 1528.

Il fut chargé d'une procuration de Jean de La Faye, écuyer, seigneur de Menet, son beau-père, par acte du 28 mars 1536. (Original.) Il partagea, le pénultième du mois d'août 1538, avec Raymond, son frère aîné, les biens de feu Guyon de Lambertie, écuyer, seigneur de Vassoux, leur oncle, et en donna quittance le 4 décembre suivant. (Original.) Il fit hommage de la terre de Menet au seigneur de Montbron, le 15 février 1540, (signé Benoit), et rendit un dénombrement le 25 avril 1544 à très haut et très puissant seigneur Anne sire de Montmorency, premier baron chrétien, connétable de France, pour sa maison noble de Menet, relevant de la baronnie de Montbron. Cet aveu contient cent vingt articles confirmés par les dépo-

---

(1) Menet, paroisse de Saint-Maurice de Montbron, arrondissement d'Angoulême, Charente. La maison de La Faye possédait la terre de Menet depuis 1308, que Marguerite, fille de Boson de Ceris II° du nom, porta en mariage à Arnaud de La Faye, chevalier.

sitions de quarante-quatre habitants, qui rapportent des actes depuis l'an 1415, concernant ladite seigneurie, (passés par nobles Jean, Jourdain et autre Jean de La Faye, bisaïeul, aïeul et père de noble Jeanne de La Faye, femme dudit seigneur de Lambertie), dont les droits consistent dans un moulin banal avec divers domaines situés autour et dans le château et ville de Montbron (1), avec plusieurs fiefs, rentes et hommages possédés par ledit seigneur dans les ville, bourg et paroisses de Montbron, Montembœuf (2), Mazeroles (3), Saint-Sornin (4), Vouton (5), Yvrac (6), Orgedeuil (7), Escuras (8), Rencogne (9), Marilhac (10), etc., avec le droit de four banal, celui de chauffage et ceux de chasse et de pêche, dans toute l'étendue de la baronnie de Montbron, ainsi que la franchise de péage, etc. (Acte original, signé Lambertie, Léonet de Carbonnière, écuyer, et Thibaud, notaire à Montbron.) Il fut légataire de son oncle, Raymond de Lambertie, par son testament du 8 octobre 1545.

Il fit son testament au lieu du Couraud, paroisse des Salles, le 8 juillet 1568, signé Guillaume Dupont, notaire, par lequel il choisit sa sépulture dans l'église de Saint-Maurice de Montbron, laisse l'usufruit de ses biens à demoiselle Jeanne de La Faye, son épouse, institue Raymond, son fils aîné, son héritier universel et fait des legs à ses autres enfants. (Original.) Il était mort avant 1576.

Il avait épousé par contrat, signé Thiebaut et de Chievres, notaires à Montbron et Marton, passé le 7 décembre 1535, au lieu noble de Menet, demoiselle **Jeanne de LA FAYE,** fille de Jean de La Faye, écuyer, seigneur de Menet, et de demoiselle Jeanne Giraud. L'acte de célébration est du 10 février 1535 (vieux style). Etant veuve, Jeanne de La Faye rendit un hommage et un dénombrement de sa terre du Couraud, à Gaston de La Rochefoucaud, baron des Salles, comte

(1) Montbron, chef-lieu de canton, arrondissement d'Angoulême, Charente.
(2) Montembœuf, chef-lieu de canton, arrondissement de Confolens, Charente.
(3) Mazeroles, canton de Montembœuf, arrondissement de Confolens, Charente.
(4) Saint-Sornin, canton de Montbron, arrondissement d'Angoulême, Charente.
(5) Vouton, canton de Montbron, arrondissement d'Angoulême. Charente.
(6) Yvrac, canton de La Rochefoucauld, arrondissement d'Angoulême, Charente.
(7) Orgedeuil, canton de Montbron, arrondissement d'Angoulême, Charente.
(8) Escuras, canton de Montbron, arrondissement d'Angoulême, Charente.
(9) Rancogne, canton de La Rochefoucauld, arrondissement d'Angoulême, Charente.
(10) Marilhac, canton de La Rochefoucauld, arrondissement d'Angoulême, Charente.

de Montbron, le 13 décembre 1576, passé devant Dupont, notaire. Elle était morte le 21 novembre 1577. La famille de Faye porte : *de gueules à la croix d'argent, au chef bastillé de quatre créneaux du même.* Cet énoncé inexact est pour : *de gueules à la croix d'argent et au lambel de même de cinq pendants en chef.*

De ce mariage sont nés :

1° **Raymond de LAMBERTIE,** qui suit ;

2° **Jean de LAMBERTIE,** écuyer, seigneur du Boireau, était un des archers de la compagnie de cinquante lances de Monseigneur de Sansac, le 20 juillet 1569. (Bibliothèque royale). Il fit un partage avec Raymond, son frère, en 1578, et un autre en 1588, où il est qualifié écuyer, seigneur de la Rousserie ; mais dans le testament du même Raymond fait en 1598, il est dit seigneur de Boireau. Ayant commencé à servir sous la charge du seigneur de Sansac, il passa la revue à Guéret en 1567, se distingua à la bataille donnée dans la plaine de Fiolles en 1569, fut au camp des Landes, passa la revue à Charroux en qualité d'homme d'armes en 1572, se trouva au siège de La Rochelle en 1573, et servit successivement en la même qualité dans les compagnies d'hommes d'armes commandées par les seigneurs de La Vauguyon-des-Cars et de Bourdeilles.

Il épousa par contrat du 6 septembre 1599, demoiselle **Jeanne de TOSCANE,** fille de feu Hélie de Toscane, écuyer, seigneur de La Peyrelle, et de demoiselle Françoise Paulte. (Original.) La famille de Toscane, en Angoumois, porte : *d'azur à trois éperviers d'or, au croissant d'argent en cœur.* De ce mariage il n'y eut aucun enfant. Jean de Lambertie eut quatre enfants illégitimes qu'il reconnut et qui obtinrent du roi des lettres de légitimation et anoblissement le 20 mai 1609. (Il y est dit qu'ils ont servi avec distinction, ainsi que leur père, sous la conduite des sieurs de La Vauguyon, de Bourdeilles et des Cars.) Ce furent : A — *Nadaud ;* B — *Léonard ;* C — *Pierre,* nés de *Marguerite des Bordes ;* et D — *Léonard-François,* né de *Marguerite Gauthier.* Ils ont porté le nom de Lambertie, mais ne sont pas considérés comme faisant partie de la famille.

3° **Jean de LAMBERTIE,** auteur de la branche de Marval rapportée § IX.

4° **Catherine de LAMBERTIE**, qui épousa par contrat du 10 février 1557, **Pierre de SAINT-LAURENT**, écuyer, fils de Jean de Saint-Laurent, écuyer, seigneur de Feuillade, en Périgord. (Original.) Il testa le 4 février 1586 et en 1588, et était mort avant 1606. Leur fille, Louise de Saint-Laurent, épousa, par contrat signé Sarlande, passé au château de Marval, le 25 juillet 1606, Léonard de Lavau, fils de feu Etienne de Lavau, lieutenant de la juridiction de Varaignes (*Nobil. du Limousin*, t. III, p. 54).

Cette famille porte : *d'azur semé de fleurs de lis d'or au lion de gueules armé, lampassé et couronné d'or*.

5° **Louise de LAMBERTIE**, épousa par contrat du 17 octobre 1551, **Mathieu de VASSOIGNE**, écuyer, fils de Philippe de Vassoigne, écuyer, seigneur de La Bréchenie (1). (Original.) Il est qualifié seigneur de la Forêt d'Horte en 1568, et faisait un partage en 1588. Ses armes sont : *d'or au lion de sable, couronné du même, armé et lampassé de gueules, à trois souches d'arbre de sable 2 et 1*. Ailleurs on lit seulement : « *d'or au lion de sable couronné de gueules*. »

6° **Marie de LAMBERTIE**, épousa par contrat du 14 décembre 1563, noble **Jean de MAUMONT**, écuyer, seigneur de Maumont (2), le Chadeau (3), Milhaguet (4), fils de Geoffroy et d'Isabelle de Montfrebœuf. Il se remaria en 1573 avec Jacquette de La Porte. La famille de Maumont a pour armes : *d'azur au sautoir engrelé d'or, accompagné de quatre tours d'argent maçonnées de sable*, mais cette branche a porté quelquefois : *d'azur, à la croix d'or, cantonnée de quatre besants du même*.

---

(1) La Bréchenie et la Forêt d'Horte sont commune de Grassac, canton de Montbron, arrondissement d'Angoulême, Charente.

(2 et 3) Maumont et le Chadeau, commune de Dournazac, canton de Saint-Mathieu, arrondissement de Rochechouart, Haute-Vienne.

(4) Milhaguet, canton de Saint-Mathieu, arrondissement de Rochechonart, Haute-Vienne.

7° **Christine de LAMBERTIE,** qui partageait avec ses frères en 1588. Elle épousa par contrat signé Fagis ou de Fayolles, le 18 mars 1568 (*alias* 1570), **François de BARBIÈRES,** écuyer, seigneur de Lasterie (1) (fils d'Aimeric et de Marie Maumont), qui a pour armes : *d'argent à trois merlettes de gueules, au chef d'azur chargé de trois étoiles d'or.* Il habitait Vigneras, même paroisse de Dournazac, et testa le vendredi 14 mars 1583, par acte signé Mappat et Brun. Il veut être inhumé dans l'église de Dournazac devant l'autel de la Sainte-Vierge où reposent ses prédécesseurs.

8° **Jeanne de LAMBERTIE,** qui était au partage de 1588, épousa **François du ROUSSEAU,** écuyer, seigneur de Sainte-Catherine (2), fils de Junien du Rousseau, écuyer, seigneur du Maranda, et de Marie Couraudin. Il fut convoqué au ban et arrière-ban de la sénéchaussée d'Angoumois, en 1635. Les du Rousseau de Maranda, de Fayolle, de Ferrières, etc., portent pour armes : *de gueules à un chevron d'argent, accompagné de trois besants du même, au chef d'argent chargé de trois losanges de gueules.*

9° **Marie de LAMBERTIE,** légataire de son père en 1568, partagea en 1578 avec Raymond et Jean, ses frères.

10° **Marguerite de LAMBERTIE,** qui avait aussi partagé avec Raymond et Jean, ses frères, en 1578, mourut sans alliance. Sa succession fut partagée par ses frères, sœurs et beaux-frères, par acte du 29 septembre 1588. (Original.)

V. — Messire **Raymond de LAMBERTIE,** chevalier, seigneur de Menet, de Perry, du Couraud et de Chapt, servit dès l'âge de dix-neuf ans. Il fut l'un des archers de la compagnie de Monseigneur

---

(1) Lasterie, commune de Dournazac, canton de Saint-Mathieu, arrondissement de Rochechouart, Haute-Vienne.
(2) Sainte-Catherine, commune de Montbron, arrondissement d'Angoulême. Charente.

le prince de Navarre, dont montre fut faite en robe à Limoges, le dernier janvier 1559. (Cabinet des titres, vol. 259 des sceaux, fol. 1381.) Il passa en la même qualité d'autres revues à Libourne en 1560, à Bergerac, le 2 mai 1560, à Châtellerault, le 12 novembre 1560, à Brantôme, le 7 mai 1563, à Villeneuve-d'Agenois, le 15 juillet 1563 (*idem*). Il est au rang des hommes d'armes nouveaux dans le rôle de la montre de la compagnie de Monsieur de La Vauguyon, capitaine de trente hommes d'armes, faite au faubourg Saint-Germain à Paris le 20 décembre 1567 (*idem*). Il obtint le 12 mai 1569 de M. le duc d'Anjou, frère du roi, des lettres de sauve-garde pour les possessions dépendantes de sa seigneurie de Menet. Il était présent au contrat de mariage de son cousin François de Lambertie, seigneur dudit lieu, le 1er juillet 1571.

Il reçut une lettre de M. de La Vauguyon en date du 4 janvier 1574, par laquelle il le mande en la ville de Nontron avec ses armes, chevaux et équipages et ses arquebusiers à cheval. Cette lettre est signée « Votre bon et plus assuré ami, La Vauguyon ». Il reçut quatre lettres de M. de La Vauguyon, en date du 27 février 1574, 22 mars, 11 et 17 juin 1575, par lesquelles il le prie de se tenir prêt à monter à cheval avec le plus de ses amis qu'il pourrait amasser et de faire une extrême diligence pour le service du roi. (Originaux.) Il reçut deux autres lettres de M. de Ruffec, les 26 et 27 février 1574, par lesquelles il le prie de commander en la ville de Montbron et de bien garder cette ville en l'obéissance du roi. Cette lettre est signée « Votre bien bon ami, Ruffec ».

Il partagea, le 28 novembre 1578, avec Jean l'aîné, son frère, Jeanne et Marguerite, ses sœurs, la succession de leur père et celle à venir de leur mère et de leur aïeule maternelle, demoiselle Jeanne Giraud. (Original.) Il fit un accord le 5 octobre 1579 avec Jean de Lambertie, seigneur de Prun, son frère puiné. (Original.) Il fit une donation le 23 novembre 1583 à Messire Henri de La Marthonie, son beau-frère, conseiller et aumônier du roi et de la reine-mère, du tiers de ses biens, meubles et immeubles. (Original.) Il comparut en qualité d'homme d'armes à la revue de la compagnie de trente hommes d'armes, de Messire Jean des Cars, seigneur de La Vauguyon, dont montre fut faite dans la plaine de Beaulieu, paroisse de Bur, au comté de Dreux, le 17 août 1585. Il s'était trouvé au combat qui s'y était livré quelques jours avant. Il fit un nouveau partage avec ses frères et ses sœurs au château de Menet, paroisse et juridiction de Montbron, le pénultième de septembre 1588. (Original.)

Il testa au château de Menet le 25 octobre 1598, (signé Népoux), nommant exécuteurs de ses volontés, François de Lambertie, baron de Montbrun, et Jean de Lambertie, seigneur de Prun; il laisse le soin de ses funérailles à demoiselle Madeleine de Ceris, sa femme, institue son héritier universel François, son fils, et de ladite demoiselle, et fait un legs à Françoise, sa fille, et de défunte demoiselle Louise de La Marthonie, sa première épouse. Il mourut en 1601. On voyait sur le mausolée qu'on lui éleva dans l'église de Saint-Maurice de la ville de Montbron l'épitaphe suivante :

« Noble seigneur Raymond de Lambertie a servi le roi et l'état nombre d'années avec fidélité, valeur et loyauté, a couru pendant sa vie maints hasards, reçu maintes et maintes blessures dans nombres et périlleux combats, et a toujours été gentilhomme d'honneur, aimé, chéri et considéré de ses voisins. »

Raymond de Lambertie avait épousé : 1° par articles passés sous le seing privé au château de La Marthonie, le dernier septembre 1574, demoiselle **Louise de La MARTHONIE**, fille de feu Monseigneur Geoffroy de La Marthonie, chevalier de l'ordre du roi, et de Marguerite de Mareuilh. Cette famille qui porte : *de gueules au lion d'or* (alias) *lampassé et couronné de même,* a fourni onze prélats à l'église de France. Elle était établie à Saint-Jean-de-Colle (1) dans un château qui porte son nom. Sa fortune date surtout de Jean de La Marthonie, qui fut premier président des Parlements de Bordeaux et de Paris sous François Ier, et qui a bâti, non loin du château de sa famille, le château le plus artistique de tout le Périgord, celui de Puyguilhem. L'épouse de Raymond de Lambertie était la sœur de Henri de La Marthonie, évêque de Limoges. (*Nobiliaire du Limousin*, tome IV, page 343).

Il épousa : 2° par contrat passé au château de La Terne, en Angoumois, le 8 novembre 1594, par Gachet, demoiselle **Madeleine de CERIS**, fille de messire Alain de Ceris, seigneur de La Mothe-Saint-Claud, Château-

---

(1) Saint-Jean-de-Colle, canton de Thiviers, arrondissement de Nontron, Dordogne.

Renaud et Montaumart, et de demoiselle Jeanne du Bouchaud. Elle assista au premier mariage de leur fils François, le 20 mai 1616, ainsi qu'au second, le 30 janvier 1634. La famille de Ceris a pour armes : *d'azur à la croix alaisée d'argent*. Madeleine de Ceris descendait de Boson de Ceris, qui prenait le titre de *Miles* en 1257 lorsqu'il rendit hommage de la terre et seigneurie de Menet.

Du premier lit naquirent :

1° **Anne de LAMBERTIE,** qui épousa par contrat du 20 juin 1597 (*alias* du 30 octobre), signé Népoux et Durousseau, noble **Jean de CROZAN,** écuyer, seigneur des Rivières, fils de feu François de Crozan, écuyer, seigneur du Genest, et de demoiselle Marguerite Masson, elle eut en dot une somme de 8,000 livres (minute originale); elle est nommée comme légataire ainsi que son mari, le 25 octobre 1598. Les armes de la famille de Crozan sont : *d'azur à la croix d'argent* (*Nobiliaire du Limousin*); ailleurs on trouve « *d'azur à la fasce d'argent.* »

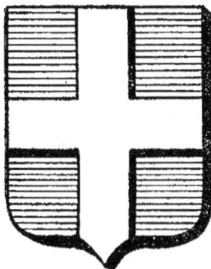

2° **Françoise de LAMBERTIE,** légataire de son père en 1598 de la somme de 2,666 écus. Elle épousa, le 10 janvier 1600, **Joachim de La CROIX,** écuyer, seigneur de La Fenestre (1), fils d'Aimery de La Croix, écuyer, seigneur de La Fenestre, et de Anne de Corlieu. Une sentence de la cour d'Angoulême du 14 août 1603, la dit femme de Joachim de La Croix, écuyer, seigneur de Vimbrais (des Ombrais). Les armes de cette famille sont : *d'azur à cinq fusées d'argent mises en fasce*, ailleurs on dit le *champ de gueules*.

Du second lit vinrent :

---

(1) La Fenestre, commune de Saint-Sornin, canton de Montbron, arrondissement d'Angoulême, Charente.

3° **François de LAMBERTIE**, qui suit;

4° **Jeanne** *alias* **Anne de LAMBERTIE**, qui était mineure en 1598 et qui ne se maria pas.

VI. — François de LAMBERTIE, écuyer, seigneur de Menet, de Perry, de Chapt, du Couraud, du Bois, de Germanas, etc., fut institué héritier universel par le testament de son père du 25 octobre 1598, et mis sous la garde noble de sa mère. Etant représenté par Jean de Lambertie, sieur de Prun, son oncle, il reçut une quittance le 13 mai 1605. (Original.) Il était présent au contrat de mariage de Jeanne de Lambertie, sa cousine, le 7 février 1608. « Considérant le temps de guerre qui court de présent », il fit un testament à Menet le 12 décembre 1615 en faveur de demoiselle Suzanne de Ceris. Il obtint une commission de capitaine au régiment de Lambertie le 27 juin 1634, et était en garnison à Nancy le 29 novembre 1635, où il commandait une compagnie du régiment de Lambertie.

Par acte passé devant J. Martin, notaire à Angoulême, du 15 février 1638, il céda, moyennant 3,000 livres, à François du Vignaud, écuyer, sieur de Fayolles, demeurant à Angoulême, tous les droits ayant pu lui appartenir à lui et à feue Catherine du Vignaud, sa femme, sur la terre et seigneurie de Fayolles, acquises par lesdits sieur et dame de Fayolles le 4 novembre 1632, de François de Lubersac, écuyer, sieur de La Chandellie. (Archives de la Charente, E, 1401).

Il fit son testament au bourg de Bussière-Badil (1), châtellenie de Varaignes, en Périgord, le 7 juillet 1648, devant maître Vignaud, notaire, par lequel il choisit sa sépulture dans l'église de Saint-Maurice de Montbron, au tombeau de ses ancêtres, instituant son héritier universel, Jean, son fils aîné, et de feue dame Marguerite du Vignaud, sa première femme, avec des legs à ses autres enfants du même lit, et à ceux qu'il avait eu de dame Marquise de Roffignac, sa seconde épouse. (Original.) Il mourut le 5 et fut enterré le 6 octobre 1650 dans l'église de Saint-Maurice de Montbron.

Il avait épousé : 1° par contrat passé en la ville d'Angoulême, par

___

(1) Bussière-Badil, chef-lieu de canton, arrondissement de Nontron, Dordogne.

13

Valere et Juliard, le 20 mai 1616, demoiselle **Catherine du VIGNAUD**, fille de feu Guillaume du Vignaud, écuyer, seigneur de Vitrac (1) et de Vaucartes, et de demoiselle Marguerite de Rippes. Dans ce contrat haut et puissant seigneur Gabriel de Lambertie, chevalier, comte dudit lieu et baron de Montbrun, est dit son cousin issu de germain, et MM. de Vérac, de Lubersac, de Belleville et de la Forêt-d'Orte, ses parents. Elle eut en dot une somme de 30,000 livres. Elle fit son testament le 20 mai 1633, à Angoulême, par lequel elle nomma ledit seigneur de Menet, son mari, exécuteur de ses dernières volontés, et choisit sa sépulture dans le tombeau des seigneurs de Menet avec les honneurs qui conviennent à une personne de sa qualité. Les armes de la famille du Vignaud sont : *d'azur, à un chevron d'argent accompagné de deux étoiles d'or en chef et d'un croissant d'argent en pointe.*

Il épousa : 2° par contrat passé le 30 janvier 1634, par Durousseau, notaire, en Angoumois, demoiselle **Marquise de ROFFIGNAC**, fille de messire Gabriel de Roffignac, chevalier, seigneur de Sannat (2), du Cros, de Balledent (3), de Quinsac (4), lieutenant d'une compagnie de chevau-légers pour le service du roi, et de dame Renée Lévêque de Marconnay. Etant veuve, par son testament du 19 août 1651, passé au château de Menet, pardevant Rousseau, notaire, elle donna à Gabriel de Lambertie, écuyer, son fils aîné, tous ses meubles, acquets et immeubles de préférence à ses sœurs, pour soutenir le nom de Lambertie ; et nomma exécuteur de ses volontés messire Jean de Lambertie, écuyer, son neveu. (Original.) Elle mourut le 26 août 1651 et fut inhumée dans la sépulture de son mari. Cette famille porte : *d'or au lion de gueules.*

---

(1) Vitrac, canton de Montembœuf, arrondissement de Confolens, Charente.
(2) Sannat, commune de Saint-Junien-lès-Combes, canton et arrondissement de Bellac, Haute-Vienne.
(3) Les Cros, commune de Balledent, canton de Châteauponsac, arrondissement de Bellac, Haute-Vienne.
(4) Quinsac, commune de Roussac, canton de Nantiat, arrondissement de Bellac, Haute-Vienne.

Du premier lit naquirent :

1° **Jean de LAMBERTIE**, qui suit ;

2° Autre **Jean de LAMBERTIE**, baptisé à Saint-Martial d'Angoulême le 28 mai 1628 ;

3° **Joseph de LAMBERTIE**, chevalier, seigneur du Bois, fut légataire par le testament de son père du 7 juillet 1648.

Il épousa par contrat passé à Pérignac, le 1er janvier 1657 (mariage célébré à Marthon, le 11 du même mois), demoiselle **Marie-Catherine du LAU**, fille de François du Lau, chevalier, seigneur du Breuil, gouverneur de Marthon (1), et de dame Ester du Haumont. Les armes de la famille du Lau sont : *d'or, au laurier à trois branches de sinople, au lion léopardé de gueules brochant sur le fût de l'arbre, à la bordure d'argent, chargée de seize tourteaux d'azur*. On trouve ailleurs la bordure *d'azur chargée de besants d'argent*.

De ce mariage étaient nés :

A — **Jean de LAMBERTIE**, baptisé à Marthon le 9 avril 1658, mort le 30 juillet 1661 ; B — **Marie de LAMBERTIE**, baptisée le 27 janvier 1659.

4° **Gabriel de LAMBERTIE**, capitaine au régiment de Lambertie. On voit dans un acte du 7 mai 1638, conservé aux archives de la Charente (E, 1401), qu'il était alors prisonnier de guerre à Brisach en Allemagne. Il fut tué à l'armée.

5° **Marie de LAMBERTIE**, qui mourut à l'âge d'environ quatre-vingts ans, le 28 décembre 1706, et fut enterrée le lendemain dans l'église de Lageyrac. Elle avait épousé par contrat passé par Durousseau le 16 décembre 1647 et dans l'église de Saint-Etienne d'Escuras le 25 février 1648, **François de BRIE**, écuyer, seigneur du Bosfranc et de Gourinchas (2), fils de feu Jean de Brie, écuyer, seigneur de Jouvencie, et de dame Madeleine Arlot de Frugye.

---

(1) Marthon, canton de Montbron, arrondissement d'Angoulême, Charente.

(2) Gourinchas, commune de Lageyrac, canton de Châlus, arrondissement de Saint-Yrieix, Hte-Vienne.

Il faisait une transaction en 1662. La famille de Brie porte : *d'or, à trois lions rampants de gueules 2 et 1, couronnes et lampassés d'azur* (ou *de sinople*), *armés de sable.*

6° **Marie de LAMBERTIE,** nommée dans le testament de 1648, qui ne se maria pas.

7° **Renée** demoiselle **de LAMBERTIE,** légataire en 1648; elle testa en faveur de Gabriel, son frère consanguin, en se faisant religieuse le 23 juin 1640.

Du second lit naquirent :

8° **Gabriel de LAMBERTIE,** seigneur de Grignol dont la postérité est rapportée § VIII.

9° **Jacquette de LAMBERTIE,** baptisée à Montbron le 30 septembre 1640, légataire par le testament de 1648, morte le 19 août 1659 et enterrée le lendemain dans l'église de Montbron.

10° **Marie de LAMBERTIE,** baptisée à Montbron le 20 juin 1642.

11° **Anne de LAMBERTIE,** nommée au testament de son père du 7 juillet 1648.

12° **Renée de LAMBERTIE,** nommée au testament de son père du 7 juillet 1648.

VII. — Messire **Jean de LAMBERTIE,** chevalier, seigneur de Menet, du Bois, du Couraud, de Perry et de Germanas, fut institué héritier universel par le testament de son père du 7 juillet 1648. Il fut colonel d'un régiment d'infanterie de son nom; nous trouvons en effet une lettre du roi adressée à M. de Lambertie, mestre de camp d'un régiment d'infanterie, datée du 5 décembre 1651, par laquelle Sa Majesté accepte l'offre agréable qu'il lui avait faite de rétablir le régiment d'infanterie qu'il commandait et lui mande de le porter au nombre de douze compagnies. (Original.) Il fit une acquisition par acte passé à Montbron le 12 mars 1655. (Original.)

Jean de Lambertie et sa femme passèrent une transaction le 3 mai 1662 avec messire François de Brie, chevalier, seigneur de Bosfranc et dame Marie de Lambertie sa femme, sœur dudit seigneur. Le 22 mars 1667, Jean de Lambertie fut maintenu dans sa noblesse en même temps que son frère Gabriel, seigneur de Grignol. Il assistait au contrat de mariage de Georges, marquis de Lambertie, son cousin, le 30 novembre 1667. Par acte du 22 juin 1670 il acquit de Jean Pagot et de Jeanne Veiret, sa femme, tous les biens, droits et héritages appartenant tant à ladite Veiret qu'à René, François et Catherine Veiret, ses frères et sœur, provenant de la succession de Marthe de Bordas, leur mère, lesdits biens situés au village de Peyris, paroisses d'Escuras et de Montbron.

Jean de Lambertie mourut âgé d'environ quarante-trois ans et fut inhumé le 3 février 1679 dans l'église de Saint-Maurice de Montbron en Angoumois.

Il avait épousé par contrat passé au château de Lambertie, par Albert, le 12 février 1654, en présence de haut et puissant François, comte de Lambertie, baron de Montbrun, etc., demoiselle **Marguerite de LA FAYE**, fille de feu Pierre de La Faye, écuyer, seigneur de La Martinie, de Saint-Privat et de Segonzac, et de demoiselle Ysabeau de Lambertie, sa veuve (§ I, degré V, page 40), laquelle eut en dot une somme de 25,000 livres. MM. de Brie, de Nesmond, de Saint-Mathieu, de la Maison-Rouge, de Lusson, d'Aydie, d'Hadémar, de Lobertier, de Châteaumorand, de Permangle, de La Roche-Aymond, signèrent le contrat comme parents. Elle mourut à l'âge de trente ans le 1er novembre 1670, ayant testé en faveur de son fils Jean-François, le 9 septembre 1661. Les armes de la famille de La Faye sont : *de gueules à la croix d'argent, au chef bastillé de quatre créneaux du même* ou mieux *de gueules à la croix d'argent et un lambel de même, de cinq pendants en chef.* On trouve ailleurs : *de gueules à la croix ancrée d'argent.*

De ce mariage sont nés :

1° **Jean-François de LAMBERTIE**, qui suit.

2° **François de LAMBERTIE**, baptisé à Montbron le 23 janvier 1656, fut capitaine au régiment de Condé, par commission du 1er janvier 1685, et mourut sans postérité. Il fut tué au siège de Chiras (Eschiras) en 1705.

3° **Joseph de LAMBERTIE**, baptisé à Montbron le 11 décembre 1656, fut capitaine au régiment de Tessé.

4° **Marie de LAMBERTIE**, baptisée à Montbron le 26 mai 1658, fut religieuse à Civray.

5° **Jeanne de LAMBERTIE**, baptisée à Montbron le 17 août 1659.

6° **Jean-François de LAMBERTIE**, baptisé à Montbron le 6 janvier 1661.

7° **Jean de LAMBERTIE**, né le 2 novembre 1664, fut baptisé le 24 du même mois dans l'église de Saint-Etienne d'Escuras. Il était aide-major du régiment de Condé lorsqu'il eut commission pour tenir rang de capitaine le 10 octobre 1690. (Original.) Etant en quartier dans la ville de Queyras, au baillage de Briamon, le 29 mars 1693, il passa une procuration à Jean-François de Lambertie, seigneur de Menet, son frère. (Original.) Il fut tué au siège de Valence.

8° **Marie de LAMBERTIE**, baptisée à Saint-Etienne d'Escuras le 6 janvier 1666.

VIII. — Messire **Jean-François de LAMBERTIE**, chevalier, seigneur de Menet, de Perry, de Roussines (1), du Bois, du Couraud, de Chapt et de La Fenestre (2), fut baptisé le 12 novembre 1654 dans l'église paroissiale de Saint-Maurice de Montbron. Il fut institué héritier par le testament de sa mère du 9 septembre 1661. Il fut capitaine au régiment de Navarre, et obtint le 22 août 1695 une commission de capitaine d'une compagnie de nouvelle levée dans le régiment d'infanterie de fusiliers de Tessé. Le 26 août 1706 il eut un certificat de M. le maréchal de Montreuil, comme servant sous ses ordres pour la sûreté des côtes en qualité de commissaire de la noblesse de la sénéchaussée d'Angoumois. (Original.)

Il mourut le 18 avril 1728 âgé de soixante-quinze ans et fut enterré le 19 dans l'église paroissiale de Saint-Maurice de Montbron.

Il avait épousé, par contrat passé à Varaignes, le 1er mars 1683, par Montazeau, notaire, et le 2 mars dans l'église paroissiale de Saint-Sornin, demoiselle **Marie de LA CROIX**, fille de feu messire Jacques de La Croix, chevalier, seigneur de La Fenestre et des

---

(1) Roussines, canton de Montembœuf, arrondissement de Confolens, Charente.
(2) La Fenestre, commune de Saint-Sornin, canton de Montbron, arrondissement d'Angoulême, Charente.

Ombrais, et de dame Angélique de Massacré. (Original.)
Ce mariage fut célébré par Mre Audoin, prieur de
Saint-Sornin, en vertu d'un certificat de M. la Borderie, curé de Montbron, après qu'on eut obtenu
une dispense de la cour de Rome, fulminée le
1er mars par l'official d'Angoulême.

Le 26 janvier 1711 ils faisaient un partage avec
Jean de La Croix, écuyer, sieur de Lamary,
demeurant au lieu de Chez-Lilaud, paroisse de
Saint-Maurice de Montbron, Léon de La Croix, écuyer, sieur de La Motte,
demeurant en la ville de Chabanais, paroisse de Saint-Sébastien, Charles
de La Croix, écuyer, sieur de La Grelière, demeurant au village de La
Chèze, paroisse de Vouton, et demoiselle Marguerite de La Croix, fille
majeure, demeurant au lieu de Puy-Vidal, paroisse de Saint-Constant, tous
héritiers de François de La Croix, écuyer, sieur de la Fenestre, leur
frère. Les biens, meubles et immeubles laissés par ledit François demeu-
rèrent au sieur et dame de Menet pour la somme de 35,000 livres,
outre les dettes et charges auxquelles ces biens pouvaient être sujets.
L'acte mentionne aussi que dame Marie Jay, veuve du sieur de La Fenestre,
reste propriétaire des meubles de ses appartements jusqu'à sa mort, et
que le sieur et dame de Menet ont vendu au sieur de La Grelière la
métairie de La Chèze.

Les armes de la famille de La Croix sont : *d'azur (ou de gueules) à
cinq fusées d'argent en fasce.*

Leurs enfants furent :

1° **Gabriel de LAMBERTIE**, baptisé le 28 janvier 1684. Il
fut nommé lieutenant en second à la compagnie de La Fontaine, au
régiment Colonel-Général-Cavalerie, par commission du 25 octobre 1719.
(Original.) Il fut tué pour le service du roi à Sarazine, en Italie.

2° **Jean-François de LAMBERTIE**, qui suit.

3° **Jacques de LAMBERTIE**, né le 17 et baptisé le
22 janvier 1688, était lieutenant au régiment de Tessé le 13 mars 1703
et fut tué au service.

4° **Jean de LAMBERTIE**, baptisé le 24 septembre 1689,
était sous-lieutenant au régiment d'infanterie de Tessé le 1er mars 1703.

5° **Léon de LAMBERTIE**, seigneur de Saint-Sornin, dont la postérité est rapportée § VII.

6° **Marguerite de LAMBERTIE**, baptisée le 27 octobre 1686, était présente au contrat de mariage de son neveu en 1757. Elle mourut le 12 et fut enterrée à Montbron le 14 mars 1773.

7° **Marie de LAMBERTIE**, née le 25 mai 1691, fut baptisée à Montbron le 2 avril, ayant pour parrain et marraine Léonard de Lambertie, écuyer, seigneur de Prun, et demoiselle Marie de Livron. Elle épousa, en 1726, *alias* 1730, messire **Georges** ailleurs **François de LA CROIX**, chevalier, seigneur de La Chaize. Cette famille dont les armes sont : *d'azur* (ou *de gueules*) *à cinq fusées d'argent en fasce*, subsiste peut-être en Angoumois.

8° **Marie de LAMBERTIE**, née le 14 septembre 1692 au château de Menet, et baptisée à Montbron le 17, ayant pour parrain et marraine, Jacques de La Croix, écuyer, seigneur de Lamary, et demoiselle Marie de Lambertie. Elle épousa, dans l'église de Saint-Maurice de Montbron, le 29 juillet 1708, **Elie D'ESCRAVAYAT**, écuyer, seigneur du Chalard. La famille d'Escravayat, éteinte dans la branche des marquis de La Barrière, en Angoumois et Poitou, porte : *d'argent à cinq flammes de gueules en sautoir*.

IX. — Messire **Jean-François de LAMBERTIE**, chevalier, seigneur de Menet, Roussines, Perry, La Fenestre, fut nommé le 1ᵉʳ mars 1710, capitaine d'une compagnie dans le 2ᵉ bataillon du régiment d'infanterie de Tessé (Original), et servit à l'armée sous les ordres du maréchal de Chamilly. Le 26 décembre 1726, il acquit avec son épouse, de Jean d'Escravayat, la terre de Roussines pour le prix de 65,000 livres. Ils firent une autre acquisition le 14 janvier 1727. Il passa une transaction le 1ᵉʳ mai 1727 avec Jacques du Rousseau, écuyer, seigneur de Ferrière. Il assistait au contrat de mariage de son fils Pierre de Lambertie le 22 juin 1757. Il est mort à Menet et a été enterré à Montbron le 22 août 1771.

Il épousa, par contrat passé au lieu de Piaujat, paroisse de Milhac (1), le 3 mars 1717, devant Béchade et Lalande, notaires, demoiselle **Elisabeth de VIDAL**, fille de Antoine de Vidal, seigneur de Piaujat, et de feue noble demoiselle Suzanne Roux de La Forest de Lusson. Elle était morte avant le 22 juin 1757 ; de Vidal porte : *d'argent à cinq fusées de gueules 3 et 2.* (Famille du Périgord sur laquelle on n'a pas de renseignements. La généalogie des Roux de Lusson, de Reilhac, de Châteaurocher, se trouve dans le *Nobiliaire du Limousin,* IV, 118, 564 et 708).

Ils eurent six enfants :

1° **Antoine de LAMBERTIE**, né le 11 et baptisé le 17 décembre 1717, mort jeune.

2° **Pierre de LAMBERTIE**, qui suit.

3° **Léon de LAMBERTIE**, baptisé à Montbron le 22 janvier 1725, fut lieutenant au régiment de Lyonnais-infanterie par commission de l'an 1745, puis capitaine au même régiment par commission du 9 octobre 1756. Il reçut le 28 juillet 1769 une gratification annuelle de 300 livres. Il était capitaine-commandant de la compagnie des grenadiers dudit régiment le 2 juin 1777, et fut nommé lieutenant-colonel par commission du 24 juin 1780. Il reçut une lettre du roi, le 5 mai 1781, pour donner la croix de Saint-Louis à un capitaine de son régiment. (Originaux.) En 1780 il obtint une nouvelle provision de 1,000 livres. Il était aussi chevalier de l'ordre royal et militaire de Saint-Louis. Il mourut célibataire au château de Menet, le 19 nivôse an XI de la République (9 janvier 1803).

4° **Marie de LAMBERTIE**, née le 28 et baptisée le 29 octobre 1718, morte à Menet le 8 germinal an XIII de la République (29 mars 1805).

5° **Elisabeth de LAMBERTIE**, morte sans alliance.

6° **Marie de LAMBERTIE**, baptisée le 6 mai 1731, morte à Menet le 8 juillet 1814.

---

(1) Milhac, canton de Saint-Pardoux-la-Rivière, arrondissement de Nontron, Dordogne.

X. — Haut et puissant seigneur **Pierre marquis de LAMBERTIE**, chevalier, seigneur de Menet, de Perry, la Forêt, etc., fut baptisé le 20 janvier 1720 dans l'église de Montbron. Il fit une acquisition le 6 mai 1764 devant deux notaires du comté de Montbron ; et une autre par acte passé le 12 décembre 1772 devant La Chaise, notaire au comté de Montbron. Il est décédé au château de Menet le 14 janvier 1792, et a été enterré le 15 à Montbron.

Il épousa par contrat passé au château de Puycheny, paroisse de Champeau (1) en Périgord, le 22 juin 1757, par Roger notaire à Champeau, demoiselle **Nicaise-Marguerite-Françoise de FAYOLLES**, née à Puycheny, commune de Champeaux, le 3 août 1730, fille de haut et puissant seigneur Alain-Thibaud, marquis de Fayolles, seigneur du Mas-Poitevin, paroisse de Saint-Vincent de Connezac (2), de Tocane (3), Bellet, etc., et de dame Françoise du Barry ; elle eut en dot 30,000 livres.

De Fayolles porte pour armes : *d'azur au lion d'argent couronné de gueules.*

Leurs enfants furent :

1° **Marie** alias **Marguerite de LAMBERTIE**, baptisée dans l'église de Montbron le 31 juillet 1758, qui fut reçue chanoinesse au chapitre noble de l'Argentière, ne se maria pas et mourut au château de Menet à quarante-six ans, le 22 frimaire an XIII. (13 décembre 1804).

2° **Alain-Thibaud de LAMBERTIE**, qui suit ;

3° **Nicolas de LAMBERTIE**, né le 17 janvier 1762, fut baptisé le 23 dans l'église de Montbron. Il fut reçu page de M. le prince de Condé sur le certificat de M. Chérin du 6 mars 1774, où ses preuves sont remontées à l'année 1461, et où il est fait mention des services militaires de la maison de Lambertie et de ses alliances. Il eut un certificat de M. le marquis d'Autichamps le 7 mai 1777, prouvant qu'il était entré aux pages de M. le prince de Condé en 1774,

---

(1) Champeau, canton de Mareuil, arrondissement de Nontron, Dordogne.
(2) Saint-Vincent de Connezac, canton de Neuvic, arrondissement de Ribérac, Dordogne.
(3) Tocane, canton de Montagrier, arrondissement de Ribérac, Dordogne.

et qu'il lui était resté attaché en cette qualité jusqu'au mois d'avril 1777. (Original.) Il obtint la commission de sous-lieutenant au régiment de Condé-infanterie le 10 mars 1778, puis reçut des lettres pour passer en la même qualité au régiment d'Enghien, où il devint capitaine. (Originaux).

4° **Léon de LAMBERTIE**, né le 20 et baptisé le 21 janvier 1763, décédé jeune.

5° **Jean-Pierre de LAMBERTIE**, baptisé en l'église de Montbron le 10 janvier 1767, fut nommé cadet-gentilhomme au régiment de Lyonnais le 4 avril 1778, et sous-lieutenant au même régiment le 22 juin 1779. (Originaux.)

6° **Alexis de LAMBERTIE**, né le 4 et baptisé le 6 mars 1771 à Montbron, décédé le 29 octobre de la même année.

XI. — Alain-Thibaut, marquis de LAMBERTIE, seigneur de Menet, né le 29 juin, fut baptisé le 3 juillet 1760 dans l'église paroissiale de Montbron. Il fut reçu page de S. A. S. Mgr le duc d'Orléans sur preuves faites par M. de La Cour, généalogiste de la maison de ce prince, suivant ses lettres de réception du 4 décembre 1773. Il fut nommé sous-lieutenant au régiment de Chartres-dragons, par commission du 27 mai 1777 (Original.), puis lieutenant en 1783; et fut ensuite capitaine au même régiment. Il émigra pendant la Révolution ; et à la Restauration fut nommé colonel en 1815 et chevalier de l'ordre royal et militaire de Saint-Louis en 1816. Il décéda le 2 février 1835 au château de Menet.

Il épousa à Videix (1) en mars 1787, demoiselle **Marguerite-Eulalie de RIBEYREYX**, fille de Jean-Baptiste de Ribeyreyx, chevalier, seigneur du Repaire, les Champs, le Breuil, la Chétardie, Bureau et autres places, et de Marie-Françoise *alias* Marie-Louise de la Cropte de Saint-Abre. La famille de Ribeyreix, en Périgord et Angoumois, a pour armes : *d'azur à trois lions couronnés d'or, armés et lampassés de gueules, celui de la pointe passant. (Nobiliaire de France de Saint-Allais).*

---

(1) Videix, canton et arrondissement de Rochechouart, Haute-Vienne.

Leurs enfants furent :

1° **Pierre-Jules de LAMBERTIE,** né au château du Repaire, paroisse de Videix, le 7 et baptisé le 8 mars 1788, mort sans alliance au château de Menet, le 26 mai 1811 ;

2° **Jean-Baptiste-Frédéric de LAMBERTIE**, né au château de Menet le 24 et baptisé le 25 septembre 1789, mort à Angoulême le 3 juin 1874, sans laisser de postérité.

Il avait épousé 1° le 25 novembre 1823, demoiselle **Marie-Adélaïde de RIBEYREYX**, fille du comte Henri-Armand de Ribeyreix et de Claire-Pauline de Carbonnières, née à Malleret, canton de Boussac (Creuse), le 17 messidor an V (5 juillet 1797), morte sans enfants à Pontlevoy, canton de Montrichard (Loir-et-Cher), le 21 août 1843. Armes : *d'azur à trois lions couronnés d'or, armés et lampassés de gueules, celui de la pointe passant.*

Il épousa 2° le 25 novembre 1844, à Cour-sur-Loire, canton de Mer (Loir-et-Cher), demoiselle **Françoise-Elisabeth-Octavie de La MOTHE-ANGO**, comtesse de Flers, dame de l'ordre de la reine Marie-Thérèse de Bavière, née à Versailles (Seine-et-Oise), le 15 brumaire an XI (6 novembre 1800), fille de Hyacinthe-Pierre-François-de-Paule-Jacques de la Mothe-Ango, comte de Flers et de Marie-Joséphine-Hortense La Flèche de Grandpré. Elle est morte sans enfants à Menet, le 6 février 1847. Ango de la Mothe-Ango de Flers porte : *écartelé aux 1er et 4e de gueules à une tête d'homme d'argent les cheveux hérissés* (Pellevé) ; *aux 2e et 3e de gueules à 9 macles d'or posées 3. 3. 3.* (Rohan) ; *sur le tout d'azur à trois anneaux d'or* (Ango). Les armoriaux donnent aussi l'écusson reproduit ici par la gravure.

3° **Marie-Célestine-Aimée de LAMBERTIE**, née à Saint-Gervais le 1er novembre 1791, mariée à Montbron le 8 décembre 1813, à **Charles-Maurille du ROUSSEAU DE FERRIÈRES**, né aux Salles-Lavauguyon le 16 avril 1783, fils de François du Rousseau, seigneur de Ferrières, Secheires (paroisse de Saint-Mathieu) et autres

lieux, ancien officier de dragons au régiment de
Noailles et de feu dame Marie-Michelle des Roches
de Chassay. Il mourut au château de Ferrières,
commune de Montbron, le 30 mars 1863. Elle mourut
le 21 mai 1859. Rousseau de Ferrières porte : *de
gueules à un chevron d'argent accompagné de trois
besants du même, deux en chef et un en pointe;
au chef d'argent chargé de trois losanges de
gueules.*

4° **Jacques-Alexandre de LAMBERTIE**, né au château
de Menet le 30 décembre 1802, mort en 1803;

5° **Pierre-Léon de LAMBERTIE**, né le 14 avril 1805,
mort le 6 mars 1826.

6° **Pierre-Edouard de LAMBERTIE**, qui suit.

XII. — Pierre-Edouard, marquis de LAMBERTIE, né
au château de Menet le 7 octobre 1807, est décédé au même lieu le
2 décembre 1889.

Il avait épousé, à Vineuil, canton de Blois (Loir-et-Cher), le
16 juin 1835, demoiselle **Marie-Adrienne de
BELOT**, née au château de Fresne, commune
de Villeconin (Seine-et-Oise), le 7 mars 1811, fille
de Jean-Louis de Belot et de dame Anne-Louise
de Barville. Belot porte : *d'azur au lacs d'amour
d'argent, au chef de même (Chartrier Français,
1875).* Ce sont au moins les armes qu'ont retenues
quelques membres de la famille, cependant les Belot
en Vendômois portent : *d'azur au lacs d'amour
d'or, surmonté d'une rose d'or entre deux étoiles de même.*

Leurs enfants sont :

1° **Louis-Raymond de LAMBERTIE**, qui suit;

2° **Gabrielle-Louise de LAMBERTIE**, née au château
de Menet le 19 décembre 1837, a épousé à Montbron (Charente), le
22 juillet 1861, **Louis-Edgard de ROFFIGNAC**, né à
Angoulême le 25 janvier 1835, fils d'Olyme-Joseph, comte de Roffignac

et de Julie Babinet de Rancogne. Roffignac porte : *d'or au lion de gueules.* La généalogie de cette noble et ancienne famille se trouve dans le *Nobiliaire du Limousin* (IV, 82, 555).

3° **Marie-Berthe de LAMBERTIE**, née au château de Menet le 26 novembre 1839, a épousé à Montbron (Charente) le 3 avril 1867 **Jules-Joseph-Amédée BRUMAULD DE MONTGAZON**, né à Ruffec (Charente) le 3 avril 1818, fils de Pierre Brumauld de Montgazon et de Françoise-Agathe Larsier. Il est mort à Ruffec le 15 septembre 1884. Marie-Berthe était morte, aussi à Ruffec, le 22 novembre 1873. Brumauld de Montgazon porte : *d'argent un chevron d'azur accompagné de 3 lapins de gueules* (ou *au naturel.*)

4° **Elisabeth-Louise de LAMBERTIE**, née le 31 janvier 1846 au château de Fresne, commune de Villeconin (Seine-et-Oise), a épousé à Montbron le 9 juillet 1866 **Régnold-Joseph-Ferdinand-de ROFFIGNAC**, né à Angoulême, le 15 décembre 1841, fils puîné d'Olyme-Joseph, comte de Roffignac, et de Julie Babinet de Rancogne. La résidence de cette famille était au château de Belleville, commune de La Feuillade, canton de Montbron (Charente). Ses armes sont : *d'or au lion de gueules.*

5° **Marie-Charlotte-Marguerite de LAMBERTIE**, née au château de Fresne le 12 septembre 1848, a épousé à Montbron le 24 juin 1873 **Louis-Henri-Gaston vicomte de BOUCHARD DE LA POTERIE**, né à Château-Gonthier (Mayenne) le 7 janvier 1843, fils de Gustave-Bayard, comte de Bouchard de la Poterie, et de Louise-Henriette Déan de Luigné, demeurant au château de Chauvigny, commune d'Athée (Mayenne). Bouchard de la Poterie porte : *d'azur à trois léopards d'argent l'un sur l'autre.*

XIII. — **Louis-Raymond, marquis de LAMBERTIE,** de Menet, né à Vineuil le 20 mars 1836, habite le château de Menet.

Il a épousé en 1868, à Saint-Adjutory (Charente), demoiselle **Sophie-Angélique de ROUX DE REILHAC**, née à La Rochefoucauld (Charente), le 12 septembre 1841, fille de Godefroy-Alcide de Roux de Reilhac et de Louise-Anne de Lage de Luget, demeurant au château de Chabrun, commune de Saint-Adjutory, canton de Montembœuf, arrondissement de Confolens (Charente): La famille de Roux de Reilhac porte : *fascé d'argent et d'azur de six pièces, au chef d'azur à trois fleurs de lis d'or. (Nobiliaire du Limousin).*

De ce mariage sont issus :

1° **Joseph-Thibaud-Roger de LAMBERTIE,** né au château de Menet le 14 septembre 1870.

2° **Joséphine-Marie-Yvonne de LAMBERTIE**, née au château de Menet le 19 mars 1875.

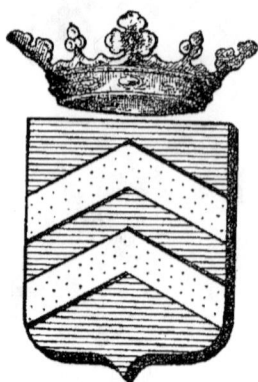

(LIMOUSIN ET LORRAINE)

IX. — **Léon de LAMBERTIE**, écuyer, seigneur de la Coste (1), de Saint-Sornin (2), des Chaises, de Lammary, etc., fils de Jean-François de Lambertie, seigneur de Menet et de Marie de La Croix (§. VI, degré VIII, page 108), naquit le 4 octobre 1696 et fut baptisé le 10 à Montbron. Il fut fait cornette dans la compagnie de Lambertie au régiment du Colonel-Général-cavalerie en 1718 et quitta le régiment environ l'an 1730, suivant un certificat de service du 1er avril 1768. (Original.) Il fit une acquisition dans la paroisse de Saint-Sornin le 5 août 1735 ; et testa le 20 novembre 1749 faisant son fils aîné héritier universel. Il mourut au bourg de Saint-Sornin le 1er décembre 1749, et fut inhumé le lendemain dans l'église paroissiale de Saint-Sornin.

Il épousa : 1° le 24 juillet 1730 dans l'église de Vouthon (3) demoiselle **Catherine RAMPNOULX**, fille de Pierre Rampnoulx, seigneur de Marafy et de Jeanne Granet. Elle testa le 15 novembre 1730, faisant

---

(1) La Coste, commune de Montbron, arrondissement d'Angoulême, Charente.
(2) Saint-Sornin, canton de Montbron, arrondissement d'Angoulême, Charente.
(3) Vouthon, canton de Montbron, arrondissement d'Angoulême, Charente.

services distingués qu'il avait rendus à la guerre et à la ville de Sarrelouis, lorsque le 27 février 1785 cette ville fut submergée par les glaçons ; événement qu'il avait prévu dès le 1ᵉʳ dudit mois, et qu'il avait annoncé à la cour par une lettre écrite à M. le maréchal de Broglie, le 17 du même mois. (Original.) La Cour l'autorisa à prendre quelques précautions qu'il croirait convenables et à faire les dépenses nécessaires pour soustraire la ville de Sarrelouis au danger qui la menaçait. Avant de recevoir la réponse de la Cour, il fit travailler à tout ce qui pouvait concourir au salut de cette ville. Heureusement ses dispositions furent prises à temps, et l'événement, qui n'a pas eu de pareil, justifia ses prévisions au grand étonnement de tout le monde. La ville et les fortifications auraient été très exposées s'il n'avait pas trouvé moyen de parer au danger. M. le prince de Condé et M. le prince de Bourbon en furent frappés après avoir bien examiné toutes choses. Le comte de Lambertie fut successivement maréchal de camp et lieutenant général des armées du roi. Il s'est acquis la plus grande considération par ses services et son intelligence militaire. Il est mort à Metz le 27 mars 1816.

Il épousa, étant en garnison à Sarrelouis, par contrat passé à Boulay,  le 13 février 1776, devant Pierre Flosse le jeune, notaire et tabellion au baillage royal de Boulay, noble demoiselle **Antoinette-Thérèse de BECCARIE,** fille de Messire Gabriel de Beccarie, chevalier, seigneur de Coôme, de Blitelsing, chevalier de l'ordre royal et militaire de Saint-Louis, ancien commandant d'un bataillon au service du roi, et de dame Marguerite de Perolle. Il était assisté de très haut et très puissant seigneur, Charles-Alexandre, marquis de Lambertie, ancien ministre chargé des affaires du roi très chrétien à la Cour d'Angleterre, ci-devant chambellan du roi de Pologne, duc de Lorraine et de Bar, son parent; etc. Par cet acte les père et mère de l'épouse lui firent donation des terres et seigneuries de Coôme, Blitelsing et Bering. Un certificat de quatre gentilhommes de l'ancienne chevalerie de Lorraine : MM. le comte de Ligniville, le comte de Ficquelmont, le comte d'Armestat et le comte de Raigecourt, du 8 octobre 1778, porte que MM. de Beccarie sont gentilshommes de tous temps et ancienneté. (Original.) Thérèse de Beccarie est née à Metz le 15 octobre 1751 ; elle est décédée à Metz le 21 août 1843. Les armes de cette famille sont : *Vairé d'or et de sinople, écartelé de gueules à l'aigle éployée d'or à deux têtes couronnées à l'antique, portant sur l'estomac une aigle éployée de sable aussi à deux têtes couronnées.*

Il a eu de ce mariage : **Georges-Guillaume-Jules de LAMBERTIE**, né le 20 janvier 1777, qui fut baptisé le lendemain dans l'église paroissiale de Sainte-Croix de Metz, ayant pour parrain Georges-Guillaume, par la grâce de Dieu Landgraff de Hesse, prince de Hersfeld, etc., et pour marraine dame Anne-Françoise de Redon, vicomtesse de Lambertie, sa tante, dame d'honneur S. A. S. Mademoiselle de Condé. Il mourut jeune en 1780.

2° **Jean-François de LAMBERTIE**, seigneur de Lammary, qui suit.

3° **Joseph, vicomte de LAMBERTIE**, chevalier, seigneur en partie de Lammary et de Saint-Sornin, né le 5 juin 1736; fut lieutenant au régiment de Poitou en 1756. Il était capitaine au même régiment en 1758. Tous ses équipages furent pris par les ennemis à la bataille de Rosbach en 1757. Le vicomte de Lambertie fut nommé lieutenant-colonel du régiment du Port-au-Prince en 1772. Il eut la même année la permission de monter dans les carosses du roi et de suivre Sa Majesté à la chasse (Honneurs de la Cour). Il fut nommé chevalier de l'ordre royal et militaire de Saint-Louis en 1773 et devint lieutenant-colonel du régiment du Cap-Saint-Domingue en 1774. Il mourut en Amérique à Saint-Domingue le 2 août 1775.

Il épousa par contrat passé à Paris les 30 et 31 août 1772, avec l'agrément du roi, de la reine et de la famille royale, (mariage célébré le 1er septembre dans l'église de Saint-Sulpice), haute et puissante demoiselle **Anne-Françoise de REDON**, fille de haut et puissant seigneur François de Redon, chevalier, seigneur des habitations de la Roche-à-Bateau et des Coteaux, commandant pour le roi aux îles et côtes de Saint-Domingue, et de haute et puissante dame Anne-Françoise de Castel. Madame la vicomtesse de Lambertie fut présentée au roi, à la reine et à toute la famille royale en 1772. Ayant été nommée par le roi Dame d'honneur de S. A. Mlle de Condé, elle fut de nouveau présentée au roi, à la reine et

à toute la Cour en cette qualité par Madame la duchesse de Bourbon. Elle est décédée sans postérité à Fribourg (Suisse), le 2 juin 1795, et enterrée le 4 dans le cimetière de Saint-Nicolas. La famille Redon porte pour armes : *d'azur à deux tours d'argent l'une à côté de l'autre.*

X. — Jean-François vicomte de LAMBERTIE,

chevalier, seigneur de Lammary (1), de La Cadouas (2) et de Pierrefolle, fils de Léon de Lambertie, seigneur de Saint-Sornin, et de Marie-Radegonde Naulin, naquit le 25 juin 1735, fut baptisé le lendemain dans l'église de Saint-Sornin et reçut le supplément des cérémonies du baptême le 20 juillet de la même année. Il fut reçu gendarme de la garde du roi, le 30 janvier 1765, et réformé en 1775. Il fit des acquisitions à Saint-Sornin les 27 janvier 1762 et 15 mai 1766. (Originaux.) Il obtint un certificat le 3 août 1778 attestant qu'il servait actuellement le roi dans la compagnie des gens d'armes de sa garde. (Original.) Il servit aussi dans plusieurs villes en qualité de lieutenant à la suite de la cavalerie, comme le montrent plusieurs certificats de revues. Il est mort à Saint-Sornin le 19 juin 1820.

Il épousa, par contrat passé à La Cadouas, paroisse de Mazerolles, au comté de Montbron, en Angoumois, le 2 février 1755, demoiselle **Philippine THIBAUD,** sa parente au 3ᵉ degré de consanguinité, fille de M. Jean Thibaud, écuyer, seigneur de Plas, et de dame Marguerite de La Croix. Ce mariage fut célébré le 8 février 1755 dans l'église paroissiale de Notre-Dame de Mazerolles, au diocèse d'Angoulême (3). Elle mourut le 11 septembre 1761, à l'âge de vingt-cinq ans, et fut inhumée le lendemain dans l'église paroissiale de Saint-Sornin. Thibaud porte : *de gueules à la fasce d'or chargée de trois losanges de sable, accompagnée de trois croissants d'argent 2 et 1.*

(1) Lammary, commune de Saint-Sornin, canton de Montbron, arrondissement d'Angoulême, Charente.

(2) La Cadois, commune de Mazerolles, canton de Montembœuf, arrondissement de Confolens, Charente.

(3) Mazerolles, canton de Montembœuf, arrondissement de Confolens, Charente.

Leurs enfants sont :

1° **Jean de LAMBERTIE**, né à La Cadouas le 10 février 1756, baptisé le 12 dans l'église de Mazerolles, en Angoumois; mort sans alliance.

2° **Jean-Pierre de LAMBERTIE**, qui suit.

3° **Jean-François de LAMBERTIE**, né le 22 octobre 1757, à La Cadouas, et baptisé à Mazerolles le 24, reçut la tonsure le 13 octobre 1768. Il fut nommé à un canonicat du chapitre de La Rochefoucauld (1) et au prieuré de Saint-Florent, le 2 mars 1770. Il fut nommé par Monseigneur le duc d'Orléans à une place au collège noble de Joyeuse à Rouen, pour laquelle il fit ses preuves en 1773. Il reçut les quatre ordres mineurs le 19 décembre 1778, fut ensuite sous-diacre et obtint du roi une pension de 1,500 livres sur l'abbaye de Chalin, en Franche-Comté, le 5 avril 1779. Vers 1789 il reçut le titre de vicaire-général de l'évêque de Saint-Claude. Il est nommé dans l'acte de décès de son père le 20 juin 1820, et mourut au lieu des Chaumes, commune de Saint-Sornin, le 7 mars 1823.

4° **Joseph vicomte de LAMBERTIE**, né à Saint-Sornin, baptisé le 15 octobre 1758, commença à servir comme volontaire dans le régiment de Jarnac ; puis fut reçu gendarme en 1771 dans la troisième brigade des gendarmes d'Artois, commandée par le comte Auguste de Lambertie, son cousin. Il obtint le brevet de lieutenant de cavalerie et une pension du roi en 1772. Il fut capitaine de cavalerie, chevalier de l'ordre royal et militaire de Saint-Louis. Il émigra pendant la Révolution et mourut à La Rochefoucauld, âgé de quatre-vingt-trois ans, le 1er novembre 1841.

Il avait épousé, par contrat passé à Châlons-sur-Marne, le 7 juillet 1788, et le lendemain dans l'église de Saint-Eloi de Châlons-sur-Marne, **Alexandrine-Charlotte de CAPPY**, fille de messire Denis-François-Nicolas de Cappy, chevalier, seigneur d'Oiry (2), capitaine de cavalerie au régiment de Royal-Piémont, chevalier de l'ordre royal et militaire de Saint-Louis, lieutenant-colonel de cavalerie, commissaire de la noblesse

---

(1) La Rochefoucauld, chef-lieu de canton, arrondissement d'Angoulême. Le prieuré de Saint-Florent que depuis longtemps l'on avait réuni au chapitre de l'église collégiale, avait été fondé en 1060 par Gui I, seigneur de La Rochefoucauld, et par Aimar, son frère.

(2) Oiry, canton d'Avise, arrondissement d'Epernay. Marne.

de Champagne, et de dame Anne-Marguerite-André de Tarade. Elle était née et avait été baptisée le 3 novembre 1768 à Oiry, ayant pour parrain très haut et très puissant Monseigneur Charles-Daniel de Talleyrand-Périgord, comte de Talleyrand, brigadier des armées du roi, mestre de camp du régiment de Royal-Piémont, et pour marraine très haute et très puissante dame Alexandrine-Victoire-Eléonore de Damas, comtesse de Talleyrand. Elle est morte à La Rochefoucauld, âgée de soixante-trois ans, le 25 février 1832.

De ce mariage est née, à Nuremberg (Bavière), le 15 mai 1800, **Louise-Wilhelmine-Jeanne de LAMBERTIE,** tenue sur les fonts baptismaux par S. A. S. la princesse de Reuss. Elle est morte à La Rochefoucauld le 30 décembre 1879.

Elle avait épousé en 182., à Bicé, commune de Souffrignac (1), **Pierre-Paul PINTAUD,** qui est décédé à La Rochefoucauld, âgé de cinquante-neuf ans, le 21 juin 1859, n'ayant eu pour enfant qu'une fille, morte en bas-âge.

5° **Marguerite de LAMBERTIE,** née à Lammary et baptisée à Saint-Sornin, le 11 octobre 1759, fut élevée par S. A. S. Madame de Vermandois, et a été nommée à une place de chanoinesse au chapitre de Migette (2), en Franche-Comté, en 1783

6° **Antoinette de LAMBERTIE,** née à Lammary le 27 et baptisée à Saint-Sornin le 28 octobre 1760, fit ses preuves et fut reçue à l'abbaye royale de Saint-Cyr le 1er novembre 1769. (Certificat de la supérieure de cette maison du 12 avril 1773, signé de Horn, supérieure.) Elle fut chanoinesse.

XI. — **Jean-Pierre-Auguste comte de LAMBERTIE,** chevalier, seigneur de Lammary, né à La Cadouas le 28 et baptisé à Mazerolles le 30 décembre 1756, fut successivement lieutenant en second au régiment de Verdun, gendarme de la garde, lieutenant au régiment de Bresse-infanterie, puis nommé capitaine dans le régiment de Bourbon-dragons, le 14 avril 1787. Il fut chevalier de Saint-Louis et obtint les

---

(1) Souffrignac, canton de Montbron, arrondissement d'Angoulême, Charente.
(2) Migette était une abbaye de filles nobles de Sainte-Claire, à six lieues de Besançon, Doubs.

honneurs de la Cour sous le nom de comte Auguste de Lambertie en 1786. Sa femme fut présentée au roi et à la reine suivant les règles de l'étiquette. Il est mort à Menet le 9 vendémiaire an XIII de la République (1ᵉʳ octobre 1804).

Il épousa à Montfort-l'Amaury, près Versailles, le 31 mai 1786, **Anne-Françoise-Charlotte CHANDÉON, DE LA VALETTE,** fille de Georges-Balthazar Chandéon de La Valette, chevalier de l'ordre royal et militaire de Saint-Louis, ancien capitaine au régiment de Bourbonnais, et de Anne-Françoise Robert. Elle était née à Montfort-l'Amaury, le 17 novembre 1763, et mourut à Paris le 31 mai 1812. Chandéon de La Valette porte : *d'azur au chevron accompagné en chef de deux étoiles et en pointe d'une gerbe le tout d'or.*

Le comte Auguste de Lambertie n'eut qu'un fils, **Adolphe-Georges-Balthazar de LAMBERTIE,** qui suit.

XII. — Adolphe-Georges-Balthazar comte de LAMBERTIE, né à La Rochefoucauld le 21 avril 1789 et baptisé le 22, fut reçu page du duc de Saxe-Weimar en 1802. Il entra dans l'armée française en 1813; fut capitaine dans la garde royale, puis chef de bataillon, chevalier de Saint-Louis et de la Légion d'honneur. Il mourut à Metz le 22 mai 1846.

Il a épousé à Metz, le 11 octobre 1826, **Marie-Charlotte-Félicité de JOBAL,** née à Metz le 26 juin 1808, fille de Joseph-François-Louis comte de Jobal, lieutenant-général des armées du roi, major général des gardes du corps, grand-croix de l'ordre royal et militaire de Saint-Louis, chevalier de la Légion d'honneur, et de Françoise-Henriette-Louise de Couët de Lorry. La famille de Jobal porte : *d'azur au rocher d'argent accosté de deux lions rampants et affrontés d'or surmontés d'une croisette de même entre deux étoiles d'argent.*

De ce mariage naquirent :

1° **Marie-Joséphine-Léonie de LAMBERTIE,** née à Metz, le

16

10 décembre 1828, mariée à Metz, le 27 juin 1866, à **Timothée O'GORMAN**, lieutenant‑colonel dans l'armée de S. M. l'Empereur d'Autriche, chevalier honoraire de l'ordre souverain de Saint‑Jean de Jérusalem, né à la paroisse Saint‑André, diocèse de Dublin, le 11 février 1817, fils de Patrix O'Gorman et de Marie‑Anne‑Louise Lawrentz Josew. Elle est décédée sans postérité au château de Choloy, arrondissement de Toul (Meurthe‑et‑Moselle). La famille O'Gorman porte pour armes : *de gueules au lion passant d'argent* (ou *d'or*), *et trois glaives posés la pointe en haut 2 et 1.*

2° **Marie-Claire de LAMBERTIE**, née à Metz le 6 juin 1830.

3° **Pierre-Gaston de LAMBERTIE**, qui suit.

4° **Louise-Madeleine de LAMBERTIE**, née à Metz le 24 février 1845, mariée à Metz, le 25 novembre 1868, à **Alexandre-Charles-Joseph comte D'OLLONE**, chef d'escadron, officier de la Légion d'honneur, né à Saint‑Dié des Vosges, le 31 décembre 1829, fils de Charles‑Pierre comte d'Ollone, chef d'escadron, chevalier de la Légion d'honneur, membre du Conseil général des Vosges et du Conseil municipal de la ville de Saint‑Dié, et de Geneviève‑Charlotte‑Antoinette‑Ernestine de Fouilhouze. Il est mort à Vichy (Allier), sans postérité, le 9 août 1874. D'Ollone porte : *d'azur au lion rampant d'or, la queue fourchée en sautoir, à la fasce* (ou *trangle*) *élevée d'argent, surmontée de trois étoiles d'or rangées en fasce.*

XIII. — **Pierre-Gaston comte de LAMBERTIE**, né à Metz le 11 janvier 1832.

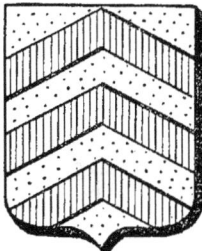

Il épousa, à Compiègne (Oise), le 26 octobre 1861, **Thais-Eugénie de BERNETZ**, née à Compiègne le 24 février 1838, fille d'Antoine‑Jules de Bernetz et d'Augusta‑Mélanie‑Laurence de Caffarelli. Les armes de la famille de Bernetz sont : *d'or à trois chevrons de gueules.* Originaire du Piémont, cette famille est établie en France depuis 1478 et possède depuis ce temps la terre du Bout-du-Bois, près Compiègne. Le comte de Bernetz, dernier du nom, avait été page des rois Louis XVIII et Charles X. Il est mort à Compiègne le 13 nonvembre 1868, et sa veuve, fille du général Caffarelli, aide de camp de Napoléon Ier, est décédée le 11 juillet 1885.

De ce mariage sont nées :

1° **Marie-Alix de LAMBERTIE**, née à Compiègne le 28 mai 1865, a épousé à Compiègne, le 11 avril 1888, **Fernand-Marie-Hippolyte-Louis du PLESSIS D'ARGENTRÉ**, fils de Frédéric-Marie-Eugène du Plessis d'Argentré et de Louise-Ernestine de Kaerbont, né à Laval, département de la Mayenne, le 26 juillet 1856. Du Plessis d'Argentré porte : *de gueules à dix billettes d'or posées 4, 3, 2 et 1.* Ailleurs on trouve que cette ancienne famille de Bretagne porte : *de sable à dix billettes d'or.*

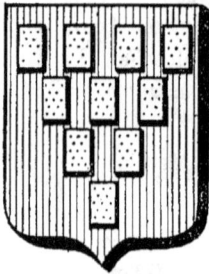

2° **Augusta-Marie-Elisabeth de LAMBERTIE**, née à Compiègne le 12 octobre 1867.

§ VIII. — SEIGNEURS DE GRIGNOL

(ANGOUMOIS)

VII. — Gabriel de LAMBERTIE, chevalier, seigneur de Grignol (1) et des Loges, fils de messire François de Lambertie, chevalier, seigneur de Menet, et de dame Marquise de Roffignac, sa seconde femme (§ VI, degré VI, page 104), fut baptisé dans l'église de Saint-Maurice de Montbron le 18 juillet 1638. Par préciput et avantage il fut légataire d'une somme de 3,000 livres, et substitué aux enfants mâles du premier lit, par le testament de son père du 7 juillet 1648; lequel veut aussi que la donation faite par feue Renée de Lambertie, sa fille, audit Gabriel, par acte passé par Pradignac, notaire, le 22 août 1646, ait son effet, et le substitue à Jacquette et à Marie, ses sœurs germaines. (Original.) Demoiselle Marquise de Roffignac, veuve de François de Lambertie, sa mère, fit son testament le 19 août 1651, au château de Menet, pardevant Rousseau, notaire, et lui donna tous ses meubles, acquets et immeubles, de préférence à ses sœurs, pour soutenir le nom de Lambertie. Il obtint une sentence de maintenue de noblesse le 22 mars 1667, en même temps que son frère Jean de Lambertie, seigneur de Menet, et habitait alors la paroisse d'Escuras (2). Il était présent au contrat de mariage de Jean-

---

(1) Grignol, commune de Montbron, arrondissement d'Angoulême, Charente.
(2) Escuras, canton de Montbron, arrondissement d'Angoulême, Charente.

François de Lambertie, chevalier, seigneur de Menet et de Chapt, son neveu, du 1er mars 1680. Il obtint une commission de capitaine de cent hommes d'armes au régiment de Lambertie, que commandait Jean de Lambertie, seigneur de Menet, son frère consanguin. Ayant été blessé dangereusement et fait prisonnier au service du roi, sa liberté ne lui fut rendue qu'en payant rançon. Il mourut le 7 mai 1685 et fut enterré dans l'église de Saint-Maurice de Montbron.

Il épousa, par contrat du 17 septembre 1663, passé par Caillot, notaire à Montbron, demoiselle **Jeanne LERIGET**, fille d'Abraham Leriget, écuyer seigneur des Loges, et de demoiselle Esther de Boisseuil. (Original.) Leriget des Loges porte : *d'azur à la bande d'or chargée de trois aiglettes les ailes étendues de gueules*. Cette famille originaire de La Rochefoucaud, s'est divisée en plusieurs branches, alliées à un grand nombre de bonnes maisons de l'Angoumois.

De ce mariage sont nés :

1° **Abraham de LAMBERTIE**, écuyer, seigneur de Grignol et des Loges. Il servit le roi et la France nombre d'années avec distinction. Il est dit seigneur de Montecaille dans le contrat de mariage de Jean de Lambertie, écuyer, seigneur des Loges, son frère, auquel il souscrivit le 14 novembre 1702. Ce dernier fit une renonciation en faveur d'Abraham de Lambertie, moyennant 3,000 livres qui lui furent délivrées. (Original.) Abraham de Lambertie testa le 27 avril 1733 et mourut à soixante-sept ans le 22 mai 1733.

Il se maria deux fois ; d'abord à N....., morte sans postérité, puis le 23 décembre 1685 à demoiselle **Louise de BRASSAUD**, fille de Henri de Brassaud, écuyer, seigneur du Roulle, de Tambourneuve, de La Graine, etc. Il n'en eut pas d'enfants. Brassaud *alias* Brissaud porte : *de gueules à deux chevrons d'or*.

2° **Daniel de LAMBERTIE** fut capitaine au régiment de Chevilly-dragons. C'est en cette qualité qu'il figure au « Rolle de la montre et revue de cette compagnie faite dans un champ proche Saint-Paul, le 29 novembre 1685, composée de trente-huit hommes de guerre à cheval avec les capitaine, lieutenant, maréchal des logis, brigadiers, par le sieur Macaire, commissaire des guerres, lequel les a tous trouvés en bon équipage de guerre pour faire service à Sa Majesté ».

3° **Jean de LAMBERTIE,** qui suit.

VIII. — **Jean de LAMBERTIE,** écuyer, seigneur des Loges, des Brousses, etc., demeurait au lieu de Montecaille, paroisse d'Escuras, en Angoumois (1).

Il épousa par contrat du 14 décembre 1702, passé par Lamourie, notaire à Montbron, demoiselle **Henriette,** *alias* **Mauricette LERIGET,** fille de Mathieu, seigneur des Brousses, et de dame Anne Viroulaud, demeurant au lieu des Brousses, paroisse de Saint-Maurice de Montbron. Abraham de Lambertie, écuyer, seigneur de La Montecaille, frère du futur, lui délivre la somme de 3,000 livres sous la clause de renonciation en sa faveur. La mère de la future et demoiselle Françoise Leriget, sa sœur, lui abandonnnent tous leurs biens sous condition d'une pension de 500 livres. On donne par erreur pour armes aux Leriget de Montbron : *d'azur à un chevron ondé d'argent.* Ils avaient les mêmes armes que les Leriget des Loges : *d'azur à la bande d'or chargée de trois aiglettes les ailes étendues de gueules.*

Leurs enfants furent :

1° **Jean-François de LAMBERTIE,** baptisé à Saint-Maurice de Montbron le 10 août 1707. Il servit le roi nombre d'années et fut reçu lieutenant en second au régiment de Fimarcon par commission du 17 mars 1735. Il ne se maria pas. Son acte mortuaire, qui est du 9 novembre 1791, le nomme Lambertie des Brousses.

2° **Joseph de LAMBERTIE,** baptisé à Montbron le 1er février 1713, mort sans alliance.

3° **Jean de LAMBERTIE,** né le 27 mai et baptisé à Montbron le 1er juin 1715 ; mort sans être marié.

4° **Pierre de LAMBERTIE,** baptisé à Montbron le 18 mars 1720, mort sans alliance.

---

(1) Montecaille, commune d'Escuras, canton de Montbron, arrondissement d'Angoulême, Charente.

5° **Françoise de LAMBERTIE**, baptisée à Montbron le 23 décembre 1703, morte sans alliance.

6° **Marie de LAMBERTIE**, baptisée à Montbron le 13 octobre 1705; mourut sans être mariée.

7° **Marie de LAMBERTIE**, baptisée le 21 octobre 1723 dans l'église de Montbron; morte sans alliance.

8° **Elisabeth de LAMBERTIE**, sœur jumelle de Marie, baptisée le 21 octobre 1723 dans l'église de Saint-Maurice de Montbron; mourut aussi sans être mariée.

———

CHATEAU DE MARVAL

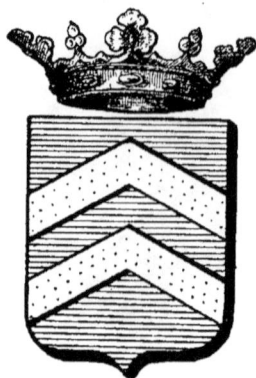

§ IX. — SEIGNEURS DE MARVAL ET DU CLUSEAU

MARQUIS DE LAMBERTIE

(POITOU ET BOURBONNAIS)

V. — Haut et puissant messire **Jean de LAMBERTIE**, écuyer, seigneur de Marval (1), Milhaguet (2), Prun (3), des Roberts (4), de l'Epinassie (5), des Salles (6) et de l'Artimache (7), était fils puiné de François de Lambertie, seigneur de Menet et de Jeanne de La Faye (§ VI, degré IV, page 95). Il fut institué héritier par le testament de son père du 8 juillet 1568. Il servit comme archer dans la compagnie de cinquante lances des ordonnances du roi, étant sous la charge de Monsieur de Sansac, dont la montre en armes se fit en la ville de Guéret, dans la Marche, le 20 juillet 1559, et comparut en la même qualité à la montre faite en robes, à Charroux le 29 avril 1572, et à la montre faite en armes au camp devant La Rochelle le 19 février 1573.

---

(1) Marval, canton de Saint-Mathieu, arrondissement de Rochechouart, Haute-Vienne.

(2) Milhaguet, canton de Saint-Mathieu, arrondissement de Rochechouart, Haute-Vienne.

(3) Prun, commune de Vayres, canton et arrondissement de Rochechouart, Haute-Vienne.

(4) Le château des Roberts, appelé aussi de La Robertie, est situé au bourg de Marval, joignant l'église. Dans la suite, il a presque toujours été désigné sous le nom de château de Marval.

(5) L'Epinassie, dans la commune de Marval, a conservé ses forges jusqu'à nos jours.

(6 et 7) Les Salles ou Sallas, ainsi que l'Artimache, sont commune de La Chapelle-Montbrandeix, canton de Saint-Mathieu, arrondissement de Rochechouart, Haute-Vienne.

Il demeurait en sa maison noble des Roberts, au bourg de Marval, juridiction de Rochechouart, en Poitou, lorsqu'il fit un accord, le 5 octobre 1578, avec Raymond de Lambertie, seigneur de Menet, son frère aîné. (Original, signé Marvaud et Palotte, notaires.) Le 4 juin 1585, Jean de Lambertie et son épouse firent, en leur maison noble des Roberts, un testament mutuel par lequel ils se firent réciproquement donation de leurs biens. (Original.) Il comparut en qualité d'homme d'armes à la revue de la compagnie de M. de La Vauguyon (Jean des Cars, prince de Carency), composée de trente hommes d'armes, dont montre fut faite dans la plaine de Beaulieu, paroisse de Bar, au comté de Dreux, le 17 août 1585. Il obtint des lettres de sauvegarde du duc de Mayenne, le 23 décembre 1585, pour sa maison noble et paroisse de Marval, en Poitou, métairies et village de Montbrandeix (1), etc., en considération de ce qu'il est bon catholique et affectionné à Sa Majesté. (Original.)

Il fut nommé exécuteur des dernières volontés de Catherine de Lambertie, dame de Feuillade, sa sœur, par son testament du 4 février 1586. On a trouvé un mémorial de la naissance de ses enfants depuis l'an 1588, jusqu'en 1608. (Original écrit de sa main.) Le 19 avril 1588 il fut maintenu dans sa noblesse par les commissaires députés pour la vérification de la noblesse. Le 29 septembre 1588, il passa une transaction sur partage avec ses frères et sœurs. Il reçut le 22 juin 1589, de Charles de Lorraine duc de Mayenne, chambellan de France, gouverneur et lieutenant général de Guyenne, une commission pour mettre sur pied le nombre de deux cents soldats, dont il aura le commandement, pour combattre contre les ennemis de la religion catholique. Il était présent au contrat de mariage d'Anne de Lambertie, sa cousine germaine, le 20 juin 1597. Il fit l'acquisition de quatre métairies par acte du 10 octobre 1599. Il était présent au contrat de mariage de Jean de Lambertie, seigneur de Boirault, le 6 septembre 1599.

Il prit possession des droits de haute justice des paroisses de Marval et Milhaguet le 19 avril 1605. (Original.) Il obtint le 19 août 1605 un ordre du roi pour contraindre ses vassaux censitaires à s'acquitter des droits qu'ils lui devaient. (Original.) Il obtint une sentence du sénéchal de Limoges, le 5 décembre 1606, contre François de Brie, écuyer, sieur

---

(1) Montbrandeix est commune de La Chapelle-Montbrandeix, Haute-Vienne.

du Bostfranc, et plusieurs particuliers, tous propriétaires et tenanciers du
Mas et tenue de Vempeire (paroisse de La Chapelle-Montbrandeix), au
sujet de l'acquisition d'une rente sur les dits tenanciers de Vempeire.
Il partagea avec Léonard, Jean, autre Léonard et Gabriel, ses fils par
acte du 30 mai 1611. (Original, signé des parties.) Les sieurs de
Lambertie, père et fils, seigneurs de Marval, Prun et l'Epinassie, obtinrent
des lettres de sauvegarde le 15 décembre 1615 pour toutes leurs terres
et seigneuries. (Original.) Il était présent aux deux partages faits entre
ses enfants les 20 et 28 octobre 1626. Dans ce dernier, il est dit qu'il
se réservait ses armes et une somme de 20,000 livres. Il vivait encore
le 19 juillet 1630, époque du mariage de Gabriel, son fils.

Il avait épousé, par contrat passé au lieu de Lastours, en Limousin (1),
le 22 novembre 1577, par Martial Limousin, notaire
royal du bourg de Nexon, demoiselle **Catherine
de MONTFREBŒUF**, fille de feu François de
Montfrebœuf, écuyer, seigneur de Prun (2), et de
Marguerite des Pousses, en présence de noble
François de Lambertie, écuyer, seigneur dudit lieu,
de noble Jean Bazin, écuyer, seigneur de Puyfaucon,
et de noble Jean des Pousses, écuyer, seigneur de
Lavaud. Etant autorisée de son mari, elle fit un
accord le 3 août 1606 avec noble Léonard de Trompondon, écuyer,
seigneur de Montfrebœuf, au nom de demoiselle Marguerite de Montfrebœuf.
son épouse. Elle assistait au mariage de Jean de Lambertie, son fils, le
7 janvier 1624, mais était morte avant le 20 octobre 1626, époque à
laquelle ses enfants partageaient sa succession. Les armes de cette famille
sont : *d'azur au lion couronné d'or*.

De ce mariage naquirent :

1° **Léonard de LAMBERTIE**, écuyer, seigneur de l'Epinassie,
était présent au partage du 30 mai 1611. Il obtint un arrêt du Parlement
de Bordeaux le 29 août 1612. Il était homme d'armes de la compagnie
du duc d'Epernon, et assista en cette qualité à la revue de ladite

(1) Lastours, commune de Rilhac-Lastours, canton de Nexon, arrondissement de Saint-Yrieix,
Haute-Vienne. C'est probablement par erreur que quelques généalogies portent que ce contrat a été
passé par Martial Limousin, au château des Pousses, paroisse de Nexon, le 22 novembre 1577.
(2) Prun, commune de Vayres, canton et arrondissement de Rochechouart, Haute-Vienne.

compagnie, faite près la ville de Montbron le 6 janvier 1613. (Certificat original de ce jour.) Il était présent au contrat de mariage d'Henriette, sa sœur, le 24 février 1618, mais était mort lors des partages faits entre ses frères le 20 novembre 1626. Nous voyons dans ce partage qu'il avait fait un legs de mille pistoles en faveur de son frère Gabriel.

2° **Jean de LAMBERTIE,** qui suit.

3° **François de LAMBERTIE,** né le 1er juin 1594.

4° **Gabriel de LAMBERTIE,** qui a fait la branche du Bouchet et de Saint-Martin-Lars, rapportée § XI.

5° **Jacques de LAMBERTIE,** né le 2 mai 1598.

6° **Léonard de LAMBERTIE,** écuyer, sieur de Puydemaud, baptisé le 4 décembre 1600, tenu sur les fonts baptismaux par François Trompondon, seigneur de Montfrebœuf, et Madeleine de Céris dame de Menet, assista au partage du 30 mai 1611. Il fit aussi un partage avec ses frères par acte passé au château de Marval le 20 novembre 1626 (original), et un accord sur ce partage, le 28 du même mois, avec son père et ses frères, à l'occasion de la succession de sa mère, par lequel il eut conjointement avec Gabriel, son frère, les fiefs et domaines de L'Artimache, Doumailhat, Sallas, Broussas, Fougeras, Puydemaud, La Vergnas, Faymendi (1), etc., Il devint curé de Marval et signait Puidemaud. Nous avons trouvé à Marval un petit coffre en étain, destiné à recevoir les boîtes des saintes huiles, portant l'inscription suivante :

M. L. DE LAMBERTIE, CURÉ

M. C. CORIVAUD, BAILE

1642

M. le marquis de Lambertie et de Cons-la-Grandville l'a remplacé, en 1875, par une boîte en argent sur laquelle sont gravées les armes de la famille.

Léonard de Lambertie, écuyer, seigneur de Puydemaud, prêtre, curé de Marval, donna une quittance le 6 décembre 1663. (Original.) C'est lui qui a restauré et agrandi le château de Puydemaud dans la paroisse de La Chapelle-Montbrandeix.

---

(1) Tous ces villages sont dans la commune de La Chapelle-Montbrandeix, Haute-Vienne.

CHATEAU DE PUYDEMEAU

7° **Jeanne de LAMBERTIE**, née le 13 septembre 1588, qui épousa 1° par contrat du 7 février 1608 **Guy de ROUX**, écuyer, seigneur de La Salle de Maulmont, Saint-Front-la-Rivière (1), fils de Léonard de Roux, écuyer, seigneur de La Forêt de Lusson, et de demoiselle Marguerite d'Abzac. Il mourut à Saint-Front-la-Rivière le 30 avril 1609. Les armes de la famille de Roux sont : *d'argent à trois fasces d'azur, au chef d'azur, chargé de trois fleurs de lis d'or.*

Elle se maria 2°, par contrat passé par Sarlande, le 8 décembre 1612, à messire **Gabriel VIGIER DE SAINT-MATHIEU**, écuyer, seigneur de Reilhac, de Champagnac, etc. Les armes de cette famille sont : *d'azur à trois fasces d'or;* on les trouve ainsi sculptées sur la porte de l'église de Saint-Mathieu qu'elle a fait construire en 1486. Des généalogies les disent cependant *d'azur à la croix encrée d'argent.*

Etant encore devenue veuve, elle épousa 3° **Raymond du BARRY**, *alias* **du BARILH**, écuyer, seigneur de Langallerie, habitant à Champagnac, en Poitou, le 20 octobre 1637. La plus jeune de ses sœurs, Jeanne de Lambertie, avait déjà épousée noble Antoine du Barry. Les du Barry très ancienne famille noble du Limousin et du Périgord, dont étaient les du Barry de la Renaudie, portent pour armes : *d'argent à trois bandes d'azur, au chef d'or.* Alias *d'azur à trois bandes d'or.*

---

(1) Saint-Front-la-Rivière, canton de Saint-Pardoux-la-Rivière, arrondissement de Nontron, Dordogne. Le fief de La Salle de Maulmont n'est autre que le château de Saint-Front-la-Rivière, si bien dessiné et décrit par M. le baron de Verneilh-Puyrazeau, dans le *Bulletin de la Société historique et archéologique du Périgord*, tome XX, page 309. Cette différence de nom entre la paroisse et le château se rencontre assez souvent dans nos contrées. Ainsi, sans parler du fief des Roberts ou de La Robertie indiqué plus haut, on trouve à Saint-Jean-de-Côle, près de l'église de l'abbaye, le château de La Marthonie ; à Thiviers, dans des conditions identiques, celui de Vaucoucour. Cela indique que dans le principe la seigneurie de Saint-Front-la-Rivière, comme celle de Saint-Jean-de-Côle et de Thiviers, étaient indépendantes du château, qui formait un fief distinct.

8° **Henrie de LAMBERTIE**, baptisée le 1er février 1591, prit l'habit de religieuse le 20 octobre 1643 et était prieure du monastère de Boubon le 28 juin 1646.

9° **Anne de LAMBERTIE**, née le 21 juillet 1592.

10° **Henriette de LAMBERTIE**, baptisée le 1er novembre 1593.

Elle épousa, par contrat du 24 février 1618, **Jean de MAUMONT**, écuyer, seigneur de Maumont, du Chadeau (1), de La Vie, de Laterie, son cousin au troisième degré, fils de feu Jean de Maumont, écuyer, seigneur desdits lieux, et de Renée de Leyrisse. Ils étaient au partage de 1627. De Maumont porte : *d'azur au sautoir engrêlé d'or, cantonné de quatre tours d'argent.* Cependant la branche de Laterie a porté aussi : *d'azur à la croix d'or accompagnée de quatre besants de même.*

11° **Marguerite de LAMBERTIE**, née la veille de Saint-Michel (28 septembre) 1602.

12° **Jeanne de LAMBERTIE**, née la veille de Saint-Georges (22 avril) 1608. Elle eut pour parrain M. le prince de Tingry, et pour marraine Mme de Meillars. Elle est nommée dans le partage de 1626. Elle épousa par contrat, du 27 février 1629, passé par Dumazeau, au château de Marval, noble **Antoine du BARRY**, écuyer, seigneur de Flageac, fils de Clinet (*alias* Louis) du Barry, écuyer, seigneur de Puicheny, et de demoiselle Léonarde de La Roderie. (Original.) Le *Dictionnaire héraldique* de Charles Grandmaison donne pour armes à cette famille : *d'azur à trois bandes d'or.* Une généalogie de la famille de Lambertie les indique ainsi : *d'argent à trois bandes d'azur, au chef d'or.*

---

(1) Maumont est un fief situé dans le bourg même de Dournazac. Le Chadeau est à quelques mètres du château de Montbrun, aussi commune de Dournazac, canton de Saint-Mathieu, arrondissement de Rochechouart, Haute-Vienne.

VI. — Messire **Jean de LAMBERTIE**, chevalier, seigneur de L'Artimache, de Prun, de Marval, etc., fut baptisé le 1ᵉʳ novembre 1589, ayant pour parrain M. du Mas-Nadaud. Il fut partagé par son père avec ses frères le 30 mai 1611. Il était présent au contrat de mariage de sa sœur Henriette, le 24 février 1618. Il fit un partage avec ses frères, par acte passé au château de Marval, le 20 novembre 1626 (original) et un accord sur ce partage le 28 du même mois avec son père et ses frères, à l'occasion de la succession de sa mère et de celle de Léonard, son frère aîné ; par cet accord il eut, comme fils aîné, les château et seigneurie de Marval, les fiefs des Roberts, du Châtenet, de la Farge, du Theilloud et de Lavaud (1), les dîmes inféodées de la paroisse de Saint-Pierre de Vayres (2), des rentes en ladite paroisse et en celles de Pressignac (3) et de Rochechouart. Uni à ses frères, il transigea avec Henriette, sa sœur, et Jean de Maumont, son beau-frère, le 13 janvier 1627. (Original.) Il assistait au contrat de mariage de sa sœur, Jeanne de Lambertie, le 27 février 1629. Il fut capitaine au régiment de Saintonge en 1626 et avait ce grade en 1634. Il transigea avec François de Lambertie, baron de Montbrun, son cousin, au sujet d'un étang situé en la juridiction de Pensol (4) le 30 avril 1640.

Jean de Lambertie était lieutenant pour le roi au gouvernement de Saintes, suivant des lettres du 1ᵉʳ septembre 1643 et de l'année 1644. Il vivait encore en 1648, mais était mort avant le 21 avril 1659, date à laquelle sa veuve faisait une transaction avec ses enfants.

Il avait épousé, par contrat passé au château du Mas-Nadaud (5), par Andoury et Fournier, le 7 janvier 1624, demoiselle **Jeanne COUSTIN**, demoiselle de Perignac, fille de feu Jean Coustin, écuyer, seigneur du Mas-Nadaud, et de demoiselle Françoise de Jussac, dame de Perignac. Par ce contrat, le père dudit futur lui donna la moitié de ses biens situés en pays de droit écrit, les deux tiers de ceux situés en Poitou et le château de Marval ; François Coustin,

---

(1) Tous ces fiefs sont dans la commune de Marval, Haute-Vienne.
(2) Vayres, canton et arrondissement de Rochechouart, Haute-Vienne.
(3) Pressignac, canton de Chabanais, arrondissement de Confolens, Charente.
(4) Pensol, canton de Saint-Mathieu, arrondissement de Rochechouart, Haute-Vienne.
(5) Masnadaud, commune de Pageas, canton de Châlus, arrondissement de Saint-Yrieix, Haute-Vienne.

écuyer, seigneur du Mas-Nadaud et de Bramefort, frère de ladite demoiselle, lui constitue une dot de 12,000 livres. Ce contrat est accompagné de la dispense accordée par le Pape datée des calendes d'octobre 1624 (*more romano*) à cause de la parenté entre Jean de Lambertie et Jeanne Coustin. Elle était veuve et transigeait avec ses enfants par acte passé au château de Marval, le 21 avril 1659, devant Corrivaud, notaire. De Coustin porte : *d'argent au lion rampant de sable, armé, lampassé et couronné de gueules.*

Ils eurent huit enfants qui sont :

1° **Léonard de LAMBERTIE**, qui suit.

2° **Charles de LAMBERTIE**, seigneur du Bouchet, demeurant à Marval, fit un accord avec sa mère et son frère le 21 avril 1659, par lequel sa légitime est fixée à 18,000 livres. Il fit son testament le 21 février 1660, suivant une quittance donnée par son frère comme son héritier, le 6 décembre 1663. Il servit comme lieutenant dans le régiment de Saintonge.

3° **Renée de LAMBERTIE**, dame de Villard, Saint-Pardoux-la-Rivière (1), épousa, par contrat passé à Marval, par Sarlande, le 15 janvier 1640, messire **Jean D'ABZAC**, écuyer, seigneur de Villard (2), fils de Pierre, écuyer, seigneur de Saint-Pardoux-la-Rivière et Mazière, et de demoiselle Anne de Péry de Saint-Auvent. Elle était veuve le 8 septembre 1657 et faisait alors, comme mère et tutrice de ses enfants, une transaction avec son frère. Elle vivait encore le 6 décembre 1663. Ses enfants et petits-enfants se sont alliés aux maisons des Cars, d'Allogny, de La Roche-Aymond, de Chasteigner, de L'Estrade, de Segonzac, lesquelles ont prouvé la maison de Lambertie à l'ordre de Malte et aux chapitres de Brioude, de Saint-Claude, etc., etc. Les armes de la famille d'Abzac sont : *écartelé aux 1er et 4e d'argent à une bande d'azur chargée au milieu d'un besant d'or, à la bordure d'azur chargée de huit besants d'or; au 2e d'or à une fasce de gueules accompagnée de six fleurs de lis d'azur.*

LOGIS DE LA CHAPELLE St-ROBERT

4° **Henriette de LAMBERTIE**, qui prit l'habit dans l'ordre de Fontevrault, au monastère de Boubon, le 20 février 1643.

5° Autre **Henriette de LAMBERTIE**, qui fut reçue religieuse au monastère de Boubon le 20 octobre 1644, et fut depuis nommée supérieure de cette maison.

6° **Jeanne de LAMBERTIE**, baptisée le 3 mai 1627, fut reçue religieuse à l'abbaye de Saint-Pardoux-la-Rivière.

7° **Françoise de LAMBERTIE**, baptisée le 10 novembre 1633, fut aussi religieuse à l'abbaye de Saint-Pardoux-la-Rivière.

8° **Anne de LAMBERTIE**, née le 5 février 1636. Elle eut, par l'accord du 21 avril 1659, 18,000 livres. Elle épousa par contrat du 16 janvier 1660, **Gantonet** (*alias* **François**) **de SAULNIER**, écuyer, seigneur de Pleyssac, fils de Joachim de Saulnier, chevalier, seigneur de Pleyssac, de Mondevis, de Fontanilles, et de Marie de Montbron. Elle passa un acte avec son frère le 12 mai 1661. Saulnier porte : *d'azur à un chardon d'or soutenant deux chardonnerets d'or.*

VII. — Messire **Léonard de LAMBERTIE**, chevalier, seigneur de Marval, de Prun, l'Epinassie, La Chapelle-Saint-Robert (1), Souffrignac, Milhaguet et Pérignac. Il fit un accord le 8 septembre 1657 avec Renée de Lambertie, dame de Villard, sa sœur, par acte passé au château de Marval, devant Saint-Freau, notaire, et passa un autre accord avec sa mère, ses frères et ses sœurs, le 21 avril 1659, par acte fait au château de Marval. (Original.) Il était en procès avec Anne de Lambertie, sa sœur, suivant une sentence du présidial de Périgueux du 12 mai 1661, qui fixe les droits de la dite dame à 10,000 livres. Il acquitta un legs fait par son frère à la cure de Marval, suivant la quittance qui lui en fut donnée le 6 décembre 1663. Il produisit ses titres de noblesse devant

---

(1) La Chapelle-Saint-Robert, commune de Javerlhac, canton et arrondissement de Nontron, Dordogne.

M. Colbert, intendant de la Généralité de Poitiers (généalogie dressée par M. Clérambault), et fut maintenu par M. Barentin, le 21 septembre 1667.

Léonard de Lambertie était capitaine commandant une compagnie dans le régiment de Navarre, lorsqu'il reçut ordre du roi, le 24 octobre 1683, pour recevoir le chevalier de Lambertie (son fils Léonard), lieutenant de sa compagnie. (Original.) Il donnait une procuration le 5 août 1688, et était mort avant le 19 janvier 1693.

Il avait épousé par contrat passé au château de La Chapelle-Saint-Robert (quelques généalogies disent au château de Marval), par Tondaine, notaire à Périgueux, le 22 juillet 1648, demoiselle **Marie de FONTLEBON**, fille de feu messire Charles de Fontlebon, chevalier, seigneur de La Chapelle-Saint-Robert, Le Fresse, Chatelard, et de demoiselle Marie Moreau. Elle eut en dot la terre et la châtellenie de La Chapelle-Saint-Robert. Elle testa le 12 décembre 1683 devant Chalard et Saint-Freau, notaires à Marval. Elle était morte avant le 21 septembre ou décembre 1702. Fontlebon porte : *d'argent à trois aiglettes de sable 2 et 1.*

Leurs enfants sont :

1° **Jean de LAMBERTIE**, chevalier, seigneur de La Chapelle, né le 12 octobre 1659, fut reçu page de la grande écurie du roi le 1ᵉʳ janvier 1674. Il servit comme volontaire en Catalogne dans le régiment de Gassion et fut nommé enseigne. Il devint ensuite capitaine, puis major au régiment de Tulles, le 28 mai 1689. (Original.) Il était présent au contrat de mariage d'Anne de Lambertie, sa sœur, en 1693. Il fut aussi capitaine au régiment de Lenoncourt.

Il épousa demoiselle **Marie-Rose BOISSON**, fille de messire Antoine Boisson, écuyer, seigneur de Bussac, de Clain, du Roulet et de Rocheraud, et de demoiselle Marie (*alias* Catherine) de La Rochefoucauld. Le contrat fut passé à Roulet, en Angoumois, le 2 juillet 1698, par Viard. Jean de Lambertie mourut sans postérité avant le 1ᵉʳ juillet 1699, jour auquel sa veuve fit un accord avec Jacques de Lambertie, son frère, dans lequel il est dit qu'il était décédé sans enfants après neuf mois de mariage. Boisson de Bussac

porte : *écartelé aux 1ᵉʳ et 4ᵉ d'or à trois romarins de sinople* (ou *buissons d'épine*) *en pal* qui est de Boisson ; *aux 2ᵉ et 3ᵉ burelé d'argent et d'azur à trois chevrons de gueules le premier écimé*, qui est de La Rochefoucauld.

2° **Léonard de LAMBERTIE**, chevalier, seigneur de Prun, était présent au contrat de mariage d'Anne de Lambertie, sa sœur, en 1693. Il était lieutenant de la compagnie de M. de Lambertie, son père, au régiment de Navarre, le 24 octobre 1683 (original), et fut nommé capitaine d'une compagnie de nouvelle levée le 4 novembre 1683. (Original.) Il fut tué au siège de Valence.

3° **Jacques** surnommé le **Capitaine de La CHAPELLE-LAMBERTIE**, qui suit.

4° **Jacques-Philippe de LAMBERTIE**, capitaine au régiment de Bourgogne, fut tué au service.

5° **Jeanne de LAMBERTIE**, reçue religieuse au monastère de Saint-Pardoux-la-Rivière le 20 mai 1668, en fut prieure en 1699.

6° **Marie de LAMBERTIE**, fut religieuse au monastère de Boubon, ordre de Fontevrault.

7° **Renée** *alias* **Henrye de LAMBERTIE**, reçue religieuse au monastère de Boubon le 16 septembre 1674, fut ensuite prieure de cette maison.

8° Autre **Jeanne de LAMBERTIE**, religieuse au même monastère de Saint-Pardoux, comme sa sœur.

9° **Anne de LAMBERTIE**, qui épousa, par contrat passé au château de Marval, le 19 janvier 1693, par Lagarde-Chamagnon, notaire de la châtellenie de Saint-Auvent, **Pierre de ROCARD**, chevalier, seigneur de Saint-Laurent-de-Céris (1), en Angoumois, de La Cour-Saint-Maurice, etc., fils de messire François de Rocard, chevalier, seigneur des mêmes lieux, et de dame Henriette Renaud *alias* Raymond. Elle était assistée de Mʳᵉ Jean de Lambertie, son frère aîné, chevalier, seigneur de La Chapelle, de

(1) Saint-Laurent-de-Céris, canton de Saint-Claud, arrondissement de Confolens, Charente.

Mre Léonard de Lambertie, chevalier, seigneur de Prun, de Mre Jacques de Lambertie, chevalier, seigneur du Bouchet, ses frères, de Mre François-Augustin de Coustin du Mas-Nadaud, son cousin, seigneur de Blanat, et de Mre Jean du Rousseau, son parent, chevalier, seigneur de Ferrières, de Sechères, etc. Son frère aîné lui donna la somme de 28,000 livres pour sa dot et pour tout ce qu'elle pouvait demander dans les biens de ses père et mère et dans ceux qu'avait laissés sa sœur, religieuse. La famille de Rocquard porte : *de gueules au pairle et au chevron d'or entrelacés.* Le champ de ces armes est quelquefois indiqué *d'azur,* comme dans les preuves de Saint-Cyr. (Ailleurs on dit : *deux chevrons entrelacés*).

10° **Marie de LAMBERTIE,** nommée avec ses frères et sœurs au testament de leur mère du 12 décembre 1683. Elle fut religieuse au monastère de Saint-Pardoux-la-Rivière.

VIII. — Haut et puissant seigneur **Jacques comte de LAMBERTIE,** surnommé le capitaine La Chapelle-Lambertie, seigneur de Marval, La Chapelle-Saint-Robert, Prun, l'Epinassie, le Fresse, le Chatelard, Souffrignac, etc., fut baptisé le 7 octobre 1673. Il fut nommé capitaine au régiment de Tulles, à la place de son frère, par commission du 29 avril 1690, et devint major de ce régiment par commission du 6 avril 1695. (Original.) Il était capitaine d'infanterie au régiment de Nettancourt, lorsqu'il passa un accord en la ville d'Angoulême, le 1er juillet 1699, avec dame Marie-Rose Boisson, sa belle-sœur, à l'occasion de son douaire, par lequel elle lui abandonna tous ses droits moyennant la somme de 19,800 livres. (Original.) En qualité d'héritier de Jean de Lambertie, son frère, il passa un accord le 27 mars 1702 avec la prieure du monastère de Saint-Pardoux-la-Rivière.

Jacques de Lambertie, seigneur de Marval et de Fompastour, vendit avec sa femme la terre et seigneurie du Chey, en Aunis, par acte du 10 mars 1720. (Original.) Au lieu de Puyrazeau, en l'étude du notaire royal de Lavalade, le 4 novembre 1727, il vendit conjointement avec sa femme, au sieur Jacques Boutet, receveur de la chancellerie du présidial de La Rochelle, demeurant à Fompastour, paroisse de Vérines, en Aunis, leur terre et châtellenie de Fompastour, telle qu'ils la possèdent du chef de ladite dame de La Rochefoucaud, et qu'elle lui est échue en son lot de partage des biens des seigneur et dame, ses père et mère, par contrat passé par Micheau, notaire à La Rochelle, le 20 mai 1718, pour la somme de 60,336 livres. (Original.)

Il reçut une lettre de M. de Maurepas, datée de Versailles, du 9 novembre 1741, par laquelle ce ministre le remercie de l'offre qu'il fait de fondre, de ce jour au mois d'août de l'année suivante, cent cinquante canons et huit pour le port de Rochefort sans avances, mais ajoute que les arrangements pris avec un fournisseur l'empêchent d'accepter cette offre, assurant que d'ailleurs il est sensible aux marques qu'il donne de son zèle pour le service. (Original.) Il était veuf à l'époque du mariage de Jean de Lambertie, son fils, le 12 juin 1747.

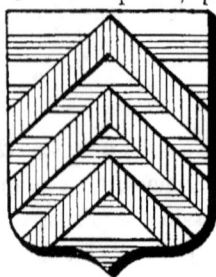

Il avait épousé, par contrat passé à Bordeaux, par Lhomme et Perisson, notaires, le 21 septembre 1702, demoiselle **Marie-Françoise de LA ROCHEFOUCAUD**, dame de Fompastour (1), fille de feu haut et puissant messire Jean-Charles-Casimir de La Rochefoucaud, chevalier, seigneur de Fompastour, du Chey et des Fontaines, en Aunis, et de dame Marie-Françoise de Mazières. Ledit futur était assisté de Messire Jean-François de Lambertie, chevalier, seigneur de Menet, son cousin au deuxième degré, de Messire Jean de Lambertie, seigneur de Menet, son cousin au troisième degré, etc. Marie-Françoise mourut à Marval et y fut enterrée dans l'église le 1er novembre 1737. Les armes de La Rochefoucaud sont : *burelé d'argent et d'azur à trois chevrons de gueules, le premier écimé.*

Leurs enfants furent :

1° Haut et puissant seigneur **Pierre, marquis de LAMBERTIE,** chevalier, seigneur de Marval, la Chapelle Saint-Robert, Souffrignac, etc., qui fut baptisé le 23 mai 1703. Il servit en qualité de mousquetaire de la seconde compagnie, selon un certificat du 20 avril 1725. Il assista le 6 octobre 1740 au contrat de mariage de Jean, son frère puîné, ainsi qu'à celui de son second mariage le 12 juin 1747. Avec Emmanuel, son frère, le 10 septembre 1773, il donna une procuration

---

(1) Fompastour, paroisse de Veyrines, en Aunis, canton de La Jarrie, arrondissement de La Rochelle, Charente-Inférieure.

pour faire pourvoir d'un tuteur leurs neveux, enfants de Jean de Lambertie, leur autre frère. (Original.) Pierre de Lambertie ne se maria pas. Il mourut à Marval et fut enterré dans l'église de cette paroisse le 13 février 1775, étant âgé de 72 ans ;

2° **Jean de LAMBERTIE**, qui suit ;

3° **Jean de LAMBERTIE**, baptisé à la Chapelle Saint-Robert le 9 novembre 1706, mourut étant encore jeune ;

4° **Emmanuel de LAMBERTIE**, chevalier, seigneur en partie de Marval, etc., né le 6 novembre 1707 et baptisé à la Chapelle Saint-Robert le 8. Il fut nommé lieutenant au régiment de Poitou le 14 janvier 1726 (Original), puis capitaine au même régiment le 10 novembre 1733. Il assista au contrat de mariage de Jean de Lambertie son frère le 6 octobre 1740. Il fut nommé chevalier de l'ordre royal et militaire de Saint-Louis le 12 juin 1745. Il est dit ancien capitaine au régiment de Poitou, dans le contrat du second mariage de Jean, son frère, le 12 juin 1747. Il reçut deux lettres du ministre (M. d'Argenson) des 1ᵉʳ janvier 1745 et 4 février 1747 : par la première, il lui témoigne la satisfaction que Sa Majesté avait de ses services, et dans la seconde il lui marque qu'Elle lui accorde une pension de 400 livres. Il fut lieutenant-colonel au régiment de Poitou-infanterie. Il est nommé dans l'acte de tutelle de ses neveux le 20 septembre 1773. Il figure parmi les membres de l'assemblée générale de la noblesse du Poitou en 1789.

Par acte du 17 pluviôse an II (5 février 1794), passé par Thoumas, notaire à Limoges, il vendit à Etienne Auvray de Saint-Remy la terre de Marval et tout ce qu'il possédait dans la commune de ce nom. Peu de jours après, lui et son épouse firent un accord avec le même Etienne Auvray de Saint-Remy, pour les meubles qui étaient dans leurs biens de Marval. (Original.) Etant au lieu du Mas-Nadaud, commune de Pageas, le 8 vendémiaire an IV (30 septembre 1795), il donnait procuration à N.... Coustin du Mas-Nadaud pour régir tous les biens qui lui étaient échus par les décès de ses frères, père et mère, et celui de Marie de Châteauneuf, son épouse. Il était alors aveugle et ne pouvait signer à cause de ses infirmités. Il mourut à Limoges, rue Pennevayre, où il était gardé comme suspect, le 25 floréal an IV (14 mai 1796).

Il avait épousé par contrat du 13 août 1767 demoiselle **Marie de CHATEAUNEUF**, fille de haut et puissant seigneur Emmanuel de Châteauneuf, chevalier, seigneur de Peyrat, de la Villatte (1) et de Mazardy (2), et de dame Aimée de David de Lastours. De ce mariage ne vinrent pas d'enfants. La famille de Châteauneuf porte pour armes : *de sable au lion rampant d'or, lampassé de même, armé d'argent.*

5° **François de LAMBERTIE**, baptisé en 1708, servit comme lieutenant au régiment de Poitou et mourut à Saint-Domingue ;

6° **François de LAMBERTIE**, baptisé en 1709, servit aussi comme lieutenant au régiment de Poitou, et mourut, ainsi que son frère, à Saint-Domingue ;

7° **Anne de LAMBERTIE** baptisée le 22 janvier 1704, mourut l'année où elle devait être reçue chanoinesse au chapitre de Remiremont.

IX. — Haut et puissant seigneur **Jean, comte de LAMBERTIE**, chevalier, seigneur en partie de Marval, la Chapelle-Saint-Robert, le Cluzeau, Fontaine, etc., naquit au château de Marval le 17 avril 1705, fut ondoyé le même jour, et reçut les cérémonies du baptême le 12 août 1706, dans l'église de Marval.

Il fut nommé lieutenant en second dans le régiment d'infanterie de Poitou par lettre du 15 janvier 1720 (Original.), puis devint capitaine de grenadiers au même régiment par lettre du 19 novembre 1725. (Original.) Il fut reçu chevalier de Saint-Louis le 24 novembre 1743. Après son second mariage, il habitait la ville de Montluçon, en Bourbonnais, lorsqu'il passa une procuration à Montbron le 25 septembre 1764, tant

(1) Il est dit seigneur du Chalard, commune de Peyrat-le-Château, canton d'Eymoutiers, arrondissement de Limoges, Haute-Vienne, et de la Villatte, commune de Saint-Junien-la-Bregère, canton de Royère, arrondissement de Bourganeuf, Creuse. (*Nobiliaire du Limousin*, tome Ier, 2e édition, p. 374 et 680.)

(2) Mazardy, commune de Champsac, canton d'Oradour-sur-Vayres, arrondissement de Rochechouart, Haute-Vienne.

en son nom qu'en celui de Pierre de Lambertie, son frère, pour traiter et transiger avec les créanciers de leurs père et mère. Par arrêt du conseil du 20 mai 1763, il fut adjugé à Jean, comte de Lambertie, et à Pierre et Emmanuel ses frères, comme héritiers de Jacques, marquis de Lambertie, et de dame Marie-Françoise de La Rochefoucauld, leurs père et mère, et de François-Alexandre de Polignac, époux de feue dame Elisabeth de La Rochefoucauld (en qualité de neveux de cette dernière), la seigneurie de la Cabanne-des-Roseaux et une somme de 12,450 livres. Ils avaient précédemment hérité au même titre de la terre et seigneurie des Fontaines, en Aunis. Jean, comte de Lambertie, mourut à Angoulême le 12 novembre 1765.

Jean de Lambertie épousa : 1° par contrat du 16 octobre 1740 passé par Poteret, notaire, à Ampilly-les-Bordes (1), et le 18 octobre 1740, dans l'église d'Ampilly-les-Bordes, demoiselle **Françoise de LESTRADE DE LA COUSSE,** fille de haut et puissant seigneur Jacques de Lestrade de la Cousse, chevalier, baron d'Arcelot, seigneur de Bouze, Presilly-les-Bords, Bouzot, Latour, etc., et de haute et puissante dame Elisabeth de Poncy, ou Poussy. Il ne vint pas d'enfants de ce mariage. Elle mourut à Ampilly-les-Bordes le 22 décembre 1744. Lestrade porte : *d'argent à la fasce d'azur chargée de trois étoiles d'or accompagnée de trois mouchetures d'hermine.*

Il épousa : 2° par contrat passé à Montluçon, par Raby, notaire, le 12 juin 1747, demoiselle Elisabeth-Aimée **ALAMARGOT DE FONTBOUILLANT,** fille de messire Gilbert-Olive Alamargot de Font-bouillant, chevalier, seigneur de Quinzaines (2), le Cluzeau (3), Châteauvieux, etc., et de dame Madeleine Tissandier. Elle était morte en 1770. Cette famille porte : *d'argent à une pie au naturel.*

(1) Ampilly-les-Bordes, canton d'Aignay, arrondissement de Châtillon, Côte-d'Or.
(2) Quinzaines, canton et arrondissement de Montluçon, Allier.
(3) Le Cluseau, commune d'Estivareilles, canton de Hérisson, arrondissement de Montluçon, Allier.

De ce second mariage naquirent trois enfants qui sont :

1° **Pierre-Michel de LAMBERTIE**, qui suit ;

2° **Gilbert-Emmanuel, comte de LAMBERTIE**, né le 9 avril 1755 et baptisé à Notre-Dame de Montluçon le 10 avril. Il eut un certificat de M. Beaujon le 28 mars 1770 pour être reçu page de Monseigneur le Prince de Condé. Il était présent au contrat de mariage de sa sœur le 20 septembre 1770. Il obtint la commission de sous-lieutenant au régiment de Bourbon-cavalerie le 29 décembre 1772. Il fut aussi lieutenant en second dans le même régiment, comme on le voit par une procuration passée par ses oncles le 10 septembre 1773, pour le faire pourvoir, ainsi que son frère, d'un tuteur. Il obtint la commission de capitaine au régiment Royal-dragons le 21 avril 1777, et passa en la même qualité aux régiments de Bourbon et de Languedoc-dragons. Il fut nommé sous-lieutenant de la 1re compagnie des gardes du corps, dite de Noailles, avec rang de lieutenant-colonel de cavalerie, et fut reçu en la dite qualité par le roi le 12 mars 1780. Il remplit aussi la même charge dans la compagnie écossaise commandée par le duc d'Ayen. En conséquence des preuves faites pour les honneurs de la Cour, il fut admis à monter dans les carosses du roi et à suivre S. M. à la chasse, etc. (Généalogie de D. Fontenau). Il était à l'armée de Condé le 11 mars 1794. Il est mort sans alliance, à Paris, le 19 avril 1813.

3° **Catherine-Claire-Madeleine de LAMBERTIE**, née le 12 avril 1748 et baptisée à Notre-Dame de Montluçon. Elle épousa par contrat passé à Paris le 20 septembre 1770 et le 10 octobre dans l'église de Saint-Honoré messire **Nicolas-Pierre-Elisabeth GEOFFROY**, comte de Villemain, seigneur du Mesnil, d'Ordoux, etc., fils de messire Antoine-Pierre Geoffroy, écuyer, seigneur de Vandièvres, etc., conseiller, secrétaire du roi, maison couronne de France, et de feue dame Marie-Marguerite-Elisabeth-Françoise de Cuisy du Fey. Ils passèrent tous deux une procuration avec les frères de la dite dame le 25 avril 1774. Le comte de Villemain possédait à Paris un hôtel place Vendôme, n° 2, où il reçut souvent les membres de la famille de Lambertie qui venaient à Paris. (Lettres de M. de Lambertie.) Il est mort sur l'échafaud révolu-

19

tionnaire. — Par jugement du tribunal révolutionnaire de Paris du 7 germinal an II (27 mars 1794), Claire-Madeleine de Lambertie fut aussi condamnée à mort. (Vie de Madame Elisabeth, t. II, p. 301.) Geoffroy de Villemain porte : *parti, d'argent à trois têtes de maure de sable et d'azur à la croix d'or.*

X. — Pierre-Michel, comte de LAMBERTIE, fut baptisé

dans l'église paroissiale de Notre-Dame de Montluçon le 22 avril 1750. Il était avec son frère, le 19 novembre 1772, sous l'autorité de haut et puissant seigneur Jean-Joseph de Rochedragon, baron de Mirabeau, leur curateur, suivant une procuration passée à cette époque. (Original.) Il fut reçu mousquetaire à la 1ʳᵉ compagnie de la garde du roi le 24 mars 1770. Le 4 août 1772, il eut une commission de capitaine au régiment de Custine-dragons (qui devint ensuite le régiment de Lescure), signée Louis et plus bas Montenard. (Original.) Le 25 avril 1774, il passait une procuration devant Troulat et Baron, notaires à Paris. Il fut nommé maître-de-camp, lieutenant-colonel en second du régiment d'infanterie royal-marine par commission du roi du 27 janvier 1782. Dans cette commission, il est dit que l'intention de Sa Majesté est qu'il tienne rang parmi les maîtres-de-camp d'infanterie à dater du 18 avril 1780, tout comme si la présente commission lui avait été expédiée à cette date. (Original.) Il fut colonel du régiment de Normandie en 1788, et devint chevalier de l'ordre royal et militaire de Saint-Louis la même année. Pendant l'émigration, il fut nommé maréchal de camp à l'armée de Condé. Il est décédé à Moulins (Allier) le 13 février 1831.

Nous trouvons dans un ouvrage de M. le baron de Verneilh-Puyrazeau, préfet de la Corrèze, le passage suivant qui se rapporte aux deux frères Pierre-Michel et Gilbert-Emmanuel de Lambertie :

« Dès mon arrivée dans la Corrèze, j'avais réclamé la bienveillance de mon collègue, préfet de l'Allier, en faveur de deux de ses administrés (les frères de Lambertie-Montluçon, émigrés), avec lesquels j'avais à régler quelques intérêts de délicatesse ou d'honneur. Ces messieurs avaient été propriétaires d'un ancien bien démembré de la terre de Marval, appelé le *Châtenet*, situé aux confins de la Haute-Vienne et de la Dordogne. Si les choses fussent restées dans leur ordre naturel, ce bien eût fait retour à la terre de Marval, à laquelle ces messieurs étaient substitués sur la tête de M. de Lambertie, leur oncle, qui d'ailleurs n'avait pas d'enfants. Une partie de ce bien, situé dans la Dordogne, avait été vendue dès 1790. La seconde, et principale, ne fut mise en vente qu'en 1796. Elle me convenait par sa position ; je la fis soumissionner, avec le dessein de m'arranger un jour avec les anciens propriétaires, à qui cet objet ne pouvait plus convenir, soit d'après la suppression des substitutions, soit d'après la vente que leur oncle avait fait de sa terre de Marval, à M. Auvray de Saint-Remy. Mon collègue me répondit, le 30 mai 1801, que Michel de Lambertie venait d'obtenir une surveillance par la protection du général Bernadotte, qui avait servi dans son régiment, et qui le lui avait recommandé d'une manière particulière. Honneur à l'illustre général qui depuis a vieilli sur le trône des Suédois qu'il rend heureux, de s'être ressouvenu, dans sa haute élévation, de son ancien colonel tombé dans l'infortune ! J'engageai de suite une correspondance avec M. de Lambertie, et lui fis toucher depuis à Paris, par l'intermédiaire de M. le général de Boigne, un à-compte de quatre mille francs, à valoir sur notre futur réglement. Ce réglement, qui eut lieu ensuite, aurait été plus considérable, si je n'eusse été rappelé pour un supplément de prix, du quart en numéraire. Dans l'intervalle, M. de Lambertie m'avait fait l'honneur d'aller voir ma famille, comme j'eus depuis celui de voir son frère à Paris. Je désire qu'ils aient obtenu en sus une bonne part dans la distribution du milliard. » (Verneilh-Puyrazeau, *Mes souvenirs de 75 ans*, page 261.)

Pierre-Michel comte de Lambertie épousa, le 8 mai 1805, **Henriette-Jeanne-Robertine de SAINT-CHAMANS**, née à Clichy-la-Garenne, près Paris, le 18 juillet 1783 et baptisée le même jour ayant pour parrain M. Bertin, ministre d'Etat, fille de Joseph-Louis, marquis de Saint-Chamans, et d'Augustine-Françoise-Céleste Pinel du Manoir. Elle est morte à Montluçon le 1er août 1856. Saint-Chamans porte : *de sinople à trois fasces d'argent, au chef engreslé de même.*

De ce mariage sont nés :

1° **Emmanuel-Auguste de LAMBERTIE**, qui suit ;

2° **Léonce-Auguste-Marie de LAMBERTIE**, qui a formé la branche cadette de Marval, dite du Cluseau, rapportée au § X.

XI. — Emmanuel-Auguste, comte de LAMBERTIE, naquit à Montluçon (Allier) le 3 février 1806. Il fut page des écuries des rois Louis XVIII et Charles X, par nomination du 1er janvier 1823, sous-lieutenant au régiment des chasseurs à cheval de la Corrèze le 1er janvier 1825, lieutenant en 1828, démissionnaire en 1830 pour refus de serment. Il est mort le 3 janvier 1888 au château du Cluseau, commune d'Estivareilles (Allier).

Il a épousé à Paris, dans l'église de Saint-Louis-en-Ile, le 30 août 1831, **Elisabeth-Françoise-Eugénie MAGNARD DU VERNAY**, née à Loye (1) le 7 mai 1814, fille de Pierre-Gabriel Magnard du Vernay et d'Augustine-Elisabeth Lechanteur. Les témoins de ce mariage sont : Jean-Michel Lechanteur, conseiller à la Cour royale de Paris, chevalier de la Légion d'honneur, aïeul de la mariée ; François-Charles-Philippe Lechanteur, conseiller à la Cour royale de Paris, son oncle maternel ; Auguste-Louis-Philippe, vicomte de Saint-Chamans, chevalier de la Légion d'honneur, oncle maternel de l'époux ; Léonce-Auguste de Lambertie, son frère. Magnard du Vernay porte : *d'azur au renard d'argent passant sur une terrasse de sinople surmonté de deux maillets d'or, au chef cousu de gueules chargé de trois étoiles d'argent.*

De ce mariage sont issus :

1° **Marie-Robertine-Jeanne de LAMBERTIE**, née le 9 août 1832, au château du Cluseau ; mariée le 27 novembre 1860 au baron **Louis de BOUCHARD D'AUBETERRE**, né à Clermont-Ferrand (Puy-de-Dôme) le 16 mars 1812, fils de Guillaume de Bouchard d'Aubeterre et de Marie-Thérèse de Reboul du Sauzet. Il a été colonel du 87e en 1863, et commandeur de la Légion d'honneur ; mort à Chamalières, canton de Clermont-Ferrand (Puy-de-Dôme), le 17 janvier 1878. Bouchard

---

(1) Loye, canton de Saulzais, arrondissement de Saint-Amand, Cher.

d'Aubeterre porte : *écartelé aux 1er et 4e d'azur fretté* (inexact c'est *losangé*) *d'or, au chef cousu de gueules* (Bouchard); *aux 2e et 3e de gueules à trois léopards d'or l'un sur l'autre* (Raymond d'Aubeterre). On trouve ailleurs les quartiers intervertis comme dans le dessin.

2° **Alfred-Léonce-Marie de LAMBERTIE**, né au château du Cluseau le 22 juillet 1833, y est mort le 4 mai 1843;

3° **Léonce-Michel-Robert de LAMBERTIE**, qui suit;

4° **Claire-Pauline-Marie de LAMBERTIE**, née au château du Cluseau le 23 février 1836, y est morte le 17 juin 1867.

XII. — Léonce-Michel-Robert, comte de LAMBERTIE, né au Cluseau le 9 octobre 1834, entra à l'école de Saint-Cyr le 1er octobre 1854, fut sous-lieutenant au 7e lanciers le 1er octobre 1856, puis lieutenant, et donna sa démission en 1866. Pendant la guerre de 1870, il a été commandant de la garde mobile de l'Allier.

Il a épousé : 1° le 17 octobre 1866, au château de Perrais, commune de Parigné-le-Polin, canton de La Suse, arrondissement du Mans, département de la Sarthe, **Alix-Elisa-Gabrielle de BROC**, fille de Gonzalve-Sosthène, comte de Broc, et de Marie-Georgina-Caroline Chevalier de Caunau. Elle était née à Paris le 13 juillet 1844 et mourut au Cluseau, commune d'Estivareille (Allier), le 9 décembre 1870. De Broc porte : *de sable à la bande fuselée d'argent de neuf pièces*.

Il a épousé : 2° le 10 août 1875, à Paris, dans l'église de Notre-Dame-de-Lorette, **Gabrielle-Cécile DURBACH**, née à Caen le 3 mars 1849, fille de Charles-Félix Durbach, ingénieur des Ponts et Chaussées, officier de la Légion d'honneur, et de Marie-Aurélie Pigeon de Saint-Pair.

Du premier mariage sont nés :

1° **Pierre-Emmanuel-Joseph-Louis de LAMBERTIE**, qui suit;

2° **Jeanne-Elisabeth de LAMBERTIE,** née au Cluseau le 29 novembre 1870, a épousé dans l'église de Saint-Augustin, à Paris, le 4 janvier 1890, **Frédéric-Georges PIGEON DE SAINT-PAIR,** lieutenant de vaisseau, né à Caen le 7 juillet 1858, fils de Frédéric-Jacques Pigeon de Saint-Pair et d'Eugénie-Charlotte-Berthe Olivier. Ses armes sont : *d'or au chevron d'azur, accompagné de trois pigeons d'argent, 2 et 1* (ou plutôt *au naturel*).

XIII. — Pierre-Emmanuel-Joseph-Louis, vicomte de LAMBERTIE, né à Nanteuil, commune d'Huisseau-sur-Cosson (Loir-et-Cher), le 25 août 1867.

Il a épousé à Paris, le 30 juin 1892, demoiselle **Denyse de BONNAULT-SAULDRE,** fille de François-Antoine de Bonnault et de Marie-Julie de Büns-d'Hollebek, née à Paris, avenue des Champs-Elysées, le 16 mai 1864. Les armes de la famille de Bonnault en Berry sont : *d'azur au chevron d'or accompagné de deux étoiles d'argent en chef et un dauphin de même en pointe, couronné et oreillé d'or.*

De ce mariage est issue : **Alix-Gabrielle-Marie de LAMBERTIE,** née à Villegenon, canton de Vailly, département du Cher, le 30 mars 1893.

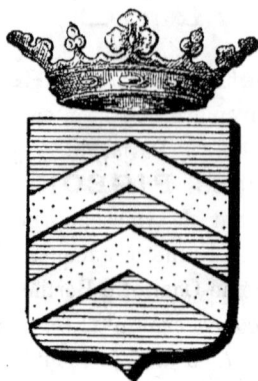

§ X. — BRANCHE CADETTE DU CLUSEAU

COMTES DE LAMBERTIE

XI. — **Léonce-Auguste-Marie, comte de LAMBERTIE**, fils puîné de Pierre-Michel, comte de Lambertie, et de Henriette-Jeanne-Robertine de Saint-Chamans (§ IX, degré X, page 151), naquit à Montluçon le 14 février 1810. Il s'est occupé d'horticulture et a acquis une grande notoriété par ses connnaissances dans cette science spéciale. Il est mort au château de Chaltrait (canton de Montmort, arrondissement d'Epernay, Marne) le 30 août 1877.

Il a épousé, le 24 mai 1834, au château de Chaltrait, arrondissement d'Epernay, département de la Marne, **Claire-Robertine de SAINT-CHAMANS**, sa cousine germaine, née à Paris le 3 septembre 1811, fille d'Auguste-Louis-Philippe de Saint-Chamans et de Thérèse-Alexandrine-Zoé de Bonexis de Pinieux. Les armes de la famille de Saint-Chamans sont : *de sinople à trois fasces d'argent, au chef engreslé de même.*

De ce mariage sont issus :

1° **Jean-Marie-Robert de LAMBERTIE**, né à Chaltrait, le 6 novembre 1847, y mourut le 8 août 1873 ;

2° **Paul-Marie-Louis-Joseph de LAMBERTIE**, qui suit :

3° **Etienne-Marie-Emmanuel de LAMBERTIE**, né à Chaltrait le 1ᵉʳ juillet 1853 ; mort à Paris le 16 octobre 1868.

XII. — **Paul-Marie-Louis-Joseph, comte de LAMBERTIE**, né à Chaltrait le 15 mars 1851, a épousé à Paris, le 31 mai 1877, **Clémentine-Marie-Madeleine de LIRON D'AIROLES**, née à Montpellier le 10 octobre 1858, fille de Louis-Marie-Olivier de Liron d'Airoles et de feue Jacqueline-Agathe-Fanny Bonnarie. La famille de Liron d'Airoles porte : *de gueules au lion d'argent, au chef cousu d'azur chargé de deux étoiles d'or.* On trouve ailleurs *trois étoiles.*

De ce mariage sont issus :

1° **Marie-Louise-Claire-Jacqueline de LAMBERTIE**, née au château de Chaltrait le 21 avril 1878 ;

2° **Roger-Marie-Joseph-Alexandre de LAMBERTIE**, né au château de Chaltrait le 23 mai 1880 ;

3° **Bernard-Marie-Georges-Gabriel de LAMBERTIE**, né à Paris le 14 février 1882 ;

4° **Guillemette-Marie-Cécile-Henriette de LAMBERTIE**, née au château de la Crolière, commune de Gionges, canton d'Avize, arrondissement d'Epernay, le 12 août 1883 ;

5° **Jean-Marie-Pierre-Henri de LAMBERTIE**, né au château de la Crolière, le 15 juillet 1884.

CHATEAU DE SAINT MARTIN LARS

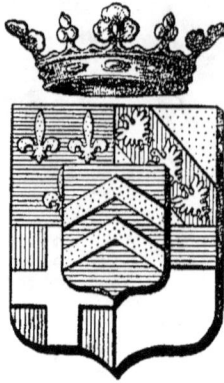

§ XI. — SEIGNEURS DU BOUCHET ET DE SAINT-MARTIN-LARS

MARQUIS DE LAMBERTIE

(POITOU)

VI. — Messire **Gabriel de LAMBERTIE**, écuyer, seigneur du Bouchet, de l'Artimache, Puydemaud (1), etc., fils de Louis de Lambertie seigneur de Marval et de Catherine de Montfrebeuf (§ IX, degré V, page 136), naquit le 19 juillet 1596. Il assista au mariage de sa sœur Jeanne le 7 février 1608 et à celui de sa sœur Henriette le 24 février 1618.

Par acte passé au château de Marval le 20 novembre 1626, il partagea avec ses frères, et fit un accord sur ce partage le 28 du même mois avec son père et ses frères, à l'occasion de la succession de sa mère. Il eut, conjointement avec Léonard, seigneur de Puydemaud, son frère, les fiefs et domaines de l'Artimache, Doumailhat, Sallas, Broussas, Puydemaud, Vergnas, Faymendi (2) etc., ledit seigneur du Bouchet eut en outre mille pistoles pour un legs fait en sa faveur par le seigneur de l'Epinassie, son frère. Uni à ses frères, il passa une transaction avec sa sœur Henriette et son beau-frère Jean de Maumont le 13 janvier 1627. (Original.) Il habitait le lieu noble de l'Artimache, le 23 avril 1634, lorsqu'il fit un accord avec Jean de Montfrebeuf,

---

(1) L'Artimache et Puydemaud, commune de la Chapelle-Montbrandeix, canton de Saint-Mathieu, arrondissement de Rochechouart, Haute-Vienne.
(2) Tous ces fiefs et domaines sont situés dans la commune de la Chapelle-Montbrandeix.

écuyer, seigneur de la Nadalie et demoiselle Madeleine Chasteigner, son épouse.

Nommé capitaine de cent hommes de pied au régiment de Bourdeilles par commission du 28 août, il se distingua au siège de Montauban. Devenu ensuite capitaine de cuirassiers au régiment de M. de Gouffier, duc de Rouannais, marquis de Boissy, il servit dans les guerres d'Allemagne. Il obtint un passeport pour repasser en France le 4 mars 1628, et un second du gouverneur général du Palatinat le 18 du même mois. (Originaux.) Il reçut ordre du marquis de Boissy, le 28 juillet 1628, de partir avec sa cornette, sa troupe et son bagage pour se rendre à Guissen. (Original.) Ayant servi avec distinction dans les armées du général de Montecuculli, il obtint une commission de capitaine de cent hommes d'armes au régiment de Lambertie. Il tenait garnison à Stenay en 1632 et y figurait à la revue en 1633, étant passé avec son même grade dans le régiment de Pons.

Gabriel de Lambertie fut tué à l'armée pour le service du roi en 1636. Quatre certificats, des 27, 28, 29 et 30 mai 1636, de MM. J. Colomb curé de Chambon, Bouchet curé de Saint-Michel, de Lavergne curé de Sauviat, Dumonteil curé d'Aixe, témoignent que le corps de noble Gabriel de Lambertie, seigneur du Bouchet, capitaine d'une compagnie dans le régiment de Pons, a reposé dans leurs églises suivant le mandement du sénéchal du Bourbonnais, et qu'ils ont fait faire chacun un service solennel à son intention. (Originaux.) Son corps fut ainsi transporté dans son tombeau dans l'église de la Chapelle-Montbrandeix.

Il avait épousé par contrat passé au château de Champniers (1), le 19 juillet 1630, demoiselle **Claude DU LAU**, fille de haut et puissant Henri du Lau, chevalier, seigneur de Champniers, Chambon, Cellette, etc., gentilhomme ordinaire de la chambre du roi, et de dame Henriette de Pons-Mirambeau, son épouse ; elle eut en dot une somme de 12,000 livres. Cette dame était alliée à la maison royale de France par sa mère, issue de l'illustre maison des sires de Pons, en Saintonge ; un de Pons ayant épousé une

_____

(1) Champniers, canton de Bussière-Badil, arrondissement de Nontron, Dordogne.

fille du roi Charles VI. La famille du Lau porte pour armes : *d'or au laurier de sinople, au lion passant de gueules brochant sur le tronc de l'arbre, à la bordure d'azur chargée de seize besants d'argent.* On trouve aussi *la bordure d'argent chargée de seize tourteaux d'azur.*

Claude du Lau épousa en secondes noces par contrat du 1er juin 1643, passé au lieu noble de l'Artimache, Desse d'Aubusson, écuyer, seigneur baron d'Auriac (1), fils d'autre Desse d'Aubusson, baron d'Auriac, seigneur de Saint-Priest, et de Gabrielle Trompondon.

Gabriel de Lambertie eut de Claude du Lau :

1° **Jean de LAMBERTIE**, qui suit ;

2° **Jeanne de LAMBERTIE**, nommée dans le contrat du second mariage de sa mère du 1er juin 1643 comme étant décédée.

VII. — Haut et puissant seigneur messire **Jean de LAMBERTIE**, marquis du Bouchet, chevalier, seigneur de Saint-Martin-Lars (2), Puydemaud, l'Artimache, la Fougeraye, le Plessis, Bars, Rongis, les Deffans, Sauray, la Ronde, baron de Corigné, fut dans sa jeunesse page du grand Condé. Il eut une commission de capitaine d'infanterie au régiment de Lambertie le 20 août 1651. Une ordonnance royale, signée Louis et datée de Poitiers le 4 décembre 1651, prescrit au trésorier de son épargne de payer au trésorier général de l'extra-ordinaire des guerres 10,995 livres à délivrer au sieur Jean de Lambertie, pour la levée de 600 hommes de pied pour composer un régiment de douze enseignes de cinquante hommes chacune. (Original.)

Il produisit ses titres de noblesse en 1665 devant M. Colbert, Intendant de Poitiers, et encore en 1666 devant M. d'Aguesseau, Intendant de Limoges, comme demeurant en l'élection de Limoges. Il fut maintenu noble par M. Barentin, Intendant du Poitou, le 9 septembre 1667. Il habitait son château de Puydemaud, paroisse de la Chapelle-Montbrandeix, en Limousin, lorsqu'il fit un accord le 24 septembre 1665 avec Messire Léonard de Lambertie, chevalier, seigneur de l'Epinassie, Marval, la Chapelle-Saint-Robert, etc. (son cousin germain), par acte

---

(1) Auriac, canton et arrondissement de Bourganeuf, Creuse.
(2) Saint-Martin-Lars, canton d'Availles-Limousines, arrondissement de Civray, Vienne.

passé au château de Chambouraud, paroisse de Saint-Mathieu. Il fit son testament en son château de Saint-Martin-Lars le 10 février 1687, en faveur de dame Marie du Raynier, son épouse, et de ses enfants. Décédé le 21 février 1687, il fut inhumé le 22 dans l'église de Saint-Martin-Lars ; il est dit dans l'acte mortuaire ancien mestre de camp d'un régiment de 12 enseignes de 100 hommes chacune.

Il avait épousé par contrat passé le 8 octobre 1660 devant Grillière et Bellaud, notaires en la vicomté de Rochemaux, en Poitou, demoiselle **Marie du RAYNIER,** fille de messire Charles du Raynier, chevalier, seigneur des Deffans, la Fougeraye, etc., capitaine des vaisseaux du roi, et de dame Françoise-Marie de Meschinet sou épouse ; elle eut en dot une somme de 60,000 livres. Jean de Lambertie, uni à haut et puissant Charles du Raynier, marquis des Deffans, et Françoise-Marie de Meschinet, sa femme, dame d'honneur et d'atours de Mesdames les duchesses d'Orléans et de Guise, ses beau-père et belle-mère, fit un acte de vente le 1er décembre 1669. (Original.) Madame du Bouchet fut nommée à la place de dame d'atours de S. A. R. Madame Marguerite de Lorraine, duchesse douairière d'Orléans, qu'occupait encore Madame la marquise des Deffans, sa mère, par brevet du 8 mai 1671, en considération de l'estime particulière que S. A. R. avait pour la mère et la fille. (Original.)

Très illustre dame Marie du Raynier fut instituée héritière universelle par le testament de très illustre dame Madame la marquise des Deffans (Marie-Françoise de Meschinet), sa mère, fait à Florence, en langue italienne, le 21 décembre 1674. (Original.) Elle fut nommée dame d'honneur d'Isabelle d'Orléans, duchesse d'Alençon, de Guise et d'Angoulême, à la place de Madame la marquise des Deffans, sa mère, « morte au grand regret de cette princesse » le 22 janvier 1675, par brevet daté de Paris le 8 février de la même année. (Original.) Jean de Lambertie passa, le 25 juin 1678, au nom de Marie du Raynier, sa femme, héritière de Marie de Meschinet, un bail à ferme de la châtellenie de Saint-Martin-Lars, des seigneuries de Corigné, les Roches, la Valette, etc. (Original.) Toujours au nom de sa femme il rendit hommage au roi, le 25 février 1679, de la dite châtellenie de Saint-Martin-Lars relevant de Sa Majesté, à cause de son château de Civray, en Poitou. (Original.) Les armes de la famille du Raynier sont : *écartelé aux 1er et 4e d'or chappé d'azur, l'azur chargé de deux étoiles d'or,* qui est du Raynier ; *aux 2e et 3e d'argent au chef d'azur,* qui est de Saluces.

Marie du Raynier, veuve de Jean de Lambertie, épousa en secondes noces, par contrat du 9 mai 1696, messire Jean de Vivonne, chevalier, seigneur de Moye, de Pleuville, etc., capitaine de cavalerie, veuf de dame Louise de Torchard de la Panne. Dans une lettre datée du 23 août 1697, adressée à Madame de Vivonne, le Grand Duc de Toscane l'assure de l'estime qu'il fait de son mérite et du souvenir qu'il conserve de ce qu'il doit aux bontés de feue Madame des Deffans, sa mère, ainsi que des continuations de son amitié. (Original.) Elle mourut au mois de juin 1722.

Les enfants de Jean de Lambertie furent :

1° **Léonard de LAMBERTIE,** baptisé le 3 août 1664, décédé jeune.

2° **Armand-François de LAMBERTIE,** né le 17 janvier 1666, fut baptisé le 9 février. Il fut lieutenant au régiment de Condé en 1688, mais mourut sans alliance.

3° **Joseph-Emmanuel, marquis de LAMBERTIE,** baron de Corigné, chevalier, seigneur du Bouchet, l'Artimache, Puydemaud, Saint-Martin-Lars, fut baptisé le 23 mai 1667. Il eut la commission . d'enseigne au régiment de Grammont le 20 février 1687, fut lieutenant de dragons le 20 janvier 1689, capitaine de cavalerie le 15 juillet 1693, capitaine au régiment colonel-général-cavalerie le 20 février 1696. (Originaux.) Il se distingua dans plusieurs combats auxquels son régiment prit part ; mais il donna sa démission le 20 mars 1703. Il fut nommé chevalier de Saint-Louis en considération de ses longs services et de ses blessures le 20 septembre 1714. (Original.) Il eut le 8 juillet 1730 un brevet pour tenir rang de mestre de camp dans le régiment colonel-général-cavalerie (Original), et on le qualifie mestre de camp commandant le dit régiment, dans un acte du 3 décembre 1732. (Original.) Il avait fait une vente à Cosme de Lambertie, son frère, le 1er mars 1703. (Original.) Le 1er mai 1726 il fut parrain, à Cussac, d'Emmanuel-Joseph de Bermondet, son neveu, né le 18 février, fils de messire Armand-Charles de Bermondet et de dame Marie-Anne de

Vivonne. Il fut inhumé dans l'église de Saint-Martin-Lars le 19 mars 1753. Il avait épousé par contrat du 30 janvier 1700, passé à Champeau, par Durand, notaire, demoiselle **Françoise DU BARRY**, fille de messire Antoine du Barry, chevalier, seigneur du Puycheny, en Périgord, de Chaizac, de la Grange, etc., et de dame Marie-Anne de Nesmond, mais il n'eut point d'enfants. L'héritier de Joseph-Emmanuel de Lambertie fut son neveu Emmanuel-François de Lambertie, seigneur du Bouchet. Du Barry porte : *d'argent à trois bandes d'azur, au chef d'or*

4° **Isaac de LAMBERTIE**, baptisé le 28 janvier 1670, décédé sans alliance.

5° **Cosme de LAMBERTIE**, qui suit :

6° **Marie de LAMBERTIE**, née en 1663, décédée jeune.

7° **Marie de LAMBERTIE**, baptisée le 28 juin 1665, qui épousa dans l'église paroissiale de Boubon le 25 mars 1698, **Jean du REPAIRE**, chevalier, seigneur de Landaix (de la paroisse de Saint-Etienne, de Noblac) chevalier de l'ordre de Saint-Louis, capitaine au régiment du marquis de Vassal. Il fut lieutenant-colonel de cavalerie le 4 juillet 1704. (Original.) Son véritable nom est Jean Trompondon du Repaire (1), chevalier, seigneur du Landaix (2), d'après un acte du 19 février 1714. (Original.) Trompondon du Landaix porte : *d'or à une bande d'azur*.

8° **Marie de LAMBERTIE**, baptisée le 1ᵉʳ juillet 1668, religieuse aux filles de N.-D. de Limoges.

9° **Anne de LAMBERTIE**, mademoiselle des Deffans, née le 15 novembre 1670, fut baptisée le 2 janvier 1673. Son Altesse Royale Madame de Guise lui avait donné 10,000 livres, dont son père disposa

(1) Le Repaire, commune de Moissannes, canton de Saint-Léonard, arrondissement de Limoges, Haute-Vienne.

(2) Le Landaix, commune de Saint-Léonard, arrondissement de Limoges, Haute-Vienne.

par son testament de l'an 1687. Elle demeurait au château de Saint-Martin-Lars lorsqu'elle épousa par contrat passé le 1ᵉʳ mai 1700, par Eustache Dolbeau, notaire et tabellion royal garde-note, à Sablé, messire **François DE VIVONNE**, chevalier, seigneur de la Chateigneraye, fils de messire Jean de Vivonne, chevalier, seigneur de Mois, capitaine de cavalerie au régiment de Bissy, et de feue dame Louise de Torchard de la Panne sa première épouse ; ledit Jean de Vivonne alors remarié en secondes noces avec Marie du Raynier, mère de ladite Anne de Lambertie. Vivonne de La Chataigneraye porte : *d'hermine au chef de gueules.* De ce mariage ne vint qu'une seule fille : Marie-Anne de Vivonne, qui, assistée de son père et de sa mère, épousa par contrat du 15 février 1720, messire Armand-Charles de Bermondet, chevalier, seigneur de Cussac. Les armes de la famille Bermondet de Cromières sont : *d'azur à trois mains appaumées d'argent 2 et 1.*

10° **Marie de LAMBERTIE**, née le 22 novembre 1672, baptisée le 2 janvier 1673, fut religieuse à la Visitation de Poitiers.

11° **Anne-Cécile de LAMBERTIE**, religieuse à la Visitation de Poitiers, fit son testament le 26 janvier 1695.

12° **Marie-Catherine de LAMBERTIE**, religieuse à la Visitation de Poitiers, fit aussi son testament le 26 janvier 1695.

13° **Marie-Angélique de LAMBERTIE**, aussi religieuse à la Visitation de Poitiers, fit comme ses sœurs, son testament le 26 janvier 1695.

14° **Elisabeth de LAMBERTIE**, religieuse au monastère de Sainte-Catherine de Poitiers, fit son testament le 12 février 1700.

VIII. — Haut et puissant messire **Cosme comte de LAMBERTIE**, chevalier, seigneur du Bouchet et de Saint-Martin-Lars (en partie), de la Cour d'Usson, de Lavaux, de la Corbière, de l'Epine, naquit le 20 janvier 1678 et fut baptisé dans l'église de Saint-Sulpice, à Paris, le 4 mai suivant. Il eut pour parrain le Grand-Duc de Toscane, Cosme de Médicis, représenté par Charles-Antoine de Gondy, envoyé de

Son Altesse Sérénissime, et pour marraine Son Altesse Royale Madame Isabelle d'Orléans, duchesse d'Alençon et d'Angoulême, etc., douairière de Guise. A l'âge de quinze ans, il obtint le 3 août 1693 des lettres de bénéfice d'âge. (Original.) Il fut nommé cornette en la compagnie de Lambertie au régiment colonel-général-cavalerie par brevet du 21 décembre 1693 (Original) et devint capitaine dans le même régiment, par la démission d'Emmanuel de Lambertie, son frère, par commission du 20 mars 1703. (Original.) Il fut chevalier de l'ordre royal et militaire de Saint-Louis, le 20 septembre 1714 (Original) et nommé mestre de camp de cavalerie dans son même régiment par commission du 1er décembre 1718. (Original.)

Il fit faire un inventaire à la mort de sa mère le 4 septembre 1722, et partagea avec Emmanuel son frère, Marie et Anne ses sœurs, les biens de leur mère par acte du 1er mars 1723. Il eut une gratification du roi en considération de la perte qu'il avait faite depuis six mois de treize chevaux, suivant une lettre du ministre du 22 juillet 1726. (Original.) Il fit faire, avec sa femme, un inventaire le 8 juillet 1727, après la mort de Louis du Breuil-Hélion, son beau-père. Tant en son nom qu'en celui de sa femme, il donna son dénombrement au roi, le 26 janvier 1737, de ce qu'il tenait de Sa Majesté à cause de son château de Civray, savoir son hébergement d'Usson, droits honorifiques, la plupart des maisons de ladite ville d'Usson, dîme des villages de la Plaigne, de Lezigne, de Lavau, etc. (Original.) Il était mort avant 1739.

Des mémoires de famille parlent de lui en ces termes : « Cosme, comte de Lambertie, commandait le régiment de colonel-général le 26 juillet 1702 ; il fit des actions de valeur à la bataille de Sancta-Victoria, sous M. de Vendôme ; le 15 août suivant se distingua à la bataille de Luzara ; se trouva au combat de Chiocry, à ceux de Castelnovo et de la Bormida, se distingua à l'attaque de Turin en 1704. Commanda un corps de troupes sur l'Oglio et dans le Bressan en 1705. Se trouva au siège de Verne en 1706, à la bataille de Cassemo où il reçut plusieurs blessures ; à la bataille de Malplaquet en 1709 il commanda un détachement qu'il ramena victorieux ; fit la campagne de 1733 après laquelle il se retira pour cause de maladie. »

Une lettre de M. de Saint-Foix, historiographe de France, s'exprime ainsi à son sujet : « Le 26 juillet 1702, M. de Vendôme battit le général Visconti à Sancta-Victoria. M. de Lambertie se trouva commander le régiment colonel-général, il y fit des actions de valeur qui lui méritèrent de grands éloges de la part de M. de Vendôme; ce prince voulut l'envoyer porter en cour les étendards pris sur l'ennemi, il refusa cet honneur par délicatesse et ménagement pour le lieutenant-colonel qui aurait dû être à cette action et qui ne s'y était pas trouvé. Le 15 août de la même année, M. de Lambertie se distingua à la bataille de Lusara. Le régiment colonel-général continua de servir en Italie sous M. de Vendôme en 1703, 1704, 1705. M. de Lambertie fut blessé à l'affaire de Turin en 1706. Le régiment colonel-général passa en France après l'affaire de Turin et servit en Flandre jusqu'à la paix d'Utrech. La guerre ayant recommencée en 1733, M. de Lambertie fit la campagne et se retira après la prise du fort de Kell. »

Il avait épousé, par contrat passé le 20 mai 1718 devant P. Gay et Cuirblanc, notaires de la sénéchaussée de Civray, à Usson, demoiselle **Marie-Angélique du BREUIL-HELION**, fille de messire Louis du Breuil-Helion, chevalier, seigneur de Lavaux et de La Cour d'Usson, et de dame Suzanne de Buignon, laquelle eut en dot une somme de 20,000 livres. Ce mariage fut célébré le 30 du même mois. Elle était veuve en 1739 et vivait encore en 1759. Du Breuil-Helion porte : *d'argent au lion de sable, armé, lampassé et couronné d'or.*

Leurs enfants furent :

1° **Emmanuel-François de LAMBERTIE**, qui suit :

2° **Marie de LAMBERTIE**, qui fut baptisée 12 avril 1719, décédée jeune.

3° **Marie-Suzanne de LAMBERTIE**, baptisée le 17 janvier 1724. Elle épousa, par contrat passé à Poitiers le le 7 avril 1739 messire **Jacques-Louis de BRILHAC**, chevalier, seigneur de Pilloué, Vounant, etc., fils de feu messire Louis de Brilhac, chevalier, seigneur desdits lieux, et de dame Marie le Peultre, sa veuve. Il n'eurent qu'une fille mariée à Charles Chevalier, chevalier, seigneur de la Coindardière, baron de la Frapinière. Brilhac porte : *écartelé aux 1er et 4e d'azur à trois fleurs de lis d'argent; aux 2e et 3e d'azur au chevron d'argent chargé de cinq roses de gueules, accompagné de trois molettes d'éperon d'or.*

IX. — Haut et puissant seigneur messire **Emmanuel-François marquis de LAMBERTIE**, chevalier, seigneur de l'Epine, Lavaud, la Cour d'Usson, la Corbière, Saint-Martin-Lars, Puydemaud, Lartimache, baron de Corigné, fut baptisé dans l'église d'Usson, en Poitou, le 14 février 1730, étant né le 11 décembre 1729. Un acte de notoriété fait le 29 décembre 1769 établit qu'il fut nommé François au baptême, et que le nom d'Emmanuel lui fut donné à la confirmation. Il assista au mariage de sa sœur le 7 avril 1739. Il entra dans les mousquetaires comme surnuméraire de la deuxième compagnie et servit en cette qualité depuis le 18 janvier 1753 jusqu'au 6 mai 1758, époque à laquelle il obtint une cornette de gendarmerie. Il fut nommé deuxième cornette de la compagnie des chevau-légers d'Aquitaine par brevet du 22 mars 1758 avec commission dudit jour pour tenir rang de lieutenant-colonel de cavalerie. (Original.) Par brevet du 10 février 1759, il fut nommé enseigne de la compagnie d'hommes d'armes des ordonnances du roi sous le titre de M. le duc de Bourgogne. (Original.)

Etant veuf de Marie-Jeanne d'Anché dont il avait deux enfants mineurs et marié en secondes noces avec Louise-Antoinette-Gabrielle de Lambertie, il fit faire un inventaire de ses biens en justice le 9 octobre 1759. (Original.) Il fut nommé à la charge de sous-lieutenant en la compagnie d'hommes d'armes des ordonnances du roi sous le titre d'Aquitaine, par commission de Sa Majesté du 9 février 1760, avec rang de mestre de camp de cavalerie. (Original.)

Etant chef de brigade des gendarmes de la garde du roi, il fit hommage, par procureur, au comte de Bourbon-Busset, le 10 septembre 1765, pour les fiefs de Puydemaud, Sallas, le Cluzeau, les Vergnes, etc., en la paroisse de la Chapelle-Montbrandeix. (Original.) Il était sous-lieutenant de la compagnie d'hommes d'armes des ordonnances du roi, sous le titre de Provence, lorsqu'il fut nommé à la charge de capitaine-lieutenant de celle qui est sous le titre de Bourguignons, par provisions du 31 décembre 1766. (Original.) Il eut commission, le 28 avril 1769, pour tenir rang de mestre de camp de cavalerie. (Original.) Il obtint le même jour le brevet d'une pension de 2,400 livres sur l'ordinaire des guerres en considération de ses services, lequel brevet de pension fut confirmé par ordonnance du roi du 19 juillet 1779, signé Louis et plus bas le prince de Montbarey. (Original.)

Il fit faire, le 1ᵉʳ juillet 1769, une assemblée des parents de Joseph-Emmanuel sou fils et de défunte Marie-Jeanne d'Anché, pour être autorisé à emprunter une somme de 60,000 livres pour lui acheter un guidon de gendarmerie. Il fut nommé brigadier des armées du roi suivant une lettre de M. le duc de Choiseuil le 28 mars 1770, et chevalier de l'ordre royal et militaire de Saint-Louis par lettres du roi du 25 février 1771. (Original.) Il fût nommé le 20 septembre 1773 tuteur de Pierre-Michel comte de Lambertie et de Gilbert-Emmanuel de Lambertie, ses cousins de la branche de Marval. Il fit faire un acte de notoriété au bourg de Miallet, en Périgord, le 18 septembre 1774, portant qu'il était de notoriété publique, que dans les troubles de la religion prétendue réformée, le château et village de Lambertie situés sur la droite de la rivière de la Dronne, diocèse de Périgueux, avaient été brûlés et incendiés ainsi que tous les titres qui étaient dans les archives dudit château ; que la maison de Lambertie a possédé de temps immémorial ladite terre de Lambertie, qu'elle a tenu un rang distingué parmi la première noblesse de la province de Périgord, par son ancienneté, ses emplois militaires et ses alliances. (Original.) Le 13 décembre 1775, il rendit compte à Joseph-Emmanuel-Auguste, son fils, et à Marie-Angélique-Mélanie, sa fille, comme héritiers de feue Marie-Jeanne d'Anché, leur mère, sa première femme. Par acte du 20 octobre 1776, il partagea, comme mari de Louise-Antoinette-Gabrielle de Lambertie, sa seconde femme, la succession de haute et puissante dame Barbe-Françoise Hurault de Morainville, mère de ladite dame. (Original.) Il fut nommé maréchal de camp par brevet du 1ᵉʳ mars 1780. (Original.)

Emmanuel-François de Lambertie dans sa carrière militaire se signala plusieurs fois par des actions d'éclat et reçut de nombreuses blessures. Il assista à la bataille de Lutzberg et à celle de Minden (15 août 1759) ou il fut blessé et fait prisonnier après avoir perdu tous ses équipages. Les années suivantes il servit successivement sous les ordres des maréchaux de Soubise et de Broglie et de S. A. S. le prince de Condé. A la bataille de Clostercamp il eut l'occasion de rendre un service important par un ordre donné à propos qui garantit le corps de la gendarmerie du feu des batteries dirigées sur le camp français. Dans la même campagne il fut employé utilement dans plusieurs détachements et sa conduite fut justement remarquée. Il assista aussi aux combats de Grimbach et de Solises. Suivant des Mémoires de famille il fut grièvement blessé dans une rencontre d'un coup de sabre dans l'estomac et eut le courage de se rendre à cheval à l'ambulance pour faire faire le pansement. Ces blessures contribuèrent plus tard à accroître les infirmités de sa vieillesse et il garda toute sa vie les traces d'une blessure reçue au visage. La princesse de Conti, qui honorait le marquis de Lambertie d'une estime toute particulière, apprenant qu'il était couvert de blessures à la suite d'une bataille, lui écrivait cette phrase aimable et amusante : « Vous ne me dites pas où sont les coups de sabre, cela me donne de l'inquiétude » (Papiers d'un émigré. 169).

En vertu des preuves d'ancienne noblesse de sa famille, le marquis de Lambertie obtint les honneurs de la cour en 1738 et fut admis à suivre le roi à la chasse. Reçu avec distinction par plusieurs princesses, il mérita par ses qualités personnelles leur estime et leur affection.

Le marquis de Lambertie qui habitait d'abord le château de la Petite-Epine, près d'Usson, s'établit à Saint-Martin-Lars après le décès de son oncle et fit reconstruire la façade principale de ce château vers 1770. Cet édifice, qui a un bel aspect dans le style moderne, est orné à la hauteur des combles d'une balustrade à l'italienne coupée par un fronton monumental. On y voit sculpté en pierre un grand écusson aux armes de la maison de Lambertie placées sur un écu écartelé au 1er de France (*d'azur à trois fleurs de lis d'or*); au 2e de Lorraine (*d'or à la bande de gueules chargée de trois aiglettes d'argent*); au 3e de Savoie (*de gueules à la croix d'argent*) ; au 4e de Saluces (*d'argent au chef d'azur*). Autour se trouvent des trophées de guerre et de chasse ou l'on distingue les guidons de la gendarmerie de la garde du roi dont lui-même et son fils avaient eu la garde. En 1784 le marquis de Lambertie céda ce château à son fils à charge de lui payer des rentes viagères, mais au moment de la Révolution ces biens volés par les révolutionnaires furent vendus pour quelques poignées d'assignats.

Pendant près de vingt ans le marquis de Lambertie, dans ses nombreux voyages à la cour et chez les divers membres de sa famille établis en Lorraine, en Bourbonnais et en Angoumois, recueillit un nombre considérable de documents originaux ou en copie concernant sa maison ou celles qui lui étaient alliées, pour composer une généalogie complète et détaillée. Mais les événements politiques empêchèrent la réalisation de ce projet, et cette collection précieuse a été détruite au moment du pillage de Saint-Martin-Lars en 1793. Quelques notes succinctes conservées dans les volumes 84 et 85 de la collection de Dom Fonteneau à ·la Bibliothèque de Poitiers, et deux liasses de procédures et de lettres déposées aux Archives de la Vienne sont tout ce qui reste de cet important chartrier.

En 1789 le marquis Emmanuel-François de Lambertie assista à l'assemblée de la noblesse de Poitou réunie pour l'élection des députés aux Etats-généraux. Son âge et ses infirmités, suites des blessures reçues dans ses campagnes militaires, l'empêchèrent d'émigrer, mais ses biens furent sequestrés et il fut obligé de se retirer dans une métairie louée à des amis à Sainte-Catherine, près de Montbron, en Angoumois. Pendant la terreur il fut emprisonné dans les derniers mois de 1793 à La Roche-foucauld et ne fut délivré qu'en octobre 1794. Cette circonstance a été passée sous silence (afin d'éviter des difficultés) dans un certificat de résidence qui lui fut délivré quelques années après.

Les membres de l'administration municipale de Montbron (Charente) attestent, le 15 floréal an VI, « que le citoyen Emmanuel-François Lambertie est vivant, s'étant ce jourd'hui présenté devant nous, qu'il réside au lieu de Sainte-Catherine, maison de la citoyenne veuve Villards, depuis les premiers jours de juin 1792 (vieux style) jusqu'à ce jour ; qu'il n'est point émigré, ni détenu pour cause de suspicion ou de contre révolution, et en un mot qu'il a acquitté les charges auxquelles il a été imposé. — Signalement : 63 ans, taille de cinq pieds six pouces, cheveux et sourcils gris, front découvert, yeux bruns, nez long, bouche moyenne, menton pointu, visage long, marqué d'une cicatrice à la joue gauche ». M. de Lambertie vendit Puydemaud (le château et huit domaines) par acte du 12 juin 1807, passé devant Thion, notaire à Paris, à Etienne-Paul Pioc-Dutreix. La fille de ce dernier, Julie-Thérèse Pioc-Dutreix, l'a porté en se mariant à N... de Sallain du Saillant, dont la fille unique a épousé Jean-Frédéric Gaillard de Vaucoucourt. Ce dernier étant veuf l'a vendu le 11 octobre 1876 à M. Jean-Baptiste-Chéri Chemison-Dubois, ancien receveur des domaines. Le marquis de Lambertie résida à Sainte-Catherine jusqu'en 1809, puis se retira à Paris chez M. Dutreix, rue de Clichy, 17, où il mourut le 26 avril 1814, au moment où son fils allait revenir de l'émigration. Il fut inhumé au cimetière de Montmartre.

Il avait épousé : 1° par contrat passé au château de Saint-Martin-Lars, en Poitou, le 25 novembre 1747 devant Guyonneau et Bourbeau, notaires de la ville de Poitiers, demoiselle **Marie-Jeanne D'ANCHÉ,** fille de

feu haut et puissant seigneur messire Louis d'Anché, chevalier, seigneur de Bessé (1), Touchabran, Magné et le Châtenet, et de haute et puissante dame Emerye de Volvire. Le futur époux était assisté de sa mère et tutrice, de messire Joseph-Emmanuel marquis de Lambertie, seigneur de Saint-Martin-Lars, son oncle paternel. Ce mariage fut célébré dans l'église de Bessé en Angoumois le 8 janvier 1748. Elle mourut à l'âge de vingt-quatre ans et fut inhumée le 1er février 1752 dans le chœur de l'église d'Usson, en Poitou. D'Anché porte : *d'argent au lion de sable, armé, lampassé et couronné de gueules.*

Il épousa : 2° par contrat passé à Nancy le 22 décembre 1758, demoiselle **Louise-Antoinette-Gabrielle de LAMBERTIE**, née à Nancy, le 13 janvier 1738, fille de très haut et très puissant seigneur Mre Camille de Lambertie, comte de Tornielle, de Lambertie, chevalier, marquis de Gerbeviller, comte de Romont, etc., et de très haute et puissante dame Barbe-Françoise Hurault de Moranville. (Voir § III, degré X, page 79). Au contrat fait avec l'agrément de Stanislas I, roi de Pologne, duc de Lorraine, le futur est assisté de sa mère et la demoiselle de ses père et mère, de ses frères et sœurs, de ses oncles paternels, et d'un grand nombre d'autres parents. Le mariage fut célébré dans l'église de Bouxières-aux-Chênes, diocèse de Nancy, le 2 janvier 1759. Elle est morte à Nancy, paroisse de Saint-Epvre, le 2 mai 1812. La branche des Lambertie-Tornielle porte les mêmes armes que les autres branches de la famille de Lambertie : *d'azur à deux chevrons d'or.*

Emmanuel-François de Lambertie eut du premier mariage :

1° **Joseph-Emmanuel-Auguste-François de LAMBERTIE** qui suit.

2° **Marie-Angélique-Mélanie de LAMBERTIE**, baptisée le 24 novembre 1749.

---

(1) Bessé, canton d'Aigre, arrondissement de Ruffec (Charente).

Elle épousa par contrat du 28 février 1771, haut et puissant seigneur **Pierre-Louis comte de BEAUCORPS**, chevalier, seigneur de Sigogne (1) et de Saint-Sornin-la-Marche (2), ancien capitaine de dragons au régiment des Volontaires de Clermont-Prince, fils de feu haut et puissant seigneur Louis-Charles, marquis de Beaucorps, seigneur de la Bastière, et de haute et puissante dame Henriette-Silvie de Roquefeuille. (Original.) Elle était veuve en 1789 et possédait toujours Sigogne et Saint-Sornin lorsqu'elle fut convoquée à l'Assemblée générale de la noblesse en Angoumois et en Basse-Marche. (Procès-verbal des dites assemblées.) Elle est morte à Londres, paroisse de Saint-Pancrasse, le 6 juin 1797, âgée de quarante-huit ans. Beaucorps porte : d'*azur à deux fasces d'or*. En 1780, la comtesse de Beaucorps se servait d'un cachet où sont gravées les armes suivantes : *Écartelé, au 1ᵉʳ écartelé d'azur à trois fleurs de lis d'or et de gueules*, qui est d'Albret ; *au 2ᵉ fascé, enté d'or et de gueules de six pièces*, qui est de Rochechouart ; *au 3ᵉ burelé d'argent et d'azur à trois chevrons de gueules brochant sur le tout*, qui est de La Rochefoucault ; *au 4ᵉ écartelé d'or et de gueules*, qui est de Gontaud ; *sur le tout d'azur à deux chevrons d'or*, qui est de Lambertie.

Il eut du second mariage :

3° **Marie-Angélique-Louise-Gabrielle de LAMBERTIE**, qui fut baptisée à Nancy, le 24 novembre 1759. Elle épousa dans l'église de Saint-Roch, à Paris, le 7 janvier 1775, très haut et très puissant seigneur **Auguste-Joseph-Félicité marquis de MATHAREL-FIENNES**, capitaine de cavalerie, né à Paris, paroisse de Saint-Sulpice, le 14 octobre 1753, fils de Marie-Joseph, marquis de Matharel, chevalier, seigneur et patron de Ceny, Montreuil, Saint-Ouin, etc., gouverneur pour le roi des villes et châteaux d'Honfleurs, Pont-l'Evêque, etc., et de dame Adelaïde-Félicité,

---

(1) Sigogne, canton de Jarnac, arrondissement de Cognac, Charente.

(2) Saint-Sornin-la-Marche, canton du Dorat, arrondissement de Bellac, Haute-Vienne.

marquise de Fiennes. Son contrat de mariage, signé par le roi, la famille royale, les princes du sang et nombre de parents des maisons les plus illustres, fut passé par Baron, notaire, au mois de décembre 1774. Elle est morte à Fontenay-le-Comte, en Vendée, le 16 août 1839. Matharel de Fiennes porte : *écartelé aux 1er et 4e d'azur à la croix d'or accompagnée de trois étoiles d'or, une en chef et deux aux flancs, l'écu coupé en pointe d'une champagne de gueules, chargée de trois losanges d'or accolés brochant moitié sur azur moitié sur gueules; aux 2e et 3e d'argent au lion de sable armé et lampassé de gueules*, qui est de Fiennes.

4° **Camille-Louise-Françoise-Sophronie de LAMBERTIE**, née le 3 décembre 1762, fut baptisée le lendemain. Elle fut reçue chanoinesse aux chapitres-nobles de Bouxières et de Poussey en Lorraine, après avoir fait ses preuves de noblesse paternelle et maternelle le 28 mai 1771. Elle épousa par contrat passé à Nancy, le 17 avril 1780, très haut et très puissant seigneur **Antoine-Pierre comte de RAINCOURT**, chevalier de Saint-Georges, capitaine au régiment Dauphin-Cavalerie, né au château de Fallon, le 5 avril 1754, fils de très haut et très puissant seigneur Jean-Baptiste marquis de Raincourt, chevalier de Saint-Georges, seigneur de Raincourt, Fallon, etc., ancien capitaine au régiment de Tallas et de feue très haute et très puissante dame Hélène-Antoinette de Grammont; dans cet acte sont nommés comme parents les princes de Lorraine, de Rohan, de Beauvau, de Beaufremont, les ducs Du Chatelet, de Choiseuil, et autres seigneurs des plus grandes maisons du royaume. (Original.) Il fut nommé colonel du régiment Dauphin-Cavalerie le 5 février 1792. Ayant émigré, il servit dans l'armée du prince de Condé. Il est mort à Schwetzengen, en Palatinat, le 23 août 1792. La comtesse de Raincourt testa à Duisbourg (Allemagne), le 9 novembre 1795 et y mourut le lendemain. Raincourt porte : *de gueules à la croix d'or, accompagnée de 18 billettes de même 5 et 5, aux deux premiers cantons, 4 et 4 en pointe.*

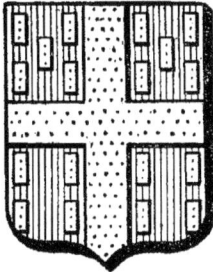

X. — Joseph-Emmanuel-François-Auguste marquis de LAMBERTIE, baron de Corigné, chevalier, seigneur de Saint-Martin-Lars, la Grande-Epine, la Cour d'Usson, la Valade, les Roches,

Magné en Saintonge, naquit à Usson, en Poitou, le 25 septembre 1748 et fut baptisé le 10 octobre dans l'église d'Usson. Il fut reçu page du roi Stanislas de Pologne, en novembre 1759. (Certificat du prince de Beauvau, grand maître de la maison du roi de Pologne.) Il obtint la commission de lieutenant en second au régiment du Roi-Infanterie le 30 juillet 1764, et plus tard celle de lieutenant de cavalerie, et fut reçu gendarme dans la brigade que commandait le marquis de Lambertie, son père. Il était mineur et sous la tutelle de son père, lorsqu'il eut du roi l'agrément d'un guidon de gendarmerie, suivant une assemblée de parents que son père fit faire le 1er juillet 1769, pour être autorisé à emprunter une somme de 60,000 livres, pour acheter ladite charge. Il obtint la commission de lieutenant-colonel de cavalerie le 22 avril 1769, fut reçu le même jour guidon de la compagnie des gendarmes d'Artois, puis fut nommé enseigne de la même compagnie par brevet du 22 janvier 1771; et devint mestre de camp de cavalerie, le 16 octobre 1771.

Il assista au contrat de mariage de Claire-Madeleine de Lambertie, sa cousine, le 20 décembre 1770. Il reçut le compte que lui rendit son père le 13 septembre 1775, comme héritier avec sa sœur de dame Marie-Jeanne d'Anché, leur mère. Il fut nommé par commission du 1er avril 1776, sous-lieutenant des gens d'armes de la reine et obtint un brevet de retenue de 20,000 livres sur la dite charge, puis fut premier lieutenant de la compagnie d'hommes d'armes des ordonnances du roi, sous le titre de gendarmes Bourguignons le 17 mai 1778, et devint chevalier de l'ordre royal et militaire de Saint-Louis le 15 août de la même année. Il obtint de Sa Majesté en 1781, une pension de 1,000 livres, en considération de ses services; fut nommé à la charge de capitaine-lieutenant des hommes d'armes du roi sous le titre de compagnie des gens d'armes du Dauphin le 11 novembre 1782; passa à la compagnie des hommes d'armes du roi sous le titre de gendarmes de Flandre par commission du 18 octobre 1783 à laquelle était attaché un brevet de 2,000 livres de pension; puis fut nommé brigadier des armées du roi, le 1er janvier 1784; et devint maréchal des camps et armées du roi le 9 mars 1788. (Originaux.)

Le marquis de Lambertie assista à l'Assemblée de la noblesse du Poitou en 1789, et fut nommé député de son ordre aux États-Généraux. Il vota toujours avec les membres dévoués au roi et aux anciennes traditions de la France. Émigré en 1791, avec sa femme et ses deux filles aînées accompagnées de la comtesse de Beaucorps, leur tante, il passa en Allemagne et fit la campagne

22

de 1792, à l'armée des Princes. L'année suivante il commanda une compagnie de gentilshommes du Poitou, qui contribua à la défense de Maestricht, et en 1794, il servit dans l'armée qui occupait la ville de Liège. Ayant perdu sa femme, décédée à Maestricht le 29 décembre 1793, il se retira en Angleterre, où des liens de parenté avec la famille royale de Brunswick lui faisaient espérer un accueil favorable, de la part du roi Georges. Il obtint en effet quelques marques de bienveillance et le commandement d'un corps d'émigrés français, mais ce titre resta purement honoraire et cette nomination n'eut point d'effet réel. Ayant marié ses deux filles aînées au colonel baron de Constant, et à M. de Guilhermy, avec l'agrément du Roi et des princes du sang, il reçut plusieurs lettres autographes de Louis XVIII, l'assurant de la bienveillance du monarque. En 1814, au moment de la Restauration, il fut nommé lieutenant-général des armées du Roi et cordon rouge (commandeur de Saint-Louis). Ayant perdu tous ses biens du Poitou, il se retira à Paris, et fut l'un des témoins du mariage de son parent le marquis de Lambertie-Gerbeviller, avec Mademoiselle de Rohan-Chabot, le 19 mai 1817. Il mourut à Paris, le 22 avril 1819, rue de Bourbon, 34 (rue de Lille). M. Dambray, chancelier de France, dit à cette occasion que « le Roi perdait l'un de ses plus fidèles serviteurs, et la France l'un de ses meilleurs citoyens ». Le journal *La Quotidienne*, dans son numéro du 24 avril 1819, parle de lui en ces termes :

« Entré au service dans le régiment du Roi-Infanterie, il passa en 1765 dans l'ancien corps de la gendarmerie de France, où il fut successivement guidon, enseigne, sous-lieutenant et capitaine-lieutenant. Nommé maréchal de camp à la promotion du 9 mars 1788, il fut fait lieutenant-général à la rentrée du roi en 1814 et commandant de l'ordre de Saint-Louis en 1816. Il avait été élu par la noblesse de Poitou député aux Etats-Généraux en 1789 et dans l'assemblée qui se substitua aux Etats-Généraux, il fit constamment partie du côté droit. Il émigra à la fin de 1791 et n'est rentré en France qu'en 1814. Originairement issu d'une des plus anciennes maisons de noblesse de la province de Périgord, il était descendu du chef maternel d'Hélène Dexmiers d'Olbreuse, dont la sœur Eléonore Dexmiers d'Olbreuse, mariée à un duc de Brunswick-Zell, fut mère de la princesse, épouse de Georges Iᵉʳ, roi d'Angleterre, et électeur de Hanovre. Ce qui étant reconnu, a valu au marquis de Lambertie pendant sa longue émigration, un meilleur accueil de la part de Sa

Majesté Britannique Georges III et de celle de plusieurs autres souverains alliés à la maison d'Angleterre depuis Georges I⁰ʳ.

« Il a rempli la noble devise de ses ancêtres : « Fais le bien, advienne que pourra ». Le huitième jour de sa maladie, après avoir reçu le Saint-Viatique, il adjura l'assistance de lui rendre le témoignage qu'il mourait catholique et royaliste. Le onzième jour, après avoir reçu l'Extrême-Onction, il voulut qu'on ajoutât aux prières pour lui, celles pour le roi (le psaume *Exaudiat*). Les esprits soi-disant forts souriront de pitié ; c'est conséquent, mais chacun de nous, simple croyant, dira du fond de son cœur : *Fiant novissima mea illius similia ;* et Dieu qui aura son jour jugera qui aura eu raison.

« Le marquis de Lambertie avait vécu comme il est mort. Il a reçu les honneurs dus à son grade et il a été accompagné à sa dernière demeure sur cette terre, du cortège nombreux de ceux de ses amis qui ont pu être instruits de sa mort. Il laisse trois filles, et par elles sept petits-fils et six petites-filles. La troisième de ses filles, trop jeune pour le suivre au moment de son émigration, devenue peu après étrangère dans la maison de ses pères, fut recueillie et honorablement établie par un parent de son père ; quant aux deux aînées, compagnes de son exil, il n'a eu à leur laisser d'héritage que ses souvenirs, d'espoir que la miséricorde du Tout Puissant ! »

Le marquis de Lambertie a été inhumé au cimetière du Père-Lachaise, son tombeau porte cette épitaphe :

✝

Hic requiescit in spe
Josephus Emmanuel Augustus Franciscus
Marchio de Lambertye,
Regiorum generalis exercituum Legatus,
R. et M. ordinis Sᵗⁱ Ludovici commandator,
Pictonum procerum ad generalia Galliarum comitia nuper delegatus,
Nobilissimis natalibus et regiis Guelphorum affinitatibus clarus,
Fidei constantia clarior ;
Pro Deo et Rege diù fuit advena in terrâ alienâ,
Nunc ad veram miserorum patriam ut sperandum restitutus,
Natus die 25ᵃ mensis septembris anni 1748,
Obiit die 21ᵃ mensis aprilis anni 1819

—

Mœrentes posuere filiæ
D. D. de Constant, de Guilhermy, de Curzon.

Il avait épousé le 13 octobre 1778, dans l'église de Saint-Pierre d'Izeure (1), et par contrat passé le 5 octobre à Moulins devant Bourgarel et Peronnin, demoiselle **Suzanne-Victoire FARROUILH**, fille majeure de feu Louis Farroüilh, armateur à Bordeaux, et de dame Anne Lartigaud. Elle est morte à Maestricht (Pays-Bas), le 29 décembre 1793, en donnant le jour à une fille mort-née, et fut inhumée dans l'église de Notre-Dame.

Farroüilh porte : *d'azur à la fasce d'argent chargée de trois coquilles de sable et accompagnée de trois membres de griffon d'or.*

De ce mariage sont issus :

1° **Suzanne-Célinie-Zoé de LAMBERTIE**, née le 29 octobre 1779 et baptisée à Saint-Pierre d'Izeure, près Moulins, le 30. Elle a épousé, par contrat passé à Londres le 6 juin 1798, devant Guillonneau, notaire, et signé par le duc de Bourbon, le duc d'Harcourt, l'évêque de Nantes Mgr de La Laurencie, le comte de Reyrac, le marquis de Castellane, etc., et le 7 juin à l'église avec la bénédiction de Mgr l'évêque de Nantes, **Pierre-Barthélemy-Marie-René-Joseph-Alexandre baron de CONSTANT**, chevalier de Saint-Louis, de Saint-Lazare et de divers autres ordres, colonel de dragons, fils de Pierre Constant, écuyer, chevalier de Saint-Louis, capitaine au régiment de Provence et de Marie-Anna-Louise-Eléonore de Béhague, né à Lyon le 1er juillet 1755, mort à Paris le 14 août 1813 et enterré le lendemain au cimetière du Père-Lachaise. Suzanne-Célinie-Zoé est morte le 5 septembre 1843 et enterrée au même lieu que son mari. Ils ont eu un fils et deux filles. Constant porte : *d'azur au sautoir ondé d'or, chargé en cœur d'un écu de sable.*

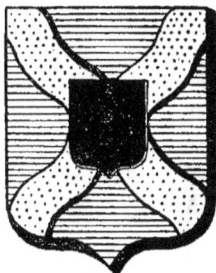

2° **Adelaïde-Mélanie-Marie-Angélique-Félicité de**

---

(1) Yzeure, canton et arrondissement de Moulins, Allier.

LAMBERTIE, baptisée à Saint-Pierre d'Izeure, près Moulins, le 14 juillet 1782, étant née la veille. Elle a épousé à Londres le 13 février 1806, dans la chapelle catholique française de King-Street-Portman-square, **Jean-François-César baron de GUILHERMY**, conseiller du roi en tous ses conseils, maître des requêtes ordinaires de l'hôtel de Sa Majesté, conseiller d'honneur et procureur honoraire au présidial de Castelnaudary, intendant de justice, police, finances, guerre et marine de l'île de la Guadeloupe, député du Tiers-Etat pour la sénéchaussée de Castelnaudary aux Etats généraux de 1789, ancien conseiller de Régence pendant la minorité de Louis XVII, conseiller d'état, chevalier de la Légion d'honneur, et enfin président de à la Cour des comptes, fils de messire François de Guilhermy, écuyer, co-seigneur des villes et lieux de Castelnaudary, le Mas-Saint-Puel, Montferrand et la Bastide d'Anjoux, et de dame Jeanne-Anne Dassié, né à Castelnaudary, département de l'Aude, le 19 janvier 1761. Il était veuf de Gabrielle-Pétronille de Luage de Part. Le baron de Guilhermy est mort à Paris le 13 mai 1829, âgé de soixante-huit ans et a été inhumé dans le cimetière du Mont-Valérien. Sa femme est décédée à Paris le 11 octobre 1855 et a été inhumée au cimetière du Père-Lachaise, le 15 du même mois, dans le tombeau de son père. Guilhermy porte : *écartelé aux 1er et 4° d'argent à une branche de rosier de sinople, fleurie de cinq roses de gueules, aux 2° et 3° d'azur au serpent d'or accosté de deux lions de même affrontés, et en chef un croissant d'argent entre deux étoiles d'or ; l'écu entouré d'une bordure écartelée de contre-hermine et d'hermine.*

3° **Joseph de LAMBERTIE**, né le 16 septembre 1784, baptisé à Notre-Dame-la-Petite de Poitiers et décédé le 23 septembre, même année.

4° **Alexandrine de LAMBERTIE**, sœur jumelle du précédent, née le 17 septembre 1784, décédée le 19.

5° **Suzanne-Célinie-Camille-Victoire de LAMBERTIE**, née à Poitiers le 12 juillet 1786, y est morte le 31 mars 1867. Pendant la Terreur elle fut chassée par les révolutionnaires du château de Saint-

Martin-Lars volé à son père, et recueillie par de charitables voisins. Plus tard son parrain, Jean-Baptiste de Jouslard du Vergnays, lui donna le château d'Ayron.

Elle a épousé à Goupillon, commune de Vivonne (1), le 23 août 1809, **Jean-Baptiste-Emmanuel-Amable PARENT DE CURZON**, né à Luçon le 22 avril 1782, fils de Jean-Jacques-Amable Parent, écuyer, seigneur de Curzon et de Anne-Julie Brumauld de Beauregard. Il habitait alors Moulinet, commune de Migné (2) dont il a été maire pendant toute la durée de la Restauration. Il est mort à Poitiers le 2 mai 1861. La famille Parent de Curzon porte pour armes : *d'azur à deux branches d'arbre noueux alaisées et écotées d'or passées en sautoir*, (croix de Saint-André ou croix de Bourgogne) *accompagnées en chef d'un croissant d'argent, et de trois étoiles d'or posées en flanc et en pointe.*

---

(1) Vivonne, chef-lieu de canton, arrondissement de Poitiers, Vienne.
(2) Migné, canton et arrondissement de Poitiers, Vienne.

DOCUMENTS

DOCUMENTS

---

§ I. — SEIGNEURS DE LAMBERTIE, BARONS DE MONTBRUN.

Foy et hommage de Jehan de Lambertie. 22 novembre 1456.

Charles, seigneur de Lebret, comte de Dreux et de Gaure, captal de Bug, a nos bien aymés les seneschal et procureur de nous terres en Lymousin, salut. Scavoir faisons que Jehan de Lambertie nous a aujourd'huy faict foy et hommaige de tout ce qu'il tient et peut tenir de nous, à cause de nos chasteaulx et chastelenies de Corbefy, Chasluz Chevrol et Maumont, ausquelz foy et homaige nous l'avons receu, sauf nostre droict et l'aultruy, et luy avons enjoinct de bailher son adveu et denombrement dedans temps deu et aux poynes accoustumées.

Mandons et expressement enjoignons que si, pour et a cause des dicts foy et hommaige non faicts, aulcune chose du dict Jehan de Lambertie avoit esté ou est de present prinse, saisie, levée, arrestée ou empeschée, que le luy mectez ou faictes mectre tantost et sans délay a playne delivrance, et l'en faictes jouyr et user, car ainsy nous plaist-il et voulons estre faict sans contredict ou difficulté. Donné en nostre chastel de Chasluz Chevrol, soubz notre scel, le vingt deuxiesme jour de novembre, l'an mil mil quatre cens cinquante six. — Ainsy signé : CHARLES.

(Archives des Basses-Pyrénées. — E. 721.)

Foy et hommage de Jehan de Lambertie. 27 mars 1473.

Jehan, vicomte de Rochechouart et de Brouylhais, seigneur de Tonnay-Charente, d'Entreinnes, conseiller et chambellan du Roy notre sire. A tous ceux que ces présentes lettres verront et oiront salut, scavoir faisons que aujourd'huy est venu par devers nous Jehan de Lambertie, escuier, lequiel nous a fait les foy, hommaige et serement de féaulté qu'il tient de nous à cause de notre dite vicomté de Rochechouart, aus quieulx hommaige et serement de féaulté nous l'avons reçeu, sauf nostre droit et tout autre et luy avons injoingt de nous bailher sa nommée par escript et declaracion et paier le devoir dudit hommaige s'aucun en y a, dedans le temps à ce introduit de raison, et par la coustume ou autrement, dès maintenant comme dès lors, comme dès lors comme dès maintenant nous lui avons et mectons lesd. chouses ainsi de nous tenues en notre main. Donné et fait en nostre chastel de Rochechouart soubz le scel à noz armes et seing manuel de notre greffier, par notre commandement, le vingt-septième jour de mars de l'an mil quatre cens soixante treize.

(Registre contenant les actes de foy et hommage rendus aux seigneurs vicomtes de Rochechouart.)

Foy et hommage de Jehan de Lambertie. 25 *février* 1482.

Jehan de Lebret, sieur d'Orval, de Chasluz, Maumont et Corbefin, a nos amés et feaux nos seneschal, procureur et receveur de nos dictes terres de Chasluz, Maumont et Corbefin, salut ; scavoir faisons que nostre féal et amé vassal Jehan de Lambertye nous a aujourd'huy faict foy et hommaige de tout ce qu'il tient et peut tenir de nous, a cause de nos dicts chasteaux et chastelenies de Chasluz Cheverol, Maumont et Corbefin, ausquels foy et hommaige nous l'avons receu, sauf nostre droict et l'autruy en tout, et luy avons enjoinct de bailher et rendre son adveu et denombrement dedans temps deu et aux poynes accoustumées. Sy vous mandons et commandons que si, par faute des dicts foy et homaige, non faicts, aulcune chose dudict Jehan de Lambertye avoit esté ou est de présent prinse, saisie, levée, arrestée ou empeschée que le luy mectez ou faictes mectre tantost et sans délay a playne delivrance, et l'en faictes jouyr et user, car ainsi nous plaist-il estre faict, sans contredict ou difficulté.

Donné en nostre dict chastel de Chasluz soubz le seel de Madamoyselle nostre mere, en l'absence du nostre, le vingt cinquiesme jour de febvrier, l'an mil quatre cens quatre vingt et deux. Par Monseigneur, le prevost de la ville, le s[r] de La Bastide, et autres présens. DE LAMBERTIE.

(Archives des Basses-Pyrénées. — E. 721.)

Accord entre François et Guy de Lambertie. 1508.

Accord fait le 17 septembre 1508, entre nobles personnes François de Lambertie, écuyer, seigneur dudit lieu de Lambertie, de Noire et d'Echalat d'une part, et Guy dit Guyon de Lambertie, écuyer, seigneur de Vassoux et de Baronie, frère germain dudit François d'autre part ; sur ce que ledit Guy disait que du mariage de feu Jean de Lambertie, écuyer, seigneur de Lambertie et de feue d[lle] Jeanne Vigier, sa femme dame de Noire et d'Echallat, étaient descendus quatre fils, scavoir ledit François, Jean et ledit Guy, écuyers, et aussi Mre Rémond de Lambertie, prêtre, bachelier ès-droits, curé de Melet, frères germains ; qu'après le décès dudit feu Jean de Lambertie, leur père, et du vivant de ladite Vigier, leur mère, il fut convenu par transaction passée devant Me Bertrand Curseti, notaire royal, entre ladite mère et ses enfants, qu'audit Guy demeurerait pour son partage et pour tout droit de succession de ses père et mère, les lieux nobles de Vassoux, et de Baronie avec leurs appartenances et dépendances, situés en la paroisse de Saint-Pierre-de-Frugie, et en outre la somme de 1000 livres, une fois payée, que lesdits François et Jean de Lambertie, écuyers, lui promirent payer, ce qu'ils avaient fait depuis en le faisant renoncer à toutes successions paternelle et maternelle ; et qu'aux dits François et Jean de Lambertie demeureraient entièrement lesdites seigneuries et maisons nobles de Lambertie, de Noire et d'Echallat, leurs appartenances et dépendances, en quoi il disait avoir été grandement déçu ; que depuis et après le décès de leur dite mère, lesdits François et Jean de Lambertie auroient fait un partage par lequel il était demeuré audit François frère aîné, ladite maison noble et seigneurie de Lambertie en la paroisse de Melet en Périgord, avec ses appartenances et dépendances, et audit Jean frère puîné étaient demeurées lesdites maisons nobles de Noire et d'Echallat avec leurs appartenances et dépendances, assises au diocèse d'Angoulesme, qui avaient appartenu à ladie défunte leur mère ; que quelque temps après ledit Jean de Lambertie, demeurant lors audit lieu de Noire, fut grièvement malade et par son dernier testament institua son héritier pour la troisième partie ledit Guy son frère, au défaut de Rémond de Lambertie, fils naturel et légitime dudit Jean, lors seigneur desdits lieux de Noire et d'Echallat, lequel dit Jean mourut de ladite maladie, et bientôt après, mourut ledit Rémond son fils, au moyen de quoi ledit Guy, tant au moyen dudit testament que par la succession dudit Rémond de Lambertie, son neveu, était demeuré héritier et seigneur pour la tierce partie desdites seigneuries et maisons nobles de Noire et d'Echallat, disant que ledit François devait le laisser jouir de ladite tierce partie desdits lieux. Ledit François ajoute que ledit défunt leur père, et sa dite femme leur mère, firent un testament par lequel ils instituaient leurs héritiers universels lesdits François et Jean de Lambertie, écuyers, et firent leurs héritiers particuliers ledit Guy et ledit Mr Rémond, et auquel Guy ils donnèrent une somme de 1000 livres une fois payée par leurs héritiers universels. Par lequel accord il est dit que pour tout droit, part et portion, succession et choses que ledit Guy de Lambertie, écuyer, avait pu ou pouvait prétendre esdites maisons, terres et seigneuries de Noire, d'Echallat et de Lambertie, à tel titre que ce fut, ledit François de Lambertie, écuyer, son frère, sera tenu de lui payer, si ledit Guy se marie, dans l'espace de cinq ans prochains, la somme de 500 livres au terme desdits cinq ans, et autres 500 livres cinq ans après, et que jusqu'audit mariage ledit Guy serait nourri et logé en la maison dudit François de Lambertie, écuyer, son frère aîné, et son cheval bien et honnêtement, par son dit frère, et comme à son état appartenait, et qu'audit François de Lambertie, écuyer, demeureraient à perpétuité et aux siens lesdites seigneuries de Noire et d'Echallat, avec leurs appartenances et dépendances ; et il est dit qu'en ce que ledit Me Rémond de Lambertie leur frère tenait à présent desdites seigneuries, le dit Guy n'y pourra rien demander, et il y renonce en faveur dudit François son frère, et qu'au cas que ledit Guy ne se mariât, ou qu'étant marié, il vint à décéder sans hoirs, ou que ses hoirs décédassent dans les années de puberté, le dit Guy veut et consent que ses dites maisons nobles de Vassoux et de Baronie et tous ses autres biens présents et à venir soient et appartiennent à perpétuité audit François de Lambertie son frère, et aux siens. Cet acte est passé au lieu de Lambertie en présence de Jean de Laborie, fils de Jean de Laborie de la paroisse de Maravaud, devant Maigne, notaire. Représenté par copie collationnée sur la copie originale dudit notaire, trouvée dans l'un de ses registres, en la possession de M. le marquis de Chapt de Rastignac, le 24 juin 1773. Signé : Le Mis de Chapt ; Beylot, Saunier et Brugières, notaires royaux.

Dénombrement de divers fiefs par François de Lambertie. 22 février 1543.

C'est le denombrement et declaration de noble maître François de Lambertie prestre prevost de Saint-Raphael qu'il baille à très haut et excellent prince le roi de Navarre à cause de sa seigneurie d'Excideuil, de ce que le dit prevost tient à cause de son dit prévosté en la dite seigneurie d'Excideuil. Et 1° tient le dit prevost du dit seigneur les deux tierces parties par indivis de la fondalité de la paroisse de Saint-Raphael avec le dit seigneur à cause sa de dite seigneurie d'Exideuil qui est pour l'autre tiers et les deux tierces parties de vingt livres et de vingt charges de blé tiers froment, tiers seigle et tiers avoine, mesure d'Exideuil et de vingt gellines de rentes censiaires annuelles et perpetuelles et de 10 livres de cire d'achat en mutation, la dite paroisse de Saint-Raphael confrontant les paroisses de Tortoyrat, d'Alia, de Saint-Martial, et de Saint-Médard. Tient outre le dit prevost du dit seigneur pour les deux tierces parties à cause du tennement du Colombier dedans le dit tennement, trente et une charge de froment mesure d'Exideuil. Plus, tient le dit prevost, à cause du Peyrenaud en la dite paroisse dedans le dit bourg, pour les dites deux tierces parties, une charge froment vingt et une gellines de cens annuel et perpetuel. Plus tient du dit seigneur en la prevosté de Saint-Raphael, vingt journaux de vignes ou environ près le bourg du dit Saint Raphael, confrontant au chemin que on va du haut bourg de Saint-Raphael à Tortoyrat la clôture de murailles entre deux et les vignes, et des fermetures dudit bourg de Saint-Raphael d'autres. Item, tient un journal de pré ou environ, sis au dit bourg confrontant au comitures du dit lieu et certaines maisons par le haut dans. . . . .

Et ce certifie le dit prevost par la presente declaration signée de sa main et à sa requete de la main du notaire sous-signé ; le 22 du mois de février de l'an 1543. — DE LAMBERTIE, prevost susdit, BAYLE, notaire à la requète du dit prévost.

Aujourd'hui, 22e jour de février 1543, au lieu noble de Lambertie paroisse de Melet en Perigort a été présent et personnellement établi noble maître François de Lambertie, prestre, prevost de Saint-Raphael demeurant au dit lieu noble de Lambertie dite paroisse de Melet, lequel a fait et constitué ces présentes ses procureurs maître Jehan Béchameil et......; et a chacun d'eux donné acte spécial de rendre et bailler son dénombrement et déclaration qu'il doit bailler à très haut et excellent prince le roi de Navarre, du temporel qu'il tient en son dit prevosté en la seigneurie d'Exideuil, ou à ses dits commis et en demander acte ou instrument, et faire ce que, à ce, sera necessaire, et que le dit constituant ferait si présent y était; persistant moyennant serment et sous l'obligation de tous et chacun ses biens avoir agréable tout ce que par ses dits procureurs ou un d'eux sera fait. Présents à ce maître Jehan Lamy prestre, Jehan Barrière du village de Tros paroisse de Lindoys, témoins appelés et requis. — Signé : BAYLE, notaire,

(Archives des Basses-Pyrénées. — E. 725.)

Mariage de Jean Raymond de Lambertie avec Jeanne Hélie de Colonges. 17 octobre 1530.

Sachent tous presents et advenir comme par devant moi notaire soubsigné ont esté presents et personnellement establis, nobles personnes Jean Hélies de Colonges, escuyer, et damoiselle Jehanne Flamenc sa femme, seigneur et dame de Romain, de Estouars, de Sainct-Laurent, du Bourgdeix, et damoiselle Jehanne Helyes de Colonges leur fille ; mère et fille personnellement authorisées du dit de Colonges leur mari et père respectivement pour et chacun d'eux et leurs héritiers et successeurs d'une part; et Raymond de Lambertie, escuyer, seigneur dudit lieu de Lambertie, de Noyère et de Schalat, aussy pour lui et ses héritiers et successeurs d'autre part. Comme ainsy soit et que les dites parties ont illec dit, declaré, recogru et confessé que paroles de mariage ayant étées parlées du devant (?), entre les dites parties par paroles de futur, et mesmement entre le dit de Lambertie et de luy d'une part, et la dite Jehanne Helyes de Colonges et d'elle d'autre part ; aujourd'hui dessoubz escript, sont venus en pacte, accords et promesses comme contenu est en certains articles, qui par deux parties doivent, estre entre elles accordées comme cy après s'ensuit. Savoir est que le dit de Lambertie escuyer et la dite damoiselle Jehanne Helyes de Colonges de l'authorité de ses dits père et mère, qui luy ont illec baillé quant à faire les promesses cy après declarées, ont promis prendre l'un et l'autre en loyal mariage et icelle solemniser en face de Sainte Mère Esglise touteffois et quantes foys l'un par l'autre en seront requis. Item, et en faveur et contemplation du dit mariage les dits seigneurs et dame de Romain et chacun deux pour le tout renoncent au bénéfice de divisions pour tout droit, part et portion que le temps advenir pourrait apporter à la dite Jehanne de Colonges leur fille ; et pour dot lui ont promis par ces presentes promettent bailler, payer et asseoir audit futur espoux la somme de trois mille esqueus livrés et monoyés du Roi apprésans ayant cours, avecques les habillements convenables (?) selon son estat. Laquelle somme les dits seigneur et dame de Romain paieront comme ont promis payer ensemble et chascun pour le tout, renonceans au dit bénéfice de division, les dits futurs espoux présents et personnellement stipulant et acceptant, huit jours avant la solemnisation du dit mariage, la somme de seize cents livres et le résidu du dit quart, que sont dix-neuf cents livres trois ans passés pour chacun, ou la somme de deux cents livres jusqu'à fin de paiement payables à termes à chacune feste de Noël chacun an; et à défaut de paiement des dits deux cents livres et pour chacun an après les dits trois ans passés seront tenus comme ont

RAYMOND DE LAMBERTIE

Ecuyer, Seigneur de Lambertie

Epousa Jeanne-Hélie de COULONGES (1530)

Il fit son testament en 1559.

promis les dits seigneurs et dame de Romain, bailler aux dits futurs espoux et asseoir en bon et
compétent lieu et de proche en proche, la somme de quinze livres de rente pour chacun an à la fin
des dits termes que défaudrait de payer la dite somme de deux cent livres, et à ce obliger leurs
hommes et tenanciers et le mettre en la meilleure forme, toutefois et quantes que par les dits futurs
espoux en seront requis. Laquelle rente le dit seigneur et dame de Romain pourront amortir touteffoy
et quantes bon leur semblera, et jusques à la dite ..... paieront au dit Lambertye et à sa dite future
espouse la somme de quinze livres pour chacune année et année eschueus, et pourront demander la
dite rente (?) quand bon leur semblera, chacune des dites années eschueus et la dernière année du dit
payement à l'équipolent. Item, et moyennant la dite dot la dite damoiselle lendemain des noces de
solemnisation du dit mariage sous l'autorité de son dit mari devra renoncer à tous et un
chacun les biens et successions futures de ses dits père et mère et collateraux, en faveur de ses
dits père et mère, à elle reservée succession de droit que lui pourrait advenir. Item, et au cas
que le dit de Lambertie irait de vie à trespas avec enfant ou sans enfant delaissés à sa dite future
espouse à luy survivante, le dit de Lambertie lui donne dès a présent au dit cas pour douaire et pour
en jouir sa vie durant seulement, cinquante livres de rente avecque maison noble, ustansiles et
meubles. Item et au cas que la dite damoiselle future espouse irait de vie à trépas sans enfant du dit
mariage ou que y aurait lieu, le dit Lambertie sera tenu de rendre et restituer la dot ou ce que se
trouvera avoir esté payé et semblables deniers et rentes qu'il se trouvera avoir esté payé à semblables termes et seulement qu'il se trouvera avoir été payé, sauf la somme de cinq cents livres
que le dit de Lambertie retiendra et gainera du dit dot, tant pour frais et charges de mariage que en
faveur de la constitution du dit douaire. Item, et a eté dit et accordé entre les dites parties que
pour ce que ce jourd'huy les dits seigneurs et dames de Romain n'ont pu fournir entre eux la dite
somme de seize cents livres que le dit de Lambertie s'est contenté de la somme de douze cents livres,
qu'il a illecques en la présence des notaires et les témoings reçu des dits conjoints dessoubs nommés
eux et en or et en monnaies bien comptés et en a quitté les dits compromis. Restent les quatre cents
livres restant des dits seize cents livres seront tenus comme ont promis payer et bailler, suivant
les dites conventions renonçant au dit bénéfice de division, au dit de Lambertie dedans deux ans
prochainement venus à toucher de la date de ces presentes, à la peine du double pour deffaut de ce
faire, le present contract demeurant en sa force et vertu. Toutes lesquelles choses cy dessus faites et
accordées les dictes parties respectivement ont promis tenir garder et accomplir, sous l'obligation de
tous et chacun leurs biens meubles et immeubles présents et advenir, renonçant sur ce à toutes et
chacune les renonciations de droit et de fait par lesquelles pourraient venir contre l'effet et teneur
de ces presentes et mesmement les dites sommes promises ainsi que payées, et à tous autres droits
introduits en faveur des sommes à elles deues; et ont promis et juré aux Saints Evangiles notre Seigneur
touche le livre, non james venir au contraire. Et pour tenir les dites choses susdites ont les dites
parties de leur vouloir et consentement voulu estre contrains par toutes voies et manieres dues et
raisonnables, soi soumettant à la rigueur des sceaulx des comtes de Périgord et juridiction de Limoges,
sous la rigueur desquels ont les dites parties respectivement vouleues estre jugées et condamnables
à tenir les choses susdites ce que ont esté de leur vouloir et consentement par nous notaire sousbsigné
dessoubs lesdits seaulx juré. Donné et fait au lieu noble et repaire de Romain, le 17me jour du mois
d'octobre l'an mil cinq cent trente, en présence de noble homme François de Montardy, seigneur de
la *Berlie*, et de honorables hommes maistre Pierre ...., licencié en droit, conseiller du Roi en la
sénéchaussée de Périgord, de noble Jehan de Puysillion, bachelier en droit, seigneur de La Faye,
tesmoings. — Signé : Montauzon, commissaire ; Bayle, notaire.

Aveu et denombrement de Raymond de Lambertie. 1543.

C'est le denombrement et declaration de ce que Reymond de Lambertie, escuyer, seigneur du dict lieu, tient soubz un hommaige lige de tres-hault et excellent prince Henry, Roy de Navarre, comte de Perigort et viconte de Lymoges, a cause de ses terres et seigneuries de Chasluz Chavrol ; Maulmont et Corbefyn et de Nontron. Et premicrement tient en la parroisse de Pagas le villaige et repaire de Vassoux avec ses appartenances confrontant es appartenances de La Borye d'une part, et aux appartenances de Landrynye, d'aultre, et luy en est deu chascun an de rente censive, six boyceaulx de froment, six boyceaulx de seigle, huict boyceaulx avoyne, mesure de Chasluz, et deux gellines et six deniers d'achapt ; plus tient le villaige de Landrinye avec ses appartenances, confrontant audict villaige de Vassoulx, d'une part, et au village de Laige d'aultre, et luy en est deub chascun an de rente censive deux septiers de froment, troys septiers seigle, six eyminaulx avoyne, mesure de Chasluz, quarante huict sols et deux gellines, et deux solz d'achapt en mutation, et cinq sols de tailhe es quatre cas. Plus luy est deu chascun an de rente censive, a cause du villaige de L'aige une gelline, confrontant ledict villaige aux appartenances du villaige de la Bruncaigue et aux appartenances dudit villaige de Landrinye. Plus tient ung villard contenant une quartellée terre ou envyron, confrontant au vergier des heritiers de feu Jehan Bareau dit............ d'une part ; et le villard des heritiers de feu Pierre Bareau de Laige d'aultre, et le fronsentanet des tenemens d'Andrinye d'aultre, et luy en est deu par chascun an douze deniers de cens et douze deniers d'achapt en mutation. Plus tient une maison et jardin contiguz appelez des Gays avecques une maison ou estables joignant ensemble assiz en la ville haulte de Chasluz Chavrol confrontant a la rue publicque que l'on va de la porte du chasteau dudict Chasluz Chavrol a la Maison Dieu ou Hospital de la dicte ville d'une part, et a la maison et jardin de Jehan de Mos .... d'aultre, et le jardin de Pierre Choulyn d'aultre. Plus une terre appelée de Champmarquet, contenant quatre sexterces ou envyron, confrontant au chemin que l'on va de ladicte ville au lieu des Cartz, sur main senextre d'une part, et la terre de Pierre Douguhat, et la terre des heritiers de feu Thomas Boquart d'aultre et le jardin appelé de la Faye. Plus une terre appelée de Peyras Blanchas, contenant sept sexterees de terre ou envyron, confrontant au chemin que l'on va de la ville de Chasluz au bourg de Pagas d'une part, et la terre des heritiers de feu Jehan Pelete, appelee de la Raffinie, a present en boys chastanet, et la terre du prevost de la ville, d'aultre, et la terre de Pierre Choulyn. Les dictes terres de Champmarquet et de Peyras Blanchas, sizes au territoire de ladicte ville haulte de Chasluz. Et a cause desdictes maisons, jardins et terres, luy est deu chascun an de rente censive, dix boyceaulx seigle, mesure de Chasluz, quarante cinq sols, et ung pere desperons d'achapt en mutation.

Plus tient un villard, grange et pré tenans ensemble, assis en ladicte ville de Chasluz Chavrol, confrontant a la rue publicque de ladicte ville, que l'on va a la font Barriere, d'une part, et ladicte maison et jardin dessus confrontes, et le jardin des heritiers de feu Robert Brare d'aultre ; et par chascun an, luy en est de de rente censive vingt solz tourn. et douze deniers d'achapt en mutation.

Plus tient en ladicte ville une piece de jardin, a present convertye en pre, que tiennent a present Jehan Fardet dit Vinaigre et Pierre du Mas, confrontant au jardin des heritiers de feu Pierre Brare, dit Coulhion, d'une part, et au jardin qui fut de Anthoine Brare, et a present est dudict Fardet, et au pré qui appartint a feu Jehan du Mas, dit Brunet, et a present le tient ledict Fardet, et luy en est deu chascun an deux solz de cens et ung denier d'achapt. Plus tient dudict seigneur deux pièces de pre, l'ung appele le pre Barriere et l'aultre le grand pre de Lambertye. Et oultre, une terre et....... appeles de la Bordarias, tenans et joignans ensemble, assiz au territoire de ladicte ville haulte de Chasluz, confrontant au chemin que l'on va de ladicte ville au lieu des Cars, d'une part, et les terres des Choulys et des Bernys d'aultre ; et les terres et pasturaiges des heritiers de feu Richart Bonne-Aigue, ung chemin par lequel l'on va du lieu de La Borie au bourg de Pagas entre deux d'aultre ; et pour raison desdictes chouses luy en est deu de rente censive chascun an soixante dix solz tournois et douze deniers d'achapt en mutation.

Plus tient ung pre appelle du Clot, contenant deux journeaulx pre ou envyron, assis au territoire de ladicte ville haulte de Chasluz, confrontant à une terre de Mr Anthoine et Jehan du Mas dit Fayelas et le villard des heritiers de feu Jehan de Matay, et le vergier de l'hospital dudict Chasluz. Et oultre, tient une murailhe et soulaige, joignans audict pre deu Clot, et a la rue publicque que l'on va de la dicte ville de Chasluz au lieu de Pagas.

Plus tient ung autre pre et terre auquel est une pescherie, contenant troys journeaulx pres ou envyron, siz au territoire de ladicte ville, confrontant a ung pre des heritiers feu Pierre Brare dit Coulhion, d'une part, et le communault de ladicte ville de Chasluz et une terre appelee de la font Barriere, d'aultre, et aux pre, cloz, et terre appelés de la Choumcte d'aultre, et pour raison desdictes chouses, luy est deu par chascun an de rente censive cinquante ung solz tournois et douze deniers d'achapt en mutation.

Plus tient une terre labourable contenant huict a neuf sexterees terre ou envyron, size au territoire de ladicte ville haulte de Chasluz, confrontant au jardin de M. Etienne Brare d'une part, et les terres de Pierre Choulyn, d'aultre, et au puy du Moustier d'aultre, et a la terre du s^r de Brie, et au chemin de Cossieres d'aultre, et d'assence temporelle en a chascun an quatre sextiers seigle, mesure de Chasluz.

Plus tient une sexteree terre ou envyron, audict territoire de Chasluz, confrontant au chemin que l'on va du prévost de la ville au villaige de La Borye. Sur main senextre d'une part, et de toutes autres pars es terres de Pierre Choulyn, et luy en est deu d'assence temporelle par chascun an troys solz tournois.

Plus tient certaine terre et jardin a present convertis en pre, appeles de Fronte, siz au territoire de ladicte ville haulte de Chasluz, confrontant a une terre a present convertie en pre des heritiers feu Jehan dit Jehanny d'Esseignac d'une part, et a la terre a present convertie en pre que fut de feu Jehan du Mas, et le jardin qui fut de feu Robert Brare.

Plus tient ung autre pre appele le pre Fargetas, siz au territoire de Romanieres, confrontant au boys Chastanet des heritiers de feu Jehan Choulyn, et le boys de ceulx de La Borye d'une part, et au pre des heritiers de feu Martial de la Bonneaigue d'aultre, et au grand pre dudict de Lambertye, ung ruisseau entre deux, et pour raison des dictes chouses est deu audict de Lambertye chascun an de rente censive vingt solz tournois et douze deniers d'achapt en mutation.

Plus tient du dict seigneur certainz prez et une terre et cloz tenans ensemble, les dicts prés appelés le pré Cordan, et deu peychier, le tout assis au terrritoire de la dicte ville haute de Chasluz, confrontant au chemin que l'on va dudict Chasluz au lieu des Cars d'une part, et las levadas des Bravas d'aultre, et une terre appelée de Las Bordarias d'aultre, et luy en est deu chascun an de rente censive troys sols six deniers et six deniers d'achapt en mutation.

Plus tient deux pieces de terre, sizes au territoire de Panchas Tortas, desquelles l'une desquelles est size soubz et entre le chemyn que l'on va de la ville de Chasluz au lieu des Cars d'une part, et la terre du dict de Lambertye, escuyer, d'aultre et la terre des héritiers feu Richard Bonneaigue, et le pré appelé de la Vigne d'aultre, et l'autre terre est appelée de Panchas Tortas et du Peychier, size au dessus le dict chemyn que l'on va dudict Chasluz au Cars d'une part, et a la terre des héritiers de feu Thomas du Mas, et a la terre et pré des Bernys d'aultre, de laquelle terre du Peychier une portion est a présent convertie en pré, et luy en est deu par chascun an de rente censive deux boyceaulx et demy de seigle, mesure de Chasluz, et rachapt acoustumé.

Plus tient deux villardz estans a present en jardins nommés de la Mothe et de las Ruadas, ensemble deux murailhes a présent converties en jardin, et ou il y a une grange bastie et edifiée, le tout tenant et joignant ensemble, envyronnées d'une partye de boynes, siz au territoire de la dicte ville haulte, confrontant au chemyn que l'on va du Queyron de la dicte ville haulte de Chasluz Chavrol a la ville de Saint-Junien d'une part, et au jardin des héritiers feu Jehan du Mas dit Rouffert, et le villard de Choulyn d'aultre et au vergier de Guilhes d'Etables, et luy en est deu chascun an de rente censive deux boyceaulx de froment, mesure Chasluz, et troys sols un denier tourn. et ung denier d'achapt en mutation.

Plus tient une murailhe et jardin, joignant ensemble, siz en la dicte ville haulte de Chasluz, confrontant a une maison des héritiers de feu Jehan du Mas dit Brunet, un vianelle entre deux, d'une part, et au jardin des dicts heritiers dudict feu Brunet d'aultre, et a la maison et jardin des heritiers de feu Pierre Brare dit Coulhion d'aultre, et a la rue publicque que l'on va du carrefourt de la dicte ville a la font Barriere d'aultre, et luy en est deu chascun an de rente censive troys sols tournois et une gelline et douze deniers d'achapt en mutation.

Plus tient ung villard appelé le Villard Joignard ou de la Vigne, siz au territoire de la dicte ville haulte, auquel y a a present une maison bastie, confrontant aux murailhes de la dicte ville haulte de Chasluz d'une part, et a la garenne, d'aultre, et au chemyn que l'on va de la ville basse a la ville haulte de Chasluz, et luy en est deu chascun an de cens troys deniers et douze deniers d'achapt en mutation,

Plus tient du dict seigneur ung mas communément appelé d'Archambault, contenant terre, boys et murailhes, tenans ensemble, confrontant au chemyn que l'on va de l'estang d'Archambault au villaige du Chastanier d'une part, et au chemyn ancien que l'on alloit du Queyroy de Seychault a la croix de la Fouguieres, d'aultre, et a la terre et pré qui souloyent estre des Floriz, ung senctier entre deux, par lequel l'on va de Chasluz Chabrol au Cheyroux d'aultre, et luy en est deu par chascun an de rente censive troys sextiers seigle, mesure de Chasluz.

Item tient le dict de Lambertye du dict seigneur, en la paroisse de Lageyrac, le villaige de Cros avec ses appartenances, confrontant aux appartenances de la Iudie (?) d'une part, et aux appartenances des Molins d'aultre, et aux appartenances de Beaulieu, et es appartenances de Chondeau et de la Boylie d'aultre, et luy en est deu par chascun an de rente censive quatre sextiers de seigle, six eyminaulx avoyne, mesure de Chasluz, quarante sept solz six deniers tournois et cinq gellines, et douze deniers tournois d'achapt en mutation.

Plus tient du dict seigneur en la ville basse de Chasluz une maison, que tenoit en son vivant feu Messire Guilhaume de Meyssac, et auparavant avoit esté de feu Guilhaume Poulain, confrontant à la rue publicque que l'on va de la ville a la fontaine commune de la dicte ville, et a la maison des héritiers feu Thomas Musnier dit Peyronard, et a la maison antique du dict feu de Meyssac, et luy en est deu chascun an de rente censive cinq solz tournois et douze deniers tournois d'achat en mutation.

Plus tient une maison size en la dicte ville basse de Chasluz, confrontant a la maison de feu Messire Guilhaume de Meyssac, une rue entre d'eulx, d'une part et unes apparentz murailhes a présent basties, que souloyent tenir Messires Alain et Pierre Bourgois dit Bardaud, que tient a present Jehan Deschamps dit Chinchanet d'aultre, et a la maison des heritiers feu Jehan Faure dit Cornetaud, une vanelle entre deux, et despuy a esté de Messire Marnal Raffier, et luy en est deu par chascun an de rente censive troys solz tournois et achapt acoustumé en mutation.

Plus tient une maison size en la dicte ville basse devant la fontaine du marché de la dicte ville entre la dicte fontaine d'une part, et les apparentz des héritiers de feu Guilhaume la Vergine, a présent edifiés en grange, d'aultre, et le vergier des heritiers feu Thomas Musnier dit Peyroard ; et luy en est deu de rente censive par chascun an, cinq solz tournois et douze deniers tournois d'achapt en mutation.

Plus tient une piece de terre appelée de la Chabane, size devant la grange des heritiers feu Nycolas Bourgois, dit Niquet, contenent troys eymines de terre ou envyron, confrontant au chemyn que l'on va de la dicte ville de Chasluz a Lageyrac d'une part, et a la terre des heritiers dudict feu Nycolas Bourgois, d'aultre, et une piece de terre de Pierre de Farges dit Papilhon, d'aultre, et luy en est deu par chascun an de rente censive une eymine de seigle, mesure de Chasluz, et deux deniers tournois d'achapt en mutation.

Plus tient une maison et jardin joignans ensemble, siz en la dicte ville basse, devant la fontaine dudict lieu, appelée du Marché, confrontant a la maison qui fut des heritiers feu Jehan Clouseau, le ruisseau de la dicte fontaine entre d'eulx, d'une part, et le pre appelé de Maulmont d'aultre ; et luy en est deu par chascun an de rente censive six solz tournois, et une gelline, et douze deniers tournois d'achapt en mutation.

Plus tient du dict seigneur en la dicte ville basse une murailhe et jardin, tenens ensemble, confrontant au chemin public que l'on va de la fontaine de la dicte ville a Bramafami d'une part, et aux murailhes et jardin des heritiers feu Nycolas Bourgois dit Niquet, et a la maison des héritiers feu Jehan Clouseau, et luy en est deu par chascun an de rente censive deux solz six deniers, et douze deniers d'achapt en mutation.

Plus tient en la dicte ville basse une maison et appendit estant derriere la dicte maison, et un jardin estant derriere les dicte maison et appendit, joignans ensemble, confrontant a la rue que l'on va de la fontaine de la dicte ville vers Bramafami et le jardin des heritiers de feu Jehannot Mathieu, d'aultre, et aux murailhes, place et jardin des heritiers feu Nycolas Bourgois d'aultre.

Plus tient ung villard siz au territoire de la dicte ville basse, confrontant au jardin de feu Messire Guilhaume de Meyssac d'une part, et le villard des heritiers feu Thomas Musnier, d'aultre, et le chemyn que l'on va de la dicte ville au boys appelé du sr de Maulmont, d'aultre. Plus une piece de terre appelée de la Chabanne, confrontant a la terre des heritiers feu Pierre Fevrier dit Clouseau, d'une part, et le chemyn que l'on va de la dicte ville au boys de Maulmont, d'aultre, et au chemyn que l'on va de la dicte ville a Lageyrac d'aultre, et pour les dictes chouses, luy est deu par chascun an de rente censive deux solz six deniers et une gelline, et six deniers tournois d'achapt en mutation.

Plus tient en la dicte ville basse de Chasluz une maison faisant queyrie entre la rue publicque appelée de Salardynge, par laquelle on va de l'axe de la dicte ville vers la croix Panche d'une part, et la maison qui fut de feu Jehan Sentault, et a present est de Pierre Choulyn, d'aultre, et la rue publicque que l'on va de la dicte ville vers l'estang de Bechadene d'aultre, et la maison de Jehan du Pont, d'aultre.

Plus tient un jardin siz au territoire de la dicte ville basse, confrontant au chemyn que l'on va de la dicte ville vers l'estang de Bechudart d'une part, et le jardin des héritiers feu Jehan Expert, sis derrière la grange des dicts Experts, d'aultre. Et pour raison des dictes maison et jardin, luy est deu par chascun an de rente censive dix solz tournois et un denier d'achapt en mutation.

Plus tient en la dicte ville basse une maison et jardin, tenens ensemble à la rue appelée de Salardynie, confrontant à la dicte rue que l'on va de la dicte ville vers la croix Panche et à la maison des héritiers feu Martin des Champs, d'aultre, et à la maison des héritiers feu Jehan de Farges d'aultre, et au jardin de Pierre Choulyn; et a la rue publicque que l'on va de la dicte ville basse de Chasluz vers la ville du chasteau hault, et luy en est deu par chascun an de rente censive troys solz tournois et deux deniers d'achapt en mutation.

Plus tient en la dicte rue de Salardynie une maison et murailhes, confrontant à la rue que l'on va de la dicte ville a la croix Panche d'une part, et la maison des Expers d'aultre, et a la maison de Pierre de Farges dit Papilhon, et une place et grange des dicts Expers d'aultre, et luy en est deu par chascun an de rente censive quatre solz tournois et deux deniers tournois d'achapt en mutation.

Plus tient un vergier ou jardin confrontant au jardin de Pierre des Champs et ses consortz d'une part, et au jardin des héritiers feu Guilhaume de la Gorce, et a la rue publicque que l'on va de l'asle de la dicte ville a la croix Panche d'aultre, et luy en est deu par chascun an six deniers tournois de cens et ung denier tournois d'achapt en mutation.

Plus tient a la dicte ville basse de Chasluz une maison et jardin, la dicte maison confrontant a la maison des heritiers feu Thomas Musnier, une vanelle entre d'eux, et à la maison des héritiers feu Nycolas Bourgois dict Niquet, d'aultre, et le vergier des héritiers feu Jehan Mazeau, dict Essenault, une ruele entre d'eux, et la rue publicque que l'on va du marché de la dicte ville a la fontaine de la dicte ville, et le dict jardin au vergier siz devant la dicte maison, confrontant au vergier des héritiers feu Jean Essenault, et a la place de l'église de Chasluz, d'aultre, et a la maison des heritiers feu Thomas Musnier, et au vergier des héritiers du dict feu Jehan Essenault, et luy en est deu par chascun an de rente censive troys sols quatre deniers, et achapt acoustumé en mutatton.

Plus tient en la dicte ville basse ung vergier ou jardin contenant cinq quartelles a semer chanvre, ou envyron, appelé de Tras l'Eglise neufve, confrontant au vergier de messire Pierre Flory d'une part et au vergier de feu François Essenault d'aultre, et au vergier des Massons d'aultre, et au pré de feu messire Pierre Flory, et au vergier de François de Fayelles d'aultre. Plus ung certain pascaige ou penault a présent en labouraige ensemble une peyscherie ou serve et certaine poridelle estans dans le dict pascaige ou labouraige, contenant le tout quatre sexterées terre ou envyron, confrontant au chemyn que l'on va de la dicte ville basse a Peyrebelet d'une part, et au pré de François de Fayelles, et au pré de Jehan Expert d'aultre, et au pré de messire Pierre Flory d'aultre, et luy en est deu par chascun an de rente censive vingt deniers tournois et l'achapt accoustumé en mutation.

Plus tient le dict de Lambertye du dict seigneur en la paroisse de la Buxiere Galand, le villaige de Constantinie avecques ses appartenances, confrontant es appartenances du villaige du Mashandrau d'une part, et aux appartenances du villaige de Mandieras d'aultre, et aux appartenances du villaige de Soleilanoux d'aultre, et luy en est deu par chascun an de rente censive ung sextier froment, ung sextier seigle, troys eyminaulx avoyne, mesure de Chasluz, trente solz tournois et deux gellines, et douze deniers tournois d'achapt en mutation, et cinq sols tournois de tailhe es quatre cas. Plus luy est deu a cause d'ung pré appelé de las Verginas, confrontant au cloz de Loys Veyrat de Mandieras, ung terrier ou foussé entre d'eux, et au cloz ou pré de feu Jehan Veyrat, et au pré appelé de la Font Vieilhe, et luy en est deu par chascun an de rente censive troys solz tournois et une gelline.

Plus tient le villaige de Solerlanoux et ses appartenances, confrontant aux appartenances du villaige de Chareille d'une part, et aux appartenances du villaige du Masaubon d'autre, et aux appartenances du villaige de Constantynie d'aultre, et luy en est deu par chascun an de rente censive deux sextiers froment, troys sextiers seigle, dix eyminaulx avoyne, mesure de Chasluz, et soixante solz tournois et quatre gellines, et dix solz tournois d'achapt en mutation, et quarante solz tournois de tailhe es quatre cas.

Plus tient le villaige de la Tronchie, avecques ses appartenances, confrontant aux appartenances du villaige de Mandieras d'une part, et aux appartenances de Fayellas d'aultre, et aux appartenances de Constantynie d'aultre, et luy en est deu par chascun an de rente censive neuf solz tournois, et deux solz tournois d'achapt en mutation. Plus a cause d'ung pré estant soubz la fontaine du dict villaige de Solerlanoux luy est deu par chascun an de rente censive deux eyminaulx avoyne, mesure de Chasluz, quinze solz tournois et deux gellines. Plus a cause d'ung pré appelé de las Chabondias, contenant quatre journaulx pré ou envyron, confrontant aux terres du dict villaige de Solerlanoux d'une part, et a la rivière de Chareilhe d'aultre, et a cause d'une quartelle de terre ou envyron size sur la fontaine de las Chabondias, confrontant aux terres de Solerlanoux d'une part, et es terres de Chareilhe d'aultre, luy est deu deux eyminaulx avoyne, mesure Chasluz, douze solz six deniers tournois et deux gellines. Plus a cause d'une terre estant en boys Chastanet, près la croix appelée du Masoubon, es appartenances du dict villaige de Solerlanoux, confrontant la dicte terre et boys au chemyn public que l'on va de la ville de Chasluz à la ville de Sainct Yrieys, allant jusques au chemyn que l'on va de Peyrigueulx a Lymoges, et au dict chemyn d'aultre, et au Chastanet du Masoubon d'aultre, luy est deu par chascun an deux sobz tournois de cens et l'achapt acoustumé. Plus a cause d'ung pré contenant troys journaulx pré ou envyron, communément appelé de las Ribières, siz es appartenances dudict villaige de la Tronchie, confrontant au fleuve de la Dronne d'une part, au pré appelé du Grand Clos de Fayelles d'autre, luy est deu par chascun an troys solz tournois et une gelline de cens.

Plus tient le dict de Lambertye du dict seigneur en la dicte paroisse de La Bussiere, le villaige de Mashoudrain avec les tènemens appelés de Grosse teste et des Mingoux et appartenances, confrontant aux appartenances des villaiges de Montaleyric, du Clouseau, de la Richardye, et au chemyn par lequel l'on va de Chasluz à la croix de las Laudas, et es appartenances du villaige de Contantinye, de Mandieras, et des villaiges de Laige, de Lamdrynye, de Vassoulx et de La Borye, et a cause du dict villaige de Mashoudrin et tenemens susdicts estoit deu au dict de Lambertye de rente censive par chascun an quatre sextiers deux boysseaux froment, neuf sextiers seigle, vingt ung eyminaulx avoyne, mesure Chasluz, six livres dix solz, six gellines, douze sols six deniers tournois d'achapt en mutation, et quinze solz de tailhe es quatre cas, et ung journault d'homme a faulcher. — Et a présent le dict de Lambertye tient partye des dicts lieux en mestairie.

Plus tient le villaige de Peyrussas avecques ses appartenances, et aussi la bourderie de Leymosinye avecques ses appartenances, le tout confrontant es appartenances des villaiges de la Franchie, de la Coste et d'Arsas, et au fleuve de ja Drone, et luy en est deu par chascun an de rente censive ung sextier froment, deux sextiers seigles, six eyminaulx avoyne, mesure Chasluz, seze solz, quatre gellines et une livre de cyre d'achapt en mutation et dix solz tournois de tailhe es quatre cas. Plus luy est deu par chascun an a cause du villaige de la Bernardie neuf solz tournois de rente et autres neuf solz tournois de rente a cause du villaige de la Ferrerie, les dicts villaiges siz en la dicte parroisse de la Buxiere Galand.

Plus tient en la dicte parroisse le villaige de Parmenand avecques ses appartenences, confrontant es appartenances de Chasteau Reynoulx d'une part, et aux appartenances des villaiges de Charbonnier, du Formand, et du Ponteil, et luy en est deu par chascun an de rente censive huict sextiers seigle, huict eyminaulx avoyne, mesure de Chasluz, quarante solz tournois, huict gellines, et six deniers tournois d'achapt en mutation.

Plus tient le villaige de la Rinailhe avecques ses appartenances, confrontant aux appartenances des villaiges du Formand, de la Motheoudye et de Chamboulrinye, et luy en est deu par chascun an de rente censive ung sextier seigle, troys boysseaulx avoyne, mesure de Corbeffyn, deux solz tournois et huict gellines, et l'achapt accoustumé.

Plus tient du dict seigneur ung Mas communément appelé deu las Boynas, contenant boys chastanet, pré et labouraige, tenens ensemble, confrontant au chemyn que l'on va de la ville de Sainct Yrieys a Chasluz d'une part, et aux appartenances de Chamboulrinye, d'aultre, et aux appartenances de Chasteau Reynou d'aultre, et luy en est deu par chascun an deux solz tournois de cens et douze deniers tournois d'achapt en mutation.

Plus tient du dict seigneur en la paroisse du Ladiirac le villaige du Fourmand avecques les appartenances, confrontant es appartenances des villaiges de la Rinailhe, de Parmenaud, de Puychabroux, de Combelebraud, et de Ratabout; et luy en est deu par chascun an de rente censive deux sextiers froment, deux sextiers seigle, quatre eyminaulx avoyne, mesure de Corbefyn, vingt solz et deux gellines, et l'achapt acoustumé, et cinq solz tournois de tailhe es quatre cas.

Plus tient en la paroisse de Corbefyn le villaige ou repaire de Colombye, avecques les droicts et appartenances, confrontant aux appartenances du villaige de Rathabou, et luy en est deu par chascun an de rente censive ung sextier froment, ung sextier seigle, deux eyminaulx avoyne, mesure de Corbefyn, deux solz tournois et une gelline, et l'achapt acoustumé en mutation.

Plus tient le dict de Lambertye du dict seigneur son lieu noble et villaige de Vassoulx, avec ses tenemens, appartenances et dependances, garenne, estangs, pescheries, le tout confrontant es appartenances des villaiges de Plaigne, d'Alhac, de Chastanet, Puybernard Chantegreau, la Chomcharye et Moncigoux, desquelles chouses le dict escuyer joyt pour la plus grande partye en dommayne et mestairie, et de la reste luy est deu par chascun an de rente censive ung sextier seigle, troys eyminaulx avoyne, mesure de Chasluz, dix solz troys deniers tournois, et une gelline, et cinq solz tournois d'achapt en mutation, et dix sols tournois de tailhe es quatre cas.

Plus tient du dict seigneur la Vigerie du bourg de Socque.

Plus tient du dict seigneur en la paroisse de Melet le villaige du Mayne du Bosc, avecques ses appartenances, confrontant au fleuve de la Drone, et aux appartenances des villaiges du Puydure, de la Couchie et de Brifault, et luy est deu par chascun an de rente censive quatre sextiers seigle, deux eyminaulx avoyne mesure de Chasluz, trente cinq solz tournois et cinq gellines, et deux solz tournois d'achapt en mutation.

Plus tient les villaiges de Brifault et de la Vallade, joignans ensemble, avecques leurs appartenances confrontant es appartenances des villaiges du Bosc, de la Couchie, et de Masberou, et au fleuve de la Drone, et au chemyn que l'on va du villaige de Leschargue a Sainct Saut, et luy en est deu par chascun an de rente censive deux sextiers froment, quatre sextiers seigle, six eyminaulx avoyne, mesure Chasluz, soixante dix solz tournois et deux gellines, et les achaptz et tailhes es quatre cas, contenuz es lettres des.....

Plus tient les moulins communément appelés de la Vallade, siz sur la rivière de la Drone, et luy en est deu par chascun an de rente censive dix boyceaux seigle, mesure de Chasluz.

Plus tient le maynement appelé de Soulier, siz au lieu et villaige de Puyraud, avecques ses appartenances, et luy en est deu de rente censive par chascun an deux boyceaux seigles, mesure de Chasluz, sept solz tournois, et deux gellines, et six deniers tournois d'achapt en mutation.

Plus tient du dict seigneur en la dicte paroisse de Melet ung feu du Petit Feyte et ses appartenances, confrontant au feu de la seigneurie de Chasluz d'une part, et au feu du seigneur de Montbon d'aultre, et luy en est deu chascun an de rente censive deux sextiers seigle, mesure de Chasluz, quinze solz tournois et deux gellines ; et cinq solz d'achapt en mutation.

Plus tient du dict seigneur au bourg et paroisse de Melet le tenement et héritaige, communément appelé de Merlaide, avecques ses appartenances, et luy en est deu par chascun an de rente censive quinze solz tournois et deux gellines.

Plus tient en la paroisse de la Chapelle Monbrandeys le villaige de Malarie avecques ses appartenances, confrontant aux appartenances des villaiges des Taches, du Montibus, et au chemyn que l'on va du pont de Dornaugou au pont de la Vault, et luy en est deu par chascun an de rente censive deux sextiers seigle, mesure de Chasluz, trente cinq solz, deux gellines, et douze deniers d'achapt en mutation, et dix solz tournois de tailhe es quatre cas.

Plus est deu au dict de Lambertye sur le villaige de Fayemendyt, et ses appartenances, siz en la dicte paroisse de la Chapelle Maubrandeys quatre sextiers eymine seigle, deux eyminaulx avoyne, mesure de Chasluz, et sept solz six deniers tournois de cens ou rente par chascun an.

Plus tient le dict de Lambertye du dict seigneur, en la baronnye de Nontron, en la paroisse d'Abgat, le lieu noble et villaige de la Brousse, avecques ses appartenances, estangs, pescheryes, forestz, colombier et garennes, confrontant es appartenances des villaiges de Puysilhon, la Vigonnye, de Chabanas et du bourg d'Abgat, et luy est deu, oultre les reserves pour les tenemens, par chascun an de rente censive, quatre sextiers froment, six sextiers seigle, deux sextiers avoyne, mesure de Nontron, quatre livres, deux solz, six deniers tournois, quatre gellines, et cinq solz deux deniers d'achapt en mutation.

Plus a cause de la moytié du tenement des Choutards que tiennent les dicts tenans du dict lieu de la Brousse, luy est deu chascun an de rente censive deux boyceaux froment, deux boyceaux seigle, ung boyceau avoyne, mesure de Nontron, deux solz six deniers et une gelline.

Plus tient du dict seigneur en la dicte paroisse d'Abgat les villaiges de la Roudarye, de Peyre-buffat, de la Vigonnye et du Boysset, avecques leurs appartenances, et le molyn de la Rodarye avec ses droictz et appartenances, les dicts villaiges et molyns confrontant aux appartenances du dict lieu de la Brousse d'une part, et es appartenances des villages de Chabanas et de Puysilhon, et au fleuve du Bandiat, et luy en est deu par chascun an de rente censive troys sextiers froment, huit sextiers seigle, quatre sextiers, deux boyceaux avoyne, mesure de Nontron, et soixante quinze solz tournois, huit gellines, et six solz tournois d'achapt en mutation, et six blancs de tailhe es quatre cas.

Plus tient du dict seigneur le dict de Lambertye, escuyer, en la paroisse de Savignac le village de la Besse, avecques ses appartenances, confrontant au chemyn que l'on va du bourg de Savignac au lieu de la Chapelle de Varlene, et aux appartenances du villaige du Cheyroulx, d'aultre, et aux appartenances du bourg de Savignac, d'aultre, et luy est deu par chascun an de rente censive deux sextiers froment, deux sextiers seigle, ung sextier avoyne, mesure de Nontron, vingt cinq solz tournois, deux gellines, douze deniers d'achat en mutation, et dix solz tournois de tailhe es quatre cas. Protestant le dict de Lambertye, escuyer, que s'il vient aucune aultre chose a sa notice, le desclarer, adjouster, augmenter ou diminuer. — DE LAMBERTIE.

Bailhé, le xxvi de febvrier M. v^e xliii.

(Archives des Basses-Pyrénées. — E. 725.)

Lettres patentes de Charles IX. 21 *mai* 1571.

Charles, par la grâce de Dieu Roy de France et de Navarre, au sénéchal de Périgord, ou son lieutenant, et à tous nos autres justiciers et officiers, si comme à lui appartiendra. Salut.

Notre bien aimé François de Lambertie, écuyer, seigneur dudit lieu nous a fait remontrer que durant les derniers troubles, lui étant absent pour notre service, ceux de la religion qu'on dit réformée lui auraient brûlé sa maison et château de Lambertie, auquel il avait retiré tous et chacuns ses titres concernant les droits de fondalités et devoirs de ses terres et seigneuries de Lambertie, de Neuere, d'Eychalat, Vassoux et autres, ensemble les hommages qu'il pouvait devoir et avait accoustumé à faire à plusieurs seigneurs, desquels il tient divers fiefs, au moyen de quoi certains roturiers denient lui payer ses droits seigneuriaux accoustumez. D'ailleurs le supliant doute que lesdits seigneurs auxquels il doit lesdits hommages, à faute de monstre d'iceux, se veuillent saisir de ses fiefs et repaires. Sur quoi l'exposant nous a fait supplier et requerir lui vouloir pourvoir. Nous à ces causes, ne voulant que la perte des titres dudit exposant soit cause de la diminution de ses droits, vous mandons et enjoignons par ces présentes, que, apellé nostre procureur et autres y ayant interet, vous informiez de la perte desdits titres, documens et enseignemens, et du contenu d'iceux, et l'information que sur ce sera par vous faite, ou la copie d'icelle, délivrer audit exposant avec votre procès-verbal, le tout collationné, signé et scellé en bonne et due forme que nous voulons et ordonnons lui servir de titre en jugement et dehors. Car tel est notre plaisir, nonobstant quelconques édits, ordonnances et lettres à ce contraires. Mandons et commandons à tous nos officiers et sujets, en ce faisant vous obéir et au premier huissier et sergent de faire tous exploits necessaires, sans pour ce demander *placet*, *visa, ne pereatis.*

Donné à Gaillon, le vingt un may l'an de grace mil cinq cent soixante onze, et de notre règne le onzième ; signé par le Roy en son conseil, de Vabres, et scellé du grand sceau de cire jaune.

Au dessous est écrit :

Collationné à l'original en parchemin, représenté par haute et puissante dame, Dame Marie de Lambertie, épouse de haut et puissant seigneur Messire Hubert de Choiseuil, mestre de camp du régiment de cavalerie de la Reine, pour ce presenté, et à elle ce fait rendu par les notaires à Paris soussignés, cejourd'huy deuxième may mil sept cent deux. Signé Marie de Lambertie marquise de Choiseuil, Le Mercier, et Meunier, avec paraphes.

Et plus bas est écrit :

Nous prévost des marchands et les échevins de la ville de Paris, certifions à tous qu'il appartiendra que M^rs Le Mercier et Meunier qui ont signé de l'autre part, sont conseillers du roi, notaires au Chatelet de Paris, et que foy est et doit être ajoutée aux actes qui se passent journellement devant eux, en foy de quoy nous avons signé ces présentes, au bureau d'icelle le vendredi, cinquième jour de may mil sept cent deux. Signé : Boucher d'Orsay, Crevon, de Santeul, E. Guillebon, avec paraphes et scellé en placard du sceau aux armes de iadite ville.

Au dessous est écrit : Scellé le 5 mai mil sept cent deux. Signé : Lorry, avec paraphe.

Lettres écrites par les rois Charles IX, Henri III et Henri IV, à François de Lambertie de 1571 à 1597.

I. — Monsieur de Lambertye, pour vos vertus, naissance et mérites vous avez été élu et choisi au nombre des chevaliers de mon ordre, afin d'être associé en icelle compagnie ; pour laquelle élection vous notifier et vous bailler de ma part le collier dudit ordre, j'en écris promptement au sieur de La Vauguyon, auprès duquel vous vous rendrez, afin de recevoir de lui le collier dudit ordre, qu'il vous baillera, qui sera pour augmenter de plus en plus la bonne volonté que je vous porte et vous donner occasion de persévérer en la devotion que vous avez de me faire service. Priant Dieu, Monsieur de Lambertye, qu'il vous ait en sa sainte garde.   CHARLES.

Ecrit à Fontainebleau, le 4 août 1571.

II. — Monsieur de La Vauguyon, pour plusieurs bonnes et grandes considérations, j'ai élu et choisi au nombre des chevaliers de mon ordre le sieur de Lambertye auquel je vous prie d'envoyer les lettres que je lui ai écrit pour cet effet et lui faire savoir le jour, lieu et heure où il aura à se trouver pour recevoir de vous le collier dudit ordre, lequel vous lui baillerez de ma part, avec les cérémonies accoutumées, contenues à ce mémoire et instructions que je vous envoie, et retirer de lui l'acte de l'acceptation qu'il fera dudit ordre, de sa main, pour après me l'envoyer selon la forme dont pareillement je vous envoie un mémoire, et vous ferez en cela chose qui me sera fort agréable. Priant Dieu, Monsieur de La Vauguyon, qu'il vous ait en sa sainte garde.

Ecrit à Fontainebleau, le 4 août 1571.   CHARLES.

III. — Monsieur de Lambertie, je vous ai toujours connu si affectionné à mon service, que je m'assure qu'en toutes occasions qui se présenteront de mon service vous aurez à plaisir de me rendre témoignage de votre bonne volonté et me fortifier en cette bonne opinion. Pour cette cause, me voulant servir de tous mes bons serviteurs en la reprise de ma ville de Périgueux, et vous estimant de ce nombre, je vous ai voulu faire la présente pour vous prier en cette qualité de vous employer d'affection avec le sieur de Bourdeil et mon cousin le duc d'Epernon, que j'ai envoyé avec bonne équipage et autres choses nécessaires pour l'assiéger et reprendre, et que tous ensemble vous vous employez de cette affection qu'il en résulte quelque bon effet pour mon service et repos de mon pays de Guyenne. Vous assurant que j'en aurai à jamais si bonne souvenance, que l'occasion s'offrant de la reconnaissance, je vous ferai paraître à votre contentement les effets de ma bonne volonté et attachement en votre endroit. Priant Dieu, etc... HENRY.

A Paris, le 22 août 1575.   DE NEUVILLE.

IV. — Mʳ de Lambertye, par l'assurance que j'ai de l'affection que vous portez à mon service et au bien de votre patrie, ayant été averti que depuis que mon frère, le duc d'Alençon, est de retour auprès de moi, suivant notre reciproque et fraternelle amitié, il s'est semé plusieurs faux bruits en divers lieux, qui ne tendent qu'à troubler le repos; j'ai bien voulu vous faire cette lettre pour vous dire que je n'ai jamais eu plus grand désir, étant aussi mon frère dans cette même opinion, que de conserver tous mes sujets en repos et en union, les soutenir, non seulement de la charge et oppression, mais aussi de tout ce qui peut leur apporter incommodité. Ayant à cette occasion incessamment et annuellement vasqué moi-même, depuis que Dieu nous a donné la paix, et cherché moi-même les moyens qui ne se sont pas encore trouvés, à mon grand regret, pour satisfaire et récompenser ceux qui se sont employés à mon service; pour mieux pourvoir aux doléances de mesdits sujets, j'ai fait convoquer les Etats généraux de mon royaume en ma ville de Blois, où je m'achemine à présent, afin de regarder à ce qui sera nécessaire pour le soulagement de mesdits sujets, en remettant ce royaume en son ancienne forme et dignité. Ce que je vous ai bien voulu dire comme étant ma droite et véritable intention, désirant que vous la fassiez entendre à vos amis et parents que verrez, qui se seraient laissés aller aux dits bruits, pour s'en retirer et contenir, sans entreprendre aucune chose contraire au repos public et à mon service, et vous me ferez chose très agréable, ainsi que vous dira le sieur de Saint-Maigrin qui vous baillera de ma part cette lettre. Priant Dieu, etc...

A Angerille, le 14 novembre 1576.   HENRY.

                                                             DE NEUVILLE.

V. — Monsieur de Lambertie, pour ce que je suis averti que les forces qui sont en mon pays de Limosin veulent entreprendre sur ma ville de Limoges, j'ai avisé d'envoyer le sieur de Saint-Maigrin par delà pour admonester le seigneur de Chamberry, gouverneur de ma part, et les habitants, pour faire tout devoir de se garder. Mais d'autant que je crains qu'ils se trouvent faibles et mal garnis de soldats et de gens de guerre en la dite ville, n'ayant voulu ci-devant les compagnies que je leur ai envoyées, je vous prie de me faire service agréable de les vouloir assister et soutenir de tout ce qui vous sera possible, et même d'y aller avec le plus grand nombre de vos amis et de vos vasseaux que vous pourrez assembler, écrivant audit sieur de Chamberry de vous recevoir et accomoder dans ladite ville, de façon que vous puissiez demeurer commodément. Comme j'ai donné charge audit sieur de Saint-Maigrin qui leur dira, je vous prie de [le] croire comme si c'était moi-même. Priant Dieu, etc.

Ecrit à Paris, le 11 février 1576.   HENRY.

                                                             DE NEUVILLE.

VI. — Monsieur de Lambertye, ayant donné le pouvoir du gouvernement de mon pays de Limosin à mon cousin le duc d'Epernon; et le faisant présentement partir d'auprès de moi pour en aller prendre possession, j'ai pensé de faire une dépêche aux plus apparents de ma noblesse dudit pays pour le recommander, le recevoir et le reconnaître en ladite charge. Vous tenant plus particulièrement de ce nombre je m'adresse à vous vous priant de l'assister de tout votre temps tant au fait de son établissement audit gouvernement qu'en toutes les autres occasions qui s'offriront pardela pour mon service. Vous assurant que je vous en saurai bon gré et le tiendrai pour une des meilleures preuves que vous me sauriez rendre de votre dévotion à mon service. Sur ce, je prie Dieu, etc.

A Paris, le 8 novembre 1577.   HENRY.

                                                             MONTAUZON.

VII. — Monsieur de Lambertie, encore que je pense que suivant la lettre que j'ai écrite au sieur de la Douze, il se sera employé pour le recouvrement du cheval qui a été pris à celui qui accompagnait Barde huissier de mon Conseil en allant devers vous; si ai-je bien voulu vous faire celle-ci, pour vous prier qu'ayant égard à l'occasion du voyage dudit Barde, et pour l'affection et respect que je sais que vous portez à tout ce qui touche mon particulier, que vous fassiez en sorte de recouvrer ledit cheval et qu'il soit renvoyé au sieur de la Douze, et vous ferez chose qui me sera fort agréable. Sur ce je prie Dieu, Monsieur de Lambertie, vous avoir en sa sainte garde.

De Brizal, le 15 juillet 1578.   Votre bien aimé et bon ami,

HENRY.

VIII. — J'ai tant de preuves de votre fermeté et constance à mon service, qu'il m'est aisé de me persuader que vous n'avez en rien diminué de la fidélité que jusqu'ici vous y avez rendu, quelques séductions qui vous en aient été faites par ceux qui se fourvoyant de leur devoir sont rebellés contre moi. Au moyen de quoi, a ce que vous puissiez être confirmé en la bonne volonté que je vous porte, j'ai donné charge au sieur des Salles, que j'envoie pardelà, de vous le confirmer de ma part et vous voir, pour vous rendre outre ce informé de ce qui se passe en mes affaires, qui se trouvent en tel état que je m'assure que tous mes bons serviteurs auront occasion dans peu de temps de se réjouir de la prospérité d'icelles. Car outre le bon commencement qu'il y a déjà pour la défaite desdits rebelles qui a été faite en divers endroits la semaine passée, j'espère encore avec les autres forces étrangères qui me viennent, d'être si bien assisté que Dieu me fera la grâce de leur faire sentir ce juste châtiment qui est dû à leurs rébellions. Priant Dieu, etc...

A Châtelleraud, le 20 mai 1589.   HENRY.

F. REROL.

IX. — Monsieur de Lambertie, entre les gentilshommes de mon pays de Guyenne desquels j'ai désiré d'être servi, j'ai toujours fait principalement état de votre affection au bien de mes affaires par les preuves que vous en avez donné en diverses et importantes occasions où vous avez été employé. Et parcequ'au voyage que je suis délibéré de faire incontinent en mon pays de Lyonnais pour m'opposer aux forces que mes ennemis y font descendre, il se présente une belle occasion d'acquérir de l'honneur et continuer les effets de votre fidélité; ayant commandé au sieur de Bourdeil, sénéchal et gouverneur de mon pays de Périgord, de s'y trouver; je vous prie aussi de me faire le service de vouloir bien vous y rendre dans le meilleur équipage que vous pourrez, pour participer à l'honneur que mes bons serviteurs auront de m'avoir fidèlement assisté. Je reconnaîtrai à jamais ce bon service à tout ce qui s'offrira à votre bien et avantage. Priant Dieu, Monsieur de Lambertye, qu'il vous ait en sa sainte et digne garde.

A Paris, le 7 mars 1595.   HENRY.

Lettre de Henri de Bourbon, duc de Montpensier.

Monsieur de Lambertye, s'en retournant vos deux fils devers vous je n'ai pu obmettre à les accompagner de ce moment (?) pour vous assurer que comme ils m'ont toujours dignement assisté depuis qu'ils sont près de moi, aussi ont-ils acquis en moi un ami qui ressentira très volontiers cette affection, non seulement en leurs endroits, mais particulièrement au votre, pour vous faire à tous connaitre les effets de la mienne en ce que l'occasion s'en présente. Croyez tout cela de moi, Messieurs de Lambertie, attendant que le moyen m'en soit présent, je demeurerai votre plus affectionné ami.   HENRY DE BOURBON.

A Compiègne, le 15 août 1595.

ANNO· D
1571

Photolypie J. Royer, Nancy.

FRANÇOIS DE LAMBERTIE

Baron de MONTBRUN, Seigneur DE MIALLET
Chevalier des Ordres du roi Charles IX
Epousa JEANNE D'ABZAC DE LA DOUZE (1571)
Tué à l'armée en 1612

Mariage de François de Lambertie avec Jeanne de La Douze. 1ᵉʳ juillet 1571.

Scachent tous presans et advenir, comme ainsy soit que mariage ayt esté traicté entre François de Lambertye, chevalier, seigneur dudit lieu d'une part, et Damoyselle Jeanne de La Douze, fille naturelle et légitime de Messire Gabriel de La Douze, escuyer, seigneur dud. lieu de Raillac et de Verg. chevalier de l'ordre du Roy, et de damoyselle Antoynete de Vielleville, dame dudit lieu et de Peyramont d'aultre. Ce jourd'huy cy bas escript ont été présans et personnellement constitués les dicts seigneur de La Douze et dame de Vielleville sa femme et la damoyselle Jeanne leur fille habitans au château dud. lieu de La Douze; et ledit seigneur de Lambertye habitant au château dud. lieu de Lambertye. Par lesquels et chacun d'eux et pour leurs hoirs et successeurs à l'advenir, par l'advis et conseil d'aulcuns des parents et amys desd. parties ont esté faictes et accordés les articles de mariage tels que s'ensuyvent lequel aultrement ne fust esté accomply.

Premièrement, a esté accordé que led. seigneur de Lambertye espousera en face de Saincte Mère Eglise catholique et Romaine lad. damoyselle Jeanne de La Douze, toutesfois et quantes qu'il en sera requis. Et ladite damoyselle Jeanne aussy a promis faire le semblable quand par led. seigneur, de Lambertye elle en sera requise. Item et en faveur et contemplation dudict présent futur mariage, lesd. seigneurs et dame de La Douze ont promis et constitues à la dicte damoyselle Jeanne leur fille pour son dot, la somme de neuf mille livres, et pour les accoustrements nuptiaulx la somme de mille livres, qu'est en tout dix mille livres. De la quelle somme le dict seigneur de La Douze constitue pour sa part la somme de sept mille livres et la dicte Dame de La Douze la somme de trois mille livres. Laquelle somme de dix mille livres pour le dict dot et accoustrements nuptiaulx les dicts seigneurs et Dame de La Douze ont promis bailler et payer audict seigneur de Lambertye et à la dicte Damoyselle Jeanne sa future espouse scavoir : six mille livres dans le jour et feste de sainct Michel archange au mois de septembre et les quatre mille restant dans un an après la solempnisation dudict mariage. Laquelle somme de neuf mille livres pour le dict dot ledict seigneur de Lambertye après l'avoir prinse et reçue sera tenue assigner en cas de restitution, comme dès aprésent il assigne, sur tous et chacun ses biens meubles et immeubles présents et advenir, et par exprès sur le chasteau et maison noble de Lambertye avec rentes et revenus d'icelle et ses appartenances appendants et dépandants. . . . . . . que y . . . dérogeant l'une à l'aultre.

Item, a esté dict et accordé que si du dict mariage y a enfants masles, l'un d'iceulx et tel qu'il sera choisy et eslu par le dict de Lambertye, aura le chasteau et maison noble de Lambertye meubles et ustenciles avec les precloutures d'ycelluy ensemble la moytié de tous et chascun les biens présents et advenir du dict seigneur de Lambertye. Lesquelz d'ores et déjà le dict seigneur de Lambertye luy donne, le notaire royal soubsigné, pour luy stipulant et acceptant. Et à faulte de l'avoir choisy et eslu ce sera le premier enfant masle habille de faict et de droit, soy réservant toutesfois le dict seigᵣ de Lambertye sa vie durant l'usufruit des dits biens donnés. Et si du dict mariage n'y avait enfant masles mais seulement des filles, et que le dit seigᵣ de Lambertye eut convolé à secondes nopces ou aultres et eut des enfants masles habiles à succéder, en ce cas les filles du dict présent mariage seront dotées bien et suffisamment de dot compétant et en oultre aura la fille aynée dud. present mariage, la somme de deux mille livres sur les biens dudict seigᵣ de Lambertye par préciput et advantage. Et s'il n'y avait d'enfant masle du présent mariage n'y du second ou aultre mais seulement des filles, en ce cas une des filles dud. present mariage qui sera choysie et eslue par ledict seigneur de Lambertye sera son heritière de la tierce partie de tous et chascuns ses biens présents et advenir, et à faulte de l'avoir choysie eslue se sera l'aisnée. Item, et au cas que le dict seigneur de Lambertye allast de vie à trespas delaissant la dicte damoyselle sa future espouse avec enfant, ou sans enfant survivant, elle sera dame usuffructuaresse et administraresse de tous les biens du dict seigᵣ de Lambertye tant qu'elle demeurera veufve sans rendre compte, faisant d'ore et desjà les effruicts siens.

3*

Au cas que la dicte damoyselle future espouse ne se pourrait compatir avec ses enfants, elle aura et jouira de la maison noble de Vassoux meublée et de cens, rentes, domaines et aultres revenus qu'il en dépend jusques à la valeur de six cens livres de rente et revenu durant sa vye ; et au cas que le dict revenu ne soit de lad. valeur sera tenu led. seigneur de Lambertye ou les siens luy en bailler et délivrer de prochain en prochain. Laquelle jouira du dict revenu, sans en rendre aulcun compte et ceux aussy qu'elle ne pourra jouissant dudict revenu, demander ne retirer son dot ny jouir d'aulcuns aultres fruicts et revenus de la dicte maison de Lambertye ores que les coustumes d'Angoulmoys et Poictou le luy permettent, ausquelles pour cest effect elle a renoncé. Et sy par les dictes coustumes ou aultrement à cause de ladicte jouissance et usuffruit elle pourrait être tenue d'aulcunes dettes, led. seig* de Lambertye veult et entend que dès apresent la dicte future en soit quitte et déchargée nonobstant les dictes coustumes. Item, si la dicte damoyselle future espouse va de vie à trespas, survivant led. seig* de Lambertye, icelluy seig* de Lambertye gaignera par *oscle* et agensement sur son dot la somme de deux mille livres tournoys. Et ou par le contraire led. seig* de Lambertye viendrait à décéder avec enfant, ou sans enfant survivant, de la dicte damoyselle future espouse, le dict seig* de Lambertie a donné et donne par *oscle* et agencement, la somme de quatre mille livres et en oultre ou il n'y aurait enfant du dict present mariage luy a donné et donne par donnation pour nopces ou aultrement en la meilleur forme qu'il peult la somme de trois mille livres tournoys. Item, a esté dict et accordé que ou led. seig* de Lambertye decederait sans enfant que la dicte damoiselle sa future espouse aura la tierce partie de tous les meubles et aquests dud. seig* de Lambertye. Item, moyennant la constitution du susdict dot après la solempnisation dud. mariage et touteffois et quant led. seig* de Lambertye sera tenu comme a promis valablement faire quitter et renoncer à lad. damoyselle sa future espouse, comme aussi elle a promis renoncer à tous biens paternels, maternels et a tout droict, part, portion légitime, supplément d'ycelle et toute aultre cothité quelle pourrait avoir ou pretendre ore et pour l'advenir en quelque facon et manière que ce soit, en faveur de ses dicts père et mère et de leur principal héritier. Item en faveur et contemplation duquel present mariage, François de Lambertye, escuyer, curé de Mellet, de Biarre et prevost de Sainct-Rafeau, present et personnelle- ment constitué en sa personne, de son bon gré et volonté a ratifié et alloué et approuvé, comme per ses presentes partant que besoing serait, ratifié, alloue et approuve certaine donation par luy cy devant faicte à feu Raymond de Lambertye, escuyer, seigneur, quand vivait, du dict lieu, et père du dict futur espoux, de la succession de feu Guyon de Lambertye, escuyer, seig* de Vassoux, oncle du dit seig*, curé de Mellet, et en oultre de son bon gré et volonté et par ce que très bien lui a plu et plaict a donné, baillé, cedé, quitté et transporté à perpétuité et à jamais comme par ses presentes donne par bonne donnation faicte entre les vifs et en faveur et contemplation de mariage à jamais irrévocable mais toujours valable, aud. seig* de Lambertye, futur espoux, son nepveu, ascavoir est : la moytié de tous et chascuns les droits, noms et actions que luy compétent et appartiennent sur les biens dud. seig* de Lambertye sis et situés lesd. biens en Périgord, Lymosin, Poictou et Angoulmoys, sans soy rien retenir ny réserver en iceux si n'est l'usufruict, sa vie durant seulement en ce que la réserve (?) au cas que led. seig* de Lambertye décéda sans hoirs légitimes lesd. biens dessus donnés retourneront aud. s* de Mellet. Et desd. droits, noms et actions s'en est devestu et revestu led. seig* de Lambertye son nepveu par bail de la cede des presentes pour lesquelles insinuer partout ou besoing sera led. s* curé de Mellet a fait et constitué ses procureurs. Scavoir : en la seneschaussée de Perigord M** Jean Morillon ; en la seneschaussée de de Lymosin, M** Symon de Broques ; en la seneschaussée de Poictou, M** Estuer. . . . . . en la seneschaussée d'Angoulmois, M**. . . . . Et lesd. seigneur et dame de La Douze pour insinuer le présent contract de leur part ont constitué leurs procureurs en la seneschaussée de Perigord, M** André Charles ; en la seneschaussée de Lymozin M**. . . . . . . ; en la seneschaussée

de Poyctou, Mre Estuer Cartt; en la seneschaussée d'Angoulmoys, Mre Robert Tranchet; en la seneschaussée de la Marche. M^ro Barret. Et le dit seig^r de Lamberlye pour insinuer et accepter
le présent contract pour son regard a fait et constitué ses procureurs en la seneschaussée
du dit Périgord. . . . . . ; en la seneschaussée de Lymozin, Mre Pierre Mouret; en la seneschaussée de Poyctou, Mre Estuer. . . . . ; en la seneschaussée d'Angoulmoys, Maistre. . . ; en la
seneschaussée de la Marche. . . . Et lad. damoyselle Jeanne de La Douze future espouse, pour
l'insinuer de sa part a constitué son procureur en la seneschaussée du Perigord, Maistre Pierre de
Lavau; en la seneschaussée de Lymozin, Mre François Valbin; en la seneschaussée de Poyctou,
M^rs. . . . . . ; en la seneschaussée d'Angoulmoys, maitre. . . . . ; en la seneschaussée de la
Marche. . . . . . ; procureurs escours des dites seneschaussées. Promettant lesdit. parties
avoir pour agréable et que pour leursd. procureurs susnommés, tant lesquels articles cy-dessus
escripts et choses contenues en iceulx par lesd. parties et chacun d'iceulx respectivement stipulé
et à ce présent. Ont promis, tenir, accomplir, observer, de poinct en poinct en la manière que dessus.
Et pour ce faire et tenir lesd. parties et chascune d'icelles lung à l'aultre respectivement se sont
obligés, obligent et ypotecquent par ces presentes eulx tous et chascun leurs biens tant meubles que
immeubles présents et advenir. Et ont rénoncé à tous droit canon et civil et à toutes renonciations requises et nécessaires Et ont voulu et veulent estre contraints et compellés à l'entretenement des presentes par la court rigueurs et quonpulsion de messieurs les seneschaulx de Perigord,
Lymozin, Poyctou, Engoulmoys, et de la Marche et de tous aultres. Et ont juré lesd. parties et
chascune d'icelles aux saints Evangiles Notre Seigneur, le livre touché, tenir, accomplir et observer de
poinct en poinct tout le contenu en lesd. presentes et au contraire ne venir ny faire venir en aulcune
manière. Desquelles choses lesd. parties et chascune d'elles respectivement ont requis et demandé à
moy, notaire royal soubsigné instrument que leur ay octroyé en la forme que dessus. Et furent faict et,
passé au château de La Douze en Périgort le premier jour de juillet mil cinq cent soixante-onze, en
presence de Jean de Brouillac, escuyer, seig^r dud. lieu y habitant, et Faissière Tryann dict Sourbarit
habitant au lieu d'Agonnac tesmoings appelés et requis. Ainsi signé à l'original. Ladouze, A. de
Vieilleville, F. de Lambertye, François Raphael Lambertye, Bourdeille, Meillars, Brussac de La
Douze et de Brouillac, tesmoings. — Signé: Montozon, commissaire; Signé : Ducattin, notaire royal.

Contrat de vente de la baronnie de Montbrun en Poitou. 1598.

Pardevant moy Antoine Chadizac, notaire et tabellion royal en la ville et cité de Bordeaux soussigné et en présence des témoins bas nommés, a été présent haut et puissant seigneur Messire Louis
d'Estouart de Caussade, chevailler de l'ordre du roy, seigneur et vicomte de Saint-Megrain, comte
de Lavauguion, prince de Carancy, Tonnains, baron de Montbrun et autres places, lequel de son bon
gré a vendu, cédé, quité et transporté et par ces présentes vend, cède, quitte et transporte à perpétuité
et à jamais à haut et puissant seigneur François de Lambertie, seigneur dud. lieu, Mellé, Saint-Paul,
la Roche, la Valouse, Vasoux et autres places habitant au dit chateau de Lambertie, paroisse du dit
Mellé, absent, mais Gabriel de Lambertie, écuyer, son fils ainé présent et comme procureur dudit
sieur son père stipulant et acceptant pour ses hoirs et successeurs et ce en vertu de sa procuration
qu'il a fait apparoir faite au dit chateau de Lambertie le vingt sept novembre dernier passé, signée Brun
notaire royal, en Périgord, laquelle sera ci-après insérée. C'est a scavoir sa dite baronnie, terre,
seigneurie, justice et chatelenie du dit Montbrun, sise et située au pays de Poitou, paroisse de Dour-
nezac en Limousin, consistant en maison forte, chateau, pont-levis, fossés, granges, écuries, jardins,
préclotures, l'étangt appelé du Peyrat, le moulin situé sous la chaussée d'icelluy, pré appellé le grand

pré contenant dix ou douze journaux d'homme à faucher, bois de haute futaye et garènes, le tout
joignant ensemble, avec une pièce de terre appelée le Villard contenant environ trois séterées, le tout
situé dans les appartenances du dit bourg de Montbrun, joignant ensemble ; plus un bois de haute
futaye appellé le bois Bussière, contenant environ six séterées terre d'étendue. Plus une autre pièce
de pré appellé pré Bariéras étant pardessous le dit étang et moulin contenant environ six journeaux ;
plus un autre pré appellé le pré Vigeyrault, contenant deux journeaux ; ensemble tous et chacuns les
domaines et héritages consistant en prés, terres, bois claux et autres champs froids étant des appartenances du village du petit Puyconnioux que souloit tenir à titre de métayrie feu Blache de Puy-
cougnoux et comme ils sont demeurés par résiliment dudit bail de métayrie au dit seigneur vendeur
ce que et ses fermiers ont depuis accoutumé jouir ; plus la métayrie appellée du grand Puycougnoux
consistant au labourage d'un paire de bœufs et un paire de vaches tenue et exploitée à présent à titre
temporel par Jean Cremon dit Virau, tout ainsi et comme elle est meublée ustencillée de bétail gages
et outils aratoires et ensemensée de grains ; plus tous et chacuns les domaines et héritages, forêts et
autres biens situés au village de Pieuchat et ses appartenances qu'ils font valoir à titre de métayrie
temporelle par Pierre Filiastres et autres, tout ainsin et comme la dite métayrie est meublée et ustencillée ensemencée de grains ; plus un étang et moulin étant au-dessous d'iceluy appellé de
Lamousnerie avec tous droits de contrainte audits moulins contre les détremables et droits de
mousdure due a cause d'yceux. Plus les étangs et pêcheries appellés de Léonot, du petit Puycougnoux,
de Mapat, de Brouty et Claupeschier avec leur chaussées, droits de pescherie appartenances, étendues
et dépendances. Plus tout droit de justice, haute, moyenne, basse, mère, mixte, impère, droit et
exercice d'icelle et tout droit de justice de baronnie, chatelenie avec pouvoir d'y instituer juge,
procureur, greffier, sergent, prévôt, notaire. Toutefois a été dit que tant que le juge et procureur
d'office qui sont à présent vivront, le dit seigneur de Lambertie ne les pourra démettre de leurs offices,
si ce n'est en cas qu'ils commissent acte qui méritera la dite démission ; et aussi avec droits et emolumens d'yceux et qui en dépend sans exception et réservation d'aucune chose avec tous droits de
disme inféodée tant sur les habitants du dit bourg et jurisdiction de Montbrun qu'en la paroisse de
Mellé, ténement de Briffault et partout ailleurs, comme le dit seigneur de Montbrun et ses fermiers ont
accoutume jouir et jouissent de présent de toutes sortes de grains et légumes. Plus certains étangs et
pescherie appelée de Chatelaux et de Lestanquet avec leurs chaussées et étendues, circonstances et
appartenances situées en la dite paroisse de Mellé et hors la dite jurisdiction de Montbrun. Plus tous
et chacuns les hommages fiefs arrière fiefs dépendans et mouvans de la dite baronnie de Montbrun
scavoir par ledit sieur de Lambertie a cause des fiefs de la Sepeze, Gaudilhe, Reynic, Reynaudie et
Repaire de Vasoux. Plus par le sieur du Manadat et Jehanot de Puiffe ce a cause du fief et repaire de
Faugeyrac en la paroisse de Mellé. Plus par le sieur de Maulmont a cause des fiefs nobles de Maulmont,
le Chadaud, Lavie et Laterie. Plus le sieur de Vieillecourt. Plus par Pierre Deschamps sieur de la
Trenchardie a cause du fief noble de Balangas. Plus par Léonard de la Seychière a cause du fief de la
Besse. Plus par Me Pierre Desmoulins a cause du fief de la Feys Maumont et de Montbrun ; et généralement tous autres hommages dépendans de la baronnie, terre et seigneurie dudit Montbrun, avec
jouissance de recevoir les dits vassaux a foi hommage selon et comme ils sont déclarés et especifiés par
leurs aveus et dénombrement, avec tous arrérages des droits et devoirs a lui dûs de tout le passé jusqu'à
présent par ledit seigneur de Lambertie acquereur seulement. Comme aussi a vendù le dit sieur vendeur
audit sieur achepteur toutes et chacunes les cens, rentes et droits seigneuriaux a lui dus dependans de la
dite terre baronnie et seigneurie, a scavoir : par Me François Delage pour l'héritage que tient audit bourg
de Montbrun, un setier et une coupe de blé segle, trente huit sols 10 deniers en argent. Plus par Me France
Delage et ses neveux douze sols en argent et une geline. Plus par Pierre de Lamosnerie et ses neveux
trois boisseaux de blé segle, quinze sols six deniers en argent, deux gelines et une begasse. Plus les
hoirs de Jean Faure Couturier deux sols six deniers en argent une geline. Plus par les Vertuol six

setiers et un boisseau de blé segle, seize sols en argent une geline. Plus par les Abrivats et Coutault cinq setiers trois boisseaux de blé segle un setier blé froment, cinquante deux sols six deniers en argent, cinq gelines six eminaux et un boisseau avoine, taille au quatre cas dix sols. Plus Jeanne Ardy acause de sa maison deux sols six deniers en argent. Plus pour les Poursas six setiers un boisseau de blé segle, argent trente sols quatre deniers deux chapons et quatre gelines. Plus par les tenanciers de Leychanie pour la moitié partissant avec les Lauriers, trois boisseaux froment, neuf boisseaux segle, quatre eminaux avoine, vingt cinq sols en argent, trois gelines, taille aux quatre cas vingt cinq sols. Plus par les Lauriers pour l'autre moitié trois boisseaux de blé froment neuf boisseaux de blé segle quatre eminaux avoine trois gelines vingt cinq sols argent, taille aux quatre cas trente quatre sols. Plus les Deserts pour la moitié du Payairagou six boisseaux de blé segle dix sols argent une geline. Plus le village de la Bussière trois setiers segle quatre eminaux avoine, argent vingt sept sols six deniers, deux gelines, taille aux quatre cas dix sols. Plus les tenanciers de Bort et de Fonbreyse trois setiers de blé segle et pour la nouvelle prise du Payaragou un setier segle, sept sols huit deniers en argent une geline. Plus les tenanciers de Vieillebesoing quatre setiers segle, six eminaux avoine six gelines douze journaux d'homme et de bœuf, trois livres en argent, taille aux quatre cas quarante sols, et pour la tenue de Chatois six boisseaux segle deux eminaux avoine quinze sols argent une geline. Plus les tenanciers de Mapat avec le tenement de la Barlonnye quinze setiers segle, vingt eminaux avoine, trois livres dix sols en argent, deux chapons six gelines, taille aux quatre cas deux deniers d'or du poids de trois deniers. Plus les tenanciers de la Valade cinq boisseaux de segle, cinq boisseaux avoine. Plus les tenanciers du grand Puy-Cougnoux partissant avec ceux du petit Puy-Cougnoux six boisseaux froment, unze boisseaux segle, cinq eminaux avoine argent, vingt un sols trois deniers, trois gelines, taille aux quatre cas deux deniers. Plus pour la tenue de la Grate, segle dix boisseaux, quatre eminaux avoine, sept sols six deniers en argent, une geline. Jean Deluche pour le Chapusier argent dix huit deniers ; Leonard Pragou dit Citron une geline vingt deniers en argent. Plus les tenanciers du petit Puycougnoux alias de Lescure Gautier dix boisseaux segle, quatre eminaux avoine et vingt deux sols six deniers en argent, deux gelines et pour la tenue de Lauzalousie de las Valoussas et prat Pradeau trois septiers segle, cinq eminaux avoine, vingt sols en argent, et acause de la moitié du grand Puy-Cougnoux six boisseaux froment, unze boisseaux segle, cinq eminaux avoine, vingt un sols trois deniers en argent, trois gelines, taille aux quatre cas un denier pesant trois deniers. Marion et Denise Garnaud dix huit deniers en argent. Pierre Maruge et Heliot Trufe pour le pré de Dournoujou dix sols en argent. Pierre de Lamousnerie et ses neveux pour la tenue joignant au pré Bareyrat dix huit deniers en argent et pour la maison dessus le four aban deux sols six deniers. Me Durand Grenier et ses neveux pour la maison et grange du marché vieux, argent vingt deniers et une geline. Annet Faugeyrou pour le jardin de la Fonpoutroue? geline une, deux sols six deniers en argent. Plus les tenanciers de Lasterie-le-Genest et autres tenues neuf setiers segle, deux boisseaux avoine, quarante sols en argent deux gelines. Les tenanciers de la Borde alias du mas du Périer un setier de blé segle, dix sols en argent et une geline. La grande Borde alias des Garnauds cinq setiers segle, trente cinq sols en argent. Les tenanciers de Lamousnerie dix neuf boisseaux segle, un setier froment, quatre gelines, trois eminaux avoine, argent cinquante sols compris la rente de Dournouge, et pour Lamosnerie cinq sols, six poulets. Plus le village Darivault, quatre setiers segle, deux setiers froment, six boisseaux avoine quarante sols en argent et quatre gelines. Plus en la paroisse de Champagnat les tenanciers de la Pouge deux setiers froment, deux setiers segle, dix boisseaux avoine, quatre gelines le tout mesure de Rochouard et pour la tenue de Pailhie argent dix sols. La Fayinie acause de la tenue de la Faye deux setiers segle, quatre eminaux avoine, dix sept sols six deniers en argent, trois gelines, taille cinq sols. La paroisse de Lageyrat chez Bussière de Flayat douze deniers en argent, une geline. Me Jean de Lamousnerie pour le pré dessoubs l'etang de Mapat une geline. Avec tous droits d'achapts, ventes, honneurs, droits de prèlation et tous autres droits noms et actions, fondalité et directité. Et

generalement a vendu le dit seigneur de St Megrin au dit sieur de Lambertie tous autres droits et
devoirs, appartenances et dépendances de ladite Baronnie Terre et Seigneurie dudit Montbrun tout
ainsi que le dit sieur de St Megrin et ses fermiers en ont coutume a jouir et jouissent de present. Et au
cas qu'ils seront par ci après trouvès le dit seigneur de St Megrin et ses fermiers n'avoir joui et jouissent a present des droits et devoirs ci-dessus spécifiés, ledit sieur de St Megrin ne sera tenu a aucune
indemnité au dit sieur de Lambertie, si non de ce, comme dit est, que lui et ses fermiers jouissent
maintenant en vertu et en conséquence de leurs affermes; et si aucuns autres droits il y a, il sera
loisible au dit sieur de Lambertie de les rechercher et poursuivre a ses perils et fortunes sans aucune
chose excepter ni reserver, jacoit qu'ils ne soient especifiés par le present contract. Sauf seulement les
rentes et droits dùs audit seigneur de St Megrin pour raison des villages de Trameith et du Dougnon
en la paroisse de Maysouneis que ledit seigneur vendeur s'est réservé, consistant les dites rentes
reservées en huit setiers de blé segle, quatorze eminaux avoine, cinquante sept sols six deniers en
argent et huit gelines; et du surplus de la dite baronnie terre et seigneurie appartenances et dépendances dicelle ledit seigneur de St Megrin sen est desmis devetù et desaisy, et en a vetu et saisi et
mis en bonne possession ledit seigneur Gabriel de Lambertie comme procureur dudit sieur son père,
par le bail et octroi de la cede de ces presentes. Consentant que ledit seigneur achepteur en jouisse
dorenavant comme de sa chose propre et en prenne sur les lieux la possession reelle, actuelle et
corporelle, toutesfois et quantes que bon lui semblera, tant en l'absence que presence dudit sieur de
St Megrin ; et cependant et jusqu'a ce, icelui sieur de St Megrin s'est constitue tenir ladite baronnie,
terre et seigneurie ci-dessus vendue, si aucun acte possessoire il y fesoit dorenavant, au nom de
précaire. Et a été faite la dite vendition pour et moienant le prix et somme de vingt mil ecus sol,
delaquelle dite somme le dit sieur de Lambertie comme procureur dudit sieur son père, a promis et
sera tenu d'en bailler et payer a la decharge dudit sieur de St Megrin, a haute et puissante dame
Marguerite d'Estouart dame de St Andre, sœur dudit seigneur de St Megrin, la somme de douze mil
ecus sol, et ce au terme auquel ledit seigneur de St Megrin est tenu de faire cy empres ledit payement, et en laquelle somme ledit seigneur est tenu envers ladite dame sa dite sœur a cause de ses
droits de legitime. Plus au sieur de Noualhat la somme de cinq mil ecus, en laquelle somme ledit
sieur de St Megrin a dit etre tenu et oblige envers ledit sieur de Nouailhac, et ce pareillement aux
termes auquels ledit sieur de St Megrin est tenu faire ledit paiement a l'avenir ; et a ces fins lhors
d'iceux payemens ledit sieur de Lambertie appellera ledit sieur de St Megrin pour y assister si bon
lui semble, le tout a peine de tous depens dommages et interets que ledit sieur de St Megrin en
pourroit souffrir a faute de faire lesdits payemens, desdits termes et desdits payemens en retirer
bonnes et valables quitances et icelles bailler et delivrer en bonne et due forme au dit sieur de
St Megrin dans le jour et fête de St Jean Baptiste prochain venant, aussi a peine de tous depens
dommages et interets. Lequel sieur de St Megrin veut et consent, que ledit sieur de Lambertie soit
subrogé au lieu droit d'hypoteque des dite dame de St Andre et sieur de Noailhac, et le restant
desdits vingt mil ecus qu'est trois mil ecus sol, le dit sieur Gabriel de Lambertie au susdit nom de
procureur dudit sieur de Lambertie son pere a promis et sera tenu de paier à la decharge dudit sieur
de St Megrin, dans ledit jour et fête de la St Jean Baptiste prochain venant, a Monsieur maitre Leon de
Calvimont sieur du Cros conseiller du Roy en la cour de parlement de Bordeaux, portée et rendue par
ledit sieur de Lambertie en cette ville de Bordeaux, et en laquelle somme de trois mil ecus sol, ledit
sieur de St Megrin a dit etre tenu envers ledit sieur du Cros comme appert par contract sur ce fait, et
dicelle dite somme ledit seigneur de Lambertie sera tenu en rapporter quittance audit sieur de
St Megrin, et ce tout en bonne forme et a mêmes peines que dessus. Et a ete par exprès accordé que
ledit sieur de St Megrin devra bailler dans ledit jour de la St Jean Baptiste prochain audit sieur de
Lambertie, sur autres bons fonds et assieté, pareille rente et droits seigneuriaux qu'il s'est reservé
sur les dits deux villages de Trameil et Dougnon, a la commodité dudit sieur de Lambertie, ou a

defaut de ce faire sera tenu ledit sieur de Saint-Megrin payer audit sieur de Lambertie ce que les dites
rentes peuvent monter, a la raison que ledit sieur de Fontaine en a vendu audit sieur de Lambertie
fesant pour ledit sieur de Sᵗ Megrin, qui etoient dependantes de ladite baronnie de Montbrun, ou a
deffaut de faire par ledit seigneur de Sᵗ Megrin le dit payement il sera loisible au dit seigneur de
Lambertie de retenir par devers lui de ladite somme de trois mil ecus, c'est a quoi les dites rentes
distraites peuvent monter. Delaquelle dite baronnie terre et seigneurie de Montbrun ses appartenances et dependances entierement, ledit sieur de Sᵗ Megrin a promis en faire jouir ledit sieur de
Lambertie et les siens, en garantir et deffendre envers et contre tous tant en jugement que hors
jugement et decharger de tous debtes, charges et hypoteques, saisies et autres troubles quelconques,
même faire tollir dans ledit jour et fête de Sᵗ Jean si besoin est, tous empechemens que y pourroient
être, et ce a peine de tous depens, dommages et interets, en dechargeant par ledit sieur de
Lambertie aux termes le dit sieur de Sᵗ Megrin du payement des dites sommes envers ladite dame de
Sᵗ André et le dit sieur de Noualhac et dudit sieur du Cros, et lui remettant comme dit est,
les quitances desdits payemens. Et sur ces mêmes presentes a été presente haute et puissante
dame Dianne des Carts epouse dudit sieur de Sᵗ Megrin, laquelle de son bon gré et volonté duement
autorisée du dit sieur de Sᵗ Megrin son dit mary, a consenti et consent a la susdite vendition, et a
renoncé et renonce a tous droits qu'elle pouvoit avoir et prétendre sur les susdits biens
vendus soit par assignation de deniers dotaux donnation ou autrement en quelque sorte et manière
que ce soit, sans laquelle renonciation ledit sieur de Lambertie n'eut pas fait ladite acquisition, se
contentant ladite dame des hypoteques et assignations qu'elle a et peut avoir en faisant la dite demission
sur les autres biens dudit seigneur de Saint Megrin. Et a promis et sera tenu ledit seigneur de Saint
Megrin de bailler et delivrer au susdit sieur de Lambertie dans le jour et fête de la saint Jean prochain
tous les hommages, baillettes, reconnoissances et tout autres titres et enseignemens concernant ladite
seigneurie, terre et baronnie ci-dessus vendue qu'il aura en sa puissance, et pour recevoir tous actes
et exploits qu'il conviendra faire pour l'exécution du present contrat, les dites parties contractantes
ont elû leur domicille, scavoir ledit sieur de Saint Megrin en son chateau de Lavauguyon en Poitou,
et ledit sieur de Lambertie, audit nom audit chateau de Lambertie. Et veulent les dites parties que
tous actes et exploits, qui y seront faits soient de tel effet et vigueur que si faits etoient a leurs
propres personnes, et néanmoins a ete accordé que pour ne jouir des a present par ledit sieur de
Lambertie de ladite terre et Baronnie de Montbrun, ou de ce que pourroit etre dû audit sieur
de Saint Megrin par les fermiers d'icelle de reste de leur afferme, ledit sieur de Saint Megrin payera
ou deduira audit sieur de Lambertie dans le jour et fête de la saint Jean prochain venant la somme de
deux cent cinquante ecus sol, sur ladite somme de trois mil ecus restante a payer audit jour par ledit
sieur de Lambertie au dit sieur du Cros a cause de ladite vendition. Et pour l'entretenement de tout ce
que dessus, ledit seigneur de Saint Megrin et ledit sieur Gabriel de Lambertie en ont obligé et obligent
l'un envers l'autre et chacun pour son regard, savoir ledit sieur de Saint Megrin tous et chacuns ses
biens, droits, noms, raisons et actions presents et avenir, et ledit sieur Gabriel de Lambertie en vertu
de sadite procuration aussi tous et chacuns les biens, droits, noms, raisons et actions presents et
avenir dudit sieur de Lambertie son dit père; et ladite dame en ce que la concerne aussy tous et chacuns
ses biens presents et avenir; qu'ils ont respectivement fournis aux cours et jurisdictions de tous sieurs
et juges a qui la connoissance en appartiendra, et ont renoncé les dites parties a toutes les exceptions
par lesquelles elles se pourroient aider, venir ou faire venir contre la teneur de ces dites presentes,
laquelle teneur ils ont promis et juré en leur foi et serment tenir et accomplir, même ladite dame a
renoncé et renonce a la loy vellain *si qua Mulier* et a toutes autres loix faits et introduits en faveur
des femmes, et ainsin la promis et juré. Fait et passé audit Bourdeaux avant midy en la paroisse Saint
Cristoly et maison dudit seigneur de Saint Megrin, le septième jour de decembre mil cinq cent quatre-
vingt dix huit, en presence de Mᵉ Gratien Descouz secretaire dudit seigneur et de Francois Cornilh

bourgeois de la ville de Cusset en Auvergne et de M⁰ Martial de la Mousnerie notaire et greffier dudit lieu de Montbrun, temoins a ce appellés et requis. Ainsin signé a la cede Louis de Caussade, Dianne des Carts, G. de Lambertie, Destous present, F. Cornilh, de la Mousnerie et moy. Sensuit la teneur de la susdite procuration. Scaichent tous qu'il appartiendra qu'au chateau de Lambertie paroisse de Mellé en Perigord avant midy le vingt-septieime jour du mois de novembre mil cinq cent quatre vingt dix huit, par devant le notaire soussigné en presence les temoins bas nommés, a eté present haut et puissant [François] de Lambertie seigneur dudit lieu, Mellet, Saint-Paul, la Roche, la Valouse et autres places, habitant en son chateau dudit Lambertie paroisse susdite dudit Mellet, lequel de son bon gré plaisir et volonté a fait crée et constitué nommé etabli par ces presentes son procureur general et acteur spécial Gabriel de Lambertie ecuyer son fils ainé, auquel a baillé charge et procuration spéciale de comparoir pour ledit seigneur constituant en sa personne representer par devant toutes personnes publiques notaires et tabellions royaux quelconques, par especial, de achetter et acquerir pour et au nom dudit seigneur constituant a titre de vendition et acquisition perpétuelle et non autrement, de haut et puissant seigneur messire Louis de Caussade chevalier de l'ordre du Roy, seigneur vicomte de Saint Megrin, comte de Lavauguyon, prince de Quarency, Tonnens baron de Montbrun et autres places, ladite baronnie, terre, seigneurie, justice et chatelenie dudit Montbrun, au haut pays, consistant en chastel, maison forte, fossés, pont levis, bassecour, garene, fuye, etangs, moulins, metairies, cens, rentes, dîmes infeodées, droit de patronage, lots, ventes, honneurs, fiefs, arrièrefiefs, droits et emolumens de justice haute, moiene, basse, mère et mixte, impère, droit et pouvoir d'instituer juge, procureur et greffier ; sergent, prévôt, notaire, et tous autres droits et emoluments dependants de l'exercice d'yceux ; avec tous domaines comme prés, bois, terres, forets, droit de pescherie, et tous autres quelconques dependans de ladite baronnie et chatelenie dudit Montbrun, sans exception et reserve d'aucune ; et ce moienant le prix et somme de vingt mil ecus sol, et pour le payement d'icelle, obliger et hypotequer tous et chacun les biens, meubles, immeubles, presens et avenir dudit seigneur constituant, comme il les a par ces presentes et des a present obligés, et hypothequés ; aux pactes termes et convenances qui seront faits et portés par le contrat de ladite acquisition stipuler et accepter pour et au nom dudit seigneur constituant la garantie et division de ladite seigneurie, chastel, chatelenie, justice, hommages, fiefs arrièrefiefs, cens, rentes, dîmes, lots, ventes, domaines et heritages et de toutes autres choses en dependant, que ledit seigneur vendeur sera tenu garantir de tous troubles et empeschemens, dettes, charges, ypoteques, saisies et autres troubles quelconques ; pour l'exécution des dites choses elu domicille et par même le faire elire audit seigneur vendeur par ledit procureur tel lieu et maison qu'il verra être a faire et, du tout passer bon et valable contrat pardevant notaire et temoins, que ledit sieur acquéreur a promis inviolablement tenir comme si par luy et en sa personne ils étoient faits, accordés. Par l'entretenement duquel iceluy seigneur constituant a obligé et hypoteque tous et chacuns ses biens meubles immeubles presens et a venir quelconques renoncant à la discution diceux, et pour ce faire autorisant ledit Gabriel de Lambertie sondit fils et procureur, et par outre renoncant a tous dols, lezions, circonventions, faits, raisons, allegations quelconques contraires et prejudiciables a l'effet et teneur tant des presentes que de ce qui sera fait et passé par vertu dicelles par son dit procureur, moienant serment par ledit seigneur fait de bonne foi aux S⁺ˢ Evangiles le livre touché, se soumettant a toutes juridictions et pardevant tous juges quelconques, dont et de son consentement y a eté jugé et condamné par le notaire soussigné juré sous le seel de Périgord et vicomté de Limoges, qui audit constituant a constitué ces presentes en la meilleure forme, et en presence de honorable M⁰ Pierre Desmoulins juge Douradoux, de S⁺ Mathieu et de Vanneyros, habitant audit bourg Douradoux, et de M⁰ Jean Gareau procureur dudit Montbrun, habitant du bourg de Dournazat, temoins connus qui tous ont signés à l'original des presentes. Ainsi signé Lambertie constituant susdit, Desmoulins et J. Garreau presents. Ainsi signé Brun notaire. Signé Chadizac notaire royal.

Le contrat d'acquisition a eté declaré au greffe de Rocheau par honorable M⁰ Jean Brun juge senéchal,

Phototypie J. Royer, Nancy.

François de LAMBERTIE

Seigneur de MAZIRAS et de VILLERS-sur-GÉNIVEAUX

Colonel d'un Régiment d'Infanterie, Lieutenant du Roi à la Citadelle de Metz

et depuis au gouvernement de FURNES, où il est mort en 1659

de Montbrun et de Lambertie, procureur et aiant charge dudit acquereur, le vingt neuf decembre mil cinq cent quatre vingt dix huit, etant enregistré au pied des declarations dudit greffe aux feuillets cent et un, cent deux, cent trois et cent quatre, pages première et seconde, et lui a eté octroié acte par moy ainsi signé Maisondieu.

Au chateau de Rochouart en Poitou avant midy, le dernier jour du mois de janvier mil cinq cent quatre vingt dix neuf, a eté present haut et puissant messire Louis seigneur vicomte de Rochouard et baron de Monmoreau, chevalier de l'ordre du Roy, capitaine de cinquante hommes d'armes de ses ordonnances, lequel a recu de haut et puissant François de Lambertie seigneur dudit lieu, Mellet, St Paul, Roche, Vasours et autres places, present et acceptant, les lots et ventes de l'acquisition faite par ledit seigneur de Lambertie de haut et puissant messire Louis d'Estouart de Caussade, chevalier de l'ordre du Roy, seigneur vicomte de St Megrin, comte de Lavauguyon, prince de Carency, baron de Tonnens et autres places, de la baronnie, chatelenie, terre et seigneurie de Montbrun et devoirs seigneuriaux en dependans, montant a la somme de vingt mil ecus, apres que ledit seigneur de Lambertie a exhibé son contrat d'acquisition reçu en la ville et cité de Bordeaux par Antoine de Chadizac notaire royal du septième du mois de decembre dernier. Lesquels lots et ventes de la susdite acquisition, après les avoir recu du dit sieur de Lambertie, mondit sieur l'en a quite et invetu pour cette fois seulement, sauf un autre droit et de l'autruy, en paiant et faisant les devoirs pour ce dus et accoutumes etre faits par les predecesseurs seigneurs dudit Montbrun, a cause de ladite baronnie, ce que a eté stipulé et accepté par lesdites parties et promis tenir sous serment par elles fait, obligation et hypoteque de tous et un chascuns leurs biens presens et avenir, dont de leur consentement et volonté ont eté jugés et condamnés, par les notaires sous ecrits sous le seel autentique etabli a contrat en ville et vicomté de Rochouard, pour mon dit seigneur. Et ont signé ces presentes. Ainsi signé Rochouard, de Lambertie acceptant. Ainsi signé Pinquet notaire avec Me Pierre Forgeaud aussi notaire.

Collationné et vidimùs a été fait par nous Jacques Dauryat me tabellion garde nottes du Roy de la ville de Limoges soussigné, des trois actes cy-dessus contenant trois rolles, Dattés scavoir: le premier du septième jour du mois de decembre mil cinq cent quatre vingt dix huit, signé à l'expédition Chadizac nre royal. Le second du vingt sept du mois de novembre même année, signé Brun nre. Et le troisième du dernier jour du mois de janvier mil cinq cent quatre vingt dix neuf, signé Pinquet et Forgeaud nres. Les dits trois actes transcrits et tirés de mot à mot de la grosse a nous exhibée et retirée cejourd'hui trentun du mois d'aoust mil sept cent cinquante huit, présents sieur Raymond Dauryat praticien et Jacques Benoist eperonnier temoins, habitans dudit Limoges. Signé : DAURYAT, BENOIST.

Scellé à Limoges le trente un aoust 1758, reçu vingt sept sols huit deniers conté. Le dit jour reçu douze sols.   GUIBOUR.

(Pour collation : *L'archiviste de la Haute-Vienne*, Alfred LEROUX.)

———————

Procès-verbal des Commissaires de Malte pour parvenir à faire Jean de Lambertye chevalier de Malte; au bas duquel procès-verbal est la réception à Malte dudit Jean de Lambertye, lequel était fils de François et de Jeanne d'Abzac de la Douze. 1603.

L'an mil six cent trois et le vingt cinquième jour du mois de fevrier dans la ville de Perigueux au logis où prend pour enseigne, les Anges, nous frères Bernard de Mélignian-Trignian, commandeur de Bourdeaux et Béraud de Crussy Marciliac, chevalier de l'Ordre St-Jean de Jérusalem, commissaires députés par le vénérable chapitre provincial de notre ordre tenu et célébré au grand prioré de Toulouse l'année dernière mil six cent deux, pour faire les preuves de l'extraction tant de légitime mariage

4*

qu'ancienneté de noblesse de Jean de Lambertye, de la dite maison en Perigord, et de celle de la Douze au même pays, et autres choses requises et contenues en notre dite Commission, mise lors du dit chapitre es mains de nous dit frère Bernard de Mélignian-Trignian, datée du vingt septième de mai mil six cent deux, scellée du sceau dudit chapitre, et signée sur le replis par Barrière notaire et secrétaire d'y celui ; à icelle étant attachée tant l'extrait du baptistère dudit présenté bien et dûment authentique que celui des ordonnances capitulaires en dernier lieu tenues à Malte sur la forme de faire les dites preuves, signées aussi par ledit Barrière ; avec la requête présentée audit chapitre provincial par ledit présenté pour obtenir ladite Commission. Nous étant particulièrement et en secret assemblés en ce lieu pour exécuter notre dite Commission, avons plutôt prêté serment solennel à cause de ce, et pour n'y avoir personne de notre ordre ici ez mains de l'un de l'autre, ayant pour se faire mis la main sur nos croix et ordre, jurant solonnellement de bien et fidèlement exécuter notre dite Commission, tout amour et passion regetés suivant qu'il est porté par icelle ; et ce pardevant mattre Pierre Goumondie notaire royal dudit Perigueux, qui au défaut du secrétaire dudit chapitre avons prins et choisi comme homme fidèle, auquel avons donné serment sur les Saints Evangiles, de fidèlement et secrètement écrire et rédiger par écrit ce qui est requis en cette affaire, ce que nous ayant promis et assuré faire, nous avons prins les titres anciens de noblesse et les armoiries des quatre plus riches familles dudit présenté remis devers nous, consistang les dits titres.

Scavoir ; ceux du côté du père dudit présenté, en un hommage fait par Catherine de Farges, veuve de feu Pierre de Lambertye escuyer seign[r] dudit lieu, comme mère tutrice et légitime administratresse de Jean son fils et dudit défunt, daté de l'an mil quatre cent vingt huit. Signé : G. de Bonneville.

Plus un autre hommage fait par ledit Jean, escuyer, fils dudit Pierre, du cinquième septembre mil quatre cent quarante cinq. Signé : J. Dubois.

Plus un contrat de transaction et partage fait entre nobles personnes François et Guion de Lambertye escuyers, enfants dudit Jean de Lambertye et de Jeanne Vigier, dame de Noire et de Chalard en date du dix huit septembre mil cinq cent huit. Signé : J. Marquet.

Plus le testament dudit François par lequel il institue son héritier universel Raymond de Lambertye escuyer son fils et de feue Marguerite de Maulmont, seconde baronnie du Limousin, du onzième d'août mil cinq cent vingt huit. Signé : P. de Marguy.

Plus le contrat de mariage dudit Raymond de Lambertye escuyer et de Jeanne Elie de Coulonges, de la maison de Bourdeys, du dix huitième octobre mil cinq cent trente. Signé : Baille.

Plus le testament dudit Raymond de Lambertye, escuyer, par lequel il institue son héritier universel François de Lambertye son fils et de ladite Jeanne de Coulonges, du cinquième janvier mil cinq cent soixante neuf. Signé : Baille.

Plus le contrat de mariage dudit François, fils dudit Raymond et de ladite Jeanne de Coulonges avec Jeanne d'Abzac, de la maison de la Douze, du premier juillet mil cinq cent soixante et onze. Signé : du Castaing. Duquel mariage est sorti ledit présenté Jean de Lambertye qui de présent à fait vœu d'être de l'ordre de St-Jean de Jérusalem.

Plus au regard des titres concernant la noblesse du côté de la mère dudit présenté : un contrat de mariage de Jean d'Abzac, seigneur de la Douze et de Jeanne de St-Astier, de la maison des Bories, du quatrième mai mil quatre cent cinquante. Signé : Decostas.

Plus le testament dudit Jean par lequel il institua son héritier autre Jean son fils et de ladite de St-Astier, du cinquième avril mil cinq cent quatre. Signé : Durand.

Plus le contrat de mariage dudit Jean d'Abzac seigneur de la Douze et de Marguerite de Salagniac, du huitième octobre mil quatre cent quatre vingt. Signé : Durand.

Plus le contrat de mariage de Pierre de la Douze, de l'autorité dudit Jean son frère, avec Jeanne de Bourdeille, du huitième octobre mil cinq cent. Signé : Castaing.

Plus le testament dudit Pierre par lequel il institua son héritier Gabriel d'Abzac son fils et de ladite de Bourdeille, du premier janvier mil cinq cent cinquante. Signé : des Maisons.

Plus un contrat de mariage dudit Gabriel d'Abzac seigneur de la Douze, de Vertaliac, Barrière et autres places, chevalier de l'ordre du Roi, avec Antoinette de Bernard dame de Vieilleville et de Peyremond. Duquel mariage est issu Jeanne d'Abzac mère dudit présenté ; icelui contrat du huitième août mil cinq cent cinquante un. Signé : du Castaing.

Finalement ledit seigneur de Lambertye qui est de présent père dudit présenté, *pour ses vertus et mérites a été honoré de l'ordre des chevaliers de Sa Majesté,* comme il appert par les lettres patentes du quatrième d'août de l'an mil cinq cent soixante onze. Signé : Charles, et plus bas : Tiges.

Ce fait fort secrètement et au deçu, tant qu'il nous a été possible, audit présenté et des siens, nous sommes personnellement transportés tant au lieu de Miallet diocèse dudit Perigueux, paroisse dudit Lambertye, où le dit présenté est né et a été baptisé, distant de ladite ville de Perigueux sept grandes lieues, où sommes arrivés le lendemain vingt sixième du dits mois et an, et après toute la diligence, à nous possible de faire, pour nous informer de la noblesse, ancienneté et autres qualités requises audit présenté, trouvant ne pouvoir là suffisamment faire les dites preuves, nous sommes transportés aux environs de la maison de la Douze, d'où la mère dudit présenté et issue, au même pays de Perigord et diocèse dudit Perigueux, distant du susdit lieu de Miallet, dix grandes lieues, où sommes arrivés le vingt huitième desdits mois et an, et après avoir fait la même chose nécessaire à la vérification de la noblesse et ancienneté de ladite maison de la Douze, semblablement n'ayant trouvé y pouvoir facilement exécuter notre dite Commission, avons résolu aller faire lesdites preuves en la dite ville de Perigueux qui est capitale dudit pays, où nous sommes rendus le second de mars an que dessus audit logis des Anges, où étant avons mis peine à rechercher et trouver tant en icelle ville que ez environs, les plus signalés et remarquables gentilshommes qu'il n'a été possible découvrir et trouver, tant en icelle ville que ez environs, pour les ouïr et examiner exactement sur les preuves requises à faire pour ledit présenté ; et ayant enfin rencontré noble Révérend Père en Dieu, Messire Arnauld de Solminiac, seigneur abbé de Chancelade et y habitant; noble Louis de Lagni escuyer seigneur de Montardy, des Bordes de Lisle, habitant au lieu d'Agonac ; noble François de la Cousse escuyer seigneur dudit lieu, de Verrières et de Paradis, habitant dudit lieu, et noble Antoine de Planeaux escuyer seigneur dudit lieu de Perisse, et de Bastardie, habitant dudit lieu de Plancaux.

Lesquels et un chacun au serment par eux fait aux Saints Evangiles ont promis et jurés dire la vérité sur ce que leur demanderons.

Au moyen de quoi les avons ouïs séparément à part nous, et l'un après l'autre, écrivant le susdit notaire dans ladite maison et logis des Anges, ce même jour ainsi qu'a plein est contenu aux feuillets suivants et, sur ce nous assemblés, finir notre procès-verbal auquel nous sommes signés et avons fait signer ledit notaire. Ainsi signé : J. C. S. Trigniant, le chevalier de Marcillac et Goumondie notaire royal, ayant remis l'original entre les mains de Messieurs les commissaires.

Le susdit jour second de mars mil six cent trois par nous frère Bernard de Mélignian-Trignian commandeur de Bourdeaux et Bernard de Crucy Marcilliac, chevalier dudit ordre, dans ladite maison et logis des Anges, ont été examinés les témoins sous écrits, suivant la Commission a dressée et obtenue par noble Jean de Lambertye pour vérifier sa noblesse et autre chose requise afin d'être reçu chevalier de notre dit ordre, le tout comme ci-après. Et en premier lieu :

Noble et Révérend Père en Dieu, Messire Arnauld de Solmigniac seigneur abbé de Chancelade, âgé comme il a dit de soixante ans, possédant en rentes et revenus 15,000 livres, témoin par nous appelé et reçu, a juré aux Saints Evangiles et promis dire vérité.

Interrogé si lui, qui dépose, connait ledit Jean de Lambertye qui s'est présenté pour être reçu de notre ordre St-Jean au rang de chevalier, s'il connaît ses père et mère et a connu les devanciers dudit présenté, quel état et rang il tenait et tiennent. Si ledit présenté est procréé de légitime mariage, en quel lieu a été sa naissance et baptême, davantage quel âge il a, et [quelle] religion lui et les siens ont tenu et tiennent.

A répondu connaître fort bien le susdit Jean de Lambertye, qui est fils légitime et naturel de noble François de Lambertye escuyer et seig[r] dudit lieu et baron de Montbrun, et de Demoiselle Jeanne d'Abzac de la maison de la Douze, sa mère, lequel présenté est né audit Lambertye et a été baptisé dans l'église de Miallet diocèse dudit Périgueux, limite de la langue de Provence, étant d'âge, icelui présenté de seize a dix sept ans ou environ. Comme aussi dit connaître ledit noble François de Lambertye père, du présenté, pour gentilhomme de nom et armes de bonne et ancienne extraction, étant icelui François fils de feu noble Raymond de Lambertye, quand vivait escuyer seig[r] dudit lieu, et de Damoiselle Jeanne de Coulonges, de la maison du Bourdeys. Lesquels ayeul et ayeule paternels, dudit présenté, assure icelui déposant avoir bien connu, hanté et fréquenté, ensemble les dits père et mère dudit présenté. Lesquelles maisons de Lambertye et du Bourdeys sont de bonne extraction et noblesse ancienne. ayant fait et faisant service au roi ez-bans et arrière-bans auxquels ils sont ordinairement appelés ; desquels ni l'un d'eux, n'a, icelui qui dépose, ouï ni entendu dire chose ni acte avoir été fait dérogeant à la noblesse. Pareillement dit connaître la susdite Damoiselle Jeanne de la Douze, gentil-femme de nom et armes, issue de ladite maison de la Douze, fille de noble Messire Gabriel de la Douze, chevalier de l'ordre du Roi quand vivait, et de Dame Antoinette de Bernard, de la maison de Vielleville et de Peyremond, ayeul et ayeulle maternels dudit présenté. Lesquels a aussi lui qui dépose connus, hantés et fréquentés: pour de même être leur dite maison de la Douze et de Vielleville de noble, ancienne et fort bonne extraction, et icelles être journellement appelés aux bans et arrière bans et autres assemblées. de la noblesse du pays où ils tiennent les premiers rangs. Comme aussi, lui qui dépose dit avoir ouï dire à ses père et mère qu'ils avaient connu les bisaïeuls et bisaïeulles tant dudit François de Lambertye que de ladite Jeanne de la Douze, qui tous ont vécu comme ils font aujourd'hui noblement et *catholiquement, comme fait semblablement ledit présenté.*

Interrogé si ledit présenté a contracté mariage, fait vœu en autre religion, ou s'il s'est obligé des sommes à lui impossible de satisfaire, et aussi s'il aurait fait homicide ou autre chose et crimes reprochables.

Répond n'avoir jamais entendu que Jean de Lambertye présenté ait promis mariage, fait vœu en autre religion, *que les siens ont toujours pourté les armes pour le service du Roi contre ceux de la nouvelle et prétendue réformée,* qu'il n'est tenu ni obligé d'aucune dette, il n'a commis aucun meurtre ni crime, ni chose reprochable.

Interrogé si lui qui dépose est parent ou allié dudit présenté.

Répond que non.

Interrogé si ledit présenté est bien moriginé, bien sain et en bonne disposition pour faire service à notre religion.

Répond qu'il a toujours connu ledit présenté bien né et de bon entendement, sain et dispos de ses membres pour s'exercer aux armes. Sur ce nous dits commissaires avons exhibé au dit sieur déposant les armoiries des susdites quatre familles et maisons dont ledit présenté descend, et qu'il a remises pour la vérification d'icelles; lesquelles a le dit sieur déposant bien veu et considéré a dit et affirmé trouver et remarquer icelles pour être les enseignes et marque de noblesse desdites quatre familles de Lambertye, de la Douze, du Bourdeys et de Vielleville, et telles et semblables les a-t-il vu toujours bien et pourter et être tenues respectées de toute la noblesse du pays. Comme aussi nous a, celui qui dépose, déclaré qu'il y avait puis naguère un chevalier de la Douze commandeur de Bourdeaux, oncle maternel dudit présenté. Avons aussi nous dits commissaires représenté au sieur déposant les titres mentionnés en notre procès-verbal et en quoi ils tiennent ; et tient lesdits actes pour authentiques, bons et valables à donner foi et témoignage en jugement et dehors.

Là dessus ledit déposant a dit qu'il ne faut aucunement douter de l'antiquité et noblesse des susdites maisons et familles dont ledit présenté descend, ce qui se voit manifestement par les susdits titres. Le susdit sieur déposant tient pour bons et valables, étant en bonne et due forme et telle qu'en jugement et dehors on ne peut faire aucune difficulté d'y ajouter foi.

Interrogé si les parents dudit présenté sont occupateurs et détiennent indûment aucun biens et droits appartenant à notre ordre.

A dit ne savoir, voire croit-il fermement qu'ils ne possèdent rien illégitimement.

Interrogé si, lui qui dépose, connaît noble Louis de Lagny, seig^r de Montardy, noble François de la Cousse, seigneur dudit lieu, et noble Antoine de Planeaux, aussi seign^r dudit lieu, témoins par nous appelés pour la preuve de la noblesse et autres choses requises à vérifier pour le susdit présenté aux fins d'être reçu chevalier en notre ordre et rel'gion, et si les dits témoins sont gentilshommes de nom et armes et personnes croyables en leurs dépositions.

A répondu connaître fort bien les dits sieurs de Montardy, de la Cousse et de Planeaux, témoins susdits, lesquels un chacun d'eux sont gentilshommes, extraits d'ancienne noblesse, étant aussi de si bonne conscience que pour chose du monde ne déposeraient que la pure vérité. Assurant, le dit déposant, tout le contenu en sa présente déposition pour l'avoir vu et savoir comme chose notoire à tout le monde, recollé et persévéré et a signé : A. de Solminiac, abbé de Chancelade déposant.

Noble Louis de Lagny, escuyer, sieur de Montardy et autres places, âgé comme il a dit de 55 ans, possedant en rentes ou revenus 12000 livres, témoin second par nous appelé et reçu, a juré aux saints Evangiles et promis dire vérité sur ce qu'il sera interrogé.

Enquis sur la connaissance de notre Révérend Père en Dieu messire Arnauld de Solminiac, abbé de Chancelade, de François de la Cousse et Antoine de Planeaux, seigneurs desdits lieux, témoins par nous appelés pour prouver de la noblesse dudit de Lambertye, s'ils lui sont parents ou alliés et gens auxquels il faille ajouter foi, même s'ils sont nobles ?

Dit connaître fort bien les susdits de Chancelade, de la Cousse, de Planeaux pour gentilshommes et anciens, lesquels ne sont point parents ni alliés dudit présenté, et d'ailleurs qu'ils ne déposeront que la vérité du fait qui leur sera demandé.

Interrogé si, lui qui dépose, est parent allié dudit présenté? Dit ne y avoir aucune parentée ni alliance entre eux.

Interrogé suivant la teneur de notre Commission, s'il connait ledit présenté, ses père et mère et s'il a connu leurs devanciers? quel âge peut avoir ledit présenté? où nacquit? où et comme fut baptisé ?

Dit connaître fort bien ledit de Lambertye présenté comme fils légitime naturel de noble François de Lambertye et de Jeanne de la Douze, lequel présenté est de l'âge de seize à dix sept ans, nacquit au château de Lambertye en Périgord et fût baptisé en l'église de Miallet, diocèse et sénéchaussée de Périgueux, *suivant l'institution de notre sainte mère Eglise catholique, apostolique, romaine,* connaissant aussi fort bien les dits père et mère du présenté ; comme aussi dit avoir ouï dire à ses père et mère qu'ils avaient connu tant les aïeules, bisaïeules que aïeuls et bisaïeuls paternels et maternels dudit présenté qui tous sont issus de maisons illustres et honorables, tels que sont encore aujourd'hui les dites maisons de Lambertye, de la Douze, de Bourdeille et de Vieilleville, qui toutes ont toujours bien et dignement servi le *Roi* ; et tiennent des premiers rangs es bans et arrière-bans où ils sont ordinairement appelés. Même icelui qui dépose, dit et assure que le seig^r de Lambertye qui est de présent, père dudit présenté, *a eu plusieurs belles et honorables charges, ayant commandé le jour de la bataille de Saint-Denis à une compagnie de chevaux-légers, et depuis, la lieutenance d'une compagnie de gens d'armes du seign^r Desears, lieutenant pour le Roi en Guienne;* et de plus a dit être assuré que *ledit seigneur de Lambertye avait fait service à notre ordre, pour avoir été à Malte* avec Monseigneur de Brissac, lors du secours que ledit sieur de Brissac y conduisit après ce seigneur, et que de se tenir là il eût une enseigne de gens de pied audit Malte. Comme aussi nous a représenté, y celui déposant qu'il y a eu plusieurs chevaliers de notre ordre de la maison de la Douze, même puis naguère, un commandeur de Bourdeaux, oncle maternel dudit présenté.

Interrogé si ledit présenté a contracté mariage, fait vœu en autre religion, si lui et les siens ont commis acte ou crime dérogeant à sa noblesse, ensemble s'ils détiennent induement aucuns biens appartenant à notre ordre ?

A dit qu'il n'a jamais entendu que ledit présenté ait promis ni contracté mariage, fait vœu en autre religion, *que lui et les siens ont toujours fait profession de la catholique, apostolique, romaine,* et ne tiennent aucun bien appartenant à notre ordre, comme aussi dit être assuré qu'ils n'ont jamais fait acte qui tant soit peu leur puisse être reproché.

Interrogé si ledit présenté est impotent d'aucun de ses membres, malsain d'iceux et de son entendement, davantage s'il est obligé de dettes envers aucun.

Dit qu'il a toujours connu ledit présenté sain d'esprit et de corps et qu'il n'est obligé d'aucune dette qu'il sache.

Sur ce nous dits commissaires avons exhibé au dit sieur déposant, tant les dites armoiries des susdites quatre familles et maisons dont ledit présenté descend que les titres présentés anciens mentionnés en notre procès-verbal.

Lesquelles susdites armoiries bien vues et considérées par ledit sieur déposant, ensemble les susdits titres, a dit icelle être les vrais enseignes et marques de noblesse des dites maisons, comme aussi les dits titres sont bien et duement authentiques et ne peut-on douter aucunement de l'ancienneté de noblesse des dites maisons de Lambertye, de la Douze, du Bourdeys et de Vieilleville. Plus n'a été interrogé ni n'a dit, recollé a persévéré et a signé : Signé : Montardy, déposant.

Noble François de la Cousse, escuyer, seigneur dudit lieu et autre place, âgé de 60 ans, possédant en rentes et revenus 10,000 livres, troisième témoin par nous appelé, a fait serment sur les saints Evangiles dire vérité.

Enquis s'il connait les dits sieurs de Chancelade, de Montardy et de Planeaux pour gentilshommes d'honneur et de qualité, s'ils sont parents ou alliés du présenté et personne à qui il faille ajouter foi?

Dit connaître fort bien les dits gentilshommes pour être de noble et ancienne extraction, et qu'ils ne sont point parents dudit présenté, qui sans difficultés déposeront la vérité de ce qui leur sera demandé.

A été interrogé par nous commissaires susdits tant sur la connaissance dudit présenté âge et mœurs, s'il est procréé de légitime mariage? Lequel a dit et assuré, moyennant son dit serment, connaître parfaitement ledit noble Jean de Lambertye pour être procréé et engendré de légitime mariage de noble François de Lambertye et de dame Jeanne de la Douze, les dites maisons de Lambertye et de la Douze remarquées de toutes qualités nobles et illustres, comme aussi a dit connaître fort bien les maisons du Bourdeys et de Vieilleville d'où sont sortis les aïeuls paternels et maternels pour être nobles et fort anciennes, qui toutes sont ordinairement appelées ez bans et arrière-bans, comme il sait pour le certain et a ouï dire à ses père et mère, étant ledit présenté de l'âge de 16 à 17 ans, de bon esprit et propre pour servir à notre religion. Sur ce lui avons exhibé les armoiries des dites familles, lesquelles par lui bien considérées il a assuré être celles qu'ils ont accoutumés tenir et porter.

Avons aussi, nous dits commissaires, représentés au dit sieur déposant les susdits titres et enquis s'ils sont bons et valables.

Là dessus, le dit déposant, a dit, qu'il ne faut aucunement douter de l'antiquité et noblesse des susdites maisons, et qu'il trouve ces susdits titres en bonne et due forme pour y être ajoute foi tant en jugement que dehors.

Interrogé si ledit présenté a contracté mariage, fait vœu à autre religion, ou commis acte reprochable et s'il est obligé d'aucune dette.

Dit qu'il n'a jamais entendu que ledit présenté ait promis mariage, fait vœu à autre religion ni qu'il s'est obligé d'aucune dette, moins ait commis meurtre ni crime répréhensible.

Interrogé, si lui qui dépose, est parent ou allié dudit présenté a dit que non.

Interrogé si les parents dudit présenté occupent et détiennent induement aucuns biens et droits appartenant à notre dit ordre, a dit ne savoir et voir, croit-il, assurément, comme vraisemblable que les parents dudit présenté ne possèdent rien appartenant à notre ordre, d'autant qu'ils sont gens de bien. Et plus, n'a dit, pour n'avoir par nous été enquis, recollé a persévéré et s'est signé : Signé, La Cousse, déposant.

Noble Antoine de Planeau, escuyer, seigneur dudit lieu et autres places, âgé de 55 ans, possédant en rentes ou revenus 8,000 livres, quatrième témoin. A fait serment sur les évangiles dire vérité.

Interrogé s'il connaît Jean de Lambertye présenté pour être reçu en notre religion en rang de chevalier, s'il connait ses père et mère et a connu leurs devanciers; en quelle maison lieu, icelui présenté, est né et a été baptisé, de quel âge il est et s'il est procréé de légitime mariage ?

Dit connaître ledit présenté comme fils légitime naturel de noble François de Lambertye et de demoiselle Jeanne de la Douze, qu'il nacquit au château de Lambertye en Périgord et fut baptisé en l'église paroissiale de Miallet, sénéchaussée de Périgueux, qu'il est âgé de 16 à 17 ans, et a de plus ledit déposant connu ses aïeuls paternels, qui étaient noble Raymond de Lambertye et D^lle Jeanne de Coulonges, quand vivait mariée; a pareillement connu messire Gabriel de la Douze, chevalier de l'ordre du Roi, et dame Antoinette de Vieilleville, de Peyremont sa femme, aïeul et aïeule maternels dudit présenté. Toutes les dites maisons de Lambertye, du Bourdeys, de la Douze et de Vieilleville, nobles de noms et d'armes et d'ancienne extraction, telles étant tenues et réputées et par tout le pays, assistent ordinairement ez bans et arrière-bans et autres assemblées de la noblesse du pays pour service de *Dieu et du Roi*, ou le seign^r de Lambertye qui est de présent, père dudit présenté, a eu plusieurs et honorables charges.

Sur ce avons exhibé audit sieur déposant les armoiries des susdites quatre familles.

Lesquelles par lui bien vues et considérées nous a assuré être celles qu'ils sont accoutumés tenir et porter de temps immémorial.

Pareillement lui avons exhibé les titres anciens remis par devers nous pour prouver la noblesse dudit présenté.

A quoi il a répondu qu'il ne faut aucunement douter de l'antiquité des dites maisons ni des dits titres.

Interrogé si les parents dudit présenté détiennent aucun bien appartenant à notre ordre ?

A dit que non.

Interrogé si ledit présenté est homme vicieux et mutilé d'aucun de ses membres, malsain de son entendement, s'il est obligé d'aucune dette ? Répond et assure qu'il a toujours connu ledit présenté bien moriginé; sain et dispos de ses membres et entendement et qu'il n'est débiteur d'aucune chose envers personne.

Interrogé, si lui qui dépose, est parent ou allié dudit présenté, dit que non.

Enquis si ledit présenté a fait vœu en autre religion, et de laquelle lui et ses prédécesseurs font profession; si aussi il a contraté ou promis mariage, et davantage si a commis meurtre ou autre crime dérogeant à noblesse, ni les siens.

A dit qu'il n'a oncques entendu que ledit présenté ait contracté mariage, ni fait vœu en aucune religion, *et que tous ses prédécesseurs ont toujours fait profession de la religion catholique, apostolique, romaine et porté les armes pour icelle*, sans avoir commis ledit présenté ni aucun des siens meurtre ni acte qui leur puisse être reproché.

Interrogé s'il connaît Messire Arnault de Solmigniac abbé de Chancelade, ensemble les sieurs de Montardy et de la Cousse, s'ils sont parents ou alliés dudit présenté et gentils hommes croyables.

Dit et assure que lesdits sieurs de Chancelade, de Montardy et de la Cousse, sont gentilshommes de nom et d'armes, et personne qui ne déposerait en quel fait que ce fût que la pure vérité, entre lesquels et le susdit présenté n'y a point de parentée ni alliance aucune, ce qu'il sait fort bien. Et tout le contenu en sa présente déposition en laquelle il a persévéré lui étant répétée et s'est signé. Signé : Planeau, déposant.

Ce fait avons nous dits commissaires remarqués le procès-verbal de la réception de notre Commission et déposition des quatre sus-écrits témoins, en huit feuillets et demi de papier, sur quoi avons donné fin à ladite enquête de preuves, sans toutefois la fermer que n'ayons procédé à l'enquête secrète d'office, avons délibéré faire insérer ci-après. Et en ce point, avons ici signé et fait aussi signer ledit notaire, dans ladite maison et logis des Anges, cedit jour second de mars '603. Signé : J. C. Trignian, le chevalier de Marsilliac et Goumondie notaire royal. Ayant remis l'original entre les mains de Messieurs les Commissaires.

ENQUÊTE SECRÈTE d'office faite par nous frères Bernard de Mélignian-Trignian, commandeur de Bourdeaux et Berand de Crucy-Marsilliac chevalier de l'ordre St-Jean de Jérusalem, commissaires députés pour faire les preuves requises à la réception de noble Jean de Lambertye en notre religion et rang de frère chevalier, à l'effet de laquelle le troisième jour du susdit mois et an que dessus, dans ladite maison et logis des Anges, avons appelé à nous Pierre de Chambes écuyer seig^r de la Couronne près Marton en Angoumois, et Gabriel Raimond écuyer seig^r de Vignoles, lesquels avons pris d'office comme gentilshommes d'ancienne extraction, et iceux ouïs l'un après l'autre sécrètement écrivant le susdit notaire et comme ci-après.

Noble Pierre de Chambes écuyer seigneur de la Couronne, âgé de quarante ans, possédant en rentes ou revenus 6,000 livres, témoin par nous pris d'office et incontinent ouï, moyennant serment par lui prêté sur les Saints Évangiles ayant promis dire vérité comme s'ensuit :

Interrogé s'il connaît noble et Révérend Père en Dieu Messire Arnauld de Solmigniac seig^r abbé de Chancelade, Louis de Lagny seig^r de Montardy, François de la Cousse, seig^r dudit lieu et Antoine de Planeau aussi seig^r dudit lieu, témoins par nous appelés pour faire les preuves de la noblesse et autres choses requises à noble Jean de Lambertye fils de noble François de Lambertye, écuyer seig^r dudit lieu et autres places, et de Demoiselle Jeanne de la Douze, diocèse et sénéchaussée du Périgord, pour être reçu en notre religion St-Jean de Jérusalem au rang de chevalier et si les dits témoins lui sont parents ou alliés et au surplus gentils hommes et personnes croyables.

A dit et répondu connaître tous et chacun lesdits témoins pour être gentilshommes de noms et armes assistant aux bans et arrière-bans, sachant fort bien qu'ils ne sont point parents dudit présenté ni alliés aucunement moins entre eux l'un de l'autre, qui aussi sont personne de tel honneur et conscience qu'ils ne déposeront que la vérité.

Surquoi nous dits commissaires avons commandé au susdit notaire faire lecture des dépositions ci-devant insérées faites par les susdits témoins sur la noblesse dudit Jean de Lambertye présenté, lesquels après avoir été au long écouté et entendu par ledit déposant.

A dit et assuré que ce que les dits témoins ont déposé en ladite enquête de preuves contient vérité, de manière que s'il eut été de même que les dits témoins interrogé, eut semblablement qu'eux déposé, parcequ'il sait fort bien que ledit présenté est fils de noble François de Lambertye escuyer seig^r dudit lieu et autre place et de D^{lle} Jeanne de la Douze, que ledit déposant connaît, comme aussi les maisons du Bourdeys et de Vieilleville dans les aïeuls paternels et maternels pour être de bonne et d'ancienne noblesse. Et de plus sait icelui qui dépose que ledit présenté est bien né en forme de ses membres pour s'exercer au fait des armes, étant quitte de dettes comme il croit et chose assurée, qu'il n'a fait vœu en autre religion ni promis mariage, *moins est taché d'hérésie mais est bon catholique comme ses père et mère et devanciers,* sans avoir jamais commis homicide ni fait autre acte dérogeant à noblesse. Plus ne nous a semblé l'interroger ni n'a dit et récollé et persévéré et s'est signé :   Signé : Pierre Des Chambes, déposant.

Noble Gabriel de Raymond escuyer seig^r de Vignoles, âgé de quarante ans, possédant en rentes ou revenus 6000 livres, par nous dits commissaires pris d'office et moyennant serments sur les Saints" Evangiles, a promis dire vérité.

A été enquis s'il connaît noble Révérend Père en Dieu, Messire Arnauld de Solmigniac abbé de Chancelade, Louis de Lagny escuyer, seig^r de Montardy, François de la Cousse seig^r dudit lieu, Antoine de Plancau seig^r dudit lieu, s'ils sont nobles de noms et armes et ancienne extraction, d'ailleurs personnes croyables en témoignage, comme aussi s'il n'y a point de parentée ou alliance entre eux, et ledit produisant.

Dit connaître fort bien lesdits gentils hommes pour personnes d'honneur et de qualité qui ne déposeraient rien contre la vérité, n'étant aucunement parents entre eux ni alliés non plus que dudit présenté.

Nous dits commissaires ayant cette réponse, avons fait lire au déposant l'enquête ci-devant écrite sur la noblesse dudit présenté. Laquelle après avoir été par lui au long entendue :

A dit ne trouver rien ez dites dépositions qui ne soit de la pure vérité, sachant très bien icelui qui dépose les maisons de Lambertye, de la Douze, du Bourdeys et de Vieilleville être nobles et d'ancienne extraction, qui sont celles des père et mère dudit présenté et de ses aïeuls et aïeules paternels et maternels; comme aussi sait-il que ledit présenté est fils légitime et naturel desdits François de Lambertye et Jeanne de la Douze, et qu'il est sain de corps et d'entendement pour s'exercer aux armes, liquide de dettes, n'ayant fait acte ou chose dérogeant à noblesse, *mais vécu toujours comme ses pères et mères et devanciers catholiquement.* Plus n'a été interrogé ni n'a déposé, auquel ayant fait lire sa déposition, persévérant en icelle. S'est signé : Raimond, déposant.

Les susdites deux dépositions faites par les dits témoins pardevant nous dits commissaires, écrivant comme dit est le susdit notaire, sont insérés dans deux feuillets de papier, le tout fait suivant la teneur de notre dite commission et établissement de notre dit ordre sur le fait des dites preuves. En foi et témoin de quoi et de tout le contenu ez presentes nous sommes pour fin ici encore signé. Et de même que ci-devant avons fait signer le susdit notaire, pour après par icelui, illec même et en notre présence être ces présentes closes avec rubans en soie rouge et après cachetées et scellées de nos sceaux, faisant à icelle attacher et enclore notre dite commission pour être après présentée en assemblée ou chapitre, afin de servir au susdit de Lambertye présenté à ladite réception de chevalier à notre ordre et religion. Fait audit Périgueux ez logis susdits le même jour troisième de mars 1603, signé J.-B. Trignian, le chevalier de Marsilliac et Goumondy, notaire royal, ayant remis l'original entre les mains desdits Messieurs commissaires.

Réception de Jean de Lambertye à l'ordre de Malte. 11 novembre 1604.

Frater Aloysius de Wignacourt, Dei gratia sacræ Domus hospitalis sancti Joanis Hierosolimitani Magister humilis, pauperumque Jesu Christi Custos; universis et singulis presentes nostras litteras visuris, lecturis et audituris salutem.

Notum facimus et in verbo veritatis adtestamur, quod anno domini millesimo sex centesimo quarto die undecima mensis novembris, in cappella divo Michaeli Archangelo sacra, intus ecclesiam conventualem sancti Joannis Baptiste patroni nostri; Nobilis vir Joannes de Lambertye cupiens Deo beatæ- que virgini Mariæ ac sancto Joanni Baptiste patrono nostro, sub virtutum regulari habito in obsequiis pauperum et tuitione fidei perpetuo inscrivire, ac nomen suum militæ nostræ dare, inter missarum solemnia recitato evangelio, ornamentis ac insignibus militaribus a venerando religioso in Christo nobis procharissimo fratre Claudio de Thesan-Venasque ordinis nostri magno commendatorio, id

5*

muneris ex delegatione et commissione nostra obeunte, decoratus et donatus fuit; ac postea peracto sacrificio missæ, idem nobilis vir Joannes de Lambertye, post suorum pecatorum confessionem ac sacrum corporis Christi communionem, obtulit personam suam Deo, Deique genitrici Mariæ et sancto Joanni-Baptistæ patrono nostro, vovens ac sancte promittens obedientiam, castitatem et proprii abdicationem juxta regulam nostram, Secundum cujus statuta dictus nobilis vir Joannes se velle deinceps vivere publice professus est, apperto missali tactis sacris litteris, ac manibus suis positis inter manus præfati venerandi fratris Claudio de Thesan-Venasque vice ac nomine nostro votum recipientis. A quo donum pallium, cum cruce alba octogena, quod est insigne nostri ordinis, cum ceremoniis et solemnitatibus consuetia et a statutis nostris requisitis accaepit ac indutus est, et inter fratres milites venerabilis Lingue Provinciæ annumeratus fuit. In cujus rei testimonium bulla nostra magistralis in cera nigra presentibus est impressa. Datum Militae in conventu nostro die, mense, et anno supradictis.... Registrata in Cancella. Signé : Frater Emmanuel Kebedius registrator cancellarius.

Collationné sur l'original en papier, vu et revu par les tabellions généraux au Duché de Lorraine résidant à Nancy soussignés, ce jourd'hui 23ᵉ février 1711, ce fait ledit original à l'instant rendu. Signé : Hussart, tabellion général; Bourbon, tabellion général.

Noble Pascal Marcol, prévost des villes et offices de Nancy et lieutenant de police en icelle, certifions à tous qu'il appartiendra, que Mʳ Denis Bourbon et Jean-Louis Hussart qui ont collationné et signé la présente copie, sont tabellions généraux en Lorraine, résidant audit Nancy, et qu'à tous les actes par eux signés, foi pleine et entière est ajouté en jugement et dehors. En foi et témoignage de quoi nous avons signé les présentes et a icelles fait mettre et apposer le scel ordinaire de notre juridiction. Donné à Nancy le vingt cinquième février mil sept cent onze. Signé : Marcol, prévost.

(Archives de Cons la Grandville.)

Contrat de mariage de Gabriel de Lambertie et d'Isabeau de Rochechouart. 13 *février* 1605.

Pardevant les notaires souscripts, jurés de la Cour du scel établi aux contrats en la vicomté de Rochechouart, pour Haut et Puissant seigneur Monsieur le vicomte du dit lieu, ont été présents, en leurs personnes, établis en droits et duement soumis, Haute et Puissante Magdeleine de Bouillé, veuve de Haut et Puissant Messire Louis, quand vivait, chevalier de l'ordre du Roy, capitaine de cinquante hommes d'armes des ordonnances de Sa Majesté, Seigneur, vicomte de Rochechouart; Hauts et Puissants. Jehan, Reigne, et Jouachin, et Isabeau de Rochechouart, enfants naturels et légitimes de feu mon dit seigneur et de ma dite Dame, demeurant et étant de présent en leur château de la Forest, paroisse de Bienna, près le dit Rochechouart et comté de Poitou d'une part; et François de Lambertye, baron de Montbrun, seigneur des terres et seigneuries de Lambertye, Miallet, Saint-Pol la Roche et autres places, tant pour lui que pour Jeanne de Ladouze, son épouse, et promettant lui faire ratifier ces présentes, toutes et quantes, et Gabriel de Lambertye, son fils, et de la dite Ladouze, sa dite épouse, duement et suffisament autorisé du dit sieur de Lambertye, son père, demeurant au dit château de Lambertye en la comté de Périgord d'autre part; entre lesquels de leur bon gré et volonté, ont fait les promesses et conventions de mariage, que le dit Gabriel et la dite Isabeau Damoiselle, par l'advis, conseil et consentement de la dite Dame sa mère, de Haut et Puissant Messire Jehan de Rochechouart, chevalier, vicomte du dit lieu, etc. Autre Jehan, Reigné et Jouachim ses frères ; et le dit Gabriel par l'advis, conseil et consentement du dit sieur de Lambertye, son père, de Haut et Puissant Messire Jérémie Gabriel de Ladouze, chevalier de l'ordre du Roy, seigneur du dit lieu de Ladouze et de Reillac, baron de Montencé et autres places, François de Jumilhac, écuyer sieur du dit lieu Dobax, Jean de Lambertye, ecuyer, seigneur de Prung et des Robertz, François du Chastain, ecuyer, sieur du dit lieu et des Blancs,

GABRIEL Comte de LAMBERTIE

Baron de MONTBRUN, Seigneur de MIALLET

Commandant des ville et citadelle de Nancy

Marié à Isabeau de ROCHECHOUART (1605)

Né en 1575

Jean de La Faye, ecuyer, sieur de Saint-Privas, du Bois et partie de Courgnac, ledit François de Ladouze oncle, maternel, et les autres cousins-germains et proches parents du dit sieur de Lambertye ; ont promis et juré se prendre mutuellement à femme et mari, époux légitimes, et solemniser le dit mariage en l'église catholique, apostolique et romaine, toutes fois et quantes les solemnités seron requises, gardées et observées. En faveur duquel mariage et pour la dotte de la dite Isabeau, Damoiselle, droits et successions cy après déclarés, icelle dite Dame sa mère, Jehan, Reigne et Jouachin ses frères germains, enfants du dit feu seigneur et de ma dite Dame, chacun d'iceux seul pour le tout, ont cédé, quitté, et délaissé à icelle dite Damoiselle, la terre et paroisse de Pansoulz, ses appartenances et dépendances, en tout droit de châtellenie, et juridiction et préeminences, préroga- tifs et droits qu'ils ont eus en partage avec mon dit seigneur le vicomte leur frère aîné, sans aucune exception ni retenue. qu'elle tiendra en partage suivant la coutume du présent pays de Poitou, en ce qu'ils seront trouvés racheptables, les choses qui ont été alliénées, puis le dit partage, suivant le dénombrement et déclaration qui en a été donné par cy devant, qui sera joint au pied de ces présentes, par eux, ou de feu mon dit seigneur le vicomte, leur père, du revenu d'icelle paroisse et appartenances, dedans trois mois prochains, et rendre la dite terre et revenus en même état qu'elle était lorsqu'elle leur échu et fut donnée en partage, pour le revenu d'icelle, et descharges, tout et auquittange la dite Damoiselle, de toutes autres charges héréditaires, sans qu'elle, ou son dit bien à elle délaissé soit aucunement chargés ny elle inquiétée. Et pour cet effet icelle dite Dame, les dit sieurs Jean, Reigne et Jouachin ses dits enfants, et chacun d'iceux, sont pour le tout renonçant au bénéfice de division, indivision, ordre de droit et discution et éviction des biens non faits, et ma dite Dame à celle du Senat. consul. Velleyen, et par lesquelles femmes ne peuvent obliger leurs biens ou en être cautions pour autruy, et ou le feraient, ne préjudicieront à leurs droits à eux donnés ; à entendre qu'ils ont dit bien savoir, et déclarer ne se vouloir aider au préjudice de ces présentes ; et ont obligé et hypothéqué tous leurs biens présents et avenir, en faveur et pour cause duquel don et promesse cy dessus, la dite demoiselle et a promis qu'elle sera tenue quitte, et renonce comme dès apresent, a quitté et renoncé, quitte et renonce par ces présentes aux successions diverses échues de feu mon dit seigneur le vicomte, son père, et à échoir à cause de ma dite Dame sa mère et autres colla- téraux des frères et sœurs, au profit des sieurs, Jehan, Reigne, et Jouachin, leurs descendants et survivants d'eux ; toutes fois ou le dit survivant décéderait sans hoirs procréés de luy en loyal mariage ; icelle dite Damoiselle ou les siens reviendront à la substitution comme de droit. En faveur du quel mariage le dit sieur de Lambertye père pour luy, a nommé dès apresent le dit Gabriel, son fils aîné, son heritier universel, suivant ce qui lui est permis et loisible par son contract de mariage, et icelui institué son héritier principal et universel en la moitié de tous et un chacun ses biens, tant de ceux assis au pays de droit écrit, que coutumier, sans autre plus grand droit énoncé que les coutumes du pays où sont situés et assis lui attribuassent ; et néanmoins a encore donné et donne au dit Gabriel son dit fils, par préciput, la maison entière de Lambertye, grange, bâtiment, et autres édifices, cours, jardins, aussi la garenne ainsi qu'on va de la dite maison de Lambertye au village de Lonhaigue, jusqu'au grand fossé tenant la dite garenne, et entièrement le priéx appelé le Grand priéx étant devant la dite maison, tirant au chemin qui ly va de la dite maison au village de Durmareyes et d'autre au village de Malari (?) au domaine des hoirs Antoine Vigile, et au domaine du dit sieur de Lambertye d'autre ; et encore le dit sieur de Lambertye père veut et entend que le dit Gabriel son dit fils ait les autres domaines adjacents et contigus et desquels il jouisse à sa main en baillant recompense d'une moitié des dits domaines adjacents à ses autres frères puisnés, et autres domaines à Lambertye, par advis de leurs parents communs, et que les dits enfants puisnés soient tenus prendre la dite récompense d'icelle dite moitié. A été accordé que ly Gabriel fils aîné, en faveur du dit mariage le dit, a présentement institué son héritier en la moitié de tous biens ; icelui de ses enfants masles procréés du présent mariage, capable d'institution, tel qu'il lui plaira nommer, et à faute de nomination, le fils aîné, lequel ce fesant, le second et autres enfants masles capables d'institution s'assuivront par ordre ; et ou ny aurait d'enfant masle du dit présent mariage, pourra nommer telles des filles capables d'institution et substitution que bon luy semblera ; et ou ne nommera, la fille aînée capable sera héritière en la moitié ; et ou défaudrait, la seconde ou autre s'ensuivront par ordre ; et ou le dit Gabriel décéderait sans avoir fait la dite nomination d'héritiers, la dite nomination appartiendra à la dite Damoiselle à marier, laquelle pourra nommer pour héritier tels de leurs enfants masles capables d'institution que bon luy semblera ; et à faute d'enfant mâle, l'une ou leurs filles, en la forme et par l'ordre ci-dessus ; et ou le dit Gabriel passerait à autre mariage n'y ayant d'enfant mâle survivant du présent mariage, et qu'il y eut enfant de ses autres mariages, pourra instituer son héritier celui des enfants masles qu'il voudra nommer et choisir, et, en ce cas dès aprésent a donné à la fille aînée qui sera procréée du présent mariage, par préciput et avantage, outre sa légitimes, la somme de six mille livres. En même faveur du présent mariage a été accordé que les dits sieur et damoiselle à marier ainsy leurs enfants et famille, demeureront en la dite maison de Lambertye, compagnie au sieur et damoiselle de Lambertye père et mère, y seront nourris et entretenus bien honnestement selon leur qualité ; et ou il deviendrait qu'ils ne se pussent compâtir et qu'il fallut venir à séparation, le dit sieur de Lambertye a promis leur fournir et délivrer, maison et meubles raisonnables et délivrer revenus suffisants pour leur nourriture et entretenement selon leur dite qualité, par l'advis de leurs parents communs. Pareillement a été aussi accordé que les futurs à marier feront société entre eux par moitié en tous meubles et acquets, sans en faire aucune avec les dits sieurs et Damoiselles de Lambertye, et à laquelle société la dite Damoiselle et le dit sieur pourront quitter et renoncer si bon leur semble dedans deux mois après le décès du mari. En cas de renonciation, les biens et héritages cy dessus transportés, seront restitués, ensemble ses vêtements, bagues, joyaux, et meubles portés par la dite Damoiselle. A laquelle Damoiselle survivante ly Gabriel fils, à l'autorité et consentement du dit sieur de Lambertye son père, a donné et donne surtout ses biens cy dessus à lui donnés et autres qu'il aurait, ses hypothèques ; à la dite Damoiselle sa future épouse, par forme de douaire, don, et pour avantage à cause de nôces, la somme de six cent livres à rentes et revenus annuels qui lui seront payés par chacun an, tant qu'elle vivera seulement et outre la somme de sept mille livres en pure propriété a elle et aux siens, et outre luy sera fourni une maison et habitation commode, qui sera meublée commodément selon l'advis de leurs parents communs, et de laquelle maison et meubles elle jouira par forme d'usufruit tant quelle demeurera en viduité. Et au cas qu'elle se remarie et qu'il y eut enfant du dit mariage, ne pourra disposer de la propriété et de la dite somme de sept mille livres, ny de tout aqui luy serait échu du profit de la dite société cy dessus, en faveur du second mari et enfant du second mariage au préjudice des enfants du présent mariage. En faveur du présent mariage ma dite Dame et mes dits, Jehan, Reigne, et Jouachin ses enfants, et des renonciations que la dite Damoiselle leur sœur fait en leur faveur, comme elles sont cy dessus ouï et prononcés, seront tenus vestir et habiller icelle demoiselle leur fille en soie et vêtement suivant sa qualité, laquelle damoiselle de même faveur répétera et ratifiera les dites renonciations par elle promises et faites cy-dessus, aussy substitutions directes et collaterales, le mariage accompli, toutes fois et quantes quelle en sera requise ; et ly le sieur futur époux sera tenu l'autoriser comme a promis. Et pour insinuer ces présentes, ou appartiendra suivant l'ordonnance, les parties ont nommé et constitué leur procureur N..... et le porteur des présentes à qui et chacun seul d'eux pour tous ont donné pouvoir de ce faire et l'avoir pour agréable. Tout ce que dessus icelles parties, chacune en droit soy ont stipulé et accepté, promis et juré leur foy de tenir et entretenir inviolablement pouvoir faire, ont obligé et hypothéqué tous chacun leurs biens présents et avenir, et sans que l'obligation générale préjudicie à la spéciale cy dessus déclarée, ny la spéciale à la générale, dont de leurs consentement et volontés, elles ont été jugées et condamnées, par le dit notre jugement et condamnation de la Cour du dit scel au pouvoir de laquelle, icelles se sont soumises et pour lever quand à ce. S'ensuit la teneur et dénombrement de la dite chatellenie, terre et seigneurie de Pensoulx, qui est premier, le bourg de Pensoulx ; seigle, six septiers, trois coupes et demie ; avoine, six boisseaux ; argent, trente-deux sols, six deniers; gelines, quatre. Les Chastain, trois septiers, deux boisseaux, seigle ; avoine, vingt-huit boisseaux : argent, quatre livres cinq sols et quatre gelines. Le Masgonti, froment, cinq boisseaux ; seigle, sept boisseaux; avoine douze boisseaux; argent dix sols et deux gelines. Les Taches, six septiers un boisseau seigle , avoine vingt-sept boisseaux; dix-huit sols et six gelines. Masbenas, froment dix coupes, seigle deux boisseaux; avoine trente-cinq boisseaux; seize sols en argent et une geline. Las Simoulhas et Massoubiot, seigle sept septiers, avoine quarante sept boisseaux deux coupes, argent quatre livres, gelines quatre. Le Theilliou et Legeric, deux septiers froment, seigle quatre septiers, avoine sept boisseaux, argent trente sols, gelines quatre. Theillet, froment trois septiers, seigle huit septiers, avoine cinquante boisseaux, quatre livres en argent et dix gelines. Le moulin avec les droits de moulage contrainte de banalité, icelle quelle est permise par la coutume du présent pays du Poitou et tous autres droits quelconques cy-dessus spécifiés et délaissés sans aucune réserve comme dit est. Fait et passé au dit château de La Forest après midi, le treize jour du mois de février mil six cent cinq. Signé à l'original : J. de Rochechouard, M. de Bouillé. G. de Lambertye, cantractant, Lambertye contractant, J. de Rochehouard, Reigne de Rochechouard, J. de Roche-chouard, Rochechouard présent, Ladouze, Le Chastain présent, François Jumilhac St Privat, Gabriel de Lambertye Lespinassie, Batardi d'Orbaine (?), Dasnives, De Trion, Dasnives de La Mouvinge, M. de Magnust, C. de Trion, Constantin des Maisons, F. Rynurd, Pinguet et de La Chouvestre, notaires. Signé Pinguet, ainsi que ly Rynaud et de Chouvestre aussi notaires, j'ai l'original, Rynaud, aussi lis Pinguet et Me Jean de la Chamust, notaires, li Pinquet à l'original des présentes devers luy. Signé, Montolon, commissaire.

Collation, extrait, et vidimus a été fait par nous notaires royaux soussignés de la ville de Périgueux d'un contrat de mariage d'entre Gabriel de Lambertye, chevalier, seigneur de Lambertye et de Isabeau de Rochechouard Dame du dit lieu, étant le dit cy-dessus des dits autres parts écrit dans deux feuilles de papier timbré de six liards le feuille, ayant été prinses sur une copie en bonne ordre et due forme écrite en parchemin. Laquelle dite copie en parchemin de la présente ont été trouvé de même teneur, et laquelle dite copie en parchemin nous a été représentée à l'instant retiré par maître Gaspard Pourtent, agent des affaires de Haute et Puissante Dame Marie Daydic Dame marquise de Lambertye, veuve de feu Haut et Puissant Messire Jean François de Lambertye vivant seigneur, marquis de Lambertye, demeurant le dit sieur Pourtent, du lieu de Beauchaud, paroisse de Ste-Croix de Marcuil, Périgord, y présent, qui a requis la dite teneur, et faire à Périgueux, les dix-septième février mil six cent soixante et dix-neuf, signé : G. Pourtent avec paraphe, pour avoir représenté et à l'instant retiré la dite copie et parchemin et requis le dit vidimus. Paliet, notaire royal avec paraphe. Desmoulins, notaire royal, héréditaire avec paraphe.

Nous Bernard de Jay, escuyer et sieur de Fourier, conseiller du Roy et son lieutenant particulier civil et criminel en la présente sénéchaussée déclarons que les seings de Paliet et Desmoulins, notaires royaux apposés au bas de l'extrait ci-dessus, sont leurs véritables seings, et qu'ils servent et exercent en la dite qualité de notaires tous les jours actuellement en la présente ville, en foy de quoy nous avons signé et fait apposer le cachet de nos armes, à Périgueux le dix septième février mil six cent soixante et dix-neuf. Signé : B. de Jay, lieutenant particulier, avec paraphe et scellé.

Les présentes, compulsées et rendues conformes a la copie passée pardevant notaires royaux à Périgueux le dix septième février mil six cent soixante et dix-neuf, légalisées le même jour et an, le réquérant Messire Jean Evrard, vicomte de La Fontagne et d'Harnoncourt, seigneur de Sorbey, y résident dans son château, à luy remis à l'instant par le notaire garde note, soussigné, résident au bailliage royal de Longuyon et demeurant en la dite ville, ce six juin mil sept cent soixante. Signé : Périnet, notaire royal.

Contrôlé à Longuyon ce six juin 1760, 4 vol. fol. 68, R, n° 4, neuf sols six deniers. Signé : Husson avec paraphe.

Commission de mestre de camp, pour Louis de Lambertie. 1632.

Louis par la grâce de Dieu Roy de France et de Navane à notre cher et bien aimé le sieur Louis de Lamberty salut. Ayant résolu sur les occasions qui se présentent, tant pour conserver la paix publicq en ce royaume et dissiper les desseins de ceux qui voulloient y entreprendre au préjudice de notre authorité et du repos et tranquilité de nos subjets, que pour maintenir et protéger les princes catholiques nos alliés, d'augmenter et accroistre les forces que nous avons déjà sur pied, de quelques troupes d'infanterie; et particulièrement de faire lever, et mettre sus ung régiment de gens de guerre à pied français de douze enseignes de cent hommes chacune, et étant besoin d'en commettre la charge et le commandement à des personnes qui s'en puissent dignement acquiter et desquelles l'affection et fidélité nous soient particulièrement cognues, et schachant pour cest office ne pouvoir faire un plus digne choix que de la vôtre, pour les preuves que vous nous avez rendus de votre valleur et espériance au faict des armes, bonne conduite et diligeance en toutes les occasions qui se sont présentées, esquelles vous avez été employé à notre contentement. A ces causes nous vous avons ordonné, constitué et establly, constituons, ordonnons et établissons par ces présentes signées de notre main Mre de camp desdites douze compagnies et capitaine de l'une d'icelles, composées de cent hommes, lesquels nous vous mandons que vous ayez incontinant à lever et mettre sus, des meilleurs et plus vaillans et aguéris soldats que vous pourrez trouver et choisir, pour iceux conduire et exploicter soubs l'authorité de notre très cher et bien aimé François le duc de La Vallete, au service de France, receu à sa survivance la part et ainsy qu'il vous sera par nous et nos lieutenans généraux commandé et ordonné pour notre service, et nous vous ferons payer, ensemble les chefs, officiers et soldats de votre dit régiment, des soldes, estats et appointements qui vous seront et a eux deus selon les memoires et receus qui en seront faites par les commres coneurs de nos guerres à ce departis, tant et si longtemps qu'ils seront sur pied pour notre dit service, les faisant vivre sy modestement que nous n'en recevions (?) de plainte. De ce faire nous avons donné et donnons pouvoir, authorité, commission et mandement spécial, mandons à tous nos justiciers, officiers et subjects qu'il appartiendra, qu'a vous en ce faisant soit obey, et aux cappnes et autres membres officiers et soldats dudit régiment qu'ils ayent à vous reconnaître et entendre diligemment, car tel est notre plaisir. Donné à Metz le 6e jour de féburier l'an de grâce mil six cent trente deux et de notre regne le vingt deuxième.   Louis.

(Original en parchemin.)   Par le Roy, PHELYPEAUX.

Ordre de Mc Le Duc d'Espernon pair et colonel général de France, gouverneur et lieutenant général pour le Roy en Guyenne. Mars 1632.

Ayant veu les lettres de Sa Majesté en date du VIe feburier de la présente année, portant commission au sieur de Lambertie de lever et mettre sus ung régiment de douze companies de gens de guerre à pied francays, et receu ordre particulier de Sadite Majesté de tenir la main à ce que la

CATHERINE DE LAMBERTIE

Mariée : 1° à Gaspard LE GENTIL, Ecuyer, Seigneur de VILLEBRANGES (1643) ;

2° à Pierre des BORDES (1662)

moitié de l'assemblée, dudit régiment soit faite dans Tortoyra. Nous, suivant la volonté et intention de Sadite Majesté; avons ordonné et ordonnons aux consuls manants et habitants dudit Tortoyra de. . . . . et loger six companies dudit régiment, et leur fournir pendant dix jours tant seulement les vivres nécessaires pour leur nourriture suivant l'ordre establi par les ordonnances et règlements faits par Sa Majesté. Mandons pareillement aux sieurs Mestre de camp, capitaines, chefs et officiers dudit régiment de desloger dudit lieu de Tortoyra après leurs dix jours expirés pour suivre la route qui leur est prescrite par Sa Majesté, et de faire vivre leurs soldats sans désordre, excès ni violence, sous peyne d'en respondre en leurs propres et privés noms. Fait à Bordeaux le seziesme mars 1632. — ..... de la Vallette.

(Original en papier.)   Par mondit seigneur GIRARD.

———————

Mariage de François de Lambertie et d'Emerie de Nesmond, 1633.

Sachent tous que pardevant le notaire royal en Angoulmois et témoings soubscripts furent personnellement establys comme en droict jugement, haut et puissant messire Gabriel de Lambertie chevalier seigneur dud. lieu, Myallet, et Pensous, et haute et puissante dame Isabeau de Rochechouard son épouse de lui suffisamment octhorisée; et messire François de Lambertie aussi chevalier baron de Montbrun leur fils demeurant en leur chastel de Lambertie paroisse de Myallet ressort de Périgueux d'une part; et François de Nesmond, chevalier seigneur de la Tranchade, gentilhomme ordinatre de la Chambre du Roy, lieutenant d'une compagnie de gens darmes des ordonnances de Sa Majesté, et damoiselle Aymerie de Nesmond sa fille naturelle et légitime, et de défuncte dame Jeanne de Volvyre son espouse, et de lui duement octhorisée pour l'effet de ces présentes, residant au chasteau de la Tranchade chastelainie d'Angoulesme d'autre.

Entre lesquelles parties sur le pact du mariage, lequel au plaisir de Dieu s'accomplira desd. seigneur François de Lambertie baron de Montbrun et damoiselle Eymerie de Nesmond, ont esté faictz et accordés led. pact et conventions qui s'en suivent. C'est à savoir, que led. seigneur de Montbrun et damoiselle de Nesmond octhorisée comme dessus, de leur exprés consentement et volonté, licence et octhorité desd. seigneur et dame de Lambertie, et seigneur de la Tranchade, et par l'advis de leurs autres parents et amis soubsignés, se sont promis et de faict se promettent se prendre l'un l'autre à femme à mary espoux, toutes fois et quantes qu'ils s'en réquerreront et que leurs parens et amis en seront sommés et requis, les solennités de l'Eglise catholique, apostolique et romaine seront préalablement gardées et observées. En faveur du quel mariage et pour la constitution du dot de la dicte damoiselle de Nesmond, tant à cause des droits de la succession maternelle à elle eschue, que sur les biens à échoir de son dict père, le dict seigneur de la Tranchade a promis don et sera tenu bailler et payer auxd. seigneur et dame de Lambertie et baron de Montbrun et à sa dicte fille, la somme de trente mille livres le landemain de la bénédiction nuptiale, en obligations et cédulle bonnes et exigibles et à la solvabilité desquelles il demeurera obligé. Et premièrement une promesse de feu Monsieur d'Aunac de la Jegan, beau-père du dit seigneur de la Tranchade, en date du cinquième fevrier mil six cent quatorze, portant la somme de quatre mille livres, ainsi que le jugement et condamnation d'icelle payer du.

Plus une obligation du dit feu seigneur d'Aunac consentie au profit de mattre Mathurin Defforges eslu en l'élection d'Angoulmois, avec le droit cédé et subrogation du dict seigneur de la Tranchade au lieu du créancier, portant la somme de deux mille cinquante six livres, lad. obligation en datte du huitième d'avril mil six cents vingt sept.

Plus une obligation contre le dict seigneur d'Aunac du neuf février mil six cent dix neuf, et le transport qui en a esté fait au dict seigneur de la Tranchade, du huitiesme février mil six cents vingt sept, de la somme de deux mille trois cent dix livres; et encore une autre obligation au profit de Mes^r Siméon Maulde cydevant procureur au siège prévotal d'Angoumois, de la somme de douze cents livres contre le dict feu seigneur d'Aunac, du septiesme de juin mil six cent onze, et la cession faite au seigneur de la Tranchade, du huitième octobre mil six cent vingt deux. Et plus une autre obligation contre Messire Charles de Volvyre chevalier seigneur d'Aunac devenu décédé, dans laquelle Messire Jean de Volvyre chevalier seigneur du Vivier son frère est comprius, bien qu'il ny aye que le dict défunt qui en soit seul débiteur, en date du vingt huitiesme de septembre mil six cent vingt deux, payable le vingt quatriesme de juin jour de sainct Jean, portant la somme de huit cent livres. Plus une cédule contre la dame d'Aunac de onze cents quatre livres seize sols, avec condamnation inter-venue du septiesme juillet mil six cents trente un.

Plus un contrat de constitution de rente annuelle de deux cents quatre vingt une livres cinq sols, admortissable pour quatre mille cinq cents livres, contre les seigneur et dame de Verdilles du quatorze de juillet mil six cents vingt cinq. Plus une autre obligation contre eux mesmes de pareille somme de quatre mille cinq cent livres et par laquelle y a mesme rente constituée de deux cent quatre vingt une livres cinq sols, du douziesme décembre mil six cents vingt cinq, la rente payable à chacune feste de sainct Michel. Et plus une autre obligation à cause de prets, de huit cent quarante livres contre lesd. seigneur et dame de Verdilles, du onziesme de septembre mil six cents vingt six, payables au premier d'aoust mil six cent vingt sept. Plus soixante deux livres dix sols de rente annuelle admortissable pour mille livres dhue par les seigneur et damoiselle de Sainct Amand de Bonnieure, en date du vingt cinquiesme juin mil six cents vingt sept et le transport de la dame de Campagne du.....

Et encore le droict des huicticsmes des paroisses de Montbron, Marton, Garat et autres men-tionnées par les contrats d'achapts, qui font en principal cinq mille trois cents quatre vingt deux livres, par lesquelles est dheu de rente par chacun an au denier douze, au dict seigneur de la Tranchade, la somme de quatre cents quarante huict livres dix sols. Revenant toutes les susdites obligations, cédulles et contrats de constitution de rentes à la somme de vingt sept mille six cents quatre vingt dix huit livres seize sols. Et le surplus de la dicte somme de trente mille livres de constitution et de dot qui monte deux mille trois cents une livres quatre sols, le dit seigneur de la Tranchade lui a payée manuellement et comptant en pistoles et autres bonnes monnayez ayant cours, que lesd. seigneur et dame de Lambertie et le dict baron de Montbrun ont prinses et s'en sont contentés. Comme aussi le dict seigneur de la Tranchade a constitué en dot en parures (?) boutons d'or et vaisselles d'argent jusques à la concurrence de la somme de. . . . . Et outre et par dessus la dicte somme de trente mille livres, parures (?) perles, boutons d'or et vaiselle d'argent, le dict seigneur de la Tranchade a dès aprésent quitté et délaissé, cède, quitte et délaisse et trans-porte dès maintenant et à toujours, à la dicte dame Aymerie de Nesmond sa fille, en propriété, et aux siens et qui d'elle auront droict et cause à l'advenir, sa maison noble, fief et seigneurie de la Robi-nière et le Pinier; situés en la parroisse de Villhonneur comté de Montbron et chatellenie de Varaignes en Périgord, avec toutes les appartenances et dépendances sans aucune chose en réserver. Et tout ainsi que maitre Jean Durousseau dud. lieu de Montbron, en a jouy et jouist de présent en qualité de fermier, avecques les meubles et bestail appartenant au dict seigneur de la Tranchade ; ensemble a aussi cédé et transporté à lad. damoiselle de Nesmond acceptante comme dessus, la forge de Rancougne et tout ce qui en dépend, avec la rente à luy dhue sur le moulin de Bunzac et la maison de la Geoffiére, qui se monte par an en nombres de. . . . . rentes nobles directes et seigneu-rialles ; avecq le droit d'hommage sur la maison noble du Treuil de sainct Claude, lequel droict lesd. seigneur de La Tranchade a déclaré luy appartenir. Ne pourront néantmoing les futurs à marier entrer en jouissance de la Robinière et le Pinier et choses affermées aud. Durousseau qu'au jour et este de sainct Jean prochaine. Reservant le dict seigneur de la Tranchade les fruits et jouissance des

FRANÇOIS, COMTE DE LAMBERTIE

BARON DE MONTBRUN, SEIGNEUR DE MIALLET

Colonel du Régiment de son nom

Marié : 1° à JEANNE DE NOSSAY (sans postérité) ;

2° à AIMÉRIE DE NESMOND (1633)

Mort en 1658.

dictes choses données jusqu'à ce jour-là. Et en cette considération pour aucunement les recompenser
de la privation de la dicte jouissance jusque au dict jour de saint Jean, icelluy seigneur de la Tranchade a consenty que les intérests et arrérages de rentes de l'année courante qui ont commencé à
courir depuis les termes escheux desd obligations, cédulle, et constitution de rente cydessus mentionnées cédées au profit des promis à marier, et auxquels partant que besoing soit il leur en fait
don. Et pour la Forge de Rancougne la jouissance n'en commencera que de ce jour. A été accordé
que icelle somme de trente mille livres sera censée et reputée de nature de propre et ancien patri-
moine à la dicte de Nesmond et aux siens de son estoc et ligne, tant en faict de succession que de
disposition, et comme bien regy par la coustume d'Angoumois, nonobstant quelconques autres
coustumiers et usances contraires dans le destroit desquelles les parties pourraient à l'advenir
constituer leur domicile, auxquelles elles ont debrogé en ce regard. Et en mesme faveur du présent
mariage lequel autrement n'eust esté faict, a esté aussi expressément convenu pour rendre la loy
égale, que s'il provient des enfants de ce mariage qui survivent leur père et mère et qu'ils vinssent
à les précéder, les survivants des père et mère ne leur pourra succéder que aux meubles seulement,
conformément à la coustume d'Angoumois. Et s'il advenait que les biens immeubles de l'un ou de
l'autre des futurs conjoints fussent vendus et aliénés pendant leur mariage, le remploy en sera faict au
proffit de celluy qui en aura souffert la vente; premièrement sur la masse de la communauté si lad.
damoiselle de Nesmound l'accepte. Laquelle communauté, ils contracteront de meubles et acquests
qu'ils feront pendant leur mariage, et y contribueront chacun en droict soy la somme de trois mille
livres, et si elle n'est suffisante sur les propres dud. seigneur de Montbrun, si ce sont ceux de lad.
damoiselle qui ayant été vendus, sera au choix en cas de dissolution de mariage par le predécès du
dict seigneur baron de Montbrun, d'accepter par la dite damoiselle de Nesmond la communauté ou
d'y renoncer, et pour faire sa déclaration aura trois mois de delay qui ne courront que du jour quelle
sera a certaine du décès d'icelluy, sans qu'en l'entre temps elle puisse estre censée l'estre
immiscée, les biens de lad. communauté ; et ou elle l'acceptera et prendra sur icelle ses vestements
bagues et joyaux, parures et vaisselle d'argent, carosse, litière et autres ornements et équipage
servant à sa personne, avecq les trente mille livres cy dessus réalisées. Et le surplus des meubles
et acquets sera partagé également et par moitié entre elle et la succession du décédé; en supportant
les charges à proportion, fors à l'esgard des armes et chevaux dud. seigneur de Montbrun qui ne
seront confus en lad. communauté, ainsi distrait à son profit, et ou la dicte damoiselle renoncera, pourra
répéter entierement tout ce quelle montrera avoir porté en la maison de son mary et qui luy serait échu
pendant son mariage à quelque titre que ce soit, franchement et quittement, et sans estre tenue au
payement d'aucune debte encore qu'elle y feust conjoinctement obligée avecq sond. mary, dont les
héritiers d'icelluy seront tenus de relever indemne. Et pour l'assurance de la répétition desd. biens
et droicts, fors des bagues et joyaux, parure et vaisselle d'argent demeurront dès aprésent les biens
des dict seigneur et dame de Lambertie obligés et hypothéqués, et ceux du dict seigneur de Montbrun
pour la restitution des dictes bagues, joyaux, parure, et vaisselle d'argent au cas de renonciation à
la dicte communauté comme dict est, et jusque a dire que plainière restitution en aye esté faicte,
lad. damoiselle jouira des biens de son dict espoux et en fera les fruicts siens, à la charge néantmoings d'estre comptable envers ses enfants de ce qui pourra excéder l'interest légitime de sesd.
deniers dotaux, et, si aura en outre ladite damoiselle soit qu'il y ait enfant ou non, la somme de
quinze cents livres de douaire, logée, hébergée et meublée convenablement, selon la qualité des
parties. Et pour l'assiette du dict douaire la maison et terre de Montbrun fera partie du rentement
affecté et les autres biens de proche en proche au cas que la dite terre ne feust suffisante. Et si la dite
damoiselle décédait auparavant son espoux les héritiers d'elle auront pareil choix d'accepter la
communauté ou d'y renoncer et pareil delai pour faire leur déclaration. Et advenant qu'ils renoncent
repéteront tout ce qu'elle aura porté en dot et qui lui serait eschu pendant son mariage franchement

et quittement comme dessus et avecq mesme indemnité. Demeureront les promis à marier en la maison des dits seigneur et dame de Lambertie, lesquels seront tenus les nourrir, leur famille, serviteurs et chevaux; et où les futurs conjoincts ne pourront s'entretenir et voudraient se séparer, seront tenus les dicts seigneur et dame de Lambertie de leur délaisser la jouissance des deniers dotaux et la dicte damoiselle de Nesmond et leur parfournir jusques à la concurrence de la somme de trois mille livres de revenus annuels, avecq la maison de Montbrun et deux chambres de la maison garnies de meubles ustencilles convenables à leur qualité. Et en conséquence du présent contract de mariage de leur dict fils aisné les dict seigneur et dame de Lambertie en faveur du présent ont comme autrefois institué et instituent icelluy dict seigneur de Montbrun leur fils aisné, et le nomment leur héritier universel en tous leurs biens présents et futurs en province de Périgord, et autres et de droict escrips, et si ont promis luy garder de conserver les deux tiers parties de leurs biens situés en la province de Poictou et autres portions et avantages qui sont défferés aux aisnés nobles, tant par la coustume de la dicte province qu'autres circonvoisines pour les biens qui s'y trouveront assis. Promettant en outre les dicts seigneur et dame de Lambertie faire valoir à leur dict fils leur future succession la somme de six mille livres et de revenus annuels, sans que cette limitation puisse prejudicier à la susd. institution d'héritier universel au cas que, par événement elle se trouve excéder la dicte somme de six mille livres de revenu annuel deschargé de toutes debtes. Et si en outre confor-- mément au premier contract de leur dict fils ils promettent de l'acquitter des debtes crues par luy jusqu'au dict premier contract de mariage, et de tout autres debtes esquelles il pourrait estre conjoinctement obligé avecq son dit père jusques aprésent. Et pour maintenir la dicte maison de Lambertie en son lustre ancien a esté expressément convenu entre les dictes parties que celuy des enfants masle qui procédera de ce mariage et tel que bon semblera au dict seigneur de Montbrun nommer et eslire, aura lad. maison de Lambertie par précipu et hors part, et outre en avancement de douairrie la moitié de la terre de Lambertie et de Myallet. Et à faute de nomination et eslection appartiendra lad. maison et moitié des terres de Lambertie et Myallet au fils aisné de ce mariage, et outre les droicts d'aisnesse et légitime des biens qui seraient situés en Poictou et autres coustumes: et ou il n'y aurait que des filles dud. mariage la dicte maison de Lambertie par précipu et moitié de terre appartiendra à faute de nomination et eslection à la fille aisnée, ensemble ses droicts sur la dite terre de Montbrun et aultres biens sittués en Poictou et ailleurs. Mais ou le dit sieur de Montbrun passerait en seconde nopces et que de ce second mariage il y heust des enfants masles, icelluy sieur de Montbrun pourra nommer et choisir tels desd. enfants masles que bon luy semblera pour avoir et prendre lad. maison par précipu et moitié des terres de Lambertie et Myallet, et à faute de nomination et eslection apartiendra aud. fils aisné du second lit. Et, en ce cas, la fille aisnée du premier mariage sera advantagée de la somme de dix huit mille livres, et la seconde de trois mille livres outre et pardessus leurs légitimes et sans préjudice d'icelles. Comme aussi a esté expressément accordé entre toutes lesd. parties que le *second fils masle qui naistra de ce mariage sera tenu de porter le nom et les armes de Nesmond escartelées avec celles de Lambertie,* et pour l'y obliger aura en précipu sur la dicte somme de trente mille livres constituée cy-dessus en dot par led. seigneur de la Tranchade à sa dicte fille, après le décès d'icelle, la somme de vingt mille livres, de laquelle le dict seigneur de la Tranchade du consentement des promis à marier en a fait don aud second fils masle qui sera son nepveu en droicte ligne, luy comme ayeul stipulant et acceptant pour sond. petit fils partant que besoing soit conjoinctement avecq le notaire soubscript. Et ou il serait refusant de le porter avec les dictes armes escartelées led. don sera pour non advenu, et s'il n'y avait qu'un fils masle procédant de ce mariage et que le dict fils masle heust des enfants masles, le second fils de ce fils sera tenu de prendre les mesme nom et les mesmes armes escartelées soubs les mesmes conditions que dessus. Et encore le dict seigneur de la Tranchade a desclaré et desclare par ces présentes que des biens qui se trouveront après son décès et desquels il n'aurait disposé soit par le contract de

mariage de sa fille aisnée dame marquise de Sainct Victurnien, soit par le présent contract ou autrement, son intention est que moitié de la portion afférente et qui pourrait appartenir à la dicte damoiselle Aymerie de Nesmond, soit et appartienne au dict second fils soubs les mesmes charges et
conditions que dessus et par précipu, outre sa portion contingente au residu des biens de la
succession de lad. de Nesmond. Tout ce que dessus les dictes parties ont respectivement stipullé
et accepté et à l'entretennement obligé et hypothéqué tous et chascun leurs biens présents et futurs
quelconques, dont elles ont esté jugées et condamnées par le dict notaire. Fait et passé au chasteau
de la Tranchade avant midy, le vingt troisième de novembre mil six cent trente trois, en présence de
Mr Jean Sarlane notaire royal demeurant au bourg de Marval en Poictou, et François Boulle, de la ville
d'Angoulesme, témoings requis qui ont signé avecq les dictes parties, Ainsi signé : François de Lambertie, Emerie de Nesmond, Lambertie de Rochechouard, F. de Nesmond, Chanbouraud de Nesmond,
Guez M. de Nesmond de Lambertie, Anne de Guez, Fressinet, Saint-Privas, Louis de Guoz, S. Briand,
de Forgues, M. Patras de Campagno, de Lambertie, Le Cluzeau, René Jay, François de Guez, François
de Nesmond, Philippe Mesnard, Boulles père, F. Basque présents, et G. Jolly notaire royal.

Et advenant le lendemain vingt quatrième des dicts mois et an, pardevant ledict notaire et
témoings soubscripts, a été personnellement le dict seigneur de la Tranchade, lequel exécutant les
conventions du mariage cy-dessus a baillé, payé et délivré présentement aud. seigneur et dame de
Lambertie octhorisés comme dessus et aud. seigneur de Montbrun et dame Eymerie de Nesmond son
espouse procedant à son octhorité present, toutes les obligations, cédulles, contract de constitution
de rentes et autres pièces prémentionnées par led. contract de mariage, et tout ainsi qu'elles
sont spécifflées et exprimées, faisant en total la somme de vingt sept mille six cents quatre vingt dix
huit livres seize sols, lesquelles obligations, cédulles, contracts et autres pièces, ont esté prinses
et acceptées par lesd. seigneur et dame de Lambertie et les dits seigneur et dame de Montbrun,
et faisant avecq la somme de deux mille trois cents une livres quatre sols qui feust le jour d'hui payé
comme il est porté par le dict contract la somme entière de trente mille livres pour la constitution de
dot de lad. dame de Montbrun. Desquelles obligations, cédulles, constitution de rentes, et condamnation intervenues sur iceux, avecq un arrest de la cour des Aydes du vingt unziesme d'octobre mil six
cents cinq, et lui pust venir par icelluy justificatives du droict des huitiesmes des paroisses de Garat
et autres, et somme de deniers, lesd. seigneur et dame se sont respectivement contantés : auxquels et
chacun d'eux le dict seigneur de la Tranchade en a fait cession et transport a iceux subrogés en son
lieu et droict pour en faire poursuite et s'en prévalloir contre lesd. débiteurs mentionnées ainsi qu'ils
verront estre affaire. Promettant comme autrefois il les rendra exigibles et solvables, et s'il leur a
promis il leur donnera procuration pour la dicte poursuite toute fois et quante qu'il en sera requis.
Toutes lesquelles obligations, cédulles, et constitutions de rentes et deniers y contenus, lesd. seigneur
et dame de Lambertye et le dict seigneur de Montbrun leur fils ont assigné et assignent à la dicte
dame de Montbrun sur tous et chascungs leurs biens présents et futurs quelconques, pour les luy
rendre et restituer si le cas de restitution y eschoit. Et outre et pardessus lad. somme de trente mille
livres le dict seigneur de la Tranchade a aussi présentement baillé et délivré aux dicts seigneur et
dame de Montbrun, des pendans d'oreilles de diamants emaillés, une croix de diamans, une chesne
de perles, trois douzaines de boutons d'or emaillés, une chesne de muscq en olive garnie de gerbes
d'or et de perles, un bassin d'argent, une sallière, une douzaine d'assiettes et une escuelle à oreilles
le tout d'argent, qui a esté estimé entre lesd. parties à la somme de. . . . .
que le dict seigneur de Montbrun a assigné et assigne à la dicte dame son espouse sur tout et
chacungs ses biens présents et futurs quelconques pour la restituer au cas de restitution.

Tout ce que dessus lesd. parties ont respectivement stippullé et accepté et à l'entretenement
obligé et hypothéqué tous et chacungs leurs biens présents et futurs quelconques, dont elles ont esté
jugées et condamnées par le dict notaire.

Faict aud. chasteau de la Tranchade avant mydy, en présence de M. Jean Sarlanc notaire royal demeurant au bourg de Marval en Poictou, et François Boullet, de la ville d'Angoulesme, tesmoings requis qui ont signé avecq les dictes parties. Ainsi signé, Lambertie, de Rochechouard, F. de Nesmond, François de Lambertie, Emerie de Nesmond, J. Sarlanc, Boullet et G. Jolly, notaire royal.

Le troisième jour de mars mil six cents trente cinq, au chasteau de Lambertie paroisse de Myallet en Périgord, avant mydy, pardevant le notaire soubsigné et tesmoings bas nommés furent personnellement establys comme en droict jugement François de Lambertie, escuier sieur de Montbrun, et dame Eymerie de Nesmond son espouse, laquelle il a bien en dhuement octhorisée pour le contenu en ces présentes, demeurant au présent chasteau d'une part, et François de Nesmond escuier seigneur de la Tranchade demeurant en son chasteau du dict lieu paroisse de Garat d'autre. Lesquels seigneur et dame de Montbrun suyvant et en exécution de leur contract de mariage ont volontairement recognu et confessé avoir cy devant heu et reçu dud. sieur de la Tranchade stipulant, savoir est quinze cents de perles fines rondes moyennement grosses, deux pendant d'oreilles de diamant, une croix de diamants, trois douzaines de boutons d'or émaillés, une ceinture aussi émaillée, une chesne avec des gerbes d'or et perles, un bassin, une . . . ., une sallière, une douzaine d'assiettes, une douzaine de cuillères et une escuelle à oreilles le tout d'argent, que le dict sieur de la Tranchade leur avait promis par led. contract de mariage, lesquelles susd. choses ont esté estimées à la somme de trois mille six cents livres, que le dit sieur de Montbrun a assigné et assigne sur tous et chascungs ses biens présents et futurs conformément audict contract de mariage pour les rendre et restituer s'il y eschoit, et, à ce faire, le dit sieur de Montbrun a obligé et hypothéqué tous et chascungs ses biens présents et advenir etc. serment etc. renonçant soub. . . . . . . etc. condamner etc. et autres clausses . . . . . et . . . . . lettres, soubs scel roial, en présence de M. Denis Fayolle notaire du bourg de Dournazac et Jean Chaleman, dict Catousdon, tesmoings, qui ont signé avecq les parties, fors led. Chaleman. Ainsi signé François de Lambertie, E. de Nesmond, Fayolle père et de la Courgue notaire roial général.   G. JOLLY, notaire roial ; MONTOZON, commissaire.

Lettres d'erection de la terre de Lambertye en Comté. Juin 1644

Louis, par la grace de Dieu, Roy de France et de Navarre, à tous présents et à venir, salut.

Les Rois nos prédécesseurs, considérant combien importait la reconnaissance des services rendus à l'Etat par gentilhommes dont ils auraient reconnus la dextérité, valeur et fidélité, les auraient non seulement honorés de bienfaits mais aussi donné des titres et dignités à leurs terres afin d'inciter les autres par cettes recompenses à rechercher les occasions de se signaler, pourquoi il semble que nous soyons obligés à leur invitation de faire connaître combien les belles actions nous sont agréables et les reconnaître, selon leur mérite. A quoy ayant égard et aux vertus, valeur, fidélité et signalés services que nous a rendus et ses prédécesseurs, notre bien aimé Gabriel de Lambertye, seigneur de la terre et chatellenie de Lambertye en Périgort, notre Lieutenant à Nancy et mestre de Camp d'un régiment de vingt compagnies a drapeaux blancs, en toutes les occasions et sièges qui se sont présentés depuis plus de cinquante ans, tant ès dites charges, qu'en celle de capitaine de nos chevaux legers, et auparavant son père, qui était chevalier de Saint-Michel, en plusieurs et importantes occasions, ou il aurait perdu la vie, ensemble deux des frères du dit exposant et un de ses enfants, pour le service de cet état, sans y avoir jamais eu aucune récompense jusques à présent. Que le dit exposant considérant que sa dite terre et chatellenie de Lambertye est située en notre province de Guyenne, dépendant du présidial de Périgueux, qu'elle a été possédée par ses prédessesseurs de tous temps immémorial, qu'ils en

portent le nom, qu'elle est de grande considération étant un grand bourg où il y a château avec des
fossés et ponts levis, dont dépendent plusieurs villages, avec grand jardin clos d'arbres, grand bois de
haute futayes et quantité de terres et fiefs vassaulx et censives, et quelle est de revenu raisonnable
pour tenir quelque qualité et dignité qui la puisse rendre plus considérable d'ailleurs, quen la dite
terre et chatellenie y a haute justice, moyenne et basse et que le tout ne relève que de nous, requé-
rait à ces fins le dit exposant qu'il nous plut décorer la dite terre et seigneurie de Lambertye, du nom,
titre et qualité de comté, et y joindre les terres de Mellet, Pensoux et baronnie de Montbrun, à lui appartenant et proche du dit Lambertye, à lui octoyer sur ce nos lettres nécessaires. A ces causes mettant
en considération les grands et signalés services que le dit exposant et ses prédécesseurs, qui sont
alliés des plus anciennes et nobles familles de France, ont rendu depuis tant d'années à cet état, et particulièrement au feu roy notre très honoré seigneur et père que Dieu absolve, et a nous, en plusieurs
et maintes occasions qu'ils ont été employés, ou ils ont donné tant de preuves de leur valleur et fidélité; que nous en avons tout sujet de contentement, et désirant les reconnaitre, et obliger le dit
exposant et ses successeurs de nous les continuer : de l'avis de la Reyne, notre très honorée Dame et
Mère, nous avons en la dite terre et chatellenie de Lambertye uny et incorporé, unissons et incorpo-
rons les dites terres de Mellet, Pensoux et baronnie de Montbrun, leur appartenances et dépendances.
Lesquelles avec la dite terre et chatellenie de Lambertye avons de notre grace spéciale, pleine puissance
et autorité Royale, créé, érigé, ordonné et étably, et par ces présentes signées, créons, érigeons, ordonnons
et établissons en nom, titre et dignité de comté, pour en jouir par le dit exposant et ses successeurs
perpétuellement et à toujours ; et le relever de nous à une seule foy et hommage, avec tous les droits,
privilèges, honneurs, autorités, dignités et imminutés qui appartiennent à la dite comté, tout ainsy
qu'en jouissent et usent les autres comtés de notre royaume, à la charge que les appellations des juge-
ments rendus par les officiers du dit comté ressortiront où ils avaient accoutumé; et sans qu'au moyen
de la dite création les habitants du dit comté soient sujets ny tenus payer autres ny plus grands droits
ny devoirs qu'ils avaient accoutumé auparavant ces présentes. Les quelles ne pourront nuire ni préjudicier à nos droits. Sy donnons en mandements à nos amés et féaux conseillers les gens tenant
notre cour de Parlement à Bordeaux, chambre de nos comptes à Paris et gens tenant notre cour des
aydes en Guyenne, et à tous autres nos justiciers et officiers qu'il appartiendra, que nos présentes
lettres ils ayent à enregistrer et de leur contenu faire souffrir et user le dit exposant
et ses successeurs plainement, paisiblement et perpétuellement. Cessant et faisant cesser tout trouble
et empêchement au contraire, car tel est notre plaisir. Et afin que ce soit chose ferme et stable à toujours, nous avons fait mettre notre scel à ces dites présentes, sauf en autre chose notre droit et l'autruit
en toutes. Donné à Paris au mois de Juin. L'an de grace mil six cent quarante quatre, et de notre
règne le deuxième. Signé : Louis. Et sur le reply: par le Roy, la Reine regente sa mère présente,
signé Philippeaux. Et à côté en écrit, visa et scellé au grand sceau de cire verte en lacet de soye Rouge
et verte.

Collation de la présente copie a été faite sur son original étant en parchemin, ce fait rendu par
les notaires garde notes du Roy notre sire au Chatellet de Paris soussignés, ce jourd'hui quatorzième
juin mil six cent quarante quatre. Signé Crespin et le Cax avec paraphes. Collationné à la dite expédition original en parchemin et rendu exactement conforme par les conseillers du Roy notaire à
Nancy, soussignés, ce sixième juin mil sept cent soixante sept. Signé : Boulanger et Watier.

Controlé à Nancy, le seize juin mil sept cent soixante sept. Reçu neuf sols six deniers. Signature
illisible

Au bas est écrit : Nous Christophe-Antoine Vrion, conseiller du Roy, Lieutenant particulier civil
et criminel du baillage Royal de Nancy, certifions que Mes Watier et Boulanger qui ont signé la copie
ci-dessus, sont notaires royaux à Nancy, et qu'à leurs signatures foy pleine et entière doit y être adjoutée.

En témoignage de quoy avons à la présente légalisation signée de nous et de notre secrétaire, fait mettre et apposer le scel de notre juridiction. Fait à Nancy le dix-sept juin mil sept cent quarante sept. — Signé Vrion et Leroy.

Collationné par M. Eugène Felix Deschange notaire à la résidence de Longuyon, chef-lieu de canton, arrondissement de Briey, département de Meurthe-et-Moselle soussigné, assisté de témoins, cejourd'hui douze juin mil huit cent soixante douze, sur l'expédition de l'acte ci-dessus transcrit représentée au notaire et par lui à l'instant rendue. Ce fait assisté de MM. Jean-François Delcourt menuisier et Albert Prosper Proth négociant. Tous deux demeurant à Longuyon, temoins instrumentaires connus et requis : Et ont les dits témoins signé avec le notaire après lecture faite. — Signé : Delcourt et Proth et Deschange.

Enregistré à Longuyon ce dix sept juin 1872. Fo 11, ro 03. Reçu trois francs et le double décime soixante centimes.   Signé : Illisible.

Testament de Georges de Lambertye seigneur de Saint-Pol, capitaine de cavalerie, au chasteau de Lambertye. 14 mars 1657.

Aujourd'hui quatorzième mars mil six cent cinquante sept, après-midy au chasteau de Lambertye paroisse de Mialet en Périgord, pardevant moy notaire royal soubsigné et présents les tesmoings bas nommés, a esté présent Messire Georges de Lambertye seigneur de Saint-Pol, capitaine de cavalerie, lequel étant dans son lit malade, et en son bon sens, mémoire et entendement, a dit et déclaré avoir fait son testament de dernière et extrême volonté qui est cy clos et cacheté, parcequ'il ne l'a pu escrire de sa main, l'a faict escrire par Monsieur de Permangle, et après l'avoir lu et relu l'a signé et prié le dit sieur de Permangle et le Réverend Père Vincent, recollet, son confesseur, de le signer ce qu'ils ont fait. Lequel testament, il veut qu'il sorte son plein effet et exécution selon sa forme et teneur. Cassant et annulant tous autres testament, donation, codicile et autres dispositions qu'il pourrait avoir faits ; et que iceluy son présent testament soit mis et demeure entre les mains dudit sieur de Permangle pour le luy remettre ou à ses héritiers après son décès ainsy qu'il sera ordonné par justice. Et du tout m'a requis acte que luy ai octroyé comme notaire juré et usant sous le sce royal, et appelé à tesmoignage Mre Estienne de la Mothe prestre curé de Pansoux en Poitou, Pierre Andrieux prestre et vicaire de Mialet et y habitant, Mre Martial Arnoudie docteur et médecin habitant au lieu de la Vallade de la paroisse de la Busière Galant en Limousin, Jean de Montsalard conseiller et médecin du Roy habitant en la ville de Nontron, Jean de la Monseage docteur et médecin habitant au lieu de Monbrun en Poitou, Jean de Mappat, Mrre Apoticaire habitant au lieu de Montbrun et Jean Bosnieux Me cordonnier habitant du bourg Des Cars en Limousin, tesmoings connus qui ont signé avec ledit sieur testateur et ledit sieur de Permangle et moy à la cede des présentes. Sensuit la teneur dudit testament.

Nous Georges de Lambertye, escuyer, seigneur de Saint-Pol, capitaine de cavalerie pour le service de Sa Majesté, estant tombé malade dans le chasteau de Lambertye, considérant l'incertitude de la mort et me voyant en faiblesse de ne pouvoir escripre et désirant pourvoir à la disposition de mes biens, pour les tesmoignages d'amitié et fidélité de Monsieur de Permangle me l'ayant tesmoigné dans toutes rencontres tant dans les armées qu'ailleurs, je l'ai prié d'escrire de sa main mon testament et dernière volonté de la sorte que je luy déclarerais ce qu'il m'a obligé vouloir faire.

Premièrement, je luy ai dit de mettre par escrit que je veux que mon corps soit ensevely après mon décès dans les tombeaux de mon père et frères, qu'il soit fait honneurs funéraus et aumosnes à la discrétion de mon héritier cy bas nommé, pour prier le bon Dieu et la Sainte-Vierge pour le salut de mon âme, comme aussy je lègue à l'église de Mialet cinq cent livres pour faire un service solemnel de mercredy et le vendredi toutes les années une fois, je veux mettre en revenu lesdites cinq cent livres. Item je donne à La Feuille mon valet, pour les bons et agréables services qu'il ma rendus, le bien de Feythe, je veux que l'estimation qui sera faite dudict bien soit employée, aumoins la moitié du revenu pour la subsistance des pauvres et le quart du revenu pour faire prier Dieu pour mon âme et l'autre quart pour ledit Lafeuille mon valet jouir. Je donne deux cent livres aux pères Recollets de Thiviers, qui me sont dus par le sieur de la Foucaudie, outre les deux cents livres que je leur ai données cy devant. Je fais mon héritier universel Jean François de Lambertye comte dudit lieu mon nepveu en effectuant les légats qui se trouveront cy dedans faits.

Premièrement je donne et lègue à mon frère de Mazières toutes les années de sa vie durant, la somme de cinq cents livres chaque année, plus je donne à M. de Saint-Privat mon nepveu la somme de dix sept cent livres une fois payée après mon décès, plus je donne à Châteaumorand mon nepveu dix sept cent livres une fois payée seulement, après mon décès, je donne à mes deux autres nepveux de Rochebrunne et de Freyssinet mes deux habits l'un d'escarlate avec les pourpoints de peaux d'hermine et boutons à queue de soye et l'autre chamarré d'argent. Je donne et lègue la somme de quatre mille livres à mon nepveu de Chambouraud une fois payée, une année après mon décès en luy précomptant ce qu'il me doit ; plus je donne et lègue à mon nepveu le baron de Lambertye lieutenant pour le Roy, à Nancy tout ce qui peut m'être dû en Lorraine voulant que mon héritier lui remette toutes les obligations que j'en ay. Plus je donne et lègue à ma sœur d'Orthe ce que son fils mon nepveu me doit, plus je donne ce que son mari se trouvera m'être obligé. Plus je donne à ma sœur de la Martinye la somme de six cent livres une fois payée après mon décès et la prie faire prier Dieu, pour mon âme. Plus je donne à Madame de la Jonchap ma nièce la somme de sept cent cinquante livres une fois payée après mon décès. Plus je donne et lègue à Destignac mon nepveu cinq cent livres une fois payée un an après mon décès. Plus je donne à mon nepveu Charles de Nesmond fils de la Grange la somme de cinq cent livres une fois payée aussy, par les raisons cy dessus alléguées. Je veux que mon dit sieur de Permangle, maréchal des logis de la compagnie des deux cents chevaux légers de la garde ordinaire du Roy, soit exécuteur de mon testament, lequel comme j'ai dit je l'ai prié d'escrire et veux que ce soit ma dernière volonté, voulant de plus que mon dit héritier donne aux pères Recollets pour célébrer pendant un an tous les jours une messe. Plus je veux que mon dit exécuteur testamentaire ayc un cheval de cinquante pistoles. Plus je veux qu'il soit donné par mon dit exécuteur trente pistoles à Pavillon mon valet et dix pistoles à chacun de mes autres valets aux dépens de mon susdit héritier ; et veux que mondit héritier tienne en compte à tous mes redevables toutes les quittances qu'ils produiront de moy. Ce estant mes dernières volontés je veux que personne n'y puisse contrevenir, en foy de quoy j'ai signé le présent testament escript à ma prière de la main de Monsieur de Permangle mon cousin. Fait au chasteau de Lambertye ce quatorze mars mil six cent cinquante sept, à trois heures après midy, en présence du Révérend Père Vincent, recolet du couvent de Thiviers, son confesseur, et de moy qui l'aye escript. Ainsi signé à la Cedde des présentes. Saint-Pol Lambertye, fr. Vincent recollet, Permangle pour avoir escript ce que dessus à la prière dudit testateur, ainsi signé Dabzac avec paraphe notaire royal.

———————

Vente faite par François de Lambertye à son frère Jean de Lambertye, gouverneur de Longwy. 3 avril 1658.

Au chasteau de Lambertye paroisse de Mialet en Périgord, le troisième jour du moys d'apvril mil six cent cinquante huit, avant midy, pardevant moi notaire royal soussigné en présence des témoings bas nommés, ont estés présents en leur personne Messire François de Lambertye chevalier seigneur comte dudict Lambertye, Mialet, Pansoux, baron de Montbrun et autres seigneuries, habitant en son châsteau d'une part ; et Messire Jean de Lambertye chevalier seigneur comte gouverneur de Longwy et autres ses seigneuries son frère d'autre part, par lesquelles parties a esté dit : que par contract entre eux passé devant Jean de la Congerie notaire royal, du cinquième mai mil six cents trente-neuf, les droits de légitime et aultres quelconques appartenant au dit seigneur gouverneur de Longwy sur les biens et substitution de défunt seigneur et dame de Lambertye ses père et mère, furent réglés à la somme de douze mille livres, et payables un an après le décès du dict seigneur comte de Lambertye père : et jusque audict payement fust stipulé pour la rente de la dite somme et entretien du dit seigneur gouverneur la somme de six cent livres annuellement ; les arrérages de la quelle rente ayant courus depuis le dit contract, s'est trouvé qu'elle revenait jusqu'a présent à la somme de dix mille deux cents livres, et sera jointe à la somme principale de douze mille livres, se trouve revenir à la somme de vingt et deux mille deux cents livres. Le payement de laquelle pareille somme le dit seigneur comte de Lambertye desirant faire, a dit avoir vendu pour y parvenir à François de Puiffe sieur de Fermigie, une mesteyrie appelé de Mas Benat, par contract reçu par le notaire royal soubz signé, pour la somme de cinq mille livres, et contenir rentes du seigneur de Permangle et spécifiées et mentionnées par le contract sur ce reçu par Touron nore royal, pour la somme de trois mille deux cents livres. Lesquelles sommes revenant à celle de huit mille deux cents livres, ont été effectivement payées au dit seigneur gouverneur de Longwy par le dit seigneur de Permangle et sieur du Fermigie, comme le dit seigneur gouverneur a dit et déclaré, et d'icelles avoir baillé quittance au susdits, de manière que pour cet esgard, il est très bien payé et satisfaict. Et pour le restant de la dite somme de vingt deux mille deux cents livres, qu'est quatorze mille livres, le dit seigneur comte de Lambertye, de son bon gré et volontairement a vendu, cédé, quitté, comme par ces présentes, vend, céde, quitte à perpétuité et à jamais aud. seigneur gouverneur son frère : Scavoir est, sa mestairie noble et ses outies appelée de Maziéras, et de ce tout droit de fief noble, en tout de mesme que la maison de Lambertye l'a toujours jouye et possédée. Plus la mestairie et ses outies située au village de Puyraud, et de aussy en tout droit de fief noble, avecq les rentes foncières et de prets nobles annuelles et perpétuelles due aud. seigneur comte de Lambertye sur ledit village et ténement de Puyraud dans la paroisse de Mialet, et le dit Maziéras dans celle de Pansoux en Poictou. Consistant la dite rente foncière et directe de Puyraud en soixante boisseaux avoine, argent trente six sols, plus pour la nouvelle prise de l'Etang de Puyraud argent dix sols, plus sur le tenement du Soulié, seigle deux boisseaux, argent sept sols dix deniers, gelines deux. Et se sans aulcune reserve pour des dittes mestéries nobles et rente, faire jouir et disposer dore en avant par ledit seigneur gouverneur à son plaisir et volonté comme de ses biens et chose propre. A ces fins, le dit seigneur comte de Lambertye, s'en est desmie, desvestu et dessaisi, et en son lieu, droit et place, mis, saisis et vestis par le bail des présentes, ledit seigneur gouverneur. Consentira que quand bon lui semblera il en prenne la possession réelle, actuelle et corporelle et jusque à ce s'est constitué tenir les dits biens vendus à titre de précaire promettant le tout garantir et défendre tant en jugement que de hors de tous troubles, debtes, charges et hypothèque quelconque, à peine de payer tout despents, dommages et interets faicts du passé jusque au présent jour. Et moyennant ce led. seigneur comte gouverneur de Longwy et y habitant dans le pays de Lorraine, mais estant de présent au dit chasteau de Lambertye pour recevoir le susd. paiement, fesant tant pour luy que pour les siens présents et advenir, et de son gré et volonté, a quitté et quitte par ses présentes le dict seigneur comte de Lambertye de la susd. somme principale de douze mille livres, intérets qui ont couru jusque aprésent, que tous autres droits généralement quelconques, soient subsitez paternels collatéraux ou autrement de quelque condition que puisse estre sans aucune exception ny réserve, avecq promesse qu'il ne luy en sera jamais rien demandé, n'y aux siens, à peine de payer tous despents, dommages et intérest. Et en oultre led. seigneur gouverneur a volontairement accordé, promis, et convenu qu'il sera permis et loisible aud. seigneur comte de Lambertye son frère et aux siens de retirer lesd. mestairies nobles de Mazières et Puyraud, ensemble lesd. rentes dud. Puyraud dans trois ans prochain venant

JEAN-FRANÇOIS, Comte de LAMBERTIE

Baron de MONTBRUN, Marquis de St-VICTURNIEN, etc.

Marié à Marie d'AYDIE (1654)

Mort en 1667.

à compter dès ce jourd'huy, en payant la dite somme de quatorze mille livres; et ce que ledit seigneur comte de Lambertye a pareillement promis et voulu que lesd. trois ans estant finis et eschus il soit en demeure purement et simplement exclu et privé dud. remboursement et rachapt, à ces fins y a renoncé et renonce des à présent comme deslors, et deslors comme dès à présent. Et parceque led. seigneur gouverneur est prest de s'en retourner en Lorraine, et qu'il ne pourra pas facilement jouir desd. biens vendus, led. seigneur comte Lambertye a promis et s'est obligé de luy faire valoir le revenu desd. mestairies et rentes durant lesd. trois ans, le légitime interest à raison du denier vingt de lad. somme de quatorze mille livres, et luy fournir fermier jusques à la concurrence d'iceluy, avec promesse de laisser pleinement et paisiblement jouir led. fermier, et tel qu'il plaira aud. seigneur gouverneur, eslire pour recevoir son dit revenu afin de luy renvoyer suivant l'ordre qu'il prescrira. Et tout ce que dessus lesd. parties l'ont ainsy voulu, stipulé et accepté, promis et juré en leur foy tenir et entretenir, et jamais au contraire venir directement ni indirectement; ainsy ont renoncé à tous moyens, remedes et excéption contraire, sous obligation et hypothèque de tous et chascuns leurs biens présents et advenir qu'ils ont pour ce soubmis au scel royal. A quoy volontairement ils se sont condamnés et de leur consentement ils ont estés jugés par moy notaire soussigné juré et usant sous led. sel royal expossé, en présence de messire Estienne de la Motte prestre sieur curé de Pansoux en Poictou, et messire François Thouron notaire royal habitant à présent le chasteau de Brye paroisse de Champaignac, aussy en Poictou, témoings connus et à ce appelés. Lesquels avec lesd. parties et moy ont signé. Ainsy signé à l'original des présentes. Lambertye, J. de Lambertye, de la Motte curé de Pansoux, Thouron present et moy. — Signé : Maller nre. — (Original aux archives de Cons-la-Granville.)

Recherche de la noblesse de la province de Guyenne faite par Mⁱ Pellot, intendant de la province, commissaire y départi à cet effet, 27 janvier 1667.

Par devant nous Hélie de Montozon, conseiller du roi et son procureur en l'élection de la présente ville de Périgueux et commissaire subdélégué par M. de Pellot, intendant en la présente province de Guyenne, s'est présenté volontairement Messire Jean-François de Lambertye, chevalier, seigneur comte de Lambertye, baron de Montbrun, Miallet et autres lieux, habitant en son château de Lambertye, paroisse dudit Miallet, présente élection, lequel ayant appris notre ordonnance du 9 août dernier, satisfaisant en laquelle, nous a dit que Monsieur Nicolas Catel commis à la recherche des titres des nobles, le poursuivait. Sur lequel avis et bruit commun, nous a dit être âgé de vingt-huit ans ou environ et qu'il est noble, sorti et descendu d'extraction noble, et être fils de haut et puissant seigneur Messire François de Lambertye, seigneur comte dudit lieu, baron de Montbrun et autres places et de dame Emerye de Nesmond, ses père et mère. Le dit seigneur François de Lambertye est fils de Messire Gabriel de Lambertye chevalier, seigneur des dits lieux, Miallet et autres places, et de Isabeau de Rochechouart, damoiselle. Le dit Gabriel de Lambertye est fils de François de Lambertye, seigneur des susdits lieux et de dame Jeanne d'Abzac de la Douze. Ledit François de Lambertye est fils de Raymond de Lambertye, écuyer, seigneur dudit lieu et de Jeanne Hélie de Collonges, damoiselle. Ledit Raymond de Lambertie, seigneur du susdit lieu est fils d'autre Messire François de Lambertye, seigneur dudit lieu, et de Marguerite de Maumont, damoiselle. Tous les susdits seigneurs et dames et plusieurs autres ont toujours porté les qualités de nobles, ecuyers, chevaliers, comtes, barons et hauts et puissants seigneurs, et ont joui des privilèges dus et attribués aux nobles, sans jamais avoir fait acte dérogeant à la dite qualité, joui des mêmes biens sans aucun conteste, comme il se verra par les dits titres ci-après inventoriés.

Et pour vous prouver en détail les susdites filiations, ledit seigneur, comte de Lambertye et baron de Montbrun produisant, vous représente et produit son contrat de mariage avec Marie Deydie, damoiselle, auquel contrat assistaient haut et puissant seigneur Messire François de Lambertye et dame Emerye de Nesmond, seigneur et dame du comté de Lambertye, baronnie de Montbrun et autres lieux, père et mère du seigneur produisant, daté du 1er octobre 1654, en papier écrit, signé J. du Basset, notaire royal, et côté par la lettre A.

Aussi, pour vous montrer que le dit Messire François de Lambertye, seigneur, comte du dit lieu, Montbrun et autres places, est fils de Gabriel de Lambertye, chevalier, seigneur des susdits lieux, vous produit et remet le contrat de mariage dudit Messire François de Lambertye, seigneur, comte dudit Lambertye, Montbrun et autres places et de la dite Emerye de Nesmond, damoiselle, auquel contrat de mariage assistaient Messire Gabriel de Lambertye, chevalier, seigneur des susdits lieux, Miallet et autres places et Isabeau de Rochechouart, dame des susdits lieux, père et mère dudit François, en date du 29 novembre 1633, en papier, écrit et signé Jean Jolly, notaire royal, et coté par lettre B.

Et enfin de prouver que Messire Gabriel de Lambertye, seigneur, comte dudit lieu, Montbrun et autres places est marié avec Isabeau de Rochechouart, damoiselle, et comme ledit Gabriel est fils de Messire François de Lambertye, chevalier, seigneur des susdits lieux et de Jeanne de la Douze, damoiselle, père et mère dudit Gabriel, vous produit leur contrat de mariage du 11e février 1605, en parchemin écrit, signé Puiguel et Reymond, notaires qui l'ont reçu, et coté par lettre C.

Et pour vous montrer comme Messire François de Lambertye, écuyer, seigneur dudit lieu est marié avec Jeanne de la Douze, damoiselle, fille naturelle et légitime de feu Gabriel d'Abzac de la Douze, écuyer, seigneur dudit lieu et de Reillac et autres places, produit et remet le seigneur produisant leur contrat de mariage en date du 1er juillet 1571, en parchemin écrit, signé de Cassaing, notaire royal, l'acte d'insinuation d'icelui au pied, et coté par lettre D.

Pareillement pour vous montrer comme Messire Raymond de Lambertie, écuyer, seigneur dudit lieu est marié avec Jeanne Hélie de Collonges, damoiselle, et que par son testament ledit Raymond de Lambertye, seigneur dudit lieu et de Vassoux, au second feuillet, verso, il institue son héritier universel ledit François de Lambertye, son fils unique naturel et légitime et de ladite Collonges, vous produit à ces fins ledit seigneur produisant, lesdits contrat de mariage et testament, ledit contrat de mariage daté du 17 octobre 1530 et ledit testament en date du 15 janvier 1559, tous deux écrits en papier, signé, Bayle, notaire, ensemble attachés et cotés par lettre E.

Et pour vous justifier qu'autre Messire François de Lambertye, écuyer, seigneur dudit lieu a fait son testament et après divers légats il institue son héritier universel ledit Messire Raymond de Lambertye, écuyer, seigneur des susdits lieux, son fils aîné, aux conditions portées audit testament que ledit seigneur produisant vous produit et remet, en date du 11 août 1528. Signé, D. Marquet, notaire, et coté par lettre F.

Et pour vous faire voir que les seigneurs de Lambertye, barons de Montbrun et autres places ont toujours été dans les emplois, et comme le roi Charles d'heureuse mémoire leur a écrit diverses lettres, même donné des provisions et le collier en charge de chevalier de l'ordre de Saint-Michel, lequel ordre était unique pour lors en France et a été institué en cordon bleu par le roi Henry en 1578, vous produit, le sieur produisant deux lettres missives, l'une adressée au seigneur de La Vauguyon et l'autre au seigneur de Lambertye, avec le don du collier du dit ordre de Saint-Michel, le tout fait et daté de Fontainebleau, le 4 août 1571. Signé, Charles, ensemble attaché et coté par la lettre G.

Encore aux mêmes fins, vous produit autres trois lettres adressées à Monsieur de Lambertye, chevalier de mon ordre, par le roi Henri de Bourbon d'heureuse mémoire, datées, celle du milieu, du 23 mai 1589, et la dernière qui est écrite de la main du roi Henri IV, du 30e d'août 1595, et signées, les deux premières Henry, et la dernière Henry de Bourbon, et plus bas Furget et Renol, ensemble attachées et cotées par lettre H.

Item, pour vous justifier que Messire François de Lambertye, chevalier, seigneur dudit lieu a divers enfants, entre autres Jean de Lambertye son quatrième fils, lequel François veut et ordonne qu'il soit chevalier de l'ordre de Saint-Jean de Jérusalem à Malte, et pour son entretenement jusqu'à ce qu'il sera pourvu de commanderie, lui lègue annuellement huit cent vingt livres, ensuite et après le décès dudit François père, devant frère Bernard de Melignand-Trianand, commandeur de Bourdeaux, et Beraud de Crucy Marcilhac, chevalier de l'ordre de Saint-Jean de Jérusalem, commandeur, députés par le vénérable chapitre provincial de l'ordre tenu et célébré au grand prieuré de Thoulouse, ont fait preuve et enquêté de l'extraction tant de légitime mariage que ancienneté de noblesse de la personne dudit noble Jean de Lambertye, de la dite maison et celle de la Douze, ce qui a été fait par un grand nombre de témoins, sur lesquelles enquêtes, et provisions dudit ordre de chevalier de Saint-Jean de Jérusalem ont été expédiées audit Jean de Lambertye, pour en outre de ce vous produit le seigneur produisant le testament dudit seigneur Jean de Lambertye du 4 novembre 1607, signé Garreau au troisième feuillet et un quart du papier écrit, plus l'original de l'enquête, où tous les titres de la filiation sont insérés, ensuite les témoins, puis signé en divers endroits I. Melignan, le chevalier de Marsilhac et Goumondy, notaire royal, A. Desolminiat, abbé de Chancellade, déposant, I. Montardy, déposant, La Causse, déposant, Planneau, déposant; ensuite l'enquête aussi signée J. B. Melignan, le chevalier de Marsillac et Goumondy, notaire royal; ensuite autre enquête sur elle faite d'office, signé Deschambre, déposant, G. Raimond, I. Melignan, le chevalier de Marsilhac et Goumondy, notaire royal; et les lettres expédiées au sieur Jean de Lambertye pour l'ordre de chevalier de Malte, en parchemin, écrites en latin, scellées du sceau de l'ordre, ensemble attachées et cotées par lettre J.

Encore pour vous montrer comme les ancêtres dudit seigneur produisant pour le service des rois et de l'Etat ont eu divers emplois et rendus des services, vous produit le seigneur produisant six commissions données par sa Majesté aux dits seigneurs de Lambertye pour faire les uns des régiments de gens de pieds, les autres des compagnies d'ordonnance de cavalerie, la première datée de Bordeaux le 18 octobre l'an de grâce 1615, signé Louis et plus bas par le Roi, Philippeau, scellée du grand sceau de cire jaune; autre commission donnée à Metz le 6 février, l'an de grâce 1632, signée Louis et plus bas par le Roi, Philippeau, scellée du grand sceau de cire jaune; plus bas les lettres d'installation en la charge de maître de camp faite par Jean-Louis de Lavalette, duc d'Espernon, pair et colonel de France, gouverneur et lieutenant général pour le roi en Guyenne du 15 mars 1632, signé J. Louis de La Valette et plus bas par Monseigneur Girard, scellé du sceau dudit seigneur; plus autres commissions et enregistrement d'icelles fait au greffe des sénéchaussées et présidial de Limoges, le 12 de mars 1632, les dits enregistrements, signé Descorde, lieutenant-général, de Giraud, procr, Dubois et Garat, commis du greffier; plus autres commissions données par le roi Louis audit seigneur de Lambertye, de l'an 1632, signé Louis et par le Roi, Bouthilier; plus autres commissions données audit seigneur de Lambertye pour lever et commander des compagnies du susdit régiment en date du 6e jour de février, l'an de grâce 1632, signé Louis, et plus bas par le Roi, Philippeaux, le tout attaché ensemble et coté par lettre K.

Davantage pour vous montrer que les ancêtres dudit seigneur produisant ont toujours été dans le service de Sa Majesté, et si fidèles serviteurs que le roi Louis, d'heureuse mémoire, se confiant en la fidélité, capacité et expérience dudit seigneur de Lambertye, l'a fait et donné à la charge de son lieutenant au gouvernement en la ville de Nancy, le 2ᵉ jour de décembre 1636, signé Louis et plus bas par le Roi, Philippeau, scellé du grand sceau de cire jaune. La seconde commission est donnée à Saint-Germain-en-Laye, le 23ᵉ de décembre l'an de grâce 1636, signé Louis, et plus bas par le Roi, Bouthilier et scellé du grand sceau de cire jaune, ensemble attaché et coté par lettre L.

Notre Roy à présent régnant ayant considéré les services rendus par Gabriel de Lambertye, lieutenant au gouvernement de Nancy, maistre de camp d'un régiment de vingt compagnies de drapeau blanc, en toutes les occasions et sièges qui se sont présentés depuis plus de cinquante ans, tant esdites charges qu'en celle de capitaine dans nos chevau-légers, et auparavant son père qui était chevalier de l'ordre de Saint-Michel, en plusieurs importantes occasions, y a perdu la vie, ensemble deux siens frères et un de ses enfants pour le service de l'Etat sans en avoir jamais eu de récompense, a désiré que sa terre et château fussent érigés en comté, ce que Sa Majesté lui a accordé par lettres patentes que le roi lui a données à Paris au mois de juin l'an de grâce 1644, signé Louis, et sur le repli par le roi la reine regente sa mère représentée, et plus bas Philippeaux, scellé du grand sceau de cire verte attaché avec une lace de soie sur le replis, l'enregistrement fait en la cour de parlement y est du 7 septembre 1645, plus la requête présentée auxdites fins dudit enregistrement du 7ᵉ dudit mois, et ont signé La Congerie procureur, et de Pontas; l'arret sur ce intervenu ledit jour 7 septembre, signé de Pontas, ensemble attaché et coté par lettre M.

Enfin pour prouver davantage les services que les seigneurs de Lambertye ont rendus à l'Etat et les récompenses que le roi régnant leur a faites, vous produit à ces fins ledit seigneur produisant deux brevets concédés en considération des services que le père et le fils ont faits, de maréchaux de camp en ses armées, pour dorénavant en faire les fonctions, jouir et user aux honneurs, autorités, prérogatives dus auxdites charges, en parchemin, écrites, datées du 23 juillet 1647, et 12ᵉ décembre 1651, signé Louis, et plus bas de Loménie, ensemble attaché et coté par lettre N.

De tout ce que dessus résulte l'entière filiation du seigneur produisant légitimement établie sur les actes authentiques, soustenue par la vérité indispensable de la continuation et possession des mêmes seigneuries, noms et armes, avec tous les autres avantages communs à la noblesse, sans que celle du seigneur produisant et de ses auteurs ait jamais souffert aucune contestation, et vous produit l'arbre de sa filiation et armes qui sont deux chevrons d'or en champ d'azur, la dite filiation et armes souscrites et signées Garreau, faisant pour le seigneur produisant et Lantonie, procureur dudit seigneur produisant, et coté par lettre O.

Partant le seigneur produisant qui a pleinement satisfait et obéi à votre ordonnance du mois d'août dernier, et ordre de Sa Majesté requiert être renvoyé. Signé Garreau faisant pour le seigneur de Lambertye et Lantonie, procureur de Monsieur de Lambertye.

Recouverte le 1ᵉʳ février 1667, signé Lantonie.

Vu les titres énoncés au présent inventaire, n'empêchons qu'il ne soit donné acte à Jean-François de Lambertye, écuyer, de la représentation de leurs titres et qu'ils soient inscrits dans le catalogue des nobles suivant l'arrêt du conseil du 22 mars 1666. Signé Dupuy, procureur du roi.

Vu les titres énoncés au présent inventaire, paraphé par le sieur de Montozon ci-devant notre subdélégué, avec son procès-verbal et avis, nous avons donné acte audit Jean-François de Lambertye, écuyer de la présentation de leurs titres et ordonné qu'il soit inscrit au catalogue des nobles suivant l'arrêt du Conseil du 22 mars 1666, le 8ᵉ d'avril 1668. — PELLOT.

Délivré sur la minute originale de ces titres, inventaire et arbre généalogique et jugement, par moi généalogiste des ordres du roi, soussigné, en vertu des arrêts de nos seigneurs du conseil des années mil six cent quatre-vingt-trois et mille six cent quatre-vingt-dix-neuf, à Paris ce deuxième jour de mars mil sept cent dix-huit. — CLAIRAMBAUD.

Testament de Marie de Nesmond, douairière de Jean de Rochechouard, 8 février 1667.

Jesus Maria Joseph. Au nom du père et du fils et du Saint-Esprit, amen. Aujourd'hui huitième jour du mois de febvrier mil six cent soixante et sept, au bourg de Saint-Victurnien et au chasteau du dit lieu, et pardevant les notaires soussignés jurés du scel establi aux contrats dud. Saint-Victurnien par Monseigneur dud. lieu, fut présente en sa personne dame Marie de Nesmond, veufve de défunt messire Jean de Rochechouard, vivant, chevalier seigneur marquis de Saint-Victurnien et conseiller du Roy en ses conseils d'Estat et privés, dame marquise douairière dud. Saint-Victurnien. Laquelle estant comme elle nous a déclaré attaquée depuis quatre mois en deçà d'une fiebvre quarte et néanmoins saine d'esprit, mémoire et entendement, mais considérant le périlleux estat de cette vie, et que toute humaine créature est soubmise à la mort dont l'heure est incertaine, et ne voulant aller de ce monde à l'autre sans avoir ordonné de sa sépulture et disposé des biens qu'il a plu à Dieu luy donner, tant pour faire prier Dieu pour le salut de son âme que pour reconnaître les bons et agréables services qu'elle a reçus et espère recevoir à l'advenir de ses enfants et de ses domestiques, a fait de son propre mouvement et volonté, dicté et nommé son présent testament sans subjection ni induction de personne quelconque.

Premièrement, a recommandé son âme à Dieu son créateur, le suppliant que par sa bonté infinie il lui plaise luy faire miséricorde et après que son âme criminelle sera séparée de son corps, la vouloir recevoir dans son paradis : et prie de tout son cœur la très sainte *Immaculée* Vierge Marie, les bienheureux saint Joseph, saint Pierre et saint Paul, saint Jean-Baptiste et l'évangéliste saint Jean et saint François, saint Victurnien, son patron, son bon ange gardien et tutélaire, saint Michel et tous les saints et saintes de Paradis, qu'il leur plaise prier pour elle et pour le repos de son âme. Item la dite dame testatrice a voulu et ordonné que quand le plaisir de Dieu sera de l'appeler à luy, que son corps soit inhumé et enseveli dans l'église du présent lieu dans les tumbeaux du défunt son mary, et que ses héritiers cy-après nommés, appellent à sa sépulture, quarantaine et bout de l'an le plus de prestres et religieux que faire se pourra, et qu'il soit donné par son héritier à chascun desd. trois services deux cents livres d'aumosnes aux pauvres qui se trouveront à chascun des dits services, qui est six cents livres d'aumosnes pour les dits trois services. Item, qu'il soit aussi donné à M. le Curé et communauté des prestres du présent lieu cent cinquante livres une fois payées pour dire et célébrer tous les jours pendant l'année de son décès une messe de mort avec un Libera à la fin de chascune sur son tumbeau pour l'expiation de ses péchers. Comme aussi qu'il soit donné aux couvents des Révérends Pères Capucins d'Angoulême cent cinquante livres, aux Récollets, Cordeliers, Jacobins de la ville de Saint-Junien, à chascun des ordres pareille somme de cent cinquante livres pour dire à chascun des dits couvents une messe tous les jours avec Libera et prières par eux durant l'année de son décès pour le repos de son âme, et qu'il soit aussi aux Pères Carmes de la Rochefoucauld, Jacobins et pères Minimes de la dite ville d'Angoulesme, à chascun cinquante livres pour dire en chasque couvent cent messes de mort à la fin de chascune un Libera pour le repos de son âme, priant tous les dits gardiens et prieurs des susd. couvents de dire et faire dire toutes les susd. messes sans discontinuation à commencer incontinent après son décès, ce qu'ils seront advertis diceluy ; et ses dits héritiers de payer à chascun des dits couvents et communauté des prestres du présent lieu les sommes cy-dessus léguées huit jours après le décès de la dite dame. Item, considérant l'affection et amitié particulière que la dite dame porte à demoiselle Marie de Lambertie, sa *petite fille* et filleulle, fille aisnée de messire Jean François de Lambertie, chevalier, seigneur comte du dit lieu, et de dame Marie Desdie, petite fille de la dite dame, et les bons et agréables services qu'elle reçoit et espère recevoir d'elle à l'advenir de la preuve desquels elle l'a relevée et relève par ces présentes, et que pour plus avantageusement la marier selon sa qualité et condition, elle lui a donné et légué, donne et lègue à prendre lors qu'elle sera mariée sur le plus clair et net de tous et chascun ses biens présents et futurs la somme de vingt mille livres avec tous et chascun les cheptaux de toutes sortes de bestiaux gros et menus, pourceaux et brebis que la dite dame testatrice aura et se trouveront luy appartenir lors de son décès, à la réserve de ceux qui se trouveront dans les maiteries appartenant à la dite dame desquels cheptaux elle veut et ordonne que la dite Marie de Lambertie, sa petite fille et filleulle, jouisse du profit et croit d'iceux pour son petit menu plaisir incontinent après son décès. Item, lad. dame a légué et ordonné qu'il soit payé incontinent après son décès à tous les domestiques qui se trouveront lors de son décès tous les gages qui leur seront dus ; et outre leurs gages sera donné comptant, à la demoiselle qui sera lors à son service deux cents livres, à la femme de chambre cent livres, à chascun de ses laquais cinquante livres, à chascune de ses servantes de peynes trente livres. Au cocher, postillon et cuisinier chascun trente livres, au grangier vingt livres. Aux moutonniers et dindonniers, à chascun dix livres, au sommelier trente livres, le tout outre et pardessus leurs gages qui leur seront dus et le tout payé comptant par lesd. héritiers après son décès. Item, considérant le légat fait par défunt led. seigneur de Saint-Victurnien, son mary, par son testament, de toutes les choses qui luy auroient esté prises et dérobées et l'ayant de bon cœur donné à tous ceux et celles qui seraient tombés dans cette faute, la dite dame désirant imiter ce bon sentiment dudit défunt son mary, et afin que tous ceux et celles qui pourraient luy avoir pris et retenu à luy et à lad. dame quelques choses injustement, de bon cœur, elle leur en fait don et légat et prie le bon Dieu de leur vouloir pardonner et remettre leur faute. Et au surplus de tous et un chascun les autres biens qu'elle aura lors de son décès, elle a nommé et institué son héritière universelle lad. dame Marie Desdie, comtesse de Lambertie, à la charge et conditions de remplir et satisfaire poinctuellement à tout le contenu en cestuy sien son testament, de dernière volonté, voulant au surplus qu'il vaille par forme de testament, codicile et donation pour cause de mort. Et pour exécuteur diceluy, lad. dame a nommé Gauthier de Pint escuyer, seigneur de Maisonrouge, lequel elle prie d'accepter lad. qualité et de s'en acquitter fidèlement ; et pour ce faire elle veut et ordonne qu'il prenne de ses biens tout ce qu'il faudra pour satisfaire aud. contenu dud. testament que lad. dame a déclaré vouloir estre le sien dernier et revoqué et révoque tous autres testaments et codiciles qu'elle pourrait avoir cy devant faits, s'ils n'ont clauses derogatoires. Et après en avoir fait lecture à lad. dame de mot à mot par un des notaires soussignés, l'autre présent, elle a déclaré le bien entendre et estre la dernière volonté, dont elle nous a requis acte que luy avons octroyé. Et à l'entre-tenement de ce que dessus et paiement de toutes les sommes par elle léguées a obligé tous et chascun ses biens présents et futurs ; et de son consentement et volonté elle y a esté obligée, jugée et condampnée par nous notaires soussignés ; et à lad. dame, signé à l'original des présentes : Marie de Nesmond. A. Mallet et L. Merlin, aussi notaires.

Déclaration de Madame de Lambertie touchant son testament. 8 janvier 1673.

Pardevant les notaires soussignés, sous le scel de la baronnie et chastellenie de Saint-Victurnien, en la maison de A. Mallet, un des notaires soussignés, avant midy et le huitiesme

jour du mois de janvier mil six cent soixante treize, fut présente en sa personne establie
en droit dame Aymerie de Nesmond, dame comtesse douairiere de Lambertie, relicte de messire
François de Lambertie, chevalier, seigneur comte dudit lieu, baron de Montbrun et autres
places, demeurant de présent au château de Lambertie, paroisse de Miallet en Périgord,
laquelle de son bon gré et volonté, sans subjection ni induction de personne, mais parce
que ainsy lui a pleu et plaict, saisne en son entendement et memoire aussy que de son
corps. . . . . de la mort incertaine en son heure, avant d'avoir mis un bon ordre
pour le regard de sa subcction, et afin de maintenir l'union et la paix entre ses enfants a
fait, dicté et nommé de sa propre bousche le present acte par forme de testament. codicille
et déclaration de sa dernière volonté, laquelle a dit estre telle qu'elle revoque expressement
par ces présentes les deux testaments. . . . . . . fait pardevant Dupon, notaire de la vicomté
de Chabaneys, le vingt neuf septembre et dix sept novembre mil six cent soixante douze,
en toutes leurs clauses, soit de. . . . . soit de donnaction fort de celle qu'elle a fait
ci-devant au mois de juillet de l'année mil six cent soixante douze, pardevant Gadonneys,
notaire royal, demeurant au village de La Brousse, paroisse de Miallet, au profit des demoiselles Marie, Aymerie et autre Marie de Lambertie, ses petites filles, filles de messire Jean-
François de Lambertie, son fils aîné, laquelle l'a confirmé et confirme, veu et entant que
la dite donation sorte en son plein et entier effet èn tous ses points et clauses, et pour les
autres articles et clauses contenus auxdits testaments cy-dessus datés, la dite dame veu et
entend qu'ils soient nuls et de nul effet, comme s'ils n'avaient jamais été passés, ny sans
que les y dénommés s'en puissent prévaloir, voulant que le présent acte soit une revocation
formelle et entière des susdits, et que celuy cy subsiste et vaille en la meilleure forme. Pour
bonne et juste considération, la dite dame m'a requis vouloir dresser le présent acte, à l'entretenement duquel et de son consentement elle a esté jugée, obligée, jugée et condamnée à la
contrainte du present scel, déclarant néanmoing ladite dame qu'elle entend et veu que le
testament cidevant qui a esté fait pardevant A. Malet et Merlin, notaires à Saint-Victurnien,
subsiste et sorte son plein et entier effet en tous ses poings et clauses; et pour plus grande
validité elle a fait apposer et mettre en ce présent acte les clauses dérogatoires portées par
icelluy qui sont : Mon Dieu, mon Sauveur, ayez pitié de moy. Et lecture à elle faite du
présent acte, elle a signé avec nous susdits notaires. Ainsi signé à l'original : Em. de NESMOND ;
A. MALET; L. MERLIN, notaires.

---

*Assignation donnée aux habitants de la Valette et autres lieux à la requête
de la comtesse de Lambertie.* 1709.

L'an mil sept cent neuf et le onziesme jour du mois de mars, en vertu de la sentence
rendue en la cour senechalle de Miallet le vingt deux janvier dernier, signée Bouttinaud,
greffier, le unziesme fevrier suivant, par Bertrant, controullée à Miallet le mesme jour par
Duroy, commissaire, à la requeste de hautte et puissante dame, dame Marie Daydie, comtesse
de Lambertye, baronne de Montbrun, dame de Miallet, Pensol et autres places, je Jean
Passariou, sergent royal général soubsigné, résidant au village de la Gratte, paroisse de
Miallet, senechaussée de Périgueux où je suis immatriculé, certifie avoir donné assignation à
André Dessinoulhes, habitant au bourg du dict Miallet, et à Jean Guescart, habitant du village
de Puyraud, paroisse du dict Miallet, experts nommés d'office par la dicte sentence, et parlant
à leurs personnes en leur domicile, à comparoir demain à huit heures. . . . . par

devant M. le lieutenant de la dicte cour senechalle du dict Miallet, située en la place publique du dict bourg de Miallet, pour faire et prêter serment de bien et fidèlement procéder et vaquer avec le commissère ordonné par la dicte sentence, faire leur rapport pardevant mon dict sieur lieutenant. Comme aussy j'ay assigné les habitants et tenanciers du village de la Vallette, en parlant pour eux tous à Jean Ponty, dit Pièche, en son domicile du dict lieu de la Valette, à comparoir aujourd'hui, et ce pour voir faire le dict serment, et en outre procéder comme de raison.

Auxquels Dessinoulhes et Guescart, experts, Ponty dit Piesche, j'ay à un chacun d'eux donné et laissé copie de mon dit exploit parlant à leurs personnes en leurs dits domicilles le dict jour avant midy. Faict par moy soubsigné. . . . . en son chasteau de Lambertie, paroisse du dict Miallet. . . . . PASSARIEU, sergent royal général. — (Archives de la Haute-Vienne, E. 5945 *bis*.)

Sépulture de André de Lambertie. 22 décembre 1711.

Le vingt deuxiesme decembre mil sept cent onze est décédé André de Nesmond de Lambertie, chevalier, seigneur de Montbrun, âgé de soixante huit ans ou environ, muny de tous les sacrements nécessaires à Salut. Le corps duquel a été ensevely dans l'église de Sainte-Marie de Mialet le vingt-deux dudit et dans les thumbeaux des seigneurs comtes de Lambertie par moy curé. DE MONTAGUT, curé de Miallet. — (Registres paroissiaux de Miallet.)

Sépulture de Marie d'Aydie. 10 février 1712.

Le dixième jour du mois de février mil sept cent douze, mourut et fut enterrée le lendemain en cette église, haute et puissante dame Marie d'Aydie, âgée d'environ soixante onze ans, veuve de haut et puissant seigneur M. Jean-François de Lambertie, chevalier, comte de Lambertie, de cette paroisse ; furent présents hauts et puissants seigneurs Mrs Hubert de Choiseuil la Rivière, marquis de Choiseuil et autres lieux, Charles-Antoine-Armand-Odet d'Aydie, marquis de Riberac, Antoine-René de Ranconnet Descoire, comte de Noyan, et autres parents et amis soussignés. P. LUDRON, curé. — (Registres paroissiaux de Saint-Nicolas du Chardonnet, à Paris.)

Sépulture de Marie de Lambertie. 30 novembre 1720.

Aujourd'hui premier décembre de l'année 1720, a esté ensevelie dans l'église paroissiale de Dournazat dame Marie de Lambertie de Maulmont et de Pombaux, décédée après avoir reçu tous les sacrements de l'Eglise, au château de Laterie, le dernier novembre, jour de Saint-André, en présence de Mons. des Romains, Mons. Dubreuil, Mons. de Cagniat, Mons. de Vignéras. MOUSNIER, curé de Dournazat ; TEULLET, MONRABE, L. JUDET. — (Registres paroissiaux de Dournazac.)

MARIE, Comtesse de LAMBERTIE

Baronne de MONTBRUN

Alliée à Hubert, Marquis de CHOISEUL (1691)

(1667 - 1710)

Correspondance adressée au marquis de Lambertie de Cons-la-Grandville lors de l'extinction de la branche aînée. 1702 à 1717 (1).

J'attendais ici le retour de mon homme d'affaires pour vous répondre positivement sur ce que vous me marquiez, Monsieur, parce que je ne pouvais savoir que par lui, ce que j'aurai à vous dire, devant porter les papiers que nous avons, et au nombre desquels sont ceux que vous demandez. Et comme il tomba malade dès qu'il fut arrivé, je n'ai pu vous écrire qu'à présent. Et si je le faits pas de ma main c'est que ma vue s'est fort affaiblie et que je n'écris plus lisiblement. Je n'entre point avec vous, Monsieur, dans le détail des choses, parce que cela est mieux le fait de mon homme d'affaires que le mien, et que je lui ai ordonné de vous bien expliquer tout ce qui est possible. Mais je veux vous dire que je suis bien aise de pouvoir vous faire plaisir. Madame de Choiseul vous est bien obligée de vos honnêtetés, Monsieur, et vous offre ses très humbles services. Vous avez raison de croire que nous aurions été bien aises de voir ici M. votre fils, étant persuadées qu'il est sage; et vous devez être persuadé, Monsieur, que je suis véritablement votre très humble et très obéissante servante. — La comtesse DE LAMBERTIE.

A Paris, ce 3 avril 1702.

———————

MONSIEUR, J'ai appris, il y a deux jours, par Monsieur de Villars, qu'il vous a envoyé pour mémoire une mauvaise lettre que j'eus l'honneur de lui écrire de Lambertie, et comme il me soutint qu'elle était fort longue, celle-ci le sera moins, afin de ne pas vous ennuyer.

Je parlais dans cette lettre de l'incendie de l'ancien château de Lambertie et des lettres patentes du Roi à cet égard. Mais comme ma lettre devait passer par les mains d'une personne qui ne porte pas le nom de Lambertie, je ne pensais pas devoir relever ce que je vais avoir l'honneur de vous dire, Monsieur. C'est ce que dans ces lettres patentes qui sont de l'année [21 mai] 1571, on dit pas que les titres de noblesse aient été brûlés avec le château, mais seulement les titres pour la sûreté des droits utiles appartenant aux seigneurs de Lambertie. On peut bien croire que les uns l'ayant été les autres le furent aussi, mais cela me paraît trop vague pour servir de preuve à Remiremont, où l'on dit que vous voulez faire une chanoinesse. Cependant, Monsieur, si vous voulez une copie collationnée de cette pièce on vous l'enverra. On l'aurait même déjà fait, si vous eussiez pris la peine de le marquer en détail après avoir reçu mon mémoire.

C'est sans doute à cause de cet incendie qu'on ne trouve pas le contrat de mariage de François de Lambertie avec Marguerite de Maulmont, qui était fille du second baron du Limousin, mais on a une copie en bonne forme du testament de ce François de Lambertie du 11 août 1528, où il marque entre autre choses que de son mariage avec cette Marguerite de Maulmont est issu Raymond de Lambertie, et dans le procès-verbal qui fut fait en 1603 par les commissaires de Malte, de la noblesse de votre famille, il est aussi fait mention que ce Raymond était fils de François et de Marguerite de Maulmont, issue de la famille de Maulmont, second baron du Limousin. En conséquence de quoi Jean de Lambertie, fils de François et de Jeanne de la Douze, descendu dudit Raymond ayant été reçu chevalier de Malte en 1604, je crois, Monsieur, que cela devrait être suffisant, sans aller cher-

———————

(1) Toutes les lettres de la comtesse de Lambertie sont écrites par ses hommes d'affaires, les signatures seules sont de sa main. Les originaux sont conservés au château de Cons-la-Grandville.

8*

cher plus loin des preuves de filiation, puis que vous prouvez parfaitement que vous êtes descendu de ce François et de Jeanne de la Douze, qui étaient père et mère de Gabriel votre ayeul, lequel épousa, comme vous savez, Monsieur, Isabelle de Rochechouart de la maison de Mortemart. A l'égard de Raymond, fils de François premier du nom de Lambertie et père de François second du nom, on a le contrat de son mariage avec Jeanne Helie de Coulonge, de l'année 1530, et son testament du 15 janvier 1559, par lequel il institue pour son héritier ledit François, son fils aîné, second du nom, qui épousa la dite Jeanne de la Douze. Voyez, Monsieur, ce qui vous convient de tout ce que je viens d'avoir l'honneur de vous marquer, et l'on vous en enverra des copies collationnées ; mais il faut s'il vous plait marquer si vous voulez que les collations soient faites par un ou plusieurs secrétaires du roi, ou par des notaires.....

Madame la comtesse de Lambertie est devenue fort infirme, et a même actuellement la fièvre tous les jours ; ainsy, Monsieur, vous ne devez pas être surpris si elle ne vous écrit pas régulièrement..... — Votre très humble et très obéissant serviteur, LEPINE.

A Paris, ce 3 avril 1702.

Votre envoyé, Monsieur mon cher cousin, est arrivé heureusement avec une bonne provision d'eaux de Plombière. Ma fille a commencé à en prendre aujourd'hui, avec une foy vive que venant de votre part, elles opércraient infailliblement sa guérison. L'allégresse avec laquelle elle prend ces eaux, quoique très faible, me donne une bonne espérance du rétablissement de sa santé. Elle se fait par avance une vraie joie d'en avoir l'obligation à une personne qu'elle honore infiniment. Pour moi, je suis si pénétrée de reconnaissance, que je ne sais comment m'y prendre pour vous expliquer les sentiments de mon cœur ; ils sont si étendus qu'il est bien plus aisé de les imaginer que de les décrire. Ce qui m'oblige à me réduire à vous dire que le sang de Lambertie s'est conservé bien pur en votre personne, puisque vous agissez avec tant de générosité ; car rien n'a été omis, la vigilance, la magnificence et tout ce qui peut faire plaisir dans une pareille chose ont été observés très exactement. Si j'étais assez heureuse de reconnaître un tel plaisir, je m'estimerais contente, personne ne vous honorant plus parfaitement que moi, et n'est plus véritablement, Monsieur mon cher cousin, votre très humble et très obéissante servante. — La comtesse de LAMBERTIE.

A Paris, le 9 octobre 1710.

Je fais mil compliments à Madame la marquise de Lambertie que j'honore infiniment. J'embrasse le petit marquis de Lambertie et le cher comte votre frère. Notre pauvre malade en fait de même.

Depuis l'arrivée de votre envoyé, Monsieur mon cher cousin, ma fille a continué à prendre des eaux chaudes qui paraissent bien faire. Monsieur Chirac, notre médecin, a trouvé à propos d'en user ainsi, attendu que ma fille ne fait ni grand ni petit repas pour user d'eaux froides et savonneuses, comme le suppose Monsieur Alliot ; mais elle prend simplement quelques panades claires et en si petite quantité que ce n'est que pour s'empêcher de mourir, ce qui ne demande point de breuvage. On réserve simplement à s'en servir quand elle pourra manger et, pour lors, elles seront employées à sa boisson. J'ay donné au multier 200 livres pour son voyage et retour et 30 livres pour ses peines. Je ne sçaurais trop vous remercier de toutes les attentions que vous avez eues pour faire conduire ces eaux c'est un plaisir dont je conserverai et aurai une éternelle reconnaissance, puisque je vois qu'elles me conserveront la vie en rétablissant et conservant celle de ma fille, et moyennant quoi nous serons en état d'exécuter tous les projets que nous avons faits ensemble. J'embrasse Madame la marquise de Lambertie que j'honore infiniment, aussi bien que le petit marquis votre fils. Ma fille me prie, toute moribonde qu'elle est, de vous faire mil compliments à tous les trois, et moi je vous proteste qu'on ne peut vous être plus dévouée que je la suis, ni plus véritablement, Monsieur mon cher cousin, votre très humble et très obéissante servante. — La comtesse DE LAMBERTIE.

A Paris, 12 octobre 1710.

MONSIEUR,

Madame la marquise de Choiseul mourut hier à dix heures un quart du matin et sera enterrée ou inhumée à Saint-Sulpice ce soir pour satisfaire à sa volonté. La perte de cette illustre dame est considérable ; elle vous touchera indubitablement par les sentiments d'honneur que l'on a de voir périr ses proches, mais encore qu'elle avait une joie toute particulière de trouver en vous, Monsieur, et en Monsieur le comte votre père, des personnes selon son désir qui avez tout le mérite qu'elle souhaitait pour perpétuer noblement son nom et sa maison. Elle s'en était expliquée à moy d'une manière bien claire. Mais il fallait pour cela survivre madame sa mère ; car cette dame qui a assez de confiance en moy, est bien dévouée pour sa maison d'Aydie de Ribeyrac dont elle porte le nom, et par ce moyen sera plus difficile à pencher pour susciter le nom de défunt Monsieur le comte de Lambertie son mary, comme aurait certainement fait Madame sa fille. Je ne laisserai pas d'y employer tout mon scavoir-faire, afin de vous prouver que je suis véritablement avec un profond respect, Monsieur, votre très humble et très obéissant serviteur, MAISTROT.

A Paris, le 26 novembre 1710.

A Paris, le 12 décembre 1710.

J'ai bien du chagrin, Monsieur, que le décès de Madame la marquise de Choiseul ait précédé celuy de Madame sa mère à laquelle elle devait survivre suivant l'ordre naturel.

Cet accident a ruiné l'espérance que vous aviez lieu d'attendre de la bonne volonté qu'elle témoignait avoir pour vous.

J'ai vu Monsieur le marquis de Choiseul et Madame la comtesse de Lambertie séparément. Le premier s'étant mis en retraite dans le séminaire de Saint-Magloire, et l'autre restée dans la maison mortuaire, et ils m'ont tous deux parlé avec quelque confiance des affaires qu'ils ont au sujet de la succession.

Ils m'ont dit que Madame la marquise de Choiseul aurait fait un testament olographe il y a quelques années, et que peu auparavant sa mort elle avait fait un codicille pardevant notaires.

Elle a fait une remise à Monsieur de Choiseul, son mari, de partie de la dote qu'il est obligé de restituer, et lui donne une pension de deux mille livres pendant sa vie, et prie sa mère de vouloir se contenter d'une constitution de ce qui reste de sa dote, que M. de Choiseul dit estre de soixante mils livres.

Elle donne dix mils livres à M. l'abbé Doucet et cinq cents livres de pension viagère, et le nomme exécuteur de son testament. Elle fait Madame sa mère sa légataire universelle. Elle donne quelques pensions à ses domestiques et fait quelques legs pieux.

Elle ne parle pas de vous, pas même de M. de Lambertye, son oncle, son héritier plus habile et parent plus proche.

M. de Choiseul presse Mme de Lambertye pour déclarer si elle veut accepter la qualité de légataire et exécuter le testament. Il prétend qu'elle a promis à Madame sa fille qu'elle donnerait les mains aux dispositions faites en sa faveur pour la remise de quarante mils livres sur la dote qui estoit de cent mils, pour la pension de deux mils, et qu'elle se contenterait de la rente des soixantes mils. On en avait dressé un acte peu avant la mort, lequel Mme de Lambertye ne voulut pas signer, ce qui chagrina Mr de Choiseul.

Mme de Lambertye n'est pas encore déterminée, elle balance sur le choix et paraît plus disposée à s'en tenir à la qualité de créancière de Mme sa fille. Elle dit que suivant le contrat de mariage de M. de Choiseul elle a droit, n'y ayant pas d'enfants, de reprendre les terres qu'elle avoit données, et cent mils livres de dote, et outre ce, il lui est dû deux cents vingt mils livres par traité fait avec sa fille pour debtes par elle acquittées, dues par défunt M. de Lambertye, son mari, qu'elle est en droit de reprendre sur les biens de Mme sa fille, et par ce moyen la succession sera peu considérable.

M. de Choiseul n'est pas sûr que Mme sa belle-mère veuille consentir à ce que Mme sa femme a fait en sa faveur, ayant tesmoigné que ces dispositions estaient contre la coustume. Ainsi il y a danger qu'il n'y ait quelques contestations entre eux que les amis communs tâchent d'empescher.

Lorsque Mme de Lambertye me parla de sa prétention de deux cent vingt mils livres sur les biens de Mme sa fille, je pris occasion de lui demander si la terre de Lambertie n'estoit pas substituée en faveur de ceux qui sont de la famille qui en portent le nom. Elle me répondit que non, et que si elle l'avoit esté, M. son père se serait bien gardé d'acquitter ses debtes.

Sur ce que je lui tesmoignais, combien vous estiez touché de la mort de Mme sa fille et la part que vous preniez à la perte qu'elle avait faite, elle me chargea de vous en faire ses remerciements, qu'elle vous les ferait elle-même et qu'elle répondrait aux lettres que vous lui aviez écrites. Elle me dit beaucoup de choses obligeantes, entre autres qu'elle estait la maistresse de disposer de ce qui lui estait du, et qu'elle conserverait de très bons sentiments pour les parents de son mari qui portaient le même nom, qu'elle avait fort souhaité que feu M^r votre père eut voulut attendre à se marier que sa fille fut en âge.

J'ai cru que dans la première visite de compliments je ne devais pas demander de voir le testament, après que M. de Choiseul m'eut déclaré qu'il ne parlait pas de vous, dont je suis persuadé, m'ayant dit en même temps qu'il serait bien aise que Mme de Choiseul vous eut fait un legs considérable, et vous eut donné des marques de l'estime et de l'amitié qu'elle tesmoignait avoir pour vous.

Lorsque Mme de Lambertye aura pris son parti, ce testament deviendra public, et si vous souhaitez de le voir auparavant, je tâcherai d'en avoir une copie. Si je puis quelque chose pour votre service, disposez de moi, puisque j'ai l'honneur d'estre, avec un dévouement entier et respectueux, votre très humble et très obéissant serviteur. F. BARROIS, SAINT-REMY.

Je suis si convaincue de votre bon cœur, Monsieur mon cher cousin, que j'ay été aisément persuadée que la mort de ma fille vous a touché bien vivement. La connaissance parfaite de votre mérite qu'elle avait eue en vous voyant, lui avait donné une satisfaction la plus grande du monde de voir son sang si épuré en votre personne et de l'illustre

HUBERT, Marquis de CHOISEUL

Marié à Marie, Comtesse de LAMBERTIE (1691)

(1665 - 1727)

comte de Lambertie votre frère. Je m'étais même flattée que cette joie de vous voir
contribuerait au rétablissement de sa santé, comme cela aurait arrivé si son mal n'avoit
été un champignon ou excroissance de chair causée, dit-on, par une dartre rentrée. Je vous
assure, Monsieur, que ma chère défunte vous aimait véritablement, et que tout son plus
grand plaisir était de luy parler de vous, et de voir susciter son sang en votre personne.
J'ay hérité des mêmes sentiments. Et comme l'amitié que vous aviez pour elle et pour
moy était divisée, je vous demande la grâce de la réunir en ma personne, afin que je
puisse avoir en effet ce qu'elle n'a eu qu'en idée. Je vous honore parfaitement et Madame
la marquise de Lambertie que je remercie comme vous de vos pieuses consolations, vous
protestant qu'on ne peut être plus que je la suis, à elle comme à vous et à Monsieur mon
cher cousin, votre très humble et très obéissante servante. — La comtesse DE LAMBERTIE.

Je vous rends mil très humbles grâces, Monsieur mon cher cousin, de vos obligeantes offres.
Il est vrai que le testament qu'on a fait faire à ma fille m'a fait peine plus encore par honneur
que par intérêt; mais la chose allant à me faire perdre plus de 200,000 livres, j'ay été obligée
de renoncer à la succession de ma fille et au leg universel qu'elle m'a fait, qui ne m'aurait
produit que l'obligation de payer les legs particuliers montant à 88,000 livres, et m'aurait fait
perdre les deux tiers des terres que j'avais données à ma fille, qui me sont retournées par droit
de reversion. Maistrot, qui a un leg par le testament, abandonnant ses interests, m'a fait
connaître et par des avis de gens qu'il a consultés, que je ne devais point exécuter ce testament,
au moyen de quoy je me délivre de plusieurs peines, embarras et cousts, qui m'auraient donné
des affaires pour toute ma vie, sans espérance de profiter d'un denier. Je me suis accommodée
avec M. de Choiseul, moyennant une remise considérable, il s'oblige à me payer les sommes de
deniers que je luy ai données, tant pour ma fille que de mon chef. Ce qui fait que j'éviterai
tous les procès que je pourrais avoir; et par ce moyen il faut réserver le secours que vous
m'offrez si obligeamment pour une autre occasion. Je vous avouerai très ingénuement que je
vous honore au point que je n'aurais point fait de difficulté d'accepter ce secours plustôt de vous
que de qui que se soit. Je suis si reconnaissante de l'honneur que vous me faites, aussi bien
que Madame la marquise votre épouse, de donner le nom et être marraine de l'enfant qu'elle
porte dans son sein, afin de contracter une double alliance, que je ne puis m'empêcher
d'accepter la proposition, elle m'est trop agréable pour la refuser, par les mêmes motifs que
vous avez de nous unir de toutes les manières, afin que le lien en soit indissoluble. Et comme
je ne suis pas en état d'aller à Lunéville, je vous prie de choisir telle personne qu'il vous plaira
pour me représenter. Si Madame la marquise de Gerbeviller voulait bien recevoir ma procuration,
je la prierais, comme je fais très humblement, de le faire, afin que nous puissions, par un seul
acte, renouveler l'alliance que le sang soutient, et a ému si puissamment surtout de mon côté,
puisque toutes mes intentions sont de vous le prouver et que je suis inviolablement, Monsieur
et très cher cousin, votre très humble et très obéissante servante. — La comtesse DE LAMBERTIE.

Je fais mil compliments à Madame la marquise de Lambertie, que j'honore de tout mon
cœur, et la remercie de la grâce qu'elle me fait de me faire sa commère.

Je sais à quel point les interests de son Altesse Royale et de sa maison vous sont chers, ce
qui fait que je prends une grande part à la promotion du prince à l'Electorat de Treve.

A Paris, 16 février 1711.

La grande envie que j'ay de lier une étroite et sincère amitié avec tous nos parents de Lorraine et particulièrement avec vous, Madame et très chère cousine, d'autant qu'ils sont en ce que j'en ay vu *selon mon cœur*, parce qu'ils remplissent et au-delà tous mes désirs, et sur ce pied je suis très persuadée que la mort de ma fille, la marquise de Choiseul, vous a touché sensiblement et que vous y avez pris beaucoup de part dont je vous fais mil très humbles remerciements, vous protestant que j'accepte avec plaisir les offres que vous me faites de renouveler l'amitié que le sang a si solidement établi, et donne bien volontairement mon consentement de vous être parfaitement dévouée jusqu'au tombeau. Et pour en donner des preuves certaines j'ay déjà accepté l'honneur que vous m'avez fait de me choisir pour marraine de l'enfant que vous portez, dans la seule intention, par cette alliance spirituelle, de confirmer plus solidement celle que le sang de Lambertie a fait naître entre nous, que j'ay aimé si tendrement en défunt Monsieur le comte de Lambertie mon mari, que le voyant si noblement revivre au vôtre, je vous prie de trouver bon la protestation que je vous réitère de vous être parfaitement unie et inviolablement, Madame ma très chère cousine, votre très humble et très obéissante servante. — La comtesse de Lambertie.

Je fais mil compliment à Monsieur votre époux que j'honore parfaitement, aussi bien que mon cousin comte de Lambertie.

A Paris, ce 23 mars 1711.

——————

A Paris, le 30 may 1711.

J'ay eu, Monsieur une longue conversation avec la personne que vous m'avez indiquée par les lettres que vous m'avez fait l'honneur de m'écrire, et que je reçus seulement le 26 de ce mois.

Elle m'a dit qu'elle continuerait avec tout le zèle possible pour faire réussir l'affaire dont elle espérait un succès favorable, la personne qui veut vous faire un legs étant toujours dans la même disposition, remplie de bonne volonté pour vous, qu'elle lui avait même ordonné de faire voir à son conseil le projet et la minute de son testament pour le mettre en forme. Il m'a même promis de me le faire voir et de m'avertir du tout.

Il m'a assuré que la terre que l'on veut vous donner est très considérable et que la personne y a fait pour vingt mil écus et plus d'acquisitions particulières qui seront comprises dans le legs; mais qu'à l'égard de la terre de Montbrun, on n'en pouvait point disposer par testament, étant scituée dans la coutume de Poitou qui deffend de donner un bien ancien, cette terre étant de cette nature.

J'ay voulu donner un billet pour sureté de votre reconnaissance de tous les soins qu'il prend de vos intérêts, il m'a répondu fort honnêtement qu'il agissait dans la vue de vous obliger et de concourir aux bonnes volontés que l'on a pour vous, qu'il fallait attendre que la chose fût faite, et que votre parole et la mienne lui tenaient lieu de tout, y ayant la dernière confiance. Je suivrai cette affaire très exactement et aurai l'honneur de vous en marquer le progrès. Je vous prie d'être persuadé de mon zèle et du dévouement respectueux avec lequel je suis votre très humble et très obéissant serviteur. — F. Barrois, Saint-Remy.

Je vous félicite sur les heureuses couches de Madame votre épouse; recevez avec elle, s'il vous plaît, les compliments de la mienne.

——————

Monsieur,

Les choses sont toujours dans la même situation, c'est-à-dire que la chose n'est pas encore consommée. J'ay eu ordre de la réformer, comme j'ay fait; non pas à l'égard de ce que vous scavez, pourquoy la bonne volonté augmente, plutôt que de diminuer. J'y ay toute l'attention qu'il faut, je vous assure, et que je suis avec un profond respect Monsieur, votre très humble et très obéissant serviteur. — MAISTROT.

A Paris, 4 juillet 1711.

————————

A Paris, le 9 juillet 1711.

Je vous envoie, Monsieur, la procuration que vous m'avez adressée, laquelle vous trouverez n'être signée que de vous. Je vous envoie aussi une lettre du sieur Métrot, vous verrez la scituation de votre affaire. Je souhaite qu'elle ait le succès aussi avantageux que vous le pouvez espérer; je voudrais pouvoir y concourir puisque j'ai l'honneur d'être avec un dévouement respectueux votre très humble et très obéissant serviteur. — F. BARROIS, SAINT-REMY.

La lettre a été rendue au sieur Recour par mon valet de chambre. La lettre de change de 600 livres s'y est trouvée.

————————

A Paris, le 7 octobre 1711.

On me fait espérer, Monsieur, que Madame la comtesse de Lambertie est toujours dans la même disposition pour vous. J'ai recommandé l'affaire à son avocat, qui est le même dont S. A. R. se sert, et j'espère qu'à son retour de la campagne, où il est allé passer ses vacances, l'affaire poura se consommer à votre satisfaction. J'y ferai de mon mieux.

Je suis fâché de la perte de la caisse que ma femme vous a envoyée. Elle a avancé pour l'emplete cent soixante-six livres.

J'ai l'honneur d'être avec respect votre très humble et très obéissant serviteur. — F. BARROIS, SAINT-REMY.

————————

MONSIEUR,

Madame la comtesse de Lambertie me donna ordre de luy faire un projet de testament, il y a bien un an. Ce que j'exécutay. Il fut réformé par un subsequent, où je mis positivement ce que je vous ay envoyé, mot pour mot. Ce que je fis avec d'autant plus de certitude, qu'ayant lu mon second projet elle ne se répugna point sur l'article, et par là il me parut que la chose demeurerait pour constante. Madame la comtesse de Lambertie pour se rendre plus certaine de son fait, en communiqua à Monsieur Le Roy, avocat fameux, qui est celuy de son Altesse Royale, qui souhaita une généalogie et un état des biens, que je fis, et dont je vous envoyai copie. Sur cela Mr Le Roy fit un projet de testament, qui ne fut pas trouvé agréable, s'étant trouvé plusieurs difficultés à cause de Monsieur André de Lambertie de Montbrun, lequel étant mort depuis un mois en çà, et les obstacles étant levés, le projet de Monsieur Le Roy fut encore par luy réformé et tout était disposé pour travailler à mettre fin à la chose, lorsque madame la comtesse de Lambertie, pour être plus libre, voulut se purger, et remit à le faire du vendredy au dimanche. Mais comme elle souhaitait d'aller à la messe la purgation fut remise au lundy, huit du présent mois qu'elle prit le matin. Et à onze heures et demie près de midy, elle tomba en apoplexie, qui fut sy violente, qu'elle ne put parler. Elle est morte le mercredy des cendres à cinq heures du matin et a été enterrée à Saint-Nicolas du Chardonnet. Elle avait fait ses dévotions le jour de la Purification et a reçu avec connaissance le sacrement de l'extrême-onction. Mais pour de testament elle n'en a point fait, et par là tous nos bons desseins et nos prétentions particulières se sont évanouis comme la fumée. Je suis avec un profond respect, Monsieur, votre très humble et très obéissant serviteur. — MAISTROT.

A Paris, 18 février 1712.

————————

Un de vos amis et des miens, Monsieur mon cher cousin, m'a appris que vous aviez le dessein d'achepter la comté de Lambertie. Cette nouvelle m'est des plus sensibles, souhaitant avec passion, mon cher cousin, vous voir le maistre de notre souche. Je m'estimerais bien heureux si je pouvais contribuer à vous apprendre que nous y avons de gros droits. Malheureusement je n'ai pas sçu qu'il y eut de substitution par testament. Madame de Choiseul ne donne rien à personne de sa famille, et Madame la comtesse de Lambertie est morte sans tester. De manière que la maison d'Aydie et Mr de Nogent, fils de Mr Desquoire (1) ont commencé par avoir tous les meubles des métairies et ceux du château et dix mille écus de fonds de terre que Madame de Choiseul avait vendues à sa mère. Présentement les messieurs d'Aidie et madame de Pombeau, sœur de défunt Monsieur le comte, plaident, et Madame de Marcilhat et les Messieurs de Lavau de Soisenit (?) et de Lambertie, tous pour le fonds des terres. Les dames sont mortes l'une et l'autre en donnant de belles espérances. Et le pauvre Montbrun la même chose. A moins que vous ou moi, mon cher cousin, nous n'acheptions la comté, c'est fini pour la famille. Je souhaite que vous soyez dans ces sentiments là et que vous me fassiez l'honneur de venir mettre pied à terre chez moy, je vous garderai jusqu'à ce que vos affaires soient finies. Et si vous ne voulez pas avoir notre maison il faut que je vende mes terres qui sont dans le Périgord et dans le pays d'Aunis pour achepter Lambertie. Vous pouvez vous assurer que je n'en ferai jamais un pas à vostre préjudice, soyez en, je vous prie, persuadé. Je vous demande, s'il vous plait, réponse et d'avoir pour moi un peu d'amitié, je le mérite par l'inclination, mon cher cousin, que j'ai pour vous sans avoir l'honneur de vous connaître ; je vous honore et considère infiniment et tout ce qui vous regarde. Ayez la bonté d'assurer Madame la comtesse de Lambertie de mon très humble respect et mesdames vos sœurs, et de me permettre d'embrasser vostre belle famille ; je vous prie de m'en apprendre le nombre. La mienne est de six garçons et une fille ; je souhaite qu'ils soient un jour honnêtes gens pour nous rendre leurs services et à leurs petits cousins. J'ai l'honneur d'être, Monsieur mon cher cousin, avec toute la considération possible, votre très humble et très obéissant serviteur. LAMBERTIE.

De Marval, le 12 février 1717.

Mon épouse vous assure et Madame la comtesse de Lambertie de ses très humbles compliments. Si vous me voulez faire l'honneur de me faire une réponse ayez la bonté de m'écrire par Paris, pour Saint-Pardoux-la-Rivière, route de Bordeaux, pour me faire tenir à Marval.

Je croyais, Monsieur mon cher cousin, avoir déterré plusieurs testaments et contrats de mariage de la famille par le moyen d'un notaire qui a les plus anciens titres du Périgord ; il m'a fait dire qu'il n'avait encore rien trouvé qui regardât la maison de Lambertie, mais qu'il allait fouiller généralement tous ces papiers. Un Jacobin habile homme, qui range tous les anciens titres de la communauté de Boubon de l'ordre de Fontevrault, où ma sœur est prieure, m'a promis de faire chercher à Périgueux dans les insinuations et anciens grefes, par ses parents qui sont fort intelligents, pour déterrer la substitution que vous demandez, et il se flatte, aussi bien que le notaire, si il y en a, de la trouver. Je leur ai promis et fait promettre bonne récompense. Je restais longtemps sans savoir à qui m'adresser pour cette affaire, ce qui m'a fait retarder longtemps, Monsieur mon cher cousin,

---

(1) Anne-Blaise d'Aidie, frère de la comtesse de Lambertie, avait épousé Louise-Thérèse-Charlotte-Diane de Bautru-Nogent, et Marguerite d'Aidie, sa sœur, avait épousé François-Louis de Ranconnet, écuyer, seigneur d'Escoire en Périgord. (*Nobil. Lim.*, t. I, 2o édit. p. 23).

N. DE LAMBERTIE

a vous faire réponse de la lettre que vous m'avez fait l'honneur de m'escrire, qui m'a fait un sensible plaisir de toutes vos manières honnêtes et généreuses. Je vous prie d'être persuadé de ma juste reconnaissance et de ne pas douter aussi de ma parfaite considération. S'il m'était possible de pouvoir vous faire rentrer dans notre ancien chasteau et de toutes les terres qui en dépendent, vous auriez la satisfaction et moi aussy de vous y voir promptement. Je n'oublierai pas mes soins. Je crains qu'ils soient inutiles, ayant trouvé chez nostre cousin de Lambertie de Menet un testament de François, qui fait Raymon, son fils aîné, son héritier universel et substitue ses frères l'un à l'autre en cas que les plus vieux viennent à mourir sans enfants. Je vous envoie ce testament, afin que vous ayez la bonté de me mander le nom de vos ancêtres qui ont fait en votre faveur la substitution. Il est à craindre que les bonnes dames défuntes n'aient eu la précaution de faire bruler cette substitution, supposé qu'elles aient pu l'avoir, voyant, sans leur faire aucun tort, des tours de chicane qui font dresser les cheveux. Aussi ont elles fait une heureuse fin, et notre maison tombée dans de belles passes. Si vous ne pouvez pas rentrer par substitution, il faut l'achepter, afin que nostre terre ne tombe pas entre les mains étrangères. Je n'y songerais de ma vie, tout autant que vous en auriez la moindre envie d'en faire l'acquisition. J'aurais vendu mes terres du Périgord et du pays d'Aunis pour achepter nostre maison après que les procès auraient été jugés. On ne croit pas qu'ils se jugent de longtemps. Aussi nous aurons le temps pour prendre nos mesures afin d'en faire l'acquisition. Toute la parentée le souhaite de passion, et d'avoir l'honneur de vous voir dans nôtre province. Je me flatte que vous prendrez chez votre cadet votre domicile, où vous serez élu le maistre. Tenez moi votre parole, je tacherai de vous faire boire du meilleur vin du païs, et de faire rassembler une bonne partie de nos parents, qui vous honorent tous infiniment, en particulier Monsieur de Menet et son fils, qui est marié du caresme passé, et toute la province aussi. Mon épouse vous fait, et à Madame la marquise de Lambertie, ses très humbles compliments, et l'assure, avec votre permission, de son respect. Nous embrassons votre belle famille et nous souhaitons à tous une santé parfaite, ayant l'honneur d'estre, avec toute la considération possible votre très humble et très obéissant serviteur. — LAMBERTIE.

De Marval, le 28 juin 1717.

Je vous prie de me mander le rang que vous occupez dans ce païs là. Nous avons perdu le troisième de nos enfants depuis peu de temps, d'un coup de soleil. Faites prendre garde aux vostres. Je vous prie d'assurer Mesdames vos sœurs de mon très humble respect.

Consultation à l'extinction de la branche aînée. 25 avril 1732.

Gabriel, comte de Lamberty, baron de Montbrun,
a espousé Isabelle de Rochechouart en 1605, fille de Louis II,
vicomte de Rochechouart, et de Magdelene Bouillé.

1	2
François, comte de Lamberty, baron de Montbrun, a espousé en 1633 Aimerie de Nesmond, fille de François de Nesmond et de Jeanne de Volvire.	Jean, comte de Lamberty, a espousé Marguerite de Custine, fille de Jean de Custine, baron de Cons et Dorothée de Ligniville. Le contrat de mariage est du 1er janv. 1641

1 2 3	4	
Mesdames de Vertamont, de Marillac et de Maumont, sœurs de Jean-François.	Jean-François, comte de Lamberty, espousa en 1659, le 1er octobre, Marie d'Aidic, fille d'Armand d'Aidic, seigneur de Bernardiere et de Charlotte de Belcier.	Georges, marquis de Lamberty, baron de Cons, marié à Christine de Lenoncourt en premières nopces en 1672. En secondes nopces, en 1706, a Charlotte-Erardine d'Anglure, dont point d'enfant. Du 1er mariage :

Marie de Lamberty, décédée le 25 novembre 1710, mariée à Hubert, marquis de Choiseul.	Nicolas-François, marquis de Lamberty, marié en 1705 à Elisabeth de Ligniville.

Sur la question proposée de sçavoir si la terre de Lamberty dont la plus grande partie est dans la coustume de Poitou, celles de Montbrun, Pansau et Marillac qui sont toutes sçituées en Poitou, laissées par Marie de Lambertie, espouse de Hubert, marquis de Choiseuil, decedée le 25 novembre 1710, doivent appartenir pour le tiers a Nicolas François, marquis de Lambertie. et les deux tiers aux dames de Vertamont, de Marillac et de Maumont, filles de François, comte de Lamberty, ayeul de Marie de L'Amberty, marquise de Choiseuil, scavoir deux tiers dans les deux tiers à laisnée et le tiers dans les deux tiers aux puisnées.

Le conseil soussigné est d'avis que Nicolas François, marquis de L'Amberty, ne peut rien prétendre aux teres laissées en Poictou par Marie de L'Amberty, marquise de Choiseuil, n'y par les regles generalles n'y par les regles suivies dans les coustumes de respresentation infinie en collateralle ; telles que celles de Poitou ; la regle generalle dans les successions est quelles appartiennent au plus proche dans le pays coustumier aussy bien que dans le pays de droit escrit.

Les coustumes ont fait une exception a cette regle à l'egard des propres, ce n'est pas assez pour y succeder d'estre le plus proche du deffunt, il faut encore estre du costé et ligne d'où ces propres sont venus, la proximité de la personne ne suffit pas sans la ligne mais elle suffit avec la ligne.

Il n'est pas necessaire que celuy qui succede soit le plus proche du 1er acquereur, comme il l'est du deffunt, c'est assez quil soit de la ligne, il a en luy tout ce que les coustumes de costé et ligne telles que la coustume de Paris dans les articles 326 et 329 et autres semblables qui sont en plus grand nombre desirent, il n'y a plus d'exception de la ligne a luy opposer n'y rien qui fasse obstacle au droit commun et quand il trouveroit dans la ligne d'autres parens non seulement egaux en degré, mais meme plus proche par rapport au premier acquereur, il les exclurait encore par la prérogative de la proximité avec le defunt, c'est une vérité dont personne ne doute et qui est fondée sur deux principes.

Le 1er qu'il ne s'agit point icy de succeder au 1er acquereur mais au defunt ou à la defunte de Cujus bonis, c'est donc a la defunte de la succession de laquelle il s'agit quil faut estre plus proche et non de l'ancien acquereur de la succession duquel il ne s'agit pas. Pour regler le costé et ligne on cherche le 1er acquereur qui est la source ; mais pour regler la proximité on ne cherche que le defunt qui est le terme ; le costé et ligne est une condition sans laquelle la proximité seroit impuissante dans la succession des propres. mais quand la proximité se trouve avec le costé et ligne toute la condition est accomplie.

Le second que tout l'objet des coustumes dans la succession des propres n'est autre que de conserver le propre dans la famille de celuy qui l'y a mis, ainsy quand le plus proche du defunt se trouve en même temps de la famille de celuy qui y a mis le propre, tout le desir de la coustume est rempli. Il n'est pas necessaire que cet heritier qui est le plus proche du deffunt soit encore le plus proche du 1er acquereur, parceque le droit de succeder aux propres estant une exception du droit commun, il est de la nature des exceptions qu'elles ne s'estendent point au dela de leurs termes, et quil suffit quelles soient accomplies en quelque maniere que ce soit pour favoriser le retour au droit commun ; dans l'espece proposée Mr le marquis de Lamberty est plus esloigné de plusieurs degrés que les dames de Vertamont, de Marillac et Maumont.

Par les regles observées en Poictou et dans les coustumes de representation infinie en collateralle, Mr le marquis de Lamberty est encore exclus. Il suffit de raporter en cet endroit les termes dont Vigier se sert sur larticle 94 de la coustume d'Angoumois ils renferment en peu de paroles les veritables principes.

Les lignagers d'une branche, quand mesme ils seroient plus proches en degré ne succedent point aux biens de l'autre branche tant qu'il y a des descendans et succedans

JEAN Comte de LAMBERTIE

Baron de CONS-la-GRANDVILLE

Maréchal des camp et armée du Roi, Gouverneur de Longwy

Marié à Marguerite de CUSTINE (1641)

(1608 - 1681)

en icelle. Le pere et la mere laissent trois enfans, Jean, Pierre et Louis, qui partagent entre eux tous les biens, se marient et laissent des enfans et plusieurs descendans, chacun de ses freres est le principe de sa branche, et le commencement d'une nouvelle famille; tant quil restera un des descendans de Jean, il succedera à tous les biens de la branche, a l'exclusion de Pierre et de Louis et de tous les descendans, de même des autres branches. La raison de cela est naturelle, car par la suite et continuation des heritiers procedez de pere en fils, de l'auteur et principe de chacune branche, les succedans issus de ce principe sont en la ligne descendante, et ceux des autres branches ne sont qu'en la collaterale; et puis que le chef et premier fondateur de chacune branche retire sa portion entiere des biens de ses ascendans, il est juste que cette portion demeure dans la même branche, et aux descendants d'icelle à l'exclusion des autres branches qui ont aussy tiré leurs parts et portions entieres des mesmes biens venus des ascendans; d'autant que chaque branche fait une maison et famille separée, dont les biens ne sont communs avec ceux des autres branches; si que les descendans de diverses lignes et branches subsistant en la personne de quelques lignages qui en sont issus, *non sunt coheredes, sed inter se extranei.*

Ces principes de Vigier sur l'article 94, d'Angoumois qui est une coustume singulière s'aplique parfaitement aux coustumes de representation a l'infini ou ligne collaterale.

Deliberé à Paris, ce 25 avril 1732.   (Quatre signatures illisibles.)

Cette consultation est bonne a garder. On voit par la filliation que si ces dames de Vertamon de Maumont et de Marillac, dont il ne reste plus que le mary de cette dernière et des enfans, s'ils venoient a mourir sans posterité, mes enfans seroient en droit de repetter aux heritiers de ce Mrs de Marillac les biens venant de la succession de M^{de} de Choiseuille qu'ils ont vendu a Mrs de Riberac et de Laxion. — Fait a Paris, le 28 d'avril 1732. LAMBERTY.

---

§ II. — Marquis DE CONS-LA-GRANVILLE, Marquis DE LAMBERTIE

Attestation concernant Marguerite de Custine, abbesse de Bouxières. 1639.

Nous, dames abbesse, doyenne, chanoinesses et chapitre de l'insigne église collégiale et séculière Notre Dame de Bouxière; déclarons et certifions à tous qu'il appartiendra : que vénérandes dames Anne Catherine de Custine et Marguerite de Custine, sœurs, filles de défunt haut et puissant seigneur, Jean de Custine, vivant alors seigneur de Cons-la-Grandville, Bioncourt, et de dame Dorothée de Ligniville, leurs père et mère, ont été apprébandées en ladite église de Bouxière, après avoir fait preuve de leur ancienne noblesse militaire, bien connue, prouvée et jurée, de leur extraction, lignée et quartiers, qu'il est requis en pareil cas : et l'une de mes dites dames, scavoir : Marguerite de Custine, a été reçue en cette église abbesse, en l'an mil six cent trente neuf; et qu'en l'année mil six cent quarante et un, madite dame en après a épousé Jean comte de Lambertye, maréchal des camps, et des armées du roi très chrétien. En foi de quoi nous avons fait inscrire les présentes par notre secretaire ordinaire dudit chapitre, y a apposé notre cachet et notre scel capitulaire, duquel nous nous servons en pareil fait.

Fait à Bouxière, le quatorzième mars mil sept cent et dix huit. — Signé : VERLET, secrétaire.

Contrat de mariage de Jean de Lambertie et de Marguerite de Custine. 1641.

Sachent tous que pardevant les tabellions roiaux au duché de Lorraine soussignés demeurant à Nancy ; en traitant du mariage espéré — entre Messire Jean de Lambertye, lieutenant-colonel du regiment de Messire Gabriel de Lambertye, chevallier, seigneur dudit lieu, et autres places, lieutenant de roy au gouvernement de Nancy, son père ; et damoiselle Marguerite de Custine, fille de feu Messire Jean de Custine, vivant chevallier, seigneur de Bioncourt, La Grand-Ville et autres places, et dame Dorothée de Ligneville, ses père et mère. Le dit sr Jean de Lambertye, assisté dudit seigneur son père ; de dame Isabeau de Rochechouart sa mère ; et la dite damoiselle assistée de reverend seigr Messire Antoine d'Alamont, abbé de Beau-Pré, son cousin ; et de Messire Henry de Thillon, chevallier, seigneur de Grand, Bouxieres, et autres lieux. Entre lesquels ont été passé, et accordé, les points et articles de mariage tels que s'ensuivent. Que ledit sieur Jean de Lambertye, et damoiselle Marguerite de Custine, fianceront et épouseront en face de notre mère Sainte Eglise apostolique et romaine le plustôt que faire se poura. Seront un, et commun, en tous meubles, acquets et conquets immeubles qu'ils auront, et feront pendant ledit futur mariage, en quels pays les dits acquets soient assis et scitués ; et nonobstant touttes coutumes faisant au contraire, aux quelles les parties ont dérogé et dérogent, pour arrivant la disolution de la dite communauté, et les dits meubles, et acquets immeubles [être] partagés, entre le survivant et héritiers du prémourant. N'entreront en la dite communauté les meubles meublant, bagues et joyaux que la ditte damoiselle a de present ; ainsi lui seront propres ; et pour cet effet inventaire en a été dressé cejourd'hui par Nicolas Clément, l'un des dits tabellions. Poura néanmoins la ditte damoiselle disposer des dits meubles en faveur de qui bon lui semblera, même du dit sieur futur époux ; pourquoi faire elle est dès à présent autorisée. Avant le partage desdits meubles de la communauté ; si le dit sieur future époux survit, il prendra par préciput ses habits, livres, armes et chevaux ; et si c'est la ditte damoiselle qui survive, elle prendra aussi par préciput, et avant partage, pour bagues, joyaux, chambre garnie et carosse, la somme de trois mille francs barrois. Si le dit futur époux vient à vendre du bien propre et ancien de la ditte damoiselle future épouse, soit même de son consentement, il sera obligé de remployer ces derniers en acquisition de fond immeuble de pareille nature, qui sortira net : fond et ancien à la ditte damoiselle, et aux siens de son estoc et ligne, au cas qu'elle n'en aurait autrement disposé, selon la liberté qu'elle s'est réservé cy après. Que si le dit sieur futur epoux emploioit les dits deniers ou partie d'iceux au payement des dettes de la ditte damoiselle future épouse, il sera désobligé du remploi à la concurrance d'elle qu'il emploiera à l'acquit des dittes dettes. Au réciproque la somme de deniers donnée au dit sieur futur époux par Messire François de Lambertye, chevallier, baron de Montbrun, son frère aîné, par contrat de l'an mil six cent trente neuf, cinquième jour de mai, par devant de la Congerye, notaire royal au château du dit Lambertye, sçavoir douze mille livres tournoises, d'une sorte pour approportionnement et droit de légitime, et trois mille livres d'une autre part gratiffication, luy seront nature de propre et ancien. Relevant les dittes sommes, ou partie d'icelles, il lui sera permis de les colloquer en acquisition de fond des immeubles ou autrement pour luy sortir nature de propre et ancien et à ceux de son côté et ligne ; si doncque il n'en a autrement disposé, ce qui lui sera permi de faire en faveur de qui bon lui semblera, même de la ditte damoiselle future épouse. Que s'il emploie les dits deniers à l'acquit des dettes de la ditte damoiselle, il entrera au droit des contrats et hypotèques des creanciers qu'il payera. La ditte damoiselle s'est expressement reservé, et reserve de disposer par testament de tous ses biens anciens en faveur de qui bon lui semblera, même du dit sieur futur époux, si elle veut. Et pour se faire, elle est autorisée par le present contrat. Douaire écheant, la ditte damoiselle aura pour son douaire, la rente des douze mille livres, en quelle main ils soient colloqués, et s'ils sont employés en acquisition de fonds immeubles, elle jouira du revenu du fond, acquetté des dits deniers, sa vie durante. Et affin que son dit douaire luy soit assuré, le dit futur époux s'est obligé, s'oblige de colloquer les dits deniers comme dessus, les venant à recevoir du dit sieur son frère, du quel employ tant seulement, les dits seigneur et dame de Lambertye, ses père et mère, sont caution. Promettant les dits parties chacun en droi-soy, de tenir et avoir à toujours pour agréable, ferme, stable et de bonne valeur, tous chacun les points et articles contenus au présent contrat de mariage sans aller au contraire en manière quelconque, directement ou indirectement. Et pour l'entier accomplissement, ont obligé et obligent, tous et un chacun leurs biens, meubles et immeubles, présents et avenir, partout ; que pour cet effet les dits parties ont submis et submettent aux exécutions forcés et contraintes de touttes cours et justices pour sur iceux faire exploiter, et executter comme pour chose connue et jugée en droit ; renonçant à tous contredits, oppositions, garentis et coutumes, et a toutte autre exception à ce contraire, memement au droit disant general, renonciation non valloir si la spécialle ne précède. En témoignage de vérité sont scellées ces presentes du scel roial du Tabellionnage de Nancy, sauf tout droit. Que furent faites et passées, au dit Nancy, le premier jour de janvier mil six cent quarante et un, sur les dix heures du matin, présens, Messire Jean de Jaubert, baron de Nantiac, et Messire Jacques de Belcastel, seigneur du dit lieu, eux deux capitaines au dit régiment, témoins, qui ont signés avec les deux parties et assistants, tous de la connoissance des dits tabellions. Les dites signatures à la notte laquelle est demeurée en main du dit Bostel l'un des dits tabellions. — Signé . J. Bostel et N. Clément.

Mariage de Jean de Lambertie avec Marguerite de Custine. 2 *janvier* 1641.

Du 2 janvier 1641.

Le sieur Jean de Lambertye, lieutenant colonel au régiment de M. de Lambertye, son père, lieutenant du roy au gouvernement de Nancy. Le dit sieur Jean de Lambertye déclaré libre de tout vœu et profession de l'Ordre de Saint-Jean de Jérusalem, nonobstant qu'il ayt porté la croix et l'habit de chevalier de Malte plusieurs années, avec pouvoir de se marier, par patente de Monsr Midot, vicaire général de l'évesché de Toul, après connaissance de cause, la dite patente en date du vingtiesme décembre 1640, signée J. Midot, vicarius generalis, cachetée en cire verte du scel de la cour spirituelle et du cachet dudit sieur Midot, contresignée J. Bichebois, portant aussi dispense de deux bans, et dispense sur le temps de l'Avent. Et Mademoiselle Marguerite de Custine, fille de feu honoré seigneur Jean de Custine, sieur de Bioncourt, etc., de la licence et authorité sus dite, le deuziesme du mois de janvier. La publication d'un ban ayant été faite en la messe solennelle du jour précédent, sans empeschement, Nicolas Bourguignon, prêtre marguilher en ladite paroisse ; Jean Nicolas dit Pilaud, prêtre habitué ; les sieurs Jacques de Belcastel, capitaine et major au régiment de M. de Lambertye, Anne-Hely d'Escars, capitaine audit régiment, Berault de Belcastel aussy capitaine audit régiment et autres présents. — (Registres paroissiaux de Saint-Sébastien de Nancy.)

Baptême de Marie-Thérèse de Lambertie. 21 mai 1643.

Le 21 mai 1643, Marie Thérèse, fille d'honoré seigneur Jean de Lambertye, capitaine au régiment de Monsieur de Lambertye, lieutenant du roy, son père, et d'honorée Madame Marguerite de Custine, sa femme, a esté baptizée sous condition, la sage femme l'ayant baptizée dans le ventre de la mère, le vingt-uniesme mai 1643. L'enfant âgée de................
Honoré seigneur Gabriel de Lambertye, lieutenant du roy, au gouvernement de Nancy, parain, et honorée dame Marie de Choisiaux, marraine. — (Registres paroissiaux de Saint-Sébastien de Nancy.)

Baptême de Henry-Joseph de Lambertie 22 mai 1644.

Henry-Joseph, fils du s^r Jean de Lambertie, capitaine au régiment de M. de Lambertie, lieutenant au gouvernement de Nancy, son père, et de Madame Marguerite de Custine, sa femme, ayant été baptisé à la maison par permission de M^r le grand vicaire, le.........
et apporté à l'église pour les cérémonies, le 22e may 1644, à luy administrées par le révérend seigneur Messire Anthoine Dallamant, abbé de Beaupré et chanoine de l'église primatialle, tenu sur les saints fonds, pour parrain, par Monseigneur Henry de la Ferté-Senectere, gouverneur de Nancy, et pour marraine Madame de Custine, épouse de Mr de Chambley, bailly de Nancy. — (Registres paroissiaux de Saint-Sébastien de Nancy.)

Baptême de Georges de Lambertie. 30 mars 1647.

George, fils du sieur Jean de Lamberty, lieutenant du roy au gouvernement de Nancy et gouverneur de Lonwy, et de madame Marguerite de Custine, sa femme, a esté baptisé à la maison par la permission de Monsieur Midot, vicaire général de l'évêché de Toul, le trentesme mars 1647, et apporté à l'église pour y suppléer les solemnitez le dixième novembre 1647. Le sieur George de Lamberty, sieur de Sainct-Paul, capitaine au régiment de la Ferté, parrain; honorée dame Anne-Gabriel de Rachecour, marraine. — (Registres paroissiaux de Saint-Sébastien de Nancy.)

Lettre de Louis de Bourbon, prince de Condé, à Jean de Lambertie. 18 février 1649.

Monsieur, je vous écris celle-ci pour vous assurer que je tiendrai toujours à faveur les marques de votre amitié, de laquelle je vous demande la continuation avec la même instance que je vous prie de faire état de la mienne en toutes occasions, ayant pour vous la plus haute considération. Je suis véritablement, Monsieur, votre affectionné à vous servir. — Louis de BOURBON.

Deux brevets de maréchaux de camp donnés à Gabriel et Jean de Lambertie père et fils. 1650, 1651.

Aujourd'huy XXIII du mois de juillet mil six cent cinquante, estant à Poictiers, désirant recongnoistre les fidèles et agréables services qui ont été rendus au roy de glorieuse mémoire

MARGUERITE DE CUSTINE

BARONNE DE CONS-LA-GRANDVILLE

Abbesse du Chapitre de Bouxières

Mariée à JEAN, COMTE DE LAMBERTIE (1641)

(1608 - 1681)

par le sieur comte de Lamberty père, tant en la charge de lieutenant au gouvernement de Nancy qu'en plusieurs autres employs et occasions importantes ; Sa Majesté, par l'advis de la reyne regente sa mère, l'a retenu, ordonné et estably en la charge de maréchal de camp en ses armées, pour doresnavant en suivre les fonctions, en jouir et user, aux honneurs, auctorités, prérogatives, prééminances, droitz et appointements qui y appartiennent, tels et semblables dont jouissent ceux qui sont retenus en pareilles charges. M'ayant Sa Majesté commandé de luy en expédier le présent brévet qu'elle a signé de sa main, et fait contre signé par moy son conseil, secrétaire d'Estat, de ses commandements et finances. — LOUIS. — DE L'HOMÉNIE. — MONTOZON, commissaire.

Aujourd'huy deux du mois de décembre mil six cent cinquante un, le roy estant à Poicticrs, mettant en considération les fidèles et agréables services qui luy ont esté rendus par le sieur comte de Lamberty, filz, et se confiant en sa grande valeur, expérience en la guerre, vigilance et bonne conduite et en sa fidélité et affection à son service pour les diverses preuves qu'il en a rendues en toutes les occasions ou il s'est donné en la guerre, et l'en voulant recongnoistre, aussy son ancienne naissance, et lui donner moyen de servir Sa Majesté de plus en plus ; Sa dite Majesté l'a retenu, ordonné et estably en la charge de maréchal en ses camps et armées, pour doresnavant en faire les fonctions, en jouir et user aux honneurs, profits, auctoritez, prérogatives, prééminances, droitz et appointements qui y appartiennent, telz et semblables dont jouissent ceux qui sont retenus en pareilles charges ; m'ayant Sa Majesté pour témoignage de sa volonté commandé d'en expédier au dit sieur de Lamberty, copie, brévet qu'il a signé de sa main. Faict, contresigné par moy son conseiller, secrétaire d'Estat, et de ses commandements et finances. — LOUIS. — DE L'HOMÉNIE. — MONTOZON, commissaire. — (Originaux. — Archives du château de Gerbeviller.)

Vente faite par Jean de Lambertye à Marie de Nemond, marquise de Saint-Victurnien.
17 août 1661.

Le dix septième jour du mois d'aoust mil six cent soixante un, au bourg de Saint-Victurnien et chasteau du dit lieu avant midy, a esté présent en sa personne messire Jean de Lambertye, chevalier, seigneur comte et gouverneur de Longwy, en Lorraine, et autres places et seigneuries, demeurant ordinairement aud. lieu de Longwy, estant de présent aud. chasteau de Saint-Victurnien. Lequel de son bon gré et volonté a vendu, cédé, quitté, comme par ces présentes vend, cède, quitte à perpétuité et à jamais à Damois⁰ Marye de Nemond, dame marquise de Saint-Victurnien, veufve de défunt messire Jean de Rochechouart, chevalier, seigneur marquis de Saint-Victurnien et autres places, ici présente et acceptant, demeurant au dit chasteau du présent lieu. Scavoir est : la mestayrie noble en son entier appelée de Mazière et ce en tous droicts de fief noble, et tout de mesme que les dits seigneurs de Lambertye l'ont toujours jouie et possédée, plus autre mestairie en son entier située au village de Puyraud et ce aussy en tout droit de fief noble avec lesd. rentes foncières et directes, nobles, annuelles et perpétuelles dues aud. seigneur comte sur le dit village et tènement de Puyraud dans la paroisse de Mialet, et la dite mestairie de Mazière dans celle de Pansoux ; consistant la dite rente foncière et directe de Puyraud en soixante boisseaux d'avoine, argent trente six sols ; plus pour la nouvelle prise d'estang de Puyraud, argent dix sols ; et sur le tènement du Soulier, seigle deux boisseaux, argent sept sols six deniers, gélines deux ; et ce sans dutout faire aucune réserve pour lesd. mestairies et rentes nobles, faire jouir et disposer d'ore en avant par lad. dame comme de son bien et chose propre, et à ces fins, le dit seigneur comte de Longwy s'en est démis, desvestu, et dessaisy, et en son lieu, droit et place, mis, saisye, envestue par le bail et note des présentes, lad. dame, consentant que quand bon luy semblera elle en prenne la possession réelle, actuelle et corporelle; et jusque à ce s'est constitué les dicts biens cy dessus vendus à titre de précaire, promettant le tout garantir et défendre tant en jugement que dehors de tout trouble, debtes, charges, hypothèques quelconques, à peine de payer tous despents, dommages et intérests jusque au présent jour. La dite vendition faite pour le prix et somme de quatorze mille livres que la dite dame a promis et sera tenue payer aud. seigneur comte, d'huy en deux ans prochains venant pour tout terme et délais, et jusque à ce que, la dite dame sera tenue comme elle a promis, de payer la rente de la dite somme à raison d'un sol pour livre, qui est pour chasque année sept cents livres, qui seront payées aud. seigneur comte, ou autre qui de luy aura droict et cause, à chaque jour et feste de Nostre Dame de my aoust, et dont le premier payement de lad. rente se fera aud. jour de Notre Dame de my aoust, prochain venant, moyennant quoi la dite dame jouira des fruicts et revenus desd. biens cydessus vendus dès à présent. Et d'autant qu'ils ont esté reaux [régis] par d'Agat, juge de Mialet et notaire royal demeurant au lieu noble de Fougera, paroisse de Mialet. A esté présent en sa personne messire Jean-François de Lambertye, chevalier, seigneur comte de Lambertye, baron de Montbrun, Pansoux, Mialet et autres places, demeurant aud. chasteau de Lambertye, lequel, de son bon gré et volonté, a promis de faire obliger à lad. dame acceptante led. Dabgat de luy faire valoir pour la présente année et autres advenir le revenu des susd. biens, la somme de sept cents livres annuellement, tant et sy longuement qu'il plaira à lad. dame, et à défaut dud. d'Abgat luy fournir fermier solvable dans un moys, à peine de tout dépend, dommages et intérets, et de luy délivrer copie des cheptels en forme des bestiaux et des meubles qui estaient dans les dites mestairies de Mazière et de Puyraud, lors et quand elles furent vendues avec les rentes cy dessus audit seigneur comte de Longwy, par défunt messire François de Lambertye, vivant seigneur comte du dit lieu de Lambertye, par contrat du troisième avril mil six cents cinquante huict, pour les causes portées par iceluy, reçu par Dabgat, notaire royal, la grosse duquel demeurera attachée à ces présentes pour les parties y avoir recours ou besoin serait. Et tout ce que dessus les dites parties l'ont ainsi voulu, stipulé et accepté, promis et juré tenir et entretenir et jamais au contraire venir, directement ny indirectement, ainsi ont renoncé à tout moyen, remède, et exception contraire. A la dite dame par exprés obligé tout et chacuns ses biens présents et futurs pour le paiement de la susdite somme de quatorze mille livres et intérests d'icelle aux termes y portés. A quoy, du consentement des dites parties, et après s'être volontairement soubmises au présents scel, elles y ont estées jugées et condamnées par les notaires jurés du dit scel, et pour faire ou besoin serait tous exploits, commendements et sommation pour l'effet et exécution du présent contrat, les dites parties ont eslu leur domicile irrévocable : scavoir : led. seigneur comte de Longwy au chasteau de Brye, paroisse de Champagnac, et la dite dame marquise en son château du présent lieu, et le dit seigneur comte de Lambertye en son chasteau de Lambertye, où ils veulent que tous exploits, sommation, et commandement quy y seront faits, soient et vaillent comme si c'était parlant à leur personne ; à quoy, de leur consentement, ils ont été jugés et condamnés comme dessus, approuvant les mots étant en interligne, portant « et aud. à venir » et le mot qui est en marge « dans les mois » et celuy aussi cy dessus en interligne « aux termes. » — Signé : M. DE NEMOND, H. LAMBERTYE, MALLET, notaire, H. MALLET, aussi notaire

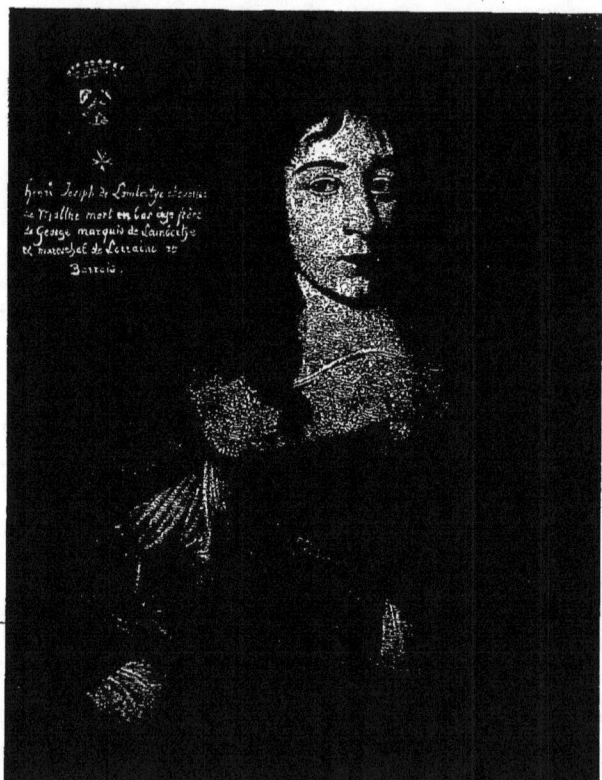

HENRI-JOSEPH, Comte de LAMBERTYE

Chevalier de Malte

Né en 1644, mort jeune.

Foy et hommage de Jehan de Lambertie au duc Charles de Lorraine. 13 *novembre* 1663.

Charles, par la grâce de Dieu, duc de Lorraine, marchis, duc de Calabre, Bar, Gueldres, marquis du Pont à Mousson, et de Nommeny, comte de Provence, Vaudemont, Blamont, Zutphen, Sarverden, Salm, etc., à tous présent et avenir, salut. Scavoir faisons qu'aujourd'hui, datte des présentes, le sieur comte de Lambertye a repris de nous en fief et nous a faict les foids, hommages et serment de fidélité qu'un bon et loyal vassal doit à son seigneur dominant, pour la baronnie de Cons dit la Grand Ville avec ses dépendances, comme aussy pour la terre de la Tour en Voiure et de la terre d'Arry avec leur dépendances, le tout mouvant de nous, tant à cause de nostre chasteau de Longwy, la Chaussée, que du bailliage de Nancy, l'ayant à ce faict recevoir par notre très cher et très aymé fils le prince de Vaudémont par nous commis à cet effect; sauf, au surplus notre droict et l'autruy en tout, à charge d'en donner par le dict sieur de Lambertye ses reversalles et dénombrement en tel cas requis dans le terme de quarante jours en nos chambres des comptes de Lorraine et Barrois. Si donnons en mandement à nos très-chers et féaux les présidens et gens de nostre chambre, procureurs généraux, leurs substituts et à tous autres nos officiers et justiciers qu'il appartiendra, de laisser plainement et paisiblement jouyr le dit sieur Jean de Lambertye des dites terres et seigneuries, sans luy donner n'y permettre luy estre donné aucun trouble ou empechement contraire. Et si pour debvoirs non encore faicts, il y avait quelques arrest ou saisie sur les dites terres, ils aient incontinent a en consentir et luy faire donner la pure et entière main levée. Car ainsy nous plaist. En foy de quoi aux présentes signées de notre main, et contre signées par l'un de nos conseillers, secretaire d'Estat, commandement et finances, nous avons faict mettre et appendre nostre grand scel. Donné à Nancy le treize novembre mil six cents soixante trois. — Signé : CHARLES. — Par Son Altesse : WOILLET DE VALLEM. — Reg. : VERDIER.

Et au dos est écrit : Leües, verifiées et regrées, ouj sur icelles le procureur général, sauf le droit de Son Altesse et l'autruy; et a le sieur impétrant fourny ses reversalles, dont acte. Fait à notre chambre à Nancy, le vingt deuxième janvier mil six cents soixante quatre. — Signé : CACHET.

Mariage de Louis-René de Ficquelmont avec Marie-Thérèse de Lambertye. 1666.

A tous ceux qui ces présentes lettres verront et orront : Théodore d'Espilliers, seigneur de Mazelé, Saint-Mard, Maranville, colonel d'infanterie, pour le service de Son Altesse, gouverneur, capitaine et prévost de Longwy, garde du scel du tabellionage de la ville, prévosté et chatellenie du dit Longwy; salut. Scavoir faisons que par devant Me Jacob du Laurent, notaire juré au dit tabellionage et témoins ci-après nommés, comparurent en leurs personnes : messire Louis-René de Ficquelmont, chevalier, fils de messire Léonard de Ficquelmont, chevalier seigneur de Mars-la-Tour, Moncel, Gréhirre et Manville, Chaumont sur Aire et Recourt, etc., et de feue dame Anne de Raigecourt, vivante, souveraine de Fouge-rolle en partie, ses père et mère, assisté du dit seigneur, son père et du sieur Jean-Baptiste du Plessis, escuyer, avocat en la cour souveraine de Lorraine et Barrois, séante à Saint-Mihiel, d'une part; et demoiselle Marie-Thérèse de Lambertye, fille de messire Jean de Lambertye, chevalier comte du dit lieu, baron de Cons, seigneur d'Arraye, La Tour en Woivre, etc., et de dame Marguerite de Custine, ses père et mère, assistée d'iceulx et de messire Georges de Lambertye son frère, de noble George de Clemery, seigneur de Villers-la-Chèvre,

10*

et de Mᵉ François Maulry, avocat en la dite cour, et substitut du procureur général en la prévoté de Briey, d'autre part : lesquels sieurs Louis-René de Ficquelmont et demoiselle Marie-Thérèse de Lambertye, de la licence et authorisation des dits seigneurs et dame, leurs père et mère, pour parvenir au mariage futur et espéré entre eulx ont déclaré avoir faict les traités et accords, pactions et conventions matrimoniales que s'ensuivent :

Premièrement qu'incontinent après la solemnisation du dit mariage et bénédiction nuptiale, qui se fera aussy tost que faire se pourra en face de notre mère la sainte Eglise, les dits futurs conjoints seront uns et communs en tous biens, meubles et acquests et conquests, qu'ils auront et feront constant leur mariage, pour après la dissolution d'iceluy estre partagé par moitié entre le survivant et les héritiers du prémourant ; soitque les dits acquests soient faicts en ligne ou hors de ligne, encore bien que la future espouse y soit desnommée ou non, dont les dits futurs conjoints pourraient disposer à leur volonté et sans avantager respectivement l'un l'autre. Que mes dits sieurs de Ficquelmont père et fils donneront à la dite demoiselle de Lambertye une somme de cinq mille francs barrois, pour estre par elle employés en achapt de bagues et joyaux. Lesquels comme ceux qu'elle a présentement d'une valeur assez considérable, et aura cy après, luy seront propres et dont elle pourra disposer toute et quante fois luy semblera, soit par contract entre vifs ou par testament, sans estre authorisée n'y prendre autre licence que celle qui lui est accordée par le présent contrat de mariage, non plus que pour l'esgard de ses robbes, habillements et appartenances à femme. Donneront encore les dits sieurs de Ficquelmont père et fils à la dite demoiselle de Lambertye un carosse garni de velour rouge cramoisy, attelé de six chevaux, de la valeur de cinq mille francs barrois, dequoi aussi elle pourra disposer comme de ses bagues et joyaux. Qu'en faveur du dit mariage le dit sieur de Ficquelmont père donne dès apprésent aux dits sieurs futurs espoux, en tous droits de propriétés et pour en disposer comme bon lui semblera, le château, terre et seigneurie dudit Mars-la-Tour, à luy appartenant de son chef, avec ses appartenances et dépendances, rentes et revenus généralement quelconques, en quoi il puisse consister, tant au dit Mars-la-Tour quès villages, bans et finages, de Trouville, Rouzonville, Vionville, Pusieux, Jonville et Hannonville au passage. A la réserve néantmoins du petit gagnage scis au dit Mars-la-Tour, présentement détenu par Gœury Viardot, le dit gagnage appelé vulgairement du Bougnet, et qui apporte présentement dix huit paires. Se reservant pareillement son appartement et logement dans ledit château de Mars-la-Tour, pour y loger quand bon luy semblera, avec une cave, un grenier, une écurie et greniers au foin dans la basse cour, et son affouage dans les bois du dit Mars-la-Tour pour son chauffage ; et cependant sy le dit sieur futur espoux venait à déceder avant ledit sieur de Ficquelmont son père, sans hoirs procréés du dit mariage, et y en ayant iceulx mourants avant le dit sieur de Ficquelmont, les dits château, terres et seigneuries de Mars-la-Tour et despendances cy-dessus luy retourneront, à l'exclusion de tous autres qui ne pourront se prévaloir de la présente donation soub quelque prétexte ce puisse estre. A la reserve néantmoins du douaire le cas échéant. Donne aussi le dit sieur de Ficquelmont père au dit sieur futur espoux en tout droit et propriété, tout et telle part de portions qui lui appartient en la terre et seigneurie du ban Saint-Pierre à Arnaville, consistant en rentes seigneurialles, vignes et autres immeubles, comme aussi la rente en vin qu'il a au village de Pagny soubs Prény, pour en jouir de même que du dit Mars-la-Tour, et aux clauses portées en l'article précédent. De plus le dit sieur de Ficquelmont père donne au dit sieur son fils quatre chambres et la salle du dit Mars-la-Tour meublées, avec son linge, vaisselle, batterie de cuisine et aultres meubles nécessaires à leur mesnage du dit Mars-la-Tour, de la valeur de cinq mille francs. Il habillera le dit sieur futur espoux d'habits nuptiaux suivant sa condition

et qualité. Et, pour donner moyen au dit sieur son fils establir une basse cour au dit
Mars-la-Tour, il luy donnera deux charues attelées, chacune de six bons chevaux, avec les
chars et harnais nécessaires au labourage, comme aussi deux cents bêtes blanches et vingt
huit vaches. Et en oultre le dit sieur de Ficquelmont père, en considération du dit mariage,
a dès apréscnt institué le dit sieur futur espoux pour son seul et unique héritier en tous
ses aultres biens, meubles et immeubles qu'il délaissera lors de son décès, sans que dame
Jeanne Elisabeth de Ficquelmont, sa fille, dame à Remiremont, y puisse rien prétendre.
Laquelle aura pour tout droit successif tant paternels que maternels et par forme de partage
et à proportionnement, les biens sy après déclarés, scavoir le quart en la terre et souve-
raineté de Fougerolle, partageable pour le surplus avec Monsieur le prince de Lislebonne,
et Monsieur des Hermoises de Jaulny; trente deux mille francs en principal avec les intérets
échus montant à vingt huit mille francs ou environs et eschus, par feu Monsieur de Chambey
et dame Gabrielle d'Ardres, aprésent sa veuve; vingt mille francs dus par les sieurs Maréchal,
demeurant à Metz; et dix mille francs dus sur la terre et seigneurie de Bayonville sur
Maid. Le tout provenant et fesant la succession delaissée par feue la dite dame Anne de
Raigecourt, et à tout quoy ledit sieur futur espoux a dès apréscnt renoncé au profit de la
dite dame sa sœur, qui réciproquement renoncera à tout droit quelle pourrait prétendre en
la succession du dit sieur de Ficquelmont père, après son décès, au profit du dit sieur
futur espoux. Et dont elle donnera et passera tous actes en bonne forme, lorsqu'elle sera
parvenue en l'âge de majorité, ou viendra à se marier, à quoy faire mon dit sieur de
Ficquelmont père s'est dès apréscnt obligé. Et réciproquement lesd. seigneur et dame de
Lambertye en faveur et considération dudit mariage, donnent dès apréscnt à la dite demoiselle
future espouse leur fille pour dotte et en tous droits de propriété pour luy tenir nature de
propre à elle franc sien, la terre et seigneurie de la Tour en Woivre et ban de Suzèmont,
consistant en une maison forte avec son appartenance et dépendances, gaignage, rentes,
revenus, droicts seigneuriaux, estangs, bois et généralement tout ce en quoi la dite terre
et seigneurie peut consister, y compris même les acquests faicts au ban et finage de Jonville,
comme aussi un bois et terre, prés, qu'ils ont acquestés de Monsieur de Gournay de Ram-
bercourt. Luy donne aussy au même titre la terre et seigneurie du Saulcy, proche de
Mars-la-Tour, avec ses appartenances et dépendances, qu'ils tiennent en engagement de M. le
comte de Schomberg, pour en jouir tant et sy longtemps que le dit engagement subsistera.
Et en cas de rachapt les dits deniers du remboursement seront employés en acquests d'autres
terres de pareille valeur, qui seront propres à la dite future espouse, de mesme que les
autres biens cy dessus à elle donnés pour sa dotte. Desquelles terres et seigneuries, acquests
et engagements les dits seigneur et dame de Lambertye mettront tous les tittres et contracts
es mains des dits futurs espoux incontinent après la célébration du mariage. De plus les dits
seigneur et dame de Lambertye donnent dès apresent à la dite demoiselle leur fille pour
ses meubles meublants, tous ceux qui sont présentement audit chateau de Latour en Woyvre,
et qui font la garniture en quatre chambres, comme aussy les linges, vaisselle, batterie de
cuisine et aultres ustenciles. Et pour la basse cour ladite future espouse aura la quantité
de vingt vaches et cent brebis. Habilleront la dite demoiselle d'habits nuptiaux selon sa
qualité et condition. A été convenu que la dite future espouse aura et prendra après le
décès de ses père et mère la somme de vingt mille francs barrois sur le plus clair bien
et effects mobiliaires de leurs successions; sy donc mes dits seigneur et dame de Lambertye
le trouvent bon de luy donner ceste somme de leur vivant, ce qui dependra de leur volonté.
Et moyennant tout ce qui est donné cy-dessus pour dotte à la dite demoiselle future espouse
icelle a renoncé et renonce par ses présentes à tous les biens généralement quelconques,

tant meubles qu'immeubles qu'elle aurait et pu espérer des successions des dits seigneur et dame de Lambertye ses père et mère, en quel lieu les dits biens puissent estre assis et situés, au profit de messire Georges de Lambertye son frère, tant seulement, sans laquelle renonciation le présent contract de mariage n'aurait esté faict. Et que sy constant le dit mariage il surviendrait quelques biens des futurs conjoints, iceux seront remplacés sur les effects de la communauté, en cas que les deniers en provenant se trouvent avoir tourné au profit d'icelle, qu'ils en partageront ladite communauté. Le dit futur espoux ou ses héritiers auront droit de reprendre ses habits, armes et chevaux de monture jusques à la valeur de cinq mille francs barrois. Et respectivement la dite future espouse ou ses héritiers auront par tel droit de reprendre avant aucun partage tous ses habits qu'elle aura, et oultre lesquels une chambre garnie et son carosse attelé comme dit est, ou la valeur de dix mille francs barrois, à son choix, pour la dite chambre garnie et carosse. Douaire eschéant la dite future espouse aura pour douaire préfixe, ny ayant enfant procréé de leur mariage, la somme de trois mille francs barrois de rente annuelle, avec son logement et habitation dans le château de Chaumont sur Aire. Et y ayant enfants, elle se contentera de deux mille francs barrois, avec son logement et habitation au château du dit Mars-la-Tour ; de mesme que du vivant du dit futur espoux, et tant et sy longtemps qu'elle demeurera en viduité ; et convolant en seconde nopces, la dite habitation cessera au dit Mars-la-Tour et se prendra au dit Chaumont. Et en l'un et l'autre des dits cas, le dit douaire se prendra sur les rentes et revenus des biens dudit futur espoux, et pour assurance dudit sieur de Ficquelmont père en a obligé solidairement tous ses biens et par spécial les terres et seigneurie dudit Chaumont et Avicourt, appartenances et dépendances. Demeurera néantmoins libre à la dite future espouse d'obter le douaire coutumier si bon lui semble. Pour accomplissement de toutes les conventions et actions accordées cy dessus, les parties en ont obligé touts leurs biens en général, meubles et immeubles présents et futurs, qu'ils ont pour ce soubmis à toute cour et juridiction, et renoncer à tous droicts, loy et cousume fesant au contraire des présentes. En témoing de quoy nous garde susdit au rapport et desclaration dudit Mre du Laurent, notaire, avec son seing cy mis et celui de Mre François Gérard, aussy notaire audit tabellionnage que nous avons commis pour signer les présentes, après qu'il a reconnu celle dudit Mre du Laurent estre apposée au bas de la minute des présentes, nous avons icelle fait sceller du scel du dit tabellionnage et contresceller du nostre, sauf touts droictes. Fait et passé au chateau de Cons la Grandville, le dixneufviesme de janvier mil six cents soixante six, en présence du sieur Didier de la Porte, officier en la dite baronnie, et de Mre Louis Evrard, curé de Doncourt. Aussy signé en la minute : René-Louis de Ficquelmont, M. T. de Lambertye, de Ficquelmont, Lambertye, Me de Custine, de Lambertye, Clémery, T. du Plessis, Maulry, Louis Evrard, de la Porte, I. Soudel, J. du Laurent, tous avec paraphe. Et plus bas est escrit : Ita est Johannes Lonchart Pastor de Cunis allias Grandville, notarius apostolicus et videcanus capituly rutavis de Longuiono. Signé en l'original : J. du Laurent, F. Gérard avec paraphe et scellé.

Lettre du duc Charles de Lorraine à Georges de Lambertie, maréchal de Lorraine. 1670.

Monsieur le Mareschal, j'ai un très grand désire que les difficultés dont vous serez informé, qui sont entre les sieurs d'Offlance et abbé d'Orval puissent être au plus tot assoupies, ce qu'aiant jugé de devoir faire par l'entremise de quelque personne en laquelle ils aient créance, je vous ai choisy entre tous leurs amis comme à celuy que je sais qui par la

GEORGES, Marquis de LAMBERTYE

Baron de CONS-la-GRANDVILLE

Maréchal de Lorraine et Barrois

Epousa Christine de LENONCOURT (1672)

(1647 - 1706)

sienne y peut contribuer d'avantage que tous autres. Vous me ferez doncques et à Monsieur mon fils un service très agréable de vous y employer avec la même affection que vous avez accoutumé de faire en tout ce que vous recognoissez que nous prenons part. Et pour ce qu'il importe que les difficultés de cette gravité soit étouffées aussitôt quelles sont nées, vous obligerez l'un et l'autre d'y travailler incontinent, ce que je m'assure vous ferez très volontiers pour me témoigner la passion ordinaire que vous avez pour tout ce que je désire. C'est pourquoi je me contenterai de vous avoir fait conaitre en cela mes intentions. Priant Dieu, Monsieur le Mareschal, qu'il vous ait en sa garde.

A Nancy, le 28 novembre 1670. — Signé : CHARLES.

Mariage de Georges de Lambertie avec Christine de Lenoncourt. 1672.

Pardevant nous notaires jurés au tabellionnage de la prevoté de Nouroy-le-Sec, bailliage de Saint-Mihiel, et y résident soubseignes, sont comparus messire Georges, marquis de Lambertye jeune fils ; assisté de haut et puissant seigneur Jean de Lambertye, comte du dit lieu, baron de la Grand-Ville, son père, et de haute et puissante dame Margueritte de Custine, sa mère ; de haut et puissant seigneur Ernest-Ferdinand, baron de Souys, seigneur de Moncointin, et du sieur Georges de Clemery, seigneur de Villers-la-Chèvre, d'une part ; et Madame Christienne de Lenoncourt, jeune fille de feu haut et puissant seigneur messire François de Lenoncourt, vivant chevallier, marquis de Blainville, assistée de haute et puissante dame Antoinette de Savigny, marquise de Blainville sa mère et tutrice ; de haut et puissant seigneur Charles-Henry-Gaspard de Lenoncourt, chevallier, marquis de Blainville : de haut et puissant seigneur messire François, marquis de Lenoncourt ; de haut et puissant seigneur Fery de Lenoncourt, tous trois ses frères, d'autre part. Lesquels ont dit et recognu, qu'en traitant du futur mariage d'entre les dits seigneur Georges de Lambertye, et la ditte dame Christienne de Lenoncourt, a été convenu, arreté et accordé, les articles, clauses et conditions que s'en suivent. Scavoir : que les dits futurs conjoints s'épouseront en face de nôtre mère saint Eglise le plustot que faire se poura. Qu'en faveur du dit mariage, la ditte dame, mère de la ditte future épouse, donne, quitte, abandonne, garanty, et promet faire valloir la terre et seigneurie de Réchicourt, avec ses appartenances et dépendances, pour par les futurs conjoints, jouir des maisons, rentes et revenus d'icelle, en tous droits de propriété, pendant la communauté cy après stipulée ; comme aussi des droits, dimes, rentes, revenus et héritages, que la ditte dame a au lieu et finage de Goudreville, et ban joignant, qu'elle abandonne pareillement aux dits futurs conjoints, pour iceux revenus de Rechicourt, et Goudreville entrer en la ditte communauté, et la propriété demeure réservée à la ditte future épouse, déchargée de touttes dettes et hypotèques. Promet la ditte dame marquise de donner à la ditte dame future épouse, et pour meubles, la somme de sept mille francs, qui entreront en communauté et qu'elle sera obligée de payer du jour et date des presentes, en un an, En outre promet la ditte dame marquise, de donner à la ditte dame sa fille ses habits nuptiaux selon sa condition. Et de la part des dits seigneur et dame de Lambertye, a été abandonné au dit futur époux les terres et seigneuries de Grand Failly et d'Arrey, avec leur appartenance et dépendance, pour les revenus d'icelles, entrer en la ditte communauté et la propriété réservée au dit futur époux. De plus s'obligent les dits seigneurs et dame de Lambertye, de loger et nourir pendant leur vie les dits futurs conjoints, et leurs domestiques au château de la Grand-Ville. Promettent les dits seigneur et dame, de donner à la ditte dame future épouse, pour bagues et joyaux, la somme de quatre mille francs barrois, de laquelle elle poura disposer si bon lui semble, sans autre licence du dit futur époux, que celle qui lui est concédée par le présent contrat, et n'en aiant disposé échoira à ses plus proches héritiers jusqu'à la concurrence de la ditte somme. Et en cas qu'à la dissolution de la ditte communauté, il s'en trouveroit pour plus grande somme, le surplus se partagera ainsi que les autres effets de la communauté. Douaire écheant la ditte future épouse aura pour douaire préfix, par forme de pension viagère annuellement, à prendre sur les biens du dit futur époux, la somme de deux milles quatre cent francs barrois, en cas qu'il n'y eut enfant du dit futur mariage; et en cas qu'il y en auroit, dix huit cens francs, pour qu'elle puisse avoir la liberté d'opter le douaire coutumier, auquel elle renonce expressement, et se contente du douaire préfix. Promettant en outre les dits seigneur et dame à la dite future épouse, un carosse à six chevaux, dont elle poura disposer, comme de ses bagues et joyaux. Convenu qu'arrivant la dissolution du dit futur mariage, par le décès du dit futur époux, la future épouse prendra par préciput l'ammeublement de la seconde chambre du dit château de la Grand-Ville: et lequel elle choisira et demeurera à sa disposition, après que l'ammeublement de la première et principalle chambre aura été prise par préférence, et réservé pour les enfants ou héritiers du dit futur époux: auquel château elle aura un logement convenable à sa condition, pendant sa viduité seulement. Se réserve le dit futur époux, ses habits, armes, chevaux, trains et équipages, tels qu'il appartiendra à un seigneur de sa condition. Après lesquelles reserves, clauses et conditions cy dessus mentionnées, les futurs conjoints seront uns, et communs, en tous biens, meubles, acquets et conquets qu'ils feront constant leur mariage, procedant des biens et terres de leur communauté stipulée par le présent contrat; dans laquelle n'entreront néanmoins les biens, meubles, n'y autres effets sortissans pareille nature; non plus que les terres, seigneuries et autres immeubles de quelle nature ils soient, n'y même le revenu d'icelles qui echeront, et obviendront au dit futur époux, soit en ligne directe ou collatéralle, lesquels lui appartiendront en propre pour en faire et disposer à sa volonté. Et en cas qu'il n'en auroit disposé, viendront echoir à ses enfants procrées de légitime mariage, et à leur deffaut à ses parents plus proches et habiles à succéder. Sur les quels effets ainsi réservés la ditte future épouse prendra néanmoins la somme de cinq mille francs barrois à elle accordée par les dits seigneur et dame de Lambertye, outre les choses contenues es articles cy devant, en cas qu'elle survive le dit futur époux et non aultrement. Poura le dit futur époux emploier les deniers provenans du revenu de ses biens cy dessus reservés, à l'achat d'immeubles, qui luy tiendront pareillement nature de propre, et qui seront à sa disposition; et n'en aiant disposé, echeront à ses enfants légitimes, et au défaut d'iceux, à ses parents plus habiles à succeder. Ne poura le futur époux, vendre, engager, n'y aultrement alliener le propre de la future épouse, sans son consentement; et en cas qu'elle y consentiroit, le dit futur époux sera obligé au remplacement d'iceux de même nature, au proffit de la dite future épouse, ou des siens. La dite future épouse, autorisée de la dite dame sa mère, et en tant que besoin seroit du dit futur époux, moiennant ce qui lui est donné en faveur du dit mariage, a renoncé, et renonce dès à présent à touttes successions directes et collatéralles, échues ou à échoir, en faveur de ses frères, et dépendants d'iceux en loyal mariage, sauf néanmoins que si aucun venoient à deffaillir sans enfans légitimes, la ditte future épouse prendra sur la succession d'un chacun de ses dits frères qui viendront à décéder comme dit est, la somme de trois milles cinq cent francs. Et en cas qu'elle les survive tous, elle rentrera à la succession de ses père et mère, et d'iceux, pour être partagée par moitié avec Madame de Majastre sa sœur 'et luy demeurront propres, et aux siens, à la dissolution du dit mariage, les sommes qui lui pourront ainsy obvenir. Toutes les quelles articles, clauses et conditions, ainsi que dessus rédigées par écrit aians été lues et relues aux dits futurs conjoints et aux dit seigneur et dame leurs père et mère, respectivement, leurs parents et amis sus nommés et assistans, ont déclaré être leur propre volonté, intention et convention ; et promis chacun en droi-soi, icelle tenir, maintenir et exécuter ponctuellement soub l'obligation de tous leurs biens ; submettans, etc , renonçant, etc. Ayant les dits seigneur et dame de Lambertye, signé en leur château de la Grandville, ou nous notaires soubseignés nous sommes transportés, à cause de leur indisposition, et de là retourné au château de Gondrecourt, où la ditte dame marquise de Blainville, et les dits futurs conjoints et assistans, ont aussi signés. Le cinquième jour du mois d'avril mil six cens soixante et douze. — Signés : LAMBERTYE, M. DE CUSTINE, A. SAVIGNY-LEMONT.

Baptême de Marguerite de Lambertie. 19 avril 1673.

Damoiselle Marguerite de Lambertye [fille de Georges de Lambertye et de Christine de Lenoncourt] fut baptisée le dix-neuf apvril mil six cent soixante treize ; eust pour parin honoré seigneur Jean de Lambertye et marine honorée dame Marguerite de Custine. — (Registres paroissiaux de Cons-la-Grandville.)

Baptême d'Antoinette-Louise de Lambertie. 1675.

Le vingt novembre mil six cent soixante seize, Antoinette-Loyse, fille d'honoré seigneur Georges, marquis de Lambertye, et d'honorée dame Christine de Lenoncourt, receut les sacrées onctions au lieu de la Grandville, ayant été baptisée à Montmaidy un an auparavant. Et eust pour pairin honoré seigneur Loys de Fiquemont et pour mairine honorée dame de Lémont, marquise de Blainville. — (Registres paroissiaux de Cons-la-Grandville.)

Baptême d'Antoinette-Charlotte de Lambertie. 7 avril 1678.

Le septième avril mil six cent soixante dix-huit, naquit Antoinette-Charlotte, fille de messire George, marquis de Lambertye, et de dame Christine de Lenoncourt et fust baptizée quelques jours après. Elle eut pour parin le sieur Antoine de Lenoncourt, abbé de Chaumouzé, son oncle, et pour marine Madame Charlotte du Bastiment, sa tante. — H. ORQUEVAUX, curé de la Grandville. — (Registres paroissiaux de Cons-la-Grandville.)

Baptême d'Absalon-Louis-François de Lambertie. 12 juin 1679.

Absalon-Claude-Jean-Baptiste d'Aspremont Vandi, lieutenant général des armées du Roy, gouverneur de Montmédy, a eu l'honneur de tenir sur les fons, le douze du mois de juin mil six cent soixante dix-neuf, Absalon-Louis-François de Lambertie, fils aisné de haut et puissant seigneur messire George de Lambertie et de haute et puissante dame Cristine de Lenoncourt, avec dame Anne-Louise de Belcastel, dame de Bouxière. — (Registres paroissiaux de Cons-la-Grandville.)

Baptême de Louise-Ernestine de Lambertie. 9 août 1680.

Louyse-Erneste, fille d'honoré seigneur George marquis de Lambertye et d'honorée dame Christiene de Lenoncourt, son épouse, fust baptizée le neuvième aoust mil six cent quatre-vingt, eust pour parin le jeune baron de Mercy et marine Madame de Belcastelle. — (Registres paroissiaux de Cons-la-Grandville.)

Baptême de Henriette-Innocente-Gabrielle de Lambertie. 8 septembre 1681.

Henriette-Innocente-Gabrielle, fille à Monsieur de Lamberty et Madame Christiene de Lenoncourt, sa femme, fust baptizée le huitième septembre mil six cent quatre vingt un et eust pour parin Monsieur Henry de Hol, lieutenant du Roy à Montmaidy, et Madame Innocente S....., sa femme, pour marine. — (Registres paroissiaux de Cons-la-Grandville.)

Baptême de Honorée-Françoise-Christophorine-Eléonore de Lambertie. 15 septembre 1683.

Mil six cent quatre vingt trois, le quinzième septembre, a esté baptizée une fille à Monsieur le marquis et Madame la marquise Honorée-Françoise-Christophoriene-Eléonor, fille de puissant seigneur marquis George de Lambertye et de Madame Christine de Lenoncourt, sa femme, receust les sacrées onctions de baptesme le vingt huitiesme octobre mil six cent quatre vingt quatre, ayant estée baptizée le quinze septembre mil six cent quatre vingt trois ; eust pour parin Monsieur Christophe d'Auflance et pour marine dame Françoise comtesse de Wiltz. — (Registres paroissiaux de Cons-la-Grandville.)

Baptême de Marie-Gabrielle de Lambertie. 9 novembre 1684.

Marie-Gabrielle, fille à haut et puissant George, marquis de Lambertye, baron de Cons et de Drouville, etc., et à haute et puissante dame Christine de Lenoncourt, ses père et mère, fust baptisée le 9e novembre 1684 et receust les sacrées onctions de baptesme le 21 janvier 1686. Elle eust pour parin haut et puissant seigneur Louis-Gabriel de Custine, chevalier, seigneur de Pontigny, Cosne et autres lieux, et pour marrine haute et puissante dame Marie-Marguerite de Wiltz. — Louis DE CUSTINE PONTIGNY. — Marie DE WILTZ DAUFLANCE. — (Registres paroissiaux.)

Baptême d'André-Louis de Lambertie. 16 août 1686.

André-Louys, fils à haut et puissant seigneur George, marquis de Lambertye, baron de Cons et de Drouville, etc., et de haute et puissante dame Christine de Lenoncourt, ses père et mère, fust baptisé le seizième aoust mil six cent quatre vingt six et receust les sacrées onctions de baptesme le vingt-huit du mesme mois, par moy soussigné ; eust pour parrain haut et puissant seigneur André-Mathieu de Castelas, brigadier des armées du Roy, chevalier de l'ordre de Nostre Dame du Mont-Carmel, de Saint-Lazare, de Hierusalem, gouverneur de Lonwy, etc., et pour marraine haulte et puissante dame Marguerite de Custine, marquise de Vandij, etc., lesquelles ont signéz selon l'ordonnance : André-Mathieu CASTELAS; Marguerite DE CUSTINE VANDIJ, et H. ORGUEVAUX, curé de Lagrandville. — (Registres paroissiaux de Cons-la-Grandville.)

ANDRÉ-LOUIS Comte DE LAMBERTYE

Seigneur DE RÉCHICOURT, Chambellan de LÉOPOLD I, Duc de Lorraine

et Capitaine dans le régiment de ses Gardes

Tué en Corse en 1713

Né en 1686

Baptême de Jeanne-Françoise de Lambertie. 15 janvier 1688.

Jeanne-Françoise, fille à haut et puissant seigneur George, marquis de Lambertye, baron de Conz et de Drouville, et à haute et puissante dame Christine de Lenoncourt, femme au dit sieur marquis, ses père et mère, fust née et baptizée le 15 janvier 1688. Eust pour parin François de Ficquemont, son cousin germain, et pour marine Jeanne Marguerite de Lambertye, dame et chanoinesse de Bouxières, sa sœur aisnée, qui ont signé avec moy curé soubsigné, suivant l'ordonnance, le même jour que dessus. — J. M. DE LAMBERTYE, dame de Bouxier; François DE FICQUELMONT, H. ORGUEVAUX, curé de Cons-la-Grandville. — (Registres paroissiaux de Cons-la-Grandville.)

Mariage de Philippe-François de La Fontaine et Harnoncourt avec Jeanne-Marguerite de Lambertye. 7 mars 1693.

Messire Philippe-François, vicomte de la Fontayne et Harnoncourt, et Madame Jeanne-Marguerite de Lambertye ont estez espouzés en la chapelle du château de Cons-la-Grandville, le sept mars mil six cent quatre vingt treize. En foy de quoi ils ont signez avec leurs pères et témoings suivant l'ordonnance. — Le vicomte de la Fontaynne, J. M. de Lambertye, le vicomte de la Fontaynne et d'Harnoncourt, Phe de Lafontayne Sorbey, de Lafontaine d'Hennemont, Lambertye, Létang, Louis de Custine Pontigny, Mangin, doyen et curé de Vezin; H. Orguevaux, curé. — (Registres paroissiaux de Cons-la-Grandville.)

Mariage de Philippe-François vicomte de la Fontayne d'Harnoncourt, avec Jeanne-Marguerite de Lambertie. 1693.

En traitant du futur et espéré mariage d'entre Messire Philippe François, vicomte de la Fontayne, chevalier, fils de Messire Jean Evrard, chevalier, vicomte de la Fontayne d'Harnoncourt, seigneur dudit lieu, et de Ville, et de noble dame Madame Marie Marguerite de Maillen, ses père et mère, assisté dudit seigneur son père, qui promet de faire agréer et ratifier incessament les présentes par la dite dame son espouse, et Messire Philippe de la Fontayne chevalier seigneur de Sorbey son oncle d'une part; et de dame Jeanne Marguerite de Lambertye, dame et chanoinesse de Bouxières, fille de Messire Georges de Lambertye, chevalier, marquis dudit lieu, baron et seigneur de Cons, de Drouville et autres lieux, et de défunte dame Christine de Lénoncourt, ses père et mère, assistée dudit seigneur son père; de Messire François, comte de Jaubert, et de Lestang, chevalier, seigneur de Montquintin, Semazenne et autres lieux; de Messire Louis de Custine, chevalier seigneur, de Pontigny, Cosne et autres lieux; et de Messire Charles de Schauvembourg, baron dudit lieu, chevalier, seigneur de Bervart et autres lieux, conseiller de courte robe au conseil provincial de Luxembourg, ses cousins d'autre part; les articles et conventions matrimoniales que s'ensuivent ont été arrêtées, et sans lesquelles ledit mariage n'eust esté faict. Scavoir :

Que lesdicts futurs conjoincts s'épouseront en face de Nôtre Mère la Ste Esglise catolique, apostolique et romaine le plutost que faire se poura, que incontinant apres la benediction nuptiale et la consommations dudt mariage, lesdts futurs conjoincts seront un et commun en tout meubles et acquets et immeubles quils auront et feront pendt et comtant ledt mariage, soit que ladte future espouse soit dénommé ou nom es contracts daquisitions.

Qu'en faveur dud᠎ᵗ mariage led᠎ᵗ seigneur vicomte de Lafontayne d'Harnoncourt pere et lad᠎ᵗᵉ dame son espouse donnent en proprieté et inviolablement ausd᠎ᵗ futur espoux, leur seul fils et unique heritier, franct quitte de toutes debtes et hypotecques, les chataux, terre et seigneurie vicomté d'Harnoncourt, ainsy qu'ils les contiennent avec les feus et des fiefs de Grigier et Radoüet, les grosses dismes d'Harnoncourt, Rouvrois aux Oyes, et La Mortau, appartenances et dependances, comme le tout ce contient et que lesd᠎ᵗ seigneur et dames ses pere et mere les possedent et ont droict de les posseder, sans en rien reservuer, ny hors mettre, ny retenir, les fruicts et revenüs entrant en lad᠎ᵗᵉ communauté.

Donnent pareillement et a mesme tittre les chataux, terres et seigneurie de Sorbey avec tous les droicts et, bien qui en depand᠎ᵗ, aussy frans et quitte de toutes debtes et hypotecque, sans aucunne reservue ny hestimetions. Les cense d'Araney et de Remenoncourt, come ils les possedent presentement et ont droict de les posseder et que le tout leur a esté donné par led᠎ᵗ seigneur Philippe de Lafontayne, par contract de donnations entreuifs, passé par deuant notaire royau, à Metz, le dixiesme auril mil six cent quatreuing et sept, insinüé et registré ou besoing a esté lequele seig᠎ʳ Philippe de Lafontayne a ce present et consentant, en considerations dud᠎ᵗ mariage a renoncé et renonce a lusufruicts de lad᠎ᵗᵉ terre de Sorbey qu'il sestoit reserve par led᠎ᵗ contract, lesd᠎ᵗ seig᠎ʳ vicomte de Lafontayne D'harnoncourt ensembles lad᠎ᵗᵉ dame et leur fils demeurants charges reciproquement et respectivement de son logement, de sa nouriture et entretient ché eulx sa vie durante et selon sa qualité et conditions ; le fruictz et revenüe entrant aussy en lad᠎ᵗᵉ communauté.

Et d'autre part ded᠎ᵗ seig᠎ʳ marquis de Lambertye, promest et soblige de donner par aduancem᠎ᵗ dhoirie a lad᠎ᵗᵉ dame sa fille, et en faueur dud᠎ᵗ mariage, la somme de dix mille luivres incessament, qu'ils luy demeureront propre et aux siens ; demesme que la proprieté desdittes terres, seigneurie et vicomté Dharnoncourt et de Sorbey, se demeure aud᠎ᵗ futur espoux et aux siens, et neanmoins les fruicts et profits desdittes choses respectiuement donné entrant en ladditte communauté. Et sy le fond desdittes dix mil luivres estoit employé pend᠎ᵗ led᠎ᵗ mariage en acquisitions dheritages il demeureront pareillem᠎ᵗ propre a lad᠎ᵗᵉ dame future espouse et aux siens, sinom ils reprendrons lad᠎ᵗᵉ somme.

Donnera pareillem᠎ᵗ led᠎ᵗ seig᠎ʳ, marquis de Lambertye, a lad᠎ᵗᵉ future espouse une chambre garnie, a prendre de son choix dans toutes celle qui sont aux chataux de la Granduille, quelle reprendra ou la valeur en cas de suruiuance ; et reciproquem᠎ᵗ led᠎ᵗ seig᠎ʳ vicomte de Lafontayne et lad᠎ᵗᵉ dame son espouse esquiperont, monteront et armeront led᠎ᵗ future espoux, leur fils, selon sa qualité ; et en cas de suruiuance aussy il reprendra son esquipage, ses armes et ses cheuaux ou la valleur.

Au surplus lad᠎ᵗᵉ dame future espouse demeure dans tout ces droits successifs present et aduenir et sans que led᠎ᵗ seigneur, son pere, en puisse disposer en faueur daucuns de ses autres enfans ; soit par contracts d'entreuifs, ou a cause de mort, nonobtant les coutumes des lieux ou les biens sont situes.

. Que touts les autres biens immeubles qui eschoiront et obviendront ausdits futures conjoincts, soit par successions, donnations et autrem᠎ᵗ, que dacquisitions, leurs demeureront pareillement propres et aux leurs, chacun de son costé reciproquement, les fruict et profict entrant en lad᠎ᵗᵉ communauté. Douaire escheant sil y auoit enfans dud᠎ᵗ mariage a l'ouuerture dud᠎ᵗ douaire, lad᠎ᵗᵗᵉ dame future espouse aura et prendra a son choix lun ou lautre desd᠎ᵗ chataux, terre et seigneurie de la vicomté d'Harnondcourt ou de Sorbey, leurs appartenance et dependance ainsy quils sont cy dessus specifié, pour en jouir par elle sa vie durante, et sil ny auoit enfans et que led᠎ᵗ seig᠎ʳ vicomte et lad᠎ᵗᵉ dame vicomtesse de Harnondcourt, pere et mere, se trouve decedez lors de louuerture dud᠎ᵗ douaire, elle aura la jouissance desdittes deux terres

Phototypie J. Royer, Nancy.

JEANNE-MARGUERITE née Marquise DE LAMBERTYE

Mariée à PHILIPPE-FRANÇOIS, Vicomte DE LA FONTAINE et D'HARNONCOURT (1693)

1673-1699

appartenant et· depandance insy quelle sont sy dessus specifie, ou le douaire couttumiere selon l'usage et couttumes des lieux ou tout les biens de leurs successions et ceux dud^t future espoux se trouueront assis et situez, aussy aux choix de lad^{te} future espouse.

Que lesd^{ts} seigneur, vicomte et vicomtesse de Lafontayne de Harnondcourt, pere et mere, donneront a lad^{te} future espouse en faueur dud^t mariage un carosse et six chevaulx esquippé selon sa qualité et conditions, pour en estre par elle disposé ainsy et quand elle trouuera bon estre, demeurant des apresent authorisée a cette effect, sans quils soit besoing daucunne autre authorisations a l'aduenir que de celle qui luy est donné par le present contracts.

Et sy elle n'en auoit disposé a la dissolutions dud^t mariage, elle ou les siens les reprendrons, sy ils se trouvent en especes de la valeur de quatre mil liures sinom lad^{te} somme sur les biengs dud^t future espoux ou sur ceux de ses feux pere et mere. Luy sera pareillement donné pour bagues et joyaux la somme de trois mils liures ou des bagues et joyaux en espece, icy a la concurance de lad^{te} somme, que luy demeureront propre l'un ou lautre, dont elle poura aussy disposer quand et au profict de qui bon luy semblera, en vertu de la mesme license que dessus, qui luy est donné des apres^t et sans qui soit besoing d'aucun autre ; et sy elle n'en auoit disposé a la dissolutions dud^t mariage ils seront repris en espece ou lad^{te} somme.

Il est conuenut en oultre que led^t seig^r, vicomte de Lafontayne, pere, et lad^{te} damme vicomtesse, mere, acquiteront led^t future espoux de touttes debtes ; et reciproquem^t led^t seig^r marquis de Lambertye acquittera aussy lad^{te} future espouse sa fille des siennes, sy aucunne auoit ; et ne seront les biens de lun obligé aux debtes de lautre, sinom de celle de la communauté, a laquelle lad^{te} future espouse pouray renoncer toutes quand fois que bon luy semblera, et en ce cas reprendre les apport et portions matrimoniales franche et quitte de debtes.

Et finalement que led^t present contract sera rattiffié pardeuant notaire a la premiere requisitions de lunne ou de lautre des parties, auant de passer outre aud^t mariage ; et des a pres^t pour plus dhothorité et realizations du present contract, lesdites partie et assistant y ont opposé le cachets de leurs armes, soubs leurs signatures : apres lecture faicte au chataux de **La Granuille**, le septiesme feburier mil six cent nonante trois, apres midy ; et soubsigné a loriginal avec leurs armes sur cire rouge. — Signé : Le vicomte de la Fontayne ; J. M. de Lambertye, le vicomte de la Fontayne d'Harnoncourt ; P^{pe} de la Fontayne Sorbey, Lambertye, le comte Jaubert de Lestang, Louis de Custine Pontigny, C. Deschauvembourg.

Ce jourd'hui vingt trois février mil six cent quatrevingt et treize, pardevant moi notaire soussigné et témoings en bas desnommés, le contract de mariage cy dessus passé le sept février courant à la Grandville, entre Messire Philippe François vicomte de la Fontayne d'Harnoncourt, et dame Jeanne Marguerite de Lambertye, ayant été lu et relu par Madame Marie Marguerite de Maïllen, dame de Ville, et autres lieux, espouse de Messire Jean Evrard vicomte de la Fontayne d'Harnoncourt, chevalier, seigneur de Ville, et de luy suffisamment authorisée et licenciée à cest effet, et la licence par elle prise et reçue pour agréables ; elle a déclaré volontairement qu'elle l'agrée, l'approuve et la ratifie en toutes ses clauses et conditions, et promet de les exécuter de sa part sous obligations de tous ses biens ; en foy de quoy elle a signé et apposé le cachet de ses armes avec ledit seigneur son mari, au château de Ville, présents comme témoings Mr Erasme Neuforge, curé de Logne, et Messire Guillaume de Tivibu, seig^r de Noyremont et autres lieux ; les jour, mois et an que dessus. Ainsi signée à l'original : Le vicomte de la Fontayne d'Harnoncourt, M. de Maillen, viscomtesse d'Harnoncourt, de Tivibu, Erasme Neufforge, avec paraphe, temoing ; et est escrit et moy Ser de Bra, notaire public, curé de My, avec paraphe.

Lettres patentes de conseiller d'Etat pour Georges de Lambertie. 1698.

Du sept juillet mil six cent nonante huit.

Veu par la cour la requete a elle présentée par Georges, marquis de Lambertye, chevallier, baron de la Grandville et de Drouville, seigneur Darée et autres lieux, tendant a ce qu'il pleust à la cour ordonner enregistrement au greffe des insinuations d'icelles, des lettres patentes par lui obtenues de Son Altesse Sérénissime, de l'office de conseiller d'Estat de sa dite Altesse, le treizième juin dernier; l'ordonnance au bas de la dite requête du premier du présent mois, portant : Soit montré au substitut du procureur général ; les dites lettres-patentes, les conclusions du dit substitut tout veu et considéré.

La cour a ordonné et ordonne que les dites patentes seront registrées es registre des insinuations, pour jouir par l'impétrant du mérite d'icelle selon leur forme et teneur et y avoir recours le cas échéant. Fait en la chambre du conseil à Nancy, le septième juillet mil six cent nonante huit.

Léopold par la grace de Dieu, duc de Lorraine, Marchis, duc de Calabre, Bar, Gueldres, marquis de Pont-à-Mousson et de Nomeny, comte de Provence, Vaudemont, Blâmont, Zutpfen, lawerden, Salm, etc., etc., à tous ceux qui ces présentes verront. Salut.

Estant de nostre soin particulier de faire choix de personne de qualité, capacité et expérience requise pour remplir nos conseils, affin que nous puissions nous reposer sur eux des grandes et importantes affaires qui s'y traitent pour le bien de nostre Estat et le repos de nos peuples. Scavoir faisons qu'estant d'ailleurs bien informé que toutes ces bonnes qualités se rencontrent en la personne de nostre très cher et féal le sr George, marquis de Lamberty, et particulièrement une affection, fidélité et attachement très particulier à nostre service, en sorte que nous avons tout lieu d'en estre satisfait.

Nous, pour ces causes et autres bonnes considérations à ce nous mouvantes, avons iceluy sieur marquis de Lamberty créé, nommé et retenu, et par ces présentes créons, nommons et retenons en l'office de conseiller d'estat des nostres, pour iceluy dorénavant avoir, tenir, posseder et exercer bonnement et fidèlement, et en jouir aux droits, honneurs, privilèges, immunités, prerogatives, profits et émoluments y appartenant et en dépendant, et tels et semblables dont jouissent, doivent et peuvent jouir de droit nos autres conseillers d'Estat de pareille creation et retenue, ce aux gages cy après par nous réglés.

Sy donnons eu mandement a nos très chers et féaux les présidents, conseillers et gens tenant nos cours souveraines et chambres de comptes de Lorraine et Barrois, maréchaux et sénéchaux, baillifs, lieutenants et procureurs généraux, capitaine prevost et substitus, et à tous autres nos officiers, justiciers, hommes et subiets qu'il appartiendra, qu'après que le dit sr marquis de Lamberty aura presté entre nos mains le serment en tel cas requis et accoustumé ; ils et chacun d'eux en droit soy à le reconnaître en la dite qualité de conseiller d'estat des nostre, les faisans, souffrent et laissent jouir et user plainement et paisiblement ensemble, des droits, gages, honneurs, privilèges, immunité, prérogation, proffits et emoluments sus dits, sans en celuy faire mettre ou donner, n'y souffrir qu'il luy soit fait, mis ou donné, aucun trouble, n'y empeschement, au contraire ; et à nostre trésorier général présent et à venir, ou a ses commis, de luy payer, par champart, les gages qui seront comme dit est cy après par nous réglés. Car ainsy nous plait. En foy de quoy nous avons aux présentes signées de nostre main et contresignées par l'un de nos conseillers secrétaire d'Estat, commandements et finances, fait mettre et apendre notre grand scel. Donné en nostre ville de Lunéville, le treizième jour de juin mil six cent nonante huit. Signé : Léopold, et sur le replis: par Son Altesse, signé : Mahuet

de Lupcourt, et a costé Registrata id. : par Son Altesse sérénissime n'y ayant de registrateur. —
Signé : MAUUET DE LUPCOUR, et sur le dos ce qui s'en suit :

Cejourd'hui quatorzième juin seize cen quatre vingt dix huit. Le sieur Jean Jacquet de
Hoffelize, conseiller d'Estat de Son Altesse et maître des requetes ordinaires de son hostel, a
fait prester serment, entre les mains de sa dite Altesse, au sieur George marquis de Lamberty, dénommé ez lettres patentes d'autre part, de bien et fidellement exercer l'estat et
office de conseiller d'Estat de sa ditte Altesse, dont il luy a plû l'honorer, ce que le soubsigné sécrétaire d'estat, commandements et finances certifié véritable. Fait à Lunéville, les an
et jour cy dessus. Signé : MAUUET DE LUPCOUR. Pour extrait délivré conforme, le greffier
en chef, Pierre BASTON.

Enregistrement des armoiries de Georges de Lambertie. 1698.

Estat des armoiries des personnes et communautez dénommées cy après, envoyées aux
bureaux établis par Me Adrien Vanier, chargé de l'execution de l'édit du mois de novembre
1696, pour estre présentées à nos seigneurs les commissaires généraux du conseil députés par
Sa Majesté, arrest des quatre décembre aud. an, et vingt trois janvier mil six cents quatre-
vingt dix huit. LORRAINE. — LONGWY. Suivant l'ordre du Règre 1er.

5e Georges de Lambertye, chev., seigneur de Cons et autres lieux.
Porte *d'azur à deux chevrons d'or.*

. . . .

Présenté par ledit Vanier à nos seigneurs les commissaires du conseil, à ce qu'il leur
plaise recevoir les dites armoiries et ordonner qu'elles seront régistrées à l'armorial général,
conformément audit édit et arrests rendus en conséquence. Fait à Paris le vingt sixième jour
de may, mil six cent quatrevingt dix huit. — Signé : ACCAULT et de la Roc, caution dud.
Vanier. Les commissaires généraux, députés par le roy par arrêt du conseil des 9 décembre 1696
et vingt neuf janvier 1697, pour exécution de l'édit du mois de novembre précédent sur le
fait des armoiries. Veu l'état cy dessus des armoiries envoyées es bureaux établis en Lorraine, en
exécution dud. édit, à nous présenté par Mr Adrien Vanier, chargé de l'exécution dud. edit, à ce qu'il
nous plaise ordonner que les armoiries expliquées audit etat seront receues et ensuite régistrées
à l'armorial général; les feuilles jointes audit état contenant l'empreinte ou l'explication desdites armoiries; notre ordonnance du vingt huit may dernier portant que ledit etat et les
feuilles seront montrées au procureur général de Sa Majesté. Conclusions dudit procureur
général, ouï le rapport du sieur de Breteuil conseiller ordinaire du roy en son conseil d'Etat
intendant des finances, l'un des dits commissaires.

Nous commissaires susdits, en vertu des pouvoirs à nous donnés par Sa Majesté, avons
receu et recevons les *cent quarante six* armoiries mentionnées audit etat; et en conséquence
ordonné quelles seront enregistrées, peintes et blazonnées à l'armorial, et les brévets d'icelles
délivrez conformément audit édit et arreste rendus en conséquence; et à cet effet les feuilles
des armoiries jointes audit état et une expédition de la présente ordonnance seront remises
au sieur d'Hozier, conr du roy et garde dudit armorial gnal, sauf à estre cy après pourveu
à la réception de celles qui se trouvent surcises par quelques articles de cet etat. Fait en
l'assemblée desdits sieurs commissaires, tenu à Paris, le vendredy dix huitième jour de juillet,
mil six cents quatrevingt dix huit. — Signé : SANDRAZ.

Nous soussignés interressés au traité des armoiries, nommés par délibération de la compagnie du 29ᵐᵉ août 1697 pour retirer les brevets des dites armoiries, reconnaissons que Monsieur d'Hozier nous a remis ce jourd'hui ceus mentionnées au présent état, au nombre de cent quarante six armoiries. La finance des principales desquels montant à trois mille cent cinq livres ; promettons payer au trésor royal, conformément au traité que nous avons fait avec Sa Majesté. Fait à Paris le 14ᵐᵉ jour d'aout mil six cent quatre vingt dix huit. — Signé : CARQUEVILLE.

Vient ensuite le cachet de Monsieur d'Hozier. — Pour copie conforme, le cinq juin mil huit cent soixante huit. — Signé : NANSAIS.

Les dites armoiries du sieur Georges de Lambertye, baron de Cons, sont dessinées et coloriées dans le 18ᵐᵉ volume de l'armorial général, volume dix huit (page 132). Lequel volume est signé au premier et dernier feuillet par le sieur d'Hozier, garde de l'armorial, en vertu d'un arret du conseil du 12 février 1697. Et confirmé par l'édit de suppression de l'an 1700. — Signé : MANSAIS

Sépulture de Jeanne-Marguerite de Lambertie. 30 mai 1699.

Jeanne-Marguerite de Lambertye, dame d'Harnoncourt, est morte le trente may, mil six cent quatre vingt dix neuf, étant munie des Saints sacrements de viatique et d'extreme-onction. Son corps fust enterré dans le caveau des seigneurs, au costé de feue sa mère, Christine de Lenoncourt, vers l'autel. — H. ORQUEVAUX, curé. — (Registres paroissiaux de Cons-la-Granville.)

Foy et hommage de Georges de Lambertie, pour Réchicourt. 1699.

Léopold, etc. salut. Savoir faisons que ce jourd'hui, date des présentes, notre très cher et féal conseiller d'Estat, des nostres, le sʳ Georges, marquis de Lamberty, bailly de notre bonne ville de Nancy, au nom et comme tuteur de ses enfants mineurs procréés de son mariage avec défunte dᵐᵉ Cristine de Lenoncourt, son épouse, a repris de nous et nous a fait les fois, hommages et serment de fidélité qu'il était attenu de nous faire, pour la terre et seigneurie de Réchicourt, située en notre prévôté de Sancy ; pour telle part et portion qui peut appartenir aux dits enfants mineurs ès terres de Joudeville et Bussigny, situé en notre prévôté de Briey ; quelques droits d'assises, dixmes et terrages au ban de Vivier et de Cosne, comme aussi ceux de vasselage sur les seigneuries de Petit Sivry et Flabeuville, prévôté de Longuyon, les dites terres mouvant de nous et relevant de notre duché de Bar. Pour raison de quoi il s'est déclaré et reconnu, audit nom, notre vassal et homme lige, promis de faire le service, que lesdits fiefs requièrent, conformément à la coutume, de satisfaire à tous les devoirs auxquels un bon et fidèle vassal est attenu envers son seigneur dominant, et de fournir à notre chambre du conseil et des comptes de Bar ses aveux et dénombrement, en bonne forme, dans le temps porté par ladite coutume. Auxquels reprises, foi, hommage et serment de fidélité nous avons nous même reçus ledit marquis de Lamberty, sauf notre droit et l'autrui. Sy donnons en mandement à nos très chers et féaux les présidents, conseillers et gens tenants notre dite chambre du conseil et des comptes de Bar, et à tous autres qu'il appartiendra, que si, par défaut de reprises et devoirs non faits, les dits fiefs ou parties d'iceux étaient saisis, mis en nos mains ou de justice, ils lui enlèvent, ou fassent lever incontinent la main, remettent et restituent le tout en son premier état; faisant et laissant, chacun en droit soi, ledit marquis de Lamberty, audit nom et comme tuteur des dits enfants mineurs, jouir et user pleinement et paisiblement du bénéfice de nos présentes lettres et reprises, sans aucun trouble, ni empêchement. Car ainsi nous plait. En foi de quoi nous avons aux présentes signé de notre main et contresigné par l'un de nos conseillers secrétaires d'Etat, commandement et finances, fait mettre et appendre notre grand scel. Donné à Nancy, le onze° octobre 1699. Signé : Léopold. Et sur le replis, par Son Altesse, royale le sᵣ Rennel de Lescu, conseiller d'Etat des siens et mᵉ des requêtes ordinaires de son hôtel présent. — Signé : M. A. Mahuet, avec paraffe. — (Archives de Meurthe et Moselle. — B. 121, folio 53.)

Foy et hommage de Georges de Lambertie, pour Drouville. 1699.

Léopold, etc. SALUT. Savoir faisons que ce jourd'hui date des présentes, notre très cher et féal conseiller d'Estat, des nostres, le sᵣ George marquis de Lamberty, bailly de notre bonne ville de Nancy, a repris de nous et nous a fait en personne les fois, hommages et serments de fidélité qu'il était attenu de nous faire, pour les terres et seigneuries de Drouville, situées en notre prévôté d'Einville-au-Jard ; celle de Courbessaux, située en notre prévôté d'Amance ; et pour le ban de Creuse, en partie ; les dites terres mouvant en fief de nous, et relevant de notre duché de Lorraine. Pour raison de quoi il s'est reconnu et déclaré notre vassal lige, promis de faire les services que ses fiefs requèrent, de satisfaire à tous les devoirs auxquels un bon et fidèle vassal est attenu envers son seigneur dominant, et de fournir à notre chambre des comptes de Lorraine ses lettres reversales, en bonnes formes, dans le temps porté par la coutume. Auxquels reprises, foi, hommage et serment de fidélité nous avons nous-même reçus ledit marquis de Lamberty, sauf notre droit et l'autrui. Sy donnons en mandement à nos très chers et féaux les présidents, conseillers et gens tenant notre dite chambre des comptes de Lorraine, et à tous autres qu'il appartiendra, que si par défaut de reprises et devoirs non faits, les dits fiefs ou parties d'iceux étaient saisies, mis en nos mains ou de justice, ils lui enlèvent, ou fassent lever incontinent la main, remettent et restituent le tout en son premier état, faisant et laissant chacun en droit soi, ledit marquis de Lamberty jouir et user pleinement et paisiblement des bénéfices de nos présentes lettres de reprises, car ainsi nous plait. En foi de quoi nous avons aux présentes signé de notre main, et contresigné par l'un de nos conseillers secrétaires d'Etat, commandement et finances, fait mettre et appendre notre grand scel. Donné à Nancy le onze octobre mil six cent quatre vingt dix neuf. Signé : Léopold. Et sur le repli à droite est écrit : par Son Altesse royale, sᵣ de Rennel de Lescu, conseiller d'Etat, des siens et maître des requêtes ordinaires de son hôtel présent. — Signé : M. A. Mahuet, avec paraffe. — (Archives de Meurthe et Moselle. — B. 121, folio 54.)

Mariage de Françoise-Christophorine-Eléonore de Lambertie avec Georges de Mozet. 1699.

Messire Georges de Mozet, seigneur de Grunne, Harsin etc, et Mademoiselle Françoise-Christophorine-Eléonore de Lambertye ont été épousés en la chapelle du chateau de Cons-la-Granville le 25 juin 1699, en foi de quoy ils ont signé avec leurs parents et les temoins selon l'ordonnance [signé au registre] : Lambertye, Vicomte de la Fontaynne d'Harnoncourt, E. H. de Waha Trouville, De Mozet de Grunne, Françoise de Lambertye, le chevalier A. L. de Lambertye, Villeroi, Masjem, J. F. Orqueveau, curé. — (Registres paroissiaux de Cons-la-Grandville.)

Lettres patentes de Maréchal de Lorraine et Barrois pour Georges de Lambertie. 1700.

Léopold, etc. Les charges de mareschal de Lorraine et de mareschal de Barrois étant présentement vacantes par le décès de nos très chers et féaux, les sieurs comte de Viange, et Charles Louis, marquis de Bassompierre, et désirans les remplir de deux personnes de qualité et d'un mérite distingué, et que chacune d'icelles soit à l'avenir mareschal de l'un et de l'autre de nos dits duchés; scavoir faisons qu'étant très satisfait des services de notre très cher et féal conseiller d'Etat, des nostres et bailly de Nancy, le sieur George, comte de Lambertye, et de son affection, fidélité et attachement à nostre personne et à la gloire de nostre état, nous en avons fait choix pour l'une d'icelles. A ces causes, l'avons créé, nommé, déclaré et establly, et par ces présentes, le créons, nommons, déclarons et establissons mareschal de nos ditz duchez de Lorraine et de Barrois, pour les dictes charges tenir, posséder et exercer, en jouir et user aux droits, autorité et rang, prééminence, pouvoir, libertez, proffit et émolumens **y** appartenans et en dépendans, tels et semblables dont ont joni ou deu jouir les derniers possesseurs d'icelles, et aux gages que nous y avons attribués. Sy donnons en mendement à nos très chers et féaux, les président, conseillers et gens tenant notre cour souveraine et chambre des comptes de Lorraine et Barrois, baillys, lieutenans et procureurs généraux, capitaines, prévost, leurs substituts et à tous autres nos officiers, justiciers et hommes et sujets qu'il appartiendra, qu'après que le dit sieur comte de Lambertye aura prêté serment entre nos mains, le serment en tel cas requis et accoutumé, ils ayent, chacun d'eux en droit soy à le reconnoître en la dicte qualité de mareschal de Lorraine et Barrois, et l'en faire, souffrir et laisser jouir pleinement et paisiblement, aux honneur, droits, autoritéz, rang, prééminences, pouvoirs, libertéz, fruit, proffit et émolumens susdictz, sans aucun trouble ni empeschement; et au trésorier général de nos finances et à ses commis, de payer et délivrer par chacun an, au dicte sieur de Lambertye, les dictes gages; lesquels en rapportant pour une fois seulement copie des présentes, et a chacun payement quittance suffisante du dict sieur de Lambertye, seront passéz et allouéz en la dépense de ses comptes par les président et auditeurs d'iceux, ausquels mandons de le faire sans difficulté, car ainsy nous plaist. En foy de quoy nous avons aux présentes signées de nostre main et contresignées par l'un de noz sécretaire d'Etat, commendemens et finances, fait mettre et appendre notre grand scel. Donné en nostre ville de Nancy le quatrième janvier 1700. Signé : Léopold. Et sur le reply : Par Son Altesse royale, Signé : MAHUET, avec paraphe.

Collationné le 30 août 1892. L'archiviste, E. Duvernoy. — (Archives de Meurthe et Moselle, registre B 124, folio 77.)

Mariage d'Anne-Joseph de Tornielle avec Antoinette-Louise de Lambertie. 1700.

Du troisième mars mil sept cents, à Nancy, après midy. Pardevant le tabellion general au duché de Lorraine, résident à Nancy, soussigné, et en présence des temoins cy après nommez, furent présents en personnes messire Anne-Joseph de Tornielle, chevallier comte de Brionne, grand maistre de la garde robbe de S. A. R. et capitaine de la cavallerie au régiment de Sonuré pour le service du roy très chrétien, fils majeur d'ans de haut et puissant seigneur messire Henri, comte de Tornielle et de Brionne, marquis de Gerbeviller, seigneur de Valhey, etc., conseiller d'Etat de sa ditte A. R., marechal de Lorraine et Barrois, et de haute et puissante dame, Dame Marie-Margueritte de Tiercelin de Saveuse, comtesse de Tornielle, ses père et mère, assisté d'eux et de leurs consentements, comme aussi de messire Iacinthe-Henry de Tornielle, abbé de l'abbaye de Saint-Remy de Luneville, son frère d'une part ; et dame, Dame Anthoinette Louise de Lambertye, cy devant dame en l'abbaye Sainte-Marie de la ville de Metz, fille majeure d'ans de haut et puissant seigneur messire George, marquis de Lambertye, chevallier, baron de Lagranville, seigneur de Drouville etc., conseiller d'Etat de sad⁰ A. R., marechal de Lorraine et Barrois, grand baillif de Nancy, y demeurant, et de feue dame, Dame Christienne de Lenoncourt, ses père et mère, assistée dud. seigneur son père et de son consentement, assistée aussi de messire Nicolas-François, chevallier, comte de Lambertye, son frère, de haut et puissant seig⁰ messire Charles de Lenoncourt, chevallier, marquis de Blainville, conseiller d'Etat de sad. A. R., premier gentilhomme de la chambre et gouverneur de monseigneur le prince François, son oncle, de haute et puissante dame, Dame Yollande-Charlotte de Nettancourt, épouse dud. seigneur marquis de Blainville, sa tante par alliance, de messire Charles-Louis de Lenoncourt, fils desd. seigneur et dame, son cousin, de messire Louis de Belcastelle, seigneur de Permillarcq, de dame Anne de Galchere, son épouse, et dame Anne-Françoise de Belcastelle, baronne d'Aigrin, et de damoisells Anne-Charlotte de Belcastelle d'Entry d'autre part. Entre lesquelles partyes ont été faits et arrestés les articles et conventions du mariage suivant : scavoir que lesd⁰ seigneur Anne-Joseph de Tornielle et dame Anthoinette-Louise de Lambertye, ont promis de se prendre à époux et épouse, fiancer et épouser en face de notre mère Sainte Eglise catholique et apostolique et romaine, suivant les canons d'icelle, sy Dieu et notre mère Sainte Eglise sy accordent et le plutost que faire se pourra.

Que du jour de la célébration du future mariage, les futurs conjoints seront uns et communs en tous biens meubles, qu'ils ont et auront, acquets et conquets immeubles, qu'ils feront pendant et constant le futur mariage, soit que la future épouse soit denommée ez contracts qui s'en passeront ou non, faits en ligne ou hors de ligne, pour arrivant la dissolution être les effets de la ditte communauté partagée par moitié entre les survivants et les enfants ou heritiers du prémourant, à charge des debtes qui pourroient estre contractées pendant la dite communauté, et frais funeraux du prédécédé sur la même proportion ; les debtes contractées auparavant le futur mariage par l'un ou l'autre des futurs conjoints demeurants respectivement à la charge des père et mère des futurs époux, qui s'obligent à les en acquitter, sans que les biens de la future communauté ny autres propres desd⁰ futurs époux en puissent estre recherchés.

Avant lequel partage le survivant des futurs conjoints emportera par préciput ses habits et linges à son usage, et la somme de quatorze mils francs monoye de Lorraine, n'y ayant enfans du futur mariage, ou dix mils francs y ayant enfans, pour ses armes, chevaux, chambre garnie et carrosse.

En faveur duquel mariage led. seigneur maréchal comte de Tornielle, père dud. futur époux, luy donnera par dot la somme de trois cents mils francs, monnoye de Lorraine, de principal, et rente d'icelle à courir du jour de épousailles, deuë au dit seigneur marechal de Tornielle, tant de son chef que comme heritier bénéficiaire du feu messire Gaston-Jean-Baptiste de Tornielle, vivant, marquis de Gerbeviller, son frère, par S. A. R., par deux contracts, l'un de deux cents cinquante mils francs passé le................. par devant .... et l'autre de cinquante mils francs passé le................. par devant .... reconnus par sad. A. R. comme debtes d'Etat, sans préjudice d'une autre somme de cinquante six mils francs qui luy est encore deuë par sad. A. R. et qu'il se reserve; delaquelle somme de trois cents mils francs, il en entrera soixante et dix mils francs en la future communauté, promettant le dit seigneur marechal de Tornielle de garendir, fournir et faire valloir contre et envers tous lad⁵ somme de trois cents mils francs et rentes, même des faits du prince, jusqu'à concurrence de cent cinquante mils francs, faisant la moitié. A l'effet de quoy led. seigneur marechal de Tornielle et ca des aprésent, comme pour lors a hypothecquée spécialement et par privilège la ditte terre et seigneurie de Vallhey, rentes et reconnus indépendants, et généralement tous ses armes, meubles et immeubles, terres et seigneuries presents et futurs, les hypotecques spécialle et generalle ne derogeans l'une à l'autre, pour au choix y faire exécuter comme pour chose jugés, submettant et renonçant à toutes oppositions, garands, repis, division, discussion, etc. Et pour meilleur et plus grande assurance de la garendie de la ditte somme de trois cents mils francs de principal et rente, même du fait du prince, pour la moitié, tant en principal que rente, lad. dame Margueritte de Tiercelin de Saveuse, marechalle de Tornielle, de la licence et autho-risation dud. seigneur marechal, son époux, qu'elle a receu pour agréable, en a obligé et oblige solidairement avec led. seigneur, son époux, tous ses biens, meubles et immeubles présents et futurs spécialement et par privilège, toutes ses actions, droits de remploys, reconventions matrimonialles, à elle acquis, sur les biens dud. seigneur marechal de Tor-nielle, son époux, tant par son contract de mariage qu'autrement, desquelles elle fait par ces présentes touttes subrogations nécessaires à cet effet, les obligations spéciales et gene-ralles ne derogeans non plus l'un à l'autre, et tous les mêmes soumissions et renonciations que dessus. Et de plus en faveur dud. mariage, led. seigneur marechal de Tornielle a cédé et abandonné aud. seigneur futur époux, son fils aîné, tous les droits, noms, raisons et actions qu'il a comme aîné de sa famille sur Brionna, Sizama et Magiowa, comme aussi le recounurement du bien de Romagnano, scitués en Italie, vendus par led. défunt seigneur marquis de Gerbeviller. Tous lesquels biens sont fides commis à perpétuité à l'aîné de la famille de Torneille, pour en jouir en son lieu et place dès aprésent. Donne led. seigneur marechal de Lambertye, aussi en faveur du futur mariage à lad⁵ dame sa fille future épouse, la terre, baronnie et seigneurie de Drouville, appartenances et dépendances, en tous droits de propriété et fond, pour en jouir ainsy et de même que led. seigneur marechal de Lambertye en jouit actuellement et que feuë Madame de Mercy en jouissait, et ainsi qu'elle a été décrétée sur elle et adjugée à feu messire Jean, marquis de Lambertye, ayeul de la future épouse, du prix de laquelle terre il en entrera en la future communauté la somme de quarante six mils francs monnoye de Lorraine ; donne de plus led. seigneur marechal à lad. dame sa fille tous les meubles qui sont au château dud. Drouville et ceux de la chambre garnie de lad. future épouse en cette ville de Nancy, desquels meubles inventaire sera fait pour être joint au présent contract, au moyen de quoy lad⁵ dame future épouse majeure d'ans comme dit est, a volontairement renoncé et renonce à touttes succession pater-nelle et maternelle en faveur néanmoins de Messieurs ses frères et leur dessendants et non autrem¹.

Ne pourra le futur époux disposer par testament ou donation accause de mort que de sa part et moitié en la communauté, pourront néanmoins les futurs conjoints disposer par donations mutuelles de la somme de quatorze mils francs même monnoye de Lorraine sur les effets de la future communauté, à l'effet de quoy la future épouse demeure des a présent authorisée.

Sera loisible à la future épouse et à ses enfants de renoncer à la communauté quand bon leur semblera, ce faisant de reprendre tout ce que lad° future épouse aura apporté en lad° communauté. En outre ses pactions et conventions matrimonialles et tous autres aports frans, quittes et dechargés de toutes charges, debtes generallement quelconque, même de celle ou elle aurait accedé.

Douaire écheant la future épouse aura la somme de cinq mils francs, aussy monnoye de Lorraine, de rente annuelle, n'y ayant enfans du futur mariage, et y ayant enfans celle de trois mils cinq cents francs aussy de rente annuelle, à prendre en l'un et en l'autre cas sur les biens propres dud. futur époux qui en demeurent des aprésent charges et hypotecqués.

Donnera led. seigneur futur époux à lad° dame future épouse des bagues et joyaux pour la somme de sept mils francs, qui luy tiendront nature de propres et aux siens. En cas d'allienation des biens propres de l'un ou l'autre des futurs conjoints, le remploy en sera fait à l'égard du futur époux sur les biens de la communauté seulement, à l'égard de la future épouse en cas d'insuffisance des biens de lad° communauté, sur les biens, fonds et propres dud. futur époux, qui en demeurent aussy des aprésent aud. cas hypotecqués. Sous lesquelles conditions, conventions et articles le présent contract de mariage a été fait, promettant les parties de les executer respectueusement et solidairement, de la part desd. seigneurs marechal et dame comtesse de Tornielle, son épouse, nonobstant toutes loix et coutumes contraires ausquelles elles ont dérogés et dérogent, obligeant à cet effet leurs biens, meubles et immeubles, etc., sumettant, etc., renonçans, etc. Fait et passé en presence de Joseph Gaspard Giguey, avocat en la Cour; et du sieur Henry Guiot, aussy avocat en la Cour et receveur des finances au Bureau de Nancy, témoins requis, qui ont avec les futurs conjoints, leurs pere et mere et assistans signés et de connoissance. — Signé : RICHARD tabellion général, avec paraphe. Pour copie.

Mariage d'Anne-Joseph de Tornielle avec Antoinette-Louise de Lambertie. 9 mars 1700.

Le 9 mars 1700. sur la permission accordée par Monsieur de Laigle, vicaire général de Monseigneur l'évêque de Toul, avec dispense du saint temps de caresme, de deux bans et même du jour d'intervalle entre la publication et le mariage, ont été épousez messire Anne-Joseph de Tornielle, comte de Brionne, grand maitre de la garde robe de Son Altesse Royale, fils de messire Henry-Hyacinthe de Tornielle, maréchal de Lorraine et Barrois, conseiller d'Etat de Son Altesse Royale, et dame Anthoinette-Louise de Lambertye, fille de messire George de Lambertye, maréchal de Lorraine et Barrois, conseiller d'Etat de Son Altesse Royale et grand bailly de Nancy, et de feue dame Christine de Lenoncourt, son épouse; présents les sieurs pères desnommez cy-dessus et la dame mère dudit sieur comte de Brionne et plusieurs autres qui ont signé avec nous, prêtre supérieur de l'Oratoire, curé de Notre-Dame soussigné. — A. J. DE TORNIELLE. — A. L. DE LAMBERTYE. — H. DE TORNIELE. — LAMBERTYE. — M. DE SAVEUSE. — (Registres paroissiaux de Notre-Dame de Nancy.)

Mariage de Nicolas-François de Lambertie avec Elisabeth de Ligniville. 1705.

Du vingt troisième novembre mil sept cents cinq, à Luneville, après midy. Pardevant le tabellion général au duché de Lorraine, résident à Nancy, soussigné, et en présence des témoins cy après nommés, furent présents en personnes, haut et puissant seigneur messire Nicolas-François marquis de Lambertye, chambellan de S. A. R., fils de haut et puissant seigneur messire George marquis de Lambertye, chevallier, baron de Cons-la-Grandville, seigneur de Rechicourt, grand Failly, etc., couseiller d'Etat de son A. R., marechal de Lorraine et Barrois, grand baillif et commandant des ville et château de Nancy, et de feue haute et puissante dame, dame Christienne de Lenoncourt, pour luy et en son nom d'une part; et damoiselle Elisabeth de Ligniville, fille d'honneur de S. A. R. Madame, et fille de haut et puissant seigneur messire Melchior de Ligniville, chevallier-né, comte du Saint Empire et de Tumejus, seigneur de Houécourt, Lironcourt, Gironcourt, Bosserecourt, les Theys sous Montfort, chambellan de son A. R. et de haute et puissante dame, dame Marguerite-Anthoinette de Bouzey, comtesse de Ligniville Tumejus, aussy pour elle et en son nom d'autre part. Entre lesquelles partyes ont été conclucs et arrêtés les points et articles de leur mariage comme s'en suit : de l'agrément et autorisation réciproques qu'elles ont l'honneur de recevoir actuellement par les presences de leur A. R. Nos souverain et souveraine, très haut, très puissant et très excellent prince Leopold, par la grace de Dieu, duc de Lorraine et de Bar, roy de Jerusalem, marchis duc de Calabre et de Gueldres, marquis du Pont à Mousson et de Nomeny, comte de Provence, Vaudemont, Blamont, Zutphen, Sarwerden, Salm, Falquestin, etc., et de très haute, très puissante et très excellente princesse, Madame Elisabeth-Charlotte d'Orléans, duchesse de Lorraine et de Bar; par les authorisations aussy reciproques de très hautes, très puissantes et très excellantes princesses Mesdames Elisabeth-Charlotte et Gabrielle de Lorraine; de plus lesd⁰ˢ parties honorées respectueusement de la personne de très haut et puissant prince Anne-Marie-Joseph de Lorraine, comte d'Harcourt, étant actuellement près de leur A. R. et par les consentements et assistances cy après, scavoir : de la part dud. seigneur Nicolas-François, marquis de Lambertye ; dud. seigneur George, maréchal de Lambertye, son père ; de haut et puissant seigneur messire André-Louis, comte de Lambertye, capitaine au régiment des gardes de S. A. R., son frère ; de haut et puissant seigneur messire Anne-Joseph de Tornielle, chevallier, comte de Brionne, marquis de Gerbeviller, premier gentilhomme de la chambre de S. A. R. ; de haute et puissante dame, dame Anthoinette-Louise de Lambertye, épouse dud. seigneur marquis de Gerbeviller et sœur dud. seigneur marquis de Lambertye ; de haute et puissante dame, dame Antoinette-Charlotte de Lenoncourt de Lesnont, comtesse de Remiremont, sa cousine germaine ; de haute et puissante dame, dame Louise de Villelume, épouse de haut et puissant seigneur messire Christophe-François. Le Prudhomme, chevallier, comte de Vitrimont, seigneur de Fontenoy; de haute et puissante dame, dame Marie de Villelume, épouse de haut et puissant seigneur messire Charles-Nicolas comte de Bressey, chevallier, seigneur de Manoncourt, chambellan de S. A. R. Toutes deux sœurs et cousines germaines dud. seigneur marquis de Lambertye; et de haut et puissant seigneur messire Christophe, comte de Custine, chevallier, seigneur de Pontigny, colonel du régiment des gardes de S. A. R., son premier chambellan et gouverneur de la citadelle de Nancy, son bon amy. Et de la part de lad. damoiselle Elisabeth de Ligniville, dud. seigneur comte de Ligniville Tumejus, son père, et de son authorisation; de haut et puissant seigneur messire Marc de Beauveau, chevallier, comte de Craon, seigneur de Tomblaine, etc., grand maitre de la garde robbe de S. A. R., de haute et puissante dame,

NICOLAS-FRANÇOIS, Marquis de LAMBERTYE

et de CONS-la-GRANDVILLE

Lieutenant-Général des Armées du Roi de France

Marié à Elisabeth de LIGNIVILLE (1705)

(1682 - 1741)

dame Anne-Margueritte de Ligniville, son épouse, ses beau frère et sœur germaine ; de haut et puissant seigneur messire Joseph-Nicolas, comte de Bouzey, chevallier, seigneur de Dombrot, Germiny, etc., sous-lieutenant des gardes du corps de S. A. R. ; son oncle maternel ; de messire Antoine de Ligniville du Vanne, abbé de Ligniville, son cousin ; de haut et puissant seigneur messire Charles-François de Stainville, chevallier, comte de Connenges, seigneur de Dombasle, Morley, Haudonviller et conseiller d'Etat de S. A. R. et grand maistre de sa maison ; de haute et puissante dame, dame Catherine Dianne de Beauveau, son épouse ; de haut et puissant seigneur messire Honoré Du Chastellet. chevallier, marquis de Trichateau, capitaine d'une compagnie des gardes du corps de S. A. R. Etant au chateau de Lunéville ou toutes les parties sus nommées se sont assemblées présentement et avec lesquelles comme dit est, des authorisations et agrement que dessus lesd⁽ⁱ⁾ points et articles du mariage suivant, ont été convenu comme cy après.

Premièrement : que les dits seigneur Nicolas-François marquis de Lambertye, et damoiselle Elisabeth de Ligniville, ont promis de se prendre pour marit et femme et étant ja fiancés, de s'épouser en face de notre mère Ste Eglise catholique, apostolique et romaine au plutôt que faire se pourra.

Que du jour de la bénédiction nuptiale ils seront uns et communs en tous biens, meubles qu'ils ont, acquest et conquest qu'ils feront, en quels lieux, terres et seigneuries ils puissent estre scitués, soit que la future épouse y soit denommée ou non, pour arrivant la dissolution de la communauté estre les dits meubles, effets mobiliaires, acquets et conquets partagés par moitié entre le survivant et les enfans ou heritiers du prémourant, en payant à la même proportion les debtes passives de la communauté sy aucun y a.

Avant lequel partage faire, le survivant emportera par préciput, si c'est le futur époux, ses habits, linge et hardes à son usages, armes, chevaux et équipages, les dites armes, chevaux et équipage jusqu'à la valeur de la somme de six milles livres tournois, et sy c'est la future épouse, elle emportera par préciput, ses habits, linge à son usage, sa toilette, bagues, joyaux, chevaux et carrosses. Les dites bagues, joyaux, chevaux et carrosses jusqu'à la valleur de pareille somme de six mils livres.

En faveur duquel mariage led. seigneur maréchal de Lambertye. père du futur époux, luy abandonne les chateau, terre et seigneurie de Cous-la-Grandville, pour en jouir des le premier jour de l'an prochain et de tout par fiefs et arrière fiefs ; et en precevoir les rentes et revenues dans toutes les dépendances des dites terres sans aucune reserves, jusqu'au décès dudit seigneur maréchal de Lambertye, à l'exception néanmoins du fief de grand Failly que ledit seigneur maréchal de Lambertye se reserve, avec une pension annuelle et viagère de trois milles livres qu'il prendra sur les premiers et plus clairs revenus de la dite terre. Desquels revenus le futur époux jouira comme usufruitier, à la charge de l'entretien et reparations et qu'il ne pourra faire aucune vente de bois outrée, mais de se regler selement la possibilité d'iceux, pour après le décès dudit seigneur maréchal de Lambertye père, estre les dittes terres et seigneuries remises à la masse de la succession, et estre icelle partagée suivant la coutume des lieux entre les enfans et héritiers dudit seigneur maréchal de Lambertye Au moyen duquel abandonnement desdits revenus, ledit seigneur futur époux ne pourra rien toucher ni prétendre des biens qui peuvent luy estre échus par le décès de madame sa mère, dont ledit seigneur maréchal de Lambertye s'est expressément réservé la jouissance sa vie naturelle durante.

Donnera ledit seigneur comte de Ligniville Tumejus, pour dotte à la future épouse sa fille, la somme de quinze milles livres tournois en argent comptant par forme d'avancement d'horie et incontinent après ses épousailles, de laquelle somme il entrera la moitié en la communautée et l'autre moitié demeurera reservée à ladite damoiselle future épouse et aux siens de son estocq et ligne.

Douaire échéant, en cas qu'il n'y ait point d'enfans, la future épouse aura la somme de quinze cents livres de rente annuelle, et au cas qu'il y ait enfans la somme de douze cents livres à prendre en l'un et l'autre cas sur les biens propres du futur époux, rachetables au dernier cas seulement de douze mille livres, au choix des enfans du futur époux, et sauf à elle au premier cas d'opter le coutumier.

Aura en outre son habitation pendant sa viduité dans un des châteaux ou maison forte qui seront alors dépendants de la succession dudit seigneur futur.

Sous toutes lesquelles clauses et conditions le présent contract de mariage a été fait, promettant les parties de les avoir toujours pour agréable et de les accomplir et exécuter nonobstant toutes loix et coutumes contraires, auxquelles elles ont dérogés et dérogent; et pour assurance, en ont les partyes conjointes et contractantes chacunes en droit soy obligés et obligent respectueusement leurs biens meubles et immeubles présents et futurs, les submettans à toutes justices, renonçant, etc. Fait et passé au château dudit Luneville, le dit jour, vingt troisième novembre mil sept cent cinq, après midy. En présence du sieur Robert Chatillon, l'un des valets de garde robbe de S. A. R. et du sieur Etienne La Lance valet de chambre dudit seigneur marquis de Lambertye, témoins requis, qui ont, après les conjoints, leurs Altesses Royales Princesses de Lorraine, les seigneurs pères de futurs et leurs assistans, signés à la notte des présentes et de connoissance. — Signé : RICHARD, tabellion general, avec paraffe, pour copie.

Mariage de Nicolas-François de Lambertie et Elisabeth de Ligniville. 24 novembre 1705.

L'an mil sept cent cinq, cejourd'hui vingt quatre novembre, après avoir publié dimanche dernier un ban du mariage promis entre haut et puissant seigneur messire Nicolas-François de Lambertie, fils de haut et puissant seigneur messire George, marquis de Lambertie, maréchal de Lorraine et Barrois, conseiller d'Etat de S. A. R., bailly et commandant des villes de Nancy, et de haute et puissante dame Madame Christine de Lenoncourt, ses père et mère d'une part ; et de Mademoiselle Elisabeth de Ligniville, fille d'honneur de Son Altesse Royale Madame, et fille de haut et puissant seigneur messire Melchior de Ligniville, comte de Tuméjus et du Saint Empire, et chambellan de Son Altesse Royale, et de haute et puissante dame madame Margueritte-Anthoinette de Bouzey, ses père et mère, d'autre part ; résidents tous les deux dans cette paroisse, sans que personne s'y soit opposé, ny qu'il soit venu à ma connaissance aucun empêchement civil ny canonique ; je soussigné, chanoine régulier, curé de Lunéville, vue la dispense de deux bans accordée par Monsieur l'Official de Toul, datée du dix huitième du présent mois, et les délivrances des sieurs curés de Saint-Epvre, de Nancy et de Hoëcourt, lieux de la résidence des parents des parties, leur ai donné la bénédiction nuptiale en face de l'Eglise, avec les cérémonies ordinaires, en présence de Leurs Altesses Royales, y assistant aussy plusieurs seigneurs et dames de leur cour, et en particulier, pour Monsieur l'époux, M. le marquis de Lambertye son frère, et pour Madame l'épouse, M. le comte de Ligniville, qui ont signé avec les parties. Léopold, Elisabeth-Charlotte, Nicolas-François de Lambertye, Elisabeth de Ligniville, de Lambertye, Melchior de Ligniville, Beauvau de Craon, Ligniville-Craon. J. Vamesson Ch. Rég. — (Registres paroissiaux de Lunéville.)

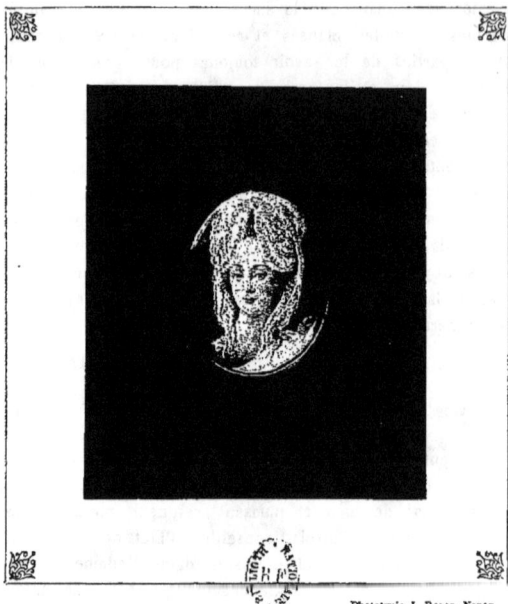

Elisabeth de LIGNIVILLE

Mariée à Nicolas-François Marquis de LAMBERTYE
et de CONS-la-GRANDVILLE (1705)

(1689-1753)

(d'après une miniature mesurant 14 x 17 millimètres)

Lettres patentes de Chambellan pour Nicolas-François de Lambertie. 1705.

Léopold, etc., à tous ceux qui ces présentes verront, salut. La connaissance particulière que nous avons du mérite et de la naissance, valeur et autres belles et louables qualités qui rendent recommandable nostre cher et bien aimé le sieur Nicolas-François, comte de Lambertye, nous portant à luy donner des marques de notre considération, étant d'ailleurs bien informé de sa bonne conduite, vigilence, fidélité et affection à nostre service, pour ces causes et autres à ce nous mouvantes ; Nous avons au dit sieur comte de Lambertye, donné, conféré et octroyé, donnons, conférons et octroyons par ces présentes, un état et office de chambellan des nostres, pour l'avoir, tenir, posséder, exercer et en jouir aux honneurs, droit, authoritez, privilèges, prérogatives, libertez, proffit et émolumens y appartenants et en dépendants, tels et semblables dont jouissent, peuvent et doivent jouir de droit nos autres chambellans et aux gages qui y seront par nous attribuez.

Sy donnons en mandement à notre très cher et féal, le sieur marquis de Lenoncourt et Blainville, conseiller en notre Conseil d'Etat et notre grand chambellan, à nos premiers gentilshommes de la chambre, chambellans, et à tous autres nos officiers, domestiques, hommes et sujets qu'il appartiendra, que pris et receu par notre dit grand chambellan le serment du dit comte de Lambertye, en tel cas requis et accoutumé, ils et chacun d'eux en droit soy ayent à le faire et laisser jouir pleinement et paisiblement du dit état et office, ensemble des honneurs, droit, autoritez, prérogatives, privilèges, libertez, proffit et émoluments susdits, sans aucun trouble ni empêchement, et à l'argentier de notre hôtel de luy payer aux termes et en la manière ordinaire les dits gages, lesquels, en rapportant pour une fois seulement copie des présentes duement collationnées, et à chacun payement quittance suffisante du dit comte de Lambertye, seront allouez et passez en la dépense des comptes du dit trésorier par nos très chers et féaux, les président, conseillers et gens tenant notre Chambre des Comptes de Lorraine, sans difficulté. Car, etc. En foi de quoy nous avons aux présentes, signées de notre main et contresignées par l'un de nos conseillers secrétaires d'Etat, commandements et finances, fait mettre et apprendre notre grand scel.

Donné en notre ville de Lunéville, le premier avril 1705. — Signé : LÉOPOLD. — Et sur le replis, par Son Altesse Royale, signé : M. A. MAHUET. — Signé : PIERROT. — Collationné le 7 octobre 1892, l'archiviste, E. DUVERNOY. — (Archives de Meurthe et Moselle. — B. 124, pli 183.)

Lettres patentes de premier écuyer pour Nicolas-François de Lambertie. 1705.

Léopold, etc., à tous ceux que ces présentes verront, salut. Voulans donner à nostre cher et bien aymé, le sieur Nicolas-François, comte de Lambertye, des marques de l'estime que nous faisons de son mérite et mettre en considération sa valeur, vigilence, bonne conduite, fidélités et autres belles et louables qualitez qui se rencontrent en sa personne et dont nous sommes bien informés, de même que de son affection particulière à nostre service ; pour ces causes et autres à ce nous mouvantes, nous avons au dict comte de Lambertye, donné, conféré et octroyé, donnons, conférons et octroyons par ces présentes un estat et office de l'un de nos premiers escuyers, pour l'avoir, tenir, posséder, exercer et en jouir par luy aux honneurs, droit, authoritez, privilèges, prérogatives, proffit et émolument y appartenants et en dépendant, tels et semblables dont jouissent et doivent jouir de droit nos autres premiers escuyers et aux gages qui y seront par nous attribuez.

Si donnons en mandement à nostre très cher et féal, le sieur........ ....
.... et nostre grand escuyer et nos premiers escuyers, et
tous autres nos officiers, domestiques, hommes et sujets qu'il appartiendra, que, pris et
receu par nostre dit grand escuyer, le serment du dit comte de Lambertye, en tel cas
requis et accoustumé, ils et chacun d'eux en droit soy ayent à le reconnoistre en la dite
qualité de l'un de nos premiers escuyers et à le faire et laisser jouir pleinement et paisiblement du dit estat et office, aux honneurs, droits, authoritez, privilèges, prérogatives,
proffitz et émoluments susditz, sans aucun trouble ny empêchement; et à l'argentier de nostre
hostel de luy payer aux termes et de la manière ordinaire les dits gages, lesquels, en
rapportant pour une fois seulement copie des présentes collationnées, et à chacun payement
quittance suffisante du dit comte de Lambertye, seront alloués et passés au dit argentier en
la despense de ses comptes, sans difficulté, par nos très chers et féaux, les présidents,
conseillers et gens tenant nostre Chambre des Comptes de Lorraine, sans difficulté. Car ainsy
nous plaist. En foi de quoy nous avons, aux dites présentes, signées de nostre main et
contresignées par l'un de nos conseillers serétaires d'Estat, commandements et finances, fait
mettre et apprendre nostre grand seel.

Donné en nostre ville de Lunéville, le premier avril mil sept cents cinq. — Signé :
Léopold. Et sur le reply, par Son Altesse Royale, signé : M. A. Mahuet. — Signé : Perrin.
— Collationné le 7 octobre 1892, l'archiviste, E. Duvernoy. — (Archives de Meurthe-et-
Moselle. — B. 125, pli 3.)

Mariage de Georges de Lambertie avec Charlotte-Erardine d'Anglure. 1706.

Scachent tous que par devant le tabellion général au Duché de Lorraine, résident à
Nancy, soussigné, et en présence des témoins cy après nommés, furent présents : hault et
puissant seigneur messire Georges, marquis de Lambertye, chevallier, baron de Cons-la-
Grandville, seigneur de Rechicourt, grand Failly, etc., conseiller d'Etat de Son Altesse
Royale, maréchal de Lorraine et Barrois, grand baillif et commandant des ville et château
Nancy, pour lui et en son nom d'une part, et haute et puissante dame, dame Charlotte-
Erardine D'Anglure, cy devant dame en l'abbaye de la ville d'Epinal, fille d'honneur de
S. A. R. Madame, et fille majeure de feu hault et puissant seigneur messire Arnould-Saladin
D'Anglure, vivant, chevallier, marquis de Conblans, baron et seigneur de Saint-Loup et
autres lieux, et de haute et puissante dame dame Christine du Chatelle, aussi pour elle et
en son nom d'autre part, réciproquement honorés et authorisés des présences de leurs A. R.
nos souverain et souveraine, très hault, très puissant et très excellent prince Léopold, par
la grâce de Dieu, duc de Lorraine et de Bar, roy de Jérusalem, marchis duc de Calabre
et de Gueldres, marquis du Pont à Mousson et de Nomeny, comte de Provence, Vaudemont, Blamont, Zuephen, Sarrerden, Salm Falquestein, etc., et de très haute, très puissante
et très excellente princesse madame Elisabeth-Charlotte d'Orléans, duchesse de Lorraine et de
Bar ; comme aussi de très haute, très puissante et très excellente princesse madame Elisabeth-Charlotte et madame Gabrielle de Lorraine ; réciproquement encore assistés de très haut
et puissant prince monseigneur le prince Camille de Lorraine ; et chacune des dites deux
partye contractante assistées en particulier, sçavoir de la part du dit seigneur maréchal de
Lambertye, de hault et puissant seigneur messire Nicolas-François, marquis de Lambertye,
chevallier, l'un des chambellans, le premier écuyer de S. A. R., de hault et puissant sei-

gneur messire André-Louys, comte de Lambertye, chevalier, capitaine au régiment des gardes de S. A. R., ses fils ; de hault et puissant seigneur messire Joseph de Tornielle, chevallier, comte de Bryonne, marquis de Gerbeviller, premier gentilhomme de la chambre de son A. R. ; et de haulte et puissante dame, Madame Anthoinette Louise de Lambertye, son épouse à cause d'elle, fille dud. seigneur marechal de Lambertye; de haut et puissant seigneur messire Charles de Lenoncourt, chevalier, comte du S¹-Empire, marquis de Blainville, conseiller d'Etat de S. A. R., le grand chambellan, son beau-frère; de haulte et puissante dame, Dame Marie-Louise de Beauveau, veuve de haut et puissant seigneur, messire Charles-Louys, marquis de Bassompierre, vivant chevalier, maréchal de Lorraine et Barrois, sa cousine par alliance; de hault et puissant seigneur messire Christophe, comte de Custine, chevalier, seigneur de Pontigny et de Rupt, premier chambellan de S. A. R., colonel du régiment de ses gardes et gouverneur de la citadelle de Nancy, son cousin du côté maternel; de haut et puissant seigneur messire Marc de Beauveau, chevallier, comte de Craon, seigneur de Tomblaine, etc., grand maître de la garde robbe de S. A. R., à cause de haute et puissante dame, Dame Anne-Margueritte de Ligniville, dame d'atour de S. A. R. Madame, son épouse, cousine dud. seigneur marechal de Lambertye; de hault et puissant seigneur, messire Christophe-François Le Prudhomme, chevalier, comte de Fontenoy; de hault et puissant seigneur messire Charles-Nicolas, comte de Bressy, chevalier, seigneur de Nonancourt, chambellan de S. A. R., conseiller, chevallier d'honneur à la Cour souveraine, à cause de hautes et puissantes dames, Dames Louise et Marye de Villebonne, aussi présentes et assistantes, nièces de feuë haute et puissante dame, Dame Christine de Lenoncourt, vivante épouse en premières nopces dudit seigneur marechal de Lambertye ; et de messire Jean-Baptiste de Mahuet, chevallier, barron de Drouville, seigneur de Fauley, etc., conseiller d'Etat de S. A. R. et premier président en la Cour souveraine de Lorraine et Barrois, son bon amy; et de la part de la dᵉ dame Charlotte-Erardine d'Anglure, (elle a joint au présent contrat le consentement de la dite dame Christine du Chatelet, sa mère, au pied du double des articles dud¹ contract, led¹ consentement datté de Coublans, le treize de ce mois, signé : C. du Chatelet d'Anglure, marquise de Coublans). à ce surplus assistée de haute et puissante dame, Dame Isabelle-Agnesse Boensbrotez, dame d'honneur de S. A. R. Madame, épouse de hault et puissant seigneur messire Honoré du Chatelet, chevalier, marquis de Trichateau, capitaine des gardes du corps de S. A. R., son oncle; de haute et puissante dame, maditte dame Anne-Margueritte de Ligniville, dame d'atour de S. A. R. Madame, épouse dud¹ seigneur comte de Craon ; de haute et puissante dame, Dame Marieanne-Françoise de Lenoncourt, gouvernante des princes et princesses, enfans de Leurs A. R., et épouse de haut et puissant seigneur messire Denis Sublet, chevalier marquis d'Heudicourt, seigneur de Lenoncourt, Serre, etc. ; et de haute et puissante dame Marie Joly, gouvernante des filles d'honneur de S. A. R. Madame, et veuve de haut et puissant seigneur messire Emond, comte de Netancourt, chevalier, baron de Fresnel, seigneur de Condé, etc. Entre lesquelles seigneur Georges, marquis de Lambertye, et dame Charlotte-Erardine d'Anglure, des authorisations de Leurs A. R. et assistance que dessus, ont été faits, concluds et arrêtés les points et articles de mariage suivant : Scauoir qu'ils ont promis de se prendre à marit et femme, épouser en face de notre mère la sainte Eglise catholique, apostolique et romaine au plutôt que faire se pourra, sy Dieu et notre mère sᵗᵉ Eglise s'y accordent; qu'auparavant la célébration dudi mariage il sera fait l'inventaire des effets mobiliaires qui appartiennent aux futurs epoux, même des debtes passives dont ils peuvent être attenues, lesquels inventaires ils joigneront au présent contrat de mariage pour y avoir recours le cas échéant, pour arrivant le décès de l'un ou de l'autre estre repris par le survivant ce qu'il aura apporté.

13*

Apporteront en communauté les revenus de leurs biens, appointements et pension, seulement, le surplus de leurs biens, de quelle nature ils soient et dont ils jouissent, leur premier demeurant à chacun des futurs époux propres à ceux de leurs estocqs et lignes.

En faveur duquel mariage, la d. dame future épouse reconnoît que S. A. R. a eu la bonté de lui donner pour dotte la somme de quinze milles livres faisant trente-cinq mils francs, monnoye de Lorraine, qu'elle a dit avoir receu, ce dont elle se tient très contente, laquelle somme elle se réserve pour lui tenir ouverture de propre à elle et aux siens de son estocq et ligne, déclarant le dᵗ seigneur marechal de Lambertye, futur époux, qu'en cas que la dᵉ dame future épouse luy remette ladᵉ somme il luy hypotecque des a present tous ses biens pour seureté du remploy d'icelle, de la reception de laquelle à son égard de même que pour ledᵗ remploy il en sera dressé acte au pied du présent contrat le cas échéant.

De plus, S. A. R., par une continuation de ses bontés, déclare donner à lad. future épouse une rente et pension annuelle et viagère de trois milles livres, à prendre et estre par elle touchée sur les revenus de l'Etat, ainsi et de même que les autres pensionnaires à vie de S. A. R., laquelle pension, du consentement de S. A. R., tiendra lieu à la dite dame future épouse de douaire au cas qu'elle survive led. seigneur marechal de Lambertye, futur époux, sans qu'elle puisse en aucun cas cesser pendant sa vie à la recevoir annuellement des susd. revenus de l'Etat comme dessus.

Donnera led. futur époux à la future épouse des bagues et joyaux pour la somme de quinze cents livres, qui lui tiendront nature de propre à elle et aux siens. Prendra la future épouse en cas de survivance un des carosses à son choix avec son atteIage de six chevaux, sy mieux n'ayme prendre la somme de deux mille livres. En cas que pendant le cours du future mariage l'on acquittera partie des debtes du futur époux des deniers provenant soit de la dotte de la future épouse, soit des biens qui lui peuvent estre eschus ou obvenir des successions directes ou collaterales, elle demeurera subrogée au droit hypotecque des créanciers ; et seront pareillement les debtes dont la future épouse pourroit être atténué payées sur ses biens propres sans que ceux du future époux en puisse estre attenues.

La future épouse pourra disposer par testament ou donnation à cause de mort, en faveur de qui bon lui semble, même du futur époux, en cas qu'il n'y ait point d'enfans lors de la dissolution du mariage, de la somme de dix mille livres à prendre sur les quinze milles livres de son dot ou autres biens qui pourront lui appartenir.

Se reserve le futur époux la liberté de pouvoir disposer en faveur de qui bon lui semblera, même de la future épouse, de la somme de six milles francs à prendre sur les meilleurs et plus clairs effets, en cas qu'ils n'ayent point d'enfans. Sous toutes lesquelles clauses et conditions le present contract de mariage a été fait, promettant les parties conjointes et contractant, de les avoir à toujours pour agréables et les exécuter nonobstant toutes loix, coutumes et ordonnances contraires, auxquelles elles ont dérogé et dérogent, obligeant à cet effet tous leurs biens meubles et immeubles presens ou futurs, submettant à toutes justices, renonçant à toutes exceptions contraires. En temoin de quoy sont ces présentes scellées du scel du tabellionnage de Nancy, sauf tous droits que furent. Fait et passé au chateau de la Malgrange, proche Nancy, Leurs A. R. y réunis, le dix-sept jour d'aoust mil sept cent et six avant midy, en presence du sieur François Lambert, maistre chirurgien, bourgeois de Nancy, et d'Emond Jacquard, clerc, y demeurant, témoins requis, qui ont, après les futurs conjoints, Leurs A. R., parents et assistants, signez à la notte et de connoissance, à la réserve des dits seigneur marquis de Gerbevillers, la dame son épouse, et dud. seigneur comte de Bressy qui ny ont signez, non plus que la dame son épouse. Signé à l'original : RICHARD.

Et cejourd'huy douze novembre mille sept cents et six avant midy, en l'appartement occupé par led. seigneur maréchal de Lambertye, au chateau de la cour de cette ville de Nancy, furent presents en personne led. seigneur maréchal de Lambertye et madame Charlotte Erardine d'Anglure, son épouse, de luy duement licentiée et authorisée en tant que besoin seroit pour ce qui suit, lesquels ont joints et desposés au présent contrat de mariage deux inventaires, en un seul cayer et à la suitte l'un de l'autre, de leurs effets mobiliers particuliers à chacun d'eux et réserve propre, conformément à la stipulation de leur contract de mariage. Lesd. deux inventaires dattés du seizième août dernier, signés d'eux et cachetés du cachet de leurs armes, contenant dans les treize premières pages les effets dud. seigneur marechal et dans le reste les effets de la ditte dame au contenu de cinq pages. Et par l'article à la suitte contenant la clôture desd. deux inventaires, il y est incéré les debtes passives dud. seigneur marechal, de laquelle jonction lesd. seigneur et dame ont demandé acte au tabellion soussigné qui leur a accordé après que lesd. inventaires ont été signés d'eux au bas de chaque feuilles au pied de la page recto, et paraffées ne varientur, du tabellion soussigné et des témoins cy après nommés. A de plus déclaré led. seigneur marechal de Lambertye qu'il a receu en deniers à l'heure et comptant la dotte de quinze milles livres de lad. dame son épouse, laquelle somme il a employée au payement des debtes passives qu'il devoit de son chef et qui s'en suivent, scavoir : huit mille livres aux religieuses de la congrégation du couvent de cette ville, tant pour l'extinction du capital de dix-huit mils francs barrois qu'il leur devoit en capital que rente ; trois milles livres de capital qu'il devoit au sr Perrin, secrétaire du conseil, par contract passé par devant le tabellion soussigné, le trois décembre mil sept cents quatre, et par devant Grison le neuf août de la même année ; et quatre milles livres qu'il devoit aux filles de la congrégation du couvent de Verdun, par promesse du onzième juin mil sept cents un, par conséquent, il déclare constituer hypoteque sur ses biens au profit de lad. dame son épouse, pour sureté de la ditte somme de quinze milles livres, conformément à la stipulation du susd. contract de mariage. De laquelle déclaration du consentement dud. seigneur, il en accorde acte à la ditte dame, pour de tout ce que dessus sortir effet le cas échéant. Fait et passé au dit Nancy, led. jour douze novembre mil sept cents et six avant midi, en présence du sr François Lambert, Me chirurgien, bourgeois de cette ville, et d'Emond Jacquard, clerc à Nancy, témoins requis, qui ont signés à la ditte notte avec led. seigneur et dame et de connoissance. Ainsy signé à la notte : LAMBERTYE, D'ANGLURE DE LAMBERTYE, F. LAMBERT, JACQUART et RICHARD, tabellion.

Mariage de Georges de Lambertie avec Charlotte-Erardine d'Anglure. 17 août 1706.

George de Lambertie, maréchal de Lorraine et Barrois, conseiller d'Etat, commandant et bailly de la ville de Nancy, veuf de haute et puissante dame Dame Christine de Lenoncourt, paroissien de Saint-Epvre de Nancy, d'une part, et dame Charlotte-Erardine d'Anglure, originaire de Saint-Louis, diocèse de Besançon, fille d'honneur de madame la Duchesse Royalle, fille de défunt, haut et puissant seigneur messire Arnould-Saladin d'Anglure, marquis de Coublan, et de haute et puissante dame Dame Christine de Chasselles, ses père et mère, paroissiens de Lunéville, d'autre part, ont reçu la bénédiction nuptiale de moy soussigné Joseph-Dominique Thierion, prêtre, curé de la paroisse de Saint-Epvre de Nancy, qui a reçu leur mutuel consentement de mariage en la chapelle domestique du château de la

Mallegrange, de dix-septième jour du mois d'aoust de l'année mil sept cent six, après avoir ci-devant publié un ban seulement à la messe paroissialle, le quinzième jour du mois d'aoust, fête de l'Assomption de la Sainte-Vierge, sans qu'il y ait eu aucun empêchement ny opposition, en conséquence, de la dispense de deux autres bans obtenue de Monsieur de l'Aigle, vicaire et official général de l'évéché de Toul, dattée du dixiesme aoust mil sept cent six. Reçu la délivrance de monsieur le curé de Lunéville, dattée du quinziesme des dits mois et an, jour, et l'acte de consentement de haute et puissante dame Dame Christine de Chasselles, mère de la dite épouse datée du même jour du mois d'aoust de l'année mil sept cent six, en présence de très haut, très puissant et très excellent prince Léopold premier, duc de Lorraine, et de très haute, très puissante et très excellente princesse Elisabeth-Charlotte de Bourbon, duchesse de Lorraine, princesse, et de très haut et très puissant Alexis, prince de Nassau, qui ont signé avec les parties. Lambertye, d'Anglure de Lambertye, Léopold, Elisabeth-Charlotte, le prince Camille de Lorraine, le prince de Nassau, Charles Viguet, curé d'Heillecourt et la Mallegrange, assistant audit mariage, B. Fery, prêtre marguillier de Saint-Epvre ; Thierion, prêtre curé de Saint-Epvre. — (Registres paroissiaux de Saint-Epvre de Nancy).

Baptême d'Elisabeth-Charlotte de Lambertie. 17 décembre 1706.

Elisabeth-Charlotte, fille légitime de M. le marquis de Lambertie, etc., et de madame de Ligneville, son épouse, est née le dix-septième décembre de l'année mil sept cent six, a esté baptisée le même jour ; elle a eu pour parrain S. A. R. Léopold, premier du nom, et pour marraine madame la princesse l'ainée, sa fille auguste. — J. VAMESSON, ch. régul. — (Registres paroissiaux de Lunéville).

Donation testamentaire faite par Georges de Lambertie en faveur de son épouse. 1706.

Du vingt quatrième jour de decembre mil sept cent six, a Nancy, au chateau de la court, trois heure du matin. Pardevant le tabellion general du duché de Lorraine, résidant à Nancy, soussigné, et en présence des temoins cy après nommés fut present haut et puissant seigneur messire George, marquis de Lambertye, chevallier, seigneur de la Grandeville, Rechicourt et conseillier d'estat de S. A. R. marechal de Lorraine et Barroix, grand bailly de Nancy et commandant pour le service de laditte Altesse Royale en laditte ville, étant actuellement a son appartement, dans le chateau de la court dudit Nancy, allicté de maladie, mais sain d'esprit et d'entendement ainsi qu'il a dit et qu'il a paru auxdits tabellion et tesmoins. Lequel seigneur a declarez que comme par son contract de mariage avec haute et puissante dame Dame Evrardine d'Anglure, son épouse, il y est stipulé entre autre clause qu'il se reserve le pouvoir de disposer d'une somme de six mil livres ; ce pourquoy, voulant actuellement tesmoigner son intention la dessus, il déclare qu'il veu et entend que ladite dame, son épouse, jouisse sa vie d'elle naturelle durante de la rente de ladite somme de six mil livres, faisant trois cents livres seulement annuellement, a prendre sur les revenus de ses biens qu'il delaissera, par forme de pension viagere, et qu'après la vie de ladite dame, ladite pension demeure esteinte et icelle revienne au capital, sans autre effect que de retourner pour decharge et extinction, en faveur de ses heritiers de luy, seigneur

maréchal de Lambertye. Lequel apres avoir fait rediger le present acte et que celuy luy a
esté leu et releu, il a déclaré estre telle sa volonté et y persista, apres quoy il a signé
le tout en presence du sieur Antoine Bayard, medecin de S. A. R. en cette ville, et du
sieur François Lambert, chirurgien audit Nancy, tesmoins requis qui ont aussy signé le an,
jour, lieu et heure, avant d'être ainsy signé à la notte Lambertye. — BAYARD, FR. LAMBERT
et RICHARD, tabellion general. — Pour copie.

Donation testamentaire faite par Georges de Lambértie en faveur de ses enfants. 1706.

Du vingt quatrieme decembre mil sept cent six, au chateau de la court de Nancy, apres
midy. Pardevant le tabellion general du duché de Lorraine, resident à Nancy, soubsigné et
en presence de tesmoins cy apres nommés, fut present haut et puissant seigneur messire
George, marquis de Lambertye, chevallier, seigneur de la Grande-ville, Rechicourt, etc., conseillier d'estat de S. A. R. maréchal de Lorraine et Barrois, grand bailly de Nancy, commandant pour le service de laditte A. R. en laditte ville, logé au chasteau de la court dudit
Nancy, ou il est actuellement allicté de maladie, mais sain d'esprit et d'entendement ainsi
qu'il a dit et qu'il a paru auxdits tabellion et tesmoins. Lequel a volontairement donné et
donne a cause de mort, par preciput avant partage et a titre de leg particulier franc, quitte
et déchargé de toute debte et hypoteque, a messire Nicolas-François et André-Louis de
Lambertye, ses fils, toutte la vasselle d'argent generallement quelconque qui luy appartient
et qui se trouve contenue, spécifiée et déclarée dans l'inventaire qu'il en a fait et qui
se trouve joint à son contract de mariage avec haute et puissante dame Dame Evrardine
Danglure, son épouse, passez pardevant le tabellion soubsigné, pour, par lesdits seigneurs ses
fils, faire et disposer comme de chosse a eux apartenante. Déclarant en outre porter quitte
et decharge lesdits seigneurs ses fils de toute les depense et advance qu'il a faites pour eux
(tant pour voiage et frais d'equipages et autrement) et de tout ce qu'on pourroit pretendre
qu'il luy doivent jusqu'a present; de tout quoy il leur fait, en tant que besoins seroit, egale-
ment donnation a cause de mort. Declarant au surplus et aussy en tant que besoing seroit, que
la présente donnation ne peut aporter aucun preiudice, ny derogation a celle qu'il a faite ce
matin, d'une pension viagere de trois cents livres au profit de laditte dame Danglure, son
epouse, pardevant le tabellion soubsigné, qu'il reitere et veu estre executée. Et apres que le
tout luy a esté leu et releu, il a declare estre telle sa volonte sur chacun article, y a per-
sisté, et a signé a la notte; et le tout en presence de noble Gaspard-Joseph Gignoy, ancien
advocat en la court, et du sieur François Lambert, maistre chirurgien a Nancy, tesmoins
requis qui y ont signé. Ainsi signé : LAMBERTYE, J. GIGNOY, F. LAMBERT, A. RICHARD, tabellion general. — Copie.

Sépulture de Georges de Lambertie. 26 décembre 1706.

Georges de Lamberty, originaire de Nancy, âgé de soixante ans, mareschal de Lorraine
et Barrois, conseiller d'État, commandant et bailly de la ville de Nancy; époux de dame
Charlotte-Erardine d'Anglure, est décédé le vingt cinquième jour du mois de decembre de
l'année mil sept cent six, après avoir été confessé, reçu le saint Viatique et l'extrême-
onction. Son corps a esté inhumé en l'église des RR. PP. Cordeliers de Nancy, le vingt-

sixième dudit mois et an, où je l'ai conduit avec les cérémonies accoutumées, après avoir esté présenté à la paroisse, en présence des P⁽ˢ⁾ Louis Le Clerc, Siméon Froidval, lesquels ont signé avec moi : S. FROIDEVAL, pre, LE CLERC, S. FROIDEVAL, THIRION, pre, curé de Saint-Epvre. — (Registres paroissiaux de Saint-Epvre de Nancy.)

Lettres patentes de chambellan pour André-Louis de Lambertie. 1707.

Léopold, etc., à tous ceux qui ces présentes verront, salut. La connaissance particulière que nous avons du mérite, de la valeur, naissance et autres bonnes et louables qualités qui rendent recommandables notre cher et bien aymé le sieur André-Louis de Lambertye, capitaine d'une compagnie dans notre régiment des gardes, nous portant à luy donner des marques de notre considération. Voulant d'ailleurs reconnaître les fidèles et agréables services qu'il nous a rendus avec tout le zèle et l'attachement que nous pouvions désirer, et l'engager à nous les continuer de bien en mieux ; pour ces causes et autres, à ce nous mouvantes, nous avons au dit sieur de Lambertye donné, conféré et octroyé, donnons, conférons et octroyons par ces présentes, un estat et office de l'un de nos chambellans, pour l'avoir, tenir, exercer et en jouir aux honneurs, droits, authoritez, gages, privilèges, prérogatives, profits et émoluments y appartenans et en despendans, tels et semblables dont jouissent, peuvent et doivent jouir de droit nos autres chambellans.

Sy donnons en mandement à nostre très cher et féal, le grand chambellan de nostre cour, à nos premiers gentilshommes de la chambre, chambellans, et à tous autres noz officiers, domestiques, hommes et sujets qu'il appartiendra, que pris et receu par notre dit grand chambellan le serment du dit sieur de Lambertye en tel cas requis et accoutumé, ils et chacun d'eux en droit soy, ayent à le faire et laisser jouir pleinement et paisiblement du dit estat et office, aux honneurs, droits, authoritez, privilèges, prérogatives, profit et émoluments susdits, sans aucun trouble ni empeschement ; et à l'argentier de nostre hostel de luy payer aux termes et en la manière ordinaire les dits gages, lesquels, en rapportant pour une fois seulement copie des présentes dument collationnées, et à chacun payement quittance suffisante du dit sieur de Lambertye, seront allouez et passez au dit argentier en la despence de ses comptes sans difficulté, par nos très chers et féaux les présidents, conseillers et gens tenant notre Chambre des comptes de Lorraine, car ainsy nous plaist. En foy de quoy nous avons aux dites presentes, signées de nostre main et contresignées par l'un de nos conseillers secrétaires de noz commandemens et finances, fait mettre et appendre notre grand scel. Donné en nostre ville de Lunéville le seizième aoust mil sept cent sept. Signé : LÉOPOLD. Et sur le reply : Par Son Altesse Royale, contresigné : M. A. MAHUET. (Signé) : D. PIERRE pro T. PERRIN. — Collationné le 8 octobre 1892. L'archiviste, E. DUVERNOY. — (Archives de Meurthe-et-Moselle, B. 126, folio 104.)

Baptême de François-Charles de Lambertie. 23 octobre 1708.

François-Charles, fils légitime de haut et puissant seigneur messire le marquis de Lamberty et de dame Elisabeth de Ligniville, son épouse, est né le vingt-deuxième octobre de l'année dix sept cent huit, a été baptisé le vingt troisième, et a eu pour parrain très haut, très puissant et très excellent prince monseigneur le prince François de Lorraine, et pour marraine très haute, très puissante et très excellente princesse madame la princesse l'esnée, fille auguste de S. A. Royale. — J. Vamesson, C. R. — (Registres paroissiaux de Lunéville.)

Baptême d'Antoinette-Charlotte de Lambertie. 5 novembre 1709.

Anthoinette-Charlotte, fille légitime de haut et puissant seigneur messire le marquis de Lamberty, et de dame de Ligneville, son épouse, est née le cinquième novembre dix sept cent neuf ; elle a été baptisée le même jour ; elle a eu pour parrain haut et puissant seigneur messire le comte de Craon, grand maître de la garde-robbe de S. A. R., chambellan et conseiller d'Etat de Sadite A. R. et pour marraine madame la marquise de Gerbeviller, qui ont signé conjointement avec moy. — (Registres paroissiaux de Lunéville.)

Donation du droit et usage de la vaine et grasse pasture dans le bois de Bussy, etc.

à Charlotte-Erardine d'Anglure, veuve de Georges de Lambertie. 1710.

Léopold, etc., à tous ceux qui ces présentes verront, salut. La dame Charlotte-Erard Danglure, veuve de nostre très cher et féal le sr George, marquis de Lambertye, vivant conseiller en notre conseil d'Etat, mareschal de Lorraine et Barrois et bailly de Nancy, nous ayant très humbl supplié de luy accorder pour elle ses hoirs et successeurs la vaine et grasse pasture dans les bois de notre domaine appelés de Bussy, Maurice et la Coye, despendans de nostre Gruerie d'Einville, pour en joüir conformément à nos ordonnances de Gruerie et à condition d'en indemniser le fermier moderne auquel elle est abandonnée par son bail pendant le temps qui reste à s'escouler ; scavoir faisons que voulant traiter favorablement la de dame mareschale de Lambertye et lui donner en cette occasion des marques de notre estime particulière ; a ces causes et autres bonnes considérations à ce nous mouvantes : Nous, de notre certaine science pleine puissance et authorité souveraine, après avoir veu l'avis de nostre très cher et féal le sr du Boys de Riocourt, conseiller en nostre cour souveraine de Lorraine et Barrois et en notre conseil des finances, commissaire général réformateur de nos eaux et forests au desparlement de Nancy, auquel nous avions ordonné la communication de la requête de la suppliante, avons, à la dite dame mareschalle de Lambertye, donné et octroyé, donnons et octroyons, par les présentes, le droit et usage de la dite vaine et grasse pâture dans nos dits bois de Bussy, Maurice et La Coye, pour en joüir par elle ses hoirs et successeurs dans les temps que les dits boys ne sont en deffenses, selon nos dites ordonnances de Gruerie, et à charge par la dite dame d'en indemniser le fermier moderne pendant le cours de son bail. Sy donnons en mandement à nos très chers et féaux les président, consrs maitres et gens tenans notre chambre des comptes de Lorraine et à tous autres nos officiers, justiciers, hommes et sujets qu'il appartiendra, que ces présentes ils lassent registrer, et du contenu en icelles, ils et chacun d'eux en droit soy fassent, souffrent et laissent joüir et user pleinement et paisiblement lade dame mareschalle de Lambertye, ses hoirs et successeurs, cessant et faissant cesser tous troubles et empeschements contraires, car ainsi nous plaist. En foy de quoy nous avons aux dites présentes, signées de nostre main et contresignées par l'un de nos conseillers secrétaires d'Estat, com-

mandemens et finances, faict mettre et appendre notre grand scel. Donné en notre ville
de Lunéville le vingt cinquième juin mil sept cent dix. Signé : Léopold. Et sur le repli :
Par Son Altesse Royale, contresigné : M. A. Mahuet avec paraphe. Signé ; Pierre, pro
T. Perrin. — (Archives de Meurthe-et-Moselle. B. 129, folio 136.)

Sépulture de René-Louis de Ficquelmont, époux de Marie-Thérèse de Lambertie.
7 février 1711.

L'an mil sept cent onze, le sixième février, après s'être confessé et avoir reçu le sacrement d'extrême-onction, est décédé messire René-Louis de Ficquelmont, vivant, chevalier, seigneur de Mars-la-Tour, la Tour-en-Woëvre, Moncel, Grihier et autres lieux, âgé de soixante
sept ans; et fut inhumé dans l'église collégiale de Mars-la-Tour, par moi, curé de Mars-la-
Tour, soubscript, le septième dudit mois. — P. d'Avril, curé de Mars-la-Tour. — (Registres
paroissiaux de Mars-la-Tour.)

Baptême de Joseph de Lambertie. 12 mai 1711.

Joseph, fils légitime de haut et puissant seigneur messire Nicolas-François de Lambertye
et de haute et puissante dame madame Elisabeth de Ligniville, son épouse, paroissiens de
Lunéville, se trouvant actuellement à Gerbevilier, né le douzième du mois de may mil sept
cent onze, a été baptisé le même jour et a eu pour parrain haut et puissant seigneur
messire André-Louis comte de Lambertye, pour et au nom de haut et puissant seigneur
messire Anne-Joseph de Tornielle, comte de Brionne, marquis de Gerbeviller; et pour marraine haute et puissante dame madame Marie de Ribéraque, veufve de haut et puissant seigneur messire Jean-François de Lambertye.
Madame Françoise-Christophorine de Lambertye, épouse de haut et puissant seigneur
messire Georges de Mozet, chevalier seigneur de Grunne, pour et au nom de haute et
puissante dame de Ribéraque Desdie, veutve de feu haut et puissant seigneur messire Jean-
François de Lambertye. — A.-L. de Lambertye, F.-C. de Lambertye de Grunne. — C. Mangin.
— (Registres paroissiaux de Gerbéviller.)

Lettres patentes de premier gentilhomme pour Nicolas-François de Lambertye. 1711.

Léopold, etc., à tous ceux qui ces présentes verront, salut. L'estat et office de premier
gentilhomme de notre chambre, cy devant possédé par notre très cher et féal le sieur Anne-
Joseph. marquis de Gerbevilier, estant vacant par la démission volontaire qu'il en a faite
entre nos mains, et nous important de le remplir d'une personne d'une qualité éminente, d'un
mérite distingué et affectionné à notre service, nous avons jetté les yeux sur notre très cher et
féal le sieur Nicolas-François, marquis de Lambertye, en considération des bons, agréables
et fideles services qu'il nous a rendus dans la charge d'un de nos premiers escuyers et dont
il vient de se démettre entre nos mains. Pour ces causes et autres bonnes à ce nous mouvantes, nous avons audit sieur, marquis de Lambertye, donné et conféré, donnons et con-

férons par ces présentes le dit estat et office de premier gentilhomme de notre chambre, pour l'avoir, tenir, posséder, exercer et en jouir, aux honneurs, droits, privilèges, autorités, prééminances, libertés et émoluments y apartenans et en dépendans, tels et semblables dont à jouy, pù et dù jouir de droit le sieur marquis de Gerbeviller, à cause du dit office et aux gages qui y seront cy après par nous attribuez. Sy donnons en mandement à nos très chers et féaux les présidents, conseillers et gens tenant notre cour souveraine, et nos chambres des comptes de Lorraine et Barrois, et à tous autres nos officiers, domestiques, hommes et sujets qu'il appartiendra, que pris et reçeu par nous le serment du dit sieur, marquis de Lambertye, en tel cas requis et accoutumé, ils et chacun d'eux en droit soy ayent à le reconnoitre en la dite qualité de premier gentilhomme de notre chambre, et à le faire jouir pleinement et paisiblement du dit estat et office, ensemble des honneurs, droits, privilèges, autorités, prééminence, libertés et émolumens y apartenans et en dépendans et des gages pour lesquels il sera couché sur l'estat de notre hôtel, par l'intendant de nos finances, dont il sera payé aux termes et en la matière ordinaire par l'argentier de nostre hôtel ; et en raportant par luy, pour une fois seulement, copie des présentes duement collationnée, et à chacun payement quittances suffisantes du dit sieur marquis de Lambertye, Nous ordonnons qu'elles luy seront passées et allouées en la despense de ses comptes sans difficulté, par nos très chers et féaux les président et conseillers, maîtres des comptes et auditeurs d'yceux. Car ainsy nous plait. En foy de quoy nous avons aux dites présentes signées de notre main et contresignées par l'un de nos conseillers secrétaires d'Estat commandements et finances, fait mettre et appendre notre grand scel. Donné en notre ville de Lunéville, le douzième septembre mil sept cent onze. — Signé : LÉOPOLD. Et sur le replis par Son Altesse Royale, contresigné : M. A. MAHUET, avec paraffe. — (Collationné le 10 octobre 1892, l'archiviste : E. DUVERNOY. — Archives de Meurthe-et-Moselle. — B. 130, folio 151.)

Baptême d'André-Louis de Lambertie. 18 juin 1712

André-Louis, fils légitime de haut et puissant seigneur, messire Nicolas-François de Lambertye, premier gentilhomme de la chambre de S. A. R., et de haute et puissante dame Elisabeth de Ligniville, son épouse, né le dix-septième de juin mil sept cent douze, a été baptisé le lendemain et a eu pour parrain haut et puissant seigneur messire André-Louis, comte de Lambertye, chambellan de S. A. R. et capitaine dans son régiment des gardes, et pour marraine haute et puissante dame Anne-Marguerite de Ligniville, épouse de haut et puissant seigneur messire Marc de Beauveau, comte de Craon, grand écuyer de Lorraine. — A.-L. DE LAMBERTYE, A.-M. DE LIGNIVILLE-CRAON, MAUGIN. — (Registres paroissiaux de Gerbéviller.)

Baptême de Catherine-Antoinette de Lambertie. 30 avril 1713

Catherine-Anthoinette, fille de haut et puissant seigneur messire Nicolas, marquis de Lamberty, et de dame Elisabeth de Ligniville, son épouse, est née le trente avril mil sept cent treize, a été baptisée le même jour et a eu pour parrain haut et puissant seigneur messire Charles-Louys, marquis de Lenoncourt-Blainville, etc., et pour marraine haute et puissante dame Madame Anthoinette de Nettancour, épouse de messire de Custine, qui ont signe : DE LENONCOURT-BLAINVILLE, DE CUSTINE, VAMESSON, C. R. — (Registres paroissiaux de Lunéville.)

14*

Lettres patentes de chambellan pour André-Louis de Lambertie. 1713

Léopold, etc., à tous ceus qui ces présentes verront, salut. Notre très cher et féal le sieur marquis de Lambertye, notre premier gentilhomme de la chambre, nous ayant très humblement supplié d'accorder à notre cher et bien aymé le sieur André-Louis, comte de Lambertye, son fils puisné, l'estat et office de l'un de nos chambellans, dont feu notre cher et bien aymé le sieur comte de Lambertye, vivant aussi capitaine d'une compagnie au régiment de nos gardes, frère du dit marquis, estoit par nous pourvueu, scavoir faisons que voulant reconnaître en la personne du neveu les bons et fideles services à nous rendus par l'oncle et ceux que le père nous rend encore journellement, avec toute la satisfaction que nous pouvons désirer; à ces causes, et pour donner lieu au dit sieur André-Louis, comte de Lambertye, de nous les continuer un jour à leur exemple, avec le même zèle et attachement, Nous avons donné, conféré et octroyé, donnons, conférons et octroyons par ces présentes à iceluy André-Louis, comte de Lambertye, l'estat et office de l'un de nos chambellans, vacant par le décès de son dit oncle, pour doresnavant l'avoir, tenir, posséder, exercer et en joüir aux honneurs, droits, authorité, privilèges, prérogatives, gages, proffitz et esmolumens y appartenans et en despendans, tels et semblables dont joüissent, peuvent et doivent joüir de droit nos autres chambellans. Sy donnons en mendements à notre très cher et féal le sieur marquis de Gerbeviller, conseiller d'Estat et notre grand chambellan, à nos premiers gentilhommes de la chambre, nos chambellans, et à tous autres nos officiers, domestiques, hommes et sujets qu'il appartiendra, que pris et reçu le serment du dit sieur André-Louis, comte de Lambertye, en tel cas requis et accoutumé, ils et chacun d'eux en droit soy ayent à le faire et laisser joüir pleinement et paisiblement du dit estat et office de l'un de nos chambellans, ensemble de tout le contenu es présentes, sans aucun trouble ny empêchement ; et à l'argentier de notre hostel de lui payer aux termes et en la manière ordinaire les dits gages, lesquels seront alloués et passés au dit argentier en la dépense de ses comptes sans difficulté, par nos très chers et féaux les présidents, conseillers-maîtres et gens tenans notre Chambre des comptes de Lorraine, en rapportant, pour une fois seulement, copie des présentes dûment collationnée et à chacun payement quittance suffisante, car ainsy nous plait. En foy de quoy nous avons, au dites présentes signées de notre main et contresignées par l'un de nos conseillers et secrétaires d'Estat, commendemens et finances, fait mettre et appendre notre grand scel. Donné en notre ville de Lunéville, le deuxième may mil sept cent treize. — Signé : LÉOPOLD. Et sur le repli, par Son Altesse Royale ; contresigné : M. A. MAHUET, avec paraffe. — Collationné le 11 octobre 1892. L'archiviste : E. DUVERNOY. — (Archives de Meurthe-et-Moselle. — B. 133, folio 34.)

Sépulture de François de Lambertie. 2 mai 1713

Cejourd'huy, deuxième may de l'année mil sept cent et treize, est mort en cette paroisse haut et puissant seigneur messire François, comte de Lamberty, chambellan de S. A. R., et capitaine d'une des compagnies du régiment de ses gardes, muni de tous les sacrements. Son corps a été transporté à Gerbeviller pour y être inhumé après avoir été présenté dans l'église de cette paroisse. — VAMESSON, C. R. — (Registres paroissiaux de Lunéville.)

Baptême de Christophe-Charles du Bost, (époux de Louise-Thérèse-Françoise de Lambertie).
7 mars 1714

Le noble enfant Christophe-Charles, fils légitime du très noble et légitime mariage de messire Charles-Bernard du Bost-Moulin, seigneur d'Esch, et dame Marie-Marguerite de Stassin, est né le 7e de mars 1714 et assuré du sacrement de baptême le 8e du même mois, et pourvu des cérémonies du saint baptême le 18e du même mois de mars. Son parrain était messire Christophe de Bimer, seigneur de Brandebourg et de Neuerbourg et chastelain de Dasbourg. La marraine, la très noble dame Charlotte d'Autel, dame chanoinesse du très noble et illustre chapitre de Sainte-Marie à Metz.

Ci nommé, enfant Christophe-Charles a été mondé et pourvu des cérémonies du baptême comme il est spécifié en cette feuille de papier.

Luxembourg, les jour, mois susdits. En foi j'ai signé : Ant. Fellez, doyen à Luxembourg, curé de Saint-Nicolas. — (Registres paroissiaux de Saint-Nicolas de Luxembourg.)

Don de 300 arpents de bois pour Nicolas-François de Lambertie. 1714

Léopold, etc., à tous ceux qui ces présentes verront, salut. Notre très cher et féal le sr Nicolas-François, marquis de Lamberty, premier gentilhomme de notre Chambre, nous a très humblement fait supplier de vouloir luy donner et concéder, pour lui et ses hoirs, successeurs et ayans causes, la quantité de trois cens arpens de bois à prendre sur le bord et le long des preys de la Rappe, appellé prochy ou formes chesne, situez sur le ban et finage de Huviller, avec tous les droits de haute, moyenne et basse justice, à quoy inclinant favorablement et voulant donner aud' sr marquis de Lamberty des marques de la satisfaction qui nous reste des bons et agréables services qu'il nous a rendus, et l'engager à nous les continuer de mieux en mieux dans la suite : ouy nostre cher et féal commissaire général, réformateur des eaux et forestz du departement, le sr Henard, auquel nous aurions renvoyé la requeste et pièces pour en examiner le contenu et nous en donner advis, Nous, de l'avis des gens de notre Conseil et de notre grâce spéciale, pleine puissance et autorité souveraine, avons aud' sr Nicolas-François, marquis de Lamberty et à ses hoirs, successeurs et ayans causes, donné, concédé, octroyé et abandonné et par ces présentes donnons, concédons, octroyons et abandonnons le fond de la quantité des trois cens arpens de bois à prendre sur le bord et le long des preys de la Rappe, appelé prochy ou formes chesne, situez sur le ban et finage de Huviller, avec tous droits de haute, moyenne et basse justice, sur la superficie du fond desdits trois cens arpens de bois, pour par eux en joüir en toute propriété, faire et disposer comme de choses à eux appartenans. Et sy donnons en mandement à nos très-chers et féaux les présidents, conseillers-maîtres, auditeurs et gens tenans notre Chambre des Comptes de Lorraine, et à tous ceux qu'il appartiendra, que du contenu ez présentes nos lettres de don et concession et de tout l'effet d'icelles ils fassent joüir et user led' sr marquis de Lamberty et ses hoirs, successeurs et ayans causes, pleinement et paisiblement, cessant et faisant cesser tous troubles et empeschement au contraire. Car ainsi nous plait. En foy de quoy nous avons auxd'tes présentes signées de notre main et contresignées par l'un de nos conseillers, secrétaires d'Estat, commandemens et finances, fait mettre et appendre notre grand scel. Donné en notre ville de Lunéville le huitième jour du mois de may mil sept cens quatorze. — Signé : Léopold, et sur le repli, par Son Altesse Royale ; contresigné : G. M. Labbé, par Mahuet avec paraffes. — Signé : D. Pierre. Prof. F. Tallange. — (Archives de Meurthe-et-Moselle. — B. 135, folio 129.)

Baptême d'Antoine de Lambertie. 27 août 1716.

Antoine, fils légitime de haut et puissant seigneur messire Messire Nicolas-François
marquis de Lambertye, premier gentilhomme de la chambre de S. A. R., et de haute et puissante
dame madame Elisabeth de Ligniville, son épouse, paroissiens de Lunéville, est né le vingt-
septième d'aoust dix sept cent seize, et a été baptisé le même jour par le sieur Thirion,
accoucheur ordinaire de S. A. R. Madame, à cause du danger de mort dans lequel il s'est
trouvé, et les prières, exorcismes, onctions et cérémonies du baptême ont été faites sur
lui le vingt sept d'aoust dix sept cent seize. Il a eu pour parrain le sieur Antoine Bagard,
conseiller, premier médecin de S. A. R. et pour marraine. . . . .
— BAGARD, LE BEGUE, Pa. ch. FOURNIER C. R. — (Registres paroissiaux de Lunéville.)

Cession d'Einville pour Nicolas-François de Lambertie. 1717.

Léopold etc., à tous ceux qui ces présentes verront, salut. Comme il est de la grandeur des souverains de reconnoître les services des officiers qui leurs sont attachés par les
employs distinguez dont ils sont honorez près de leur personne, nous avons mis en considération ceux que nôtre très cher et féal le sieur Nicolas-François, marquis de Lambertye,
premier gentilhomme de notre chambre, nous a rendus jusques à présent dans les fonctions
de sa charge et dans les commissions que nous lui aurions confiées dans les cours étrangères, pour le bien de nôtre Etat, et dont il se serait acquitté ainsi que nous devions
l'attendre de sa prudence et de sa capacité ; et d'autant que nous voulons lui faire ressentir
l'entière satisfaction que nous en avons, et le porter à nous continuer ses dits services
avec la même fidélité et le même attachement qu'il nous a fait paroître en toutes occasions.
A ces causes et autres bonnes et justes à ce nous mouvants, nous, de nôtre science certaine,
pleine puissance et authorité souveraine, avons donné, cédé, transporté et abandonné et par
ces présentes donnons, cédons, transportons et abandonnons audit sᵣ Nicolas-François, marquis
de Lambertye, et à nôtre chère et bien aimée la dame Elisabeth de Ligneville, son
espouse, en tous droits de haute justice, nos bourg, chateau, maison, colombier, jardins et
parc d'Einville-au-Jart, les terres, preys, rivière et autres héritages en dépendants ; ensemble
tous les cens, rentes, revenus et droits de sauvegarde appartenant actuellement à notre
domaine, tant dans ledit bourg d'Einville et despendances d'icelui, que dans les villages de
Maxe, Battlemont, Vaudrecourt, Bure, Coincourt, la petite Réchicourt et Arracourt ; comme
aussi les cens et redevances à nous dües par Jean et Joseph Les Vautrin, Dominique
Grillot et Joseph Louviot, à cause des moulins et estang dudit Einville et de l'étang des
Mossües scitués près de notre ville de Lunéville, a eux laissez et abandonnez à titre de
cens annuel et de bail emphitéotique ; pour de tout ce qui est cy-dessus mentionné joüir
des à présent et user par eux, leurs vies naturelles durantes, a l'exclusion de tous autres,
ainsi et de même que nous avons droit d'en joüir, et que les fermiers de nos dits domaines
en jouissent et doivent joüir, à l'exception néanmoins des bois dépendant de notre gruerie
dudit Einville, lesquels nous nous sommes réservés et réservons, et à charge de nous en
faire les reprises, foys et hommages. Avons en outre donné, cédé et octroyé, donnons,
cédons et octroyons au dit sᵣ Nicolas-François marquis de Lambertye et à la dite dame
Elisabeth de Ligneville, son épouse, le profit de la vaine pature et grasse pasture dans les

forests de notre dite gruerie, et cinq arpens à y prendre, par chacune année, pour leurs
affoüages, lesquels cinq arpens leur seront marquez et deslivrez par les officiers de notre
dite gruyerie, lesquels à cet égard seront tenus d'observer et faire observer ce qui est prescrit
par notre ordonnance du mois d'août *1701*, portant règlement général des caües et forests,
et de plus une somme de deux mil cinq cent livres tournois qui leur sera payée annuellement par le receveur général de nos finances. Au moyen de tout ce que dessus ledit
s^r marquis de Lambertye et la dite dame, son espouse, seront tenus et obligez de bien et
düement entretenir les dits château, maison, colombier, jardins et parc dudit Einville, à
eux cédez et abandonnez comme dit est, dont visitte sera faitte par ceux de nos officiers
à qui il appartiendra, à la réserve néanmoins des ponts et murailles de closture dudit parc
et des villains fondoires des dits bâtiments et canaux, lesquels demeureront à nôtre charge ;
et seront de même obligez de payer les gages accordez aux gardes dudit parc, comme
aussi au jardinier, de nourir et élever dans l'étendue dudit parc un nombre suffisant de
bestes saines pour en faire sortir cent animaux, tant grands que petits, tous les deux ou
trois ans, et de laisser l'exercice de la justice aux officiers par nous pourvus et à pourvoir
en notre prévoté dudit Einville, lesquels continueront à l'administrer comme du passé et
ainsi qu'ils faisoient avant la présente concession. Voulons et entendons qu'après le décès
du dit s^r marquis de Lambertye et de la ditte dame son espouse, les dits bourg, château,
maisons, jardins, parc et généralement tout ce que nous leur avons cédez par les dittes
présentes, soient réunis de plein droit à notre dit domaine, dont les fermiers modernes
seront tenus de se pourvoir par devers nous, pour raison de leur indemnité, pendant le
cours de leurs baux. Sy donnons en mandement à nos très-chers et féaux les président,
conseillers-maitres, auditeurs et gens tenants nôtre chambre des comptes de Lorraine et à
tous autres nos officiers et justiciers qu'il apartiendra, que de nos présentes lettres de
coucession et de tout le contenu en icelles, ils et chacun d'eux en droit soy, fassent, souffrent
et laissent le dit s^r Nicolas-François, marquis de Lambertye, et la ditte dame Elizabeth de
Ligneville, son espouse, joüir et user pleinement et paisiblement, cessant et faisant cesser
tous troubles et empèchements à ce contraires. Car, etc. En foy de quoy, etc., grand scel.
Donné en notre ville de Lunéville le trente may mil sept cent dix sept. Signé : LÉOPOLD,
et plus bas, par Son Altesse Royale, contresigné : OLIVIER, avec paraphe. Signé : TALLANGE.
— (Archives de Meurthe-et-Moselle. — B. 141, folio 150)

Baptême de Charles-Philippe de Lambertie. 23 mars 1718.

Charles-Philippe, fils légitime de haut et puissant seigneur messire Nicolas, marquis de
Lambertye, seigneur de la Grandville, et de ses dépendances, premier gentilhomme de la
chambre de S. A. R. et de haute et puissante dame Madame Elisabeth de Ligniville, son
épouse, paroissiens de Lunéville, est né le vingt troisième mars dix sept cent dix-huit, et a
été baptisé le même jour. Il a eu pour parrain haut et puissant seigneur messire Jean-
Philippe, comte de Cardone-Vidampierre, chevalier, seigneur de Vandeleville, premier gentilhomme de Messeigneurs les Princes, conseiller d'Etat de S. A. R., et pour marraine haute
et puissante dame Madame Charlotte-Erarde d'Anglure, veuve de haut et puissant seigneur
messire Georges de Lambertye, maréchal de Lorraine, qui ont signé avec moi. — (Registres
paroissiaux de Lunéville.)

Confirmation d'ascensement pour Charlotte-Erardine d'Anglure, veuve de Georges de Lambertie. 1718.

Léopold, etc., à tous ceux qui les présentes verront, salut. La dame Charlotte d'Anglure, veuve de feu notre cher et féal le s^r George de Lambertye, vivant mareschal de Lorraine et Barrois, nous a fait représenter que pour les raisons énoncées en la requête qu'elle nous aurait présentée au mois de janvier dernier et en conséquence de notre décret aposé au bas de la ditte requête en datte du vingt neuvième du dit mois, notre très cher et féal le s^r de Tervenus, l'un de nos conseillers d'Etat et de nos Finances, et avocat général en notre chambre des comptes de Lorraine, faisant les fonctions de notre très-cher et féal le s^r Lefebure, aussi l'un de nos conseillers d'Etat et procureur général en nos chambres des comptes de Lorraine et de Bar, en son absence, luy aurait cédé et abandonné en notre nom à titre de cens annuel tous les domaines utils et honorifiques des hautes, moyennes et basses justices de Damas-au-Bois et Clésantaine, avec les droits, revenus et moulin en dépendant, par contract qui en aurait été passé le neufième feverier suivant, pardevant Fallois, notre tabellion, et de notre hotel et général en notre duché de Lorraine, à la résidence de notre ville de Nancy; pour des dits domaines utils et honorifiques en joüir par la dite dame d'Anglure, veuve du dit s^r de Lambertye, sa vie naturelle durant, ainsy et de même que les fermiers de notre domaine en ont jouy ou dû joüir, et aux charges, clauses et restrictions insérées dans le dit contract. Et comme il luy importe pour la pleine et entière exécution d'y celuy d'en obtenir de nous les lettres de confirmation, elle nous aurait suplié très-humblement de vouloir les luy accorder; à quoy inclinant favorablement, sçavoir faisons que vu le dit contract, lequel est cy attaché sous notre scel secret : à ces causes et autres à ce nous mouvants, de l'avis de notre conseil, et de notre certaine science, pleine puissance et authorité souveraine, nous avons agréé, authorisé et confirmé, aggréons, authorisons et confirmons, par ces présentes, le dit contract d'ascensement, passé comme dit est, le dit jour neuvième février dernier. Voulons et nous plait qu'il sorte son plein et entier effet, et qu'en conséquence la dite dame Charlotte d'Anglure joüisse des dits domaines utils et honorifiques des hautes, moyennes et basses justices de Damas-aux-Bois et Clésantaine, avec les droits, revenus et moulins en dépendants, sa vie naturelle durante, aux charges, clauses et conditions portées au dit contract. Sy donnons en mandement à nos très-chers et féaux les président, conseillers maîtres et gens tenans notre ditte chambre des comptes de Lorraine, que ces présentes ils ayent à faire registrer, et du contenu en icelles faire joüir et user la dite dame d'Anglure, pleinement et paisiblement, sans aucun trouble ny empêchement. Car, etc. En foy de quoy, etc., grand scel. Donné en notre ville de Lunéville le vingt septième avril *1718.* Signé : LÉOPOLD, et sur le repli, par Son Altesse Royale et son commandement exprès, contresigué : TALLANGE, avec paraphe. Signé : TALLANGE. — (Archives de Meurthe-et-Moselle. — B. 143, folio 92.)

Donation à Charlotte-Erardine d'Anglure, veuve de Georges de Lambertie. 1718.

Léopold, etc., à tous ceux qui ces présentes verrons, salut. La dame Charlotte d'Anglure, veuve de feu notre cher et féal le s^r George de Lambertye, vivant mareschal de Lorraine et Barrois, nous ayant très-humblement fait représenter qu'il nous aurait plu la gratifier, il y a quelques années, d'une baronnie dont elle n'a pas encore joüi, et hors d'espérance d'en pouvoir jamais joüir, et que si nous avions agréable au lieu et place de la dite baronnie de lui faire don et concession, pour sa vie durante seulement, des hautes, moyennes et basses justices de Moriville, office de Chastel sur Mozelle, avec le domaine en dependant, cela lui donnerait lieu de s'acquitter des dettes qu'elle a été obligée de contracter pour se soutenir : scavoir faisons que voulant traiter favorablement la dite dame Charlotte d'Anglure, veuve du dit feu sʳ de Lambertye, et lui donner des marques particulières de l'estime que nous en faisons ; pour ces causes et autres bonnes et justes considérations à ce nous mouvants, avons de notre grâce spéciale, et sans tirer à conséquence, et en conformité de notre décret du quatrième juillet dernier, donné, cédé et abandonné, donnons, cédons et abandonnons par les présentes à la dite dᵉ Charlotte d'Anglure les hautes, moyennes et basses justices du dit Moriville, avec le domaine en dépendant, sans aucune réserve, sy non les bois du domaine sy aucuns y a, la juridiction qui continuera d'être exercée par les officiers du dit chastel ainsi et de même qu'auparavant la présente concession, nous réservant pareillement le droit de banalité, en cas que les habitants du dit Moriville y seraient sujets d'ancienneté a quelqu'un des moulins de notre dit domaine, pour par la dite dame d'Anglure en joüir sa vie naturelle durante, ainsi et de même que nous en avons joüi et dû joüir ; à charge néantmoins de nous en faire ses reprises, foy et hommages et d'indemniser les fermiers du domaine pendant le reste du bail, sy mieux n'aime les laisser joüir. Sy donnons en mandement à nos très chers et féaux les président, conseillers maîtres et gens tenans notre chambre des comptes de Lorraine et à tous autres qu'il appartiendra, que ces présentes nos lettres de cession et abandonnement ils fassent registrer, et du contenu en icelles joüir et user pleinement et paisiblement la dite dame d'Anglure, sa vie naturelle durante seulement, cessant et faisant cesser tous troubles et empêchements à ce contraires, car ainsy nous plait. En foy de quoy, etc., grand scel. Donné en notre ville de Lunéville le vingt-septième avril mil sept cent dix huit. Signé : Léopold, et sur le repli, par Son Altesse Royale et son commandement exprès. Contresigné : Tallange avec paraphe. Signé : Tallange. — (Archives de Meurthe-et-Moselle. — B. 143, folio 91.)

Confirmation de la vente de Pierrepont, faite à Nicolas-François de Lambertie. 1718.

Léopold, etc., à tous ceux qui les présentes verront, salut. Notre très cher et féal le sʳ Nicolas-François, marquis de Lambertye, seigneur de la baronnie de Cons-la-Grandville et autres lieux, et premier gentilhomme de notre Chambre, nous a fait remontrer que pour les motifs insérez dans les requêtes qu'il nous aurait présentées, et en conséquence des décrets de notre Conseil d'Etat des vingt-unième et vingt-quatre du présent mois, notre très-cher et féal conseiller d'Etat de nostre et procureur en nos Chambres des Comptes, le sʳ Nicolas-Joseph le Febure, luy a vendu, cédé et abandonné en tous droits de propriété et très fond par contract passé par devant J. Fallois, l'un de nos tabellions, le dit jour 24 du présent mois, les terres et seigneuries de Pierrepont, composées des villages de ce nom, Beuveille, Doncourt et Han, consistants en hautes, moyennes et basses justices et domaines qui en dépendent, lesquels sont situez en notre prévoté de Villers-la-Montagne, pour en joüir tant par lui que par ses hoirs et ayans causes, la dite vente faite pour et moyennant la somme de de cent mille livres tournois, payable ez deux termes portés au dit contract, et qu'il lui a pareillement cédé et abandonné, à titre de cens annuel et perpétuel, les parts et portions qui peuvent nous appartenir dans les lieux de Conne et dans la baronnie, bourg et village de Cons-la-Grandville, Ugny, Tellancourt, Villers-la-Chèvre et dans les autres lieux dépendant en partie de la dite baronnie, en quoy elles puissent consister, pour en joüir aussy tant par luy que par ses dits hoirs et ayans-cause. Mais comme pour la pleine et entière exécution du dit contract il lui importe d'en obtenir de nous les lettres de confirmation à ce nécessaires, il nous aurait suplié très humblement de les luy accorder, à quoy nous avons eu égard, et voulant traiter favorablement l'exposant en considération des bons et fidels services qu'il nous a rendus jusques à présent, avec tout le zèle et l'attachement possible et que nous pouvions attendre de luy ; à ces causes et autres bonnes et justes à ce nous mouvantes, de l'avis des gens de notre Conseil, et de notre certaine science, pleine puissance et authorité souveraine, avons aggréé, approuvé, autorisé et confirmé, et par ces présentes aggréons, approuvons, authorisons et confirmons le dit contract de vente et d'ascensament passé comme dit est, le dit jour vingt-quatre du présent mois, au proffit du dit sieur marquis de Lambertye, lequel est cy-joint et attaché sous notre contre scel. Voulons et entendons qu'il sorte son plein et entier effet, et qu'en conséquence le dit sieur marquis de Lambertye, ses hoirs et ayans cause tiennent, possèdent et joüissent des dittes terres et seigneuries de Pierrepont, composées du village de ce nom, Beuveille, Doncourt et Han, en quoy ils puissent consister, tant en hautes, moyennes et basses justices, que domaines qui en dépendent, comme aussi des dittes parts et portions à nous appartenantes dans les lieux de Conne, baronnie, bourg et villages de Cons-la-Grandville, Ugny, Tellancourt, Villers-la-Chèvre et des autres lieux qui despendent en partie de la ditte baronnie, ensemble de tous les droits seigneuriaux, domaines, rentes et revenus qui peuvent nous appartenir ez dits lieux ; à charge néanmoins par le dit sieur marquis de Lambertye de payer et deslivrer entre les mains du Receveur général de nos finances la ditte somme de cent mil livres tournois, faisant le prix de la vente qui lui a été faite des dits lieux mentionnez cy-dessus, dans les termes portés dans le dit contract, comme aussi de payer le cens annuel qui sera réglé par notre Conseil des finances, pour raison des dittes portions ez dits lieux de Conne, baronnie, bourg et villages de Cons-la-Granville, Ugny, Tellancourt, Villers-la-Chèvre et autres lieux qui en dépendent, et de satisfaire aux autres charges, clauses, conditions et restrictions portées au dit contract Sy donnons en mendement à nos très chers et féaux les présidents, conseillers-maîtres, auditeurs et gens tenant notre Chambre de Conseil et des Comptes de notre duché de Bar, et à tous autres nos officiers et justiciers qu'il appartiendra, que de nos présentes lettres de confirmation et de tout le contenu en icelles, ils et chacun d'eux en droit soy fassent, souffrent et laissent le dit sieur marquis de Lambertye, ses hoirs, ayans causes, joüir et user pleinement et paisiblement, cessant et faisant cesser tous troubles et empêchements à ce contraire, car, etc. En foy de quoy, etc., grand scel. Donné en notre ville de Lunéville, le vingt-septième décembre mil sept cent dix-huit. — Signé : Léopold, et sur le replis, par Son Altesse Royale ; contresigné : S. M. Labbé, avec paraphe. — Signé : Tallange. — Collationné, le 15 octobre 1892. — L'archiviste : E. Duvernoy. — (Archives de Meurthe-et-Moselle. — B. 145, folio 39.)

Erection de Cons-la-Grandville en marquisat. 1719.

Léopold, etc., à tous présents et avenir salut. Rien n'étant plus digne de nos soings que de conserver le lustre des grandes maisons, et de récompenser en la personne des enfants les vertus des pères, lorsqu'ils les ont héritez avec leur sang, nous avons estimé devoir une attention particulière à la maison de Lambertye, originaire et l'une des plus anciennes de la province du Périgord, et qui tire son nom de l'ancienne terre et comté de Lambertye. Elle a fourni autrefois aux roys très-chrétiens des hommes illustres qu'ils ont décoréz du titre de chevalier de leur ordre et des officiers généraux auxquels ils ont confié avec succès le commandement de leurs armées et le gouvernement de leurs villes. Les troubles auxquels nos Estats ont été exposez pendant le règne de notre très honoré grand oncle le duc Charles quatre, y ayant attiré les armes de la France, et Jean, comte de Lambertye, ayant été nommé successivement au gouvernement de plusieurs places que les rois très chrestiens Louis treize et Louis quatorze y occupoient, il espousa dame Marguerite de Custine, baronne de Cons-la-Grandville, auparavant abesse de l'église insigne et séculière de Bouxières. Cette alliance l'ayant fixée dans nos Estats, elle fut bénie de la naissance du sieur Georges, marquis de Lambertye, mareschal de Lorraine et Barrois, bailly et gouverneur de notre bonne ville de Nancy, officier aussi distingué par sa fidélité que par l'importance de ses services ; et comme notre très-cher et bien aimé premier gentilhomme de notre Chambre, le sieur Nicolas-François, marquis de Lambertye, a suivy ses traces, et qu'il a rempli à notre grande satis-faction les devoirs de son employ et les differentes commissions dont nous l'avons honoré en qualité de notre envoyé extraordinaire en diverses cours de l'Europe ; notre intention étant de lui marquer l'entière satisfaction que nous en avons et luy faire ressentir les effets, nous avons estimé qu'estant informé comme nous le sommes que la terre de Cons-la-Grandville, scituée dans notre prévoté de Villers-la-Montagne, et dont il est propriétaire, est très consi-dérable par elle-même, ayant toujours été reconnue pour une ancienne baronnie de notre duché de Bar, nous ne pouvions mieux faire que de luy donner un plus grand lustre en y unissant et incorporant les terres et seigneuries de Pierpont, composées des villages de ce nom, de Beuveil, Doncourt et Han, scituez et scizes en notre ditte prévoté de Villers-la-Montagne, qu'il avait acquestés de notre domaine, ensemble les parts et portions de justices, domaines et droits seigneuriaux qui nous appartenoient cy devant dans la seigneurie de Conne et dans la ditte baronnie, bourg et villages de Cons-la-Grandville, Ugny, Tellancourt, Villers-la-Chèvre et autres lieux, dépendants en partie de la ditte baronnie, que nous lui aurions cédé et abandonné moyennant un cens annuel et perpétuel, par contract à luy passé en notre nom le 24 décembre de l'année dernière *1718*, par notre procureur général de nos Chambres des Comptes ; lequel nous aurions ensuite confirmé par nos lettres-patentes expédiées sous notre grand scel le vingt-septième du même mois, et enthérinées en notre Chambre du Conseil et des Comptes de notre dit duché de Bar. A ces causes et autres bonnes et justes consi-dérations à ce nous mouvantes, Nous, de l'avis des gens de notre Conseil, et de notre cer-taine science, pleine puissance et authorité souveraine, avons joïnt, uny et incorporé, et par les présentes joignons, unissons et incorporons à la ditte terre et seigneurie et baronnie de Cons-la-Granville, apartenance et dépendance, les terres et seigneuries de Pierpont, composées des villages de ce nom, Beuveil, Doncourt et Han, en quoy elles puissent consister, acquestrées, comme dit est, par le dit sieur Nicolas-François, marquis de Lambertye, ensemble les portions de justices, domaines et droits seigneuriaux cy-devant à nous appartenants dans la seigneurie de Conne et dans la baronnie, bourgs et villages de Cons-la-Grandville, Ugny, Tellancourt, Villers-la-Chèvre et autres lieux dépendants en partie de la ditte baronnie que nous aurions aban-donné à titre de cens, comme aussy les parts et portions qui apartenoient d'ancienneté au dit sieur Nicolas-François, marquis de Lambertye, ez hautes, moyennes et basses justices de Conne, Chénières et Cutry, ensemble les usuines, droits, revenus, censes et rentes en dépen-dantes, pour ne faire et composer à l'avenir qu'un seul et même corps de fief mouvant et relevant de nous à cause de notre duché de Bar, sans pouvoir jamais être désuny ny demembré et sans aucune mutation, augmentation ny accroissement de charges envers nous quelconques. Lequel fief nous avons érigé, élevé, illustré et décoré, érigeons, élevons, illustrons et décorons des nom, titre, dignité, rang et préminences de marquisat de Cons-la-Grandville, voulons, entendons et nous plaît qu'il soit nommé et appelé tel, tant en jugement que dehors, qu'il ayt pour armes celles de la ditte baronnie et telles qu'elles sont cy-dessous empreintes, figurées et blasonnées, scavoir : d'argent à cinq roses de gueulles, deux, deux et une, timbré d'une Roze de l'escu avec sa tige incinte d'un annet contouré, orné d'une couronne de marquis et couvert d'un lambrequin au métal et couleur du dit escu; et que le dit sieur Nicolas-François de Lambertye, ses hoirs et ayants cause joüissent du dit marquisat de Cons-la-Grandville aux mêmes honneurs, droits, autoritez, rangs, prééminences, prérogatives, franchises et privilèges dont accoutumé de joüir, user, peuvent et doivent joüir de droit tous autres ayant titre et qualité de marquis et possédant marquisat créés et érigez par nous ou nos prédécesseurs Ducs, tant en fait de guerre et assemblées de noblesse, en jugement et dehors, qu'en tous autres lieux et actes. A charge et condition néanmoins que le dit sieur Nicolas-François, marquis de Lambertye, ses hoirs et ayants-causes possédans le dit marquisat, nous feront, à chaque mutation, et aux Ducs nos successeurs, les reprises, foys et hommages, et nous presteront et à eux le serment de fidélité pour raison du dit marquisat, et en fourniront en notre ditte Chambre du Conseil et des Comptes de notre dit duché de Bar, leurs aveus et dénombrement dans le temps prescrit par la coutume ; que les vassaux de la cy devant baronnie de Cons, de quelque rang, qualité et condition qu'ils soient, en faisant leurs hommages et baillant leurs aveux et dénombrements, soient tenus à l'avenir de les faire et bailler au dit nom de marquis de Cons-la-Grandville et pareillement en tous les autres actes et reconnaissances. Et pour augmenter le revenu du dit marquisat et en soutenir plus décément le titre et la dignité, nous avons permis et permettons au dit sieur Nicolas-François, marquis de Lambertye, ses hoirs et ayants cause, d'y joindre et unir telles autres terres et seigneuries qu'il ou eux aura et acquerra de ses ou leurs comparsonniers, sous le ressort de nos baillages de Saint-Mihiel et d'Estain, sans qu'il soit besoin pour l'union d'icelles terres et seigneuries à acquérir que d'en faire mention ez contracts d'acquisition. Et de notre plus ample grâce nous avons en outre donné et donnons au dit sieur marquis de Lamberty, ses hoirs, successeurs et ayants cause, pouvoir de créer au dit marquisat de Cons-la-Granville une prévoté, laquelle sera composée d'un capitaine prévot, chef de police et gruyer, d'un lieutenant de prévot, d'un procureur d'office, d'un greffier, d'un ou plusieurs notaires, de deux sergents et des autres officiers nécessaires pour l'administration de la justice : laquelle prévosté connoîtra en première instance de la police et de toutes actions civiles, criminelles et gruriales, sur tous les villages, sujets, domaines, censes, hamaux, mettairies, rentes, bois communaux et autres usines despendants du dit marquisat; et les apellations des sentances de la dite prévoté ressortiront en notre baillage d'Estain, à la réserve des cas où elles devront être portées par apel en notre Cour souveraine suivant la disposition de nos ordonnances, à l'égard des autres prévostés de nos Estats. Et joüira le dit sieur Nicolas-François, marquis de Lambertye, du droit du sceau et du tabellionnage de tous les contrats personnels qui seront passez par les dits notaires créez par luy, et des autres contracts réels de tous les biens et héritages qui seront situés dans l'étendue du dit marquisat, par quels tabellions généraux ou notaires ils ayent été passez. Et à l'égard des villages où le dit sieur marquis de Lambertye ou ses successeurs ne joüit ou ne joüiront de l'exercice de la haute justice que par indivis avec d'autres seigneurs, et dont les seigneuries ne font pas actuellement partie et dépendances du dit marquisat, la justice et police s'y administreront comme d'ancienneté par les officiers establis en commun, sans aucun changement de ressort quant à ce. Et pour marque du dit marquisat nous avons permis et permettons au dit sieur Nicolas-François, marquis de Lambertye d'establir fourches patibulaires à quatre pilliers où bon luy semblera dans l'étendu du dit marquisat. Permettons encore au dit sieur marquis de Lambertye de restablir les foires qui se tenaient anciennement à Pierpont et d'en établir une au dit Cons-la-Grandville, chef-lieu du dit marquisat, qui se tiendra tous les ans le lendemain de la Saint-André. Si donnons en mandement à nos très chers et féaux, les présidents, conseillers et gens tenant notre Cour souveraine de Lorraine et Barrois, présidents, conseillers-maîtres de notre ditte Chambre du Conseil et des Comptes de notre dit duché de Bar, mareschaux, sénéchaux, baillys, |lieutenants-généraux et tous autres nos officiers, justiciers, hommes et sujets qu'il apartiendra, que de tout le contenu en nos presentes lettres d'érection en marquisat, ils et chacun d'eux en droit soy fassent, souffrent et laissent le dit sieur Nicolas-François, marquis de Lambertye, ses hoirs, successeurs et ayants cause possédant le dit marquisat, joüir et user pleinement et paisiblement, cessan et faisant cesser tous troubles et empêchements à ce contraires. Car, etc., en foy de quoy, etc. Grand scel. Donné en notre ville de Lunéville, le troisième janvier mil sept cent dix-neuf. — Signé : LÉOPOLD, et plus bas, par Son Altesse Royale, contresigné : OLIVIER, avec paraffe. — Signé : TALLANGE. — Collationné le 15 octobre 1892. L'archiviste : E. DUVERNOY. — (Archives de Meurthe-et-Moselle. — B. 145, folio 39.)

Prise de possession de Pierrepont par Nicolas-François de Lambertie. 19 avril 1719.

Cejourd'hui, mercredi 19 avril 1719, nous, Nicolas-François Tridant, notaire à Villers-la-Montagne, nous sommes transportés exprès au lieu de Pierrepont, chef-lieu des seigneuries composées des villages de ce nom, Beuveille, Doncourt et Han, à la requête de messire Nicolas-François, marquis de Lambertye, chevalier seig^r de la baronnie de Cons-la grand-ville et autres lieux, et premier gentil-homme de la chambre de S. A. R., où étant parvenu avec le dit seigneur marquis de Lambertye, environ les dix heures du matin du dit jour, et en vertu du contrat de vente et lettres patentes par luy obtenues des grâces de S. A. R., en date des vingt-quatre décembre 1718 et 3me janvier dernier, soubsignées Leopold et scellées du grand sceau en cire rouge, par lesquelles sa dite Altesse Royale a vendu, cédé et abandonné pour toujours et irrévocablement au dit seigneur marquis de Lambertye, tant pour lui que pour ses successeurs et ayant cause, les dites terres et seigneuries de Pierrepont, composées des villages de ce nom, Beuveille, Doncourt et Han, en tout droit de haute, moyenne et basse justice et domaine en dependant anciennement et actuellement, en quoy le tout puisse consister, pour en joüir par le dit seigneur marquis de Lambertye, ainsi et de même que S. A. R. et ses fermiers avaient droit de faire auparavant le dit contrat de vente ; comme aussi aurait cedez, laissez et ascencé pour toujours au dit seigneur marquis de Lambertye ses parts et portions des justices, domaine et droits seigneuriaux qui appartiennent à sa dite Altesse Royale, tant en la seigneurie de Cosne que dans la dite baronie, bourg, village de Cons-la-grand-ville, Ugny, Tellancourt, Villers-la-Chèvre et lieux dependants en partie de la baronnie, pour parcillement par lui en joüir ainsy et de même que sa dite A. R. et ses fermiers avaient droit de faire auparavant la dite vente ; les quelles seigneuries de Pierrepont composées des villages de ce nom, Beuveille, Doncourt et Han, auraient été unies et incorporées en la dite baronnie de Cons-la-grandville, pour ne composer qu'un même corps de fief avec le titre et dignité de marquisat, du quel par les dites lettres patentes il a été décoré et illustré; les dites patentes et contrats de vente, enterrinés en la chambre des comptes tant de Nancy (?) que de Bar le 27 décembre de l'année dernière 1718, 18me febvrier, 28 et 29 de mars dernier, ainsy qu'il nous est apparu par les dits arrêts d'anterinements rendus ès dites chambre, le dit jour, soubsigné Vautrin, Mathieu et de Lançon, le tout aux charges, clauses et conditions y énoncées.

En execution de quoy et après avoir fait convoquer au son des cloches les maire, officiers et habitants tant du dit Pierrepont que de Beuveille, Doncourt et Han, en la manière ordinaire et accoutumée, tous les quels estant assemblés, au moins la plus grande et saine partie d'iceux, au lieu ordinaire à faire assembler au dit Pierrepont ; ou estant, avons en presence d'iceux et avant la celebration de la messe paroissiale fait lecture intelligible du dit contrat de vente, lettres patentes, et des dits arrêts et entherinements, à la quelle lecture aucun des dits habitants ny autre personne n'ont formez opposition. Après quoy le dit seigneur marquis de Lambertye, en sa qualité, est entré en l'église pour assister au service divin. Ensuite de quoy avons interpellé les maire, officiers, de present en exercice es dittes seigneuries de Pierrepont, Beuveille, Doncourt et Han, de conduire le dit seigneur marquis de Lambertye au greffe des dits lieux ou sont les registres et papiers concernant les reglements, rapports et ordonnances de justice du dit lieu, pour mettre le dit seigneur en possession d'iceux, et par luy y establir le maire et autres officiers, pour administrer et rendre la justice avec réserves, enoncées par les dites lettres patentes et arrêts : ou estant avec Claude Lecocq, maire moderne, de Pierrepont, François Mangin, greffier, Jean Adnet, maire de Beuveille, Jean Evrard, greffier, Jean Mauchant, maire de Doncourt, Georges Bernard, greffier, Michel François Jacques, maire de Han, François Thomas, greffier, lui auraient mis entre les mains les clefs de l'armoire ou sont tous les papiers concernant la dite justice, lequel seigneur, en conséquence de ce, a ouvert la dite armoire ou sont les papiers du dit greffe et ayant pris les dits papiers et déposé sur le bureau, à l'instant il les a remis entre les mains des dits susnommés greffiers qui s'en sont chargés ; lesquels maires et officiers, après les avoir destituez et depossedez, le dit seigneur les a à l'instant remis et retablis chacun en leur fonctions comme ci-devant. Ce fait nous avons mis le dit seigneur marquis de Lambertye en bonne, legitime et suffisante possession des dittes seigneuries de Pierrepont, composées du village de ce nom, Beuveille, Doncourt et Han, et generalement tous les droits, emoluments, cens, rentes, usines, bois, circonstances, appartenances et dependances, conformément au dit contrat de vente, lettres patentes et arrêts et es reserves y portées. Après quoy nous avons interpellé les dits officiers, maires et greffiers, sus nommés, et habitants de ne reconnaitre autre personne pour l'exercice et perception de tous les droits, que le dit seigneur marquis de Lambertye, ses heritiers, successeurs et ayant cause ; de lui rendre les devoirs tels et semblables dont tous sujets sont tenus de rendre envers les autres seigneurs ayant titre et dignité de marquis et possedant marquisat ; comme aussy de ne reconnaitre autre personne pour l'exercice de la juridiction tant en matières civiles, criminelles, que grurialles, soit en demandant, deffendant, que les officiers establis ou qui seront ci-après establis par le dit seigneur marquis de Lambertye, ses heritiers, successeurs et ayant cause, le tout sous peine de droit. A l'effet de quoy le dit contrat de vente, lettres patentes et arrêts des dites chambres ont été à l'instant enregistrés sur les registres ordinaires du greffe du dit lieu de Pierrepont en nos presences, afin que personne n'en prétendent cause d'ignorance. De tous quoy le dit seigneur present et requerant nous a requis acte, que nous luy avons octroyé pour luy servir et valloir à ce que de raison, en presence de messire François Gillet, curé de Doncourt, de messire Nicolas de la Croix, prêtre et curé de Beuveille, qui ont signé avec le dit notaire et garde notes à la résidence de Villers-la-Montagne. Ci soubsignés après lecture faite : LAMBERTYE; TILLET, curé de Doncourt; H. HOUILLON, curé de Pierrepont; Jean ADNET, maire de Beuveille ; Michel-François JACQUES, maire de Han; George BERNARD, greffier commis; F. LOVETTE, curé de Han ; N. LACROIX, curé de Beuveille ; Jean MAUCHAMP, maire; CLAUDE LECOCQ, maire de Pierrepont, J. EUVARD, greffier; F. THOMAS, greffier; TRIDANT, nottaire.

Lettres de notoriété de Son Altesse Royale et de légalisation pour Nicolas-François de Lambertie.
1719.

Leopold, par la grace de Dieu, duc de Lorraine et de Bar, roy de Jerusalem, marchis,. duc de Calabre et de Gueldres, marquis du Pont a Mousson et de Mommeny, comte de Provence, Vaudemont, Blamont, Stuphen, Sarwerden, Salm, Falkeisten, etc., à tous ceux qui ces presentes verront, salut. Scauoir faisons que veu en nôtre Conseil d'Etat la requeste y présentée par nôtre tres cher et bien aimé le sieur Nicolas-François, marquis de Lamberty et de Cons-la-Granville, cheuallier, premier gentilhomme de nôtre chambre, a ce qu'il nous plaise luy donner acte de la forme en laquelle s'expedient les titres et contracts dans nos· etats, et de la maniere dont ils y sont légalisez ; comment sy acquierent les qualités de cheuallier et d'écuyer ; et de l'ancienneté et illustration de la Maison de Custine ; laditte requeste signée de l'exposant et Simon, auocat en notre dit conseil, les pieces jointes à icelle : tout veu et consideré et oüy sur ce le rapport de nôtre tres cher et feal conseiller d'État et de nos finances, maitre des requestes ordinaires de nôtre hostel le sieur Mathieu de Moulon.

Nous, etant en nôtredit conseil, auons donné acte au suppliant : de ce que la légalisation de tous titres, actes, contracts et ecritures se fait dans nos duchez de Lorraine et de Bar, par les preuots des villes ou il y a preuoté, ou par les lieutenants-generaux ou chefs de la justice des bailliages, declarant qu'il n'y a ny bourguemestres ny escheuins dans nosdits Estats ; que laditte légalisation se fait sous le simple seing manuel desdits preuots, lieute-nants-generaux ou chefs de justice, et sous l'apposition de leur cachet ou scel de leurs offices : que nôtre tres cher et feal conseiller d'Estat, le sieur Nicolas Paschal Marcol, est preuost des villes et office de Nancy, et lieutenant-general de police esdittes villes ; le sieur Nicolas Thomassin, lieutenant-general au bailliage de Luneuille ; nôtre tres cher et· feal conseiller d'Estat, le sieur René Thiriet, lieutenant-general au bailliage des Vosges, sceant a Mirecourt ; nôtre tres cher et feal conseiller d'Etat, le sieur Charles d'Alançon, président de la ᜉChambre des comptes de Bar ; et nôtre tres cher et feal conseiller d'Etat, le sieur Nicolas de Rouin, lieutenant-general au bailliage de Bar : lesquels ont signés les pieces attachées sous le contrescel de nôtre present arret ; qne foy pleniére y doit estre adjoutée tant en jugement que dehors ; à eux seuls appartenants chacun en droit soy, la légalisation desdits acts : que les grosses ou expéditions des acts et contracts qui se recoiuent dans nos Estats par les notaires et tabellions sont les vrais originaux desdits acts et contracts, les minuttes deuant rester tousjours entre leurs mains ; que le sieur Mailliart de Frelle est garde des Chartres de nôtre trésor royal ; que la qualité d'escuyer ny celle de cheuallier ne s'acquiert et ne s'est jamais acquise par finance ; que celle d'escuyer ne s'acquiert que dans le quatrieme degré de noblesse ; que celle de cheuallier ne s'acquiert que par une noblesse tres ancienne ou par la dignité de conseiller d'Etat, laquelle audit cas ne passe pas aux descendans ; que la dignité de conseiller d'Etat d'épée ne s'accorde et ne s'est jamais accordée qu'aux personnes de la haute et ancienne noblesse ; qu'il n'y a que les nobles qui puissent posséder fiefs dans nos Etats ; et que la noblesse s'y justifie entre autres moyens par les lettres de reprises desdits fiefs entherinnées en nos Chambres des comptes ; que la maison de Custine est d'ancienne cheuallerie militaire ayant rang et sceance dans les assemblées de la haute et ancienne noblesse, et que nôtre tres cher et feal le sieur Charles, comte de Custine, chef de laditte Maison, est actuellement colonel du régiment de nos gardes et gouuerneur de nôtre bonne ville de Nancy ; le tout pour servir et valoir audit sieur marquis de Lamberty, ce que de justice et raison. Expédié en nôtredit conseil tenu a Luneuille le vingt neufuieme may mil sept cent dixneuf. — LEOPOLD. — MARCHIS, secret^re greff^er en chef du Con^el. — (Original. — Aux archives des Cons-la-Granville.)

Baptême de Louise-Thérèse-Françoise de Lambertie. 7 février 1720.

Louise-Thérèse-Françoise de Lambertye, fille légitime de haut et puissant seigneur messire Nicolas-François, marquis de Lambertye, chevalier, premier gentilhomme de la Chambre de S. A. R., et de haute et puissante dame Elisabeth de Ligneville, son épouse, paroissiens de Saint-Epvre, de Nancy, est née et a été baptisée en ladite paroisse le 7 de février mil sept cent vingt, et a eu pour parrain haut et puissant seigneur messire Charles-Louis, marquis de Lenoncourt et Blainville, comte du Saint-Empire, premier gentilhomme de Son Altesse Royale, et pour marraine haute et puissante dame Louise de Villelume, épouse de haut et puissant seigneur messire Christophe, comte de Fontenois, premier maître d'hôtel chez Son Altesse Royale, qui ont signé : LENONCOURT, Louyse de VILLELUME. — (Registres paroissiaux de Saint-Epvre, de Nancy.)

Lettres patentes de Bailly de Lunéville pour Nicolas-François de Lambertie. 1720.

Léopold, etc., à tous ceux qui ces présentes verront, salut. L'état et office de bailly de notre ville et baillage de Lunéville, que tenait et possédait notre très-cher et féal conseiller d'Estat, capitaine d'une compagnie de nos gardes du corps, le sieur Jean-François, comte de Stainville et baron de Beurey, etant a présent vacant par sa promotion à l'état et office de bailly de notre ville et baillage de Bar, et étant du bien de notre service et de celuy du public de faire choix d'une personne de mérite, de naissance et d'un rang distingué pour le remplir, toutes ces belles qualités se trouvant en la personne de notre cher et féal le sieur Nicolas-François, marquis de Lambertye et de Cons-la-Grandville, premier gentilhomme de nôtre Chambre, dont le zèle, fidélité et affection à notre service nous sont connus : Pour ces causes et autres bonnes considérations à ce nous mouvant, nous avons à iceluy donné, conféré et octroyé, donnons, conférons et octroyons, par ces présentes, le dit état et office de bailly de notre ville et baillage de Lunéville, vacant comme dit est, pour désormais l'avoir, tenir, posséder, exercer et en joüir pendant sa vie naturelle durant, aux honneurs, autorités, prérogatives, prééminences, libertés, droits, fonctions, gages, fruits, proffits et émoluments y appartenants et en dépendants, tels et semblables dont a jouy, pû et dû joüir de droit le sieur comte de Stainville, à cause du dit office. Sy donnons en mandement à nos très chers et féaux les présidents, conseillers et gens tenants notre Cour souveraine de Lorraine et Barrois, lieutenant général, conseillers et gens tenants notre bailliage de Lunéville, et à tous autres, nos officiers et justiciers, hommes et sujets qu'il appartiendra, que pris et receu par notre dite Cour souveraine du dit sieur de Lambertye le serment au cas requis, ils et chacun d'eux en droit soy le fassent, souffrent et laissent joüir du dit état et office de bailly, pleinement et paisiblement, cessant et faisant cesser tous troubles et empêchements contraires, etc. Grand scel. Donné en notre ville de Lunéville, le quatorze août mil sept cent vingt. — Signé : LEOPOLD, et sur le repli, par Son Altesse Royale ; contresigné : J.-M. LABBÉ, avec paraffe. — Signé : TALLANGE. — Collationné le 17 octobre 1892. L'archiviste : E. DUVERNOY. — (Archives de Meurthe-et-Moselle. — B. 150, folio 151.)

Foy et hommage pour la terre d'Huviller par Nicolas-François de Lambertie. 1721.

Léopold, etc., à tous ceux qui ces présentes verront, salut. Scavoir faisons que cejourd'hui, datte des présentes, notre cher et féal le sieur Nicolas-François, chevalier, marquis de Lambertye, et de Cons-la-Grandville, premier gentilhomme de notre Chambre, nous a fait en personne les reprises, foys, hommages et presté le serment de fidélité auquel il estoit obligé pour raison et à cause de la terre et seigneurie d'Huviller, droit de moyenne et basse justice, appartenances et dépendances qu'il a acquis de nostre très cher et féal conseiller, secrétaire d'État, commandements et finances, le sieur Charles-Ignace, chevalier, baron de Mahuet, comte de Lupcourt, mouvante et relevante de nous à cause de notre duché de Lorraine, pour raison de quoy s'est le dit sieur marquis de Lambertye, advoué et reconnu notre homme et vassal lige, a juré et promis de nous rendre tous les devoirs et services auxquels un bon et fidèle vassal est attenu envers son seigneur dominant, à peine de commises, et de fournir en nostre Chambre des Comptes de Lorraine ses reversailles, dans le temps et sous les peines portées par la coutume, auxquels reprises, foys, hommages et serment de fidélité nous avons receu, par nous-même le dit sieur marquis de Lambertye, sauf en tout notre droit et autruy. Sy donnons en mandement à notre Chambre des Comptes de Lorraine, et à tous autres qu'il appartiendra, que sy à deffaut de reprises ou de devoirs non faits la ditte terre et seigneurie d'Huviller, appartenance et dépendance soient saisis, mis en nos mains ou de justice, ils et chacun d'eux en droit soy en lèvent et fassent lever la main au dit sieur marquis de Lambertye à pur et à plein, cessant et faisant cesser tous troubles et empêchemens contraires. Car ainsy nous plaît. En foy de quoy, etc. Grand scel. A Nancy, le 10 janvier 1721. — Signé : LEOPOLD. Et plus bas, par S. A. R. Contresigné : HUMBERT-GIRCOURT. — Signé : TALLANGE. — Collationné le 17 octobre 1892. L'archiviste : E. DUVERNOY. — (Archives de Meurthe-et-Moselle. — B.)

Baptême de Béatrix de Lambertie. 18 janvier 1722.

Béatrix, fille légitime de haut et puissant seigneur messire Nicolas-François, chevalier, marquis de Lambertye, premier gentilhomme de la Chambre de S. A. R., et bailly de Lunéville, et de haute et puissante dame Elisabeth de Ligniville, son épouse, est née et a été baptisée le dix-huit janvier de l'an mil sept cent vingt-deux; elle a eu pour parrain haut et puissant prince Monseigneur Jacques-Henry de Lorraine, prince de Lixin, grand-maitre de la maison de S. A. R., et pour marraine haute et puissante dame Béatrix Capoue de Mignialo, épouse de haut et puisssant seigneur messire Léopold-Marc, comte de Ligniville, chevalier, colonel du régiment des gardes de S. A. R., et colonel au service de Sa Majesté Impériale, qui ont signé avec moy : JACQUES-HENRY DE LORRAINE, prince de Lixin; BEATRICE DE CAPUA; VARLET, curé. — (Registres paroissiaux de Lunéville.)

Baptême de Catherine de Lambertie. 5 août 1723.

Catherine, fille légitime de haut et puissant seigneur messire Nicolas-François, marquis de Lambertye et de Cons-la-Grandville, premier gentilhomme de la Chambre de S. A. R., bailly de Lunéville, chevalier, seigneur de Huvillé et autres lieux, et de haute et puissante dame Madame Elisabeth de Lignéville, son épouse, est née le quatrième jour d'aoust l'an 1723, et a été baptisée le cinquième jour du même mois de la même année. Elle a eu pour parrain haut et puissant seigneur messire François des Salles, chevalier, comte de Rorté, marquis de Bulgnéville et seigneur de Malpierre, de la ville et prévôté de Vaucouleurs et autres lieux, conseiller d'Etat de S. A. R., premier capitaine de ses gardes du corps, bailly de Pont-à-Mousson, et pour marraine haute et puissante dame Madame Louise-Catherine de Ficquelmont, dame de Mars-la-Tour, de la Tour-en-Voivre et autres lieux, lesquels ont signé avec moi. Des Salles Rorté, Louise-Catherine de Ficquelmont, Dominique Plaid, chanoine régulier, curé. — (Registres paroissiaux d'Huviller, dit Jolivet.)

Lettres patentes pour la justice de Huviller, pour Nicolas-François de Lambertie. 1724.

Léopold, par la grâce de Dieu, duc de Lorraine, de Bar, de Montferrat et de Tescheu, roy de Jerusalem, Marchis, duc de Calabre et de Gueldres, marquis de Pont-à-Mousson et de Nomeny, comte de Provence, Vaudemont, Blamont, Zutpheur, Sarwerden, Salm, Falkenstein, prince souverain d'Arches et Charleville, etc., à tous ceux qui les présentes verront, salut. Notre amé et féal le sieur Nicolas-François, marquis de Lambertye et de Cons-la-Grandville, premier gentilhomme de notre Chambre et bailly de Lunéville, nous a très humblement fait représenter que nous ayant plû en l'année *1708* faire don et concession à notre très cher et féal cousin, M. Marc de Beauveau, prince de Craon, de la haute justice de Vihuviller, il l'aurait retrocédé au supliant, qui a encore du depuis acquesté des héritiers de feu notre très-cher féal conseiller d'Etat et intendant de nos finances et de notre hôtel, le sieur de Mahuet, tous les droits de seigneurie et d'autres qui leurs appartenoient au dit lieu, et desquels le dit sieur de Mahuet s'était rendu adjudicataire sur le sieur Le Brun. Le supliant a fait des dépenses très considérables, tant en batiments, jardins que parterres, pour l'embellissement et l'ornement de cette terre, dans laquelle il a fixé sa résidence pour être à porté de notre Cour et y recevoir plus facilement nos ordres, mais ny joüissant point de la juridiction qui a été otée à ses officiers et attribué à notre baillage de Lunéville, par édit de l'année *1719*, il est privé du plus grand agrément qu'il pouvoit espérer dans le lieu de sa résidence, et exposé à avoir journellement des difficultés et contestations avec les officiers de notre dit baillage de Lunéville pour raison de la distinction à faire entre les matières que devroient être de la compétence de la haute justice, ou de la moyenne et basse qui luy appartient; pour à quoy obvier, il nous a très humblement fait suplier de voloir luy accorder la juridiction tant en matières personnelles, réelles, civiles, mixtes, que gruriales du village, ban et finage de Vihurviller et bois en dépendants, pour y faire administrer la justice par ses officiers. A quoy inclinant favorablement et voulant luy donner des marques de la satisfaction qui nous reste de ses services et de notre considération pour sa personne, après avoir renvoyé la requête qu'il nous a présentée à ce sujet à notre très-cher et féal conseiller d'Etat et procureur général de nos Chambres des Comptes de Lorraine et de Bar, le sr Nicolas-Joseph Lefebvre, et eu sur ce son avis et celuy des gens de notre Conseil; à ces causes, à ce nous mouvants, de notre grace spéciale, sans tirer à conséquence, nous avons donné, cédé et abandonné, donnons, cédons et abandonnons par ces présentes au dit sieur marquis de Lambertye, l'exercice de la juridiction de la haute justice tant en matières personnelles, réelles, civiles, mixtes que gruriales sur le village, ban et finage de Vihuviller et bois en dépendants, laquelle jurisdiction sera exercée par les officiers que nous permettons au dit sieur marquis de Lambertye d'établir à cet effet, ainsi et de même que sont en droit de faire les officiers des autres seigneurs hauts justiciers de nos États, sauf l'appel par devant les juges qui en doivent connaître. Deffendons aux officiers de notre bailliage de Lunéville de troubler en façon quelconque les officiers du dit sieur marquis de Lambertye dans l'exercice de la dite juridiction, nonobstant tous édits, déclarations et ordonnances et règlements, faisant au contraire, auxquels nous avons dérogé et dérogeons en tant que besoin seroit pour cette fin seulement. Sy donnons en mandement à nos très-chers et féaux les présidents, conseillers, maîtres, auditeurs et gens tenant notre Chambre des Comptes de Lorraine, lieutenant général, particulier, et gens tenant notre bailliage de Lunéville, et à tous autres qu'il appartiendra, que du contenu ez présentes et de l'effet d'icelles, ils et chacun d'eux en droit soy, ayent à faire et laisser joüir et user pleinement et paisiblement le dit sieur marquis de Lambertye ; cessant et faisant cesser tous troubles et empêchement contraire. Car ainsi nous plaît. En foy de quoy nous avons aux présentes signées de notre main et contresignées par l'un de nos conseillers secrétaires d'État, commandemens et finances, fait mettre et appendre notre grand scel. Donné à Lunéville le vingt-un septembre dix sept cent vingt-quatre. — Signé : Léopold, et plus bas, par Son Altesse Royale. — Contresigné : Olivier, avec paraffe. — Signé : Guire. — Collationné le 19 octobre 1892. L'archiviste : E. Duvernoy. — (Archives de Meurthe-et-Moselle. — B. 164, folio 1.)

Baptême de Charles-Lambert des Armoises, époux de Béatrix de Lambertie.
3 novembre 1724.

Aujourd'hui troisième novembre 1724, nous avons ondoyé dans notre église paroissiale un garçon, fils de messire Pierre-Louis, marquis des Armoises, et de dame Louise-Anthoinette des Armoises, mariés ensemble, ce que nous avons fait avec la permission par escrit de Monseigneur l'évesque, comte de Verdun, en datte de ce jour, et à charge de suppléer les cérémonies du saint baptême au dit enfant dans le courant de l'année ; et en présence de messire François-Florimond des Armoises, seigneur de Boinville, et de Me François Hanot, conseiller du roy, et substitut de son procureur au présidial de Verdun, qui ont signé avec nous. — Des Armoises de Boinville, Honot, Hanude. — (Registres paroissiaux d'Etain.)

Fulmination de la dispense accordée à Jean-B^te-François de Lenoncourt et Louise-Catherine-Antoinette de Lambertye. 6 juin 1728.

Charles-Claude de L'Aigle, prêtre, abbé de Mureau, grand-archidiacre, chanoine de l'église de Toul, vicaire général official, commissaire apostolique en cette part.

Vu par nous les lettres de N. S. Père le Pape en forme de dispense, obtenues en Cour de Rome le 1er avril de la présente année, par messire Jean-Baptiste-François, comte de Lenoncourt, paroissien de Chardogne-en-Barrois, et Louise-Catherine-Antoinette de Lambertye, née à Lunéville, sur l'exposé par eux fait que désirant se marier ensemble, ils ne le peuvent néanmoins, étant parents entre eux au deuxième et troisième degrés de consanguinité, sans une dispense de Sa Sainteté qu'ils espèrent d'autant plus facilement obtenir en consi-

16*

dération de la petitesse des lieux, que quand même la dite demoiselle se transporterait de Lunéville à Chardogne elle ne pourrait trouver un mari de sa naissance et de sa condition autre que le dit de Lenoncourt, et que même pour se marier avec un autre que lui elle n'aurait pas une dotte compétente ; à quoy Sa Sainteté ayant égard, Elle nous a commis pour en son nom et par son autorité leur accorder la dite dispense, au cas qu'après une exacte information nous trouverions que l'exposé par eux fait soit véritable. A ces causes, après avoir vérifié l'exposé fait à N. S. P. le Pape, en vertu du pouvoir à nous attribué par Sa Sainteté, avons dispensé le dit sieur Jean-Baptiste-François de Lenoncourt et la dite demoiselle Louise-Catherine-Antoinette de Lambertye, de l'empechement dirimant qui est entre eux, résultant des deux et troisième degrés de consanguinité qui sont entre-eux, ordonné que nonobstant le dit empechement, il sera procédé en face de l'Eglise, à la célébration de leur mariage, après la publication d'un ban seulement, à l'effet de quoi nous les dispensons de la publication des deux autres et même du jour intermédial. — Donné à Toul le sixième jour de juin mil sept cent vingt-huit. Signé : DE L'AIGLE. — Plus bas, par Monsieur l'official, signé : LAMANT. — Insinué et controlé au greffe des insinuations ecclésiastiques le six juin mil sept cent vingt-huit. Signé : LAMANT et SOILLÉ. — Pour copie collationnée et rendue conforme de mot à l'autre à l'original apparu au notaire apostolique duement immatriculé en cour de Rome, résidant à Nancy, soussigné et par lui remis à l'instant cejourd'hui septième juin 1728. Signé : FRANCHOT, notaire apostolique. — (Archives de la commune de Chadorgne.)

Mariage de Jean-Baptiste-François de Lenoncourt avec Louise-Catherine-Antoinette de Lambertie. 15 juin 1728.

L'an mil sept cent vingt-huit, le quinzième de juin, après avoir cy-devant publié un ban de mariage pour premier et dernier, entre haut et puissant seigneur messire Jean-Baptiste-François, comte de Lenoncourt, maître de la garde-robbe de S. A. R., seigneur de Chardogne et Barrois et autres lieux, fils des défunts haut et puissant seigneur messire Charles-Gaspard, marquis de Lenoncourt et de Blainville, comte du Saint-Empire, vivant grand chambellan de S. A. R., gouverneur et commandant des ville et citadelle de Nancy, et de haute et puissante dame Madame Charlotte-Yolande de Nettancourt, vivante dame d'atour de S. A. R. Madame, ses père et mère ; le dit messire Jean-Baptiste-François, originaire de Chardogne, et depuis plusieurs années à Nancy, de ma paroisse, d'une part. Et demoiselle Louise-Antoinette de Lambertye, fille de haut et puissant seigneur messire Nicolas-François, marquis de Lambertye et de Cons-la-Grandville, premier gentilhomme de la Chambre de S. A. R. et bailly de Lunéville, et de haute et puissante dame Madame Elisabeth de Ligniville, ses père et mère ; la ditte demoiselle Louise-Antoinette, originaire de Lunéville et depuis plusieurs années à Nancy, de ma paroisse, d'autre part. Semblables publications ayant été faites dans la paroisse de Chardogne par le sieur Gommelitz, curé dudit lieu, comme il conste par un certificat en date du quatorzième juin, et dans la paroisse de Lunéville par le sieur Tirlet, curé dudit lieu, comme il conste par un certificat en date du treizième juin, sans qu'il y ait eu aucune opposition, ny qu'il s'y soit trouvé aucun autre empêchement légitime entre eux que celui de consanguinité du deuxième au troisième degré, sur lequel ils ont obtenu dispense de Nostre Saint Père le Pape, laquelle a été fulminée par Monsieur l'official de Toul, le sixième juin de la même année. Je soussigné, prêtre curé de la paroisse de Saint-Sébastien de Nancy, en conséquence de la sentence de fulmination qui m'a été exhibée par les parties, et dont l'exposé est bien et dûment certifié. Vu aussi la dispense des deux autres bans et la permission de les fiancer et marier le même jour, accordée par Monsieur l'official, en date du même jour sixième juin, ay reçu par le ministère de messire Louis-Antoine de Lenoncourt, prêtre, premier aumônier de S. A. R., abbé de Saint-Mihiel, chanoine de l'insigne église primatiale, leur mutuel consentement de mariage, et leur ay donné par ses mains la bénédiction nuptiale, avec les cérémonies prescrites par la Sainte Eglise, en présence de haut et puissant seigneur prince de Beauveau et du Saint-Empire, et de haut et puissant seigneur Alexandre d'Alsace, prince de Chimay et du Saint-Empire, et de messire haut et puissant seigneur Jean-Claude de Bourey, prélat domestique de Sa Sainteté, premier aumônier et conseiller d'Etat de S. A. R., et de haut et puissant seigneur Christophe, marquis de Custine, gouverneur des ville et citadelle de Nancy et colonel du régiment aux gardes, lesquels ont signé avec les parties : Lenoncourt, Louise-Antoinette Lambertye; Nicolas-Simon, prince de Beauveau, le prince Alexandre de Chimay, le P. de Bourey, Custine, Remy, curé de Saint-Sébastien. — (Registres paroissiaux de Saint-Sébastien de Nancy.)

Lettre de François duc de Lorraine, à Nicolas-François de Lambertye. 1729

Monsieur le marquis de Lambertye, ayant trouvé à propos d'envoyer aux princes voisins de mes Etats, j'ai cru ne pouvoir choisir un sujet plus propre à cette commission que vous. Dans cette confiance je vous joins ici les instructions et titre de créance nécessaire. — Je prie Dieu, etc.

Autre lettre du même souverain. 1729.

Monsieur le marquis de Lambertye, j'ai toujours reconnu avec plaisir votre attachement pour la personne de feu Monseigneur et père, ce qui me persuade aisément que vous partagez la douleur extrême que me cause sa mort prématurée, et comme j'ai des preuves de votre fidélité, vous ne devez pas douter de l'estime et amitié que j'ai pour vous. — A Vienne le 16 avril 1729. — François.

Autre lettre de François duc de Lorraine (ensuite empereur). 1735.

Monsieur le marquis de Lambertye, la conclusion de mon mariage avec l'archiduchesse aînée devant se faire dans le courant de février, je souhaite que vous assistiez à cette cérémonie avec le prince de Craon, le marquis de Gerbeviller et le comte de Lenoncourt, vos beaux-frères, et que vous vous trouviez ici le 28 janvier. Mon conseil des finances fournira ce qui sera nécessaire pour le voyage. — Je prie Dieu, etc. — Le 16 décembre 1735. — François.

Lettre de S. A. R. le prince Charles de Lorraine, frère de l'empereur, à Nicolas-François de Lambertie. 1737.

Je vous assure, Monsieur le marquis de Lambertye, que j'aurais eu le plaisir d'aller vous voir, si l'on ne m'avait assuré que vous n'étiez pas à la Grandville. Je suis bien sensible à

tout ce que vous me dites d'honnête à ce sujet. Continuez-moi, mon cher marquis, votre
amitié; comptez sur la mienne, je vous prie, qui est depuis bien des années; dans ce qui
vous appartient, je désire bien sincèrement l'occasion de vous prouver le sincère intérêt que
je prends en tout ce qui vous regarde et combien je vous suis attaché. — Charles de Lorraine. — A Vienne, ce 20 avril 1737.

Lettre de Sa Majesté le roi de Pologne, au même. 1737.

J'ai reçu avec bien du plaisir, mon cher marquis, votre lettre qui a été fort longtemps
en chemin. Je suis très satisfait des sentiments que vous m'exprimez. Soyez, je vous prie,
assuré des miens, qui vous feront toujours connaître ma parfaite estime et amitié. Je vous
attends avec impatience et suis véritable et affectionné. — Stanislas, roi. — Le 3 juillet 1737 (1).

Permission de M. l'Archevêque de Césarée d'élire Charles-Philippe de Lambertie
pour son coadjuteur à l'abbaye de Bouzonville. 1736.

François, duc de Lorraine, etc., salut. Notre très-cher et féal conseiller d'Etat et conseiller
prélat en notre Cour souveraine de Lorraine et Barrois, M. Jean-Claude de Sommier, archevêque
de Césarée, assistant du trône pontifical, grand prévot de l'insigne église de Saint-Diez et abbé de
l'abbaye de Sainte-Croix de Bouzonville, ordre de Saint-Benoist, nous a très-humblement fait représenter qu'il souhaiteroit avoir pour coadjuteur de la dite abbaye le sieur Charles-Philippe de
Lambertye, clerc du diocèse de Toul et prieur commandataire de Romont, qui jouit déjà d'une
pension de deux mille livres argent au cours de Lorraine, créée et assignée sur les revenus
de la dite abbaye, laquelle étant de notre patronage ducal, il ne peut désigner le dit sieur
de Lambertye pour son coadjuteur, ny impétrer les actes sur ce nécessaire sans en avoir
préalablement obtenu notre consentement, lequel il nous a très humblement fait supplier de
lui accorder. A quoy inclinant favorablement, nous avons permis et permettons, par ces
présentes, au dit sieur Jean-Claude Sommier, de présenter à Notre Saint Père le Pape la personne du dit sieur Charles-Philippe de Lambertye, pour son coadjuteur perpétuel et irrévocable, à la future succession de la dite abbaye de Sainte-Croix de Bouzonville; et en conséquence
de faire toutes les diligences et impétrer les actes usités et ordinaires en pareils cas; luy
donnant quant à ce notre consentement nécessaire, à l'effet de quoy nous avons pour cette
fois seulement, et sans tirer à conséquence, dérogé et dérogeons à tous édits et ordonnances
des Ducs nos prédécesseurs, faisant au contraire, et notamment à l'édit du 24 août 1588 et
à l'ordonnance de 1604. Sy donnons en mandement à nos très chers et féaux les présidents,

(1) On a plusieurs autres lettres, écrites au même, du roi de Pologne, de Leurs Altesses
Royales et Electorales les princes Charles Delbœuf et de Bavière, le cardinal électeur de Cologne,
l'abbé de Lorraine, la princesse Charlotte, le prince Eugène de Savoie et le prince de Lixen
de Lorraine, cousin germain de Nicolas-François, marquis de Lambertie. Ces lettres prouvent qu'on
avait pour lui l'attachement, l'estime et la considération la plus parfaite. Toutes ces lettres
et titres sont dans les archives du marquisat de la Grandville et de Gerbeviller, en Lorraine,
ainsi que la majeure partie des titres du nom de Lambertie.

conseillers et gens tenant notre Cour souveraine de Lorraine et Barrois, que les présentes ils fassent régistrer en leur greffe, et du contenu en icelles joüir et user les dits sieurs Jean-Claude de Sommier et Charles-Philippe de Lambertye, pleinement et paisiblement, cessant et faisant cesser tous troubles et empêchemens contraires, car, etc. Grand scel. Donné à Lunéville le 28 juillet 1736. — Signé : Elisabeth-Charlotte. Et sur le replis, par Son Altesse Royale ; contresigné : Reunel. — Reg. — Collationné le 20 octobre 1892. L'archiviste : E. Duvernoy. — (Archives de Meurthe-et-Moselle. — B. 179, folio 170.)

Sépulture d'Anne-Joseph de Tornielle, époux d'Antoinette-Louise de Lambertie. 30 mai 1737.

Messire Anne-Joseph, comte de Tornielle et de Brionne, marquis de Gerbéviller, conseiller, chevalier d'honneur en la cour souveraine de Lorraine et Barrois, grand bailly de Nancy, et cy-devant conseiller d'Etat et grand chambellan de S. A. R. le duc François trois de Lorraine, est mort le trentième mai 1737, âgé de soixante quatorze ans, après une longue maladie pendant laquelle il a reçu plusieurs fois le saint Viatique et enfin extreme-onction, avec sentiments de piété et de religion. Son cœur a été déposé le lendemain en l'église des R. P. Tiercelins de cette ville, et son corps et ses entrailles transportés à Gerbéviller, où ils ont été enterrés dans le tombeau de ses illustres ancêtres, en l'église des R. P. Carmes, le trentième du même mois, après avoir été présentés à la paroisse, où les services se sont fait le corps présent, en présence du sieur François Drian, valet de chambre de feu Monsieur le marquis et de Gabriel Picquet, vergé de la paroisse, qui ont signé avec moy à la minute. F. Drian, G. Picquet, Petitjean, vicaire de Saint-Roch. — (Registres paroissiaux de Saint-Roch de Nancy.)

Sépulture d'Antoinette-Louise de Lambertie. 30 novembre 1738.

Haute et puissante dame Madame Antoinette-Louise née comtesse de Lambertye, lors de son décès veuve de haut et puissant seigneur messire Anne-Joseph, comte de Tornielle, marquis de Gerbéviller, conseiller, chevalier d'honneur en la cour souveraine de Lorraine et Barrois, grand bailly de Nancy et grand chambellan du duc Léopold et du duc François trois de Lorraine, est décédée le dernier novembre 1738, âgée de soixante trois ans, après une maladie fort longue, pendant laquelle elle a reçu plusieurs fois le saint Viatique et enfin extreme onction. Elle a été inhumée le lendemain premier décembre en l'église des RR. PP. Tercelins, en présence du sieur François Drian, son homme de chambre, et G. Picquet, vergé de la paroisse, qui ont signé comme témoins. Petitjean, vicaire de Saint-Roch. — (Registres paroissiaux de Saint-Roch de Nancy.)

Vente de la terre et seigneurie d'Huvillé. 1740.

Par devant le tabellion de l'hotel de Sa Majesté et de sa maison, et général en Lorraine, demeurant à Nancy, soussigné, et en présence des témoins cy-après nommés, fut présent en personne Nicolas-François, marquis de Lambertye et de Cons la Grandville, capitaine en chef des gardes du corps de Sa Majesté le roy de Pologne, duc de Lorraine et de Bar, et lieutenant général commandant ses troupes, demeurant en cette ville, à la suite de la Cour; lequel a déclaré et reconnu volontairement avoir vendu, cédé et abandonné en tous droits de propriété et de fond ;

A Sa Majesté Stanislas, par la grâce de Dieu roy de Pologne, grand duc de Lithuanie, Russie, Prusse, Mazonie, Samogitie, Kyonie, Volhinie, Podolie, Podlachie, Livonie, Smoleusko, Severie, Czernikou, duc de Lorraine et de Bar, marquis de Pont-à-Mousson et de Nomeny, comte de Vaudémont, Blâmont, Sarwerden, de Salm, etc., stipulant et acceptant par Antoine-Martin de Chaumont, chevalier, marquis de Lagalaizière, chancelier, garde des sceaux, intendant de justice, police et finances, marine, monnoyes de Lorraine, trouppes, fortifications et frontières de Lorraine et Barrois, pour et au profit de Sa Majesté, ce qui suit, scavoir :

La terre et seigneurie de Huvillé, anciennement nommée Dihuvillé, appartenante audit marquis de Lambertye, consistante en ce qui en a esté cy-devant décretté sur le sr Le Brun, adjugée au sr Mahuet de Lupcour, par arrest d'adjudication de la Cour souveraine de Lorraine du cinquième aoust mil sept cent dix neuf, et par luy rétrocédée audit marquis de Lambertye, par act judiciaire qui est à la suitte dudit départ de Cour, du vingt huit septembre suivant, scavoir :

En la moyenne et basse justice : le droit de créer un maire, un eschevin et un greffier pour exercer la ditte moyenne et basse justice.

Les droits de colombier et de trouppeaux à part, tant de bestes blanches que de bestes à cornes, sur tout le ban et finage dudit Huvillé, et bans ajoignants, dans l'estendüe duquel ban les mettairies et censes de Champel et Froidefontaine sont enclavées.....

Le moulin bannal, auquel le droit de mouture est payé au seizième, avec les vannes et vanneries et despendances d'iceluy, et le droit de prendre les bois nécessaires pour ses réparations dans les bois de Moudou, appartenants à Sa Majesté, en payant au domaine de Lunéville la quantité de huit resaux de seigle annuellement, au moyen de quoy les officiers de la gruerie sont obligés de marquer les dits bois gratis; lequel moulin est laissé actuellement à bail emphitéotique, à Claude Dieudonné, par bail reçu par Thiriet, tabellion à Lunéville, le treize novembre mil sept cent dix neuf, sous la redevance annuelle de trois cent livres, et chargé d'acquitter la redevance des huit rézeaux de seigle deubs au domaine, et d'entretenir le moulin et despendances de toutes réparations grosses et menües.....

Le moulin à plàstre en l'estat qu'il est ;

Le four bannal avec le droit des pàstes au seizième, pour lequel réparer, les manœuvres dudit lieu de Huvillé sont obligés d'arracher les terres nécessaires à cet effet, et les laboureurs chargés de les voiturer, lequel four bannal est à présent ruiné.....

Le pressoir avec le droit des vins au dix-huitième, auquel pressoir tous les defforains ayant vignes sur le ban dudit Huvillé sont obligés d'apporter leurs raisins, à peine d'amande et de confiscations, lequel pressoir est en bon estat.....

Une taille annuelle de soixante et dix neuf francs, six gros barrois, sur les habitants dudit Huvillé, payable en deux termes, scavoir : trente sept francs neuf gros à la feste de St George, et quarante un francs neuf gros à la St Martin, sans diminution, quand mesme il n'y resteroit qu'un seul habitant dans le lieu.....

Les dits habitants doivent aussy annuellement unze rezeaux et demy d'avoine, delaquelle redevance les manœuvres en payent chacun deux petits bichets, et les laboureurs le surplus, le fort ayant le faible.....

Il est deub trois poulles par chacun feu, les venues moitié payables annuellement au jour de la St Martin.....

Les dits habitants sont obligés de faucher, fanner et voiturer annuellement la quantité de huit fauchées, six ommées, unze verges et demy de préz, par corvées, à la ditte seigneurie.....

Les amandes d'espargées et autres qui n'excèdent pas trois francs neuf gros.....

Le fond de la rivière et les vannes de part et d'autre, avec le droit de pesche, depuis les vannes proche le gay dame Claude, du costé de Lunéville, jusqu'au grand tournant au haut de l'Embanie dudit Huvillé.....

Vingt un gros à prendre et percevoir annuellement sur la taille de Lunéville......

Et plusieurs cens affectés sur des mazures et autres héritages, tant audit Huvillé qu'à Lunéville.

MAISONS. — La maison seigneuriale, cour, grange, bergerie et leurs despendances, en l'estat que le tout est à présent, le pressoir et les remises y attenantes.....

Trois maisons de fermiers, avec leurs granges, écuries et despendances.....

Une autre maison à loger un vigneron qui est joignante le petit verger attenant à la melonnière.....

Le grand parterre et les deux vergers y attenans, dans lesquels on fait du regain, et l'un desquels est fermé de murailles, et l'autre de vives hayes.....

Et un petit verger entouré de vives hayes séparé du grand par le chemin.....

MAZURES. — Une place mazure à la rue devant l'Eglise, contenante quinze toises six pieds, Jean Calin d'une part, et un article de deshérence d'autre. Une autre place mazure allant à l'église avec le jardin derrier, contenant une ommée dix sept toises, Jean Petit d'une part, et le sr Maurice d'autre, laquelle mazure a esté assencée au nommé Pierre Ponet, par contrat reçeu par Lerry tabellion, le vingt trois juin mil sept cent vingt quatre, sous le cens annuel de dix livres faisant vingt trois francs, quatre gros barrois.....

JARDINS. — Un jardin contenant cinq ommées dix huit toises quatre pieds et demy, au canton dit Ezmeix de la Chatoire, le sr Thomassin d'une part, et l'article suivant d'autre.....

Un autre jardin au mesme lieu contenant deux ommées vingt une toises un quart, l'article précédent d'une part, et les prez d'autre.....

Un jardin au canton dit Derrier l'Eglise, contenant quatre ommées treize toises six pieds, les pointes des jardins de part et d'autre.....

CHENEVIÈRES. — Une chenevière au canton dit en Varinjon contenant neuf toises, les pointes d'une part, et les jardins d'autre.....

Une chenevière cy-devant jardin, au haut de la Croix, autrement à la ruelle Taunard, contenante treize ommées sept pieds, la ruelle d'une part et les terres labourables d'autre.....

VIGNES. — Quatorze jours et quelques ommées de vignes avignées, tant sur le ban et vignoble de Huvillé que sur celui de Lunéville, scavoir, deux pièces au vignoble de Lunéville, et sept pièces au vignoble de Huvillé, comme elles se contiennent, lesquelles sont scituées trois, lieu dit en Cottant, et quatre en Vaxantel.

TERRES LABOURABLES. — La quantité de cinq cent soixante et quatorze jours, quatre ommées, douze toises de terres labourables, et le plus s'il y a, possédées et cultivées actuellement par les trois fermiers nommés François St Simon, François Bourdon et Jean Le Bon.....

Deux cent une fauchées de prez ou environ possédées tant par les dits fermiers que par Pantaléon, Bique, Berger, et y compris les réserves que s'estoit fait le vendeur, et les vergers nommés cy-dessus.

Et quatre jours, deux ommées de chenevières.

La consistance desquelles terres, prez et chenevières ainsy rappelées, suivant la déclaration qui en a esté donnée par les dits fermiers le trentième juin dernier, signée d'eux et des maire et greffier du lieu, laquelle sera remise à Sa Majesté avec les autres titres et papiers comme il sera dit cy-après;

Cede en outre le dit marquis de Lambertye vendeur, tous générallement les bleds, froment, avoines, orges et autres, dequelles espèces ils puissent estre, et actuellement emblavées, semées et pendants par racines sur lesdittes terres par luy vendües, de mesme que les fruits des vignes actuellement pendants aux seps, pour ce qui luy en appartient.

La marcairerie qui n'est composée actuellement que de six vaches.....

La bergerie composée actuellement de cent soixante douze bestes blanches, tant mères que agneaux.....

L'Orangerie consistante en trente quatre pieds ou arbres d'orangers de différentes espèces, deux mirthes l'un en caisse, l'autre en pot de fayance... Vingt lauriers en caisse, et pots de fayance, et dix grenadiers en caisse, suivant le mémoire et estat signé du s^r de Laire, contenant cinq pages, qui sera aussy remis à Sa Majesté. ....

Les glaces des cheminées de la maison seigneurialle, et la glacière. . . .

Et vend, cède et abandonne générallement tout ce qui luy appartient actuellement au village, ban et finage du dit Huvillé, bans joignants, et à Lunéville, tant en maisons, mazures, terres, prez, jardins, chenevières, vignes, pacquis et autres héritages, cens et redevances à luy appartenants, tant en vertu dudit départ de cour du cinquième aoust *1719*, que des acquisitions particulières qu'il en a fait, tant auparavant ledit départ de cour, que depuis, soit par contrats d'acquets, eschanges, ou autrement, sans aucunes choses en réserver, retenir, ny excepter, et sans qu'il soit besoin de plus amples énumérations ny détail, le vendeur se dessaisissant et dépossessionnant du tout en faveur de Sa Majesté, et l'en met par ces présentes en bonne, vraye, réelle et actuelle possession et jouissance, pour joüir du tout par Sa Majesté, en faire et disposer par elle, dez à présent et quand elle voudra, comme de choses et biens à elle appartenants et comme elle trouvera à propos, sans qu'il soit besoin d'en prendre aucune autre possession par escrit, que les présentes.

Les baux des fermiers et les conventions faittes entre ledit marquis de Lambertye et eux devant subsister pour le temps qui reste à en expirer, si mieux n'aime Sa Majesté, les résilier et les indemniser conformément à l'usage et à la coutume, sans que le vendeur puisse en estre recherché ny inquietté en aucune manière. · La ditte seigneurie et biens énoncés cy-devant, estant par luy vendus, francs, quittes et déchargés de touttes dettes et hypothèques et autres obligations quelconques, à la seulle réserve des cens et redevances anciennes qui peuvent estre affectées sur quelqu'uns des héritages vendus.

La présente vente, cession et abandonnement faitte pour et moyennant le prix et somme de deux cent vingt cinq mille livres argent, au cours de Lorraine, faisant au cours de France celle de cent soixante et quatorze mille, cent quatre vingt treize livres dix sols onze deniers, dans laquelle somme est comprise celle de quatre mille livres pour une coeffe à Madame la marquise de Lambertye, épouse du vendeur, et laquelle somme en sera distraitte pour luy estre délivrée, laquelle somme capitale de deux cent vingt cinq mille livres, cours de Lorraine, sera déposée dans l'étude et entre les mains du tabellion de l'hotel soussigné, pour estre par luy délivrée et distribuée aux créanciers du vendeur, sur le mémoire et déclaration qui en sera par luy donnée et fournie, et suivant les dattes de leurs créances spécialement hypothéquées sur la ditte terre et biens vendus, et en attendant la fin du décret volontaire qui sera stipulé cy-après. Et en conséquence le vendeur se demet et dessaisit dèz aujourd'hui de tous les dits biens ainsy vendus, en faveur de Sa Majesté, et par ces présentes l'en met en bonne, vraye, réelle et actuelle possession et jouissance, detaillés ou non dans le présent contrat, sans être obligé d'en prendre aucune autre possession par escrit que ces présentes. Le tout estant d'acquests faits par le vendeur; et promet et s'oblige en..... le dit marquis de Lambertye de payer, faire payer et acquitter incessamment des dits deniers, touttes les dettes et hypothèques qu'il doit et peut devoir et avoir créées et hypothéquées par contrat ou autrement, sur la ditte terre et seigneurie de Huvillé et despendances ainsi vendues, et de déclarer lors des payements qui seront par luy faits aux créanciers, que les deniers proviennent du prix de la présente vente et de faire subroger Sa Majesté aux droits, privilèges, actions et hypothèques des dits créanciers, par les quittances qui en seront par eux données. Coppies et expéditions desquelles quittances en bonne forme le vendeur fournira et remettra a Sa Majesté pour justiffier l'acquit des contrats, l'employ des deniers et la sureté et décharge de la présente acquisition, à peine d'y estre poursuivy et de tous frais et dépens, et le tout aux frais du vendeur.

Promettant ledit marquis de Lambertye, vendeur, d'avoir la présente vente pour agréable, ferme et stable et de la guarantir, fournir et faire valloir envers et contre tous, de tous troubles, évictions et empechements quelconques, quant au corps et au gros des choses vendües seulement, ainsi qu'elles sont énoncées et speciffiées cy-dessus, et non pour le détail, obligeant pour cet effect, la généralité de tous ses biens, meubles et immeubles, présents et futurs, qu'il a soumis à touttes justices, renonceant à tous droits et bénéfices contraires; et promet aussy de remettre incessamment et dez aujourd'huy, entre les mains de Sa Majesté, ou de personnes préposées de sa part, tous les titres, papiers, documents et enseignements qu'il a et peut avoir concernants la ditte terre, seigneurie et despendances, et ce par inventaire qui sera dressé par le tabellion soussigné, signé du vendeur, et qui demeurera joint à la minutte du présent contrat de vente pour y avoir recours le cas échéant. Promet encore de faire agréer et ratiffier la présente vente incessamment par Madame la marquise de Lambertye, son espouse, et la faire obliger conjointement et solidairement avec luy, à la guarentie de la vente, comme elle est promise cy-dessus et à l'exécution de toutes les clauses et conditions portées au présent contrat, soit par acte au bas de la présente minutte, soit par acte séparé, par devant nottaire, qui y sera ensuite joint, à peine. . . . .

Convenu aussi qu'il est et sera libre à Sa Majesté et à ses officiers de faire procéder incessamment au décret volontaire de la ditte terre, seigneurie et choses vendües par le présent contract, et ce sur le vendeur, et pardevant les officiers du bailliage de Lunéville, dans le terme de trois mois, pour en purger tous hypothèques, les frais duquel décret demeureront à la charge de Sa Majesté, s'il reste volontaire et sans opposition, et au cas qu'il y interviendroit quelques oppositions de quelles natures elles puissent estre, elles seront nottifiées et signiffiées au vendeur, avec sommation de les faire cesser et lever dans la quinzaine, sinon et à faute d'y satisfaire, et que le décret devienne forcé, en ce cas les frais en resteront et demeureront à la charge du vendeur pour le tout; Et pour la validité dudit décret volontaire, le marquis de Lambertye a déclaré faire dez à présent élection de domicil irrévocable en l'étude de Me Courtois, avocat au Conseil et exerceant au bailliage; et le procureur de Sa Majesté au dit bailliage de Lunéville sera chargé de recevoir les signiffications et faire tous actes nécessaires pour la confection du décret au bailliage de cette ville; ou elles consentent que touttes demandes, assignations, actes, signiffications et sentences soient faittes et signiffiées, lesquelles vaudront comme faittes en leurs propres personnes et vrays domiciles, jusques à l'entiere perfection dudit décret : telles estant les conditions des parties qui en sont ainsy convenües et les ont consentyes. Fait et passé en la ville de Lunéville, le tabellion de l'hotel soussigné y ayant esté appelé à cet effet, le samedy deuxième jour de juillet mil sept cent quarante, après midy, en presence de Jean Hubert Chenel et Claude Brégeard, tous les deux bourgeois de Lunéville, qui ont signés comme témoins avec les parties et le tabellion soussigné après lecture faite. Ainsy signés à la minute des présentes LAMBERTYE, CHAUMONT, LAGALAIZIÈRE, J. H. CHENEL et BRÉGEARD, témoins, et PIERRE, tabellion de l'hotel. — Controllé à Nancy le quatre juillet mil sept cent quarante, signé : MESTIVIER. — Scellé à Nancy, le vingt quatre juillet 1741. Gratis pour le roy. Signé : MESTIVIER.

17*

Quittance de 9,840 fr. donnée par M. Thomassin. 30 septembre 1740.

Et le trentième jour de septembre mil sept cent quarante, à Nancy, après midy, est comparu en personne Monsieur Nicolas Thomassin, écuyer, seigneur de Chazelle, du Chamois, et autres lieux, lieutenant général au bailliage de Lunéville, estant cejourd'hui en cette ville, lequel a déclaré et reconnu avoir réceu présentement et comptant, des deniers de Sa Majesté, par les mains du tabellion soussigné, la somme de neuf mille six cent livres de principal, argent au cours de Lorraine, à luy deüe par Monsieur le marquis de Lambertye, pour prix d'un gagnage scitué au lieu, ban et finage de Huvillé, consistant en maison, terres, prez, vignes, chenevières et jardins vendus par mondit sieur Thomassin, à mondit sieur de Lambertye par contract passé par devant Ferry, tabellion à Lunéville, le vingt huit octobre mil sept cent vingt trois, compris en la vente faitte par le contrat d'autre part, ensemble deux cent quarante livres pour la rente de la ditte somme capitalle, depuis le vingt six mars dernier jusqu'au vingt sixième du présent mois. Desquelles somme principalle et rentes, mondit sr Thomassin se tient content et satisfait, en quitte et décharge tant Sa Majesté, que mondit sieur le marquis de Lambertye, et comme Sa Majesté fait le payement de la ditte somme capitalle et rentes en exécution du contrat d'acquest de la terre de Huviller, mon dit sr Thomassin subroge Sa Majesté en ses droits, actions et priviléges, en vertu de son contrat dudit jour vingt huit octobre mil sept cent vingt trois, sans aucune guarentie de sa part que de ses faits et promesses seulement, laquelle subrogration a esté acceptée pour Sa Majesté, par le tabellion soussigné. Fait à Nancy ledit jour trente septembre mil sept cent quarante, et a mondit sr Thomassin signé avec le tabellion soussigné, lecture faitte. Signé à la minutte : THOMASSIN et PIERRE, tabellion. Controllé à Nancy pour la quittance qui est aux frais de M. de Lambertye, ainsy qu'il est stipulé par le contrat, et rien perceu pour la subrogation faitte en faveur de S. M., le premier octobre 1740. Receu vingt quatre livres. Signé : MESTIVIER. Scellé à Nancy, le vingt quatre juillet 1741.

Quittance finalle du prix de la terre de Huvillé, donnée le 11e octobre 1740.

Et le unzième du mois d'octobre mil sept cent quarante, à Nancy, avant midy, est comparu en personne haut et puissant seigneur messire Nicolas François, marquis de Lambertye et de Cons la Grandville, capitaine en chef des gardes du corps de Sa Majesté le roy de Pologne, duc de Lorraine et de Bar, lieutenant général commandant ses trouppes, dénommé comme vendeur au contrat de vente porté ez pages précédentes, estant cejourd'huy à Nancy ; lequel, en consé-quence du décret volontaire fait au bailliage de Lunéville de la terre et seigneurie de Huviller, suivant la lettre de Monsieur Alliot, du sept de ce mois, adressée au tabellion soussigné, a déclaré et reconnu avoir receu de Sa Majesté et de ses deniers, par les mains du tabellion de son hotel soussigné, la somme grosse de cent soixante et quatorze mille, cent quatre vingt treize livres unze sols, argent au cours et valleur de France, faisant le prix total de la terre et seigneurie de Huviller, par luy vendüe à Sa Majesté, par le contrat cy à costé du deux juillet dernier. Laquelle somme luy a esté délivrée, scavoir, dix mille livres cours de France, par sa quittance du cinq juillet dernier, laquelle luy a esté remise à l'instant comme comprise en la présente quittance généralle, quinze mille cent vingt livres sept sols sept deniers aussy cours de France, payées et délivrées à son acquit et décharge, tant à Madame Arnould, qu'à Monsieur Thomassin, lieutenant général à Lunéville, par leurs quittances des deux aoust et trentième septembre dernier, tant en capitaux que rentes, frais de controlles et de quittances, et le surplus faisant encore cent quarante neuf mille, soixante et treize livres trois sols cinq deniers, aussy cours et valleur de France, a esté payé, compté, nombré et délivré présentement et comptant par le tabellion soussigné, et des deniers de Sa Majesté, au dit seigneur marquis de Lambertye, en bonnes espèces coursables, lequel s'en tient content et satisfait, en quitte et descharge Sa Majesté, et consent à l'exécution du contrat, et promet encore d'envoyer incessamment l'acte de ratiffication de la vente, par Madame la marquise de Lambertye. son épouse, ainsy qu'il est stipulé par le contrat de vente, à l'effect de quoy il authorise la ditte dame son épouse dez a présent, pour faire ledit acte de ratiffication, tant en son absence que présence. Fait et passé à Nancy, avant midy, le dit jour, unzième octobre mil sept cent quarante, en présence de Jean Claude Messuy et de Charles Guerre, huissiers à la Cour et au bailliage de cette ville, qui ont signés comme témoins avec ledit seigneur marquis de Lambertye et le tabellion soussigné après lecture faitte. Signé sur la minutte des présentes : LAMBERTYE, J. C. MESSUY et C. GUERRE, témoins, et PIERRE, tabellion de l'hôtel. Controllé à Nancy le douze octobre 1740. Signé : MESTIVIER. Pour seconde grosse et expéditton : Pour Sa Majesté et par ses ordres, signé : PIERRE, tabellion de l'hostel. Scellé à Nancy, le vingt quatre juillet 1741, gratis pour le roy. Signé : MESTIVIER. — (Archives de Meurthe-et-Moselle. — B. 10. 978.)

(Plusieurs feuillets de la minute qui a servi à faire la présente copie étant rongés par l'humidité, quelques mots sont illisibles et remplacés par des points.)

———————

Contrat de mariage de Charles-Lambert, marquis des Armoises, avec Beatrix de Lambertie.

2 mai 1741.

Par devant le notaire royal héréditaire en la prévôté de Villers-la-Montagne, furent présents en personne, haut et puissant seigneur messire Charles-Lambert, chevalier, marquis des Armoises et de Spincourt, seigneur en partie de Boinville, résidant en la ville d'Etain, pour lui et en son nom, assisté de haute et puissante dame Antoinette-Louise, née comtesse des Armoises de Commercy, marquise de Spincourt, sa mère et tutrice, veuve de haut et puissant seigneur messire Pierre-Louis, chevalier, marquis des Armoises, seigneur de Boinville, son père, résident en son hôtel de ladite ville d'Etain, d'une part. Haut et puissant seigneur messire Nicolas-François, marquis de Lambertye, lieutenant-général des troupes de Sa Majesté le roi de Pologne, capitaine en chef de ses gardes du corps, et lieutenant-général des armées du Roi Très Chrétien, et haute et puissante dame Elisabeth, marquise de Ligniville, son épouse, de luy licenciée et autorisée à l'effet des présentes, résidant en leur hôtel à Lunéville, de présent en ce lieu, au nom et comme stipulant pour haute et puissante dame Madame Beatrix, marquise de Lambertye, dame de Pansoux et chanoinesse de Remiremont, à ce présente et de son consentement, leur fille, d'autre part.

Lesquelles parties, de l'agrément, confirmation de très puissant et très excellent prince Stanislas premier, roy de Pologne, grand-duc de Lithuanie, Russie, Prusse, Mazovie, Samogitie, Kiovitz, Volhinie, Podlachie, Livonie, Smolensk, Severie, Czernicovie, duc de Lorraine et de Bar, marquis de Pont-à-Mousson et de Nomeny, comte de Vaudémont, Blamont, de Sarwerden et de Salm ; et de très haute et très puissante et excellente princesse Catherine Oppolinska, reine de Pologne, grande-duchesse de Lithuanie, Russie, Prusse, Mazovie, Samogitie, Kiovie, Volhinie, Podolie, Podlachie, Livonie, Smolensk, Severie, duchesse de Lorraine et de Bar, marquise de Pont-à-Mousson et de Nomeny, comtesse de Vaudémont, de Blamont et de Sarwerden et Salm, leurs souverains seigneurs.

Et de l'avis de très haut et très puissant seigneur messire François-Maximilien, duc de Trunezin d'Ossolensky, prince du S¹-Empire, chevalier des ordres du Roy, chevalier d'honneur à la Cour souveraine de Lorraine, grand-maître et premier grand-officier de la maison de S. M. le roy de Pologne; de très haute et très puissante dame Madame Catherine, duchesse Ossolinska, née comtesse d'Astrog-Sablonoska, son épouse; et encore en la présence et du consentement et avis de leurs parents et amis, cy-après nommés, scavoir : de haute et puissante demoiselle Mademoiselle Antoinette-Louise, née marquise des Armoises, dame dud. Boinville en partie, sœur aud. seigneur futur époux, résidente en la même ville d'Etain ; de haute et puissante demoiselle Mademoiselle Marie-Thérèse des Armoises, aussi dame en partie de Boinville, sa tante paternelle, résidente en son hôtel en la ville de Nancy ; de haut et puissant seigneur messire chevalier, comte des Armoises d'Anderny, seigneur de Bonviller et autres lieux, résident en la ville de Verdun : de haute et puissante dame Madame Alberte-Constance du Faing, née comtesse d'Assile, gouvernante de Madame la princesse de Lorraine, douairière de haut et puissant seigneur messire Charles, chevalier, comte des Armoises de Bouvigny, vivant gouverneur de Messeigneurs les Princes de Lorraine et envoyé extraordinaire de S. A. R. le duc Léopold de Lorraine en cour de Vienne, sa cousine et marraine, résidente en son hôtel en lad. ville de Nancy ; de très haut et très puissant prince de Beauveau, colonel du régiment aux gardes ; de haut et puissant seigneur et dame Madame les marquis et marquise de Mirepoix, maréchal des camps et armées du roy très chrétien Son Ministre plénipotentiaire à Vienne : de haut et puissant seigneur messire Louis, chevalier, comte des Armoises du Jauny ; de haute et puissante dame Madame Catherine, marquise de Beauveau, son épouse ; de haut et puissant seigneur messire Bernard des Armoises, marquis d'Aulnoy, capitaine des gardes du corps de S. A. R. le grand-duc de Toscane, de haute et puissante dame Madame........., marquise de Beauveau, son épouse ; de haut et puissant seigneur messire chevalier marquis de Raigecourt, maréchal des camps et armées du roy; de haut et puissant seigneur messire chevalier comte de Vitrémont, de haute et puissante dame Madame comtesse des Armoises de Jauny, son épouse, tous oncles et tantes aud. seigneur futur époux ; de haut et puissant seigneur messire chevalier de Mitry, maréchal de Lorraine et Barrois ; de haut et puissant seigneur messire Maximilien, chevalier, comte du Hautoy, seigneur de Gussainville, grand sénéchal de Lorraine et Barrois, de haute et puissante dame Madame, née comtesse de Saintignon, son épouse; de haut et puissant seigneur messire baron de Goudenhove, seigneur de Vaudoncourt; de haut et puissant seigneur messire comte du Hautoy; de M. l'abbé Tinturier, chanoine et archidiacre de la cathédrale de la ville de Verdun; de haut et puissant seigneur messire chevalier comte de la Fontayne et d'Harnoncourt, son cousin, résident en son château de Xorbey; de haut et puissant seigneur messire chevalier comte de la Fontayne et d'Harnoncourt, frère au susdit, son cousin ; de haute et puissante dame Marguerite Antoinette, née comtesse de Bouzey, douairière de haut et puissant seigneur messire Melchior, chevalier, marquis de Ligniville, maréchal de Lorraine et Barrois, conseiller d'Etat de S. A. R., résident en son marquisat de Wrecourt, ayeul maternel de ma dite future épouse; de haute et puissante dame Madame Françoise, née marquise de Lambertye, comtesse de Grunne, résidente à Grunne, tante paternelle; de Son Excellence Monseigneur Marc, marquis de Beauveau, prince de Craon, grand d'Espagne de la première classe, chevalier de la Toison d'Or, grand écuyer de S. A. R. le grand-duc de Toscane, et plénipotentiaire pour son service à Florence, de très haute et très puissante dame Madame Marguerite, née comtesse de Ligniville, son épouse, ses oncle et tante ; de haute et puissante dame Madame Thérèse-Angélique, née comtesse de Ligniville, dame d'honneur de de S. A. R. Madame, et douairière de haut et puissant seigneur messire Charles, chevalier

marquis de Lénoncourt, gentilhomme de feu S. A. R., sa tante ; de haute et puissante
dame Madame Béatrix de Capoue, duchesse de Mariano, douairière de haut et puissant seigneur
messire Marc, chevalier marquis de Ligniville, général major pour le service de l'empereur,
résident en son hotel à ...., sa tante et sa marraine ; de haut et puissant seigneur
messire François-Antoine, marquis de Lambertye, résident au château de Cons-la-Grandville ;
de haut et puissant seigneur messire Camille, chevalier, marquis de Lambertye et de Gerbéviller, résident en son hôtel en la ville de Nancy ; de haut et puissant seigneur messire
Charles-Philippe, chevalier, marquis de Lambertye, abbé de Bouzonville, résident à Romont ;
de haut et puissant seigneur messire Charles-Alexandre-Gabriel, marquis de Lambertye, tous
quatre ses frères ; de haute et puissante dame Madame Catherine-Louise, marquise de Lambertye, épouse de haut et puissant seigneur messire chevalier marquis de Lenoncourt, sa
sœur ; de haute et puissante dame Madame Angélique, marquise de Lambertye, dame de
Monbrun, chanoinesse de Remiremont, aussi sa sœur ; de haut et puissant seigneur Joseph,
chevalier, comte de Bouzey, maréchal de Lorraine et Barrois, résident en son château de
Bouzey ; de haut et puissant seigneur messire Jean, chevalier, comte de Bouzey, prélat référendaire du Pape, grand doyen de la primatiale de Lorraine, conseiller d'honneur du Parlement, résident en son hôtel à Nancy, tous deux ses grands-oncles ; de haut et puissant
seigneur messire comte de Zalousky, référendaire du Pape, grand aumônier du roy de Pologne,
grand prévot de Saint-Dié, abbé de Villers-Betnack ; de haut et puissant seigneur messire et
Madame la comtesse de Berchiny, grand-écuyer de S. M. le roy de Pologne et maréchal
des camps ez armées du roy T. C. ; de haut et puissant seigneur, comte de Béthune, grand
chambellan de S. M. le roy de Pologne, maréchal des camps et armées du roy ; de haute
et puissante dame Madame de Linange, dame d'honneur de la reine de Pologne ; de haut et
puissant seigneur messire marquis de Choiseuille, chevalier d'honneur de la reine, brigadier
des armées du roy et capitaine de la gendarmerie pour le service du roy très chrétien ; de
haute et puissante dame Madame marquise de Choiseuille, son épouse, dame du palais de la
reine de Pologne, tous ses cousins et cousines ; de haut et puissant seigneur messire Antoine-
Martin de Chaumont, marquis de la Galaizière, chevalier, garde des sceaux et intendant de
justice et police et finances, troupes, fortifications et frontières de Lorraine et Barrois, résident en son hôtel à Lunéville, de haute et puissante dame Madame Obry, son épouse ; de
haut et puissant seigneur messire Jean-Baptiste-Henry-Balthazard, comte de Rennel et du Saint-
Empire, chevalier, seigneur d'Herbeumont, Circourt, Bouvigny, gentilhomme de la Chambre
de S. M. le roy de Pologne, résident en son hôtel à Lunéville ; de haut et puissant seigneur messire Thomas Skarbeck, comte de Barrosky, gentilhomme de la Chambre de S. M.
le roy de Pologne, capitaine au régiment de Mestre de camp général des dragons pour le
service du roy T. Chrétien, amis communs des dits seigneur et dame futurs époux.

Ont reconnu et confessé avoir fait et accordé entre eux les traités, pactions et conventions de mariage qui suivent, scavoir : que les dits seigneur et dame marquis et marquise
de Lambertye ont promis et promettent de donner, comme ils font par ces présentes, madite
dame de Pansaux, leur fille, de son plein, libre et volontaire consentement, pour femme et
légitime épouse à mond. seigneur marquis des Armoises ; lequel aussi, de son plein, libre et
volontaire consentement, a promis et promet de la prendre pour telle, comme il fait par les
présentes ; s'étant obligé les dits seigneur et dame futurs époux de solemniser leur mariage
en face notre mère la sainte Eglise le plutôt que faire se pourra, et qu'il sera déterminé
entre eux et lesd. seigneurs et dames leurs père et mère, parents et amis. Qu'aussitôt
après la bénédiction nuptiale lesd. seigneur et dame futurs époux seront un et communs
en leurs biens meubles, acquets, conquets immeubles, qu'ils font et feront pendant et cons-

tant leur mariage, soit que mad. dame future épouse soit dénommée ou non aux contrats qui en seront passés, en quelques coutumes que lesd. acquets soient faits, s'en rapportant à cet égard aux dispositions de celle de Saint-Mihiel, dérogeant et renonçant expressément par ces présentes à tout autre contraire. Qu'en faveur dud. futur mariage lesd. seigneur et dame marquis et marquise de Lambertye ont constitué à mad. dame future épouse, leur fille, la somme de cinquante mille livres, de laquelle ils ont promis et s'obligent solidairement l'un pour l'autre, et l'un seul pour le tout, sans division, ordre de droit, discution, ny fide jussion, auquel bénéfice ils ont renoncé, de payer dans le mois de janvier prochain auxd. seigneur et dame futurs époux, celle de dix mille livres pour entrer et faire partie de la communauté cy-devant stipulée ; que les quarante autres mille livres restant de la dite somme demeureront propres à ma dite dame future épouse et aux siens de son côté et estoc et ligne, à l'effet de quoy elles seront employées dans le même délai à payer à la décharge de mad. dame marquise des Armoises pareille somme de quarante mille livres de dettes passives dont elle est tenue envers ses créanciers, afin de liquider et libérer de toutes hypothèques la marquise de Spincourt ; s'obligeant comme dessus lesd. seigneur et dame marquis et marquise de Lambertye d'apporter dans le dit délai à mad. dame marquise des Armoises quittance et décharge valable de ses créanciers qu'elle leur indiquera incessamment, des sommes qu'elle leur doit, jusqu'à concurrence de celle avant dite de quarante mille livres ; au moyen de quoi elle cédera dès lors, comme elle fait dès aprésent et par ces présentes, sans qu'il soit besoin d'autre contrat, auxd. seigneur et dame futurs époux, le fond et la propriété des domaines et droits domaniaux du village d'Eton, dépendant dud. marquisat, aux réserves et restrictions qui seront cy-après faites pour les autres domaines qui seront cédés, ensuite de quoi sera donné quittance, par lesd. seigneur et dame futurs époux, au dos des présentes, aux dits seigneur et dame marquis et marquise de Lambertye, de la dotte qui aura été ainsy payée et employée pour lesd. domaines et droits domaniaux du village d'Eton, rester en propre à mad. dame future épouse et aux siens de son côté, estoc et ligne, ainsi et de même et luy tenir pareille nature que les dites quarante mille livres, sans que en cas de partage de la communauté cy-devant stipulée, cette clause puisse opérer la division ou le démembrement dud. marquisat, le droit éventuel de mad. dame future épouse étant restreint sur cet objet aud. cas de partage, à reprendre lad. somme de quarante mille livres et à conserver jusqu'au remboursement effectif de cette somme, la jouissance desd. domaines et droits domaniaux d'Eton. Lequel remboursement madame future épouse pourra exiger en un seul et même paiement, lors de la dissolution de la communauté. Et avec cette autre condition, néantmoins, qu'il sera libre à ma dite demoiselle des Armoises, sœur dud. seigneur futur époux, au décès de mad. dame marquise des Armoises, sa mère, de rentrer dans les droits, qui lui eussent comptés alors sans cette clause, dans lesd. domaines et droits domaniaux d'Eton et d'en prendre indemnité sur les autres biens dud. marquisat, en remboursant aud. seigneur et dame futurs époux, lad. part, dont elle eut été tenue de droit dans lad. somme de quarante mille livres. Lequel remboursement, cependant ne pourra changer la qualité des deniers, qui, quoique remboursés demeureront toujours propres à mad. dame future épouse et aux siens de son côté, estoc et ligne et seront à cet effet employés en acquisitions d'autres biens. Qu'au moyen du paiement et emploi, cy-devant stipulés de lad. somme de cinquante mille livres, ma dite dame future épouse, de l'autorité dud. seigneur futur époux, a par ces présentes renoncé en faveur de Messieurs ses frères et sœurs et de leurs enfants et descendants seulement, à tous les droits successifs et prétentions héréditaires qu'elle pouvait espérer dans les successions futures des dits seigneur et dame marquis et marquise de Lambertye, ses pères et mère, promettant de ratifier la dite renonciation, aussitôt qu'elle aura atteint l'âge de majorité, à l'effet de quoi led. futur époux l'a aussi dès à présent et par ces présentes autorisée à lad. ratification. Que mad. dame marquise des Armoises, mère dud. futur époux, le marie avec les droits à luy échus dans la terre et seigneurie de Boinville par le décès du marquis des Armoises, son père, et de messire Albert-Eugène, chevalier des Armoises, son oncle, en quoi ils puissent consister, déchargés du douaire coutumier appartenant à mad. dame marquise des Armoises sur les dits droits, à la seule réserve du droit de chasse et de pêche qu'elle pourra exercer concurremment avec luy sur lad. terre et de deux arpents de taillis qu'elle prendra annuellement dans les coupes ordinaires des bois de Boinville aud. titre de douaire; et en en fesant état par led. seigneur futur époux au fermier actuel de la même ferme sur les annees à écouler de son bail, d'une somme de douze cent livres de France que mad. dame marquise des Armoises en a touché par anticipation sur son douaire. Que mad. dame marquise des Armoises donnera, en outre, comme elle fait par ces présentes, aud. seigneur futur époux, avec substitution au profit des enfants qui naîtront dud. futur mariage, entre les mains desquels ils deviendront libres et sans que led. seigneur futur époux en puisse disposer à leur préjudice par vente, donation, n'y autrement, ny sans qu'il puisse les affecter ny hypothéquer soit avant, pendant, ou après led. futur mariage, pour quelques causes que ce puisse être, les domaines et droits domaniaux à elle appartenant dans les villages et hameaux de St-Supplet, St-Pierreviller et Remenoncourt, en quoi ils puissent consister et dont il commencera à jouir au premier janvier, ainsi et de même que mad. dame marquise des Armoises en jouit ou a droit d'en jouir actuellement, et, sans aucune réserve en sa faveur, sinon, *primo*, de l'exercice de la juridiction qui demeurera jointe au corps de la prévoté de Spincourt; *secondo*, de la libre nomination aux offices en dépendant sans la participation dud. seigneur futur époux, auquel elle abandonne les émoluments de justice dans lesd. lieux, pour en jouir comme des autres droits domaniaux cédés, à charge d'entretenir tous les baux qu'elle en a fait; *tertio*, du droit de chasse et de pêche dans l'étendue des bans et finages desd. lieux, cédés pour l'exercer concurremment avec led. seigneur futur époux, auquel elle donne et abandonne tous les amendes et dommages-intérêts qui pourraient naitre dans lesd. domaines, des contraventions aux édits, ordonnances, déclarations et arrêts des souverains, à charge par luy d'en faire faire la poursuite par le procureur fiscal de Spincourt et, en cas d'appel, dans les autres juridictions supérieures, par qui bon luy semblera, à ses frais, ainsi que pour tous les autres droits et domaines à luy cédés. Que mad. dame des Armoises donnera, en outre, comme elle fait par ces présentes, aud. seigneur futur époux, la jouissance de quatre arpens de taillis dans les coupes ordinaires qui seront cy-après, le premier janvier prochain dans le bois de Saulx. Sous le bénéfice de toutes lesquelles clauses qui sans les charges cy-dessous n'auront point été accordées : *Primo*, mad. dame marquise des Armoises demeurera quitte envers led. seigneur futur époux de toute reddition de compte, soit au sujet du revenu des biens depuis l'âge d'émancipation, soit à l'occasion de ce qu'elle a touché des capitaux des contrats provenant de la succession de M. le comte des Armoises de St-Balmont, le surplus desd. contrats existant au rapport actuel de sept cent livres de rentes réservés en usufruit seulement à mad. dame marquise des Armoises pour après son décès être partagés entre led. seigneur futur époux et Mlle des Armoises, sa sœur, suivant le testament de mond. sieur de St-Balmont : *Secondo*, led. seigneur futur époux ne pourra ny rechercher n'y inquiéter sous quelque prétexte que ce soit madite dame marquise de Armoises, sa mère, au sujet de la vente par elle faite de la terre du Plessis, en Champagne, provenant de la succession de feue Madame la comtesse des Armoises, de Commercy, sa mère, qui en avait légué une partie aud. seigneur futur époux, chargé d'un leg particulier de dix mille livres au profit de

Mlle des Armoises, sa sœur, de substitution de l'un à l'autre et des autres legs et dettes de la succession, au moyen de quoi mad. dame marquise des Armoises s'oblige, à la décharge dud. seigneur futur époux, de l'acquitter dud. leg de dix mille livres et de payer sur les meubles et acquets à madite D^lle des Armoises lad. somme de dix mille livres ou telle autre moindre somme, à laquelle son leg aurait pu être réduit et porté de droit, eu égard à l'état de la succession chargée de dettes de lad. dame comtesse des Armoises, de Commercy, renonçant led. seigneur futur époux, en faveur de mad. dame marquise des Armoises, sa mère, au surplus du leg fait à son profit par mad. dame comtesse des Armoises, de Commercy, et s'obligeant de ratifier à sa majorité la vente de lad. terre du Plessis, ainsi que mad. dame marquise des Armoises s'y est obligée envers l'acquéteresse : *Tertio*, au cas que led. seigneur futur époux viendrait à la suite à entreprendre de rentrer dans ses droits sur les marais de St-Gond, vendus par son ayeule maternelle à M. de Romecourt, son cousin, et qu'il parviendrait à en évincer led. acquéreur, il sera tenu de luy rembourser, s'il échet, les seize mille livres argent de France, qu'il en a payé à sad. ayeule, en telle sorte que mad. dame marquise des Armoises, sa fille et héritière bénéficiaire, ne puisse en être recherchée directement ny indirectement : *Quarto*, au cas où il deviendrait nécessaire, à la suite, de bâtir à Spincourt, led. seigneur futur époux sera tenu et obligé de contribuer aux frais du bâtiment, proportionnellement et au prorata des domaines et droits domaniaux qui luy sont cédés. Que douaire ayant lieu, la dame future épouse jouira du douaire coutumier, ainsi qu'il est réglé par la coutume de St-Mihiel. Que led. seigneur futur époux a donné et donne par ces présentes à mad. dame future épouse la somme de six mille livres pour bagues et joyaux réductibles à moitié, en cas d'enfants, à prendre sur le bien de la communauté avant partage. Qu'arrivant la dissolution de lad. communauté, le survivant de conjoints, si c'est led. seigneur futur époux, reprendra avant partage des biens de communauté, ses habits, linges et armes et carosses et chevaux jusqu'à la concurrence de la somme de six mille livres au cas qu'il n'y eut point d'enfant, et de trois mille livres au cas qu'il y en aurait. Que si pendant led. futur mariage il était vendu ou aliéné quelques héritages propres à l'un ou à l'autre desd. futurs époux, les deniers de la vente seront employés en acquisitions d'autres héritages pour sortir pareille nature de propres à celuy des conjoints dont l'héritage aura été vendu, et à ceux de son côté, estoc et ligne. Qu'enfin, pour les cas non exprimés aud. présent contrat de mariage, les parties ont adopté et choisi les dispositions de la coutume de St-Mihiel. Sans toutes lesquelles clauses, charges et conditions led. mariage n'eut été accordé. Dérogeant à cet effet à toutes lois, coutumes faisantes au contraire de celle de St-Mihiel et des présentes, qui furent faites et passées entre lesdites parties, sous leurs promesses réciproques de les exécuter en tous leurs points, de n'aller jamais au contraire, sous l'obligation de tous leurs biens meubles et immeubles présents et avenir, qu'ils ont soumis à toute cour et juridiction, renonçant à toutes choses à ce contraires. A Villers-la-Chèvre sur la partie de la prévoté de Villers-la-Montagne, le deux mai mil sept cent quarante-et-un de relevé, en présence de M^r maitre Claude Watrin, écuyer, seigneur d'Haudremont, lieutenant général au baillage d'Etain et subdélégué au département de la dite ville, et de maitre Henry-Hyacinthe Gérard, avoué à la Cour et aud. baillage, temoins de connaissance, de présent en ced. lieu, et ont les dites parties signées après lecture faite. Était signé à la minute : Stanislas, roy; Catherine; le marquis des Armoises de Spincourt, Lambertye de Pansau, la marquise des Armoises de Spincourt, duc de Teunezin, Isolian, d'Ossolinska, le marquis de Lambertye, Ligniville de Lambertye, le prince de Beauveau, la comtesse de Baronsky, Lagalaizière, Obry Lagalaizière, des Armoises de Spincourt, Bethune, de Vashogne, le comte de Berchiny, Rennel, des Armoises d'Anderny, Lambertye, dame de Remiremont, Coudenhove,

de BERCHINY, Joseph comte de ZALEUSKY, LAMBERTYE, du HAUTOY, du HAUTOY, de SAINTIGNON
DU HAUTOY, de BOUZEY, le marquis de CHOISEUIL, François de LAMBERTYE, Louis MIREPOIX,
C. TINTURIER, le vicomte de la FONTAYNE et d'HARNONCOURT, WATRIN, GERARD et TRIDANT, notaires;
contrôlé à Villers-la-Montagne, le deux mai 1741.

Mariage de Charles-Lambert des Armoises avec Beatrix de Lambertie. 2 mai 1741.

Le deuxième mai mil sept cent quarante et un, ont été épousés en l'église paroissiale
de la Grandville, en présence des parents et témoins à ce requis, haut et puissant seigneur
messire Charles-Lambert des Armoises, chevalier, seigneur marquis de Spincour, de la paroisse
d'Estain, fils de haut et puissant seigneur messire Pierre-Louis des Armoises, en son vivant
chevalier, seigneur, marquis de Spincour, et de haute et puissante dame Madame Antoinette-
Louise, marquise des Armoises et de Spincour; et haute et puissante dame Madame Beatrice
de Lambertye, chanoinesse de Remiremont, fille de haut et puissant seigneur Nicolas-François,
marquis de Lambertye et de la Grandville, lieutenant-général des armées de Sa Majesté très
chrétienne le roi de France, et lieutenant général des troupes du roi de Pologne, capitaine
commandant en chef ses gardes du corps, et de haute et puissante dame Madame Elisabeth
de Ligniville, marquise de Lambertye. Les dites parties assistées et en présence de haut et
puissant seigneur François Florimont, comte des Armoises, chevalier, seigneur d'Anderny,
cousin germain; de messire François Florimont, comte des Armoises, chevalier, seigneur de
Boinville, aïeul de mondit sieur le marquis de Spincour; de messire Charles Teinturier, prêtre,
licencié de Sorbonne, conseiller du roi très chrétien en sa Cour du Parlement de Metz, archidiacre et chanoine de l'église Cathédrale de Verdun, grand prévôt de l'église collégiale royale
de Saint-Mihiel, cousin issu de germain, de Madame la comtesse des Armoises, aïeule de
mondit sieur le marquis de Spincour, lequel a reçu le consentement des parties et leur a
donné la bénédiction nuptiale du consentement et en présence de nous, Remacle Lottay, curé
de La Grandville; en présence aussi de haut et puissant seigneur François-Charles, chevalier,
marquis de Lambertye, chambellan de Sa Majesté le roi de Pologne, frère germain de madite
dame Béatrice de Lambertye, et de haut et puissant seigneur Jean Evrard, chevalier, vice-
comte de la Fontaynne et d'Harnoncour, cousin-germain de madite dame Béatrice de Lambertye;
tous parents et témoins, qui ont signé avec nous et les parties, ce deuxième mai mil sept
cent quarante et un, en présence aussi de haut et puissant seigneur Paul, chevalier, baron
de Coudenhove, seigneur de Vaudoncour et Fontoy, etc., comme témoin. Le marquis des
ARMOISES DE SPINCOURT, LAMBERTYE DE PANSAUX, la marquise des ARMOISES DE SPINCOURT, le marquis de LAMBERTYE, LAMBERTYE, LIGNIVILLE DE LAMBERTYE, le vicomte de LAFONTAYNNE ET D'HAR-
NONCOURT, des ARMOISES D'ANDERNY, COUDENHOVE, C. TEINTURIER, REMACLE LOTTAY, curé. —
(Registres paroissiaux de Cons-la-Grandville.)

Sépulture de Nicolas-François de Lambertie. 22 juin 1741.

Le vingt-deuxième juin mil sept cent quarante et un, est mort, vers les sept heures du
soir, haut et puissant seigneur Nicolas-François, marquis de Lambertye et de La Grandville,
lieutenant-général de Sa Majesté très chrétienne le roi de France, et lieutenant-général des
troupes du roi de Pologne, capitaine commandant en chef ses gardes du corps, administré

18*

des sacrements de notre mère la sainte Eglise. Fut inhumé au caveau dessous le cœur de M^{rs} les Religieux. — R. LOTTAY, curé de La Grandville. — (Registres paroissiaux de Cons-la-Grandville.)

Fiançailles de Charles-Christophe du Bost de Pontdoye avec Louise-Thérèse-Françoise de Lambertie. 29 avril 1742.

L'an mil sept cent quarante-deux, le vingt-neufvième avril, haut et puissant seigneur messire Charles-Christophe du Bost, marquis du Pondoye, et haute et puissante dame Madame Thérèse-Louise de Lambertye, ont été fiancés et se sont promis mutuellement de se marier ensemble le plus tôt que faire se pourra, et au plus tard dans quarante jours. Lesquelles promesses de mariage ont été reçues par moy haut et puissant seigneur illustissime et révérendissime Dom Célestin des Fonds, abbé de Saint-Hubert, en présence du sieur Agathe, curé de Gerbeviller; en présence de haute et puissante dame Madame Elisabeth de Lignéville, marquise de Lambertye, mère; de haut et puissant seigneur messire Camille de Lambertye, comte de Tornielle, marquis de Gerbeviller, et de dame Barbe Hurault de Morinville, son épouse; haut et puissant seigneur messire Jacques, comte de Lignéville, chambellan de Sa Majeté le roi de Pologne, et plusieurs autres messieurs, tous parents et amis qui ont tous signé. — (Registres paroissiaux de Gerbeviller.)

Mariage de Charles-Christophe du Bost de Pondoye avec Louise-Thérèse-Françoise de Lambertie. 3 mai 1742.

L'an mil sept cent quarante-deux, le troisième du mois de may, après avoir publié au prosne de la messe paroissiale un ban de mariage entre haut et puissant seigneur messire Christophe-Charles, baron du Bost, marquis du Pontdoye, fils de feu haut et puissant seigneur messire Charles-Bernard du Bost du Moulin, baron d'Heit, et de haute et puissante dame Madame Marie-Marguerite d'Estassin, dame de Brandebourgt, du Mont Saint-Jean de Luxembourg, diocèse de Trèves, d'une part; et haute et puissante dame Madame Thérèse-Louise de Lambertye, fille de haut et puissant seigneur messire Nicolas-François, marquis de Lambertye et de la Grandville, commandant en chef des gardes du corps de Sa Majesté le roi de Pologne, général de ses troupes, lieutenant général des armées du roy très chrétien, et de haute et puissante dame Madame Elisabeth de Lignéville, marquise de Lambertye, de la paroisse de Lunéville de droit, et de cette paroisse de Gerbeviller de fait, d'autre part; et semblable publication ayant été faite dans la susdite paroisse de Lunéville, suivant le certificat du sieur Verlet, chanoine régulier, curé de Lunéville, joint avec son consentement pour que le mariage se célèbre dans la paroisse de Gerbeviller, resté entre les mains du sieur Nicolas-François Agathe, curé dudit Gerbeviller; je haut et puissant seigneur Dom Célestin des Fonds (ou des Jons), illustrissime et révérendissime abbé de Saint-Hubert, assisté dudit sieur Nicolas-François Agathe, curé dudit Gerbeviller, en conséquence de la dispense de deux bans accordée par Monseigneur l'illustrissime et révérendissime évêque et comte de Toul, prince du Saint-Empire, en date du vingt-neuf avril mil sept cent quarante-deux, insinuée et contrôlée à Toul les jour et an susdits, laquelle dispense est aussi restée entre les mains dudit sieur curé de

Gerbeviller, ay reçu leur mutuel consentement et leur ay donné la bénédiction nuptiale dans l'église des Révérends Pères Carmes déchaussés de cette ville, du consentement dudit sieur curé, avec les cérémonies prescrites par notre mère la sainte Eglise. En présence de haut et puissant seigneur messire Camille de Lambertye, comte de Tornielle, marquis de Gerbeviller, et de messire Charles-Philippe, comte de Lambertye, abbé commendataire de l'abbaye de Bouzonville; de Monsieur le comte de Lignéville, chambellan de Sa Majesté le roy de Pologne; de messire Nicolas de Fran, comte d'Anglure, seigneur de Magnières et autres lieux; des sieurs François Robert, avocat à la Cour, prévost gruyer, chef de police au marquisat de Gerbeviller, et du sieur Damien-Emerie-Hurtort Honoré, avocat aux causes de Luxembourg, et plusieurs autres seigneurs, parents et amis dont la plupart ont signé avec nous et avec les parties. — (Registres paroissiaux de Gerbeviller.)

Mariage de Louise-Thérèse de Lambertie avec Chistophe-Charles du Bost du Pontdoye.

3 mai 1742.

Du trois mai mil sept cent quarante deux, à Gerbeviller, avant midy. Pardevant le tabellion général garde nottes, et héréditaire en Lorraine, résident au dit Gerbeviller, soussigné et en présence des témoins cy après nommés.

Comparurent en personnes haut et puissant seigneur messire Christophe-Charles du Bost, seigneur d'Esch sur la Sure, fils de feu haut et puissant seigneur messire Charles-Bernard du Bost Moulin lorsqu'il vivait, seigneur du dit Esch, et de haute et puissante dame Madame Marie-Marguerite de Stassin, douairière du dit feu seigneur du Bost Moulin, demeurant à Luxembourg, ensuite de la procuration de ma dite dame de Stassin, sa mère, et conditions de mariage du vingt avril dernier qui seront jointes aux présentes signées de ma dite dame de Stassin; assisté du Révérendissime dom Scélestin du Jond, très digne abbé régulier de Saint-Hubert, seigneur du dit lieu, grand aumonier né de l'ordre Palatin, vicomte d'Amème, premier pair du duché de Bouillon d'une part; haute et puissante dame Madame Louise-Thérèse, née marquise de Lambertye, dame et chanoinesse de Remiremont, fille de feu haut et puissant seigneur messire Nicolas-François, marquis de Lambertye, lorsqu'il vivait, général des troupes de Sa Majesté le roy de Pologne, capitaine en chef de ses gardes du corps et lieutenant général des armées du roy de France, et de haute et puissante dame Madame Elisabeth marquise de Ligniville, douairière du dit feu seigneur marquis de Lambertye, ses père et mère, assistée de madite dame de Ligniville et de son consentement d'autre part. Lesquelles parties de l'agrément de très haut, très puissant et très excellent prince Stanislas premier, roy de Pologne, grand duc de Lhytuanie, Russie, Prusse, Mazovia, Samogytie, Volhynie, Podolie, Podlachie, Livonie, Smolensk, Severie, Czernikovie, duc de Lorraine et de Bar, Vaudémont, Blamont, Saaverden, et de Salm, etc.; de très haute et très puissante et très excellente princesse Catherine Opalinska, reine de Pologne, son épouse, souverains seigneurs de ma dite dame future épouse, et de l'avis de très haut et très puissant seigneur messire François-Maximilien de Teuvezin d'Ossolinski, prince du Saint Empire, chevalier des ordres du roy, chevalier d'honneur à la Cour souveraine de Lorraine et Barrois, grand maitre et premier grand officier de Sa Majesté le roy de Pologne et de très haute et très puissante dame Madame Catherine, duchesse d'Ossolinska, née comtesse d'Orhan Jabloninska, son épouse; et de l'avis et consentement de leurs parents et amis cy après: de haut et puissant seigneur, messire François-Antoine, chevalier, marquis de Lambertye;

de haut et puissant seigneur messire Camille de Lambertye, comte de Tornielle, marquis
de Gerbéviller, seigneur d'Audun, Villerupt, Valhey, et autres lieux, chambellan de Sa Majesté
Polonaise, grand louvetier de Lorraine; de haute et puissante dame Madame Barbe Hureault de
Morainville, son épouse; de haut et puissant seigneur messire Philippe-Charles, chevalier comte
de Lambertye, abbé commandataire de l'abbaye de Bouzonville; de haut et puissant seigneur
messire Charles-Alexandre-Gabriel, comte de Lambertye, lieutenant au régiment du roy de
Pologne; de haut et puissant seigneur Jean-Baptiste de Lénoncourt, marquis de Blainville; de haute
et puissante dame Catherine-Louise, née marquise de Lambertye, son épouse; de haute et puissante dame Madame Thérèse, née marquise de Lambertye, dame et chanoinesse de Remiremont;
de haute et puissante dame Madame Béatrix, née marquise de Lambertye, dame de Panseaux,
épouse à haut et puissant seigneur messire Charles-Lambert, marquis des Armoises de Spincourt, ses frères, sœurs, beaux-frères et belle-sœur; de haut et puissant seigneur messire
Antoine-Martin de Chaumont, chevalier, marquis de Lagalasière, garde des sceaux, intendant de
justice, police et finances, troupes, fortifications et frontières de Lorraine et Barrois; de haute
et puissante dame Madame......... Olry, son épouse; de haute et puissante dame Madame
Antoinette, née comtesse de Bouzey, douairière de haut et puissant seigneur messire Melchior,
chevalier, marquis de Ligniville, marechal de Lorraine et Barrois, ayeulle maternelle de la dite
dame future épouse; de haute et puissante Madame Françoise, née marquise de Lambertye, comtesse
de Grunne, sa tante paternelle; de Son Excellence Monseigneur Marc, marquis de Beauveau,
prince de Craon, grand d'Espagne de la première classe, chevalier de la Toison d'Or, grand
écuyer de S. A. R, Monseigneur le grand duc de Toscane, plénipotentiaire pour son service
à Florence, et de très haute et très puissante dame Madame Marguerite, née marquise de
Ligniville, son épouse; de haute et puissante dame Madame Thérèse Angélique, née marquise
de Ligniville, dame d'honneur de S. A. R. Madame, et douairière de haut et puissant seigneur
messire Charles, chevalier, marquis de Lénoncourt, premier gentilhomme de feu S. A. R.;
de haute et puissante dame Madame Marie-Charlotte, née marquise de Ligniville, comtesse de
Galle, dame d'atour de S. A. R. Madame; de haut et puissant seigneur messire Gabriel
de Messey, né comte de Biel, seigneur de Biel, Ysse, Quinsero et autres lieux, et de
haute et puissante dame Madame Louise-Pétronille de Ligniville, née marquise de Ligniville,
son épouse, ses oncles et ses tantes maternelles; de haut et puissant seigneur messire Nicolas
de Franc, chevalier comte d'Anglure, seigneur de Magnère, Domptail, V... de Remberviller,
chambellan de feu S. A. R., et haute et puissante dame Madame............., née comtesse
de Bresset, son épouse; de haute et puissante dame Madame Elisabeth-Charlotte, née marquise
de Beauveau, douairière de haut et puissant seigneur messire Ferdinand, chevalier, marquis
de la Beaume et de Morvelle, et de messire haut et puissant seigneur Jacques, comte de
Ligniville, chambellan de Sa Majesté le roy de Pologne, ses cousins et cousines.

Lesquels seigneur et dame futurs conjoints assistés comme il est dit cy devant, ont
promis réciproquement par ces présentes de se prendre l'un par l'autre par foy et loix de
mariage et ycelui faire célébrer et solemniser en face notre mère la Sainte Eglise catholique,
apostolique et romaine le plustôt que faire se pourra, et qu'il sera avisé entre les dites
parties, les dits seigneurs et dames, leurs parents et amis.

Après la solemnisation duquel mariage seront les seigneur et dame futurs conjoints
uns et communs en tous biens, meubles et acquets immeubles, qu'ils ont et feront dans la
suite, relativement à la disposition de la coutume de la province de Luxembourg, nonobstant
toutes coutumes au contraire; auxquelles les parties ont expressément dérogé et renoncé
enquels lieux elles puissent prendre leur domicile, et faire des acquisitions, aux restrictions
néanmoins qui seront cy après énoncées.

LOUISE-THÉRÈSE-FRANÇOISE DE LAMBERTYE

Chanoinesse-Comtesse du Chapitre de Remiremont

Alliée à CHRISTOPHE-CHARLES DU BOST, Marquis DU PONT-D'OYE, Comte DE SEL

Président aux Etats de la Noblesse du pays de Luxembourg (1742)

(1720 - 1773)

Qu'en considération du futur mariage la dame du Bost Moulin, mère du dit seigneur futur époux, promet et s'oblige de lui donner et à la dite dame, sa future épouse, leurs habitations en son hôtel en la ville de Luxembourg, pour y vivre en commun avec elle, au même pain, feu et linges, tout le temps que la dite dame et les futurs conjoints le jugeront à propos, demeurant à la liberté de l'un ou de l'autre de se séparer lorsqu'il leur plaira, auquel cas ma dite dame du Bost Moulin leur assigne leur logement au château d'Esch et les ameublera à sa discrétion et volonté, et jouiront alors les dits futurs conjoints de la dite terre et seigneurie d'Esch sur la Sure et de toutes les rentes, droits et revenus en dépendant, sans aucune exception, madite dame se déportant dès aprésent comme pour lors de l'usufruit qui luy appartient sur la dite terre et seigneurie, sans que les dits seigneur et dame futurs époux et épouse, puissent exiger autre chose de son vivant, sauf celle de faire à la suite telles autres dispositions de ses biens qu'elle trouvera convenir.

Qu'en considération du dit futur mariage la dite dame future épouse, assistée comme il est dit cy-devant, s'oblige d'apporter au présent mariage et future communauté, et faire suivre au seigneur futur époux tous les droits qui lui sont échus dans la succession du feu seigneur de Lambertye, son père, et tous ceux qui pourront luy échoir cy après, soit à titre de succession en ligne directe ou collatérale ou autrement, à charge que les droits qu'elle a sur la succession du dit seigneur de Lambertye ne pourront être exercés par rapport à l'intérêt commun de ceux qui y ont part, qu'après la liquidation des affaires qui en dépendent, et l'arrangement que la dite dame marquise de Lambertye travaille à y apporter.

Que tous les biens et droits des dits seigneur et dame futurs époux leur demeureront propres, réciproquement, et que si constant le futur mariage il en était vendu ou aliéné à quel titre se puisse être de l'un ou de l'autre des futurs conjoints, les deniers en provenant seront incontinent employés à l'achat d'autres biens, terres ou rentes, pour sortir même nature de propre au profit de celuy, ou celle, dont ils proviendraient.

Que mondit seigneur futur époux à doüé et doüe la dite dame future épouse de douze cents florins à vingt sols l'un, argent au cours de Luxembourg, de rente annuelle pour doüaire propre, en cas qu'il vienne à prémourir sans enfants procréés du futur mariage, à prendre et percevoir sur la terre et seigneurie d'Esch sur la Sûre, qui restera spécialement affectée pour sureté de la dite rente, outre son habitation qu'elle prendra dans le château de la dite seigneurie pendant sa vie ; et en cas qu'il y aurait enfant du dit futur mariage, ma dite dame future épouse jouira en conformité de l'article trois, du titre neuf, de la coutume de la province de Luxembourg, de la garde noble des dits enfants, la quelle venant à cesser par leur majorité ou par de secondes nopces de la dite dame, alors elle jouira du douaire prœfix cy-dessus précisé. Et, pour témoigner plus particulièrement de la part du dit seigneur futur époux l'amitié et considération qu'il a pour la dite dame future épouse, il lui donne et accorde en outre en tous les cas susdits ou douaire a lieu, l'usufruit de la moitié des terres et seigneurie de Thiaumont, Hachis, Nombresart, Hanistère, Poste, Schaderken, du marquisat du Pont Doye et toutes leurs dépendances dont il jouira au jour de son décès, à la réserve néantmoins des forges et fourneaux existant dans les dites terres et seigneuries avec leurs ustensiles respectifs, qui seront reputés pour immeubles et attachés aux susdites forges et fourneaux.

Il est au surplus convenu entre lesdits seigneur et dame futurs conjoints, que non seulement les immeubles, mais aussi les fers et matières de forges en quoi elles puissent consister qui sont obvenus du feu seigneur, marquis de Raggi, après l'extinction des dettes passives de la même succession, et autres du futur époux, sortiront nature de propres, desquelles la valeur en sera tirée par le dit seigneur, ses hoirs, successeurs, et ayant cause lors de la dissolution de la dite communauté, sur les effets et marchandises qui se trouveront alors dans les forges; et en cas d'insuffisance sur les autres effets de la dite communauté, et qu'après ce remplacement fait, s'il se trouve dans la dite communauté des fers, gueuses, mines et matériaux destinés à l'usage des dites forges et fourneaux, ils sortiront nature d'acquets immeubles, soit à l'égard des conjoints, soit à l'égard des enfants qui pourraient naitre de leur mariage, leurs successeurs, ou ayant causes.

Et en ce qui concerne les autres cas qui ne sont exprimés ni prévus par le présent contrat, les dits seigneur et dame futurs conjoints se sont rapportés et soumis à la disposition de la coutume de la province de Luxembourg qu'ils ont choisie et acceptée, et renoncé à toutes autres en quelque lieux ou sous le ressort de quelles coutumes les biens puissent être situés; et ont promis mesdits seigneur et dame futurs conjoints d'exécuter réciproquement le contenu au présent traité de mariage, sans y contrevenir directement ny indirectement, sous l'obligation de tous leurs biens, meubles et immeubles, présents et futurs, qu'ils ont soumis à toutes cours et juridictions, et renoncé à toutes choses fesant au contraire. Fait et passé présents le sieur Damien-Emeric-Hastor Honoré, avocat au Conseil provincial de Luxembourg, de présent en cette ville, et le sieur François Robert, avocat à la Cour, prévot gruyer et chef de police au marquisat de Gerbéviller, témoins connus qui ont signé avec mesdits seigneur et dame futurs conjoints, de même que les seigneurs et dames y dénommés qui se sont trouvés présents et le tabellion soubscript, lecture faite. Signé : Christophe-Charles, baron DU BOST D'ESCH, marquis DU PONTDOYE; Louise-Thérèse DE LAMBERTYE; STANISLAS, roy; CATHERINE, reine; LIGNIVILLE DE LAMBERTYE; M. F. duc TEUVEUZIN OSSOLINSKY; C., née comtesse JABLONISKA, duchesse d'OSSOLINSKA; GERBÉVILLER; Charles-Philippe DE LAMBERTYE; CÉLESTIN, abbé de Saint-Hubert, BETHUNE, de Pologne; HUREAULT GERBEVILLER, BEAUVEAU, MONTREVEL, LA GALAIZIÈRE, ORRY DE LA GALAIZIÈRE, BRESSEY D'ANGLURE, DE FRANC D'ANGLURE LIGNIVILLE, DE BERCHINY, d'HONORÉ, ROBERT, et HENRY, tabellion général. Controlé à Gerbeviller ce trois may 1742, fol. 39me, verso no 8, 9, 10, 11, 12, 13 et 14, vol. 7e. Reçu soixante deux livres. Signé : DROUOT avec paraphe.

Sépulture de Charles-Lambert des Armoises, époux de Béatrix de Lambertie. 12 août 1744.

L'an mil sept cent quarante quatre, le 12e d'aoust, est mort, muni des sacrements de notre Mère la sainte Église, très haut et très puissant seigneur messire Charles-Lambert, chevalier, marquis des Armoises et de Spincourt, seigneur de Boinville, âgé de dix neuf ans, neuf mois ou environ, et a été inhumé le 13o dans un caveau sous la chapelle que très haute et puissante dame Antoinette-Louise, née comtesse des Armoises de Comercy, veuve de très haut et puissant seigneur messire Pierre-Louis, chevalier, marquis des Armoises, seigneur de Boinville, a fait et fondé en l'église de cette ville, sous l'invocation de saint Louis et de saint Antoine, pour elle et pour ses descendants, et la dite dame mère dudit très haut et puissant seigneur, inhumé dans ledit caveau avec les cérémonies ordinaires; en foy de quoy nous avons signé : Le marquis DES ARMOISES DE SPINCOURT, DE MORLAN. — (Registres paroissiaux d'Etain.)

Sépulture de Béatrix de Lambertie. 25 *mars* 1752.

Le vingt cinq mars mil sept cent cinquante deux, haute et puissante dame Béatrix de Panseau, née marquise de Lamberty, veuve de messire Charles-Lambert, marquis des Armoises, Boinville et d'Espincourt, etc., âgée de trente ans, deux mois et quatre jours, décédée d'hier en sa maison, rue Hyacinthe, de cette paroisse, a été inhumée par M. le curé dans cette église, avec l'assistance de quarante ecclésiastiques, après la messe chantée à son intention, en présence du sieur Toussaint Collignon, chef de bureau à l'hotel des Postes, et de Mᵣ Claude de Ferrières, docteur agrégé à la Faculté des droits de Poitiers, et avocat en Parlement, lesquels ont signé : COLLIGNON, DEFERRIÈRE, DEGUAST, prêtre. — (Registres paroissiaux de Saint-Benoist, de Paris.)

Mariage de Pierre-François-Joseph-Gabriel de Lopis de la Fare avec Angélique-Scolastique de Lambertie. 10 *juillet* 1752.

Du dix juillet mil sept cent cinquante deux. Après la publication d'un ban faite en cette église dimanche dernier, et la dispense des deux autres bans restant à publier, accordée par Monseigneur l'archevêque de Paris, en date de ce jour, signé Conolis, vicaire général, bien et dûment scellée, insinuée et contrôlée, et en vertu d'une dispense de tous bans accordée au sieur futur époux, par Monseigneur l'archevêque, évêque de Carpentras, en date du 30 mai dernier, signée † D. M., archiepiscopus Carpentras, et les fiançailles faites hier. Ont été mariés par nous, vicaire de cette église, soussigné, haut et puissant seigneur Mᵣ Pierre-François-Joseph-Gabriel de Lopis de la Fare, chevalier, baron né de l'Empire, seigneur de Saint-Privat, conseigneur de Venasque, Saint-Didier et autres lieux, ancien officier des galères du roy, veuf de dame Catherine de Camelin, demeurant ordinairement à Carpentras, paroisse de Saint-Sifrein d'une part, et haute et puissante dame Angélique-Scolastique de Lambertye, majeure, ci-devant chanoinesse de Remiremont, et veuve de haut et puissant seigneur Mᵣ François Houlière, comte de Viermes, demeurant rue des Fontaines, de cette paroisse d'autre part. Et ce en présence d'illustre et révérendissime seigneur Mᵣ Louis François de Lopis de la Farre, docteur en théologie de la Faculté de Paris, abbé commandataire de l'abbaye royale de Saint-Pierre en Vallée, diocèse de Chartres, demeurant rue du Paradis, paroisse de Saint-Jean en Grève, oncle paternel de l'époux ; de haut et puissant seigneur Mᵣ Louis-Sifrein-Benoist de Lopis de la Farre, baron né de l'Empire, chevalier de l'ordre de Saint-Jean de Jérusalem, prieur commandataire de Notre-Dame des Planches et Saint-Nicolas Niber, et officier des vaisseaux du roy, demeurant rue du Paradis, frère de l'époux ; de Mᵣ Gabriel-Anne Daymard, prieur et baron d'Armentière, demeurant vieille rue du Temple, paroisse de Saint-Jean en Grèves ; de Toussaint Collignon, chef de bureau de distribution de l'hotel des Postes, demeurant rue des Fontaines, amis de l'épouse, qui nous ont certifié véritable la liberté et le domicile des époux, et ont signé : LOPES LAFARE, LAMBERTYE, LAFARE LOPES, l'abbé DE LAFARE LOPES, le cher DE LAFARE LOPES, l'abbé DAYMARD, DE HANTEY DE POMAINNILLE, T. COLLIGNON, SURGET, l'abbé DE LA FERRIÈRE DE Sᵗ HILAIRE, DU BERTRAND, vicaire. — (Registres paroissiaux de Saint-Nicolas des Champs, à Paris.)

Sépulture d'Elisabeth de Ligniville, épouse de Nicolas-François de Lambertie. 29 juillet 1753.

Haute et puissante dame Madame Elisabeth de Ligniville, douairière de haut et puissant seigneur messire Nicolas-François, marquis de Lambertye, lieutenant général des armées du roy très chrétien, capitaine commandant des gardes du corps de Sa Majesté le roy de Pologne, baillif de Lunéville, etc., est décédé le vingt-neuf du mois de juillet de l'année mil sept cent cinquante trois, âgée d'environ soixante-six ans, munie seulement des sacrements de pénitence et d'extreme-onction, pour avoir perdu la congnoissance sur le champ, et a été inhumée à la primatialle dans le caveau de la chapelle de Monsieur de Bouzey, grand doyen de ladite primatialle, où je l'ai conduite et présentée avec les cérémonies ordinaires, le trente dudit mois, à neuf heures du soir. En foi de quoi j'ai signé le présent acte, en présence de Bernel et Adinet, chantres de la paroisse, qui ont signé : BERNEL, ADINET, ARNAULT, vicaire de Saint-Pierre et Saint-Stanislas. — (Registres paroissiaux de Saint-Pierre, de Nancy.)

Tombeau d'Elisabeth de Ligniville, épouse de Nicolas-François de Lambertie. 1753.

Dans l'église primatiale, aujourd'hui cathédrale de Nancy, et dans la chapelle de Saint-Jean, attribuée à la maison de Bouzey, il existe un caveau fait aux frais du prélat de Bouzey, grand doyen de cette église. On y voit quatre épitaphes aux armes de cette maison. La troisième est ornée de l'écu de Lambertie, accolé à celui de Bouzey, avec cette inscription :

D. O. M.

Illustrissimæ et nobilissimæ Elisabeth de Ligniville, illustrissimorum Melchioris marchionis de Ligniville, Lotharingiæ, Barrique mareschali, et Margaritæ Antoniæ de Bouzey filiæ, Nicolai vero Francisci marchionis de Lambertye, stipatorum corporis Stanislai I Poloniæ Regis, ac Lothoringiæ et Barri ducis præfecti, necnon regiorum exercituum Galliæ legati, conjugi, vita functæ die 29 julii MDCCLIII.

Sépulture de Jean-Baptiste-François de Lenoncourt, époux de Antoinette-Louise-Catherine de Lambertie. 7 février 1763.

Messire très haut et très puissant seigneur Jean-Baptiste-François, marquis de Lenoncourt, et de Blainville, grand maître de la garde robbe de feu S. A. R. le duc Léopold, époux de très haute et puissante dame Madame Antoinette-Louise-Catherine de Lamberty, âgé d'environ soixante treize ans, est décédé à minuit, le sept février mil sept cent soixante trois, muni des sacrements de pénitence et d'eucharistie seulement, étant mort inopinément. A été présenté à la paroisse où les services ont été célébrés le corps présent, et où il est resté exposé jusqu'environ six heures du soir, ensuite a été conduit par moy soussigné, accompagné de quatre autres prêtres, en sa terre de Blainville, où il a été inhumé en présence de Messieurs Humblot, prêtre au lieu, curé de Villers-les-Nancy, Toussaint Nicolas, prêtre habitué en cette paroisse, et............ Rouyer, prêtre habitué aussi en cette paroisse, qui ont signé avec moy : BABAIL, vicaire de Saint-Sébastien. — (Registres paroissiaux de Saint-Sébastien, de Nancy.)

FRANÇOIS-CHARLES, Marquis de LAMBERTYE

et de CONS-la-GRANDVILLE

Lieutenant-Colonel du Régiment des Gardes de son Altesse Royale

François de Lorraine, et son Chambellan

Marié à Marie-Françoise de LOUVAIN des FONTAINES (1771)

(1708 -1777)

Mariage de François-Antoine (dit Charles) de Lambertie, avec Marie-Françoise Louvain
des Fontaines. 21 janvier 1771.

Cejourd'huy 21e jour du mois de janvier 1771, après la publication d'un ban faite dans
cette paroisse et celle de Lagranville, de futur mariage entre haut et puissant seigneur messire
François-Antoine, marquis de Lambertie et de Cons la Grandville, chambellan de feu Sa
Majesté Impériale, ancien lieutenant colonel au régiment des gardes de feu le grand duc
de Toscane, de la paroisse de la Grandville d'une part, et demoiselle Marie-Françoise
Louvain des Fontaines, fille de feu Mr Jean-Nicolas Louvain des Fontaines, inspecteur de
l'hôtel de Son Altesse Royale le duc Charles de Lorraine, et de Mlle Marie-Françoise Prevot,
pensionnée de Sa Majesté Impériale et dudit seigneur duc de Lorraine, de la paroisse de
Longuion, d'autre part. Les parties ayant obtenu la dispense de deux bans de Monseigneur
l'évêque de Meriophis, suffragant de Treves, en date du 15e janvier de l'année susdite, sans
opposition, ny empêchement, ni canonique, ni civil, le tout suivant les règles et usage de
notre Mère la Sainte Eglise et le Saint Concile de Trente, nous avons donné la bénédiction
nuptiale audit Mre François-Antoine Lamberti et à dlle Marie-Françoise Louvain, en présence
des soussignés et de nos synodaux témoins, à ce requis, les an et jour ci-dessus énoncés.
Et sont pour témoins Mr Jean-Baptiste François, advocat de la cour de Lorraine et Barrois,
exerçant au bailliage de cette ville, et Mr Jean-Baptiste François, bachelier en droit, canonique et civil. — Le marquis DE LAMBERTY, LOUVAIN DES FONTAINES, marquise DE LAMBERTY,
FRANÇOIS, FRANÇOIS, BOILEAU, FRANÇOIS LOUIS, sinodal, J.-B. SAUVAGE, doyen et curé. —
(Registres paroissiaux de Longuyon.)

_____

Baptême d'Emmanuel-François de Lambertie. 9 janvier 1772.

Emmanuel-François, fils légitime de très haut et très puissant seigneur François-Antoine,
marquis de Lamberty et de Cons la Grandville, baron de Bioncour, seigneur de Chenne-
vière, de Cosne, Flabeuville, de Ruty, du grand et du petit Failly, ancien lieutenant colonel
du régiment des gardes de Son Altesse Royale François, duc de Lorraine, et depuis empereur
et son chambellan, etc., résidant en son château et maison forte de La Grandville, et de
très haute et très puissante dame Marie-Françoise de Louvain des Fontaines, son épouse,
est né le neuf janvier de l'année mil sept cent soixante et douze, vers les deux heures
après minuit, et fut ondoyé dans ce moment périlleux, vu le cas de nécessité. On procéda,
le douze du courant, à la cérémonie du saint baptême dans l'église paroissiale dudit
Lagrandville, où il fut baptisé sous condition. Il eut pour parrain très haut et très puissant
seigneur Emmanuel-François, marquis de Lamberty, baron de Corigny, chevalier, seigneur
de Saint-Martin-Lars, Puydemeaux, l'Artimache, la grande et la petite Epine, la Cour d'Usson,
Bessé et autres lieux, brigadier des armées du roy, capitaine lieutenant de la gendarmerie
de France et chevalier de l'ordre royal et militaire de Saint-Louis, demeurant ordinairement
en son château de Saint-Martin-Lars, et pour marraine très haute et très puissante dame
Jeanne-Charlotte Angadreme du Puget, dame d'honneur de Son Altesse Serenissime Madame
la princesse de Conty, épouse de très haut et très puissant seigneur Charles–Alexandre-
Gabriel, marquis de Lamberty, ci-devant envoyé extraordinaire de Sa Majesté le roy de
France auprès du roy d'Angleterre, chambellan de Sa Majesté le roy de Pologne, résidant

ordinairement à Paris .à l'hôtel de Son Altesse Sérénissime, lesquels furent représentés par Jacques Domange, premier domestique à mondit seigneur le marquis de Lamberty et de Cons la Grandville, et par Marie-Françoise Lebon, femme de chambre à Madame de Louvain des Fontaines, son épouse, comme fondés de pouvoir par lesdits parrain et marraine, par actes passés pardevant notaire les cinq et sept décembre dernier, et ont les dits représentants signé avec nous : François, marquis DE LAMBERTY, Jacques DOMANGE, Marie-Françoise LEBON, HENRY, curé. — (Registres paroissiaux de Cons-la-Grandville.)

Décès de Louise-Thérèse de Lambertie. 30 décembre 1773.

Trigesimo decembris, septima matutina, obiit, sexaginta circiter annorum, nobilissima et illustrissima domina Ludovica-Thérésia marchionissa de Lambertye, conjux nobilissimi et illustrissimi Domini Christophori-Caroli marchionis du Bost et du Pontdoye, et ista munita omnibus ecclesiæ sacramentis. 1773. J.-B. WALTZING, pastor. — (Registres paroissiaux d'Aulier, province de Luxembourg.)

Foy et hommage de Barbe-Louise-Thérèse de Wopersnow, comtesse de Martigny, à François-Antoine de Lambertie. 25 octobre 1776.

Sachent tous que cejourd'huy vingt-six octobre dix sept cens soixante et seize, après midy, pardevant nous Nicolas Petit, avocat en Parlement, notaire tabellion royal au bailliage de Villers-la-Montagne, procureur fiscal en la prévôté et grurie du marquisat de Cons-la-Grandville, résident audit bourg, étant dans le grand sallon au château dudit Cons-la-Grandville, très haut et puissant seigneur messire François-Antoine, marquis de Lamberty et du même Cons-la-Grandville, chevalier, ancien lieutenant colonel au régiment des Gardes Toscannes, et chambellan du roi de Pologne, duc de Lorraine et de Bar, résident ordinairement en son dit château, y étant séant dans un fauteuil; messire Philippe, chevalier, baron de Gorcy, seigneur de Picon et autres lieux, résidant à Longuyon, au nom et comme fondé de pouvoir de Madame Barbe-Louise-Thérèse de Wopersnow, comtesse du Han de Martigny-sur-Chiers, résident en son chateau dudit Martigny, suivant sa procuration sous seing privé et sous le sceau de ses armes, en date du jour d'hier, duement certifiée de mondit sieur le baron de Gorcy, laquelle restera jointe aux présentes ; lequel baron de Gorcy a été introduit et s'est présenté en la qualité de fondé de pouvoir, et a demandé d'être admis à faire pour ladite dame comtesse de Martigny, à mondit seigneur marquis de Lamberty, les devoirs féodaux pour raison des fiefs que possède ladite dame comtesse à Flabeuville, relevans et mouvans de mondit seigneur le marquis de Lamberty, à cause de sondit marquisat, château et maison forte de Cons-la-Grandville, ci devant baronnie ; pourquoi mondit sieur baron de Gorcy, découvert, sans épée, ni éperons, un genou en terre, les mains en celles dudit monseigneur marquis de Lamberty, a juré pour madite dame d'être bon, fidel et loyal vassal pour raison desdits fiefs; et après l'accolade mondit seigneur marquis de Lamberty a consenti que le présent en fut dressé, à charge par madite dame comtesse de Martigny de fournir dans quarante jours ses aveu et dénombrement en bonne forme, aux peines portées par la coutume. Fait et passé audit sallon du château, en présence de haut et puissant seigneur messire Antoine-Philippe-Joseph, chevalier, comte de Custine, lieutenant colonel d'infanterie et des

ANTOINE-PHILIPPE-JOSEPH Marquis DE LAMBERTYE

et DE CONS-LA-GRANDVILLE

Marié (1798) à MARIE-THÉRÈSE PAUMIER

(1777-1843)

mcréchaux de France, et Louis Ferrand, médecin chirurgien, résidens actuellement audit château, temoins requis, et de connaissance, qui ont signé avec mesdits seigneur marquis de Lamberty et baron de Gorcy, après lecture faite. Signé : P^he de Gorcy, Lamberty, Custine, Ferrand, Petit, notaire. Controllé à la Grandville, le 28 octobre 1776. Reçu trente trois sols. Signé : Martinot.

Suit la procuration : Je prie Monsieur Philippe, chevalier, baron de Gorcy, seigneur de Picon, etc., résident à Longuyon, de pour moi et en mon nom, présenter mon dénombrement, faire mes foy et hommage à Monsieur François-Antoine, marquis de Lamberty et de Cons Lagrandville, et des fiefs que je possède à Flabeuville, relevans cy-devant baronnie de Cons-la-Grandville, de ce faire lui donne pouvoir; en foi de quoi j'ai signé au présent et apposé le cachet de nos armes, en notre chateau de Martigny-sur-Chiers, cejourd'huy ving cinquieme octobre mil sept cens soixante et seize. Signé : de Wopersnow, comtesse de Martigny. Certifié véritable par nous baron de Gorcy, fondé, à la Grandville ce vingt sixieme octobre dix sept cens soixante et seize. Signé : P^he de Gorcy. Controllé à la Grandville, le vingt huitième octobre 1776. Reçu neuf sols six deniers. Signé : Martinot.

Sachent tous que cejourd'huy, vingt six octobre, dix sept cens soixante et seize, de relevée, pardevant le notaire et tabellion royal au bailliage de Villers-la-Montagne, résident à Cons-la-Grandville soussigné, et en présence des témoins sous dénommés, est comparu messire Philippe, chevalier, baron de Gorcy, seigneur de Picon et autres lieux, en qualité de fondé de pouvoir de Madame Barbe-Louise-Thérèse de Wopersnow, comtesse du Han et Martigny-sur-Chiers, en vertu de sa procuration annexée à l'acte de foy et hommage de cejourd'huy, lequel a déposé au protocole dudit notaire les aveu et dénombrement de madite dame comtesse de Martigny, souscrits d'elle et scellés de ses armes, en date du jour d'hier. Les quels ont été vus, vérifiés, acceptés par très haut et puissant seigneur messire François-Antoine, marquis de Lamberty et de Cons-la-Grandville, ancien lieutenant colonel au régiment des Gardes Toscannes et chambellan du roy de Pologne, duc de Lorraine et de Bar, résident en son château dudit Cons-la-Grandville; lequel seigneur a consenti la double grosse, l'une pour être déposée en ses archives, l'autre pour être délivrée à madite dame comtesse de Martigny. Fait audit château, en présence de haut et puissant seigneur messire Antoine-Philippe-Joseph, chevalier, comte de Custine, lieutenant colonel d'infanterie et des maréchaux de France, et Louis Ferrand, médecin, résidens audit chateau, témoins requis et de connaissance, qui ont signé avec les seigneur marquis de Lamberty, et baron de Gorcy, et le notaire après lecture faite. Signé : P^he de Gorcy, Lamberty, Custine, Ferrand, Petit, notaire. Controllé à la Grandville, le vingt huitième octobre 1776. Reçu dix neuf sols. Signé : Martinot.

Suit l'acte déposé : Je, Barbe-Louise-Thérèse de Wopersnow, comtesse du Han et de Martigny, séparée quant aux biens d'avec messire Louis, comte du Han et de Martigny, chambellan de S. A. E. Palatine et capitaine de ses gardes, notre très honoré époux, dame dudit Martigny, Flabeuville et autres lieux, confesse et avoue tenir en fief, foy et hommages de très haut et très puissant seigneur François-Antoine, marquis de Lamberty et de Cons-la-Grandville, etc., les choses ci-après déclarées, mouvantes de la ci-devant baronnie de Cons, savoir : La moitié de la seigneurie de Flabeuville, que l'on dit être vouerie de Saint-Hubert; consistant, ladite seigneurie, en la moitié de la moyenne, basse et foncière justice dudit Flabeuville, tant en hommes, femmes, bourgeoisies, cens, rentes, grains, gelines, guidenters et amendes; contrepartant avec les sieurs de Saint-Hubert comme s'ensuit, savoir : que dans les amendes qui portent soixante sols et au-dessous, je prends la moitié de laquelle je rends mes foy et hommages à Sa Majesté très chrétienne, et la moitié dans l'autre moitié, faisant un quart dans la totalité, duquel quart je reprends présentement du seigneur marquis de

Lamberty, à cause de son château et baronnie de Cons; le quatrième quart appartenant aux révérend abbé et religieux de Saint-Hubert; desquelles amendes de soixante sols et au-dessous, le maire et gens de justice prennent néanmoins le cinquième, et les administrateurs de la fabrique de l'église dudit Flabeuville trois gros pour subvenir à l'entretien d'icelle. J'ai aussi droit, avec les seigneurs de Saint-Hubert, de créer un maire, lieutenant, échevins et doyen pour ladite seigneurie dite Vouerie, et sans préjudice à la justice que je nomme pour les deux quarts relevants de Sa Majesté très chrétienne. Lesquelles justices ont droit de connaître du fond et de la roye, d'ajuster poids et mesures, taxer et apprécier vins, bierres, cydres et toutes autres boissons, et généralement faire tous autres actes, touchant et regardant les droits de moyenne, basse et foncière justice. Item qu'à moi seule appartient une maison avec grange, établerie, meix, jardin, aisances et dépendances d'icelle, anciennement en ruine, aujourd'hui en bâtiment, R. moi d'une part, et les représentans Guaury Carré d'autre. Item la moitié du four banal. Item quarante-un jours trois quarts de terre, ou environ, et huit fauchées et demie de prés. Item, droit pour le quart, contrepartant pour l'autre quart avec Mrs de Saint-Hubert, de lever aux vingt jours après Noël sept gros sur des bâtiments qui aboutissent aux hoirs dudit Carré, d'un côté, et à Mangin Jacquinet d'autre, possédés à présent par les veuve et héritier de Nicolas Renauld. Même droit dans cinq poulles, savoir deux sur une mazure apartenante à Michel Marchal, aujourd'huy en maison, et possédée par Michel Blanchard de Longuion, deux sur la maison de Collignon Guillaume, possédée à présent par Jean-Eugène et Henry Pagnis, et une sur la maison Arnoul Gillet, scise au-devant du pont et possédée par Nicolas Masson. Même droit dans les bourgeoisies qui sont présentement de deux blans par an, sur chacun bourgeois et un blan pour la veuve. A moi seule apartient de retirer tous et chacun des héritages qui se vendent dans ledit lieu de Flabeuville, et qui doivent rentes aux seigneurs dudit lieu de Flabeuville, pour les réunir à mon domaine si bon me semble, au même prix que les acquéreurs en auroient payé. Item à cause dudit quart et en qualité de dame vouée de la baronnie dudit Cons, à moi seule apartient privativement à tous autres coseigneurs le droit d'onzaine ou onzième denier de la vente et achat des biens immeubles qui doivent rentes aux seigneurs, payables par l'acquéreur, lequel droit m'est dû comme il paraît par l'arrêt rendu le vingt-quatrième jour de mars mil sept cens douze en la Cour souveraine des grands jours de Saint-Mihiel. Item qu'à moi seule apartient privativement à tous autres de connaître de toutes oppositions intentées desdits mayeurs et gens de justice dudit Flabeuville, les amandes d'icelles m'apartenant de temps immémorial. Toutes lesquelles choses m'apartiennent par acquisition par moi faite sur mondit seigneur comte du Han de Martigny, mon époux, par contrat passé pardevant messire Humbert, conseiller du roy, notaire, résident à Nancy, le vingt-quatrième août mil sept cens soixante-treize, et dont je reprends présentement et confesse les tenir en fief, foy et hommage de mon très haut et très honoré seigneur François-Antoine, marquis de Lamberty, baron de Cons, etc., avec protestation qu'en cas d'omission d'avoir trop ou trop peu mis au présent dénombrement d'y ajouter ou diminuer aussitôt que la chose sera parvenue à ma connaissance. Et en témoignage de vérité et pour aprobation de tout le contenu au présent dénombrement, j'ai signé de ma propre main et aposé le cachet de mes armes, en notre château de Martigny-sur-Chiers, cejourd'hui vingt-cinquième octobre mil sept cens soixante-seize. — Signé : DE WOPERSNOW, comtesse de Martigny. — Controllé à la Grandville, le vingt-huit octobre 1776. Reçu trente-trois sols. Signé : MARTINOT. — (Archives du château de Cons-la-Grandville (1).

_____

(1) Cet acte est le premier de ceux contenus dans un registre en parchemin que possèdent les archives du château de Cons-la-Grandville. Les autres, qui sont analogues à celui-là, sont : le

Phototypie J. Royer, Nancy.

JOSEPH–JOACHIM Marquis DE LAMBERTYE
et de CONS-LA-GRANDVILLE
Marié à MARIE-CHARLOTTE LE GOUX DE NEUVRY (1829)
1802-1864

Testament de François-Antoine (Charles) de Lambertie. 14 janvier 1777.

Jésus, Marie, Joseph. — Au nom du Père et du fils et du Saint-Esprit, Amen. — Je, François-Anthoine, marquis de Lambertye et de Cons-la-Grandville, chevalier, ancien lieutenant-colonel du régiment aux Gardes Toscanes des ducs de Lorraine et Empereur, l'un de ses chambellans et du roi Stanislas 1er, duc de Lorraine et de Bar, résidant ordinairement dans mon château de Cons, étant, par la grâce de Dieu, en bonne santé, désirant employer le temps que j'ai à vivre pour me préparer à la mort, et considérant toujours qu'elle est à craindre, il est prudent de régler ses volontés dernières, puisqu'elle peut nous surprendre à toute heure.

Ayant disposé de mes biens par mon contrat de mariage avec Madame Madame Marie-Françoise de Louvain des Fontaines, ma très chère femme, en date du douze janvier mil sept cent septente et un, il me reste à faire connaître ce que je veux qui soit exécuté après ma mort.

Si je viens à décéder avant ma dite dame, ma très chère femme, et auparavant que Mr Emmanuel-François, mon cher fils, ait atteint sa pleine majorité, je lui choisis pour tutrice Madame sa mère, et pour curateur Monsieur le chevalier, comte de Custine, mon parent et bon ami, lequel, au cas de mort de Madame la Marquise ma femme, sera lui-même tuteur en son lieu et place pour régir et aura pour curateur assistant la personne de Mr Petit, mon procureur fiscal, avocat à la Cour.

Je me repose avec confiance du soin de mes obsèques sur l'attention de Madame la Marquise, ma femme, et sur les soins de mon exécuteur testamentaire.

Je veux que mon corps soit inhumé avec ceux de mes ancêtres, dans le caveau de ma maison, sous l'Eglise du prieuré, auprès de mon très honoré seigneur et père, quand même je viendrais à mourir à quatre lieues de chez moi. Je veux y être conduit par mon aumônier, escorté de mes domestiques de livrée à cheval, avec chacun une torche à la main; j'ordonne qu'il y ait à mon enterrement pas plus que quatre prêtres, outre mon aumônier, et que tous les officiers de la prévôté de mon marquisat s'y trouvent, chacun en habit de deuil, et que mon corps soit porté par quatre maires, après avoir été exposé décemment et pendant un temps suffisant dans la chapelle du château, sur une élévation, entouré de huit flambeaux, lequel enterrement se fera la nuit et aux flambeaux.

Je donne par forme de récompense à tous mes domestiques qui se trouveront à mon service au moment de mon décès, une année de leurs gages, et comme Jacques Dommange, mon cocher, me sert fidèlement depuis trente-quatre ans, je lui lègue son logement, nourriture et entretien sa vie naturelle, à charge par lui de me continuer ses services tant qu'il le pourra, même à mon fils après moi.

Je prie Monsieur le chevalier comte de Custine, mon cousin et ami, d'agréer le logement, nourriture et chauffage dans mon dit château, tant qu'il le jugera à propos, et, au cas

_____

30 octobre 1776, de Mlle de Fesch; le 31 octobre 1776, de Mlle de Fesch; le 30 octobre 1776, de M. d'Egremont; le 30 octobre 1776, de MM. de Maillard de la Martinière; le 25 novembre 1776, de MM. de la Martinière; le 30 octobre 1776, de M. le baron de Reumont; le 30 octobre 1776, de MM. de Failly; le 27 et 29 janvier 1777, de Mlle de Failly; le 29 janvier 1777, de M. le baron de Failly; le 30 octobre 1776, de Mme de la Fontaine; le 30 novembre 1776, de Mlle de la Fontaine; le 9 décembre 1776, de M. et Mme de la Farre; le 7 décembre 1776, de MM. du Pontdoye; le 20 janvier et 28 février 1777, de M. le marquis du Pontdoye, et le 4 février 1777, de M. le comte de Puget.

qu'il voudrait ou serait obligé d'aller résider ailleurs, d'agréer une pension annuelle et viagère de trois cents livres, le tout en signe de notre amitié et en reconnaissance de ses bons offices.

Je prie et charge Madame la Marquise de Lambertye, ma chère femme, et mon fils ou mes enfants d'exécuter mon présent testament comme étant mes dernières volontés, de conserver perpétuellement mon tableau de la *Descente de Croix* et la *Sainte-Face*, d'entretenir mon château et ma Thébaïde en bon état de même à toujours, et de rendre la substitution faite par mon contrat de mariage graduelle et perpétuelle à ses descendants.

Je nomme, pour exécuteur de mon présent testament, Monsieur Petit, mon procureur fiscal, pour l'affection qu'il me porte et l'amitié que j'ai pour lui, le priant d'accepter six couverts d'argent honnêtes.

Le catafalque pour mes obsèques sera éclairé de vingt-huit flambeaux ou cierges ornés des armoiries, qui sont dans la commode de la chambre jaune, et surmonté d'une épée en sautoir, comme ancien militaire, et, en place de litre, il sera attaché, à douze pieds de hauteur, en dedans de l'église, des armoiries après tous les pilastres et une grande au-dessus de la porte de l'église, en dehors.

Tout le temps de l'exposition de mon corps, il sera gardé par mon aumônier en surplis, récitant l'office des morts et autres prières, pour quoi je lui lègue dix livres, et en outre, soixante et quinze livres pour des messes à dix sols l'une. Il sera distribué, pendant mes obsèques, le pain de huit quartes de bled aux pauvres les plus nécessiteux de La Grandville, Ugny et Tellancourt. Fait en mon château de Cons, ce quatorze janvier de l'an mil sept cent septante sept. — Signé : LAMBERTYE, et scellé du sceau de ses armes sur cire rouge.

Sépulture de François-Antoine (Charles) de Lambertie. 9 février 1777.

Le 9 du mois de février de l'année mil sept cent soixante-dix-sept, vers les dix heures du soir, est décédé dans son château de Cons, après avoir reçu pieusement tous les sacrements de l'Église, haut et puissant seigneur messire Antoine-François, marquis de Lambertye et de Cons-la-Grandville, baron de Bioncour, seigneur de Chénière, de Cosne, de Flabeuville, de Ruty, du grand et du petit Failly, ancien lieutenant-colonel du régiment des gardes de Son Altesse Royale François, duc de Lorraine, et depuis empereur, et son chambellan. Son corps ayant été présenté le lendemain, dix du même mois, à pareille heure, à la porte du caveau de l'église basse de ce prieuré, par M* Mathieu-Valentin Henry, prêtre et curé dudit Cons-la-Grandville, il fut inhumé par nous, prieur et administrateur audit prieuré, dans la chapelle du caveau, avec les cérémonies ordinaires et accoutumées, en présence du peuple assemblé; de M. Nicolas Petit, avocat, notaire royal et procureur fiscal en cette prévôté; du sieur Ambroise George, lieutenant prévôt; des sieurs Louis Collignon, greffier, et Nicolas Chottin, procureur et curateur en titre de la même prévôté, qui tous ont signé avec nous, prieur et curé, comme témoins à ce requis. — PETIT, A. GEORGE, COLLIGNON, N. CHOTTIN, Dom BRUNO BAUDUIN, prieur-administrateur du prieuré de Cons-la-Grandville; HENRY, curé. — (Registres paroissiaux de Cons-la-Grandville.)

ANTOINE, PHILIPPE, LUCIEN, Marquis de Lambertye

et de Cons la Grand Ville

Baptême d'Antoine-Philippe-Joseph de Lambertie. 26 mai 1777.

Antoine-Philippe-Joseph, fils d'un légitime mariage d'entre haut et puissant seigneur messire François-Antoine, marquis de Lamberty et de Cons-la-Grandville, de son vivant baron de Bioncourt, seigneur de Chenevière, de Cosne, Flabeuville, de Ruty, du grand et petit Failly, ancien lieutenant-colonel au régiment des gardes de Son Altesse Royale François, duc de Lorraine, et son chambellan, lequel décéda en son château de Cons, le neuf du mois de février dernier, et haute et puissante dame Marie-Françoise de Louvain des Fontaines, son épouse, est né le vingt-six du mois de may de l'année mil sept cent soixante et dix-sept, vers les dix heures du soir. Il fut baptisé le lendemain, et a eu pour parein haut et puissant seigneur messire Antoine-Philippe-Joseph, chevaillier de Custine de Marully, ancien lieutenant-colonel d'infanterie et commendant de bataillon au regiment des gardes de Lorraine, résidant actuellement au château de Conslagrandville, et pour mareine haute et puissante dame Marie-Sophie Louvain des Fontaines, sa tante, veuve de feu messire Jean-Nicolas de Custine, vivant ancien lieutenant-colonel au service de Leur Majesté Impériale et Royale, faisant sa résidence ordinaire dans la ville de Longuion, lesquels ont signé avec nous curé. Sont à la minute signé : le chevalier de Custine, Louvain-Custine et Henry, curé. — (Registres paroissiaux de Cons-la-Grandville.)

Sépulture de Charles-Philippe de Lambertie. 24 octobre 1781.

L'an mil sept cent quatre-vingt-un, le vingt-quatre octobre, est décédé en cette paroisse messire Charles-Philippe, marquis de Lambertye, premier gentilhomme de feu le roi de Pologne, duc de Lorraine et de Bar, chevalier de Malte, abbé commandataire de l'abbaye de Bouzonville, prieur de Romont, âgé de soixante-quatre ans, après avoir été confessé, reçu le saint viatique et l'extrême-onction. Le lendemain son corps a été inhumé au cimetière de cette paroisse avec les cérémonies de l'Eglise, en présence des témoins soussignés : Le comte d'Ollone, Hourier-Viermes, de Marcol, F.-E. Velasay, Philippe Carbon, chevalier de Saint-Louis ; J. Schneider, avocat ; Corret, curé de Roville-aux-Chèvres ; M. Mongelle, Mangin, vicaire de Saint-Maurice ; Denis, vicaire de Mogemont ; N. Prévost, curé de Mogemont ; Collet, curé de Romont. — (Registres paroissiaux de Romont.)

Sépulture de Christophe-Charles du Bost de Pondoye, époux de Louise-Thérèse-Françoise de Lambertye. 3 janvier 1785.

L'an de grâce, le trois janvier mil sept cent quatre-vingt et cinq, vers les onze heures du soir, est pieusement décédé, muni de tous les secours et derniers sacrements de notre mère la sainte Eglise, messire Christophe-Charles, marquis du Bost et du Pontdoye, seigneur dudit lieu, membre de l'Etat noble de la province de Luxembourg, né en cette ville, et actuellement de cette paroisse, âgé d'environ soixante et dix ans ; dans le cimetière de laquelle paroisse de Montigny-sur-Chiers son corps a été inhumé le lendemain, quatre du courant, à cinq heures et demie du soir, pour cause de corruption, avec toutes les cérémonies ordinaires de l'Eglise, en présence du peuple assemblé, par le ministère et assistance de

Mˢ Pierre Pierrard, curé du ban de Viviers et Tellancourt; Jean-Baptiste Aubry, prêtre, curé
de Frenois-la-Montagne ; Hubert Clesse, chapelain castrale de Cons-la-Grandville ; Jean-Baptiste
Didier, prêtre, vicaire à Tellancourt ; Hubert-François d'Alnois, marchand négociant, résidant
à la Grandville, tous soussignés avec nous, curé. Lecture faite, ont signé : P. Pierrard,
curé du ban de Viviers ; J.-B. Aubry, curé de Fresnois ; H. Clesse, prêtre ; Didier, H. d'Alnois
et Chris. François, curé de Montigny. — (Registres paroissiaux de Montigny-sur-Chiers.)

Sépulture de Louise-Catherine-Antoinette de Lambertie. 24 décembre 1786.

Très haute et très puissante dame Madame Louise-Catherine-Antoinette de Lambertie,
·douairière de très haut et très puissant seigneur Monsieur Jean-Baptiste-François, marquis de
Lenoncourt, marquis de Blainville, comte du Saint-Empire, chevalier, seigneur de Chardogne,
·et originaire de la paroisse de la Grandville, diocèse de Trèves, près Longwy, est décédée
à neuf heures du matin, le vingt-quatre décembre mil sept cent quatre-vingt-six, âgée d'environ
soixante-seize ans, munie des sacrements de Pénitence, du Saint-Viatique et de l'Extrême-
·Onction. Son corps a été inhumé le lendemain au cimetière de la paroisse de Saint-Max, annexe
de Malzéville, sa paroisse, où je l'ai conduit avec les cérémonies ordinaires, en présence de
très haut et très puissant seigneur messire Théodore-Charles de Custine d'Offlance, chambellan
de feu Sa Majesté le roi de Pologne, duc de Lorraine et de Bar, ancien enseigne de la
gendarmerie, seigneur de Pontigny et autres lieux, chevalier de l'ordre royal et militaire de
Saint-Louis ; de M. Charles-Nicolas Parisot, prêtre, curé de la paroisse de Saint-Epvre de Nancy,
·exécuteur testamentaire de la défunte ; du Révérend Père Basile de Sainte-Magdelaine, carme
déchaussé, ancien provincial et définiteur actuel de la province de Lorraine et Barrois, et de
Mᵉ Marc-Antoine George, notaire apostolique, chargé des affaires de Madame de Langeac,
fille de la dame défunte. Lesquels, après lecture faite, ont signé avec moi, aucun autre parent
que Monsieur le comte de Custine n'ayant assisté à l'enterrement et ne s'étant présenté pour
signer. — Custine d'Aufflance, Ch.-Nic. Parisot, curé de Saint-Epvre de Nancy ; F. Basile
de Sainte-Madeleine, carme déchaussé de Nancy ; C. Dunet, curé de Malzéville et de Saint-Max.
— (Registres paroissiaux de Saint-Max.)

Décès de Marie-Françoise Louvain des Fontaines, veuve de François-Antoine (Charles)
de Lambertie. 5 août 1798.

Aujourd'hui dix-huit thermidor, an sixième de la République française, à quatre heures
·du soir, pardevant moi Jean-Nicolas Saint-Remy, agent, et en cette qualité, officier de l'état
civil de la commune de Cons-la-Grandville, département de la Moselle, sont comparu en la
maison commune Joseph Baillieux, âgé de cinquante cinq ans, fabricant de drap, et François
Reinquin, âgé de quarante ans, garde des bois de la défunte, tous deux résidant dans la
municipalité de Cons-la-Grandville ; lesquels Baillieux et Reinquin m'ont déclaré que Marie-
·Françoise Louvain, née des Fontaines, âgée de cinquante six ans, veuve de défunt Antoine-
François Lamberty, en son vivant résidant audit Cons-la-Grandville, est morte aujourd'hui dix
·huit thermidor, à midi, en son domicile ; d'après cette déclaration, je me suis sur le champ
·transporté au lieu de ce domicile, je me suis assuré du décès de ladite Marie-Françoise

Phototypie J. Royer, Nancy.

Anne-Marie-Joseph-Ferdinande-Laurence-Catherine CERFONTAINE

Mariée (1855) à Antoine-Philippe-Lucien, Marquis de LAMBERTYE et de CONS-la-GRANDVILLE

(1824-1872)

Louvain, née des Fontaines, et j'en ai dressé le présent acte que Joseph Baillieux et François Reinquin ont signé avec moi. Fait en la maison commune de Cons-la-Grandville les jour, mois et an ci-dessus. BAILLIEUX, REINQUIN, J.-N. St REMY, maire. — (Registres de l'état civil de Cons-la-Grandville.)

Décret portant confirmation du titre de Marquis en faveur de Antoine-Philippe-Lucien de Lambertie. 2 mai 1868.

Napoléon, par la grâce de Dieu et la volonté nationale, empereur des Français, à tous présents et à venir, salut. Vu la requête présentée au nom de Antoine-Philippe-Lucien de Lambertye, propriétaire, né le 14 décembre 1808, à Cons-la-Grandville, arrondissement de Briey (Moselle), y demeurant, à l'effet d'obtenir confirmation du titre héréditaire de marquis de Lambertye et de Cons-la-Grandville; vu l'avis émis par le Conseil du Sceau des Titres; sur le rapport de notre garde des sceaux, ministre secrétaire d'Etat au département de la justice et des cultes, avons décrété et décrétons ce qui suit :

ARTICLE 1er. — Nous maintenons et confirmons en faveur de Antoine-Philippe-Lucien de Lambertye le titre héréditaire de marquis de Lambertye et de Cons-la-Grandville, lequel sera transmissible à sa descendance directe légitime, de mâle en mâle, par ordre de primogéniture.

ARTICLE 2. — Le titre de marquis de Lambertie et de Cons-la-Grandville ne sera porté par l'impétrant et l'ampliation du présent décret ne lui sera délivré qu'après le paiement des droits de sceau attachés à la confirmation du dit titre.

ARTICLE 3. — Notre garde des sceaux, ministre et secrétaire d'Etat au département de la justice et des cultes est chargé de l'exécution du présent décret. Fait au palais des Tuileries, le 2 mai 1868. — Signé : NAPOLÉON. — Par l'empereur : Le garde des sceaux, ministre secrétaire au département de la justice et des cultes, signé : J. BAROCHE. — Pour ampliation : Le conseiller d'Etat, secrétaire général, signé : LENORMANT. — Pour copie conforme à l'ampliation : signé : G. MANSAIS.

Acquisition de la terre de Lambertie. 9 novembre 1875.

Pardevant Me François Besson, notaire à Marval, canton de Saint-Mathieu, arrondissement de Rochechouart, Haute-Vienne, en présence de Messieurs Adrien Desproges, négociant, et Antoine Boudot, propriétaire et aubergiste, demeurant séparément au bourg de Marval, témoins soussignés, ont comparu : M. Alexis de Bermondet, marquis de Cromières, et madame Claudine-Caroline de Bermondet de Cromières, sa femme, qu'il déclare autoriser, propriétaires, demeurant en leur château de Cromières, commune de Cussac, canton d'Oradour-sur-Vayres, Haute-Vienne, lesquels ont, par ces présentes, solidairement vendu, avec toutes les garanties de droit, à M. Antoine-Philippe-Lucien, marquis de Lambertye et de Cons-la-Grandville, propriétaire, demeurant en son château de Cons-la-Grandville, canton de Longuyon, Meurthe-et-Moselle, d'ici absent, mais représenté par M. André Lecler, curé prêtre, demeurant au bourg de Marval, à ce présent, et qui déclare accepter pour et au nom de M. le marquis de Lambertye, en vertu du pouvoir qui lui a été donné par acte passé devant Me Eugène-Félix Deschamps, notaire à Longuyon, chef-lieu de canton, Meurthe-et-Moselle, en présence de témoins, le vingt-sept octobre mil huit cent soixante-quinze, laquelle procuration délivrée

20*

en brevet, dûment enregistrée et légalisée, a été annexée à la minute des présentes ; trois-domaines et une borderie, dits de Lambertye, situés au lieu de ce nom, commune de Miallet, arrondissement de Nontron, Dordogne, et commune de Dournazac, canton de Saint-Mathieu, arrondissement de Rochechouart, Haute-Vienne. Ces domaines et borderie, exploités par des colons, consistent en un vieux château, bâtiments d'exploitation, granges et toits, charrières, jardins, chenevières, terres labourables, taillis dit de la Petite-Forêt, autres taillis, pêcheries, étangs, prés, clos et pâturages, landes, bruyères et champs froids, sans aucune exception ni réserve des dits biens qui couvrent une superficie de soixante-neuf hectares, cinquante-huit ares et treize centiares sur la commune de Miallet, Dordogne, et de quarante-six hectares, un are et vingt-cinq centiares sur la commune de Dournazac, Haute-Vienne, ensemble les cheptels, outils aratoires et mobilier vifs et morts. Tel au surplus que le tout se poursuit et compose. M. et Mme de Bermondet, marquis de Cromières, entendant vendre à M. le marquis de Lambertye tout ce qui leur appartient tant en meubles qu'en immeubles, dans les domaines et borderie de Lambertye, sans plus ample désignation, dont M. Lecler, au nom qu'il agit, a déclaré n'avoir besoin, M. le marquis de Lambertye, son mandant, connaissant parfaitement les dits biens pour les avoir vus et visités avant ces présentes. M. et Mme de Bermondet, marquis de Cromières, sont propriétaires des biens présentement vendus par l'effet de la donation que M. Armand-Hippolyte-Astolphe-Renaud de Bermondet, marquis de Cromières, chef d'escadron, chevalier de Saint-Louis, et Mme Clémentine de Tryon-Montalembert, son épouse, demeurant en leur vivant au château de Cromières, commune de Cussac, ont faite en faveur de Mme Claudine-Caroline de Bermondet de Cromières, leur fille, épouse de M. Alexis de Bermondet, marquis de Cromières, dans le contrat de mariage de ces derniers passé devant Me Martial Duvoisin, notaire à Cussac, et son collègue, le dix-sept août mil huit cent quarante, enregistré. Par suite du partage des successions de M. et Mme de Bermondet, marquis de Cromières, comparants, passé devant Me Duvoisin, notaire à Cussac, en mil huit cent soixante-neuf, déclaré en bonnes formes, et la terre de Lambertye, comprise en son lot, la donation à elle faite par son contrat de mariage du dix-sept août mil huit cent quarante, précité, doit sortir tous ses effets. M. et Mme de Bermondet, marquis de Cromières, père et mère, étaient propriétaires de la terre de Lambertye par l'acquisition qu'ils en firent de Mme Gabrielle-Cécile-Marguerite-Françoise Chabans de Richemont, veuve en premières noces de M. Jacques-Louis-Charles-Gabriel, marquis de Chapt de Rastignac, et épouse en secondes noces de M. Louis Grand de Bélussière, alors maire de la commune de Corgnac, canton de Thiviers, Dordogne, demeurant ordinairement au château de Laxion, commune de Corgnac, et parfois à Paris, aux termes d'un contrat passé devant Me Auguste Potron, et son son collègue, notaires à Paris, le seize juin mil huit cent vingt-huit, enregistré, vu sur expédition en forme transcrite au bureau des hypothèques de Rochechouart, le premier août mil huit cent vingt-huit. Messieurs les vendeurs déclarent que les formalités voulues par la loi ont été accomplies sur cette vente pour purger les dits biens de toutes les hypothèques conventionnelles, judiciaires ou légales et que les paiements du prix furent effectués d'après l'ordre qui en fut dressé. Et madame de Bélussière était propriétaire de la dite terre de Lambertye, comme ayant fait partie de la donation à elle faite par M. le marquis de Chapt de Rastignac, son premier mari, de tous ses droits, meubles et immeubles présents et à venir, aux termes de son contrat de mariage, passé devant Me Dubouché, notaire à Périgueux, Dordogne, en présence de témoins, le quatre messidor an quatre (vingt-deux juin mil sept cent quatre-vingt-seize).

JOUISSANCE. — M. le marquis de Lambertye est, dès ce jour, déclaré propriétaire des biens à lui présentement vendus et il pourra en faire jouir et disposer à l'avenir comme de

LUCIEN-JEAN-RAYMOND Comte DE LAMBERTYE

Marié à MARGUERITE D'ANSAN D'ÉGREMONT (1886)

1859.

chose lui appartenant de la manière la plus absolue, les vendeurs le mettant et subrogeant dans tous leurs lieux et place, privilèges, hypothèques et actions.

CHARGES ET CONDITIONS. — La présente vente est faite aux conditions suivantes, que M. Lecler, au dit nom, oblige M. le marquis de Lambertye à exécuter : 1º De prendre les biens présentement vendus dans l'état où ils se trouvent actuellement avec les servitudes passives, apparentes ou occultes dont ils peuvent être grevés, sauf à profiter de celles actives, s'il en existe, et à se défendre des unes et à faire valoir les autres à ses risques et périls, mais sans que la présente clause puisse donner à qui que ce soit plus de droit qu'il n'en résulterait de ses titres; 2º De payer, à compter de ce jour, les contributions de toute nature auxquelles les dits biens peuvent et pourront être assujettis à l'avenir; 3º Et de supporter tous les droits et frais auxquels ces présentes donneront lieu.

PRIX. — Et en outre, la présente vente est faite et acceptée moyennant cent douze mille francs de prix principal, dont cinquante-six mille francs pour le prix de la portion de biens situés dans la commune de Miallet, Dordogne, et pareille somme pour le prix de celle située dans la commune de Dournazac, Haute-Vienne. En déduction de laquelle somme de cent douze mille francs M. Lecler a payé des deniers de M. le marquis de Lambertye, celle de douze mille francs, en pièces d'or, à la vue du notaire soussigné, à M. et Mᵐᵉ de Bermondet, marquis de Cromières, qui le reconnaissent et lui en concèdent solidairement quittance. Les cent mille francs restants sont stipulés payables par M. le marquis de Lambertye, ainsi que l'y oblige son mandataire, aux vendeurs dans le courant de cinq ans, à partir de ce jour, avec l'intérêt légal et annuel qui courra aussi à compter d'aujourd'hui jusqu'à parfaite libération.

A la garantie et sûreté du paiement de cette dernière somme et des intérêts qu'elle produira, les immeubles ci-dessus désignés, demeurent par privilège spécial expressément affectés et hypotéqués. Sous la réserve de ce privilège et pour l'entière exécution des présentes, Mʳ et Mᵐᵉ de Bermondet, marquis de Cromières, se dessaisissent en faveur de Mʳ le marquis de Lambertye, ce accepté par son mandataire, de tous les droits de propriété qu'ils ont et peuvent avoir sur les biens présentement vendus, pour qu'il en soit saisi et mis en possession et jouissance par qui et ainsi qu'il appartiendra. En conséquence, ils mettent et subrogent en leurs lieu et place Mʳ le marquis de Lambertye dans tous les dits droits et notamment dans ce qui est relatif aux eaux qui alimentaient les cors et arrosaient les propriétés de Lambertye, pour en user conformément au dispositif de deux actes passés devant Mᵉ Châtenet, notaire à Dournazac, les douze décembre mil huit cent vingt-six et deux juin mil huit cent vingt-huit, enregistrés.

FORMALITÉS HYPOTHÉCAIRES. — Mʳ le marquis de Lambertye remplira, dans les délais de la loi, les formalités voulues pour la purge des hypothèques conventionnelles, judiciaires et légales qui peuvent grever les biens vendus présentement, et s'il y a des inscriptions du chef des vendeurs et des précédents propriétaires, il sera fait au domicile ci-après élu, aux créanciers inscrits, toute notification de droit pour la purge de ces hypothèques, les vendeurs s'engageant à l'indemniser de tous frais extraordinaires, s'il y a lieu.

ETAT CIVIL. — Mʳ et Mᵐᵉ de Bermondet, marquis de Cromières, déclarent que le contrat qui a réglé les clauses et conditions de leur mariage a été reçu par Mᵉ Martial Duvoisin, notaire à Cussac, le dix-sept août mil huit cent quarante, enregistré. Que par ce contrat, ils ont adopté le régime de la communauté légale, telle qu'elle est établie par le Code civil. Qu'ils ne sont tuteurs de mineurs et interdits, ni comptables de deniers publics.

REMISE DE TITRES. — Mʳ et Mᵐᵉ de Bermondet, marquis de Cromières, ont présentement remis à Mʳ Lecler, qui le reconnaît, l'expédition du contrat de mariage du dix-sept août mil huit cent quarante, sus daté, et de la vente du seize juin mil huit cent vingt huit précitée. Pour l'exécution des présentes, les parties font élection de domicile à Marval, en l'étude y sise du notaire soussigné, où les paiements en principal et intérêts, devront être effectués.

Dont acte. Fait et passé à Marval dans l'étude du notaire soussigné, l'an mil huit cent cent soixante quinze, le neuf novembre.

Messieurs les comparants ont signé avec le notaire et les témoins, après lecture faite par le notaire aux parties, tant du présent acte que des articles 12 et 13 de la loi du vingt trois août mil huit cent soixante onze. La minute est signée : Mse de Bermondet de Cromières, mis de Bermondet de Cromières, A. Lecler, A. Desproges, Boudot, Besson, nre.

Enregistré à Saint-Mathieu, le treize novembre 1875, fo 68, ro C. 2. Reçu six mille cent cent soixante francs, dixième quinze cent quarante francs. Signé : Lefloch.

Suit la teneur de la procuration sus énoncée : Pardevant Me Eugène Félix Deschange, notaire à la résidence de Longuyon, chef-lieu de canton, Meurthe-et-Moselle, soussigné, assisté des témoins ci-après nommés, aussi soussignés, a comparu Mr Antoine-Philippe-Lucien, marquis de Lambertye et de Cons-la-Grandville, propriétaire rentier, demeurant en son château dudit Cons-la-Grandville, canton de Longuyon. Lequel a, par ces présentes, constitué pour son mandataire spécial, aux effets ci-après, Mr André Lecler curé prêtre, demeurant au bourg de Marval, Haute-Vienne, auquel il donne pouvoir de, pour lui et en son nom, acquérir de Mr de Cromières ou de tous autres qu'il appartiendra, aux prix, charges, clauses et conditions que le mandataire jugera convenables, le domaine de Lambertye, situé sur les territoires des communes de Miallet, Dordogne, et de Dournazac, Haute-Vienne, composé d'un ancien château, avec ses dépendances : bâtiments d'exploitation, terres, prés, jardins et bois de châtaigniers ; obliger le constituant au paiement du prix et des intérêts qui seront stipulés, et à l'exécution de toutes les charges qui seront imposées ; se faire remettre tous titres et pièces, en donner décharge ; signer tous contrats de vente, exiger toutes justifications, faire faire toutes transcriptions dénonciations, notifications et offres de paiement, provoquer tous ordres, y produire, payer le prix de la dite acquisition, soit entre les mains du vendeur, soit entre celles des créanciers délégataires ou colloqués ; en faire toutes consignations, former toutes demandes et exercer toutes actions pour l'exécution de la dite acquisition. Constituer tous avoués, élire domicile et généralement faire, dans la limite des pouvoirs ci-dessus, tout ce qui sera nécessaire promettant l'avouer. Dont acte, en brevet, fait et passé à Cons-la-Grandville, au château de Monsieur le marquis de Lambertye, l'an mil huit cent soixante quinze, le vingt-sept octobre. Assisté de Messieurs Albert-Prosper Proth, négociant, et Jean-Baptiste Vernier jeune, sans profession, tous deux demeurant à Longuyon, témoins instrumentaires connus et requis. Et a Monsieur le marquis de Lambertye, signé avec les témoins et le notaire, après lecture faite. Signé au brevet de la dite procuration : Marquis de Lambertye, Proth, Thiéry, Vernier, Deschange. Enregistré à Longuyon le vingt-huit octobre mil huit cent soixante quinze, folio soixante treize, verso, case cinq. Reçu trois francs et décimes soixante-quinze centimes. Signé : Vuinormac. Vu pour légalisation de la signature de Me Deschange, notaire à Longuyon, par nous juge du canton de Longuyon, Meurthe-et-Moselle, le vingt-neuf octobre mil huit cent soixante-quinze, signature illisible. En marge est écrit : Certifiée véritable. Signé : Lecler. Expédition conforme, délivré à Monsieur le marquis de Lambertye. Signé : Besson, nre. Transcrit au bureau des hypothèques de Rochechouart, le dix-neuf novembre 1875. Vol. 272, no 5, et inscrit d'office le même jour, vol. 205, no 160 pour 56,000 fr. Reçu quinze francs soixante huit centimes. Signature illisible.

MARIE, NICOLAS, FRANÇOIS, Vicomte de Lambertye

Baptême de Nicolas-François de Lambertie. 17 septembre 1682.

Messire Nicolas-François, fils d'honoré seigneur messire Georges, marquis de Lambertye, seigneur de la Grandville, proche Longwy, baron de Drouville, etc., et d'honorée dame Madame Christine de Lenoncourt de Blainville, son épouse, naquit audit lieu de Drouville, le dix-septième septembre mil six cent quatre-vingt et deux, et y fut baptisé lesdits jour et an. Il eut pour parrain le sieur Jean Gueudin, jadis adjudant général de feu messire de Mercy, demeurant audit lieu de Drouville, et pour marraine honneste femme dame Anne des Varmaux, demeurante à Courbesseaux. — J. PETRY, curé de Drouville. — (Registres paroissiaux de Drouville.)

Baptême de Marie-Gabrielle de Lambertie. 9 novembre 1684.

Marie-Gabriel, fille à hault et puissant seigneur Georges, marquis de Lambertye, baron de Conz et de Drouville, etc., et à haulte et puissante dame Christine de Lenoncourt, ses père et mère, fut baptizée le neuvième novembre mil six cent quatre-vingt-quatre, et receust les sacrées onctions de baptesme le vingt et unième......... mil six cent quatre-vingt-six. Elle eust pour parin hault et puissant seigneur Louys-François-Gabriel de Custine, chevalier, seigneur de Pontigny, Cosne et autres lieux, et pour marine haulte et puissante dame Marie-Marguerite de Wiltz. — Louis de CUSTINE-PONTIGNY, Marie de WILTZ-D'AUFLANCE. — (Registres paroissiaux de Cons-la-Grandville.)

Baptême de Jeanne-Françoise de Lambertie. 15 janvier 1688.

Jeanne-Françoise, fille à hault et puissant seigneur George, marquis de Lambertye, baron de Cons et de Drouville, etc., et à haulte et puissante dame Christine de Lenoncourt, femme audit sieur marquis, ses père et mère, fust née et baptizée le quinzième janvier mil six cent quatre-vingt huit, eust pour parin François de Ficquemont, son cousin-germain, et pour marine, Jeanne-Marguerite de Lambertye, dame et chanoinesse de Bouxieres, sa sœur aisné, qui ont signez avec moy, curé soubsigné, suivant l'ordonnance, le même jour que dessus. J.-M. DE LAMBERTYE, dame DE BOUXIER, Léonard-François DE FICQUELMONT, et H. ORQUEVAUX, curé de Conz-la-Grandville. — (Registres paroissiaux de Cons-la-Grandville.)

§ III. — MARQUIS DE GERBÉVILLER

Bénédiction de la cloche de Gerbéviller. 27 avril 1705.

Le vingt-septième jour du mois d'avril mil sept cent cinq, la grosse cloche de l'église paroissiale de Gerbéviller a été bénie par le souscript, bachelier en théologie, prêtre et curé du dit Gerbéviller et de Vendeuvre, et nommée Anne–Antoinette par le sieur Jean-Georges Durand,

prévost du dit Gerbéviller, et demoiselle Charlotte Bressaut, son épouse, pour et au nom de haut
et puissant seigneur Anne Joseph de Tornielle, comte de Brionne, marquis de Gerbéviller, premier gentilhomme de la chambre de S. A. R., et de haute et puissante dame Antoinette-Louise
de Lambertye, son épouse. — Signé : Durand, C. Bressaut et Mangin, curé de Gerbéviller. —
(Registres paroissiaux de Gerbéviller.)

Baptême de Camille de Lambertye. 21 février 1714.

Camille, fils légitime de haut et puissant seigneur messire Nicolas-François de Lamberti,
premier gentilhomme de la chambre de S. A. R., et de haute et puissante dame Madame Elizabeth de Ligniville, son épouse, paroissiens de Lunéville, est né le vingt febvrier dix-sept cent
quatorze et a été batisé le vingt et un ; il a eu pour parain très haut et très puissant prince
Monseigneur le prince Camille de Lorraine, et pour maraine Madame Marguerite-Antoinette
de Bouzey, maréchale de Ligniville, qui ont signez avec moi. — (Registres paroissiaux de
Lunéville.

Confirmation de substitution faite en faveur de Camille de Lambertie par M. le Marquis de Gerbéviller. 15 octobre 1725.

Léopold, etc., salut. Ayant leu, veu, examiné, fait lire, voire et examiner en notre Conseil deux
contracts de donation entre vifs portant aussi substitution graduelle et perpétuelle d'une moitié,
les deux faisant le tout, de la terre et marquisat de Gerbéviller, appartenances et dependances,
droits honorifiques de fondation et ceux de patronage ; ensemble de l'hôtel de Gerbéviller, situé
en la ville neuve de Nancy, et des pavillons au-devant, maisons et bâtiments et jardins, le tout
acquis pendant et constant le mariage de notre très-cher et féal conseiller d'Etat et notre grand
chambellan, le sieur Anne-Joseph, comte de Tornielle, de Brionne, marquis de Gerbéviller, avec
la de Antoinette-Louise de Lambertye, lesdits contracts passés par devant Tranchot, tabellion
garde-nottes audit Nancy, scavoir, le premier, le vingt-neuf septembre dernier, par ledit sieur
marquis de Gerbéviller, et le second l'onze du présent mois d'octobre, par ladite dame son
épouse, l'un et l'autre au profit de notre très-cher et féal le sieur Nicolas, marquis de Lambertye
et de Cons-la-Grandville, notre premier gentilhomme de la Chambre, et de ses enfants males et
femelles, nez et à naître en légitime mariage et de leurs descendants en ligne directe, sous certaines rétentions d'une fruit viagère à titre de constitut précaire y énoncé ; et voulant que ces
deux contrats de donnations et substitutions graduelles et perpétuelles soient valables et ayent
leur effet, ayant pour objet non seulement la conservation du nom et des armes de la maison
des comtes de Tornielles, mais aussi de maintenir dans une même famille le dit marquisat dans
son entier, suivant la nature et les prérogatives des terres de dignités qui sont de soy indivi-
sibles et impartageables, et pour autres bonnes et justes considérations à ce nous mouvantes : de
notre certaine science, pleine puissance et autorité souveraine, de l'avis de notre dit Conseil,
nous avons lesdits deux contracts des vingt-neuf septembre dernier et onze du présent mois
d'octobre, dont les grosses sont ci-jointes et attachées sous notre scel secret, validé, levé,
approuvé et autorisé, validons, levons, approuvons et autorisons par les présentes, pour être
suivis et exécutés en tout ce qu'ils contiennent, nonobstant toutes loix, coutumes, ordonnances,
usages, arrests et règlements qui pourraient faire au contraire et auxquels nous avons pour ce

ANTOINETTE-LOUISE DE **LAMBERTYE**

Mariée à ANNE-JOSEPH, COMTE DE TORNIELLE, MARQUIS DE GERBÉVILLER (1700)

(1676 - 1738)

regard dérogé et dérogeons et aux dérogatoires des dérogatoires, sans tirer à conséquence en autres cas. Sy donnons en mandement à nos très-chers et féaux les présidents, conseillers et gens tenans notre Cour souveraine de Lorraine et Barrois, présidents, conseillers maîtres, auditeurs et gens tenans notre Chambre des Comptes de Lorraine, et à nos procureurs généraux en icelles, que du contenu ez présentes et de l'effet des dits contrats ils fassent jouir pleinement et paisiblement tous ceux y dénommés, nez et à naître, sans leur faire, ordonner, ny souffrir qu'il leur soit fait, mis ou donné aucun trouble ny empêchement quelconque, car ainsi nous plaît. En foy de quoy nous avons, aux présentes signées de notre main et contresignées par l'un de nos conseillers secrétaires d'Etat, commandements et finances, fait mettre et appendre notre grand scel. Donné à Lunéville, le quinze octobre dix-sept cent vingt-cinq. — Signé : LÉOPOLD, et sur le replis, par S. A. R. — Contresigné : OLIVIER, avec paraffe. — Signé : GUIVE. — (Archives de Meurthe-et-Moselle. — B. 165, fol. 103.)

Lettre de François, duc de Lorraine, au marquis de Gerbéviller, comte de Tornielle. 1735.

Monsieur le marquis de Gerbéviller, la conclusion de mon mariage avec l'archiduchesse aînée devant se faire dans le courant de février prochain, je souhaite que vous assistiés à cette cérémonie avec le prince de Craon, le marquis de Lambertye et le comte de Lenoncourt, à qui j'écris en même temps, et que vous vous trouviez icy le 28 janvier. Mon Conseil des finances pourvoiera à ce qui sera nécessaire pour ce voyage. La présente n'étant à autre fin, je prie Dieu, Monsieur le Marquis de Gerbéviller, qu'il vous ait en sa sainte et digne garde. Fait à Vienne, le 16ᵉ décembre 1735. — Signé : FRANÇOIS.

Mariage de Camille de Lambertie avec Barbe-Françoise Hurault. 26 juillet 1736.

L'an mil sept cent trente six, le vingt-sixième juillet, après avoir cy devant publié un ban de mariage entre messire Camille, comte de Lambertye, capitaine au régiment d'Anjou cavallerie, fils de haut et puissant seigneur messire Nicolas de Lambertye, premier gentilhomme de la chambre de S. A. R., bailli de Lunéville, seigneur du marquisat de la Grande Ville, Huviller et autres lieux, et de haute et puissante dame Elizabeth de Lignéville, ses père et mère, de la paroisse de Huviller, d'une part ; et dᵉˡˡᵉ Barbe-Françoise Hurault, fille de messire François-Joseph Hurault, chevalier, seigneur conseiller d'Etat de feu Son A. R. Léopold 1ᵉʳ de glorieuse mémoire, doyen des conseillers de la Cour souveraine, seigneur des terres d'Audun, Rhodon et autres lieux, et de feue dame Marie-Elizabeth Vautrin, ses père et mère, de ma paroisse ; semblable publication ayant été faite à Huviller par le R. P. Laurent, curé dudit lieu, comme il conste par son certificat en date du vingt-troisième du présent mois, sans qu'il y ait eu aucune opposition ny empêchement ; je soussigné, prêtre et curé de la paroisse de Sᵗ Nicolas de Nancy, en conséquence de la dispense des deux autres bans, accordée par Monseigneur l'Evêque, ensemble de la permission de les fiancer la veille de leur mariage, d'en faire la cérémonie dans la chappelle domestique de Mʳ le marquis de Gerbeviller, y ai reçu leur mutuel consentement de mariage et leur ay donné la bénédiction nuptialle, par le ministère de messire Ignace Hurault, prêtre, prieur de Gondrecourt, chancelier de l'église cathédrale de Verdun, et ce avec les cérémonies prescrittes par la sainte Eglise. En présence de haut et puissant seigneur messire Nicolas de Lambertye, père de l'époux; de Monsieur le prince de Craon; de messire Anne-Joseph, comte de Tornielle, marquis de Gerbéviller; de messire François-Louis des Porceletes, chevalier de l'ordre de S¹ Jean de Jérusalem, grande croix du dit ordre, premier ecuyer de S. A. R. Madame; de Messire François-Joseph Hurault, père de l'épouse; de messire Jean-Baptiste Hurault, prêtre, chanoine de l'insigne église de S¹ Diez; de messire François Gauvain, chevalier seigneur de Champey de Lixières, oncles paternels de l'épouse; de messire Dieudonné de Tailfumys, chevalier seigneur de Cussigny, Avrillon et autres lieux, président à mortier au Parlement de Metz, cousin germain de l'épouse, tous témoins requis, qui ont signé avec les parties. Signé : Lambertye, Barbe Hurault, de Tornielle, Lambertye, Tornielle, le bailly des Porcellets, Hurault, Hurault, prieur de Gondrecourt; Gauvain de Champey, de Tailfumys, Custine et Pecheur, curé de Saint-Nicolas. — (Registres paroissiaux de Saint-Nicolas de Nancy.)

Baptême de Nicolas-François-Camille de Lambertie. 27 novembre 1739.

Nicolas-François-Camille, fils de haut et puissant seigneur Camille de Lambertie, comte de Tornielle, marquis de Gerbeviller, chambelan de Sa Majesté le roy de Pologne, seigneur de Valhey, d'Audun et de Rodenne, et de haute et puissante dame Barbe Hurault, son épouse, est né le vingt-sept novemb. mil sept cent trente-neuf. Parain le s' Nicolas Marlangeon, maitre d'hôtel de Mons' le marquis, qui a tenu l'enfant au nom de haut et puissant seign' M. François, marquis de Lambertie, capitaine des gardes de Sad. Majesté, marquis de Cons la Granville. Maraine haute et puissante dame Elisabeth de Ligneville, représentée par d¹¹ᵉ Anne-Therese Adam, gouvernante chez Monsg' le marquis de Gerbeviller. Signé : Marlangeon, Anne-Theresse Adam, et Jeruenus, curé de S¹ Roch. — (Registres paroissiaux de Saint-Roch de Nancy.)

Baptême d'Antoinette-Françoise de Lambertie. 15 février 1743.

Anthoinette-Françoise, fille légitime de messire Camille de Lamberty, comte de Tornielle, marquis de Gerbeviller, seigneur de Valhay, Roden et autres lieux, chambellan du roy de Pologne, et de dame Barbe Hurault de Moranville, son épouse, est née et a été baptisée le quinze février 1743. Parrain messire Nicolas-François-Camille, comte de Tornielle, marquis de Gerbeviller, representé par Joseph Pemjean. Marraine demoiselle Anthoinette de Gerbeviller, représentée par d¹¹ᵉ Charlotte Nicolas, femme de chambre et gouvernante des enfants chez Monsieur le marquis de Gerbeviller, qui ont signé. Signé : Joseph Premejeant, Charlotte Nicolas et Colin, prêtre. — (Registres paroissiaux de Saint-Roch de Nancy.)

Baptême de Louise-Victoire-Rose-Parfaite du Cheylard. 20 janvier 1767.

Louise-Victoire-Rose-Parfaite, fille de messire Jean-Antoine, marquis Ducheylar, seigneur du marquisat de ce nom et de plusieurs autres lieux en cette province, et de dame Dame Marie-Anne-Claude de Rochechouart, son épouse, est née le dix-neuf janvier mille sept cent

ANNE JOSEPH DE TORNIEL, MARQUIS DE GERBEVILLER
MARIÉ A ANTOINETTE LOUISE DE LAMBERTYE (3 AOUT 1700)

soixante-sept et a été baptisée le jour suivant. Le parein a été messʳᵉ Jacques Ducheylar, major de dragons du roy, son oncle paternel, représenté pour son absence par le sʳ Jean-Baptiste Comet Duzilliac. La mareine a été demoiselle Louise-Victoire-Rose-Parfaite de Roche-chouart, sa parente, représentée pour son absence par demˡˡᵉ Louise-Marie Buchaillet. Signé au registre : Duzilliac, Marie-Louise Buchaillet, Ducheylar et Mareschal, recteur. — (Registres paroissiaux de Besançon.)

Sépulture de Camille de Lambertie. 14 *octobre* 1770.

L'an mil sept cent soixante et dix, le quatorzième jour du mois d'octobre, à six heures et demie du soir, est décédé à Bruyeres subitement sans qu'on ait pû lui administrer les sacrements de l'Eglise, haut et puissant seigneur messire Camille de Lambertye, chevalier, comte de Tornielle, marquis de Gerbéviller, chambellan de Sa Majesté feu le roy de Pologne, né le vingt février mil sept cent quatorze, époux de haute et puissante dame Madame Barbe-Françoise Huraux. Le seize du même mois son corps a été transporté dans l'église paroissiale du dit Bruyères, pour y faire les cérémonies ordinaires, après lesquelles il a été conduit hors de cette ville, où le sieur Mathieu, curé, l'a confié à Messieurs Mathieu, aumonier de l'hopital, et Georges, prêtre, vicaire de Bruyères, pour le déposer à Gerbéviller, le tout comme il conste par un extrait mortuaire signé du sieur curé de Bruyères ; et ce même jour, à sept heures du soir, après avoir passé par Grandviller, Sainte-Heleine, Ramber-viller, Roville au Chêne, Magnières, Mayen, où il a reçu les honneurs qui se donnent en pareil cas, moy Dominique Bessat, prêtre, curé de Gerbéviller, accompagné de Messieurs Joseph Raoul, prêtre et vicaire de cette ville ; Pierre Daulet, directeur des Dames reli-gieuses ; Jean Jacquat, prêtre habitué au dit lieu, et suivi de presque toute la paroisse, suis allé le recevoir des mains du sʳ George sur le pont de Graudrapt, d'où il a été conduit et présenté en l'église paroissiale du dit Gerbéviller pour y faire les cérémonies accou-tumées, après lesquelles l'ay reconduit en son chateau où il a été déposé et passé la nuit. Le lendemain, à neuf heures du matin, en ay fait la levée et l'ay conduit suivant son intention dans l'église des Révérends Pères Carmes déchaussés de Gerbéviller, où je l'ai remis au Révérend Père Augustin, prieur, par qui il a été inhumé avec les cérémonies ordinaires dans le caveau choisi par les hauts et puissants seigneurs marquis de Gerbéviller pour le lieu de leur sépulture, en présence de haut et puissant seigneur Charles-Philippe, marquis de Lambertye, chevalier de Malte, ancien et premier gentilhomme de la chambre du feu roy de Pologne, duc de Lorraine et de Bar, frère à mondit seigneur marquis de Gerbéviller ; de Monsieur Toussaint de Lavaux, ancien gentilhomme du feu roy de Pologne, gouverneur des villes d'Arche et Remiremont ; de Monsieur de Sablonet, capitaine au corps des grenadiers de France ; de Monsieur Dominique Malharty, prévôt ; Ferry, procureur fiscal, notaire royal ; Nicolas Marquée, garde marteaux, prévôt au comté de Magnières, Michel Chabert, avocat au Parlement de Paris, intendant du marquisat ; de Messieurs les avocats exerçants en la prévôté du marquisat ; de Messieurs les curés dud. marquisat et de la plus grande partie de la paroisse dud. Gerbéviller et des paroisses de la dépendance du marquisat, ont signé avec nous. — (Registres paroissiaux de Gerbeviller.)

Lettre sur le décès de Camille de Lambertie. 1770.

A Romont, le 18 octobre 1770.

C'est dans l'accablement de la plus vive douleur, mon très cher frère, que je vous fais part de la perte que nous venons de faire, de notre très cher et bon frère le marquis de Gerbeviller, qui est mort subitement, dimanche dernier, 14 du mois, à Bruyères, à sept heures du soir, vingt minutes après qu'il est arrivé en cette ville avec un air de santé et de satisfaction, étant de la plus grande gaîté. Il est tombé mort en conversant avec des dames chez M. de Lavaux, au moment qu'il allait se mettre à table. Il n'a fait qu'un cri en portant la main droite sur le haut de sa tête, étant assis dans un fauteuil. Aussitôt on m'a dépêché un courrier pour m'informer de cette affreuse nouvelle, qui m'a assommé au point que je n'ay été en état de partir pour lui rendre les derniers devoirs que le lendemain matin. A mon arrivée j'ai fait préparer avec la plus grande célérité tout ce qui convenait à un homme de sa naissance dans une circonstance si triste. Le deuil ordonné, j'ai fait construire un char de transport drapé partout de noir, avec simplement des larmes tout autour, et des cartouches de ses armes que j'ai fait peindre. L'impériale du char, qui était en forme de catafalque, était quatre pieds au-dessus du corps, d'un bout du char à l'autre. A chaque extrémité du char était un siège en forme de cabriolet, sur chacun desquels était un prêtre en surplis et étole. L'impériale était soutenue sur quatre colonnes, le tout drapé. J'ai fait faire ce char à l'instar de ceux que j'ai vus à Versailles pour transporter à Saint-Denis les princes et princesses de la famille royale. Il était attelé de quatre chevaux de carosse caparaçonnés de drap noir jusqu'à terre. Quatre domestiques de mon pauvre frère étaient en grand deuil à cheval caparaçonné de même et marchaient aux quatre coins du char avec un grand flambeau à la main. Je suivais le corps dans un carrosse attelé de quatre chevaux de carrosse, et une autre voiture, attelée également de quatre chevaux, dans laquelle était le curé de Romont en surplis et étole, et mon valet de chambre suivait mon carrosse. Après avoir fait porter le corps à la paroisse de Bruyères, où on a chanté une grand'messe et puis le *Libera*, le corps présent, toutes les voitures de convoy étaient devant l'église, d'où on est sorti et parti à neuf heures. Le clergé et le couvent des capucins ont précédé les voitures jusqu'au dehors de la ville, et comme j'avais envoyé un homme à cheval en avant pour avertir toutes les paroisses sur lesquelles on devait passer depuis Bruyères jusqu'à Gerbeviller, Mrs les curés n'ont pas manqué de se trouver sur le passage, avec la croix et en surplis, pour dire des prières et bénir le corps ; on a sonné partout en volée sur la route d'une paroisse à l'autre. Le peuple de chaque endroit, qui était en foule, a marqué son respect et ses regrets. Le convoye a été dix heures en route pour faire sept lieues depuis Bruyères à Gerbeviller. A la sortie de Moyen jusqu'à Gerbeviller, il y avait plus de trois mille âmes du marquisat qui bordaient la chaussée, et cinquante pauvres avec des torches sont venus au-devant du convoi à une demi-lieue. A l'entrée du premier faubourg, le curé de Gerbeviller, avec tous les curés du marquisat en surplis, et le couvent des Pères Carmes, sont venus recevoir le corps pour le conduire à la paroisse avec les voitures. Il y avait un catafalque préparé et un luminaire très considérable. Après quoi on a rechargé de corps pour le conduire au château dans la salle d'en bas qui était tendue de noir. Quatre grenadiers ont gardé toute la nuit avec deux Pères Carmes. Le lendemain, qui était hier, le curé avec tout le clergé sont venus chercher le corps, et les Pères Carmes sont venus le recevoir au bas du degré de leur église. Il y avait un catafalque digne d'un souverain. On a dit trente messes basses pendant les vigiles, et puis on a chanté la grand'messe

CAMILLE, Comte de LAMBERTYE

Substitué au nom et armes de TORNIELLE,

Marquis de GERBÉVILLER, etc.

Capitaine au Régiment d'Anjou-Cavalerie, Chambellan de l'Empereur,

Grand-Maître du Vautray du Prince Charles de Lorraine,

Grand-Louvetier en survivance de Stanislas, Roi de Pologne,

Marié à Barbe-Françoise HURAULT de MORAINVILLE (1736)

(1714 - 1770)

.d'enterrement. Comme on est arrivé de nuit à Gerbeviller il n'y a pas eu un seul habitant .qui, pour marquer son attachement et ses regrets, n'ait illuminé leurs vitres.

Je vous fais ce triste et long détail, mon cher frère, pour vous prouver que je n'ai .rien omis pour rendre et faire rendre à un frère tel que le nôtre tout ce qui était dû à sa naissance et à ses qualités personnelles. Nous perdons un bon frère, un bon ami et un bon soutien. Il emporte les regrets universels de tout le monde. Dieu nous l'a enlevé, nous ne pouvons plus que prier pour le repos de son âme. Je suis persuadé, mon cher .frère, que vous ne manquerez pas de lui faire faire un service ; j'en ferai autant de mon côté. Adieu, mon cher frère, je vous embrasse de tout mon cœur et vous aime de .même. — Le Comte de LAMBERTY.

Chargez-vous de faire part de cette affreuse nouvelle à Monsieur le comte de Custine, .qui demeure à Longuyon. Je viens d'en faire part à Son Altesse Royale, à Bruxelles, a .M. le duc de Choiseuil...............

Contrat de Mariage de Nicolas-François-Camille de Lambertie avec Louise-Victoire-Rose-Parfaite du Cheylard. 24 mai 1785.

Pardevant les conseillers du roi, notaires au Chatelet de Paris, soussignés :

Furent présents : très haut et très puissant seigneur Nicolas-François-Camille de Lambertye, .comte de Tornielle, Raumont, marquis de Gerbévilliers et autres lieux, premier chambellan .de Monseigneur comte Dartois, fils majeur de deffunt très haut et très puissant seigneur Camille de Lambertye, marquis de Gerbévilliers, et de très haute et très puissante dame Barbe Huraule de Mouranville, son épouse, demeurant, mond. seigneur marquis de Gerbevillers, à Paris, en son hôtel, rue Jacob, paroisse de Saint-Sulpice, stipulant et contractant pour lui .et en son nom. D'une part.

Et très haute et très puissante dame Marie-Anne-Claude de Rochechouart, veuve de très .haut et très puissant seigneur Jean-Antoine, marquis Ducheylar, Courcelles et Marechoux, baron de l'Etoille, seigneur de Charaut, Daubignasse et autres lieux, demeurant à Paris, en .son hôtel, rue de Bourbon, faubourg Saint-Germain, paroisse Saint-Sulpice, stipulante et con-.tractant en son nom personnel et pour très haute et très puissante demoiselle Louise-Victoire-Rose-Parfaite du Cheylar, sa fille mineure d'âge, suivant les lois et usages du droit, .demeurant à Paris, avec lad. dame sa mère, a ce présente et de son consentement. D'autre part.

Et encore lad. demoiselle Ducheylard procédant, en tant que de besoin, sous l'autorité de .très haut et très puissant seigneur Claude Ducheylar, ancien aumônier de la reine, abbé .commandataire de l'abbaye royale de Saint-Georges et Bois-Chervilliers. Et de très haut et très .puissant seigneur Jacques Ducheylar, ancien capitaine-major de dragons, ses deux oncles et .conjointement ses tuteurs, demeurant à Paris, susd. rue de Bourbon.

Et enfin très haut et très puissant seigneur Louis-Joseph-Eberard, marquis Du Cheylar, .capitaine au régiment royal Navarre-Cavalerie, frère aîné de lad. demoiselle Ducheylar, .demeurant aussi susd. rue de Bourbon, stipulant en son nom personnel à cause de l'obligation .qu'il va contracter. Encore d'autre part.

Lesquelles parties, pour raison de mariage proposé entre ledit seigneur marquis de Gerbé-villiers et lad. demoiselle Ducheylar, dont la célébration sera incessamment faite en face de .l'Eglise, ont fait et arrêté le traité civil et les clauses et conditions du mariage ainsi qu'il suit : En présence et de l'agrément et permission de Leurs Majestés, de S. A. R. Monsieur, de S. A. R. Madame, de S. A. R. Monseigneur le comte Dartois, de S. A. R. Madame la comtesse Dartois, de S. A. R. Madame Marie-Thérèze de France, de L. A. R. Mesdames Marie-Adelaïde de France et Victoire-Louise de France, de S. A. R. Monseigneur le duc d'Angoulême, de S. A. R. Monseigneur le duc de Berry, et encore en présence de leurs parents et amis ci-après nommés, savoir : de la part de mond. seigneur futur époux, de haute et puissante dame Louise-Etiennette Darchiac, princesse de Craon, tante à la mode de Bretagne ; de très haut et très puissant seigneur Monseigneur Claude-Antoine Periadus, marquis de Choiseuil, lieutenant général des armées du roi et des provinces de Champagne et de Brie, gouverneur des ville et citadelle de Verdun, cousin, et de très haute et puissante dame Gabrielle Dianne La Baume Montrevel, épouse dud. seigneur marquis de Choizeul. Et de la part de mad. demoiselle future épouse : de Messieurs ses frères ; de très haut et très puissant seigneur Philippe-Claude, comte de Montboissier, lieutenant général des armées du roi, chevalier, de ses ordres, oncle à la mode de Bretagne à cause de Madame son épouse ; de très haute et très puissante dame Françoise-Alexandrine-Camille de Rochechouart, comtesse de Montboissier, épouse du dit seigneur comte de Montboissier, tante à la mode de Bretagne ; de très haute et puissante dame Alexandrine-Marie-Julie-Félicité de Montboissier, comtesse de Mirepoix, cousine issue de germaine, épouse de très haut et très puissant seigneur Charles-Philibert-Marie-Gaston de Levis, comte de Mirepoix, maréchal héréditaire de foy, et dud. seigneur comte de Mirepoix ; de très haut et très puissant seigneur Etienne-Pierre de Rochechouart, lieutenant général des armées navales, cousin ; de très haut et très puissant seigneur Jean-Louis-Victor-Eustorge de Besse, enseigne au régiment des gardes françaises, cousin issu de germain, et de M. Etienne Geneste, procureur du roi des eaux et forêts de Coïtran, en Languedoc, amy.

ARTICLE PREMIER. — La coutume de Paris fera la loi du futur mariage et réglera toutes les clauses et conditions du présent contrat.

En conséquence, les dits seigneur et demoiselle futurs époux seront communs en tous biens, meubles et conquets, immeubles, quand même ils feraient par la suite leurs demeures ou des acquisitions en des pays soumis à des loix et usages contraires, auxquels il est expressément dérogé et renoncé.

ART. 2°. — Les dits seigneur et demoiselle futurs époux ne seront point cependant tenus des dettes et hypothèques l'un de l'autre, faites et contractées avant la célébration du futur mariage, et s'il y en a elles seront acquittées par celui du chef de qui elles procèderont, sans que l'autre, ses biens, ni ceux de la communauté en puissent être aucunement tenus.

ART. 3°. — Les biens dud. seigneur futur époux consistent :

1° En sa terre et marquisat de Gerbevillers et fiefs en dépendant, situés en Lorraine ;

2° En sa terre et comtée de Raumont, réunie au marquisat de Gerbevillers, et dépendances de cette terre, le tout affermé par démembrement à diverses personnes et produisant cinquante-quatre mille livres ;

3° En sa terre et seigneurie de Villerupt et Daudun et fiefs d'Hussigny-Huips, la forêt et redangs en dépendants, le tout affermé par bail passé devant Mᵉ Charvet, notaire à Paris, et son confrère, le trois décembre mil sept cent quatre-vingt-quatre, aux sieurs Desmoulins et Guillot, moyennant et à la charge pas eux de fournir annuellement aud. seigneur marquis de Gerbévillers trois cent trente milliers de fers produisant année commune plus de quarante mille livres ;

4° Dans la moitié des appointements et revenus annuels attachés à la charge de premier chambellan de Monseigneur comte Dartois, dont est pourvu Monseigneur le comte de Montecot, montant à trois mille deux cents livres ;

5º Dans la somme de quatre-vingt mille livres due aud. seigneur futur époux par led. seigneur comte de Montecot.

Lequel droit dans les revenus et appointements de la charge du premier chambellan ainsy que la créance de quatre-vingt mille livres cy-dessus énoncée résultent d'un acte passé entre led. seigneur futur époux et M. le comte de Montecot devant Me Boulard, notaire à Paris, et son confrère, le seize janvier mil sept cent quatre-vingt-trois ;

6º Et enfin en une somme de cent trente-quatre mille livres due aud. seigneur futur époux, tant par ses fermiers et autres débiteurs, que pour la valeur des objets énoncés et détaillés en l'état que led. seigneur futur époux en a représenté et qui en est, sur réquisition, demeuré annexé à la minute des présentes après avoir été de lui certifié veritable, signé et paraphé en présence des notaires soussignés.

ART. 4e. — Les biens actuels de la demoiselle future épouse consistent dans le tiers qui lui appartient dans les terres et seigneuries dépendantes de la succession de M. le marquis Ducheylar, son père, indivises avec Messieurs ses frères aînés, toutes lesquelles terres sont situées en Franche-Comté et régies par le droit écrit et sont à partager entre eux trois dans la plus parfaite égalité et sans aucun avantage ni prérogative de droit d'aînesse en faveur des frères de lad. demoiselle future épouse.

Toutes ces terres produisent ou sont affermées par différents baux environ quarante-cinq mille livres, sans aucunes charges de vingtièmes, parce que les fermiers en sont tenus; mais ces mêmes terres sont chargées envers madite dame marquise Ducheylar de six mille livres annuellement pour son douaire et droit d'habitation dont un tiers doit être supporté par la demoiselle future épouse.

Observant que les autres reprises et créances de Madame la marquise Ducheylar sur la succession dud. seigneur, son mary, fixées et liquidées par acte passé devant Me Delarue, notaire à Paris, et son confrère, le neuf juin mil sept cent quatre-vingt-deux, ainsy que toutes les autres dettes de la dite succession sont entièrement à la charge des frères de la demoiselle future épouse, qui en sont seuls tenus, suivant les différents comptes qu'ils ont fait ensemble et notamment suivant le dernier, passé devant Me Lefebvre, l'un des notaires soussignés, qui en a la minute, et son confrère, le neuf avril de la présente année.

Pour faciliter le présent mariage et comme une condition expresse, toutes les parties reconnaissent qu'il a été convenu entre elles qu'aussitôt que les formalités prescrites pour la vente des biens des mineurs auront été observées et remplies, Monsieur le marquis Ducheylar, frère aîné de la demoiselle future épouse, acquerra le tiers appartenant à la demoiselle sa sœur dans les biens communs de la succession dud. seigneur leur père, moyennant la somme de cinq cent mille livres, dont cent mille francs seront payés comptants à l'instant, trois cent mille livres seront stipulées payables dans dix-huit mois fixes à compter de ce jour, et les cent mille livres restants dans deux ans seulement du jour de la célébration dud. mariage, avec l'intérêt du tout à cinq pour cent, avec les retenues ordinaires à compter du jour de lad. célébration.

Promettant en conséquence toutes les parties d'accomplir et exécuter cette condition le plus tôt possible et de faire remplir les formalités préalables et qui sont nécessaires pour que leurs durées plus ou moins longues ne puissent retarder les époques de payements cy-dessus convenus.

De sa part, lad. dame marquise Ducheylar, en faveur du présent mariage, donne et assure à lad. demoiselle future épouse, sa fille, en avancement sur sa succession future, la somme de cinquante mille livres, dont elle promet de se libérer entre les mains du futur époux le plus tôt que faire se pourra, mais dont elle se réserve l'usufruit et jouissance pendant sa vie.

Art. 5ᵉ. — Des biens desd. seigneur et demoiselle futurs époux, il en entrera de part et d'autre en communauté jusqu'à concurrence de la somme de cinquante mille livres, à l'effet de quoi il est respectivement consenti tous ameublissements nécessaires, mais le surplus des biens actuels desd. seigneur et demoiselle futurs époux ainsi que tout ce qui leur échéra pendant la durée dud. mariage, tant en meubles qu'immeubles, par succession, donnation, legs ou autrement, sera et demeurera propre à chacun d'eux et aux siens de son côté de ligne.

Art. 6ᵉ. — Led. futur époux a dotté et dotte lad. demoiselle future épouse de dix mille livres de rente de douaire préfix, sans aucunes retenues des impositions qui pourront avoir lieu, le fond duquel douaire sera propre aux enfants qui naîtront du futur mariage à l'avenir, et à prendre spécialement et limitativement sur le marquisat de Gerbevillers, annexes et dépendances, conformément à la faculté qui résulte de l'acte contenant la substitution graduelle et perpétuelle dudit marquisat, les autres biens dud. seigneur futur époux demeurant libres et affranchis de l'hipothèque dud. douaire dont lad. demoiselle future épouse sera saisie de plein droit lorsqu'il aura lieu, sans être tenue d'en former la demande en justice.

Art. 7ᵉ. — Le survivant desd. seigneur et demoiselle futurs époux prendra par préciput et avant le partage des biens meubles de la communauté, tels des dits meubles qu'il voudra choisir suivant la prisée de l'inventaire qui en sera lors fait et sans crue jusqu'à concurrence de la somme de quarante mille livres, ou cette somme en deniers comptants au choix du survivant. Et, en outre, par augmentation de préciput, si c'est la demoiselle future épouse qui survit, elle reprendra tous ses habits, linges et hardes, dentelles et bijoux, sa toilette et l'argenterie en dépendant, et ses diamants, à quelques sommes que le tout puisse monter, plus et enfin un carrosse et deux chevaux, à son choix, dans ceux qui existeront au jour de la dissolution de la communauté. Et si c'est led. seigneur futur époux, il reprendra les habits, linges, hardes, dentelles, bijoux, diamants et argenterie à son usage personnelle, sa bibliothèque, ses armes, chevaux et équipages de guerre, un carrosse et deux chevaux, à quelque somme aussy que le tout puisse monter.

Art. 8ᵉ. — La demoiselle future épouse survivante aura droit d'établir son habitation dans l'un des châteaux du seigneur futur époux qu'elle voudra choisir, ou bien, si elle le préfère, il lui sera payé annuellement une somme de deux mille livres, pour lui tenir lieu de ce droit d'habitation, mais dans ce cas d'option de lad. somme de deux mille livres, ainsi que le douaire, elle sera à prendre limitativement sur le marquisat de Gerbevillers.

Art. 9ᵉ. — Le remploy des propres qui seront aliénés ou rachetés pendant la durée dud. futur mariage se fera suivant la coutume de Paris, et l'action pour exercer ce remploy sera de nature immobiliaire et propre à celui des seigneur et demoiselle futurs époux qui aura droit de l'exercer et aux siens de son côté et ligne.

Art. 10ᵉ. — En cas de renonciation à la communauté cy-dessus stipulée de la part de la demoiselle future épouse ou des enfants qui naîtront du futur mariage, ils reprendront tout ce que la demoiselle future épouse aura apporté aud. mariage et tout ce qui pendant sa durée lui sera échu tant en meubles qu'immeubles, à tel titre que ce soit. Et si c'est lad. demoiselle future épouse qui fait cette renonciation elle reprendra en outre son douaire, son préciput et son droit d'habitation, tels qu'ils sont cy-dessus stipulés, le tout franc et quitte des dettes et hipothèques de la communauté, même de celles où lad. demoiselle future épouse se serait obligée, ou auxquelles elle aurait été condamnée, dont aud. cas elle et ses enfans seront acquittés, garantis et indemnisés par les héritiers dud. seigneur futur époux et sur ses biens.

LOUISE-ROSE-PARFAITE DU CHEYLAR-ROCHECHOUART

Alliée : 1º à NICOLAS-FRANÇOIS-CAMILLE Comte DE LAMBERTYE

Comte DE TORNIELLE, Marquis DE GERBÉVILLER, etc.

Lieutenant-Colonel de Cavalerie et Cornette des Chevau-Légers d'Aquitaine (1785)

2º à AUGUSTE-JOSEPH-BAUDE Comte DE LA VIEUVILLE

(1767-1846)

ART. 11e. — Lad. demoiselle future épouse, autorisée à cet effet par lad. dame sa mère, fait par ces présentes donnation entre vifs et irrévocable et en la meilleure forme que donnation puisse être faite, aud. seigneur futur époux et acceptant, de la somme de cent mille livres, à prendre sur les biens qui composent sa dote actuelle, pour lad. somme de cent mille livres appartenir aud. seigneur futur époux en toute propriété, soit qu'il y ait enfans ou non dud. mariage et soit qu'il survive ou ne survive pas lad. demoiselle future épouse.

ART. 12e. — Enfin, il est convenu qu'en cas de prédécès de la demoiselle future épouse sans eufans dud. mariage, ou desd. enfans après elle en minaurité, led. seigneur futur époux aura terme et délai de huit années pour rendre et restituer aux héritiers de lad. demoiselle future épouse ce qui se trouvera composer la succession et leur appartenir, mais en leur en payant pendant ce tems l'intérêt à quatre pour cent sans aucune retenue d'impositions royales. Pour faire insinuer ces présentes où il appartiendra, les parties ont donné tous pouvoirs au porteur. C'est ainsy que le tout a été convenu et accordé, promettant, obligeant, renonceant, Fait et passé à l'égard de Leurs Majestés et de la famille royale au château de Versailles le vingt-deux may, à l'égard des parties contractantes en l'hôtel de lad. dame marquise Ducheylar, le vingt-quatre dud. mois de mai, et de toutes les autres parties assistantes en leur hôtels et demeures, le même jour, vingt-quatre may. Le tout de l'année mil sept cent quatre-vingt-cinq, et ont toutes les parties signé la minute des présentes demeurées à Me Lefebvre, 1er l'un des notaires soussignés. Suit la teneur de l'état cy-devant énoncé.

ÉTAT des objets mobiliers appartenant à M. de Gerbevillers :

Troupeau acheté cette année, vingt mille livres, ci....................	20.000 livres.
Approvisionnement aux forges constaté par bail, treize mille livres, ci..	13.000 —
Petit contrat sur..... .... et sur celle de Lagrandville, dix mille livres, ci.	10.000 —
Expertise homologuée des forges de Changer, dues par les fermiers, ci.	46.000 —
Ce qui reste dû par les fermiers du marquisat, trente-cinq mille livres..	35.000 —
Fermages échus au quinze may, ci................................	10.000 —
TOTAL...........................	134.000 livres.

Il est ainsy en l'original dud. état signé et paraphé, est demeuré annexé à la minute du contrat de mariage dont expédition....................., le tout étant en la possession de Me Lefebvre, l'un des notaires soussignés. — Signé : ÉTIENNE; LEFEBVRE.

Mariage de Nicolas-François-Camille de Lambertie, avec Victoire-Rose-Parfaite du Chaylard.
27 mai 1785.

Le vingt-sept mai mil sept cent quatre-vingt-cinq, a été célébré le mariage de H et P seigneur mre Nicolas-François-Camille de Lamberty, comte de Tornielle, marquis de Gerbeviller, fils majeur des défunts H et P sgr Camille de Lamberty, marquis de Gerbevillers, chambellan de feue Sa Majesté le roi de Pologne, et de Barbe Huraut de Moranville, de cette paroisse depuis onze mois, rue du Colombier, avant de celles de Gerbeviller et St Sébastien du diocèse de Nancy, avec H et P demoiselle Victoire-Rose-Parfaite du Chaylar, âgée de dix-huit ans, fille de défunt H et P sgr mre Jean-Antoine, marquis du Chaylar, et de dame Marie-Anne de Rochechouart, présente et consentante, de fait et de droit de cette paroisse, depuis plusieurs années avec sa mère, en son hotel rue de Bourbon. — Un ban publié en cette église et en celles de

Gerbevillers et de St Sébastien, diocèse de Nancy, le dix-huit de ce mois, insinuée et controlée le même jour; autre dispense de deux bans, avec la permission de fiancer et marier le même jour accordée par Mgr l'archevêque, le vingt de ce mois, insinuée et controlée, le lendemain; fiançailles faites, présents et temoins du côté du sgr époux, T H et P sgr Marie-Jérôme Eon, comte de Cely, maréchal des camps et armées du roi, inspecteur g^{al} de l'infanterie, rue de Verneuil, H et P sg^r Sebastien-Anne-Julien de Poilvillain, c^{te} de Crenay et de Montaigu, maréchal des camps et armées du roi, premier maitre de la garde robe de M^r frère du roi, chevalier, commandeur des ordres royaux, et militaires de St Lazare et du Mont Carmel, au Luxembourg; du coté de la d^e épouse, H et P sg^r Philippe-Claude, comte Montboissier, lieutenant général des armées du roi, chevalier de ses ordres, gouverneur de Bellegarde, commandant en chef dans la province d'Auvergne, rue de Verneuil; H et P sg^r Claude de Morton, comte de Chabrillant, lieutenant g^{al} des armées du roi, maitre de camp, commandant du corps des carabiniers, capitaine des gardes du corps de Monsieur frère du roi, chev^{er}, commandeur des ordres royaux et militaires de St Lazare et du Mont Carmel, rue de Grenelle, qui tous ont certifié le domicile comme dessus et la liberté des parties pour le present mariage, célébré en présence de M^r le curé, par messire Duchaylar, ancien aumonier de la reine, abbé commandataire de l'abbaye royale de St Georges de Bosserville, oncle de la dame épouse, et ont signé. Ainsi signé : TORNIELLE, LAMBERTY, GERBE-VILLER, DU CHAYLAR, ROCHECHOUART, DUCHEYLAR, le c^{to} DE CELY, CRESNAY, MONTBOISSIER, le c^{to} DE CHABRILLAND, H. DUCHEYLA, le c^{te} DUCHEYLA, SAUVEBŒUF, LEVIS-MIRPOIX, et F. DE TERSAC, curé de St Sulpice. — (Registres paroissiaux de Saint-Sulpice de Paris.)

Décès d'Antoinette-Françoise de Lambertie. 12 *février* 1812.

L'an mil huit cent douze, le douze février, à quatre du soir, par devant nous, adjoint au maire, délégué, faisant fonctions d'officier de l'état civil de la ville de Nancy, département de Meurthe-et-Moselle, ont comparu M. Gabriel-Philippe de Nery, Marien de Fremery, ancien capitaine au service de France, domicilié à Nancy, rue Saint-George, âgé de soixante-sept ans, et M. Antoine-Nicolas-François Dubois de Riocourt, conseiller à la Cour impériale, âgé de cinquante ans, domicilié à Nancy, place de la Carrière, le premier cousin issu de germain, le second ami de la défunte, lesquels nous ont déclaré que Mlle Antoinette-Françoise de Lamberti, âgée de soixante-huit ans, née à Nancy, ex-chanoinesse, domiciliée à Nancy, place St Georges, fille de (non indiqués), est décédée le douze février mil huit cent douze, à une heure du soir, en la maison place St George. Et après nous être assuré du décès, nous avons dressé le présent acte, que les déclarants ont signé avec nous après lecture. Signé au registre : MARIEN DE FREMERY, DUBOIS DE RIOCOURT, et COLLENOT, adjoint. — (Registres de l'état civil de Nancy.)

Les trente-deux écussons formant les quartiers du marquis de Gerbeviller. 1895.

Lambertye : d'azur à deux chevrons d'or.
Lenoncourt : d'argent à la croix engrelée de gueules.
Ligniville : lozangé d'or et de sable.
Bouzey : d'or au lion de sable.
Moranville (Hurault) : écartelé aux 1 et 4, d'argent au lion de sable; aux 2 et 3, d'or à la croix de gueules.

MARIE-ANTOINE-CAMILLE-ERNEST, COMTE DE LAMBERTYE

COMTE DE TORNIELLE, MARQUIS DE GERBÉVILLER

Chevalier de la Légion d'Honneur, Conseiller Général de la Meurthe

Marié à MARIE-CHARLOTTE-LÉONTINE DE ROHAN-CHABOT (1817)

(1789 - 1862)

Talfumir : de gueules à trois têtes de lion d'or, posées en bande entre deux cotices d'argent au chef d'azur.

Waltrin : d'argent à une rose de gueules, au chef d'azur.

Artin : de gueules à la bande d'or chargée de trois coquilles de sable.

Du Chaylar : écartelé, aux 1 et 4, d'or à trois bandes de gueules ; aux 2 et 3, d'azur au chef d'argent chargé d'un soleil de gueules.

Montboissier : d'or semé de croisettes de sable au lion rampant de même.

Grammont : d'azur à trois bustes de reines de carnation couronnées d'or à l'antique.

Stainville : d'or à la croix ancrée de gueules.

Rochechouart : fascé, ondé d'argent et de gueules de 6 pièces.

Du Motet : d'azur à la tour d'argent soutenue d'une motte d'or.

Valenciennes : d'argent à deux lions léopardés de gueules l'un sur l'autre.

D'Assigny : d'hermines au chef de gueules.

Rohan-Chabot : écartelé, aux 1 et 4, de gueules à 9 macles d'or ; aux 2 et 3, d'or à 3 Chabots de gueules.

Vardes-Grimaldi (du Bec-Crespin) : fuselé de gueules et d'argent.

Du Breil de Rays : d'argent au lion de gueules armé d'or.

Brantonnet : de gueules à 3 bandes d'or.

La Rochefoucauld : burelé d'argent et d'azur à 3 chevrons de gueules, brochant sur le tout.

Du Casse : d'or à une rencontre de cerf de gueules.

La Rochefoucauld : burelé d'argent et d'azur à 3 chevrons de gueules, brochant sur le tout.

Bermond de Toiras : de gueules au lion d'or.

Montmorency : d'or à la croix de gueules cantonnée de 16 alérions d'azur.

Poussemothe de l'Étoile : d'azur à 3 lys au naturel posés 1 et 2, enté en pointe de sable à l'étoile d'or.

Ville : d'or à une croix de gueules.

Courcelles : d'azur à une fasce d'or surmontée de 3 étoiles rangées de même.

Montmorency-Luxembourg : d'or à la croix de gueules cantonnée de 16 alérions d'azur, sur le tout d'argent au lion de gueules la queue fourchée.

Colbert-de-Seignelay : d'or à la couleuvre ondoyante d'azur posée en pal.

Montmorency : comme ci-dessus.

Olivier de Sénozan : écartelé, aux 1 et 4, d'argent à l'olivier de sinople ; aux 2 et 3, gironné d'or et de sable de 8 pièces, à la couronne de sinople posée en cœur.

Blasons du comte de Lambertie-Tancarville.

Le premier plus grand : écartelé, aux 1 et 4, de gueules à 2 massues d'or flanquant un écu d'or à l'aigle du Saint Empire de sable, chargé en cœur d'azur à 2 chevrons d'or ; aux 2 et 3, de gueules à l'écusson d'argent entouré de 8 angemmes rangées en orle d'or. — Couronne de duc. Devise : Tancarville à Notre-Dame (Lambertie — Tancarville).

Le second plus petit : de gueules à l'écusson du Saint Empire accosté de 2 massues d'or. — Couronne de duc. Devise : *Una stemmatum gloria virtus.* (Tornielle).

Blasons d'alliances des Lambertie-Gerbéviller.

1° Le premier, plus grand : écartelé, aux 1 et 4, d'or au chef de gueules à la cotice de sable brochant sur le tout ; aux 2 et 3, d'or à l'aigle de sable couronnée à l'antique de gueules. Sur le tout : de gueules à 2 massues d'or flanquant un écu d'or à l'aigle éployée du Saint Empire, chargé en cœur d'azur à 2 chevrons d'or. — Couronne de prince fermée. Devise : Tout est et n'est rien. Cimier une chouette d'or. Supports licornes d'argent. (Lambertie-Chalant).

2° Le second : écartelé, aux 1 et 4, d'or au chef de gueules à la cotice de sable brochant sur le tout ; aux 2 et 3, de gueules à deux fasces d'or accompagnées de 3 besans de même. Sur le tout : de gueules à 2 massues d'or flanquant un écusson du Saint Empire, chargé en cœur d'azur à deux chevrons d'or. — Couronne ducale. Devise : Fay le bien arrive que pourra. (Lambertie-Brionne).

3° Le troisième : écartelé, aux 1 et 4 de gueules, au pal d'or chargé de 3 chevrons de sable ; aux 2 et 3, vairé d'or et de gueules. Sur le tout : de gueules à 2 massues d'or flanquant l'écusson du Saint Empire, chargé en cœur d'azur à 2 chevrons d'or. Couronne ducale. Devise : Fay le bien arrive que pourra. (Lambertie-Valengin).

§ V. — SEIGNEURS DE CHAMBOURAUD

Contrat de mariage de Gabriel de Lambertie avec demoiselle Charlotte Vigier. 6 juin 1615.

Sçachent tous que ce jourd'huy, sixiesme jour de juin, apres midy, l'an mil six centz quinze, au chasteau de Rochechouart en Poictou, ont esté presentz et personnellement establis en droict Gabriel de Lambertye, escuyer, sieur de la Valouze, demeurant de présent au chasteau de Lambertye, en Peyrigord, d'une part, — et damoyzelle Charlotte Vigier, demeurant au lieu noble de Chambouraud, paroisse de St-Mathieu, en Poictou, d'autre part.

Sur le propos du mariage futur d'entre le dict de Lambertye, fils naturel et legitime de defunt Francois de Lambertye, vivant escuyer, seigneur dudict lieu, baron de Montbrun, St-Paoul, Mialet et aultres places, et de demoyzelle Jeane de la Douze, son espouze, avecq la dicte damoizelle Charlotte de Vigier, fille aynée, naturelle et legitime de defunctz Claude Vigier, escuyer, et damoizelle Diane de Javerlhiac, vivans mariés, sieur et dame de Chambouraud, ont par et entre les parties esté faictz les pactes, promesses et conventions qui s'ensuivent :

C'est que le dict de Lambertye, sieur de la Valouze, de l'advis, conseil et délibération de hault et puissant messire Jean de Rochechouard, seigneur vicomte dudict lieu, baron de St-Germain-sur-Vienne, chevallier de l'ordre du roy, conseiller en son conseil d'Estat et privé, ensemble de dame Francoize d'Estuard, espouse du dict seigneur vicomte, et de l'advis aussy de Gabriel de Lambertye, escuyer, seigneur dudict lieu, baron de Montbrun, frère ayné dudict sieur de la Valouze, et de Jean de Lambertye, escuyer, sieur de Prun et des Robers, et Francois de Chastain, escuyer, sieur dudict lieu et des Blancs, cousins des dictz de Lambertye, iceux sieur de Prun et du Chastain tant en leurs noms privés que pour et au nom de la dicte damoizelle Jeane de la Douze, mere des dicts de Lambertye, et en vertu de procuration speciale de la dicte damoizelle en datte du jour d'hyer, — signée DE LA DOUZE, Rolle et Desbordes presentz, et J. du Gadouneys, notaire royal. — illecq représentée par les dictz sieurs de Prun et du Chastain, à la fin susdicte et aultres y bas escriptes, laquelle procuration sera transcripte au bas des presentes et demeurera ez mains des

MARIE-CHARLOTTE-LÉONTINE DE **ROHAN-CHABOT**

Mariée à Marie-Antoine-Camille-Ernest Comte DE LAMBERTYE

Comte DE TORNIELLE, Marquis DE GERBÉVILLER (1817)

(1795 - 1841)

notaires soubz escriptz, pour y avoir recours quand, par qui et comme il appartiendra ; — encores ledict sieur de la Valouze, de l'advis de Daniel de Bermondet, escuyer, sieur du Bouscheron, et aultres ses parans et amys soubz signés ; — et la dicte damoizelle Charlotte Vigier, aussi de l'authorité, conseil et délibération de Charles Vigier, escuyer, sieur de Faymandy, son oncle paternel, son tuteur et curateur, Francois de Javerlhac, escuyer, sieur dudict lieu, d'Ajac et de Grospuy, oncle maternel de la dicte Charlotte ; Louyze Vigier, damoizelle de la Doëe, sa tante ; Jean de Montmady, escuyer, sieur de Margniac, tant en son nom qu'au nom de Pierre de Montmady, escuyer, sieur dudict lieu, et damoizelle Francoise de Javerlhiac, mariés, ses père et mère, et ayant d'eux charge, comme a dict ; — de l'advis aussy de Claude Vigier, fils naturel dudict feu sieur de Chambouraud, en son nom et comme ayant charge expresse, ainsy qu'il a dict de Charles de St-Mathieu, seigneur vicomte du dict lieu ; Gabriel et Antoyne de St-Mathieu, escuyers, sieurs de Reillat et de Champaignac ; pareillement de l'advis de Pierre d'Absat, escuyer, sieur de Villars, Elie d'Absat, escuyer, sieur de la Robertye, et Remond d'Absat, escuyer, sieur de Pressac et de la Forest, et autres ses parans et amys presents ; — ont les dicts sieurs de la Valouze et damoizelle Charlotte, promis et promettent respectivement, soy prendre a mary et femme, expouser et leur mariage celebrer en face de l'esglize catholique, apostolique et romaine, toutesfois et quantes que l'un par l'aultre seront requis, leurs parans et amys appellés. A cause et en faveur duquel mariage les pourparlés rapporteront et confereront ensemble tous leurs biens indifféremment pour en user, jouir et disposer entre eux selon les coustumes des lieux, situation et demeurance des parties.

A ceste fin, a, le dict sieur de la Valouze, promis de fournir de propre en son regard jusqu'à la concurrence de la somme de treize mille livres tournois, de laquelle ou de ce qui en sera apporté sera prins et reputé meuble la somme de deux mil livres tournois confusible et communicable entre les preparlez avecq leurs aultres meubles, de quelque qualité que ce soit. Le surplus de la dicte somme de treize mil livres, ou de ce qui sera apporté (ainsy que dict est), sera reputé immeuble et heritage propre au dict sieur de la Valouze et aux siens de son estoc et ligne. A ceste fin sera employé en acquetz d'immeubles sortables et equivalans pour estre propres comme dessus et jusques au dict ramploy, ou à faulte d'icelluy, ceste somme reputée propre, fournie que soit et apportée par le dict sieur de la Valouze à la dicte damoyzelle Charlotte, icelle a promis et sera tenue par l'advis des dicts sieurs de Lambertye, de Javerlhac, de Faymandy, en faire assiette et assignation au dict sieur de la Valouze et aux siens, generalement et specialement sur lieux et heritages commodes et equivalans, pour aussy demeurer propres à son futur mary et aux siens en sa qualité que dessus, cas de repetition en solution du dict mariage advenant. Et pour l'effect que dessus, les dits sieurs de Prun et du Chastain, — demeurans le dict sieur de Prun au lieu de Mareval et le sieur du Chastain au mesme lieu du Chastain, paroisse de Ladignac, en Lymouzin, — pour ce presentz en droict et en vertu de leur dicte procuration, ont pour et au nom de la dicte damoyzelle Jeane de la Douze, dict et declaré qu'elle a donné et donne tant par l'acte de la dicte procuration que ces présentes, au dict sieur de la Valouze, son filz, l'acceptant, la somme de trois mil livres tournois, une fois payée, tant pour sa legitime que pour tous aultres droicts qu'il pourroit espérer et prétendre ez biens et succession de la dicte damoizelle, sa mère, après son decez, avecq la charge de renoncer par le dict sieur de la Valouze, comme de faict il a quicté et renoncé par ces presentes, à tous les droictz, noms, raisons et actions qu'il pourroit prétendre en la succession de la dicte damoizelle, sa mère, au prouffict du dict Gabriel de Lambertye, son frère ayné, present et acceptant. Comme aussy à l'effect des conventions susdictes, le dict Gabriel de Lambertye

a promit et promet fournir et delivrer, jouxte la volonté et testament du dict defunct son
père, au dict sieur de la Valouze, son frère, la somme de huict mil livres tournois. Le
surplus de la dicte somme de treyze mil livres, qui sont deux mil, a le dict sieur de la
Valouze déclaré l'avoir devers soy, oultre ses armes, chevaux et aultre équipage, pour la
fournir toutes fois et quantes. Promettant aussy la dicte damoyzelle de fournir pareille somme
de deux mil livres, pour estre commune entre le dict sieur de la Valouze, son futur mary
et elle. Ce qui restera de ses debtes et obligations actives, or et argent monoyé, après
distraction du payement des deptes passifz et de la dicte somme de deux mil livres, sera
par mesme moyen employé en acquetz d'immeubles qui seront propres à la dicte damoyzelle
Charlotte et aux siens de son estoc et ligne, comme dessus.

Toutes et chacunes les choses susdictes les parties susnommées et chacune d'elles ont
stipulé et accepté l'un de l'aultre, promis et juré le tout par serment tenir et accomplir
soubz l'obligation et ypoteque de tous leurs biens presens et futurs ; renoncans à toutes
exceptions et deffences à ces présentes contraires, dont de leur consentement ont esté jugez
et condamnez par les notaires soubz scripts jurez soubz le scel authentique estably à contractz,
ez ville et vicomté du dict Rochouart pour le dict seigneur vicomte. Lesquelles parties,
après lecture et declaration à eux faictes des presentes par l'un des dicts notaires, ont
signé.

S'ensuict la teneur de la susdicte procuration.

Au chasteau de Lambertye en Peyrigord, ce jourd'huy cinquiesme jour du moys de juin
mil six centz quinze, heure de huict du matin, par devant les notaires royaux soubz signés
a esté presente et personnellement establye en droict, damoizelle Jeane de la Douze, vesve
de defunct Francois de Lambertye, quant vivoit seigneur du dict lieu de Lambertye, baron
de Montbrun, Miallet, St-Paul, La Roche et aultres places, laquelle de son gré et volonté a
faict, créé et constitué ses procureurs généraulx et speciaulx, Jean de Lambertye, escuyer,
sieur de Prun et des Robers, et Jean du Chastaing, sieur du dict lieu et des Blancs, ou l'un
d'eux, auxquels chascun d'iceulx elle a donné plain pouvoir, puissance et authorité, de sa
personne représanter par devant tous juges, notaires et commissaires, spéciallement et par
exprès par devant les notaires qui seront ou doivent estre employés à dresser et rédiger
par escript, le traicté et contract de mariage qui est à faire et accorder entre Gabriel
de Lambertye, escuyer, sieur de la Valouze, son filz, et damoizelle Charlotte Vigier, fille
aynée de Claude Vigier, escuyer, sieur de Chambourault, en son vivant, et de damoizelle
Diane de Javerlhac, ses père et mère. Pour illecq et en présence des dicts notaires et
commissaires dire et déclarer au nom de la dicte damoyzelle constituante, qu'elle a pour
agréable et consent le dict traicté de mariage avecq touttes les clauses, promesses et stipula-
tions qui y seront accordées entre les dictes parties, par advis et consentement de leurs
parans et amys qui assisteront. Mesme en faveur et contemplation du dict mariage dire et
declarer au nom de la dicte constituante qu'elle a donné, comme de faict elle donne par
ces presentes, au dict sieur de la Valouze, son fils, la somme de trois mil livres tournois
une fois payée, tant pour sa legitime que pour tous aultres droictz qu'il pourroit espérer et
prétendre ez biens et succession de la dicte damoizelle constituante après son decez, sous
la charge de renoncer par le dict Gabriel, sieur de la Valouze, à tous ses droictz, noms,
raisons et actions qu'il pourroit prétendre en sa dicte succession au proufict de Gabriel de
Lambertye, son filz ayné, seigneur du dict lieu de Lambertye, baron de Montbrun, seigneur
de Miallet et autres places. Lesquelles renonciations seront à ceste fin faictes par le dict
Gabriel, sieur de la Valouze, par le dict contract de mariage et ainsy en la meilleure forme
que faire se pourra. Promettant avoir et tenir le tout pour agréable, tout ce que par ses dictz

FALGUIÈRE, SCP.

MARIE-CHARLES-AUGUSTE-ERNEST, COMTE DE LAMBERTYE

COMTE DE TORNIELLE, MARQUIS DE GERBÉVILLER

Né le 24 Décembre 1828.

procureurs sera faict, géré et negocié, comme si presente en sa personne elle y estoit, mesme de ratifier le dict contract de mariage toutesfois et quantes qu'elle en sera requise, jacoit que plus ample pouvoir et mandement y fut requis, et en tout les tenir quictes et relever indemnes, soubz l'obligation de tous et chacuns ses biens, moyennant serment par elle faict et presté au cas requis. Et à quoy faire et tenir a esté jugée et condamnée par moy dict notere cy bas signé, de son bon vouloir et consentement, en présence de Me Antoyne Desbordes, lieutenant de la jurisdiction de Firbeys, et Jean Rolle dict Goursollas, demeurant en la parolsse du dict Firbeys, tesmoings congneus, qui ont signé avecq la dicte damoizelle constituante. Ainsy signé De la Douze, J. Rolle, présent; Desbordes, présent; J. du Gardoneys, notaire royal. Faict comme dessus.

Ainsy signé en l'original des presentes : Gabriel DE LAMBERTIE, Charlote DE CHAMBOURAUD, L. DE CHAMBOURAUD, ROCHECHOUART, Francoize DESTUART, FAYMANDY, JAVERLHAC, LAMBERTYE-PRUNS, DECHATAING, present; DABZAC, H. DABZAC, LEBOUSCHERON, Raymond DABZAC, MARINAC, LA RIVIÈRE, G. DE LAMBERTYE, C. DE JAVERLHAC, DELARIE, VIGIER, GASPARD, LAFAYE, Marie DE ROUZIERS, GOURSELAS POSANZES, Francoise DELARIE, Jane BLEZE, ROLLE, Robert DEBLON, F. REYNAUD et RIVOYS, notaire. — F. REYNAUD avecq Me Robert RIVOYS, aussy notaire. J'ay la minute. — (Suit la formule d'enregistrement au greffe des insinuations, 5 avril 1617). — (Archives de Limoges, E. 4525).

Baptême de Jean de Lambertie. 2 mars 1625.

Ce jourd'hui, second jour du mois de mars mil six cent vingt-cinq, au château noble de Chambouraud, a été baptisé Jehan de Lembertie, fils de Gabriel de Lembertie, écuyer, seigneur de Chambouraud, et de Charlote Vigier, demoiselle de Chambouraud. Son parrain a été messire Jehan de Rochechouart, seigneur, vicomte du dit lieu, chevalier, conseiller du roi de son état et premier baron de Saint-Germain, et marraine Françoise de Javerlhac, demoiselle Doumas. Lesquels parrain et marraine ont attesté le dit Jehan être né le vingt-sixième février 1623, en présence des soussignés. Le registre est signé : ROCHECHOUART, parrain, écuyer; DE JAVERLHAC, marraine; JAVERLHAC, et une autre illisible, et FRAISSET, curé. — (Registres paroissiaux de Saint-Mathieu.)

Contrat de mariage de Jean de Lambertie avec Françoise de Carbonnières. 22 octobre 1647.

Scachent tous à qui il appartiendra que le vingt deuxiesme jour du moys d'octobre mil six centz quarante sept, au chasteau de la Vigne, parroisse de Saint-Brice, en Lymousin, après midy, ont esté présentz en leurs personnes, establys en droict, messire Jean de Lambertye, chevalier, seigneur de Chanbouraud, Laborye, la Salamonye et aultres places, demeurant à son chasteau de Chanbouraud, paroisse de Saint-Mathieu, filz unique et heritier universel de feu messire Gabriel de Lanbertye, vivant chevallier, seigneur dudict lieu de Chanbouraud, et de dame Charlotte Vigier, dame des dictz lieux, donnatayre de tous les biens de la ditte dame sa mere, d'une part; — et messire Annet de Carbonnières, chevallier, seigneur de Chambely, Saint-Brice, la Vigne, et aultres places, et damoyselle Francoyse de Carbonnières, sa filhe, et de defuncte dame Francoyse Desmonstiers, dame de Saint-Brice, demeurant au dict chasteau de la Vigne, d'autre part, — lesquelles parties. . . . . .

. . . . ont faict les pactes et conventions que s'ensuyvent, de l'adviz de leurs parentz soubznommés. Scavoir est, qu'en faveur et considération du dict mariage, qui aultrement ne se feroit et accompliroit, le dict seigneur de Chambely a constitué en dot à la dicte damoyselle sa filhe la somme de seze mille livres, dont il sera tenu, comme a promis, payer la somme de quatre mille livres dans le jour et feste de Noel prochain, la somme de six mille livres dans le jour et feste de Saint Jean-Baptiste suyvante, et les six mille livres restantes dans troys ans apres, scavoir : deux mille livres dans la dicte feste de saint Jean en un an, parelhe somme de deux mille livres dans la feste de saint Jean suyvante, et les deux mille livres fesant fin de payement dans la saint Jean après, le tout sans interest des dittes sommes de terme en terme. De laquelle ditte somme le dict seigneur de Chambely a declairé y en avoir, pour tous les droitz que sa ditte filhie pourroit experer et prettandre après son decedz dans sa succession, la somme de huit mille cinq centz livres ; pour ceulx à elle appartenant du chef de dame Francoyse Chastagnier, dame vicontaisse (sic) de Merenville, ayeulle maternelle de la ditte future à marier, la somme de deux mille livres, suyvant la transaction faicte entre le seigneur de Chambely et la ditte dame de Merenville ; et du chef de dame Gillon Pot, ayeulle paternelle, la somme de cinq centz livres ; et pour les droitz maternels escheuez la somme de cinq mille livres, fesant les dittes sommes. . . . . la somme de seze mille livres cy dessus promize. Moyennant laquelle ditte somme de seze mille livres, la ditte future à marier quitte et renonce aux heredittés diverses cy dessus escheuez et à eschoir, au profit et advantage du dict seigneur de Chambely et après son decedz au profit de Melchior de Carbonnières, son filz. Lesquelles renonciations la ditte future à marier dhuement auctorizée de son mary réytérera à un chascun payement des dits deniers dotaulx. Et dès à présent soubz la ditte auctorité du dict sieur futur expoux, a renoncé et renonce aux dittes heredittés au profit des ditz seigneurs, ses père et frère. De laquelle somme de seze mille livres le seigneur de Chambely pourra, pour sa plus grande suretté et à son choix, employer la somme de douze mille livres au payement des legatz, dotz des sœurs du dict sieur de Chanbouraud, ou aultres anciens créanciers, sy aulcuns sont, de la ditte maison du sieur de Chanbouraud, lesquelz il sera tenu d'indiquer et designer dans les susdictz termes et délays ; aux droicts desquelz la ditte damoyselle de Carbonnières et le dict seigneur de Chambely demeureront subrogés ; et la somme de quatre mille livres restant sera payée, comme dict est, dans le susdict terme de la feste de Noel prochaine ; dont il sera donné quittance tant par le sieur de Chambouraud que par la ditte dame Vigier, sa mère. Touttes lesquelles sommes détailléez sont et demeureront assignées dès à présent sur tous les biens tant de la dite dame Vigier que dud. sieur de Chambouraud. Comme pareilhement en faveur dud. mariage, qui aultrement n'eust esté faict, a esté présent en sa personne hault et puissant seigneur messire Gabriel de Lanbertye, conte du dit lieu, baron de Montbrun, Miallet, Pausou et aultres places, demeurant en son dict chasteau de Lanbertye, en Peyrigord, lequel comme procureur et ayant charge expresse de la ditte dame Vigier, mère du dict futur expoux, par vertu de sa procuration receue par de Veyzin et de Lille, notayres, en datte du vingtiesme du present moys et an, laquelle a esté remize au notaire soubsigné pour insérer au pied des présantes ; a approuvé et alloué, approuve et alloue, la donation entre vifz par la ditte dame Vigier faicte, au profit dudict seigneur de Chanbouraud, son filz, du dix huictiesme octobre mil six cent quarante cinq, passée par devant de Charbonnel, notaire royal, insignuée aux sièges de Peyrigueux et Montmorilhon le treze et seze novembre de la ditte année, pour sortir la ditte donation son plain et entier effaict ; ensemble touttes les clauzes et conventions du dict present traicté et contraict de mariage et en tant que besoing seroit. Le dict seigneur

Miniature de Oantorve.

JEANNE-CAROLINE-ANGADRÊME DU PUGET

Dame d'honneur de Son Altesse Royale Madame la Princesse DE CONTI

Alliée à CHARLES-ALEXANDRE-GABRIEL Comte DE LAMBERTYE

Capitaine au Régiment d'Harcourt-Dragons, Chambellan de Sa Majesté le Roi de Pologne (1747)

de Lanbertye au dict nom a institué et institue, le dict seigneur de Chanbouraud héritier universel de tous les biens, meubles et immeubles, droicts, noms, raisons et actions generallement quelconques appartenant à la ditte dame de Chanbouraud, mère du dict seigneur, et par preciput et advantage luy a faict don de tout ce qui est permis par les loix, statuts et coustumes où tous les dicts biens de la ditte dame sont siz et situés, sauf sans estre tenu d'aulcun rapport ne précompte, soubz les conditions néanmoins et réserves exprimées par la ditte donation. Seront les dicts futurs à marier commungs en tous meubles, acquetz et conquetz immeubles qu'ilz feront durant et constant le dict mariage, suyvant et conformément à la coustume de Poictou, à laquelles les parties se sont réglées et soubzmises, renoncant à touttes autres dispositions, lois et coustumes. Dans laquelle communaulté néantmoingt les debtes passives dudict futur à marier, sy aulcunes sont, n'entreront aulcunement, ains se payeront aux despens dudict futur expoux. Alaquelle communaulté contribuera la ditte future expouze de ses biens jusques à la somme de deux mille livres ; et le restant de sa dot avec tous les aultres droicts et biens qui luy pourraient eschoir et obvenir, constant ledict mariage, seront censés et repputés son bien propre et ancien heritage d'elle et des siens de son costé et ligne, tant pour succéder que disposer, le tout suyvant la ditte coustume de Poitou. Et où il obviendroit au dict futur à marier des biens, immeubles, oultre ceulx qui luy appartiennent présentement à tiltre de succession, seront excluz de la ditte communaulté à faute à ses heritiers tout ainsin que à la ditte future à marier. Sera au choix de la ditte future à marier et de ses heritiers, tant en ligne directe que collatéralle, d'accepter ou renoncer à la ditte communaulté, sy bon leur semble ; et pour fayre l'option auront six moys de delay du jour qu'ils auront esté certiorés du decedz dudit futur à marier. Et au cas de renonciation, la ditte future à marier et ses dicts heritiers reprendront et repeteront la ditte somme de seze mille livres avec touttes les aultres choses eschues et obvenues durant ledict mariage, franchement et librement de touttes sortes de debtes et charges generallement quelconques, ja soit que la ditte future à marier y fust obligée ; et oultre tout l'ornement, ameublement et equipage servant à sa personne. Pour l'indempnité desquelles debtes et charges, la ditte future à marier et ses heritiers auront ypotheque sur tous les biens des futurs à marier, du jour du presant contract, comme pour touttes les aultres conventions d'icelluy. Et en cas d'acceptation, la ditte future à marier et ses dits heritiers auront (?) par préalable la somme de quatorze mille livres et les aultres droicts et biens sy aulcuns luy obviennent durant et constant le mariage. Et le dict remplacement faict, le surplus de la ditte communaulté sera partagé par moytié, et les debtes et charges d'icelle supportés a mesmes raisons. Et jusques ad ce que la ditte future à marier aye esté actuellement et entièrement payée et remplassée de touttes ses conventions matrimonialles, elle jouyra par ses mains de tous les biens, meubles et immeubles appartenans à son dict mary, et en fera les fruits siens, sans que, pour quelque considération que ce soit, ilz luy soyent imputés ny précomptés sur le sort principal de ses dittes conventions matrimonialles, et sans estre obligée d'en rendre aulcun compte, en nourrissant touteffois et entretenant les enffens du dict mariage, suyvant leurs qualités et conditions. Et au cas du prédécès du futur à marier, la ditte damoyzelle de Carbounières aura pour doyre (sic) une maison meublée et utancillée suyvant sa condition, avec les jardins attenantz à la ditte maison et la somme de huit cents livres de revenu annuel. Et affin que le dict doyre ne puisse recepvoir aulcune diminution, le dict futur à marier a obligé, affecté et hypothequé au dict doyre tous ses biens tant de pays coustumier que de droit escript, hors que au dict pays de droit, douayre n'aye lieu.

Et au cas que la ditte future à marier vienne à passer en secondes nopces et qu'il y aye enffens procréés du dict mariage, led. doyre demeurera restraint à la somme de quatre cens livres par un chascun an, en faveur des dicts enffens. Bien entendu, néantmoingtz, que sy tous les ditz enffens venoient à prédécéder ladite future à marier, elle aura le doyre entier de ladite somme de huit cents livres. Le dict futur à marier fera don par préciput et advantage, comme dès à présent a donné et donne, la moytié de tous et chascuns ses biens immeubles situés dans le pays réjy par le droit escript, à tel de ses enffens masles ou filles, à défaut des masles, qu'il voudra choisir et nommer.

Et où il decederoit sans avoir faict ladite eslection, elle appartiendra à la dicte future à marier, pour estre de pareilhe force que sy elle estoit faicte par le dict sieur de Chanbouraud, à condition néantmoingz qu'elle n'aye point passé en second mariatge. Et au cas qu'il n'y heust point de nomination faicte, la ditte moytié de bien dudict droict escript appartiendra au fils aisné, ou à la filhe aisnée par la defaillance des masles. Et soubz ces conditions, les parties ont promiz solempnizer ledict mariatge en face de saincte mère Esglize catholique, apostolique et romaine, et entretenir tout ce que dessus de point en point, sans y contrevenir, à peyne de tous despens, dommages et interestz. A quoy faire ont obligé tous et chascuns leurs biens présentz et futurs, et de leur consentement ont esté jugés et condempnés par le notaire soubsigné juré soubz le scel de la baronnye de Saint-Brice pour Monsieur dud. lieu.

Faict en présence de messire Jean de Rochechouard, chevallier, seigneur marquis de Saint-Victurnien, Mortemart et aultres places; messire François de Lambertye, prieur de la Faye des Playnes et curé de Miallet; messire Charles de la Bastide, chevallier, seigneur de Congniac, Fressinet et aultres places; messire Annet de la Bastide, seigneur de Chasteaumoraud, filz du seigneur de Cogniac; messire Christophle de Carbonnières, escuyer, sieur de la Forest, de Rouziers, Boussignac et autres places; Gaston de Carbonnières, prieur du Courrieu; Monsieur maistre Jean Nicolas, sieur de la Roche, conseiller du roy et lieutenant général de la seneschaussée de Leymouzin; Melchior de Carbonnières, sieur de Saint-Brice; Messieurs de Puygailhiard, de Nuelh, de Lapleau, du Repayre, de Piltz, de la Fontanelsie, de Maison-Rouge et autres parents et amys des dittes parties, et en présence de maistre Jean Maublanc, advocat en Parlement et juge de Saint-Brice, et Maistres François et Jean Reygondaud, frères, demeurant au bourg de Saint-Victurnien et La Barre, tesmoings cognuz, requis et ad ce appellés, qui ont signé avec les dittes parties.

Ainsin signé en l'original des présentes : Jean de Lanbertye, Francoyze de Carbonnières, Annet de Carbonnières, Lanbertye, Jean de Rochechouard, Congniac, Miallet, de Lanbertye, Puygaliard, Lapleau, Piltz, Nicolas, lieutenant général; F. de Lanbertye, F. de Carbonnières, Melchior de Carbonnières, Nueil, Chasteaumoraud, Lescours, Maisonrouge, P. de Salagniac, G. de la Bastide, Christine de Congniac, Renée Guichard, Montentens, Lelièvre, L. Dusoulier, Anne de Lanbert, M. Daveluy, Catherine Dupin, Laforest, Carbonnières, Rivaud, J. Maublanc, F. Reygondaud, present, Reygondaud, present, Fleurant l'aisné, J. Baralseau, present, et moy Dupuy, notaire.

Feust presante en sa personne dame Charlotte Vigier, veuve de feu messire Gabriel de Lambertye, vivant chevallier, seigneur de Chanbouraud, Laborye, la Salmonie et autres places, demeurant en sa maison noble de Chanbouraud, paroisse de Saint-Mathieu, en Poictou, laquelle de sa volonté libre a faict et constitué son procureur général et spécial hault et puyssant seigneur messire Gabriel de Lanbertye, compte (sic) du dit lieu de Lanbertye, barron de Montbrun, Miallet, Pansoulz et aultres places, auquel elle a donné pouvoir d'ester pour elle, et sa personne represanter pardevant tous juges et commissayres qu'il appartiendra, particulièrement pour intervenir dans le contraict de mariage proposé entre messire Jean de

Lanbertye, chevallier, seigneur de Chanbourand et des aultres lieux sus exprimés, son fils et de feu Gabriel de Lambertye, d'une part, — et demoyselle Françoise de Carbonnières, filhie de messire Annet de Carbonnières et de feue Francoyze Desmontiers, ses père et mère, d'aultre part.

Et pour la ditte constituante agréécr et consentir le dit mariatge pour estre celebré toultefois et quantes avec les ceremonies de l'Esglize catholique, apostolique et romaine, et en faveur et considération dudit mariage et affin qu'il sorte à effect, approuver et auctorizer, comme dès à presant ladite dame constituante approuve et auctorize la donnattion entre vifz par elle faicte à son dict filz, le dix-huit octobre mil six centz quarante-cinq, qu'elle veult estre executée en tout ses pointz et charges; partant que besoing soit, bailhe pouvoir au dict seigneur de Lanbertye, son procureur, d'instituer son dit filz heritier universel en tous ses biens meubles, immeubles, droicts, noms, raisons et actions generallement quelconques, sans aulcunes chozes en excepter ne reserver, et luy faire don par preciput et advantage sous aulcun rapport, ne precompter, de tout ce qu'il est permis par les lois, statues et coustumes des pais où tous les dits biens sont siz et situez, soubz les conditions néantmoings et reserves exprimées par la ditte donnation, passée devant de Charbonnet, notaire royal en Lymouzin, qui sont de dotter darroyzelle Anne de Lanbertye, sa jeune filhie, pour tous les droictz paternels escheuz et maternels à eschoir, de la somme de huit mille livres payables aux termes qui seront accordez par le contract de mariage...........................
et jusques au mariage, que son dict filz donqtayre universel, sera tenu de la nourrir et entretenir, ou au cas de separation luy fournir annuellement la somme de huict-vingt livres, payables par demy-année et à l'advance. Pareilhement la ditte dame constituante s'est réservée d'estre nourrie et entretenue dans la maison avec l'honneur et respect qui luy est d'heu; et partant qu'elle se voulsist restirer d'icelle, [s'est aussi réservé] l'usufruit et jouyssance de la maison noble de Chez-Venelle, meublée et ustancillée selon sa qualitté, avec les jardins, fruicts et potagers dicts de Murailhe, joignant à la ditte maison, et oultre ce la somme de troyz cent livres qui luy sera annuellement payée par demye année à l'advance; moyennant quoy elle s'est dessaisye et desvestue de la seigneurie et propriété de tous ses dits biens, et en a vestu et saisy son dict filz; veult que tous les actes de posession par elle faicts....................... reviennent à son seul proffict. Et quant aux aultres clauses et conventions du dict contraict de mariage, la ditte dame constituante s'en est rapportée à la prudence et affection du seigneur de Lanbertye pour les accorder, ainsy et en la sorte qu'il jugera à propos dès à presant; approuvant et agréant toutes [choses] ainsy que sy par elle mesme en personne elles estoyent consentyes par les contracts de mariage, et parceque telle est sa volonté. A sa requisition elle en a esté jugée et condempnée par les notaires soubsignés soubs le scel du comté de Saint-Mathieu à la jurisdiction duquel elle s'est soubmise et ses dits biens quant à ce.

Faict et passé au chasteau de Chanbouraud, paroisse du dict comté de Saint-Mathieu, après midy, le vingtiesme jour d'octobre l'an mil six cent quarante-sept.

Et a la dicte dame constituante signé avec nos dicts notaires. Ainsin signé à l'original : Charlotte VIGIER, constituante ; de VOYZIN, notaire; de LISLE, notaire. — DUPIN. — (Suit une formule d'insinuation sur les registres du greffe de Montmorillon. La dite insinuation, du 5 juin 1649, est en partie illisible par suite du mauvais état du parchemin). — Plus bas : Reçu, par les mains de M. Lhuillier, de la somme de quatre livres pour l'expédition des présentes. — (Archives de Limoges, E. 6378).

23*

Baptême de François de Lambertie. 28 *avril* 1663.

Ce vingt-huitième avril mil six cent soixante-trois, a été baptisé François de Lambertie, né le sixième juin mil six cent soixante-deux, jour de vendredi, à Chambouraud, fils de messire Jean de Lambertie, chevalier, seigneur de Chambouraud, Labaurie, La Salemonie, Lauchile-Ludul, et de dame Françoise de Carbonneille, dame de Chambouraud, et a été parrain François de Carbonneille, son cousin germain du côté maternel, et sa marraine demoiselle Anne de Lambertie, sa sœur, par moi soussigné. — Le registre est signé : A. Morel, curé ; de Lambertye, Anne-Marie Guillgaret, Durousseau et une autre signature illisible.

§ VI. — SEIGNEURS DE MENET, MARQUIS DE LAMBERTIE

Maintenue de noblesse. 20 *décembre* 1598.

Les commissaires deputez par Sa Majesté pour la regallement des tailles et reformation des abuz commis au faict des finances, à tous ceux qui ces presentes lettres verront salut, scavoir faisons que, veu par nous les titres representez par Jehan de Lambertye, demeurant en la paroisse Descuras, en Monbron, pour luy et pour Raymond de Lambertye, sieur de Menet, en la parroisse de Monbron, pour justiffication de leur genealogie et noblesse asscavoir :

Vn testament faict le deuxiesme aoust mil cinq cens vingt-huict au chasteau de Lambertye, (Toarde et plus bas pour coppie sauf a rediger en forme), de Francois de Lambertye, escuier, sieur dudict lieu, paroisse de Melet, en Périgort, par lequel il institue heritier Raymond de Lambertye, filz de luy et de damoiselle Margueritte de Maumont, et luy substitue Francois de Lambertye, son second filz.

Vn contract de mariage passé le quatriesme mars mil cinq cens trente-cinq, pardevant de Chievre et Thibeault, entre François de Lambertye, escuier, filz de feu François de Lambertye et de lad. Margueritte de Maumont, d'une part, et damoiselle Jehanne de la Faie d'autre.

Autre testament faict le huictiesme juillet mil cinq cens soixante-huict, par devant du Port, notaire royal, en la parroisse de Salles, par Francois de Lambertye, escuier, sieur de Menet, par lequel il laisse ladicte damoiselle Jehanne de la Faie, dame et maîtresse de tous ses biens sa vie durant, donne a Raymond, son filz aisné, tous et chacuns ses biens meubles et le tiers des immeubles, et institue ses heritiers ladicte, Raymond, Jehan et autre Jehan ses enfans.

Rolle des tailles de la parroisse de Monbron, en l'année mil cinq cens cinquante, par lequel en l'article des exemps est Francois de Lambertie, sieur de Menet.

Autre du quatriesme janvier mil cinq cent soixante-un, où est led. Francois exempt,

Et tout considéré, nous avons renvoyé et renvoyons lesdictz Jehan et Raymond de Lambertye de l'assignation generalle a eux donnée par la publication de nos mandemens, mandons au premier huissier ou sergent royal sur ce requis signiffier les presentes à tous qu'il appartiendra, de ce faire luy donnons pouvoir en vertu de celluy à nous donné par Sa Majesté. Donné à Angoulesme, le vingtiesme jour de décembre mil cinq cens soixante-dix-huit. — Signé : De Marcillac, Benoist, Lenetz. Et plus bas : Par lesd. sieurs comm^res : T. Thomas. — (Copié sur l'original.)

Baptême de Jacquette de Lambertie. 30 septembre 1640.

Le dernier jour du mois de septembre l'an mil six cent quarante, a été baptisé à l'église Saint-Maurice, de Montbron, Jacques [Jacquette] de Lambertye, fils [fille] de noble François de Lambertye et de noble Marguerite de Roffignac ; a été son parrain François de Roffignac, baron du roi [Cros], et marraine demoiselle de Roffignac, qui ont signé. — Signé : au registre : François de Roffignac, perin ; Jaquette de Roffignat, mérine ; Gaspar Derofignac, Barraud et Terrade, curé perpétuel de Montbron (1). — (Registres paroissiaux de Saint-Maurice, de Montbron.)

Baptême de Marie de Lambertie. 20 juin 1642.

Le vingtième jour du mois de juin mil six cent quarante-deux, a été baptisée à l'église Saint-Maurice, de Montbron, Marie de Lambertye, fille de François de Lambertye, escuyer, sieur de Menet et de damoizelle Marquise de Rofignat, a esté son parrin Jacques de Saint-Georges, escuyer, sieur de Fresse, et marine damoizelle Marie de Lambertye. — Signé au registre : Jacques de Saint-Georges, parin ; M. de Lambertye ; Gaspar de Roffinat, Then. de Lambertye ; Barraud ; Terrade, curé de Montbron, et Jannot, prêtre. — (Registres paroissiaux de Saint-Maurice, de Montbron.)

Extrait du contrat de mariage de Marie de Lambertie avec François de Brie. 16 décembre 1647.

Contrat de mariage de François de Brie, écuyer, seigneur de Bosfranc et de Gourenchias, fils naturel et légitime de défunts Jean de Brie, vivant sieur desdits lieux, et de demoiselle Madeleine Arlot, ses père et mère, demeurant au repaire noble de Gourenchias, paroisse de Lagerac, juridiction de Châlus en Limousin, accordé le 16 décembre 1647, avec demoiselle Marie de Lambertie, fille naturelle et légitime de François de Lambertie, écuyer, seigneur de Menet, le Bois et Germanas, et de défunte demoiselle Catherine du Vignaud, ses père et mère, demeurant au lieu noble de Germanas, en la paroisse d'Escuras, au comté et sénéchaussée de Montberon, en Angoumois. Le père de ladite future épouse lui constitue en dot la somme

---

(1) Cet acte de baptême semble mal rédigé ou mal copié : Toutes les généalogies nomment *Jacquette* l'enfant baptisé le 30 septembre 1640 ; sa mère est toujours nommée *Marquise* et non *Marguerite* de Roffignac ; c'est le frère de cette dernière, François de Roffignac, *seigneur du Cros*, qui est parrain, il ne donne pas son nom à cet enfant, ce que fait la marraine, *Jacquette* de Roffignac. Ces observations sont confirmées par l'acte mortuaire du 19 août 1659.

de 13,000 livres, tant pour les droits à elle échus par le décès de ladite demoiselle Cathe-rine du Vignaud, sa mère, et de défunts Gabriel de Lambertie, écuyer, sieur de Grignoux, demoiselle Marie de Lambertie, et dame Renée de Lambertie, religieuse professe, ses frère et sœurs, que pour le droit qu'elle pourrait prétendre à la succession future dudit sieur son père, et il promet de l'habiller selon sa qualité, au moyen de quoi elle sera tenue de renoncer en majorité aux diverses successions. Le futur époux donne la moitié de tous ses biens à l'un des enfants mâles à naître dudit mariage. Ce contrat passé en la maison noble de Germanas, devant du Rousseau, notaire royal en Angoumois, représenté par copie colla-tionnée sur la minute originale produite le 25 mai 1692, par dame Jeanne de la Vallade, veuve de Me Jean du Rousseau, procureur fiscal dudit Montberon, gardienne des minutes de Me Jean du Rousseau, vivant, notaire royal. — Signé : LÉRIGET, notaire du comte de Montberon. — (Archives de Cons-la-Grandville.)

Mariage de Marie de Lambertie avec François de Brie. 25 février 1648.

Le vingt-cinquième jour de février mil six cent cinquante-huit, ont reçu la bénédiction nuptiale François de Brie, écuyer, sieur du Boffrant, fils naturel et légitime de feu Jean de Brie, sieur de Boffrant et de demoiselle Magdelaine Arlot, de la paroisse de Châlus, et demoiselle Marie de Lambertie, fille naturelle et légitime de François de Lambertie, écuyer, sieur de Menet, et de défunte demoiselle Catherine Duvignaud, ne s'étant trouvé aucun empêchement canonique ni civil parmi les annonces et bans publiés par nous soussignés et le sieur curé de Châlus, comme il appert par le certificat par lui à nous envoyé, portant permission de les marier, délivré à Châlus le 23 du courant, signé de Redon, curé de Pageas et de Châlus. Célébrées les solennités du mariage en présence des soussignés : François de Brie, M. de Lambertye, de Lambertye, F. de Lambertie, M. de Roffignac, Fosse (?) Puiredon, prêtre; Grand, D. Deplas, Laisné, rector.

Je soussigné certifie le présent extrait sincère et valable; en foi de quoi j'ai délivré le présent certificat véritable. A Ecuras, le vingt-six juin mil sept cent quatre-vingt-quatre. — PEYRAUD, vicaire d'Ecuras. — (Archives de Cons-la-Grandville.)

Analyse du testament de François de Lambertie. 7 juillet 1648.

Testament de François de Lambertie, seigneur de Menet et autres places, fait au bourg de Bussière-Badil, châtellenie de Varaignes, en Périgord, le 7 juillet 1648, par lequel il recommande son âme à Dieu, par le secours de la sainte Vierge, de tous les saints, particulièrement de saint Maurice, patron de son église, ordonne sa sépulture au tombeau de ses auteurs dans l'église de Saint-Maurice, de la ville de Montberon, sa paroisse, suivant sa qualité. Il donne et legue tous ses biens tant en Angoumois qu'ailleurs, sans réserve, à Jean de Lambertie, écuyer, seigneur du Bois, son fils aîné et de défunte dame Marguerite du Vignaud (1), sa femme, voulant que ses dits biens soient et demeurent substitués à son petit-fils, fils aîné dudit Jean son fils, voulant que son dit fils ait seulement l'usufruit et jouissance de sesdits biens, à la charge de

---

(1) Elle est nommée Catherine dans son contrat de mariage.

payer à Joseph de Lambertie, second fils dudit testateur, et à Marie de Lambertie, aussi sa fille, qui étaient à marier, à chacun la somme de 1,500 livres. Il déclare avoir marié Marie de Lambertie, son autre fille, avec François de Brie, écuyer, seigneur de Bosfranc, et l'avoir suffisamment dotée; auxquels Joseph, Marie et autre Marie de Lambertie, enfants dudit testateur, en cas de décès sans enfants légitimes, il substitue sondit petit-fils, fils aîné de sondit héritier. Il déclare avoir été marié en secondes noces avec dame Marquise de Roffignac, duquel mariage étaient issus Gabriel, Jacquette et Marie de Lambertie. Il donne et lègue de ses biens particuliers audit Gabriel, son fils, la somme de 3,000 livres par préciput et avantage, et il veut que la donation faite en faveur dudit Gabriel par demoiselle Renée de Lambertie, fille dudit testateur, devant Pradignac, notaire, le 22 août 1646, porte son entier effet, et il lègue à chacune des dittes Jacquette et Marie, ses filles, la somme de 500 écus, payable par sondit héritier, et au cas qu'elles décèdent sans enfants, il leur substitue ledit Gabriel, leur frère, fils dudit testateur, instituant son héritier universel ledit Jean de Lambertie, son fils aîné. Ce testament reçu par Vignaud, notaire, est signé : M. VIGNAUD, notaire. — (Archives de Cons-la-Grandville.)

Sépulture de François de Lambertie. 6 octobre 1650.

Le cinquième d'octobre de l'an mil six cent cinquante, décéda et fut inhumé le sixième des mois et an François de Lambertye, écuyer, sieur de Menet, dans l'église de Saint-Maurice de Montbron, lieu de la sépulture, après avoir reçu les sacrements de règle. — Signé au registre : TERRADE, curé. — (Registres paroissiaux de Saint-Maurice de Montbron.)

Sépulture de Marquise de Roffignac, veuve de François de Lambertie. 26 août 1651.

Le vingt-sixième aout en mil six cent cinquante-un, damoiselle Marquise de Rouffignac, veuve de défunt François de Lambertye, escuyer, sᵣ de Menet, quand il vivoit, décéda et fut enterrée dans les sépult. de son mary aux dedans l'église de Saint-Maurice, après les sacrements de règle reçus. Fait les jours et les an. — Signé au registre : TERRADE, curé, sp. — (Registres paroissiaux de Saint-Maurice de Montbron.)

Baptême de François de Lambertie. 23 janvier 1656.

Le vingt troisième jour du mois de janvier de l'année mil six cent cinquante-six, fut baptisé par moy, curé soussigné, François de Lambertie, fils légitime de Jean de Lambertie, escuyer, seigneur de Menet et autres lieux, et de dame Marguerite de La Faye, son épouse; fut parrain François de La Faye, escuyer, seigneur de la Martinie et autres lieux, et marraine Marie de Lambertye, dame du Beaulran, présents les soussignés. — Signé au registre : LAMARTINIE, parrin; M. DE LAMBERTIE, Rénée DE LAMBERTIE, Agnese DE ROFFIGNAT, François DE VASSOUGNET, BELLEFONT, LESPINASSIE DE LAMBERTIE, FONLEBON BALANDES, CREYLLAC, LAVERIE, COREVAN, DE LAMBERTYE et DELLAVALADE. — (Registres paroissiaux de Montbron.)

Baptême de Joseph de Lambertie. 11 décembre 1656.

L'onzième jour du mois de décembre mil six cent cinquante-six, a été baptisé Joseph de Lambertye, fils légitime et naturel de Jean de Lambertye, écuyer, sieur de Menet et de dame Marguerite de La Faye, ses père et mère, a esté parain Joseph de Lambertye, escuyer, sieur du Bois, et a esté maraine dame Marie de Fonlebon, qui ont signé comme il appert. — Signé au registre : Le Boist de Menet et de Fonlebont, mesrine ; Lespinassie de Lambertye, Souloz, M. de Fœdeau, Le Chadau, Conan, Lebouchet, Dulau, Verteillac, E. Maligne, Marafi et Barraud. — (Registres paroissiaux de Montbron.)

Baptême de Jeanne de Lambertie. 17 août 1659.

Le dix-septième d'août mil six cent cinquante-neuf, a estée baptisée dans l'église de céans Jeanne de Lambertye, fille naturelle et légitime de Jean de Lambertye, escuyer, sieur de Menet et de dame Marguerite de La Faye ; a esté parain François de Feydeau, escuyer, sieur de Perat, et demoiselle Françoise de Feydeau, présents les soussignés. — Suivent les signatures : De Lagreze, F. Defeydeau, C. de Devezeau, Ivonet, de Fresteaux, prezant ; De Peyte, Clément et de Rassat. — (Registres paroissiaux de Montbron.)

Sépulture de Jacquette de Lambertie. 19 août 1659.

Le dixneuvième d'aout mil six cent cinquante-neuf, décéda damoiselle Jacquette de Lambertye et fut enterrée le jour en suivant dans le tombeau de ses pères, au dedans l'église. Elle est morte à l'âge de vingt ans, ou environ, après avoir reçu les sacrements de règle. Fait le xixe du moys d'aout 1659. — Signé au registre : Terrade, curé, sp. de Montbron. — (Registres paroissiaux de Montbron.)

Baptême de Jean-François de Lambertie. 6 janvier 1661.

Extrait du registre des baptêmes de l'église paroissiale de Montberon (Saint-Maurice) au diocèse d'Angoulême, portant que Jean-François de Lambertie, fils naturel et légitime de Jean de Lambertie, écuyer, sieur de Menet, et de dame Marguerite de La Faye, dudit lieu de Menet, fut baptisé le 6 janvier 1661. Le parrain, messire Jean-François de Lambertie, seigneur comte dudit lieu de Lambertie, et la marraine demoiselle Angélique de Massacré. Cet extrait délivré le 23 juin 1699, signé La Borderie, curé de Saint-Maurice de Montberon, et légalisé. — (Archives de Cons-la-Grandville.)

Le sixième jour de mai de l'an mil six cent soixante-six, a été baptisé à l'église Saint-Maurice de Montbron Jean-François de Lambertye, fils naturel et légitime de Jean de Lambertye, escuyer, seigneur de Menet et de dame Marguerite de Lafaye, dame dudit lieu de Menet. A été parrain, messire Jean-François de Lambertye, seigneur, comte du dit lieu de

Lambertye, et marraine damoiselle Angelique de Massacreze. Fait en présence des soussignés.
— Signé au registre : De Lambertye, Angelique de Massacreze, Lambertye, Gabriel de Lambertye et Terrade, curé de Montbron. — (Registres paroissiaux de Saint-Maurice de Montbron.)(1)

Sépulture de Jean de Lambertie. 30 juillet 1661.

Le trentième juillet mil six cent soixante-un, a été enterré dans l'église St Martin du
dit Marthon Jean de Lambertye, fils de Joseph de Lambertye, écuyer, sieur du Bois de
Menet, et de dlle Marie-Catherine Dulaux, âgé d'environ deux ans quatre mois. — (Registres
paroissiaux de Marthon.)

Maintenue de noblesse. 22 mars 1667.

Extrait des Registres de la recherche de la noblesse de la Généralité de Limoges faite
par M. d'Aguesseau, intendant, commissaire départi pour cet effet en ladite Généralité :

François de Lambertie. — Marguerite de Maumont.

François de Lambertie. — Jeanne de La Faye.

Reimont de Lambertie. — Madeleine de Cereis.

François de Lambertie. — 1° Catherine du Vignaud. — 2° Marquise de Roffignac.

Gabriel de Lambertie. — Jeanneton Lériget. | Jean de Lambertie. — Marguerite de La Faye.

Portent pour armes *d'azur à deux chevrons d'or.* Les susdites armes et généalogie ont
été mises au greffe de Monseigneur l'intendant le xxii mars 1667, signé Baillot.

ÉLECTION D'ANGOULÊME

L'an mil six cent soixante sept, le xxiie jour du mois de mars, pardevant nous, Henri
d'Aguesseau, chevalier, conseiller du roi en son grand conseil, maître des requêtes ordinaires
de son hôtel, président en son grand conseil, commissaire départi par Sa Majesté pour
l'exécution de ses ordres et vérification des titres de noblesse dans la Généralité de Limoges
et élection de Saintes et Coignac, ont comparu Jean de Lambertie, chevalier, seigneur de
Menet, le Bois et autres lieux, Gabriel de Lambertie, écuyer, sieur de Griniol, paroisse de
Saint-Maurice de Montberon et d'Escuras, élection d'Angoulème, avec Me Martial Baillot, leur
procureur, lesquels, en exécution de l'arrêt du Conseil d'Etat du 22 mars dernier et satisfaisant à notre ordonnance du 12e juillet aussi dernier, en conséquence de l'assignation à
eux donnée à la requête de Me Catherin du Cleray, bourgeois de Paris, proposé par Sa
Majesté pour la recherche des usurpateurs du titre de noblesse dans la dite Généralité de
Limoges et susdites élections de Saintes et Cognac, ont représenté pour prouver leur noblesse
les pièces qui ensuivent paraphées par première et dernière :

La première est un testament en papier de François de Lambertie, écuyer, seigneur dudit
lieu de Lambertie, par lequel il conste qu'il a été marié avec feu Marguerite de Maulmont,
et que de leur mariage est issu Reymont et François de Lambertie, escuyers, lequel Reymont

---

(1) Cette seconde copie du même acte a été donnée par la mairie de Montbron, le 10 avril
1870. Tout porte à croire qu'elle est inexacte.

est institué héritier, et ledit François légataire et substitué audit Reymont, passé au château de Lambertie, paroisse de Miallet, le 11ᵉ d'aout 1528, signé Margue.

La deuxième est un contrat de mariage en parchemin de François de Lambertie, écuyer, fils de feu François de Lambertie et de dᶦˡᵉ Marguerite de Maumont, avec dᵘˡᵉ Jeanne de La Faye, fille de Jean de La Faye, écuyer, seigneur de Menet et de dˡˡᵉ Jeanne Giraude, du consentement de Reymont de Lambertie, écuyer, seigneur dudit lieu de Lambertie, fils aîné dudit François Iᵉʳ, passé au lieu noble de Menet le 18 décembre 1535, signé de Chievre et Thibaud, est scellé.

La troisième sont deux hommages en parchemin rendus par François de Lambertie, écuyer, au seigneur baron de Montberon, des lieux y mentionnés, datés des 15ᵉ novembre et 29ᵉ juin 1546 et 1548, signés Nesmont et Laisné, ayant la quittance y attachée, signée Berthoine.

La quatrième est un compromis en papier passé entre François de Lambertie, écuyer, seigneur de Menet, et autre François de Lambertie, son neuveu, écuyer, seigneur de Lambertie, de Noire et de Chalat, par lequel ledit François de Lambertie, neveu, promet à son oncle, à son retour de la Cour, de s'arbiter et régler les prétentions dudit François, son oncle, pour raison des successions des feus père et mère dudit seigneur de Menet. — Fait au château de Menet le 12 décembre 1563, signé de La Couchie et Baille.

La cinquième est un contrat de ratification, en papier, du contrat de mariage de Jean de Lambertie, écuyer, avec demoiselle Catherine de Monfrebeuf, consenti par demoiselle Giraud et Jeanne de la Faye, ayeulle et mère du dit Jean de Lambertie, en présence de Reymont de Lambertie, écuyer, sieur de Menet, frère dudit Jean, tous deux enfants de François de Lambertie, vivant écuyer, sieur de Menet, et de ladite Jeanne de la Faye, demoiselle, passé au lieu noble de Menet, le 1ᵉʳ juin 1578. — Signé : Trufandier, notaire, et Palotes.

La sixième est un contrat de partage en parchemin, passé entre demoiselle Jeanne de La Faye, dame de Menet ; Reymont de Lambertie, écuyer, sieur de Menet, son fils aîné ; Jean de Lambertie, écuyer, demoiselles Jeanne et Marguerite de Lambertie, frères et sœurs, enfans de de feu François de Lambertie, leur feu père, des successions échues ou à échoir, tant de ladite de la Faye, leur mère, que de ladite demoiselle Jeanne Giraud, leur ayeulle, du 28ᵉ novembre 1578. Signé : Marvault et de Palotes. Au dos cinq advenants signés desdits Marvault et Palotes.

La septième est un contrat de mariage en parchemin de Reymont de Lambertie, écuyer, sieur de Menet, du Couraud et du Chat, avec damoiselle Madeleine de Céris, fille de défunt messire Allain de Ceris et de dame Jeanne Bouchaud, sieur et dame de la Motte-Saint-Claud, Chateau-Renaud et Montonmart, passé au village de la Terne, le 8 novembre 1594. Signé : Brachet, notaire royal ; ayant au pied l'insinuation au greffe de la sénéchaussée d'Angoulême, signé Lermont, greffier.

La huitième est un contrat de mariage en parchemin de François de Lambertie, écuyer, sieur de Menet, fils de feu Reymont de Lambertie, écuyer, sieur de Menet, et de damˡˡᵉ Madeleine de Céris, avec damoiselle Catherine du Vignaud, fille du feu Guillaume du Vignaud, vivant écuyer, sieur de Vitrac, et de damoiselle Marguerite de la Rippes, passé au lieu de Menet le 19 mai 1616, pressupposé, signé Valet, notaire, tabellion royal, et délivré. Signé : Touchard, notaire royal, qui a la minute dudit contrat devers lui, ainsi qu'il déclare.

La neuvième est un contrat de mariage en papier de François de Lambertie, écuyer, sieur de Menet et du Coureau, fils de défunt Reymont de Lambertie et de damoiselle Madeleine de Céris, vivans seigneur et dame des dits lieux, avec damoiselle Marquise de Rouffignac, fille de messire Gabriel de Rouffignac, chevalier, seigneur de Sannat, du Cros, de Balledent, de Quinsac, lieutenant d'une compagnie de chevau-légers, et de défunte Renée Levesque, passé à Montberon, le penultième janvier 1634. Signé : Du Rousseau, notaire royal héréditaire.

Phototypie J. Royer, Nancy.

PIERRE-EDOUARD Comte DE LAMBERTYE

(Branche DE MENET)

Marié à ADRIENNE DE BÉLOT (1835)

1807-1889

La dixième est un contrat de mariage en papier de messire Jean de Lambertie, chevalier, seigneur de Menet, le Bois et autres lieux, fils de feu François de Lambertie, vivant écuyer, sieur desdits lieux, et de Catherine du Vignaud, damoiselle, avec Marguerite de la Faye, fille de feu Pierre de la Faye, écuyer, seigneur de la Martinie, et d'Isabeau de Lambertie, le 12 février 1654. Signé : Dujardoney, notaire.

La onzième est le contrat de mariage en parchemin de Gabriel de Lambertie, écuyer, sieur de Grignol, fils de défunt François de Lambertie, vivant écuyer, sieur de Menet, et de damoiselle Marquise de Roffignac, avec damoiselle Jeanneton Lériget, fille d'Abraham Lériget, écuyer, sieur des Loges, et de damoiselle Esther de Boisseuil de la Motte-Caille, le 17 septembre 1665. Signé : Cailhot, notaire.

La douzième est une sauvegarde et exemption octroyée par Monseigneur frère du roi, au sieur de Menet, homme d'armes de la compagnie du sieur de La Vauguyon, de loger gens de guerre dans la terre de Menet. Donné au camp de Montbron le 12 mai 1569, pressupposé. Signé : Henry et par Monseigneur Robert. Ayant la collation au pied du 17 dudit mois et an. Signé : P. Thibaud.

La treizième est une commission de capitaine de cent hommes d'armes au régiment de Lambertie, accordée en faveur du sieur de Menet. Donné à Saint-Germain-en-Laye, le 28 juin 1634. Signé : Louis, et par le roy, Senier, et scellé.

La quatorzième est un congé accordé par le comte de Bareau, conseiller du roy en ses conseils, gouverneur et son lieutenant général ès duché de Lorraine et Barrois, ville et citadelle de Metz, au sieur de Menet, capitaine au régiment du sieur de Lambertie. Fait à Metz, le 26 juillet 1635. Signé : Baraud, et par mondict seigneur, Levesque.

La quinzième est les armes et généalogie des dits sieurs de Lambertie, écuyers, signées de Me Martial Baillot, leur procureur.

Tous lesquels titres ci-dessus énoncés, datés et inventoriés, les dits sieurs ont rapporté pour prouver leur noblesse, maintenu iceux véritables et déclarent s'en vouloir servir. De laquelle déclaration et représentation nous avons concédé acte et ordonné que lesdits titres, ensemble la généalogie articulée par lesdits sieurs, seront communiqués audit du Cleray, ou à ceux par lui commis pour y dire et acquiescer dans quinzaine et être ensuite ordonné ce que de raison. Signé : Baillot.

Me Catherin du Cleray, préposé à la recherche et vérification des titres de noblesse dans la généralité de Limoges et élections de Saintes et de Coignac, dit pardevant vous, Monseigneur l'Intendant, que par les pièces produites par Jean de Lambertie, écuyer, sieur de Menet, demeurant en la paroisse de Saint-Maurice de Montberon, et Gabriel de Lambertie, écuyer, sieur de Grignol, demeurant en la paroisse d'Ecuras, élection d'Angoulême, il appert que François de Lambertie, leur trisayeul, a pris la qualité d'écuyer le 11 août 1528, depuis lequel temps, tant lui que ses descendants ont joui paisiblement du titre de noblesse jusqu'à présent, et partant ledit du Cleray déclare qu'il ne peut empêcher que les dits sieurs de Lambertie soient renvoyés de l'assignation à eux donnée et qu'ils soient maintenus et gardés en la possession et jouissance du titre de noblesse sans dépens. Signé : Milhaud.

Je n'empêche Fait à Limoges, le 9 mars 1667. Signé : Des Coutures.

Les susdites pièces ont été retirées du greffe de M. l'Intendant le 22 mars 1667. Signé : Baillot. — Au-dessous est écrit : Délivré sur la minute originale par nous, conseiller du roy en ses conseils, avocat général honoraire à la Cour des aides de Guyenne, généalogiste des Ordres de Sa Majesté, soussigné, en vertu de l'arrêt du Conseil du 10 juin 1758. A Paris, le 4e jour du mois d'avril 1770. Signé : BEAUJON. — Collationné sur la copie en papier communiquée à Paris, le 27 mars 1773.

24*

Sépulture de Marguerite de La Faye, épouse de Jean de Lambertie. 1ᵉʳ *novembre* 1670.

Le premier de novembre en mil six cent soixante dix, décéda au lieu noble de Mené dame Marguerite de La Faye, dame de Mené, femme de Jean de Lambertye, escuyer, sʳ de Mené, âgée d'environ trente ans, après avoir reçu les sᵗˢ sacrements de règle et fut enterrée dans nostre église dans le tombeau de sa famille. Présents : Denis Barraud, boutonnier de cette ville, et Mʳ Jean Sauvo, prêtre, demeurant chez Bourné, Jean Pencs tisseran au bourgt, qui a dit ne savoir signer de ce requis, les autres ont signé. — Signé au registre : Terrade, curé sup.; A. Sauvo, pr. s. md. — (Registres paroissiaux de Montbron.)

Baptême de Jacques de Lambertie. 22 *janvier* 1688.

Le vingt-deuxième janvier mil six cent quatre-vingt-huit, Jacques, fils légitime de Jean de L'Embertye, escuyer, sieur de Menet et de dame Marie de Lacroix, a esté baptisé, et né le dix-septième. Ses parrain et marraine, Jacques de Livron, escuyer, sieur de Puividal, et dame Marie de L'Embertye. — Signé au registre : Laborderie, curé; Marie de Lambertye, J. de Livron, Angélique Massacré, M. de Lambertye, et Marguerite de Sax, M. de Lambertye. — (Registres paroissiaux de Montbron.)

Baptême de Jean de Lambertie. 11 *octobre* 1689.

Le onzième octobre mil six cent quatre-vingt-neuf, Jean, fils légitime de Jean de Lembertye, escuyer, sieur de Menet, et de Marie de La Croix, dame de Menet, a été baptisé, et né le vingt et quatrième septembre. Ses parain et maraine, Jean de Lembertie, escuyer, sieur de La Chapelle, et Charlotte Duscau, dame de La Fenêtre. — Signé au registre : Laborderie, curé; Jean de Lambertye Nanteuil, Charlote Dusaeux de Lieuron, M. de Lieuron, Marguerite de La Croix, Marie de La Croix, Peyraud, Barraud. — (Registres paroissiaux de Montbron.)

Baptême de Marie de Lambertie. 2 *avril* 1691.

Le second avril mil six cent quatre-vingt-onze, Marie, fille légitime de Jean de l'Embertye, escuyer, sieur de Menet, et de dame Marie de La Croix, a été baptisée, et née le vingt-cinquième mars. Ses parain et maraine, Léonard de Lembertie, escuyer, sieur de Prun, et damoiselle Marie de Livron. — Signé au registre : M. de Livron Feuillhade, F. de Livron, de Lambertye, parain, Angélique Massacré, Charlotte Dusaud, Marguerite de La Croix, M. de Lambertye et Barraud. — (Registres paroissiaux de Montbron.)

Baptême de Marie de Lambertie. 17 *septembre* 1692.

Le dix-sept septembre mil six cent quatre-vingt-douze, Marie, fille naturelle et légitime de Jean de Lambertie, écuyer, seigneur de Menet, et de dame Marie de Lacroix, a été

baptisée dans l'église de Saint-Maurice de Montbron, et est née le quatorze du dit mois
environ deux heures après midi. Ses parrain et marraine, Jacques de Lacroix, écuyer,
seigneur de Lamari, et demoiselle Marie de Lambertie. — Signé au registre : LABORDERIE,
curé; LA RUELLE, curé de Saint-Pierre de Montbron; Jacques DE LA CROIX, Marie DE LAM-
BERTIE, Charlotte DUSAUX, Philippe JORDAIN, J. JORDAIN, E. BASTILLE et BARRAUD. — (Registres
paroissiaux de Montbron.)

Commission de capitaine d'une compagnie de nouvelle levée pour Jean-François de Lambertie.
22 août 1695.

De par le Roi. Sa Majesté ayant envoyé ses ordres au sieur comte de Tessé, lieutenant général
en ses armées, pour mettre sur pied un régiment d'infanterie, elle a choisi le capitaine Lambertye
pour y être pourvu d'une compagnie; veut et entend qu'il en prenne le commandement en
attendant qu'il ait reçu la commission qui lui sera expédiée. Mande et ordonne Sa Majesté
au dit sieur comte de Tessé de le recevoir et faire reconnaître de tous ceux et ainsi qu'il
appartiendra, de même que s'il avait déjà reçu la dite commission. Fait à Versailles, le vingt-
deux août 1695. — Signé : LOUIS.

Sépulture de Marie de Lambertie, épouse de François de Brie. 29 décembre 1706.

Le vingt-neuf du susdit mois [de décembre] de l'année mil sept cent six, a été inhumée
dans l'église de La Geyrat, Marie de Lambertie, dame du Boffrand, veuve de François de
Brie, écuyer, seigneur du Boffrand, décédée en bonne crétienne, âgée d'environ quatre-
vingts ans. Ont été présents : Jean (le nom a disparu par suite du temps), Martial Raffier
et plusieurs autres. — Signé : QUERY. — (Registres paroissiaux de Lageyrat, conservés à
Châlus.)

Mariage d'Elie d'Escravayat et de Marie de Lambertie. 29 juillet 1708.

Le vingt-neuf juillet mil sept cent huit, Hélie d'Escravayat, écuyer, sieur du Chalar, et
damoiselle Marie de l'Embertye, ont reçu la bénédiction nuptiale. Présents les soussignés. —
Signé au registre : LABORDERIE, curé; M. DELAMBERTIE, M. DE LACROIX, M. DE LAMBERTYE,
Marie DE LAMBERTIE, Helie DESCRAVAYAT, Léon DE LACROIX, Charle DE LACROIX, LAMBERTIE. —
(Registres paroissiaux de Montbron.)

Baptême de Antoine de Lambertie. 17 décembre 1717.

Le onzième décembre mil sept cent dix-sept est né, et a été baptisé le dix-septième
du dit mois, Antoine de Lambertye, fils de messire Jean-François de Lambertye, escuyer,
seigneur de Menet, et de dame Elisabeth de Vidal. A été parrain Antoine de Vidal, sieur
de Piongat, grand père maternel, et marraine dame Marie de Lacroix de Menet, grand mère
paternelle. Baptesme fait par moi, curé, en présence des soussignés. — Signé au registre :
PIONGAT, Marie DE LA CROIX CHALARD, Louis DE VIGNÉRIAS DE ROUX, LACOSTE DE LAMBERTIE,
Marguerite DE LAMBERTYE, Cosme DU BOUCHET DE LAMBERTYE, LÉRIGET, BARRAUD et EMERY, curé.
— (Registres paroissiaux de Montbron.)

Baptême de Marie de Lambertie. 29 octobre 1718.

Le vingt-huit octobre mil sept cent dix-huit, naquit et fut baptisée le vingt-neuf du dit mois, demoiselle Marie de Lambertye, fille naturelle et légitime de Jean-François de Lambertye, seigneur de Menet et de la Fenêtre, et de dame Elisabeth Vidal. La dite fille a été présentée aux fons baptismeaux par Jean Peronin et Marie Faye, domestiques de la maison, et ce pour Monsieur Jean-François de Lambertye, son grand père, écuyer, seigneur de Menet et de la Fenêtre, parrain absent, et pour dame Marie de Cagnac, marraine absente, et par baptême fait par moi en présence des soussignés. — Signé au registre : F. LE NOBLE, vicaire ; Marguerite DE LAMBERTYE, Marie FAYE, Anne FAEILLOU, BARRAUD et JORDAIN. — (Registres paroissiaux de Montbron.)

Baptême de Nicaise-Marguerite de Fayolle, épouse de Pierre de Lambertie. 3 août 1730.

Le 3e aoust 1730 a été baptizée par moy soussigné Nicaise-Marguerite de Fayole, fille naturelle et légitime de messire Alain Thibau, marquis de Fayole, et de dame Françoise Dubary, marquize de Fayole. A été parain messire de Fayole, chevalier, seigneur de Bourne, et maraine Marguerite de Lagarde, dame Dubary. Ont été présents : François Moreille et Jean Du Breuilh qui ont signé. — L. DE FAYOLLE, M. DE LAGARDE, DUBARRY, François MORELLE, DU BREUILH, Jean GONTIER, vicaire. — (Registres paroissiaux de Champeau.)

Baptême de Marguerite de Lambertie. 2 août 1758.

L'an mil sept cent cinquante-huit, le deux août, a esté baptisée Marguerite, née le jour précédent, fille légitime de messire Pierre de L'Embertye et de dame Margueritte de Fayolle. Ont estés parain messire Jean-François de Lembertye, seigneur de Menet, etc., et maraine dame Marguerite de La Garde. Le baptême fait en présence des soussignés. — Signé au registre : Mis DE LAMBERTYE, LAMBERTYE, Marguerite DE LAGARDE DUBARRY, Madelenne PERRY DE FERRIÈRES, le chev. DE LAMBERTYE, le chev. DE CHABROT, LAMBERTYE DES BROUSSES, DE CHAUMONT DE LAMBERTYE DE LA CHAPELLE, Marie DE LAMBERTYE, DESLAURIERS, curé. — (Registres paroissiaux de Montbron.)

Baptême d'Alain-Thibaud de Lambertie. 3 juillet 1760.

L'an mil sept cent soixante, le trois juillet, a été baptisé Alain-Tibaud, né le vingt-neuf du mois précédent, fils naturel et légitime de messire Pierre, comte de Lambertie, chevalier, seigneur de Pery, et de dame Marguerite-Françoise de Fayolle. A été parain Alain Tibaud de Fayolle, chevalier, marquis de Fayolle, et marraine demoiselle Marguerite de Lambertye, et en l'absence du dit sr de Fayolle a tenu Jean-François de Lambertie, équier. Le baptême fait par moi en présence des soussignés. — Signé au registre : Marguerite DE LAMBERTYE, LAMBERTYE et FAUCONNIER, vicaire. — (Registres paroissiaux de Montbron.)

Baptême de Nicolas de Lambertie. 23 janvier 1762.

L'an mil sept cent soixante-deux, le vingt-trois janvier, a été baptisé Nicolas, né le dix-sept du même mois, fils naturel et légitime de messire Pierre de Lambertie, chevalier, seigneur de Pery, Menet et autres, et de dame Marguerite de Fayolle. A été parrain messire Nicolas de Fayolle, équier, seigneur, marquis de Fayolle, et marraine dame Marie de Lambertye, dame de La Chaise. Le baptême fait par moy en présence des soussignés. — Signé au registre : Fayolle, Marie de Lambertye, Joseph de Lambertye, Marie de Lambertye, Pierre de Lambertye, Allagran et Fauconnier, vicaire. — (Registres paroissiaux de Montbron.)

Baptême de Léon de Lambertie. 21 janvier 1763.

L'an mil sept cent soixante-trois, le vingt-un janvier, a été baptisé Léon, né du jour précédent, fils naturel et légitime de messire Pierre de Lambertye, chevalier, seigneur de Peyry, et dame Marguerite-Françoise de Fayolle. A été présenté par George, de la paroisse, et Marguerite Deschamps, aux lieu et place de messire Léon de Lambertye, écuyer et capitaine au régiment de Lionais, et de demoiselle Marguerite de Fayolle. Le baptême fait par moi. — Signé au registre : Le chev. de Lambertye, Marguerite Deschamps, Allagran et Fauconnier, curé. — (Registres paroissiaux de Montbron.)

Baptême d'Alexis de Lambertie. 6 mars 1771.

Le six mars mil sept cent soixante-onze, a été baptisé Alexis, né le quatre du même mois, fils légitime de messire Pierre de Lembertye, chevalier, seigneur de Peyris et de Menet, et de dame Marguerite-Françoise de Fayolle. A été parain messire Alexis de Fayard, chevalier, seigneur des Combes, qui a été représenté à l'absence du dit seigneur de Fayard par messire Alin-Tibaud de Lembertye, et maraine demoiselle Marie de Lembertye. Le baptême fait par moi en présence des soussignés, Thibaud. — Signé au registre : Thibaud de Lambertye, Marie de Lambertye, Pierre de Lambertye, le chev. de Lambertie, de Menet; Lambertye des Brousses, Lambertye, capit. au régiment de Poitou ; Allagrand, choriste ; Escot, curé. — (Registres paroissiaux de Montbron.)

Sépulture de Jean-François de Lambertie. 22 août 1771.

Le vingt-deux août mil sept cent soixante-onze, a été inhumé dans l'église le corps de Jean-François de Lambertye, chevalier, seigneur de Menet et de la Fenêtre, âgé de quatre-vingt sept ans, après avoir reçu les sacrements. L'enterrement fait par moi en présence des soussignés. — Signé au registre : Lambertye et Escot, curé. — (Registres paroissiaux de Montbron.)

Sépulture d'Alexis de Lambertie. 30 octobre 1771.

Le trente octobre mil sept cent soixante-onze a été inhumé sous le banc de Monsieur de Menet, le corps d'Alexis de Lambertye, âgé d'environ huit mois, decédé d'hier, fils légitime de messire Pierre de Lambertye, chevalier, seigneur de Peyris, et de dame Marguerite-Françoise de Fayolle. L'enterrement fait par moi en présence du soussigné. — Signé au registre : ALLAGRAND, choriste; ESCOT, curé. — (Registres paroissiaux de Montbron.)

Sépulture de Marguerite de Lambertie. 13 mars 1773.

Le treize mars mil sept cent soixante-treize a été inhumé le corps de Marguerite de Lambertye, demoiselle de Menet, décédée d'hier, âgée de quatre-vingt-dix ans. L'enterrement fait par moi. — Signé au registre : ALLAGRAND, choriste; BAURIE, ESCOT, curé. — (Registres paroissiaux de Montbron.)

Certificat de noblesse d'Alain-Thibaud de Lambertie de Menet. 1773.

Nous Réné-François-Pierre de la Cour, écuyer, l'un des gardes de la bibliothèque du roi, généalogiste de Sa Majesté, de la Maison et des écuries de Son Altesse Sérénissime Monseigneur premier Prince du Sang, duc d'Orléans, de Chartres, de Valois, de Nemours et de Montpensier, comte de Vermandois, de Soissons, etc. Certifions à Son Altesse Sérénissime et à Mre Henri-Charles de Thiard-de-Bissy, comte de Thiard, lieutenant général des armées du roi et premier écuyer de Son Altesse Sérénissime, que Alain-Thibaud de Lambertie de Menet, né le 29 juin 1760, et baptisé le 3 juillet de la même année, en l'église paroissiale de Saint-Maurice de Montberon, au diocèse d'Angoulême, a la noblesse nécessaire pour être reçu au nombre des pages que Son Altesse Sérénissime fait élever dans ses écuries; et que les titres qu'il nous a représentés justifient qu'il est fils de messire Pierre de Lambertie, chevalier, seigneur de Menet, de la Fenestre, et de Perri, et de dame Marguerite-Françoise de Fayolle, mariés par contrat du 22 juin 1757; la dite dame fille de Mre Alain-Thibaud de Fayolle, chevalier, seigneur dudit lieu, du Mas-Poitevin, de Tocane et de Belet, et de dame Françoise du Barry. Lequel seigneur de Menet fit acquisition de plusieurs biens situés au lieu d'Ecoseas et ès environs, le 12 décembre 1772.

Que son ayeul. — Messire Jean-François de Lambertye, IIe du nom, chevalier, seigneur de Menet, la Fenestre et de Roussines, épousa par contrat du 3 mars 1717 demoiselle Elisabeth Vidal, demoiselle de Piaujat, fille d'Antoine Vidal, sieur de Piaujat, en la paroisse de Millac-de-Nontron en Périgord, et de d^lle Susanne Roux, ses père et mère. Le dit seigneur de Menet et la dite dame son épouse firent acquisition de la terre et seigneurie de Roussines, le 26 décembre 1726, et il transigea le 1er mai 1727 avec Jacques du Rousseau, écuyer, seigneur de Ferrières et de Secheres, sur l'exécution d'un jugement obtenu par ledit seigneur de Menet le 22 décembre 1725, contre ledit seigneur de Ferrières, qui reconnait tenir dudit seigneur de Menet, à cause de son fief de La Fenestre, certains héritages, au devoir d'une rente directe, seigneuriale et foncière.

Que son bisayeul. — Mre Jean-François de Lambertie, 1er du nom, chevalier, seigneur de Menet et de Chapt, né au château de Menet et baptisé en l'église paroissiale de Saint-Maurice de Montberon, le 12 novembre 1654, fut marié par contrat du 1er mars 1683 avec d^lle Marie de La Croix, fille de messire Jacques de La Croix, chevalier, seigneur de La Fenestre en la paroisse de Saint-Sornin et des Ombrais, et de dame Angélique de Massacré, ses père et mère; la célébration duquel mariage fut faite en l'église paroissiale dudit Saint-Sornin, au diocèse d'Angoulême, le 2 du mois de mars 1683. Il servait en qualité de commissaire de la noblesse de la maréchaussée d'Angoumois, sous les ordres de M. le maréchal de Montrevel, pour la sûreté des côtes, suivant un certificat donné par ledit seigneur maréchal, au château de Bardix, en Médoc, le 26 août 1706. Il partagea le 26 janvier 1711, à cause de ladite dame son épouse, avec leurs co-héritiers, la succession de défunt François de La Croix, écuyer, seigneur de la Fenestre, leur frère; lui et ladite dame son épouse transigèrent le 25 mars 1711, avec quelques créanciers de ladite succession. Il passa acte conjointement avec Mre Jean-François de Lambertie, son fils, au sujet de la même succession le 16 août 1725, et mourut le 18 avril 1728; il fut inhumé le jour suivant en l'église paroissiale dudit Saint-Maurice de Montberon.

Que son trisayeul. — Mre Jean de Lambertie, chevalier, seigneur de Menet, du Bois, de Germanas et du Chapt, épousa par contrat du 12 février 1654, Marguerite de La Faye, demoiselle, fille de Pierre de La Faye, écuyer, seigneur de la Martinie, et d'Isabeau de Lambertie, demoiselle, ses père et mère, en conséquence de la sentence rendue le jour précédent en l'officialité de Périgueux portant enthérinement de la Bulle par eux obtenue et datée des nones d'avril 1653, pour la dispense de leur mariage nonobstant leur parenté au quatrième degré. Il fit l'acquisition d'héritages situés ès appartenances du village de Peiris en la paroisse d'Escuras, près Montberon, le 17 mai 1654, 12 mars 1655 et 22 juin 1670. Le 16 octobre 1670, il présenta requête au lieutenant général d'Angoulême, qui lui donna acte des offres qu'il faisait de faire hommage de son fief de Menet au seigneur comte de Montberon, ou à personne de qualité ayant de lui charge et procuration expresse, et il lui fut permis de faire appeler ledit seigneur comte au domicile de son procureur d'office, au sujet de l'hommage que ledit seigneur de Menet prétendait lui être dû à cause de sa dite seigneurie de Menet, par ledit seigneur comte de Montberon, pour partie de son fief de La Grelière. Il fut inhumé en l'église paroissiale dudit Saint-Maurice le 3 février 1679.

Que son quatrième ayeul. — François de Lambertie, IIIe du nom, écuyer, seigneur de Menet, en la paroisse de Saint-Maurice de Montberon, institué héritier universel par le testament de son père de l'an 1599, fut marié par contrat du 20 mai 1616, avec demoiselle Catherine du Vignaud, fille de Guillaume du Vignaud, écuyer, seigneur de Vitrac, et de demoiselle Marguerite de Ripes; ce contrat fut passé du consentement de Mre Gabriel de Lambertie, chevalier, vicomte de Lambertie en Périgord, baron de Montbrun, au nom et comme procureur de la dlle mère dudit seigneur de Menet. Il fit son testament au bourg de Bussière-Badil, en la chancellerie de Varaignes, en Périgord, le 7 juillet 1648; par lequel il ordonne sa sépulture en tombeau de ses auteurs, dans l'église de la ville de Montberon, sa paroisse, et que ses obsèques fussent faites suivant sa qualité, légua tous ses biens, tant en Angoumois qu'ailleurs, à Jean de Lambertie, écuyer, seigneur du Bois, son fils aîné, et de ladite dame du Vignaud, sa femme, voulant que sesdits biens soient substitués à son petit-fils, fils aîné dudit Jean son fils, aux charges et conditions y énoncées.

Que son cinquième ayeul. — Raimond de Lambertie, écuyer, seigneur de Menet, du Couraud et du Chapt, donna partage à ses frère et sœurs, le 28 novembre 1578, dans la succession de feu François de Lambertie, seigneur desdits lieux, leur père, en présence de dlle Jeanne de La Faye, leur mère, dame de Menet, et épousa par contrat du 8 novembre 1594 demoiselle Madeleine de Céris, fille de Mre Alain de Céris et de dame Jeanne Bouchaud, seigneur et dame de la Motte Saint-Claud, Château-Renaud et Montaumar. Il produisit les titres de sa noblesse devant les commissaires députés par le roi pour le règlement des tailles, qui par ordonnance rendue à Angoulême le 20 décembre 1599, le renvoyèrent de l'assignation qui lui avait été donnée pour la représentation de ses dits titres. Il avait fait son testament le 25 octobre de la même année 1598, par lequel il voulut être inhumé avec ses parents et prédécesseurs dans la chapelle de Saint-Yves en l'église de Saint-Maurice de Montberon, et que ses funérailles et obsèques fussent faites selon sa qualité, à la volonté et discrétion de ladite Madeleine de Céris, son épouse. Il institue son héritier universel François de Lambertie, son fils, écuyer, et de la dite demoiselle; et il fit un codicille le 3 juillet 1601, dans lequel il ordonne l'exécution de son testament.

Que son sixième ayeul. — François de Lambertie, IIe du nom, écuyer, seigneur du Couraud en la paroisse des Salles, puisné et second de la maison noble de Lambertie, fut marié, du consentement de noble personne Raimond de Lambertie, son frère aîné, seigneur dudit lieu de Lambertie, par contrat du 17 décembre 1535, avec dlle Jeanne de La Faye, fille de Jean de La Faye, écuyer, seigneur de Menet, et de demoiselle Jeanne Girault, ses père et mère. Il donna quittance le 4 décembre 1538, audit Raimond de Lambertie, son frère aîné, seigneur dudit lieu, de Nouère et d'Echalat, d'une partie de la somme qu'il avait promis de lui payer par le contrat de son mariage avec ladite demoiselle de La Faye, laquelle, tant en son nom que pour et au nom dudit François de Lambertie, écuyer, seigneur de Menet, son mari, fit échange d'héritages situés près le village de Peiris le 18 octobre 1575. Il fit accord le 12 décembre de la même année, avec François de Lambertie, son neveu, écuyer, seigneur de Lambertie, de Nouere et d'Echalat, qui promit, lorsqu'il serait de retour de la Cour, de tenir compte audit seigneur de Menet, son oncle, de ce qui pouvait lui appartenir des successions de ses défunts père et mère, et par son testament du 8 juillet 1568 il ordonna sa sépulture en l'église de Montberon, laissa le soin de ses funérailles à ladite demoiselle Jeanne de La Faye, son épouse, et donna à Raimond de Lambertie, son fils aîné, tous ses biens meubles, et la troisième partie de ses acquets immeubles, par préciput et avantage, sans être sujet à rapport venant à partage de ses autres biens avec ses cohéritiers. La dite demoiselle de La Faye étant veuve, fit hommage, tant pour elle et en son nom, que pour ses enfants et dudit défunt seigneur de Menet, son mari, dudit lieu du Couraud, le 3 décembre 1576, à M. Gaston de La Rochefoucaud, seigneur et baron de Salles, auquel elle en donna le dénombrement le même jour.

Et que son septième ayeul. — François de Lambertie, Ier du nom, écuyer, seigneur dudit lieu en Périgord, de Nouere et d'Echalat, obtint le 9 août 1497, de Jacques de Vendôme, vidame de Chartre, prince de Chabanais, souffrance pour lui faire hommage des biens qu'il possédait en la paroisse de Pressignac, tenus et mouvants dudit seigneur à cause de sa principauté de Chabanais. Il lui fut donné reconnaissance, et à Jean de Lambertie son frère, le 18 septembre 1497, par plusieurs possesseurs d'héritages situés au terroir de Pressignac et mouvans en censives de leur domaine direct et foncier, dans lesquelles reconnaissances ils sont qualifiés, nobles hommes, damoiseaux, seigneurs de Lambertie, de Nouere et d'Echalat. Il fit hommage, le 15 octobre 1500, à François, vicomte de Rochechouart, des biens qu'il tenait dans la mouvance de ce vicomté ; fit accord le 17 ou 18 septembre 1508, avec Guy de Lambertie, écuyer, seigneur de Vassoux et de Baronie, son frère, sur le partage qu'ils avaient fait des biens de défunt Jean de Lambertie, écuyer, seigneur de Lambertie, et de demoiselle Jeanne Vigier, sa femme, dame de Nouere et d'Echalat en Angoumois, leurs père et mère, et il fit son testament au château de Lambertie, paroisse de Miallet en Périgord, le 11 août 1528, dans lequel il ordonne sa sépulture devant le grand autel de l'église paroissiale dudit Miallet, avec ses parents et prédécesseurs, et institue son héritier universel, Raimond de Lambertie, son fils aîné, et de défunte Marguerite de Maumont, son épouse, auquel, à défaut d'enfants, il substitue François de Lambertie aussi son fils et de ladite dame de Maumont.

En foi de quoi nous avons signé le présent certificat et nous y avons apposé l'empreinte du cachet de nos armes. A Paris, le 4 décembre 1773.

Baptême de Maurille du Rousseau de Ferrières, époux de Marie-Célestine-Aimée de Lambertie.
17 avril 1783.

Le dix-septième avril de l'année mil sept cent quatre-vingt trois, a été baptisé messire Maurille Durousseaud de Ferrière, fils légitime de messire François Durousseaud de Ferrière, seigneur de Ferrière, Saichère et autres lieux, officier de dragons au régiment de Nouaille, et de dame Marie Michelle Desroches de Chassais, né le jour précédent au présent bourg. Le parrain a été messire Maurille Guinguand, chevalier, comte de Saint-Mathieu et autres places, ancien capitaine au régiment du roi infanterie, chevalier de l'ordre royal et militaire de Saint-Louis, et la marraine dame Marguerite-Antoinette de la Breuille, et ont tenu sur les fonts de baptême pour les susdits parrain et marraine messire Geraume Desroches et demoiselle Jeanne Périgord qui ont signé avec nous. — Le registre est signé : Geraume Desroches, Leclerc, curé des Salles-Lavauguyon. — (Registres paroissiaux des Salles-Lavauguyon.)

Mariage d'Alain-Thibaut de Lambertie avec Marguerite Eulalie de Ribeyreix. 1787.

L'an mil sept cent quatre-vingt-sept, après les fiançailles et la publication d'un seul ban dûment faite aux prônes des messes paroissiales de Saint-Maurice de Montbron, diocèse d'Angoulême, et de Saint-Gervais présente paroisse, du futur mariage entre haut et puissant seigneur chevalier Thibaud, comte de Lambertye, capitaine au régiment de dragons, fils naturel et légitime de haut et puissant seigneur messire Pierre de Lambertye, chevalier seigneur de Menet, Laforêt et autres places, et de haute et puissante dame Marguerite-Françoise de Fayolle, demeurant tous au château de Menet, paroisse du dit Saint-Maurice de Montbron, d'une part ; avec haute et puissante demoiselle Marguerite-Ulalie de Ribeyreys, fille naturelle et légitime de haut et puissant seigneur messire Jean-Baptiste de Ribeyreys, chevalier, seigneur du Repair, les Champs, le Breuil, la Chétardie, Bureau et autres places, et de haute et puissante dame Marie-Louise la Cropte, demeurant tous au château du Repair présente paroisse d'autre part. Vu le consentement et le certificat de Monsieur le curé de Montbron, en date du cinq mars, certifié et notifié par Monsieur le vicaire général du diocèse d'Angoulême en date du même jour à mon dit seigneur évêque de Limoges, signé et insinué le douze mars même année, par M. le vicaire général dudit diocèse, portant l'un et l'autre dispense des fiançailles, des deux publications de bans et du temps prohibé, n'ayant trouvé ni découvert d'empêchement dans aucun genre, les propartis ayant rempli le devoir de chrétien en pareil cas de requis, je soussigné, après avoir ouï leur mutuel consentement par paroles de présent les ai conjoints en mariage et leur ai donné la bénédiction nuptiale en face des saints autels, en présence de leurs proches, comme de messire Pierre de Lambertye. Messire Jean-Baptiste de Ribeyreys, messire Jean-Joseph de la Cropte de Saint-Abre, de messire de Ribeyreys de Feuillade et autres et autres qui tous ont signé avec nous de ce requis. — Ont signé au registre : Marguerite de Ribeyreys de Lambertye, comte de Lambertye, Lambertie de Ribeyreys, Saint-Abre de Ribeyreys, le chev. de Lambertie, du Repaire ; de Ribeyreys, officier de dragons ; Garnier de Saint-Abre, le marquis de Cromière ; La Cropte, comte de Saint-Abre ; le chevalier de Saint-Abre ; Dussoulier de Ribeyreys, Delaloue du Chatenet de Ribeyreys, Delaloue du Chatenet, Duchatenet, de Ribeyreys de Feuillade, Destrèves, curé de Saint-Gervais. — (Registres paroissiaux de Saint-Gervais.)

25*

Baptême de Pierre de Lambertie. 8 mars 1788.

Le huit mars mil sept cent quatre-vingt-huit a été baptisé Pierre, fils naturel et légitime de haut et puissant seigneur messire Thibaut, comte de Lambertye, capitaine au régiment de dragons, et de dame Marguerite-Ulalie de Ribeyreys, son épouse, né la veille au château du Repaire ; ont été parrain haut et puissant seigneur messire Pierre de Lambertye, chevalier, seigneur de Menet, Laforêt et autres lieux, grand-père paternel, et marraine haute et puissante dame Garnier de Saint-Abre, aïeule maternelle, qui tous ont signé comme nous de ce requis. — Ont signé au registre : GARNIER DE SAINT-ABRE, Pierre de LAMBERTIE, de RIBEYREYS DU REPAIRE, le chevalier ROUX, de ROUX DE LABATIDE, DESTRÈVES, curé de Saint-Gervais. — (Registres paroissiaux de Saint-Gervais,)

Baptême de Jean-Baptiste de Lambertie. 25 septembre 1789.

Le vingt-cinq septembre mil sept cent quatre-vingt-neuf a été baptisé, né du jour précédent, Jean-Baptiste, fils légitime de haut et puissant seigneur Alain-Thibaud de Lambertye, capitaine de dragons dans le régiment de Chartres, et de haute et puissante dame Marguerite de Ribérey ; parrain haut et puissant seigneur Jean-Baptiste de Riberey et haute et puissante dame Marguerite de Fayolle de Lambertye qui avec nous ont signé. — Signé au registre : FAYOLE DE LANBERTIE DE RIBEYREYS, Marguerite de LAMBERTYE, St AMANT DE FERRIÈRE, le chev. de LAMBERTYE, le chev. de CHABROT, CONAN et RAOUL, curé. — (Registres paroissiaux de Montbron.)

Sépulture de Pierre de Lambertie. 15 janvier 1792.

Le quinze janvier mil sept cent quatre-vingt-douze a été inhumé, mort le jour précédent, muni des sacrements, âgé d'environ soixante-dix ans, Monsieur Pierre Lambertye, époux de dame Marguerite Fayolle, en présence de ses proches. — Signé au registre : LAMBERTYE, LACHAIZE, VIGNERON, vic.; DUROUSSEAU, curé de Vouthon, LACHAIZE, curé de Peyroux, et RAOUL, curé. — (Registres paroissiaux de Montbron.)

Naissance de Marie-Adeline de Ribeyreys, épouse de Jean-Baptiste-Frédéric de Lambertie.
5 juillet 1797.

Aujourd'hui dix-sept jour de messidor, l'an V de la République française, une et indivisible, devant nous Antoine Ladure, agent de la commune de Mallereix, assisté de Antoine Chantegrelet et Marie-Anne Laperouze de Carbonnières, tous les deux âgés de vingt-un ans accomplis, demeurant à Beaufort et à Boussac, qui nous a présenté un enfant fille, qu'il nous a dit né le jour d'aujourd'hui, à deux heures du matin au lieu de Beaufort, et se nommer Marie-Adeline de Ribeyreys, fille de Henri-Armand de Ribeyreys et Claire-Pauline de Carbonnières, ses père et mère, laquelle délaration les témoins sus-nommés, nous ont attesté sincère et véritable ; les témoins et le citoyen sus-nommés ont été interpellés de signer sur le présent registre avec nous; ils ont signé excepté Antoine Chantegrelet qui a déclaré ne le savoir. — Suivent les signatures : DE RIBEYREYS, LA PEROUZE DE CARBONNIÈRES et LADURE, agent. — (Registres de l'état civil de Malleret.)

§ VII. — SEIGNEURS DE SAINT-SORNIN, COMTES DE LAMBERTIE

Baptême de Léon de Lambertie. 10 octobre 1696.

Le dix octobre mil six cent quatre-vingt-seize, Léon, fils de Jean-François de Lambertie, seigneur de Menet, et de Marie de La Croix, dame de Menet, a été baptisé, et né le quatre. Ses parrain et marraine Léon de La Croix, escuyer, sieur de la Motte, et Marie de Lambertie, demoiselle de Lavalette. — Signé au registre : LABORDERIE, curé. — (Registres paroissiaux de Montbron.)

Mariage de Léon de Lambertie et de Catherine Rempnoux. 24 juillet 1730.

Le vingt et quatre juillet mil sept cent trente, après que l'on a eu publié légitimement les bans de mariage de Monsieur Léon de Lambertye, escuyer, seigneur de La Cosse et autres places, avec demoiselle Catherine Rempenoux de Marafy, de la paroisse de Saint-Pierre, de Montbron, et le sieur Léon, de celle de Saint-Maurice, sans qu'il se soit trouvé aucun empêchement civil, disposés au futur mariage par les sacrements ordinaires de pénitence et eucharistie, ils ont reçu la bénédiction nuptiale dans l'église de Vouthon, requise de leur part et accordée de leurs curés, par un des curés soussignés et des répondans, en présence de leurs plus proches parents qui ont aussi signé, comme aussi assistés de leur curateur qui a signé. — Signé au registre : DESVEAU, prêtre demeurant à la cure de Saint-Maurice de Montbron ; D. LE GRAND, curé de Vouthon ; LÉON DE LAMBERTIE ; Catherine REMPENOUX DE MARAFY ; DAVID ; LAMBERTYE ; Charlotte DE LA CROIX ; Isabaux VIDAL DE MASSIGNY ; CHALARD-DESGRAVAYAT ; JORDAIN ; J. FALLY ; FONTENDRAUD ; DE LACOSTE ; DUMAS-DELAGE ; LÉONARD, pnt. ; HUGONNEAU, int. ; BERTHOMÉ, juge d'Hauteclaire. — (Registres paroissiaux de Montbron.)

Baptême de Jean-François de Lambertye. 25 juin 1735.

Le vingt-cinquième jour de juin mil sept cent trente-cinq est né et le lendemain a reçu l'eau baptismale Jean-François de Lambertye, fils naturel et légitime de messire Léon de Lambertye, chevalier seigneur de Lamary et de dame Radegonde Nollin. Les cérémonies du baptême ayant été différées jusqu'à ce jour vingt-cinq juillet au dit an, par la permission de Monseigneur l'évêque d'Angoulême. A eu pour parrain Jean-François de Lambertye, chevalier, seigneur de Menet, Roussine, la Fenetre et autres lieux, et pour marraine dame Catherine Resnier. — Signé au registre : JEHEU, prieur de Saint-Sornin. — (Registres paroissiaux de Saint-Sornin.)

Sépulture de Marie-Radegonde Nollin, épouse de Léon de Lambertye. 26 mars 1744.

Le vingt-six jour de mars mil sept cent quarante-quatre est décédée au bourg de Saint-Sornin dame Marie-Radegonde Nollin, âgée d'environ trente-sept ans, épouse de messire Léon de Lambertie, chevalier, seigneur de Lamary, a été inhumée le vingt-sept des dits mois et an par le soussigné dans l'église du dit lieu. — JEHEU, prieur de Saint-Sornin. — (Registres paroissiaux de Saint-Sornin.)

Testament de Léon de Lambertie. 20 novembre 1749.

Au nom du Père et du Fils et du Saint-Esprit, amen. Pardevant le notaire du comté de Montbron soussigné, fut présent messire Léon de Lambertie, chevalier, seigneur de Lamary, demeurant au bourg de Saint-Sornin, lequel considérant qu'il n'y a rien de si certain que la mort, et rien de si incertain que l'heure d'icelle, ne voulant partir de ce monde sans que au préalable avoir fait son testament et ordonnance de dernière volonté, et à cet effet il a mandé au notaire soussigné pour rédiger son dit testament. Et estant en la maison dudit sieur Lambertie, nous dit notaire l'avons trouvé gissant au lit, malade, mais sain d'esprit et d'entendement, lequel après avoir recommandé son âme à Dieu le Père, le Fils et le Saint-Esprit, et à tous les saints du paradis, il nous a dicté son testament ainsi qu'il s'en suit :

A l'égard de ses funérailles il s'en rapporte à la discrétion de Monsieur de Lambertie de Menet, son frère, et de faire dire tel nombre de messes et de faire faire tel nombre services qu'il jugera à propos pour le repos de l'âme du dit sieur testateur.

Quant aux biens temporels qu'il a plu à Dieu lui donner, il déclare instituer pour son héritier universel messire Jean-Pierre de Lambertie, son fils aîné, dans tous ses biens tant meubles qu'immeubles, en quelque lieu ou en quelque province qu'ils puissent être situés, et par quelques coutumes et quelques lois qu'ils puissent être régis, à la charge par ledit sieur héritier institué, de payer à chacun de ses deux autres frères cadets la somme de six mille livres en argent ou en effets bons et exigibles avec garentie de fournir et faire valoir, ou en fond de proche en proche de valeur de six mille livres chascun, le tout franc et exempt de toute charge et dette. Et au cas que quelqu'un des enfants du dit sieur testateur veuille aller contre les susdites dispositions, il veut qu'il demeure réduit à sa simple légitime et que le surplus cedde au profit de l'héritier institué, exhortant Messieurs ses enfants de demeurer ensemble et de confondre leur revenu, et suivre les conseils de demoiselle Françoise de Lambertie, laquelle ledit sieur testateur il prie de vouloir bien continuer ses soins pour eux, à l'effet de quoi elle sera nourrie et entretenue sur les revenus communs pendant le temps qu'elle demeurera avec eux. Et en outre il lui donne la somme de cinquante livres par chacun an, et en cas d'incompatibilité et de séparation de ladite demoiselle de Lambertie et des enfants dudit sieur testateur, il donne pareille somme de cinquante livres par chacun an de pension viagère à la dite demoiselle de Lambertie, payable en tierce partie par les trois enfants dudit sieur testateur et ce pour les bons et agréables services qu'elle leur a rendus pendant qu'elle a demeuré avec lui et qu'il espère recevoir dans la suite. Lesquelles dispositions sont les dernières volontés du dit sieur testateur, qu'il veut être exécutées de point en point sous les peines ci-dessus.

Lecture ayant été faite par nous dit notaire, mot par mot du présent testament audit sieur testateur, il a déclaré persister en icelui. Fait et passé en la maison dudit sieur testateur, dans la chambre où il est malade, le vingtième jour du mois de novembre, avant midy, mil sept cent quarante-neuf, en présence de maistre Pierre Clergeon, prestre, curé de la paroisse de Payroux, demeurant au bourg de Saint-Sornin, et de maistre Pierre Jehan, procureur en la sénéchaussée et siège présidial d'Angoumois, demeurant en la ville d'Angoulême, estant de présent au bourg de Saint-Sornin. Le dit sieur testateur ayant déclaré révoquer tous autres testaments de donation, si aucuns il avait faits contraire à ces présentes. Et le dit sieur testateur a signé et les dits sieurs Jehan, Clergeon, témoins requis, qui ont aussi signé : Lambertie; Clergeon, curé de Payroux; Jehan, et Poumeau, notaire. — (Copie collationnée aux archives de Cons-la-Grandville.)

Sépulture de Léon de Lambertie. 1ᵉʳ décembre 1749.

Le premier jour de décembre mil sept cent quarante-neuf est décédé au bourg de Saint-Sornin messire Léon de Lambertie, chevalier, seigneur de Lamary, âgé d'environ cinquante ans, et a été inhumé le deux desdits mois et an, par le soussigné, dans l'église du dit lieu. — Légérou, prêtre desservant Saint-Sornin. — (Registres paroissiaux de Saint-Sornin.)

Baptême de Catherine-Antoinette-Thérèse de Beccarie, épouse de Jean-Pierre de Lambertie. 15 octobre 1751.

L'an mil sept cent cinquante et un, le quinzième du mois d'octobre, est née et a été baptisée le seizième du même mois Catherine-Antoinette-Thérèse de Bécary, fille de Monsieur Gabriel de Becary, major du régiment de Monthuven, et de dame Marguerite Perolle, son épouse, elle a eu pour parrain Jean-François Dillon, au service de Monsieur Perolle, major de la bourgeoisie de cette ville, et pour marraine Catherine Gouion, au service de mon dit sieur de Becary, qui a déclaré ne savoir écrire, le parrain ayant signé avec nous curé soussigné. — Signé : J.-François Dillon et A. Marchand, curé de Saint-Gorgon. — (Registres paroissiaux de Saint-Gorgon, de Metz.)

Mariage de Jean-François de Lambertie avec Philippette Thibeau. 8 février 1755.

L'an mil sept cent cinquante-cinq, le huit février, après les fiançailles et une publication de bans faite au prône de notre messe paroissiale, du futur mariage entre messire Jean-François de Lambertye, écuyer, chevalier, fils naturel et légitime de défunt messire Léon de Lambertye et de défunte dame Radegonde Nolin, de la paroisse de Saint-Sornin, d'une part; et demoiselle· Philippette Thibeau, fille naturelle et légitime de messire Jean Thibeau et de dame Marguerite de La Croix, de ma paroisse, d'autre part. Semblable publication ayant aussi été faite dans la paroisse de Saint-Sornin, comme il m'est apparu par le certificat de Monsieur Pechillion, aussi prieur de la dite paroisse, en date du vingt-deux janvier.

Je leur ai donné la bénédiction nuptiale après avoir obtenu une dispense et sentence de l'officialité en date du vingt-deux du mois dernier, étant parents au troisième degré de consanguinité et affinité. (Signé : Vallier, official.) Le mariage fait du consentement des parents en présence des témoins soussignés avec moi. — Philippe Thibeault, Jean-François de Lambertye, Jean Thibeault, La Dussaut de Rivière, Jean-Pierre de Lambertye, Péris de Lambertye, Lamary de Lambertye, Marie de Lambertye, Lacond de Lambertye de La Chapelle, Lacroyant du Tufas, Mayou, Pierre Danière, Jean Dubournex et Desbœuf, curé de Mazerolles. — (Registres paroissiaux de Mazerolles.)

Baptême de Jean de Lambertie. 12 février 1756.

L'an mil sept cent cinquante-six, le douze février a été baptisé, né le dix sur les cinq heures du matin, au lieu de Lacadouas, un enfant à qui on a donné le nom de Jean, fils légitime de messire Jean-François de Lambertye, écuyer, chevalier, et de dame Philippete Thibeaut, a été parrain messire Jean Thibeaut et marraine dame Philippete Dussaut de Vinière, représentant dame Catherine Venier. Le baptême fait en présence des soussignés : LADUSSAUT DE VINIÈRE, Jean THIBEAUT, DESBŒUF, curé de Mazerolles. — (Registres paroissiaux de Mazerolles.)

Baptême de Jean-Pierre de Lambertie. 30 décembre 1756.

L'an mil sept cent cinquante-six, le trente décembre, a été baptisé dans cette église, né le vingt-huit du même mois, au lieu de Lacadouas, un enfant à qui on a donné le nom de Jean-Pierre, fils légitime de messire Jean-François de Lambertye, chevalier, seigneur de La Mary, et de dame Philippe Thibeaut, a été parrain messire Jean-Pierre de Lambertye et marraine dame Marguerite de La Croix. Le baptême fait par moi en présence du soussigné. LEMBERTYE. — Signé : DESBŒUF, curé de Mazerolles. — (Registres paroissiaux de Mazerolles.)

Baptême de Jean-François de Lambertie. 24 octobre 1757.

L'an mil sept cent cinquante-sept, le vingt-quatre octobre, a été baptisé dans cette église, né le vingt-deux du même mois, au lieu de Lacadouas, un enfant à qui on a donné le nom de Jean-François, fils légitime de messire Jean-François de Lambertye, écuyer, et de dame Philippe Thibeau. A été parrain messire François de Lacroix et marraine demoiselle Françoise de Lambertye. L'enfant a été présenté par messire Jean Thibeau. Le baptême fait par moi en présence des soussignés : F. DE LAMBERTYE, Jean THIBEAUT et DESBŒUF, curé de Mazerolles. — (Registres paroissiaux de Mazerolles.)

Baptême de Marguerite de Lambertie. 11 octobre 1759.

Le onze octobre mil sept cent cinquante-neuf a été baptisée Marguerite, née le même jour au lieu appelé de Lamary, fille légitime de messire Jean-François de Lambertye et de dame Marie-Philippe Thibault. A été parrain Nicolas Planche et marraine Marguerite Resnier, le baptême fait par moi soussigné en présence de Pierre et François Gâcon qui ont déclaré ne savoir signer. — Signé : Seguin, curé de Rencogne, *loco rectoris*.

Puis est écrit : Je soussigné, prêtre, prieur curé de l'église paroissiale de Saint-Sornin, certifie avoir tiré mot à mot des registres baptistaires de l'église du dit Saint-Sornin, le douze du mois de février mil sept cent soixante-huit. — Signé : Hériard, prieur, curé de Saint-Sornin.

Encore est écrit : Nous, Joseph Lériget de Combelabbé, juge assesseur du comté de Montbron, certifions à qui il appartiendra que la signature ci-dessus est celle ordinaire du s^r Hériard, prieur de Saint-Sornin, juridiction du présent comté et que foi doit y être ajoutée. — Fait à Montbron, le 26 février 1768. Signé : Lériget de Combelabbé.

Encore est écrit : Joseph-Amédée de Broglie, par la miséricorde de Dieu et la grâce du Saint-Siège apostolique, évêque d'Angoulême, conseiller du roi, en ses conseils, etc. Nous certifions que le sieur Hériard, qui a délivré et attesté l'extrait de l'autre part, est veritablement prieur curé de Saint-Sornin de notre diocèse et que foi doit y être ajoutée à sa présente signature partout ou besoin sera. — Donné à Angoulême, le vingt-cinq février mil sept cent soixante-huit. Signé : F. J. A., évêque d'Angoulême. Par Monseigneur : Vigneron, chanoine.

Encore est écrit : Nous, Louis Lemusnier, chevalier, seigneur Deroix, Rouffignac et autres lieux, conseiller du roi, lieutenant général en la sénéchaussée de siège présidial d'Angoumois, certifions que la signature du s^r Heriard, prieur, curé de Saint-Sornin, apposée de l'autre part, est sincère et véritable. — A Angoulême, le vingt-sept février mil sept cent soixante-huit. Signé : LE MUSNIER. Seise sols. — (Archives de Cons-la-Grandville.)

Baptême d'Antoinette de Lambertie. 28 octobre 1760.

Le vingt-huit octobre mil sept cent soixante a été baptisée Antoinette, née le jour précédent, fille légitime de messire Jean-François de Lambertye et de dame Marie-Philippe Thibeau, du lieu de Lamarye. A été parrain Nicolas Bonat et marraine Antoinette Bechade. Le baptême fait par moi soussigné et ai signé : Seguin, desservant Saint-Sornin.

Je soussigné, prêtre, prieur curé de l'église paroissiale de Saint-Sornin, certifie avoir tiré mot à mot des registres baptistaires de la dite église l'acte ci-dessus et qu'il est conforme à son original. En foi de quoi j'ai signé. — A Saint-Sornin, le sixième jour de février mil sept cent soixante-neuf. Signé : Hériard, prieur curé de St Sornin.

Puis est écrite la mention suivante : Nous, François Marchadier, sieur Dumas, juge ordinaire, sénéchal civil, criminel et de simple police de la ville et comté de Montbron, certifions à tous qu'il appartiendra que la signature ci-dessus apposée est celle du sieur Hériard, prieur curé de Saint-Sornin. En foi de quoi nous avons signé, à Montbron, le six février mil sept cent soixante-neuf. Signé : MARCHADIER. — (Archives de Cons-la-Grandville.)

Baptême d'Anne-Françoise-Charlotte Chandeon de la Valette, épouse de Jean-Pierre-Augustin de Lambertie. 18 novembre 1763.

L'an 1763, le 18 novembre, a été baptisée Anne-Françoise-Charlotte, née d'hier, fille de Mr Georges-Balthasar Chandeon de la Valette, ecuyer, capitaine au regiment de Bourbonnois, et de dame Anne-Françoise Robert, son épouse. Le parain, Mr Charles-François Chandeon de la Valette, ecuyer, capitaine au regiment de Bourbonnois, oncle de l'enfant; la maraine, Anne-Françoise Le Conte, épouse de Mr Edme-Antoine Robert, con^{er} du roy, maître ordinaire en sa chambre des comptes, grande mere de l'enfant, qui ont signé avec nous : CHANDEON DE LA VALETTE, CHANDEON DE LA VALETTE, A... F... LE CONTE et VALLON DE BOISROGER. — (Registres paroissiaux de Montfort-l'Amaury.)

Certificat de service pour Jean-Pierre et Joseph de Lambertie. 25 *janvier* 1766.

Nous, brigadiers des armées du roy, lieutenant-colonel commandant, capitaines de major et capitaine du régiment de Poitou, soussignés, certifions que le sieur Jean-Pierre de Lambertye, est entré au dit régiment le neuf mai mil sept cent quarante-sept en qualité de lieutenant, fait capitaine le premier janvier mil sept cent cinquante-huit, réformé le vingt-deux mars mil sept cent soixante-trois. Certifions en outre que du temps de son existence au dit régiment, il s'est comporté en brave et honnête officier et y a donné des preuves de sa valeur dans toutes les occasions où le régiment s'est trouvé. De même que le sieur Joseph, chevalier de Lambertye, son frère, qui a commencé à servir dans ce régiment en qualité de lieutenant; fait capitaine exploitant le premier janvier mil sept cent cinquante-huit et continue depuis la nouvelle formation en qualité de lieutenant, ayant subi le sort du doublement. C'est pourquoi nous leur avons donné le présent certificat pour leur servir et valoir en ce que de raison. — Fait à Besançon, le vingt-cinq janvier mil sept cent soixante-six. Signé à l'original : BONNEVAL, le chev^{er} DE LAURIERS, DESAUGIERS, le chev^{er} DE CARLE, St OUEN, DANGÉ, DE GENEUVAY, BEAUREGARD, DUFRINAG, DIBERNILLE, etc. — (Archives de Cons la-Grandville.)

Certificat de service pour Joseph de Lambertie. 10 *août* 1771.

Nous, lieutenant-colonel et major du régiment de dragons de Jarnac, certifions que Monsieur de Lambertye y a servi comme volontaire depuis le mois de mars 1768, que peu de temps après son arrivée, il s'est trouvé en état de faire le service à pied et à cheval; qu'il a fait dans les études ou instructions propres à son état plus de progrès que l'on ne doit en attendre de son âge et que jusque dans beaucoupt de traits de jeunesse on lui a remarqué d'heureuses dispositions pour l'avenir. En foi de quoi nous avons signé ce présent certificat. A Castre, le 10 août 1771. Signé : BELLIQUET et BAZONCOURT. — (Archives de Cons-la-Grandville.)

Mariage de Joseph de Lambertie avec Anne-Françoise de Redon. 31 *août* 1772.

Pardevant les conseillers notaires du roy à Paris soussignés, furent présent très haut et très puissant seigneur Monseigneur Joseph, vicomte de Lambertye, chevalier, seigneur en partie de Lammary et de Saint-Sornin en Angoumois, capitaine au régiment de Poitou-infanterie, fils majeur de défunt très haut et très puissant seigneur Léon, comte de Lambertye, chevalier, seigneur de Saint-Sornin, Lammary, des Chaises et autres lieux, et de défunte très haute et très puissante dame Marie-Radegonde Naulin de Fondfaix, son épouse, ses père et mère, demeurant ledit seigneur vicomte de Lambertye ordinairement en son château de Saint-Sornin en Angoumois, étant de présent à Paris logé rue de la Chaise, paroisse de Saint-Sulpice, stipulant pour lui et en son nom d'une part.

Et haute et puissante demoiselle Anne-Françoise de Redon, fille majeure de défunt haut et puissant seigneur François de Redon, chevalier, seigneur des habitations de la Roche-à-Batteau et des Coteaux, commandant pour le roi aux ances, isle et côte Saint-Domingue, et de défunte haute et puissante dame Anne-Françoise de Castet, son épouse, ses père et mère, demeurant ladite demoiselle de Redon à Paris au couvent des religieuses recollettes

rue du Bacq, paroisse de Saint-Sulpice, stipulante et contractante aussy pour elle et en
son nom d'autre part.

Lesquelles parties, pour raison de mariage proposé entre elles et dont la célébration
se fera en face de l'église incessament, ont fait et arrêté les traité et conditions dudit
mariage ainsy qu'il suit, de l'agrément et honnorés de la présence de Sa Majesté, de
Monseigneur le Dauphin, de Madame la Dauphine, de Monseigneur le comte de Provence,
de Madame la comtesse de Provence, de Monseigneur le comte d'Artois, de Madame, de
Madame Elisabeth-Marie-Helene-Philippe, de Mesdames Marie Adelaïde, Victoire-Louise et Sophie-
Philippe de France, de Monseigneur le duc d'Orléans, de Monseigneur le duc de Chartres,
de Madame la duchesse de Chartres, de Madame la princesse de Conty, de Madame la
comtesse de la Marche, de Monseigneur le duc de Penthièvre et de Madame la princesse
de Lamballe,

Et encore en la présence de leurs parents et amis cy-après nommés, scavoir, de la
part dudit seigneur vicomte de Lambertye, de M. le comte de Lambertye frère, de M. le
chevalier de Lambertye, capitaine au régiment Lyonnais, cousin germain, de M. le marquis
de Lambertye, de M. le marquis de Lambertye de Gerbeviller, de Madame la comtesse Diane
de Polignac, de Madame la marquise de Polignac, de M. le vicomte de Polignac, de Madame
la duchesse de Caylus, de Madame la marquise de Talleyrand, de Madame de Villemain, de
Monsieur le vicomte et de Madame la vicomtesse de Choiseul, de Monsieur le marquis et
de Madame la marquise de Caumont, de Monsieur Dulau Dallemans, curé de la paroisse de
Saint-Sulpice, de Madame de Beauveau, abbesse de l'abbaye de Saint-Antoine, de M. le
baron de la Mothe-Fénelon, de M. le comte et de Mme la comtesse de Bethisy, tous parents
dudit seigneur vicomte de Lambertye,

Et de la part de ladite demoiselle de Redon, de M. l'abbé de Redon, cousin, de
Monsieur le maréchal duc et de Madame la maréchale duchesse de Broglie, de Monsieur de
Damas, de M. Faugas, et de M. Dargaust, amis communs.

Les dits seigneur et demoiselle futurs époux seront communs en biens, meubles et
conquets immeubles, suivant la coutume de Paris, au désir de laquelle leur future communauté et toutes les clauses du présent contrat seront régies et gouvernées, encore que par
la suite ils fissent leur demeure ou des acquisitions en pays de loix et coutumes contraires
aux quelles est expressement dérogé et renoncé. Ne seront néanmoins point tenus des dettes
et hypotheques l'un de l'autre faites et créées avant la célébration dudit futur mariage, et
s'il y en a, elles seront payées et acquittées par l'auteur d'icelle et sur ses biens, sans
que l'autre, ses biens, ou ceux de la communauté, en soient aucunement tenus.

Le dit seigneur futur époux se marie avec ses droits de légitime qui lui sont acquis
dans les successions des seigneur et dame ses père et mère, lesquels droit ne consistent
qu'en sommes purement mobiliaires qui entreront en communauté, ainsy que tous les autres
objets qui appartiennent actuellement audit seigneur futur époux; à l'égard des biens qui
lui aviendront et écheoiront pendant ledit futur mariage tant en meubles qu'immeubles par
successions, donations, legs ou autrement, ils lui seront et demeureront propres et aux siens
de son côté et ligne.

Les biens de ladite demoiselle future épouse consistent dans ses droits, dans les successions desdits seigneur et dame, ses père et mère, et dans celle de Monsieur son frère,
lesquels droits ne sont pas encore liquidés.

Des biens de la dite demoiselle future épouse il entrera le quart en la communauté
cy-dessus stipulée, les trois autres quarts, ainsy que tout ce qui lui aviendra et écheoira
pendant ledit mariage tant en meubles qu'immeubles par successions, donations, legs ou
autres titres, lui seront et demeureront propres et aux siens de son côté et ligne.

Le dit seigneur futur époux a doué et doue la dicte demoiselle future épouse de trois mille livres de rente, exempte de toutes retenues, de douaire préfix, dont le fond sera propre aux enfants à naître dudit futur mariage, à avoir et prendre ledit douaire sur tous les biens dudit seigneur futur époux, au décès duquel ladite demoiselle future épouse en sera saisie sans être tenue d'en faire aucune demande en justice.

Le survivant desdits seigneur et demoiselle futurs époux aura et prendra par préciput en biens meubles de la dite communauté, tels d'iceux qu'il voudra choisir suivant la prisée de l'inventaire qui en sera lors fait et sans criée jusqu'à concurrence de la somme de trente mille livres, ou la dite somme en deniers comptants au choix et option dudit survivant.

Si pendant ledit futur mariage il est vendu, aliéné ou remboursé quelques héritages ou rentes propres à l'un ou à l'autre desdits seigneur et demoiselle futurs époux, remploi en sera fait en acquisition d'autres héritages ou rentes qui tiendront même nature de propres à celui ou celle de qui les dites aliénations seront procédées, et si au jour de la disso-lution de la dite communauté les dits remplois ne se trouvaient pas faits, les deniers pour ce nécessaires seront pris sur les biens de la dite communauté, et en cas d'insuffisance à l'égard de la dite demoiselle future épouse sur les propres et autres biens dudit seigneur futur époux; l'action duquel remploi sera de nature immobilière et propre à chacun desdits seigneur et demoiselle futurs époux et aux siens de son côté et ligne.

Sera permis à ladite demoiselle future épouse et aux enfants qui naîtront dudit futur mariage de renoncer à ladite communauté, et ce faisant de reprendre tout ce que ladite future épouse aura apporté audit mariage, avec tout ce qui pendant icelui lui sera avenu et échu, tant en meubles qu'immeubles, par succession, donation, legs ou autrement; même ladite demoiselle future épouse survivante et exerçant ladite faculté, ses douaire et préciput cy-dessus stipulés, le tout sans être par elle ny sesdits enfants tenus des dettes et hypothèques de ladite communauté, encore qu'elle y eut parlé, s'y fut obligée, ou y eut été condamnée, dont audit cas ils seront acquittés, garantis et indemnisés par ledit seigneur futur époux et sur ses biens, pourquoi ainsy que pour toutes les clauses et conditions du présent contrat il y aura hypothèque sur les biens dudit seigneur futur époux à compter de ce jour.

Et pour l'estime et amitié que lesdits seigneur et demoiselle futurs époux se portent et dont ils veulent se donner des marques, ils se sont par ces présentes fait donation entre vifs, mutuelle et réciproque l'un et l'autre et par le premier mourant au survivant d'eux, ce acceptant respectivement pour ledit survivant, scavoir dans le cas où lors de la dissolution dudit futur mariage il n'y aurait aucuns enfants vivants, nés ou à naître d'icelui, de tous les biens, meubles et immeubles, acquets, conquets, propres et autres de toute nature qui se trouveront appartenir audit premier mourant au jour de son décès en quoi que le tout puisse consister, pour par ledit survivant en jouir en pleine et entière propriété, à compter du jour du décès dudit premier mourant qui aura cependant, ainsy que lesdits sieur et demoiselle futurs époux se reservent respectivement, la faculté de disposer sur ses dits biens jusqu'à concurrence de la moitié d'iceux, étant cependant convenu que dans le cas où ledit premier mourant n'en aurait point disposé en tout ou en partie, ladite moitié ou partie d'icelle dont il n'aura pas disposé, sera et demeurera comprise en la présente donation ; et dans le cas où lors de la dissolution dudit mariage, il y aurait des enfants vivants nés ou à naître d'icelui, de l'usufruit seulement de la moitié de tous les biens qui se trouve-ront appartenir audit premier mourant au jour de son décès, pour par ledit survivant en jouir en usufruit pendant sa vie à sa caution juratoire, et sans être tenu d'en donner aucune en justice; et si c'est ladite demoiselle futur épouse qui survit son douaire sera et demeurera confondu dans la jouissance de la moitié comprise en la présente donation.

Est encore convenu que dans le cas où tous les enfants qui pourront naître dudit futur mariage viendraient à décéder avant ledit survivant, en minorité, sans enfants, ou avant d'avoir valablement disposé, la donation en propriété cy-dessus, reprendra sa force et vertu, et sortira son plein et entier effet en faveur dudit survivant.

Car ainsy promettant, obligeant, renonceant. Fait et passé à Paris, à l'égard de Sa Majesté, de Monseigneur le Dauphin, Madame la Dauphine, Monseigneur le comte et Madame la comtesse de Provence, de Monsieur le comte d'Artois, de Madame, de Madame Elisabeth, et de Mesdames Marie-Adelaïde, Victoire-Louise, et Sophie-Philippine de France au château de Versailles, le trente août, et des parties contractantes en la demeure de Madame de Villemain seize à Paris, rue de la Chaize, foubourg Saint-Germain, paroisse Saint-Sulpice, le trente-un dudit mois d'aoust l'an mil sept cent soixante-douze, et ont signé la minute des présentes demeurée à M. Baron le jeune, l'un des notaires soussignés, Dio et Baron.

En marge est écrite cette mention :

Madame Anne-Françoise de Redon, vicomtesse de Lambertie, a eu l'honneur d'être présentée au roi et à la famille royale par Mme la duchesse de Caylus à Versailles le 9 septembre 1772. — (Archives de Cons-la-Grandville.)

Mariage de Joseph de Lambertie avec Anne-Françoise de Redon. 1er *septembre* 1772.

Du premier septembre mil sept cent soixante douze, a été célébré le mariage de très haut et très puissant seigneur messire Joseph, vicomte de Lambertye, capitaine au régiment de Poitou, chevalier, seigneur en partie de la Mary et de Saint-Sornin, en Angoumois, âgé de trente-six ans, fils de défunt très haut et très puissant seigneur messire Léon, comte de Lambertye, chevalier, seigneur de Saint-Sornin, diocèse d'Angoulême, de la Mary et des Chaizes, et très haute et très puissante dame Marie-Radegonde Naullin de Fondfaix ; de cette paroisse depuis dix jours, rue de la Chaise, avant de celle de Saint-Sornin, diocèse d'Angoulême, pendant plusieurs années. — Avec très haute très puissante demoiselle Anne-Françoise de Redon, âgée de trente-six ans, fille des défunts très haut et très puissant seigneur messire François de Redon, chevalier, seigneur des habitations de la Roche-à-Batteau et des Cotteaux, commandant pour le roi aux Ances, isle Saint-Domingue, et très haute et très puissante dame Anne-Françoise de Castel, de cette paroisse, depuis plusieurs années, rue du Bacq, un ban publié en cette église et en celle de Saint-Sornin, d'Angoulême, dispense de deux accordée par Mgr l'évêque d'Angoulême, le deux du mois dernier, insinuée à Paris le premier de ce mois, même dispense de deux bans avec la permission de fiancer et marier accordée par Mgr l'archevêque le premier de ce mois, insinuée et controllée le même jour, fiançailles faites. Présens et témoins du coté de l'époux : très haut et très puissant seigneur M. Emmanuel-François, marquis de Lambertye, baron de Corigné, chevalier, seigneur de Saint-Martin-Lars, Puidemeaux, Lartimache, la grande et petite Epine, La Cour d'Usson, brigadier des armées du roi, chevalier de l'ordre royal et militaire de Saint-Louis, ci-devant capitaine-lieutenant des gens d'armes Bourguignons, demeurant rue de la Chaise ; très haut très puissant seigneur, M. Jean-Pierre de Lambertye, chevalier, comte de Lambertye, capitaine au régiment de Poitou, demeurant rue de la Chaise. — Du côté de l'épouse : Très haut et très puissant seigneur Louis-Heraclius-Melchior, vicomte de Polignac, colonel de cavalerie, gouverneur de la ville du Puis, demeurant rue Saint-Dominique ; Me Isaac-Joseph Fungas, substitut de Monsieur le procureur du roi au siège de Saint-Louis, isle de Saint-Domingue, demeurant rue Saint-Honoré, paroisse Saint-Eustache, qui tous ont certifié le domicile comme dessus, et la liberté des parties, et ont signé. — Ainsi signé au registre : Le vicomte DE LAMBERTYE, DE REDON, le comte DE LAMBERTYE, le marquis DE GERBÉVILLER, le vicomte de POLIGNAC, FONGAS, l'abbé DE REDON, le duc de VILLEQUIER, le marquis de NOAILLES, le marquis de LAMBERTYE, CRUSSOL, duchesse de CAILUS, d'HALLENCOURT, marquise de Noailles, BETHUNE, marquis de SEIGNELAY, la comtesse Diane DE POLIGNAC, LAMBERTYE, DE VILLEMAIN et DULAU-DALLEMANS, curé de Saint-Sulpice. — (Registres paroissiaux de Saint-Sulpice, de Paris.)

Certificat de noblesse de Jean-François de Lambertie pour sa réception au séminaire de Joyeuse. 29 mars 1773.

Nous, René-François-Pierre de La Cour, écuyer, l'un des gardes de la Bibliothèque du roy, généalogiste de Sa Majesté, de la maison et des écuries de Son Altesse Sérénissime Monseigneur le Premier Prince du sang, duc d'Orléans, de Chartres, de Valois, de Nemours et de Montpensier, comte de Vermandois, de Soissons, etc., certifions à Son Altesse Sérénissime que :

Jean-François de Lambertie de Lamary, né le 22 octobre 1757 et baptisé le 24 du même mois en l'église paroissiale de Notre-Dame de Mazerolles, en Angoumois, a la noblesse nécessaire pour être reçu dans l'une des douze places fondées dans le séminaire de Joyeuse établi en la ville de Rouen et à la nomination de Monseigneur ; et que les titres qu'il nous a représentés justifient qu'il est fils de :

Jean-François de Lambertie, écuyer, sieur de Lamary, et de dame Philippe Thibaud, son épouse, ses père et mère, mariés par contrat du 2 février 1755 ; ladite dame, fille naturelle et légitime de Jean Thibaud, écuyer, sieur des Plas, et de dame Marguerite de La Croix, son épouse, ses père et mère ; lequel sieur de Lamary naquit le 25 juin 1725, fut baptisé le jour suivant en l'église paroissiale de Saint-Saturnin, dite Saint-Sornin, au diocèse d'Angoulême, en laquelle église il reçut le supplément des cérémonies du baptême le 20 juillet de la même année ;

Que son ayeul, Léon de Lambertie, écuyer, sieur de Lamary, né le 4 octobre 1696 et baptisé, le 10 du même mois en l'église paroissiale de Saint-Maurice de Montberon, au diocèse d'Angoulême épousa par contrat du 7 janvier 1733 demoiselle Marie-Radegonde de Naulin, fille légitime et naturelle de messire Jean-Pierre Naulin, sieur de Fonfaix, avocat au Parlement de Paris, juge sénéchal du comté de Censat et Cellefroin, et de demoiselle Catherine Resnier, son épouse, ses père et mère ;

Que son bisayeul, Jean-François de Lambertie, écuyer, seigneur de Menet et de Chapt, baptisé le 12 novembre 1654, en l'église paroissiale de Saint-Maurice de Montberon, fut marié par contrat du 1er mars 1683 avec demoiselle Marie de La Croix, fille naturelle et légitime de messire Jacques de La Croix, écuyer, seigneur de la Fenestre et des Ombrais, et de demoiselle Angélique de Massacré, son épouse, ses père et mère,

Et que son trisayeul, Messire Jean de Lambertie, chevalier, seigneur de Menet, le Bois, etc., épousa par contrat du 12 février 1654, Marguerite de la Faye, fille naturelle et légitime de Pierre de la Faye, écuyer, seigneur de la Martinie, et d'Isabeau de Lambertie, demoiselle, son épouse, ses père et mère, en conséquence de la sentence rendue en l'officialité de Périgueux le 11 du même mois de février, portant enthérinement et fulmination de la bulle du Pape par eux obtenue aux nones d'avril 1653 pour la dispense de leur mariage nonobstant leur parenté au quatrième degré.

L'an 1667 il produisit les titres justificatifs de sa noblesse depuis l'année 1528, devant
Me d'Aguesseau, intendant de justice en la généralité de Limoges, à la suite de l'inventaire
desquels le préposé à la recherche et vérification des titres de noblesse dans ladite généralité, déclara qu'il ne pouvait empêcher que ledit seigneur de Menet fut renvoyé de l'assignation à lui donnée et qu'il fut maintenu en la possession et jouissance du titre de
noblesse, et le procureur de la commission du roy y donna son consentement, à Limoges,
le 9 mars 1667.

En foi de quoi nous avons signé le présent certificat et y avons apposé l'empreinte du
cachet de nos armes. — A Paris, le 29 mars 1773.

Contrat de mariage de Jean-Pierre de Lambertye avec Antoinette-Catherine-Thérèse
de Beccarie. 13 février 1776.

Cejourd'hui treizième février mil sept cent soixante-seize, avant midi. Pardevant le notaire
et tabellion au bailliage royal de Boulay, y résidant, soussigné, et en présence des témoins
à la fin nommés, fut présent en personne très haut et très puissant seigneur messire Jean-
Pierre, comte de Lambertye, chevalier, seigneur de Saint-Sornin, des Chaises, la Faurie et
les Ribaux, chevalier de l'ordre royal et militaire de Saint-Louis, premier capitaine au régiment de Bresse-infanterie, cy-devant Poitou aussy infanterie, de garnison à Sarrelouis, fils
majeur de défunt très haut et très puissant seigneur Léon, comte de Lambertye, chevalier,
seigneur de Saint-Sornin, Lammarie, des Chaises et autres lieux, et de défunte très haute
et très puissante dame Marie-Radegonde Naulin de Fondfaix, son épouse, ses père et mère,
stipulant pour lui et en son nom ; et noble demoiselle Antoinette-Catherine-Thérèse de Beccarie, fille de messire Gabriel de Beccarie, chevalier, seigneur de Coume et de Blitelsing,
chevalier de l'ordre royal et militaire de Saint-Louis, ancien commandant de bataillon au
service du roy, résidant audit Coume, et de dame Marguerite de Pérolle, son épouse, ladite
demoiselle agissant de l'agrément et consentement d'iceux, mondit sieur de Beccarie ayant
pour ce et pour ce qui sera contenu au présent acte, authorisé et licentié ladite dame son
épouse, laquelle authorisation et licence elle a eu pour agréable, d'autre part.

Lesquels messire de Lambertye et demoiselle de Beccarie, pour raison du mariage préparé entre eux, et dont la célébration se fera à la première réquisition de l'un ou de l'autre
en face de notre mère la sainte Eglise catholique, apostolique et romaine, le plus tôt que
faire se pourra, ont fait et arrêté les traité et conditions dudit mariage ainsi qu'il suit, de
l'agrément et honoré de la présence de très haut et très puissant seigneur Charles-Alexandre,
marquis de Lambertye, ancien ministre chargé des affaires du roi très chrétien en la cour
d'Angleterre, cy-devant chambellan du roi de Pologne, duc de Lorraine; de très haut et très
puissant seigneur le sieur marquis de Raigecourt, comte du Saint-Empire romain, chambellant
de Leurs Majestés impériales ; de messire Jean-Jacques-Louis-Emmanuel, comte de Gournay-Duc,
tous trois parents au sieur futur époux; de très haut et très puissant seigneur Jacques, comte
de Ligniville, comte du Saint-Empire romain, seigneur de Halling et autres lieux, ancien
grand veneur de Lorraine et de Bar, gouverneur et bailly d'épée du bailliage dudi Boulay,
ami des parties ; de sieur Philippe Perolle, escuyer, trésorier au bureau des finances, à Metz,
et dame Anne Provenise, son épouse, ayeuls maternels de la future épouse ; de M. Jean-
Philippe-Nicolas de Brye, conseiller au présidial de Metz, beau-frère à icelle ; de M. Joseph
Spaunle de Rosclange ; de M. Cœsar Everard, conseiller auditeur des comptes audit Metz ;

de M. Charles Marqué, conseiller audit présidial; du sieur Barbe, directeur de la Monnaie audit Metz; de messire Christophe de Kellerman, capitaine au régiment de Conflan, avec commission de lieutenant-colonel, tous cousins issus de germain à la dite demoiselle future épouse; de M. Charles-François du Cherneau, capitaine aide-major au régiment de Brie, aussy cousin issu de germain à ladite demoiselle; de M. Jean-Gabriel de Chamisot, chanoine en l'église cathédrale dudit Metz; de M. Jean-Baptiste-Nicolas Pasquier, avocat en Parlement, seigneur de Rupigay; du sieur Jean-Baptiste-Léandre de Bosmie, lieutenant d'infanterie; de la dame Magdelaine-Hyacinthe de Goujon, épouse de M. Jean-Alexandre de Bosmie, capitaine du génie; de M. Hyacinthe Thomas, conseiller du roi, lieutenant général audit baillage; de M. François-Denis de Lieupalle (?), capitaine d'infanterie, et de M. Stanislas Cunaie, avocat au Parlement, exempt de maréchaussée, tous amis communs des sieur et demoiselle futurs époux.

Primo. Les dits sieur et demoiselle futurs époux entreront en communauté incontinent après la célébration dudit mariage en tous les meubles qu'ils ont et auront, acquels immeubles qu'ils feront constant le mariage, pour le tout être partagé à la dissolution d'iceluy entre le survivant et les héritiers du prémourant ;

Secondo. Mondit seigneur de Lambertye se marie dans ses droits, les revenus de ses biens entreront seulement en ladite communauté, le fond luy estant réservé et aux siens de son estocque et ligne, à moins qu'il n'en ayt autrement disposé ;

Tertio. Mesdits sieur et dame de Beccarie, cette dernière authorisée de son dit mari, vendent, cedent et abandonnent pour toujours à mondit seigneur de Lambertie, futur époux, ce acceptant, pour luy et les siens en toute propriété la terre et seigneurie de Coume, Blitelsing et Bering, la moitié dans les deux thiers des grosses et menues dixmes des bans et finage desdits Coume, Bering et Blitelsing, et du village dudit Coume, comme aussy la moitié dans les deux thiers des dictes dixmes sur un jour de terre sur le ban de Guerting et sur environ quatre jours sur le ban de Hargasten, nommé dixme de Sainte-Croix et le terrain dit la Couppe, contenant quarante-huit jours de terre arrable, la maison, bâtiment, grange, écurie, appartenances et dépendances, jardin potager et verger y attenant, et tout ce qui forme l'enclos de ladite maison située audit Coume, avec les terres, prés, cens, rentes tant en grains, argent, poules, chapons, four banal et tous autres droits; desquels droits il appartient à mondit sieur de Beccarie patrimonialement; ses dites dixmes cédées ainsi que la maison, grange, écurie, cour, enclos, jardin, verger et potager situés audit Coume, le surplus de la dite seigneurie et droits en dépendant il le tient par assencement du domaine du roy, et dans laquelle seigneurie et droits attachés Madame de Schmitbourg, née Deltz (?), en a la sixième partie, de façon que ladite dame tire la sixième part dans tous les revenus de la dite seigneurie, à la seule réserve qu'elle ne tire rien dans vingt-sept chappons, lesquels appartiendront seul à mondit seigneur de Lambertye, ainsi que les autres cinq sixièmes de ladite seigneurie, cens, rentes et droits y annexés et attachés, conformément au pied terrier général du comté de Boulay, le ban et droit de four banal ayant été réglé par arrêt du cy-devant consul, comme dépendant de la dite seigneurie, lequel arrest mondit sieur de Beccarie s'oblige de remettre audit sieur de Lambertye. Se réserve néantmoins mondit sieur de Beccarie la ferme de la terre arrable située audit Coume, cultivée par Claude Stonie, ainsy que d'autres pièces de terre cultivées par Pierre Schmide, de même que des prés et jardins détachés audit ban qui sont également patrimonial et que mondit sieur et dame de Beccarie se réservent expressément. Dans la présente vente est compris une pièce de pré contenant onze fauchées, dont huit domaniales et trois patrimoniales, laquelle pièce appartiendra en totalité audit seigneur de Lambertye. Ladite pièce de prés située au Bitchen, ban du dit Coume. La présente vente est faite à charge par le dit seigneur de Lambertye de payer annuellement à la décharge de mondit sieur et dame de Beccarie quatre cent cinquante livres pour ladite seigneurie, et douze livres dix-sept sols pour les terres de la Couppe, de cens annuel et perpetuel envers le domaine du roy, en argent, au cours de Lorraine, et d'en apporter quittance et décharge auxdits sieur et dame de Beccarie ; de délivrer annuellement en l'abbaye de Bouzonviller aux sieurs prieur et religieux d'icelle, neuf quartes et demy, moitié bled froment et moitié avoine, mesure particulière du ban de Berring, affecté sur la moitié desdits deux tiers des grosses et menues dixmes, au reste franc et quitte de toutes debtes et hypotecques ; et pour le prix et somme de trente-trois mille livres argent de France et au cours de France, outre la dotte cy-après stipulée, de laquelle somme de trente-trois mille livres audit cours, lesdits sieur et dame de Beccarie ont confessé avoir reçu de mondit seigneur de Lambertye, en argent comptant, avant la passation des présentes, trois mille livres audit cours, dont quittance pour autant, pour estre ladite somme employée d'aider à reconstruire à neuve l'église paroissiale dudit Coume, pour quoy mondit sieur et dame de Beccarie s'obligent de faire parachever la neuve église, de la faire mettre en estat de perfection et de la faire recevoir à leurs frais et dépends, en quittant et déchargeant mondit seigneur de Lambertye. Et les trente milles livres restant, mondit seigneur de Lambertye a promis et s'est obligé les payer aux créanciers de mondit sieur et dame de Beccarie qui luy seront par eux indiqués, dans deux mois datte des présentes, pour en apporter des dits créanciers bonne et valable quittance et décharge, ou de se faire prendre en suffisance par lesdits créanciers, pour ladite somme de trente milles livres. Laditte terre et seigneurie ainsy que ladite portion de disme resteront spécialement affectées d'hypothèque jusqu'au parfait payement desdites trente milles livres, en tant que lesdits créanciers accepteront ledit seigneur de Lambertye. Le surplus de la valeur de la dite terre, seigneurie de Coume et partie de la disme cy-devant énoncée formant la dotte de laditte demoiselle future épouse, et laquelle sera de pareille somme que celle que dame Marguerite-Charlotte de Beccarie, leur fille, épouse de M. Jean-Philippe-Nicolas de Brye, conseiller du roy au siège du bailliage et présidial de Metz, a eu par son contrat de mariage passé devant Mᵉ Vernier et son confrère, notaires audit Metz, le premier février mil sept cent soixante et deux. Laquelle dote les dits sieurs et dame de Beccarie, stipulent par ces présentes propre à laditte demoiselle future épouse et aux siens de son estocque et ligne, dont la rente ou revenus entreront en la communauté cy-devant stipulées. Au moyen de tout quoy lesdits sieur et dame de Beccarie consentent que mondit seigneur de Lambertye entre, dès le jour de la célébration dudit futur mariage, en la jouissance et possession de laditte terre, seigneurie de Coume, Berring et Blitelsing, portion de dismes, terres, prés, maison, grange, escuries, cour, enclos, jardins potager et verger, et tous autres droits sus énoncés, soub les réserves cy-devant stipulées, pour ce jouir et disposer à sa volonté, lui en ont promis la garentie par obligation de tous leurs biens.

Quarto. A été convenu que s'il arrivait que le roy vienne à réunir la seigneurie de Coume à son domaine, que pour lors mondit seigneur de Lambertye prélèvera sur la succession de mondit sieur de Beccarie et celle de la dame son épouse, à son profit, avant aucun partage la somme de quatorze mille livres cours de France, charge qui sera commune à leurs héritiers ;

Quinto. Les successions directes et collatérales desdits seigneur et demoiselle futurs époux leur sont par ces présentes respectivement réservées pour en jouir et disposer à leur volonté, si non elles escheront à leurs héritiers chacun de son estocque et ligne ; les revenus néantmoins entreront en laditte communauté ;

Sexto. En cas d'aliénation des immeubles des sieur et demoiselle futurs époux, le remploy en sera fait sur les biens de la future communauté et subsidiairement pour les biens de la demoiselle future espousé sur ceux du seigneur futur espoux ;

Septimo. Il a été accordé qu'au cas qu'il n'y ait point d'enfants procréés du futur mariage, le survivant desdits sieur et demoiselle futurs époux emportera en toute propriété les meubles, effets mobiliers, or, argent, argenterie, grains, vin et denrées, ensemble les dettes actives exigibles, les contrats de constitution réservés ; et au cas qu'il y ait enfants, ladite disposition n'aura lieu qu'autant que le survivant ne convolerait à des secondes noces, et à charge en oultre de nourrir et d'élever les enfants jusqu'à leur majorité, établissement par mariage ou autrement ;

Octavo. Douaire escheant, il a esté accordé que la demoiselle future espouse jouira du revenu des immeubles du seigneur futur espoux jusqu'à son décès. d'en user en bonne mère de famille s'il n'y a point d'enfants, ou s'il y a des enfants de la moitié seulement soub la condition qu'elle restera en viduité ;

Nono. Si le seigneur futur époux est survivant sans enfants, il a été convenu qu'il jouira aussy, à titre d'usufruit, de la totalité des biens de la demoiselle future espouse, et s'il y a des enfants de la moitié seulement, à la condition néantmoins de ne point se remarier ;

Decimo. Il sera permis à la demoiselle future espouse et à ses enfants seulement lors de la dissolution du futur mariage de renoncer à la communauté cy-devant stipulée. Ce faisant elle reprendra, franchement et quittement de toutes debtes et hypothèques, sa dotte et autres portions (?) matrimoniales, et au cas qu'elle aurait accédé à quelques debtes elle en sera indemnisée tant sur les biens de la ditte communauté que sur ceux du seigneur futur époux.

Undecimo. Les sieur et dame de Beccarie entendent et veulent qu'aucun de leurs enfants n'ayt plus l'un que l'autre et qu'ils soient tous également partagés dans tous les successions eschues et à eschoir.

Enfin, pour les cas non expliqués au présent traité de mariage, les parties ont déclaré adopter la coutume générale de la Lorraine à laquelle elles se soumettent. Tout quoy les dittes parties ont promis suivre et tenir pour ferme, stable et irrévocable, sans y contrevenir en façon quelconque, à peine, etc. Obligeant à cet effet respectivement leurs biens présents et avenir. Fait et passé audit Boulay, ledit jour, en présence de Jean-Pierre Collen, maître cordonnier, et Nicolas Belfort, maître serrurier, tous deux bourgeois audit Boulay, tesmoins, qui ont signé avec les seigneur et demoiselle futurs espoux, lesdit sieur et dame de Beccarie, le sieur et dame de Perolle, M. de Lambertye, abbé ; Monsieur le marquis de Lambertye, Monsieur le marquis de Raigecourt, M. le comte du Haulois (?), M. le comte de Ligniville, le sr Cunye, le sr Évrard père, M. Spaume de Roclange, M. Evrard fils, M. Marqué, M. de Brye, M. du Chernaux, M. de Chamisot, M. Pasquier, M. de Bonnie, la dame de Bonni, le sr Limpacte (?), M. Thomas et moy, à la minute des présentes, lecture faite. — Contrôlé à Boulay le quatorze février 1776 par le sieur Coutet. — J. FLOSSE le jeune, notaire royal. — (Archives de Cons-la-Grandville.)

Baptême de Georges-Guillaume-Jules de Lambertie. 21 *janvier* 1777.

L'an dix-sept cent soixante-dix-sept, le vingt-un janvier, a été baptisé George-Guillaume-Jules, né le jour précédent à quatre heures du matin, fils naturel et légitime de très haut et très puissant seigneur messire Jean-Pierre, comte de Lambertye, écuyer, chevalier, seigneur

JEAN-PIERRE, Comte de LAMBERTYE

Seigneur de SAINT-SORNIN

Chevalier de l'Ordre Royal et Militaire de St-Louis

Grand-Bailli de Sarrelouis et de Boulay

Epousa Catherine-Antoinette-Thérèse de BECCARIE (1776)

(1734 - 1816)

de Caume, Saint-Sornin, des Chaises, la Faurie et les Heribeaux, chevalier de l'ordre royal et militaire de Saint-Louis, et de noble dame Antoinette-Catherine-Thérèse de Beccary, son épouse, demeurant sur cette paroisse ; et a eu pour parein George-Guillaume, par la grâce de Dieu Landgrave de Hesse, prince de Herofeld, comte de Catzenellubogne, Dietz Zieguenhoyn, Vitda, Hanan Schammbourg, Isenbourg et Budingue, général de la cavallerie et propriétaire d'un régiment de chevaux-légers au service de L.L. M.M. I.I. et R.R. A.A., général felz-maréchal, et commandant en chef des troupes du Louable-Cercle du Haut-Rhin, gouverneur de la forteresse de Philisbourg, représenté par Mr Jean-Raptiste de Beccary, son oncle maternel, et pour maraine dame Anne-Françoise de Redon, vicomtesse de Lambertye, sa tante, dame d'honneur et de compagnie de Son Altesse Serenissime Mademoiselle de Condé, représentée par demoiselle Jeanne-Françoise de Beccary, tante maternelle qui ont signé. Ainsi signé Jeanne-Françoise de Beccary, le comte de Lambertye, Thiébaut, curé de Sainte-Croix.

Je certifie le présent extrait conforme à l'original, à Metz, le vingt-deux février mil sept cent soixante-dix-sept. THIÉBAUT, curé de Sainte-Croix. — (Registres paroissiaux de Sainte-Croix de Metz.)

Lettre du Roi à Jean-Pierre de Lambertie, pour le commandement du bataillon du Médoc.
10 mai 1778.

De par le Roi. Sa Majesté jugeant nécessaire de pourvoir au commandement du bataillon de garnison de Médoc, formé du dédoublement du régiment provincial de Bordeaux, en conséquence de son ordonnance du premier mars de cette année, et étant informée des services et bonnes qualités du sieur Jean-Pierre de Lambertye, ci-devant capitaine au régiment de Bresse.

Elle lui ordonne de se rendre au quartier d'assemblée du dit bataillon, toutes les fois qu'il s'assemblera pour son service, et d'en prendre le commandement jusqu'au temps où il sera licencié.

Ordonne Sa Majesté aux officiers, sergents, grenadiers et soldats qui le composeront de recevoir et reconnaître le dit sieur Pierre de Lambertye pour leur commandant, et à tous ceux qu'il appartiendra de lui obéir en tout ce qu'il leur commandera pour le service de Sa Majesté, sans difficulté. — Fait à Versailles, le 10 mai 1778. Signé : LOUIS, Pc° DE MONTBAREY.

Brevet de lieutenant-colonel pour Jean-Pierre de Lambertie. 22 janvier 1779.

Louis par la grâce de Dieu roi de France et de Navarre, à notre cher et bien-aimé le sieur Jean-Pierre de Lambertye, commandant du bataillon de garnison du Médoc des troupes provinciales de la Généralité de Bordeaux.

Salut : Mettant en considération les services que vous nous avez rendus dans toutes les occasions qui se sont présentées et voulant vous en témoigner notre satisfaction :

A ces causes et autres à ce nous mouvant, nous vous avons commis, ordonné et établi, commettons, ordonnons et établissons par ces présentes, signées de notre main, pour prendre et tenir rang de lieutenant-colonel dans nos troupes d'infanterie, du jour et date de ces présentes, et ce sous notre autorité et sous celle de nos lieutenants-généraux.

27*

La part, et ainsi qu'il vous sera par nous ou eux commandé et ordonné pour notre service. De ce faire vous donnons pouvoir, commission, autorité et mandement spécial. Mandons à tous qu'il appartiendra de vous recevoir et reconnaître en la dite qualité et ce qu'à vous en ce faisant soit obéi. Car tel est notre plaisir.

Donné à Versailles le vingt-deuxième jour de janvier, l'an de grâce mil sept cent soixante-dix-neuf et de notre règne le cinquième. Signé : LOUIS, et par le roi, le Pce DE MONTBAREIX.

Permission pour Jean-François de Lambertie vers 1780.

Qu'il plaise à Monsieur de Seguier, lieutenant du roi de la ville de Metz, permettre à M. l'abbé de Lambertye, nommé par Sa Majesté à un canonicat du chapitre noble de la cathédrale de la dite ville de Metz, de prendre possession du dit canonicat. Signé : L'abbé DE LAMBERTYE.

Plus bas est écrit : Soit fait ainsi qu'il est requis. Signé : SEGUIER. — (Archives de Cons-la-Grandville.)

Pétition de Jean-Pierre de Lambertie vers 1780.

Le sieur Jean-Pierre, comte de Lambertye, issu d'une des maisons les plus distinguées du royaume, est entré volontaire au régiment de Poitou en 1746, a été fait lieutenant en 1747, capitaine au dit régiment en 1758, capitaine de grenadiers au régiment de Bresse, dédoublement de celui du Poitou en 1777, commandant du bataillon provincial du Médoc et lieutenant-colonel en 1778, a fait les guerres d'Italie et d'Allemagne, s'est trouvé partout où le dit régiment a été employé, a été blessé en 1757, fut en 1758 chargé de la conduite d'un trésor de l'armée de Clermont à celle de Soubise, au moment où la communication de ces deux armées était interceptée. Il fut assez heureux, malgré tous les obstacles qu'il eut à surmonter, de rendre à l'armée de Soubise le dépôt qui lui avait été confié, et ce au grand étonnement des chefs de l'armée, dont il reçut tous les éloges possibles, relativement à la conduite qu'il avait tenue dans une occasion aussi épineuze. Dans les guerres d'Allemagne, il a eu trois fois sa compagnie défaite, il a perdu ses équipages en deux différentes fois, et a été attaqué à la fin de la guerre d'une affection scorbutique qui l'a tenu aux portes de la mort pendant près de deux ans. Les dépenses et les pertes de cette guerre jointes à cette maladie, lui ont enlevé le peu de fortune qu'il avait eue de ses pères.

Il joint à 34 ans de services effectifs ceux de ses aïeux qui dès l'an 1250 étaient déjà chevaliers, capitaines d'hommes d'armes.

Cette maison compte cinq capitaines d'hommes d'armes ou de chevaux légers sous différents règnes, six maîtres de camp, soit de vingt à seize enseignes de chacune cent hommes, cinq lieutenants généraux et maréchaux de camp, un capitaine, deux lieutenants, deux enseignes de gendarmerie, douze maîtres de camp ou lieutenants-colonels, quarante-six capitaines ou majors de cavalerie et d'infanterie, trois chevaliers de l'ordre du roi, des gouverneurs, commandants, lieutenants, pour le roi, soit à Nancy, Metz, Longwy, Furnes, Neufchâteau, Colleur, Clermont, Jamay, Stenay et Saintes.

On peut donner la preuve qu'il y a eu depuis le règne de Charles IX vingt-deux personnes de cette maison qui ont été tuées au service des rois de France, dans le nombre de quatre-vingts desquels il reste les brevets ; qu'il y a eu des grands marechaus de Lorraine, des grands baillys de Nancy et de Luneville, des gentilshommes ordinaires, des envoyés extraordinaires, des capitaines des gardes, des chambellans, des premiers gentils-hommes de la Chambre soit des ducs de Lorraine ou du roi de Pologne.

Tous ces titres réunis lui font espérer que Monseigneur le Prince de Montbarey sera persuadé que le commandement d'un bataillon provincial n'est proportionné ni aux services de ses oncles, ni aux siens, voudra bien obtenir pour lui des bontés du roi un régim. de grenadiers royaux, ou un reg. provincial, à la tête du quel il sera à portée de marquer son zèle et son attachement en la personne ou au service de son Prince.

C'est à cette grâce qu'il aspire pour pouvoir continuer ses services pour son prince, pour soutenir son nom et une famille nombreuse, et donner une existence honnête à Antoi-nette de Beccary, son épouse, issue d'une famille dont les ayeux ont possédé la souverai-neté de Pavie. — (Archives de Cons-la-Grandville.)

Lettre du prince Georges de Hesse à Jean-Pierre de Lambertie. 10 février 1781.

A Darmstatt, le 10 février 1781.

Monsieur,

Trop intéressé à cultiver votre amitié, je n'aurais certainement jamais négligé de répondre à vos lettres, si j'en avais reçu ; mais je vous proteste, et vous m'en croyez, je me flatte, sur ma parole, que celle du 24 janvier qui me parvint hier, est la seule que pendant tout le cours de l'année passée, j'ai vue de votre part.

Je suis bien fâché que celle que vous dites m'avoir écrite précedemment a du m'annoncer une nouvelle aussi affligeante, que l'était celle de la mort prématurée de mon filleul ; je conçois toute l'amertume de la douleur, où la privation d'un enfant d'une si grande espé-rance et si justement chéri, vous doit avoir plongé.

Soyez persuadé aussi, Monsieur, que personne n'y peut compatir plus vivement que moi, et que rien n'égale la sincérité de mes vœux à ce qu'il plaise à la bonté divine, de vous consoler de cette perte cruelle, en la réparant par d'autres de ses plus riches béné-dictions.

Je fais des vœux également ardents pour la conservation et la prospérité la plus cons-tante de Madame la comtesse que je supplie de vouloir bien agréer ici l'homage renouvelé de mes respects.

Quant à votre désir, concernant Mr votre beau frère, vous ne devez point douter de mon penchant à employer tout mon crédit pour le satisfaire. Il n'y a point d'ordre de chevalerie dans la maison de Hesse Darmstatt ; mais quelques autres princes nos parents ou alliés en ont institués. Je ferai donc mes efforts pour essayer si je puis en obtenir un assez distingué pour répondre à vos vues, Monsieur, et dès que j'aurai trouvé jour à réussir, je ne tarderai pas un instant de vous en informer. Mon silence au contraire vous serait une marque, qu'à mon grand regret, je n'aurais rien eu de satisfaisant à vous mender à ce sujet. D'autant plus soigneusement m'appliquerais-je alors à saisir toutes autres occasions a faire choses qui vous plaisent, et qui soient propres à vous prouver toute l'étendue des senti-ments distingués avec lesquels j'ai l'honneur d'être, Monsieur, votre très humble et très obéissant serviteur : le prince George de Hesse.

Démission du duc de Chatelet en faveur de Jean-Pierre de Lambertie. 12 juin 1783.

Nous chevalier des ordres du roi, lieutenant général de ses armées, colonel, lieutenant inspecteur de son régiment d'infanterie, ci-devant ambassadeur de S. M. aux Cours de Vienne et de Londres, gouverneur particulier des villes de Toul, Pont-à-Mousson et Semur en Auxois, grand bailly de La Marche, Pont-à-Mousson et Semur.

L'office de grand bailly d'Epée de Sarlouis, dont feu mon père était pourvu, faisant un objet de sa succession, et n'ayant pas demandé de provision du dit office depuis sa mort arrivée en 1766, je m'en désiste en faveur de M^r le comte de Lambertie, commandant pour le roi en la dite ville, au nom duquel j'ai l'honneur d'être allié, et en considération du désir que j'ai d'obliger, je serai charmé que Monsieur le contrôleur général veuille bien lui accorder la remise des droits de mutation et autres. Ce qui me paraît d'autant plus juste que le dit office ne rapporte rien et que Monsieur le comte de Lambertye, soit par sa naissance, son peu de fortune et la distinction de ses services militaires et encore ceux qu'il a rendu à la ville de Sarlouis, enfin par la manière dont il maintient le bon ordre dans la dite ville, mérite la protection du Gouvernement. — A Paris, le 12 juin 1783. Signé : le duc DU CHATELET. — (Archives de Cons-la-Grandville.)

———————

Preuves de noblesse de Jean-Pierre de Lambertie
faites à la grande audience du Parlement de Lorraine, à sa réception de bailly d'épée
au grand baillage de Boulay. 3 juin 1784.

MESSIEURS,

Si les souverains, accablés par la multitude infinie des devoirs sacrés qu'impose l'administration de leurs Etats, sont forcés de se choisir des coopérateurs, l'intérêt de leur peuple exige que ce choix ne soit pas aveugle et que l'autorité soit toujours confiée à ceux qui peuvent en faire le meilleur usage.

Les plus anciens législateurs, comme les plus anciens philosophes, se sont occupés de cet objet intéressant. Les loix d'Athènes voulaient que les chefs du peuple fussent tirés de la classe des nobles. La noblesse et la vertu sont, suivant Aristote, également nécessaires à ceux qui doivent gouverner les autres.

Ce système trop généralisé serait sans doute sujet à de grands inconvénients; aussi nos loix ne l'ont-elles adopté qu'avec des restrictions. Combien, en effet, de grands hommes fameux dans les histoires anciennes et modernes, par les mérites et les services qu'ils ont rendus, seraient restés ignorés et inutiles dans une retraite obscure, dans une inaction funeste si, pour en sortir, il leur eut fallu se décorer de titres fastueux.

Mais si le mérite personnel doit en certains cas faire oublier le défaut de la naissance, il est cependant des places, des dignités éminentes, qu'il importe de ne voir occupées que par des hommes aussi distingués par leurs ancêtres que recommandables par leurs vertus.

Que ne doit-on pas attendre, en effet, d'un citoyen noble et vertueux? Son âme naturellement disposée aux choses honnêtes, y est portée par un penchant insurmontable, lorsqu'il réfléchit à la grandeur de ses ayeux. Leurs vertus qu'il veut s'approprier lui font bientôt concevoir l'amour du bien et de la gloire et le désir de perpétuer leur illustration, en se rendant comme eux utile à la patrie. Il fait ainsi le bien commun en travaillant au sien propre; ses efforts sont d'autant plus puissants que la cause lui en est plus chère et le succès plus important.

Avec quels fruits d'ailleurs n'usent pas de leur pouvoir des hommes magnanimes, qui rappellent par leur qualités personnelles celles qui ont signalé leurs ancêtres. Peut-on leur refuser ou plutôt ne s'empresse-t-on pas à leur vouer le respect et l'amour qui sont les mobiles de l'obéissance.

C'est surtout dans ceux qui sont élevés, par la distinction de leur rang, au-dessus des premiers, des plus grands d'un Etat, qu'il est nécessaire de trouver cet heureux concours de la noblesse et de la vertu.

Tels sont, MM. les Baillifs d'épée en Lorraine, créés par nos ordonnances chefs de la noblesse dans l'étendue de leurs baillages, chargés d'en présider les assemblées, destinés à commander le ban et arrière-ban, constitués premiers juges des points d'honneur entre gentilshommes, autorisés à faire arrêter et garder ceux qu'ils soupçonnent méditer des duels, ils exercent vis-à-vis la noblesse de leur ressort les plus belles, les plus importantes fonctions. Pour le faire avec la dignité et l'avantage que le souverain s'en est promis, ils doivent sans doute réunir dans leur personne, ce qu'on peut recevoir de plus flatteur par la naissance, ce que l'on peut acquérir de plus précieux par l'expérience. La loi exige ainsi, en ordonnant que les baillifs fassent preuves de leurs mœurs, religion et noblesse, preuves qu'il appartient à la Cour d'examiner.

Celles de la noblesse du comte de Lambertye ne sont point difficiles à mettre au jour; le temps qui détruit tout semble les avoir respectées pour les transmettre à des descendants toujours dignes de leurs premiers ayeux.

La maison de Lambertye, originaire d'Italie, s'est établie en France sous le règne de Charlemagne. Aussitôt distinguée que connue, elle y a reçu les honneurs et pris les qualités dues à la pureté de son sang.

Dès le dixième siècle, cette maison illustre était parvenue à un si haut point de considération qu'on vit alors Beranger de Lambertye recevoir le serment mutuel de deux princes rivaux, le comte de Melguel et celui de Montpellier. Raymond de Lambertye eut l'honneur d'être choisi arbitre par les seigneurs de Pignan et le comte de Montpellier; il arrêta et conclut, en 1162, un traité de paix qui fut juré en ses mains (1).

Ces faits, consignés dans l'histoire, annoncent assez quel rang tenaient dans l'Etat les sieurs de Lambertye, aussi ne dirai-je pas que pendant les 11e, 12e, 13e et 14e siècles, ils ont toujours été qualifiés chevaliers ou damoiseaux, qu'ils ont rempli les places de bailli de Meynac, de grand sénéchal de Partenay; qu'ils ont occupé les premiers grades dans les premières troupes du royaume; qu'ils ont été appelés aux assemblées de la noblesse; les monuments particuliers qui sont parvenus jusqu'à nous, annoncent toutes ces distinctions, mais est-il besoin de dire qu'une maison dans laquelle des souverains se sont choisis des arbitres et des témoins de leur serment, possédait de belles places et jouissait de grands honneurs.

Ne serait-ce pas cependant, MM., offenser, en quelque sorte, la mémoire de ces anciens gentilshommes que de prononcer leurs noms et admirer leur illustration sans parler de circonstances qui l'augmentent et qui la perfectionnent.

Dois-je laisser ignorer que si François de Lambertye, baron de Montbrun, a eu l'honneur d'être reçu le 4 aout 1571 au nombre des chevaliers de l'ordre du Roi, Charles IX en lui écrivant qu'il lui fait cette grace, ajoute que c'est pour ses vertus, sa naissance et son mérite.

Le successeur de Charles IX n'eut pas une autre idée du baron de Lambertye, il lui écrit le 22 août 1575, que l'estimant du nombre de ses bons serviteurs, il le prie d'aller avec le sieur de Bourdeil et le duc d'Epernon assiéger la ville de Périgueux. Par une autre lettre du

_____

(1) Cette origine italienne et ces premiers noms doivent se rapporter à une autre famille.

11 février 1576 Henry III demanda à son fidèle sujet d'aller à la défense de la ville de Limoges et d'y conduire tous ses amis et ses vassaux.

Ce n'était pas seulement comme guerrier puissant par sa fortune, terrible par son courage et ses forces, qu'il avait la préférence sur tant d'autres seigneurs, c'était encore comme un des plus apparents de la noblesse du pays, c'était comme bien-aimé et bon ami de son roi. Telles sont les expressions mêmes de Henry III dans deux lettres du mois de juillet 1578, par lesquelles il charge le sieur François de Lambertye de calmer les murmures et d'annoncer à tous qu'il n'a cessé de chercher les moyens, qui ne sont pas encore trouvés, à son grand regret, pour pourvoir aux doléances de son peuple.

Qu'une telle commission est belle? qu'il est honorable de la mériter! Venger un roi, poursuivre ses ennemis, c'est le devoir, c'est le droit de tout sujet; mais être l'interprète de son cœur, parler en son nom à son peuple, c'est là l'emploi le plus glorieux, le plus brillant, auquel le meilleur ami puisse aspirer, aussi était-ce à ce titre, c'était comme ami, comme bon ami du roi que le sieur de Lambertye s'en trouvait honoré.

Rien n'est par sa nature plus personnel et plus relatif que l'amitié, la vertu la plus pure, les sentiments les plus droits ne suffisent pas toujours pour se la concilier. Cependant à peine le baron de Lambertye a-t-il perdu un ami dans la personne de son roi Henry III, qu'il en retrouve un non moins sincère dans son successeur. A peine Henry IV est-il en possession du trône qu'il lui donne par écrit les témoignages les plus flatteurs de son estime et de sa confiance.

Aussi fidèle sujet, aussi brave guerrier sous son nouveau maître qu'il l'avait été sous Henry III, le baron de Lambertye eut la satisfaction de se voir distinguer par Henry IV. M. de Lambertye, lui écrivait ce grand roi le 7 mars 1595, entre les gentilshommes de mon pays, desquels j'ai désiré être servi, j'ai toujours fait principalement état de votre affection par les preuves que vous m'en avez données.

Le baron de Lambertye avait mérité sans doute la grande distinction que son roi fesait de lui sur tous ses gentilshommes; il mérita aussi et obtint le nom de son ami, il partagea ce nouvel honneur avec ses deux fils : Henry lui-même l'en assura le 15 août 1595 : vos enfants, lui dit-il, ont acquis en moi un ami qui ressentira très volontiers cette affection.

Combien dut faire verser de larmes d'attendrissement cette lettre précieuse! Que le baron de Lambertye fut bien payé de ses services par le témoignage qu'elle contient! La vertu a-t-elle un prix plus grand? est-il une récompense qui puisse l'emporter aux yeux d'un père sur le bonheur de ses enfants?

Le baron de Lambertye n'avait plus à désirer que de voir ses fils mériter de plus en plus le bienfait dont ils avaient été comblés : une mort glorieuse l'a privé de cette satisfaction. Combien n'en eut-il pas goûté, s'il eut vu le comte Gabriel de Lambertye son fils, occupant un des premiers rangs dans les armées du roi, se distinguer à cinq sièges fameux et à une grande bataille et mériter ainsi de commander en chef.

Louis XIII se plut à récompenser de si importants services en érigeant, par lettres patentes du 1er juin 1644, en comté la terre de Lambertye, en Périgord.

Ces lettres portent que jusqu'alors la maison de Lambertye n'avait encore reçu aucune récompense, le prince voulant par là que le désintéressement avec lequel elle avait servi ses rois et l'Etat ajoutât un nouvel éclat à la gloire dont elle était environnée.

Le sieur Jean de Lambertye, gouverneur de Longwy, lieutenant pour le roi et commandant des villes de Metz et Nancy, fixé dans cette province par l'alliance qu'il y contracta en 1641 avec la maison de Custine, y a joui des honneurs et des prérogatives dus à sa noblesse, on trouve les noms de ses descendants répétés sans cesse dans la liste des grands officiers des ducs de Lorraine, pouvait-il être inconnu à des princes qui se faisaient une étude de s'informer des qualités de leurs sujets et un devoir d'employer ceux qui pouvaient être utiles.

La maison de Lambertye s'est aussi perpétuée dans le Périgord; elle s'est alliée à une des plus grandes maisons de cette province fameuse par sa noblesse, celle de la Rochechouart, par le mariage qu'a contracté le 3 février 1605 le comte Gabriel de Lambertye.

Ses descendants toujours dignes de lui et de ses ayeux ont acquis de jours en jours une nouvelle considération soit par les places qu'ils ont remplies, soit par les alliances qu'ils ont faites avec les premières maisons du royaume et des empires voisins.

On compte parmi eux 14 maréchaux de camp, 4 lieutenants généraux, 12 brigadiers des armées du roi, 3 gouverneurs, 8 commandants de villes et citadelles, 30 colonels, 5 ambassadeurs, 7 chevaliers de Malthe et plus de 180 officiers des principaux corps militaires du royaume.

La maison de Lambertye réunit ainsi les preuves les plus sûres à la fois et les plus respectables d'une noblesse antique. Elle a de plus l'avantage de les trouver ces preuves dans des titres émanés du trone même et de former sa généalogie sur une suite de pièces dont chacune ferait la base d'une belle filiation.

Le comte de Lambertye, par une suite de droits de succession, devait tenir un rang distingué dans l'état qu'il a embrassé; sa naissance lui permettait d'aspirer aux honneurs; il les a mérité par sa conduite et sa valeur.

A peine initié dans l'art de la guerre, il s'y est montré avec ce courage, cette intrépidité qui se fait remarquer même au milieu du tumulte des combats. Blessé en plusieurs rencontres, assez heureux toujours pour remplir les commissions que lui donnaient ses chefs, il a mérité et reçu du roi des gratifications, la croix de l'ordre royal et militaire de Saint-Louis, un brevet de capitaine commandant, le bon d'un régiment et un brevet de colonel. Obligé de faire sa retraite, il avait obtenu d'abord une pension en récompense de ses services; élevé au commandement d'un régiment provincial qu'il a quitté pour être lieutenant pour Sa Majesté, commandant au gouvernement de Sarrelouis; tant de graces ne peuvent s'accorder qu'au vrai mérite.

Si le comte de Lambertye a payé à l'État le tribut que lui doit tout citoyen, et surtout tout citoyen distingué, il n'a pas moins observé ce qu'il devait à sa maison.

Il a cherché à remplir ce devoir en s'alliant avec celle de Beccarie, maison distinguée, originaire de Pavie, dans le Milanais. Comme celle de Lambertye, elle compte au nombre de ses ayeux de grands officiers, des chevaliers du Saint-Esprit et des ambassadeurs.

Que d'exemples en tout genre trouve le comte de Lambertye dans les titres que ces personnages distingués ont laissés à leur postérité! Il en a été l'imitateur fidèle et s'est par là rendu propre leur noblesse et leurs vertus; il réunit ainsi les qualités requises pour être admis à l'office de bailli d'épée.

Tout concourt à assurer la Cour qu'il en remplira les fonctions avec la dignité et la sagesse qu'elles demandent : les blessures honorables qu'il a reçues, les marques de distinction dont il est décoré, les différents grades où il a été élevé successivement, attestent son attachement au service du roi.

Pension accordée à Jean-Pierre de Lambertie. 28 *septembre* 1785.

Sur ce qui a été représenté au roi, étant en son conseil, par le sieur comte de Lambertye, lieutenant pour Sa Majesté et commandant à Sarrelouis, que son prédécesseur en la dite place jouissait d'un traitement de huit à neuf mille livres, indépendamment d'une gratification annuelle de douze cents livres, que les émoluments attachés au dit commandement se trouvaient aujour-d'hui réduits à cinq mille livres, et qu'un traitement aussi modique le mettait dans l'impossibilité de subvenir aux dépenses que sa place exige, et de soutenir une famille nombreuse, dont il est chargé, par la mort de son frère, décédé aux Isles, commandant le régiment du Port-au-Prince ; qu'il croyait, en conséquence, devoir supplier Sa Majesté de venir à son secours, en attachant à la charge de grand bailly de Boulay qu'il possède et à celle de Sarrelouis, dont il va être pourvu, une pension qui puisse le dédommager de la réduction qu'il a éprouvée sur les émoluments de sa place de commandant de Sarrelouis. Sa Majesté aurait reconnu que les services personnels du dit sieur comte de Lambertye, et ceux de sa famille, le mettaient dans le cas d'obtenir des récompenses, elle aurait cru, en conséquence, devoir lui accorder une pension de douze cents livres sur le domaine de la Généralité de Metz. A quoi voulant pourvoir : ouï, le rapport du sieur de Calonne, conseiller ordinaire au Conseil royal, contrôleur général des finances ; le roi, étant en son conseil, a accordé et accorde au sieur comte de Lambertye, en sa qualité de grand bailly de Boulay et de Sarrelouis et à ses descendants mâles, successeurs aux dits offices, une pension de douze cents livres, dont la jouissance commencera au premier septembre de la présente année ; ordonne en conséquence Sa Majesté qu'il sera fait emploi de la dite somme annuellement, au profit du dit sieur comte de Lambertye, dans l'état des charges assignées sur les domaines de la Généralité de Metz, et seront, sur le présent arrêt, toutes lettres patentes nécessaires expédiées. — Fait au Conseil d'Etat du roi, Sa Majesté y étant, tenu à Saint-Cloud, le vingt-huit septembre mil sept cent quatre-vingt-cinq. Signé : le maréchal de SÉGUR. — Collationné à l'original, par nous écuyer, conseiller, secrétaire du roi, maison, couronne de France et de ses finances. Signé : De MIRBECK. — (Registres du Conseil d'Etat.)

Provisions de l'office de Grand Bailly de Sarrelouis pour Jean-Pierre de Lambertie.
10 mai 1786.

Louis, par la grâce de Dieu, roi de France et de Navarre, à tous ceux qui ces présentes lettres verront, salut :

L'office du Grand Bailly au siège présidial de Sarelouis, dont était pourvu le marquis du Chastelet, se trouvant vacant par son décès, nous avons jugé nécessaire à notre service et au bien de la patrie d'en pourvoir une personne capable d'en remplir dignement les fonctions. En conséquence, nous avons, conformément à l'arrêt de notre Conseil du seize décembre 1759, et les lettres patentes sur icelui du dit jour duement enregistrées, qui ordonnent qu'il ne puisse être pourvu de semblables offices que des gentilshommes de la qualité requise par les ordonnances de 1560 et 1579, accordé l'agrement à notre cher et aimé le sr comte de Lambertye, notre lieutenant et commandant à Sarrelouis qui nous a donné dans toutes les parties où il a été employé et principalement à la guerre des preuves de son intelligence, de son affection et de son zele. A ces causes, voulant témoigner au dit sieur comte de Lambertye notre satisfaction, nous lui avons donné et octroyé, donnons et octroyons par ces présentes, signées de notre main l'office de grand bailly du dit baillage et siège présidial de Sarlouis vacant comme dit est et dont il a payé la finance en nos revenus casuels, suivant la quittance du sieur Bertin trésorier général d'iceux ci attachée, pour avoir, tenir et exercer le dit office à titre de survivance et dont le droit de mutation arrivant sera fixé au sixième denier de la fixation de la finance du dit office, conformément à l'édit de février 1771, et l'arrêt du Conseil du six juillet 1772, et aux honneurs, pouvoirs, libertés, fonctions, autorités, franchises, immunités, privilèges, droits, exemptions, prerogatives, prééminences, rang et en outre jouir, par lui et ses successeurs, pour raison de la finance payée en exécution des dits arrêts et lettres patentes, qui lui tiendra lieu de première finance, des gages au denier vingt dont il sera payé sur la simple quittance, et dont l'emploi sera fait dans les Etats du domaine de la Généralité de Metz, par augmentation et sans préjudice de ceux dont il peut jouir et dont l'emploi sera continué à son profit et de ses successeurs, par forme d'apointements et de gratification annuelle et autres droits, fruits, profits, revenus et émoluments apportés au dit office. Le tout ainsi qu'il est plus au long porté par le dit arrêt et les dites lettres patentes du 16 décembre 1759. Le tout ainsi qu'en jouissent ou doivent jouir les pourvus de pareils offices, et de plus de ceux qui lui sont spécialement attribués par l'arrêt de notre Conseil du vingt-huit septembre 1785, revêtu de nos lettres patentes ci attachées sous le contre siel de notre chancellerie. Si donnons en mandement à nos amés et feaux les gens tenant notre Cour et Parlement de Metz que, leur étant aparu des bonnes vie et mœurs, conversation et religion catholique, apostolique et romaine du dit sieur comte de Lambertye, et de lui pris et reçu le serment requis et accoutumé, ils le reçoivent, mettent et instituent de par nous en possession du dit office, et l'en fassent jouir et usuer pleinement et pareillement au dit titre de survivance, aux honneurs et droits sus dits, et lui fassent obéir et entendre de tous ceux et ainsi qu'il appartiendra ès choses concernant le dit office. Mandons en outre à nos amés et féaux conseillers, les présidents, trésoriers de France et généraux de nos finances à Metz, que par les trésoriers et receveurs et autres comptables qu'il appartiendra et des fonds à ce destinés, ils fassent payer et délivrer comptant au dit sr comte de Lambertye dore-navant par chacun an aux termes et en la manière accoutumée, les gages, droits attribués au dit office à commencer du jour et date de la quittance de finance dûment collationnée pour une fois seulement avec quittance de lui suffisante. Nous voulons les dits gages et droits être passés et alloués en la dépense de ceux qui les auront payés par nos amés et féaux conseillers les gens tenant notre Cour, Chambre des comptes à Metz, auxquels mandons ainsi le faire sans difficulté, car tel est notre plaisir. En témoins de quoi nous avons fait mettre notre scelé à ces dites présentes. Donné à Versailles, le dixième jour de mai l'an de grâce mil sept cent quatre-vingt-six et de notre règne le treizième. — Signé : Louis.

Sur le repli est écrit : Par le roi, signé : Le maréchal de Segur.

A gauche est écrit : Ce jour, Monsieur Jean-Pierre, comte de Lambertye, denommé aux présentes, a été, du consentement du procureur général du roi, reçu en l'office de grand bailly de Sarrelouis, suivant l'arrêt de ce jour. Fait à Metz en Parlement, le vingt-trois juin 1786, signé : Pjimel.

Et en suite est écrit ce qui suit : Registré es registre du greffe du bureau des finances de la Généralité de Metz et Alsace, du consentement du procureur du roi et conformément à l'ordonnance rendue en icelui ce jourd'hui 7º juillet 1786. Signé : Pichon. — Rolle des moderations du 16 août 1786, art. 21.

Et à droite est écrit : Enregistré au greffe du baillage et siège présidial de Sarrelouis sur les requisitions des gens du roi, en conséquence de la sentence d'installation de ce jourd'hui par nous conseiller du roi, greffier en chef au dit siège. — A Sarrelouis, le 26 juin 1786. Signé :   . — (Archives de Cons-la-Grandville.)

Mariage de Jean-Pierre-Auguste de Lambertie avec Anne-Françoise-Charlotte
Chandéon de la Valette. 28 mai 1786.

Par devant les conseillers du roy, notaires au chatelet de Paris soussignés, furent présents
très haut et très puissant seigneur Jean-Pierre, comte de Lambertye, chevalier, seigneur de
Coôme, Bering, Bitteling et autres lieux, lieutenant pour le roy, commandant au gouvernement
de Sarlouis, grand bailli du baillage et présidial de Sarlouis et de Boulay, chevalier de l'ordre
royal et militaire de Saint-Louis, demeurant ordinairement à Sarlouis en son hôtel, de présent à
Paris, logé rue Sainte-Anne, hôtel d'Orléans, paroisse Saint-Roch, stipulant au présent contrat.
1° Au nom et comme procureur de très haut et très puissant seigneur Jean-François, vicomte
de Lambertye, chevalier, seigneur de Lamary, Saint-Sornin en partie, Peyrfolle et autres lieux,
demeurant ordinairement en son château de Lamary, fondé de sa procuration spéciale à l'effet
des présentes, passée devant Callandreau et son confrère, notaires royaux en la ville d'Angoulême, le premier mars dernier, l'original de laquelle procuration duement controllé et légalisé
que ledit seigneur comte de Lambertye comparant certifie véritable, est, à sa réquisition,
demeuré joint à la minute des présentes, après avoir été de lui signé et paraphé en présence
des notaires soussignés; 2° Et encore en son nom personnel à cause de la donation qui sera
ci-après par lui faite au seigneur futur époux ci-après nommé.

Très haut et très puissant seigneur Jean-Pierre, comte Auguste de Lambertye, lieutenant au
régiment de Bresse-infanterie, fils majeur dudit seigneur vicomte de Lambertye et de défunte
très haute et très puissante dame Philippe Thibaud de Plas, vicomtesse de Lambertye, ses père
et mère, demeurant ledit seigneur comte Auguste de Lambertye avec ledit seigneur son père au
dit château de Lamary, étant de présent à Paris logé susdite rue Sainte-Anne, paroisse de Saint-
Roch, pour lui et de son consentement et d'une part.

Haut et puissant seigneur Georges-Balthazar Chandéon de la Valette, chevalier, ancien capitaine au régiment de Bourbonnais, chevalier de l'ordre royal et militaire de Saint-Louis, demeurant ordinairement à Montfort-Lamaury, de présent à Paris, logé dans la rue des Vieux-Augustins,
paroisse de Saint-Eustache, maison de M. de Laplace, maître des comptes, en son nom per-
sonel et pour haute et puissante demoiselle Anne-Françoise-Charlotte Chandéon de la Valette,
demoiselle, sa fille mineure, et de défunte haute et puissante dame Anne-Françoise Robert, son
épouse.

Et encore ladite demoiselle Chandéon de la Vallette, demeurant ordinairement avec sondit
père, étant de présent à Paris, logée susdite rue des Vieux-Augustins, à ce présente et de son
consentement, d'autre part,

Lesquelles parties pour raison du mariage proposé entre ledit seigneur comte Auguste de
Lambertye, et ladite demoiselle Chandéon de la Vallette, dont la célébration sera incessamment
faite en face de l'Eglise, ont fait et arrêté entre elles le traité civil et les clauses et conditions
dudit mariage ainsi qu'il suit :

En présence, de l'agrément et avec la permission de Leurs Majestés le roi et la reine et la
famille royale, Et encore en la présence et de l'agrément de très haut et très puissant et très
excellent prince Monseigneur Louis-Philippe-Joseph d'Orléans, duc d'Orléans, premier prince du
sang; Très haut, très puissant et très excellent prince Monseigneur Louis-Joseph de Bourbon, prince
de Condé; Très haut, très puissant et très excellent prince Monseigneur Louis-Henry-Joseph de
Bourbon-Condé, duc de Bourbon; Très haut, très puissant et très excellent prince Monseigneur
Louis-Antoine-Henry de Bourbon-Condé, duc d'Enghuien; Très haute, très puissante et très
excellente princesse Madame Louise-Adélaïde, princesse de Condé, abbesse de Remiremont; Très

haut, très puissant et très excellent prince Monseigneur Louis-François-Joseph de Bourbon, prince de Conty. Et en la présence des parents cy-après nommés : Très haute et très puissante d° Antoinette dite comtesse Amélie de Lambertye, chanoinesse au chapitre de Migette, dame de compagnie de S. A. S. Mlle la princesse Louise de Condé, sœur du futur; Très haute et très puissante dame Anne-Françoise de Redon, dame d'honneur de S. A. S. Mlle la princesse Louise de Condé, veuve de très haut et très puissant seigneur Joseph, vicomte de Lambertye, lieutenant-colonel du régiment du Pont-au-Prince, chevalier de l'ordre royal et militaire de Saint-Louis, tante; Très haute et très puissante dame Claire-Magdelaine de Lambertye, comtesse de Villemain ; Très haut et très puissant seigneur Emmanuel-François, marquis de Lambertye, baron de Corignée, maréchal des camps et armées du roy, ancien capitaine de gendarmerie, chevalier de l'ordre royal et militaire de Saint-Louis ; Très haut et très puissant seigneur Joseph-Emmanuel-Auguste-François, comte de Lambertye, brigadier des armées du roy et premier lieutenant de sa compagnie des gendarmes de Flandre, chevalier de l'ordre royal et militaire de Saint-Louis ; Très haut et très puissant seigneur Pierre-Michel, comte de Lambertye, mestre de camp en second du régiment royal-navarre ; Très haut et très puissant seigneur Emmanuel, dit le comte Emmanuel de Lambertye, mestre de camp de cavalerie, sous-lieutenant de la compagnie écossaise des gardes du corps du roy. Et encore en la présence des parents et amis desdits futurs époux qui ont signé audit contrat.

Art. 1. La coutume de Paris fera la loi du futur mariage et règlera toutes les clauses et conditions du présent contrat. En conséquence, lesdits seigneur et demoiselle futurs époux seront communs en tous biens, meubles et conquets immeubles, quand même ils feraient par la suite leur demeure ou des aquisitions dans des pays régis par des lois et coutumes contraires, auxquelles ils ont présentement dérogé et renoncé.

Art. 2. Ils ne seront cependant point tenus des dettes et hypotheques l'un de l'autre, faites et créées avant la célébration du futur mariage; et si il y en a elles seront acquittées par celui qui les aura contractées, et sur ses biens, sans que l'autre, ses biens, ni ceux de la communauté en puissent être aucunement tenus.

Art. 3. Ledit seigneur comte de Lambertye, audit nom de procureur dudit seigneur vicomte de Lambertye, marie ledit seigneur comte Auguste de Lambertye, son fils, comme son héritier principal et noble, et il institue ledit seigneur comte Auguste, héritier universel dudit seigneur son père, pour jouir de tous ses biens après son décès seulement, à la charge de payer à ses puinés les légitimes qui leur seront attribuées par la coutume de l'Angoumois et par les autres loix qui régissent les biens dudit seigneur de Lambertye père.

Et en attendant l'ouverture de la succession dudit seigneur vicomte de Lambertye, lequel seigneur comte de Lambertye comparant, conformément à sa procuration, abandonne dès à présent audit seigneur comte Auguste de Lambertye, futur époux, la jouissance de la terre de Peyrfolle, ses circonstances et dependances, et lui assure en outre son logement et celui de la demoiselle future épouse et de leurs enfants dans le château de Lamary.

De sa part ledit seigneur futur époux se constitue personnellement en dot tous les droits qui lui appartiennent et qui lui sont échus par le décès de ladite d° Thibaud de Plas, sa mère.

Art. 4. Ledit seigneur comte de Lambertye voulant particulièrement donner audit seigneur comte Auguste de Lambertye, son neveu, des marques de son amitié et de la satisfaction qu'il a du présent mariage, lui fait par ces présentes donation entre vifs et irrévocable, en la meilleure forme que donation puisse être faite pour valoir, ce accepté par ledit seigneur futur époux, de sa terre et seigneurie de Coôme, Bering et Bitteling, circonstances et dependances sans aucune exception, se dessaisissant en sa faveur dès à présent de la nue propriété de la dite terre, dont le dit seigneur futur époux n'entrera en jouissance qu'après le décès dudit sieur donateur et de

M⁰ la comtesse de Lambertye, son épouse, et du survivant d'eux, se reservant ledit seigneur comte de Lambertye, à lui et à la dite dame son épouse, ledit usufruit et jouissance à titre de constitue et précaire; déclarant ledit seigneur donateur que ladite terre de Coôme et dépendances est chargée de seize mille livres de principal de dettes en différentes petites parties, de l'acquit desquelles ledit seigneur futur époux sera tenu ; et dans le cas où ledit seigneur futur époux jugerait à propos de les rembourser, ledit seigneur comte de Lambertye lui tiendra compte annuellement de l'intérêt à cinq pour cent des sommes qu'il aurait payées à cet effet, à la garentie des quelles sommes qui seront payées par ledit seigneur futur époux, la dite terre de Coôme sera aussitôt affectée et hypotéquée.

Cette donation est ainsi faite à la charge par ledit seigneur futur époux, lorsqu'il entrera en jouissance de la dite terre, de payer à M. le chevalier de Lambertye, son frère puiné, quatre cents livres de rente perpétuelle, au principal de huit mille livres, remboursables lors de sa majorité ou établissement par mariage, et à chacune de ses deux sœurs cadettes deux cents livres de rente annuelle et viagère sans aucune retenue et imposition quelconques.

Art. 5. Ledit seigneur Chandéon de la Vallette donne et constitue en dot à la dite dⁱˡᵉ future épouse, sa fille, d'abord pour la remplir de ses droits dans la succession de la feue dᵉ sa mère, et le surplus en avancement sur sa succession future, la somme de soixante mille livres, savoir, vingt-sept mille sept cent livres en deniers comptants qu'il a présentement remis et payés audit sieur futur époux qui s'en charge. Et pour le libérer des trente-deux mille cinq cents livres restantes, il a par ces présentes cédé et délaissé auxdits seigneur et dⁱˡᵉ futurs époux qui l'acceptent, les trois parties de rente cy-après : savoir la première de mille soixante trois livres sept sous de rente due par M. de Champigny par privilège sur sa terre de Tourneville, par contrat passé devant Mᵉ Cordier, notaire, le .. juin mil sept cent soixante-neuf. La seconde de quatre cent onze livres treize sous de rente sur la communauté de la marée, constituée par contrat du quinze mars mil sept cent trente-un. Et la troisième et dernière de cent cinquante livres de rente sur les Aydes et Gabelles de France, constituée par contrat du vingt-quatre may mil sept cent vingt-un. Desquelles trois parties de rente ledit seigneur Chandéon de la Vallette promet de remettre successivement les titres de propriété auxdits seigneur et dⁱˡᵉ futurs époux qui en jouiront et toucheront les arrérages à compter du premier janvier dernier.

La dite dⁱˡᵉ future épouse se constitue personnellement en dot la somme de six mille livres provenant de ses épargnes et des présents qui lui ont été faits ; laquelle somme elle a présentement remise audit seigneur futur époux qui s'en charge envers elle.

Enfin ledit seigneur Chandéon de la Vallette promet de réserver ladite dⁱˡᵉ future épouse à partage et à conserver l'égalité parfaite entre elle et ledit sieur son frère dans les biens de sa succession.

Art. 6. Des biens desdits seigneur et dⁱˡᵉ futurs époux il entrera de part et d'autre en ladite communauté jusqu'à concurrence de six mille livres, à l'effet de quoi il est consenti de la part dudit seigneur futur époux tout ameublissement nécessaire. Mais le surplus de leurs biens actuels, ainsi que tout ce qui leur écherra constant ledit mariage, tant en meubles qu'immeubles par succession, donation, legs ou autrement, sera et demeurera propre à chacun d'eux et aux siens de son côté et ligne.

Art. 7. Ledit seigneur futur époux a doué et doue ladite dⁱˡᵉ future épouse de douze cents livres de rente de douaire préfix, dont le fonds sera propre aux enfants qui naîtront dudit futur mariage, à l'avoir et prendre dès qu'il aura lieu sur tous les biens dudit seigneur futur époux, au décès duquel la dite dⁱˡᵉ future épouse en sera saisie, sans être tenue d'en faire la demande en justice et lequel douaire sera exempt à toujours de la retenue des impositions subsistantes.

Art. 8. Le survivant desdits seigneur et dⁱˡᵉ futurs époux prendra par préciput et avant le partage des biens meubles de la communauté, tels des biens qu'il voudra choisir suivant la prisée de l'inventaire qui en sera lors fait et sans crue, jusqu'à la concurrence de la somme de six mille livres, ou ladite somme en deniers comptants au choix et option du survivant.

Et en outre sur augmentation audit préciput, si c'est ledit sieur futur époux qui survit, il reprendra les habits, linge et hardes à son usage, dentelles et bijoux, ses armes, voitures et chevaux et ses équipages de guerre. Et si c'est ladite d^{lle} future épouse, elle reprendra les habits, linge et hardes à son usage, ses dentelles et sa toilette, ses diamants et bijoux avec un carosse et deux chevaux.

Art. 9. Le remploi des propres qui seront aliénés constant ledit futur mariage se fera de part et d'autre sur les biens de la communauté et en cas d'insuffisance desdits biens, à l'égard de la d^{lle} future épouse seulement, sur les propres et autres biens dudit seigneur futur époux. L'action pour exercer lequel remploi sera propre et de nature immobiliaire à celui des futurs époux qui aura droit de l'exercer et aux siens de son côté et ligne.

Art. 10. En cas de renonciation de la part de ladite future épouse ou des enfants qui naîtront dudit mariage, à la communauté ci-dessus stipulée, ils reprendront tout ce que la d^{lle} future épouse aura apporté audit mariage, et tout ce qui pendant sa durée lui sera avenu et échu, tant en meubles qu'immeubles par succession, donation, legs ou autrement. Même ladite demoiselle future épouse usant personnellement de cette faculté, ses douaire, préciput et augmentation de préciput cy dessus stipulés, le tout franc et quitte des dettes et hypotèques de ladite communauté, même de celles où ladite d^{lle} épouse se serait obligée, et auxquelles elle aurait été condamnée, dont audit cas, elle et ses enfants seront garanties et indemnisés par les héritiers dudit seigneur futur époux et sur ses biens.

Art. 11 et dernier. Lesdits seigneur et d^{lle} futurs époux voulant se donner des marques de leur attachement et de leur estime, se sont fait par ces présentes donation entre vifs, mutuelle, égale et réciproque, et par le premier mourant au survivant d'eux, ce accepté respectivement, ladite future épouse autorisée à cet effet dudit seigneur son père, de tous les biens, meubles et immeubles, aquêts, conquêts, propres et autres, de quelque nature qui se trouveront appartenir au premier mourant d'eux au jour de son décès, en quoi que le tout puisse consister et en quelques lieux qu'ils soient situés, pour, par le survivant desdits seigneur et d^{lle} futurs époux jouir du tout en usufruit seulement pendant sa vie, sans être obligé de donner aucune caution, dont lesdits seigneur et d^{lle} future épouse se déchargent respectivement.

Cette donation est ainsi faite, pourvu qu'au jour du décès du premier mourant desdits seigneur et d^{lle} futurs époux il n'y ait aucuns enfants vivants, nés ou à naître dudit futur mariage ; et s'il y en avait et qu'ils vinssent à décéder majeurs, ou mineurs sans avoir valablement disposé, ou ayant fait profession en religion, alors ladite donation reprendra sa force et vertu comme s'il n'y avait pas eu d'enfants dudit mariage.

Bien entendu que si c'est ladite d^{lle} future épouse qui recueille l'effet de ladite donation, les arrérages de son douaire seront fondus dans le bénéfice d'icelle.

Pour toutes les clauses et conventions du présent contrat, il y aura hypotèque sur tous les biens dudit seigneur futur époux à compter de ce jour. Et pour faire insinuer ces présentes où il appartiendra, les parties ont donné tout pouvoir au porteur.

C'est ainsi que le tout a été accordé et convenu entre les parties promettant, obligeant.

Fait et passé à l'égard de Leurs Majestés et de la famille royale au château de Versailles, le vingt-huit may ; à l'égard des parties contractantes le même jour vingt huit may, et à l'égard des autres parties assistantes en leur hôtel et demeure, le tout de l'année mil sept cent quatre-vingt-six, et oui les parties signé, la minute des présentes demeurée à M^e Le Febre, et actuellement en la possession de Me Péan de Saint-Giller, l'un des notaires soussignés, son successeur, qui a délivré la présente expédition cejourd'huy quatorze février mil sept cent quatre-vingt-onze. Thurer (?), Péan.

Brevet de 3,500 livres pour Jean-Pierre-Auguste de Lambertie. 14 avril 1787.

Aujourd'hui quatorzième du mois d'avril mil sept cent quatre-vingt-sept, le Roi, étant à Versailles, Sa Majesté a été informée que le sieur Jean-Pierre-Auguste de Lambertye, qu'elle vient de commettre pour prendre et tenir rang de capitaine dans le régiment de Bourbon dragons, a déposé la somme de cinq mille deux cent cinquante livres pour le prix de cette place.

En conséquence, conformément à l'article 11 de son ordonnance du vingt-cinq mars mil sept cent soixante-seize, laquelle porte règlement touchant la finance de tous les emplois militaire, Elle lui a assuré et lui assure la dite place, à titre de retenue, la somme de trois mille cinq cents livres. Veut en conséquence, qu'en cas de vacance d'icelle, la dite somme de trois mille cinq cents livres soit payée comptant, soit au dit sieur comte de Lambertye, soit à ses héritiers ou ayant causes. Entend, que celui qu'elle aura agréé pour lui succéder dans la dite place ne puisse en être pourvu, ni être reçu en icelle, qu'il n'ait rapporté, dûment acquitté, le présent brevet, que Sa Majesté, pour assurance de sa volonté, a signé de sa main et fait contresigner par moi son conseiller secrétaire d'Etat et de ses commandements et finances. — Signé : Louis. — (Archives de Cons-la-Grandville.)

Lettre du duc de Nassau à Jean-Pierre de Lambertie. 2 juillet 1787.

Au Ludvirgsberg, le 2 juillet 1787.

Monsieur,

Je vous prie de recevoir mon bien sincère compliment sur la grâce que le roi vient de vous accorder. J'aurais désiré, Monsieur, que votre séjour à Sarrelouis eût été plus long pour avoir le plaisir de vous voir chez moy. J'espère que vous voudrez bien m'en dédommager à la première occasion et d'être persuadé de mon empressement à vous prouver la très parfaite considération avec laquelle j'ai l'honneur d'être,

Monsieur,

Votre très humble et très obéissant serviteur.

Le D. de Nassau...........

M. le comte de Lamberty.

Certificat de service pour Joseph de Lambertie. 1ᵉʳ avril 1788.

Nous, Armand-Charles de La Croix, duc de Castries, brigadier des armées du roi, lieutenant général de la ville de Lyon, province du Lyonnais et Fores, maître de camps, général de la cavalerie française et étrangère, capitaine-lieutenant de la compagnie d'hommes d'armes sous le titre de gendarmes anglais, commandant en second du corps de la gendarmerie. Certifions que le sieur Joseph, chevalier de Lambertye, est entré dans la compagnie d'armes d'ordonnance sous le titre de gendarme de la reine, le douze juin mil sept cent soixante-treize; qu'il y a toujours servi avec honneur et distinction en qualité de gendarme ayant

rang de lieutenant de cavalerie, conformément à l'ordonnance du roi du vingt-huit décembre
mil sept cent cinquante-huit, article quatre-vingt. — Pour certificat en attendant le congé de
réforme. — En foi de quoi nous avons signé le présent auquel nous avons fait apposer le
cachet de nos armes. — Fait à Lunéville ce premier avril mil sept cent quatre-vingt-huit.
— Signé : Le duc DE CASTRIES. — (Archives de Cons-la-Grandville.)

——————

Mariage de Joseph de Lambertie avec Alexandrine-Charlotte de Cappy. 7 juillet 1788.

   Pardevant les conseillers du roi, notaires à Chaalons-sur-Marne, soussignés, furent présents :
Très haut et très puissant seigneur messire Joseph, vicomte de Lambertye, chevalier, seigneur en partie de Lamary, en Angoumois, lieutenant de cavalerie, demeurant ordinairement
à Lamary et présentement à Metz, étant actuellement en cette ville, fils légitime, majeur,
de très haut et très puissant seigneur, messire Jean-François, vicomte de Lambertye, chevalier, seigneur de Lamary, Plas et autres lieux, et de très haute et très puissante dame
feue Phillipine Thibaud de Plas, ses père et mère, procédant sous l'autorité du dit seigneur
son père, représenté par très haut et très puissant seigneur messire Jean-Pierre, comte de
Lambertye, son oncle paternel, chevalier, seigneur de Coome, Béring, Bitling, chevalier de
l'ordre royal et militaire de Saint-Louis, lieutenant pour le roy, commandant au gouvernement
de Sarlouis, grand bailly des bailliages et présidiaux de Boulé et Sarlouis, demeurant à Sarlouis, à ce présent au nom et comme fondé de la procuration générale et spéciale du dit
seigneur de Lambertye père, passée devant Callandreau et son confrère, notaires royaux à
Angoulesme, le seize juin dernier, dument contrôlée et légalisée le même jour, laquelle en
original est annexée à ces présentes, après avoir été dudit seigneur Jean-Pierre, comte de
Lambertye, certifiée véritable, et à sa réquisition, paraphée des notaires soussignés, *ne varietur*,
d'une part, et Alexandrine-Charlotte de Cappy, demoiselle, fille légitime mineure, de très haut
et très puissant seigneur messire Denis-François-Nicolas de Cappy, chevalier de l'ordre royal
et militaire de Saint-Louis, lieutenant-colonel de cavalerie, commissaire de la noblesse de
Champagne, seigneur d'Oiry, et de très haute et très puissante dame Anne-Marguerite-André
Tarade, ses père et mère, tous deux à ce présents, la dite dame de Cappy, dûment autorisée du dit seigneur son mari, la dite demoiselle assistée et autorisée des dits seigneur
et dame ses père et mère, demeurant à Chaalons, d'autre part. Lesquelles parties en vue du
mariage proposé entre les dits seigneur Joseph, vicomte de Lambertye, et demoiselle Alexandrine-Charlotte de Cappy, de l'agrément qu'elles se proposent de supplier Sa Majesté leur
accorder, ainsi que celui de toute la famille royale, et de l'avis de leurs parents et amis
ci-après nommés, sont convenu de ce qui suit : Seront les dits futurs époux communs en
tous biens meubles et conquêts immeubles, suivant la coutume de Vitry, qui réglera leur
communauté encore qu'ils fassent par la suite leur demeure ou des acquisitions dans des
pays dont les loix, coutumes et usages seraient contraires, à quoi il est dérogé expressément
par les futurs époux, avec soumission particulière et spéciale à la dite coutume de Vitry.
Les futurs époux ne seront néanmoins pas tenus des dettes l'un de l'autre, antérieures à la
célébration de leur mariage, de sorte que s'il y en a elles seront payées par l'auteur
d'ycelles et sur ses biens personnels, sans que ceux de l'autre en soient aucunement tenus.
Le dit seigneur époux se marie avec tous ses droits échus du chef de la dite dame Thibaud
de Plas, sa mère. En faveur du futur mariage, les père et mère de la dite demoiselle future
épouse lui donnent et constituent en dot, par avancement d'hoirie, la somme de trente mille

livres, à prendre sur les deniers qui proviendront de la part qui leur appartient dans le prix du contrat d'une charge de commissaire des guerres, dont était ci-devant pourvu feu messire Jean-François-Florimond de Cappy, père du dit sieur de Cappy, laquelle somme sera payée et remboursée aux dits futurs, de la manière et dans les effets qui seront fournis pour le payement d'icelle, sans qu'ils puissent les refuser, et jusqu'à ce lesd. sieur et dame de Cappy s'obligent solidairement en payer l'intérêt aux dits futurs époux. Des biens des futurs époux, il entrera de chaque côté en communauté, une somme de cinq mille livres, à l'effet de quoi, le futur consent de sa part tout ameublissement nécessaire jusqu'à due concurrence ; à l'égard du surplus des dits biens, aussy de chaque côté, il sera propre à chacun des futurs époux pour ce qui le concerne et aux siens de son côté et ligne, de même que tout ce qui leur aviendra et écherra pendant le mariage tant en meubles qu'immeubles, par succession, donation, legs ou autrement. Le futur époux dotte la future épouse de huit cents livres de rente viagère de douaire préfix en cas qu'il n'y ait point d'enfants procréés du dit futur mariage, lequel en cas d'enfants demeurera réduit à quatre cents livres de rente pareillement viagère, rachetable dans l'un et l'autre cas au dernier dix, au choix des enfants ou héritiers du dit futur, si mieux n'aime la dite demoiselle future épouse s'en tenir au douaire coutumier. Le survivant des futurs aura et prendra par préciput, avant le partage de la communauté, ses linges et habits à son usage et ceux des meubles d'icelle qu'il voudra choisir jusqu'à concurrence de la somme de mille livres, suivant la prisée de l'inventaire et sans crue, ou la dite somme en deniers comptant si elle lui convient mieux. Si durant le futur mariage il est vendu aucuns héritages ou rentes propres, appartenant à l'un ou à l'autre des futurs époux, ou si les rentes sont rachetées, remploy sera fait de l'argent qui en proviendra en acquisition d'autres héritages ou rentes, pour sortir pareille nature de propre à chacun d'eux respectivement et aux siens de son côté et ligne ; toutefois le dit remploi ne se trouvant pas fait au jour de la dissolution de la dite communauté, les deniers seront repris sur les biens d'icelle, et s'ils ne suffisent pas pour le remploi de la future épouse, sur les biens propres et autres biens du dit futur époux ; l'action duquel remploi sera de nature immobiliaire et demeurera propre à celui ou celle des futurs qui aura droit de l'exercer et aux siens de son côté et ligne. Arrivant la dissolution de la dite communauté, si la future ou ses enfants y renoncent, ils reprendront tout ce qu'elle aura apporté au dit mariage, même sa mise en communauté, avec tout ce qui, pendant sa durée, lui sera advenu et échu tant en meubles qu'immeubles à quelque titre que ce soit, même la dite future épouse, au cas que la renonciation soit faite par elle, reprendra en outre son douaire et son préciput, le tout franc et quitte des dettes de la communauté, encore qu'elle s'y fut obligée ou y eut été condamnée, dont en tous cas, la future épouse et ses enfants seront acquités, garantis et indemnisés par le dit futur époux ou ses représentants et sur ses biens personnels, qui, pour raison de ce, et de toutes les autres clauses du présent contrat, demeurent affectés et hypothéqués à compter d'aujourd'hui. En cas de prédécès de la future épouse sans enfants, ses père et mère et le survivant d'eux pourront renoncer à la dite communauté et dans ce cas exercer les mêmes reprises cy-dessus stipulées en laissant toutefois au dit futur époux la somme de trois mille livres pour l'indemniser des frais de noces et charges de mariage. Et voulant les futurs époux se donner des marques de leur amitié, ils se font l'un et l'autre et au survivant d'eux, donation entre vifs et irrévocable, mutuelle et égale, en la meilleure forme que donation puisse valoir, ce accepté par lesd. futurs époux, respectivement, pour ledit survivant, de tous les biens meubles et conquêts immeubles qui se trouveront appartenir au prémourant lors de son décès, en toute propriété et la jouissance des propres immeubles sa vie durant seulement en cas qu'il n'y ait point d'enfants nés ni à naître, et en cas d'enfants, l'usufruit seulement des meubles et conquêts en faisant toutefois par le survivant bon et fidèle inventaire ; et si se trouvant des enfants, ils viennent à décéder sans postérité ou à faire profession en religion avant d'avoir disposé valablement, dès lors la dite donation reprendra en faveur du survivant sa première force et vertu pour avoir lieu comme s'il n'y avait point eu d'enfants. Ce faisant est intervenu : Messire Jean-François, comte de Lambertye, prêtre, chanoine du chapitre noble de la cathédrale de Metz et vicaire général du diocèse de Saint-Claude, demeurant à Metz, étant présentement en cette ville, lequel en faveur du dit mariage et voulant donner des marques de son amitié au dit sieur futur époux, son frère, lui fait par ces présentes donation entre vifs et irrévocable, en la meilleure forme que donation puisse valoir, ce acceptant le dit sieur futur, de la somme de dix mille livres, dont il se réserve l'usufruit sa vie durant, à prendre dans sa future succession, et encore sous la réserve de la faculté de pouvoir disposer d'une somme de deux cents livres de rente viagère, à prendre sur la dite somme, en faveur de qui bon lui semblera, entendant donner au dit sieur son frère la nue propriété desd. dix mille livres dès à présent. Ces présentes seront insinuées. Car ainsy, etc., en promettant, etc., en obligeant, etc., en renonceant, etc. Fait, lu et passé à Chaalons, au domicile des dits sieur et dame père et mère de la future, l'an mil sept cent quatre-vingt-huit, le sept juillet, après midi ; en présence de Mre François-Louis Decappy, prestre, chanoine régulier de la congrégation de France, prieur, curé de Saint-Louvent-de-Fringuianne, oncle de la future ; Mre Dubois de Chantrenne, prestre, chanoine de l'église de Chaalons, cousin à la future ; de Mre Jean-Baptiste-Odile de Tarade, lieutenant d'infanterie, cousin à lad. future ; Mre Gilles-François Decappy, seigneur d'Athie, chevalier de Saint-Louis, capitaine au régiment Royal-Champagne, cavalerie, cousin à la future, et autres parents et amis qui ont signé avec les parties. Ainsi signé à la minute des présentes : Vicomte de Lambertye, Tarrade, Decappy, l'abbé de Lambertye, Cappy d'Oiry, prieur de Chantrenne, M. J.-B. Dubois, Tarade, Alex.-Aug. Talleyrand-Périgord, arch. duc de Renne ; Ecoutin et Coquetaux, notaires, avec paraphes. Contrôlé à Chaalons, le vingt juillet 1788 ; reçu trois cents livres, insinué au tarif pour le préciput, reçu soixante-quinze livres, averti le survivant des parties de se conformer aux lettres patentes de 1769, concernant les donations mutuelles et d'acquitter le centième denier des immeubles au bureau près le bailliage royal de leur situation, dans les quatre mois du décès du prémourant, et renvoyé pour la donation de M. le comte de Lambertye être insinuée au bureau près le bailliage royal du domicile du donateur, sous les peines de l'ordonnance, signé : Mansuy. Suit la teneur de la procuration annexée à la minute des présentes. — Pardevant les notaires royaux, réservés en la ville d'Angoulesme, soussignés, a comparu : Très haut et très puissant seigneur Jean-François, vicomte de Lambertye, chevalier, seigneur de Lamary et autres places, demeurant en son château de Lamary, paroisse de Saint-Sornin, en Angoumois, lequel a fait, créé et constitué pour son procureur général et spécial, la personne de très haut et très puissant seigneur messire Jean-Pierre, comte de Lambertie, chevalier, seigneur de Coome et autres lieux, chevalier de Saint-Louis, lieutenant pour le roy, commandant et gouverneur de Sarlouis, grand bailly de Boulé et Sarlouis, auquel il donne pouvoir de comparaître pour lui au contrat de mariage, et à la célébration d'icelui, de très haut et très puissant seigneur Joseph, comte de Lambertye, lieutenant de cavalerie, son fils légitime et de feue dame Philippine Thibaud de Plas, avec demoiselle Alexandrine-Charlotte de Cappy, fille légitime de Mre de Cappy, lieutenant-colonel de cavalerie, chevalier de l'ordre royal et militaire de Saint-Louis, commissaire de la noblesse de Champagne, et de dame Anne-Marguerite-André de Tarade, de consentir au dit mariage pour et au nom du constituant et que le dit seigneur son fils se marie dans tous ses droits échus du chef de la dite dame Thibaud de Plas sa mère et dans ceux à échoir du chef du dit seigneur constituant, faire, consentir et contracter au surplus tout ce que le dit procureur constitué jugera convenable, le dit seigneur constituant approuvant d'avance tout ce qu'il fera et promettant de l'en relever indemne, obligeant, etc. Fait et passé à Angoulême, ès étude, avant midy, le seize juin mil sept cent quatre-vingt-huit. Lu, le dit seigneur comparant a signé avec nous dits notaires ; signé : de Lambertye, Ricard jeune et Callandreau, notaires, avec paraphes. Controlé à Angoulesme le même jour par Deval, qui a reçu quinze sols pour ses droits. Et plus bas se trouve ce qui suit : Nous, Pierre-Philippe de Lambert, chevalier, seigneur des Andraux, Fonfroide, Bomvers, Denne et Montigné, lieutenant particulier de la justice d'Angoumois, certifions que les signatures apposées au bas de la procuration cy-dessus, sont celles de Ricard et Calandrau, notaires royaux en cette ville, et que foi doit être ajouttée ; fait en notre hotel, le seize juin mil sept cent quatre-vingt-huit, signé Delambert. Plus bas est : vingt-quatre sols ; dessous les dits mots, celui gratis. Plus bas est encore ce qui suit : Reçu pour le droit de petit scel en la légalisation ci-dessus, et ce par forme de restitution, la somme de dix-huit sols, neuf deniers. Chaalons, le sept juillet mil sept cent quatre-vingt-huit, signé : Mansuy. Ez marge de la dite procuration est écrit : Certifié véritable par moi, Jean-Pierre, comte de Lambertye, chevalier, seigneur de Coome et autres lieux, chevalier de Saint-Louis, lieutenant pour le roy, commandant au gou_ vernement de Sarlouis et grand bailly des bailliage et présidiaux de Boulé et Sarlouis, au désir du contrat de ce jourd'huy, auquel ces présentes seront annexées ; à Chaalons, le sept juillet mil sept cent quatre-vingt-huit. Signé : Le comte de Lambertie, Ecoutin et Coquetaux, notaires. Le tout demeuré en la garde et possession de Mᵉ Coquetaux, l'un des notaires, à Chaalons-sur-Marne, soussignés. — Signé : HANNEQUIN et COQUETAUX.

Ez marges de la minute des présentes est ce qui suit : Et le vingt-quatre novembre mil sept cent quatre-vingt-huit, pardevant les notaires du roi, à Chaalons, y demeurant, soussignés, est comparu : Mʳᵉ Joseph, vicomte de Lambertye, chevalier, seigneur en partie de Lamary, en Angoumois, lieutenant de cavalerie, demeurant à Metz, étant actuellement en cette ville, lequel reconnoit et confesse avoir reçu de M. Denis-Nicolas-François de Cappy, chevalier de l'ordre royal et militaire de Saint-Louis, colonel de cavalerie, seigneur d'Oiry et de dame Anne-Marguerite-André Tarade, son épouse, ses beau-père et belle-mère, la somme de onze mille quatre cent livres, à compte sur les trente mille livres par eux constitués en dot à demoiselle Alexandrine-Charlotte de Cappy, leur fille, laquelle somme lui a été fournie et délivrée en espèces sonantes, au cours du jour, ainsi qu'il l'a déclaré, dont quittance d'autant, au moyen de quoi, les dites trente mille livres se trouvent réduites à dix-huit mille six cent, dont l'intérêt ne courra plus que de ce jourd'hui. Dont acte, fait, lu et passé à Chaalons au domicile des dits sieur et dame de Cappy les jour et an sus dits, et a signé à la minute des présentes, controllée au dit Chaalons, le trois décembre, au dit an, par Mansuy, qui a reçu soixante-dix-huit livres pour ses droits. Le tout demeuré à Mᵉ Cocquetaux, l'un des notaires, au dit Chaalons, soussignés. — Signé : HANNEQUIN et COCQUETAUX, notaires. — (Archives de Cons-la-Grandville.)

---

*Mariage de Joseph de Lambertie avec Alexandrine-Charlotte de **Cappy**. 8 juillet 1788.*

L'an mil sept cent quatre-vingt-huit, le huit juillet, après une publication de bans dans les églises de Saint-Sornin, diocèse d'Angoulême, de Saint-Jacques de Lunéville, diocèse de

Nancy, de Notre-Dame, de cette ville, et de celle de Saint-Eloy, dispenses accordées des deux autres par Monseigneur l'évêque d'Angoulême, en datte du seize juin de la présente année, signé de Bonnefoy, vicaire général, insinuée et enregistrée au greffe des insinuations ecclésiastiques du diocèse d'Angoulême, le même jour, et à ce que dessus signé Couturier, par Monseigneur l'évêque de Nancy, en datte du quinze juin de la ditte année, signé Camus, vicaire général, et par Monseigneur l'évêque comte de Châlons, pair de France, en datte du sept juillet de laditte année, signé Bechefer, vicaire général, registrée, insinuée et controlée au greffe des insinuations ecclésiastiques du diocèse de Chalons en Champagne, la cérémonie des fiançailles ayant été faite la veille. Je soussigné, Mre Louis-François de Cappy d'Oiry, prêtre, chanoine régulier de la congrégation de France, prieur, curé de Saint-Laurent de Frignicourt, oncle de l'épouse, ay, du consentement et en présence de Mre Jean-Pierre Gougelet, curé de Saint-Eloy, reçu le mutuel consentement et donné la bénédiction nuptiale à très haut et très puissant seigneur messire Joseph, vicomte de Lambertye, chevalier, lieutenant de cavalerie, âgé de trente ans, fils majeur de très haut et très puissant seigneur messire Jean-François, vicomte de Lambertye, chevalier, seigneur de Lamary et Plas, en Angoumois, et de deffunte très haute et très puissante dame Philippine Thibault de Plas, ses père et mère, de fait de la paroisse de Saint-Jacques de Lunéville, diocèse de Nancy, et de droit de celle de Saint-Sornin, diocèse d'Angoulême, d'une part ; et à très haute et très puissante demoiselle Alexandrine-Charlotte de Cappy, âgée d'environ vingt ans, fille mineure de très haut et très puissant seigneur messire Denis-François-Nicolas de Cappy, chevalier de l'ordre royal et militaire de Saint-Louis, lieutenant-colonel de cavalerie, commissaire de la noblesse de Champagne, seigneur d'Oiry, et de très haute et très puissante dame Anne-Marguerite-André de Tarade, ses père et mère, de fait de cette paroisse, étant pensionnaire au couvent de Vinet, et de droit de celle de Notre-Dame, de cette ville, d'autre part ; en présence et du consentement de très haut et très puissant seigneur messire Jean-Pierre, comte de Lambertye, chevalier, lieutenant pour le roy, commandant au gouvernement de Sarre-Louis, grand bailly des baillages et présidiaux de Bouley et de Sarre-Louis, seigneur de Coome, Bering, Bitling, chevalier de l'ordre royal et militaire de Saint-Louis, oncle paternel de l'époux et fondé de pouvoir par très haut et très puissant seigneur Mre Jean-François, vicomte de Lambertye, père de l'époux, pour consentir audit mariage, par procuration passée devant Collandreau et Sicard, notaires royaux à Angoulême, le 16 juin 1788, controlée et légalisée le même jour, laditte procuration représentée et annexée à la minute du contrat de mariage desdits seigneur et dame, passé devant Coqteaux, notaire royal à Châlons, ce 7 juillet 1788, et de messire Jean-François, comte de Lambertye, prêtre, chanoine du chapitre noble de la cathédrale de Metz, vicaire général de Saint-Claude, frère de l'époux, et du côté de l'épouse, de ses père et mère, de Mre Claude Dubois de Chantrenne, chanoine de la cathédrale de Châlons, cousin ; de Jean-Baptiste-Odile de Tarade, officier au régiment de Paris, cousin issu de germain, de Mre Jean-Baptiste Le Gentil, prêtre et trésorier de la cathédrale de Châlons, et d'autres parents et amis soussignés, et ont signé avec nous. — Signé au registre : Le vicomte de LAMBERTYE, A.-C. DE CAPPY, le comte DE LAMBERTYE, CAPPY D'OIRY, TARADE, DE CAPPY, CAPPY D'OIRY, CAPPY D'OIRY, l'abbé DE LAMBERTYE, DE CHANTRENNE, DE TARADE, DESELLE, LE GENTIL, M.-J.-B. DUBOIS et GOUGELET, curé de Saint-Eloy. — (Registres paroissiaux de Saint-Eloi de Châlons-sur-Marne.)

Certificat du grand-doyen de la métropole de Trèves pour Jean-Pierre de Lambertie.
31 *décembre* 1792.

Nous, Anselme-François, baron de Kerpen, grand doyen de la Métropolitaine de Trèves, conseiller intime actuel de Son Altesse Sérénissime Electorale et son statthalter à Trèves et dans l'Electorat, déclarons par ces présentes que M. Jean-Pierre, comte de Lambertye, maréchal des camps et armées du roi, lieutenant pour le roi, et commandant à Saarlouis, diocèse de Trèves, grand bailly des baillages de Boulay et de Saarlouis, seigneur de Coome en Lorraine allemande, baillage de Boulay, nous a présenté des brevets et lettres ainsi qu'un certificat donné par le conseil d'administration au nom du corps du régiment de Poitou, desquels documents, tous originaux, il conste que le dit sieur comte de Lambertye a servi depuis 1746 jusqu'en 1776 au régiment de Poitou, qu'en récompense des services rendus il a été pourvu du régiment provincial de Médoc, qu'il a reçu trois blessures devant l'ennemi et qu'il a servi en tous temps et occasions avec honneur et distinctions, aimé et estimé de ses chefs et camarades.

Au reste, comme notre qualité de Statthalter nous a mis à portée de connaître particulièrement par nous-même la conduite distinguée que le sieur comte de Lambertye a tenue depuis onze ans qu'il commande sur les frontières de France voisines de l'Electorat, nous sommes dans le cas d'attester, en outre, qu'il a acquis dans ce commandement une réputation des plus distinguées, qu'il l'a soutenue sans cesse et surtout mérité confiance, estime et affection des gouvernements voisins et la nôtre en particulier, et que de plus nous le croyons digne de l'estime et de la considération de tous ceux qui sont à même de connaître ses sentiments et qualités. En foi de quoi nous avons délivré le présent certificat, scellé de nos armes et signé de notre propre main. Fait à Coblence, ce 31 décembre 1792. — Signé : A. baron DE KERPEN.

Puis est écrit : « Nous soussignés, notaire et témoins, déclarons et attestons que M. Jean-Pierre, comte de Lambertye, maréchal des camps et armées du roi de France, nous a présenté plusieurs actes à l'appui du certificat de S. A. S. le prince de Condé, qui toutes justifient l'authenticité du dit certificat, nous certifions que la présente copie de ce certificat est conforme en tous points à l'original, ainsi que celle du certificat donné par M. Anselme-François, baron de Kerpen, grand-doyen de la Métropolitaine de Trèves, dont l'original nous a été présenté et que foi doit y être ajoutée. Nous avons l'honneur d'attester que Monsieur le comte de Lambertye et Madame son épouse jouissent dans cette ville de toute la considération possible et de l'attachement particulier des chefs. En foi de quoi nous avons fait sceller les présentes de nos armes et signé de notre propre main. Fait et passé à Erfurt, en Thuringe, l'an mil huit cent deux, le dix-huit mars ». — L'original est signé : Baron DE MONTALEMBERT, témoin ; Alexandre DE NOVILLE, témoin ; François-Michel PABST, doct. en droit et notaire impérial public juré. — (Archives de Cons-la-Grandville.)

_____

Certificat du prince de Condé pour Jean-Pierre de Lambertie. 28 *octobre* 1794.

Nous, Louis-Joseph de Bourbon, prince de Condé, prince du sang, pair et grand maître de France, colonel général de l'infanterie française et étrangère, duc de Guise, etc., etc., commandant en chef sous les ordres de M. le Régent une division de la noblesse et de l'armée française, certifions que M. Jean-Pierre, comte de Lambertye, maréchal des camps et armées du roi de France, est d'une des anciennes familles de noblesse du royaume, distinguée par son amour pour ses rois et par ses alliances, qu'il a servi avec honneur et distinction depuis 1746, qu'il a fait les trois dernières campagnes d'Italie et celles d'Allemagne où il a reçu trois blessures, que depuis la Révolution il a professé des principes purs, restant fidèle à son roi, montrant de l'attachement à la bonne cause, que lui et toute sa famille émigrée cherchent à soutenir, et que nous le croyons, par ses sentiments et sa bonne conduite, digne de la protection des gouvernements et des personnes en place dont il réclamera l'appui. En foi de quoi nous lui avons fait expédier le présent certificat signé de notre main, contresigné par le secrétaire de nos commandements, et auquel nous avons fait apposer le sceau de nos armes. — Fait à notre quartier général de Ettlingen, le 28 octobre 1794. — Signé : Louis-Joseph DE BOURBON. Par S. A. S. Monseigneur, signé : DAOUIN.

Sépulture d'Anne de Redon, veuve de Joseph de Lambertie. 2 juin 1795.

L'an mil sept cent quatre-vingt-quinze et le deux de juin, est décédée munie du sacrement de l'extrême-onction, Madame Anne de Redon, relicte de M. le comte de Lambertie, dame d'honneur de Son Altesse Sérénissime Madame la princesse Louise de Bourbon-Condé, abbesse de Remiremont, et le quatre elle a été enterrée dans le cimetière de Saint-Nicolas. Donné pour extrait authentique, à Fribourg, le 5 août 1872. — Tobie LOFFING, chanoine-curé. (Registres paroissiaux de Fribourg).

Décès de Anne-Françoise de Redon, épouse de Joseph de Lambertie. 2 juin 1795.

Fribourg-en-Suisse, ce 2 juin 1795.

C'est avec infiniment de peine, Monsieur, que je vous fais part de la mort de Mme la vicomtesse de Lambertye. Elle est tombée en apoplexie hier au soir à onze heures, et tous les secours qui lui ont été donnés n'ont pu la rappeler à la vie, qu'elle a perdue ce matin sur les six heures. On lui a administré l'extrême-onction pendant la nuit; n'ayant point eu sa connaissance, elle n'a pu recevoir que ce sacrement; mais ses principes et ses sentiments de piété sont un motif de consolation pour tout ce qui la connaissait, et nous avons tout lieu d'espérer que Dieu aura reçu son âme dans sa miséricorde. Comme je ne connais ici, ni dans les environs, aucun parent de Mme votre belle-sœur, je m'occupe d'arranger le peu d'affaires qu'elle laisse, qui ne consiste qu'à tirer parti du mobilier pour payer les gages qu'elle devait à une femme de chambre (des soins de laquelle elle ne pouvait trop se louer), et à un ancien domestique dont elle était aussi fort contente. Je doute, d'après l'état qui a été fait dès ce matin de ce mobilier (pour se conformer aux usages et coutumes du pays) qu'il soit même suffisant pour acquitter cette dette. On a cherché un testament; il n'y en a pas. On n'a trouvé qu'une feuille de papier non datée, avec quatre lignes, par lesquelles elle recommande son âme à Dieu et qui annonçaient le projet de commencer un testament. Il y a aussi quelques lettres relatives aux affaires de la vente de l'habitation de Saint-Domingue; elles seront conservées avec soin. Ignorant où sont tous les autres parents de Mme la vicomtesse de Lambertye, soit les siens propres, soit ceux de votre nom, vous voudrez bien, Monsieur, si vous êtes plus instruit, vous charger de leur faire savoir la perte qu'ils ont faite. Je suis bien fâché que ce soit un aussi triste événement qui me procure l'occasion de vous assurer de tous les sentiments d'estime que je vous prie de me croire pour vous. — L.-A. DE BOURBON.

Je prie Mme la comtesse de Lambertye de recevoir toutes les assurances de mon sincère intérêt.

Adresse : *Monsieur le comte de Lambertye, à Erfurt, en Turinge.*

Extraits de l'enregistrement du Parlement de Metz, déposés actuellement au greffe du tribunal civil du département de la Moselle, séant audit Metz. 1783-1813.

Jean-Pierre, comte de Lambertye, maréchal de camp, commandant pour le roi à Sarrelouis, grand bailly des baillages de Boulay et de Sarrelouis, premier du nom de la branche de Lammarie, qui, en 1785, obtint du roi une pension de 1,200 livres perpétuelle, affectée sur le baillage de Boulay et de Sarrelouis, ainsi qu'il est démontré par l'arrêt du Conseil d'État du 28 septembre 1785 et les lettres patentes enregistrées à la Chambre des Comptes du Parlement de Metz le 19 juin 1786. Les motifs qui ont fait accorder cette grace unique sont ainsi expliqués :

Sa Majesté aurait reconnu que les services personnels dudit comte de Lambertie, son commandement à Sarrelouis et ceux de sa famille, le mettaient dans le cas d'obtenir des récompenses, et aurait cru en conséquence devoir lui accorder une pension de 1,200 livres sur les domaines de la généralité de Metz, à quoi voulant pourvoir, ouï le rapport du sieur de Calonne, conseiller ordinaire au Conseil royal, contrôleur général des finances,

Le roi étant en son Conseil a accordé et accorde au sieur comte de Lambertye, en sa qualité de grand bailly de Boulay et de Sarrelouis, et à ses descendants mâles, successeurs audit office, une pension de 1,200 livres dont la jouissance commencera du 1er septembre de la présente année. Ordonne, en conséquence, Sa Majesté, qu'il soit fait emploi de ladite somme annuellement au profit dudit sieur comte de Lambertye dans l'état des charges assignées sur les domaines de la généralité de Metz, et seront, sur le présent arrêt, toutes les lettres patentes nécessaires expédiées.

Fait au Conseil d'État du roi, Sa Majesté y étant, tenu à Saint-Cloud le 28 septembre 1785. — Signé : Le maréchal DE SÉGUR.

Collationné par le greffier commis du tribunal civil soussigné : VITERNE. — Metz, le 17 brumaire, an VI de la République.

Lettre écrite par M. le Maréchal duc de Broglie au nom des Princes.

Trèves, 21 avril 1791.

L'intention des princes est que M. le comte de Lambertie, lieutenant du roi de la ville de Sarrelouis, reste dans cette place tant qu'il pourra le faire avec sureté et qu'il pourra être de quelque utilité pour le service du roi, laissant à la prudence le choix de la conduite que les circonstances pourront exiger.   Le Maréchal DE BROGLIE.

Autre lettre du même.

Coblentz, le 21 juin 1792.

J'ai reçu, Monsieur, la lettre que vous m'avez fait l'honneur de m'écrire. Je serai toujours disposé à obliger un ancien et brave militaire comme vous, et en attendant que je puisse en trouver l'occasion vous pouvez rester tranquille où vous êtes.

J'ai l'honneur d'être.....   Le Maréchal DE BROGLIE.

Certificat donné par les Commissaires des Princes.

Nous soussignés, commissaires nommés par les princes, certifions que Monsieur le comte de Lambertye, lieutenant pour le roi à Sarrelouis, arrivé depuis le 8 du présent, a déposé le certificat exigé par les règlements pour être admis au nombre des émigrés français. — Signé : BEY, commissaire.

A Trèves, le 12 août 1792.

Ce certificat déposé est signé par MM. DE TARADE, ancien capitaine de vaisseau ; le marquis DE VERTILLAC, maréchal de camp ; le prince DE BROGLIE-REVEL, et le comte DE BRULARD, premier capitaine des grenadiers.

Certificat de S. A. Monseigneur le prince de Constance pour Jean-Pierre de Lambertie.
21 juillet 1795.

Nous Charles de Dalberg, archevêque de Tarses, coadjuteur de l'Electeur de Mayence et des principautés de Worms et de Constance, gouverneur à Erfort pour Son Altesse Electorale de Mayence, déclarons par les présentes que Monsieur Jean-Pierre, comte de Lambertye, maréchal des camps et armées du roi de France, commandant pour le roi à Saarlouis et Sarre, diocèse de Trèves, grand baillif des baillages de Boulay et Saarlouis, seigneur de Coome, en Lorraine allemande, baillage de Boulay, nous a présentés différents brévets, lettres, certificats et attestations, desquels documents, tous originaux, il en résulte que ledit sieur comte de Lambertye a servi depuis 1746 avec honneur et distinction. Au reste, comme ledit sieur comte de Lambertye s'est fait chérir et respecter généralement par la noblesse de son caractère et la distinction avec laquelle il a commandé sur la frontière, et qu'il nous a été recommandé par des personnes considérées et distinguées par le plus rare mérite, et qu'enfin pendant son séjour à Coblence et à Erfort il s'est concilié l'estime et la considération de tous ceux qui sont à même de connaître ses sentiments et ses qualités, nous nous croyons en devoir d'attester toutes ces vérités, et c'est en foi de quoi nous avons délivré le présent certificat scellé de nos armes et signé de notre propre main. — Fait à Erfort ce 21 juillet 1795. — Charles DE DALBERG. — (Archives de Cons-la-Grandville.)

Lettre de S. A. I. le prince Charles à M. le comte de Lambertie.

Vienne, le 31 mars 1801.

J'ai reçu, Monsieur, votre lettre en date du 22 mars, ainsi que votre plan d'organisation que je me propose de parcourir. Il n'est pas en mon pouvoir de vous employer d'une manière analogue à vos désirs sur la rive gauche du Rhin.

Je suis avec estime, Monsieur, votre très affectionné.   CHARLES.

Réponse de S. M. Louis XVIII au même.

Varsovie, le 2 mars 1802.

Le roi a reçu, Monsieur le Comte, votre lettre du 15 février. S. M. y a trouvé avec sensibilité un nouvel hommage de votre fidélité à la monarchie et de votre dévouement à sa personne.

Le roi s'est fait une loi de ne point prononcer sur la question de la rentrée ; cependant S. M. m'ordonne de vous dire, Monsieur le Comte, que dans tous les temps, dans tous les lieux, elle est bien sûre de retrouver constamment en vous un de ses fidèles et loyaux serviteurs.

Je vous prie d'agréer l'hommage de la considération très distinguée avec laquelle j'ai l'honneur d'être, Monsieur le Comte, votre très humble et très obéissant serviteur.

DE THAUVENAY.

Apostille du prince de Condé au Mémoire de M. le comte de Lambertie, adressé au roi pour obtenir un commandement ou sa retraite.

Les anciens et distingués services du comte Jean-Pierre de Lambertie, son âge et ses nobles blessures paraissent lui donner des titres mérités aux grâces qu'il sollicite des bontés du roi. Je recommande avec beaucoup d'intérêt à M. le Ministre de la guerre les demandes de ce brave officier.

Au palais de Bourbon, le 20 juillet 1814.   Louis-Joseph DE BOURBON.

Nomination de Jean-Pierre de Lambertie au grade de lieutenant-général. 9 février 1815.

Paris, le 9 février 1815.

Monsieur le Comte, il m'est agréable d'avoir à vous annoncer que le roi, par ordonnance du 23 janvier dernier, vous a accordé le grade de lieutenant-général, pour tenir rang du même jour, et la retraite de maréchal de camp.

Vous êtes autorisé à porter les marques distinctives du grade de lieutenant-général. J'ai donné ordre que le brevet vous en fût expédié.

Recevez, Monsieur le Comte, l'assurance de ma parfaite considération.

Le Ministre de la guerre, M^{al} duc DE DALMATIE.

---

§ VIII. — SEIGNEURS DE GRIGNOL

Baptême de Gabriel de Lambertie. 18 juillet 1638.

Le dix-huitième jour du mois de juillet mil six cent trente-huit, a esté baptisé à l'église Saint-Maurice de Montbron, Gabriel de Lambertye, fils de Françoys de Lambertye, eycuyer, syeur de Menet, et de damoizelle Marguerite [Marquise] de Rofignac, a esté parrain Gabriel de Rofignac, eycuyer, syeur de Sannac, et marraine Françoise de Forgue. — Signé au registre : Gabriel DE ROFFIGNAC, Françoise DE FORGUES, LARUE, BARRAUD et TERRADE, curé perpétuel de Montbron. — (Registres paroissiaux de Saint-Maurice de Montbron.)

PIERRE-GASTON Comte DE LAMBERTYE

(Branche DE St- SORNIN)

Marié à THAÏS - EUGÉNIE DE BERNETZ (1861)

Né en 1832.

Baptême de Jean de Lambertie. 1ᵉʳ *juin* 1715.

Le premier juin mil sept cent quinze, a esté baptisé Jean, fils naturel et légitime de Jean de Lambertye, escuyer, sieur des Loges, et de Maurice Lériget ; a esté parrain Jean-François de Lambertye, escuyer, sieur du dit lieu, et marraine Marie Nimaud. Et pour eux ont tenu Mᵉ François Jordain, notaire royal, et demoiselle Françoise de Lambertye. Le dit enfant est né le 27 may. — Signé au registre : Mar. DE LAMBERTYE, Françoise LANBERTYE, Marie DE LAMBERTYE, JORDAIN, Jeanne LAMOURE et BARRAUD. — (Registres paroissiaux de Montbron.)

Sépulture de Jean-François de Lambertie. 9 *novembre* 1791.

Le neuf novembre mil sept cent quatre-vingt-onze, a été inhumé, mort d'hier, muni des sacrements, âgé d'environ quatre-vingt-six ans, M. de Lambertye des Brousses, ancien officier, en présence de ses proches qui ont signé. — Signé au registre : LAMBERTYE, LAMBERTYE, DEVARS, VIGNERON, vic., et RAOUL, curé. — (Registres paroissiaux de Montbron.)

§ IX. — SEIGNEURS DE MARVAL ET DU CLUSEAU MARQUIS DE LAMBERTIE

Maintenue de noblesse de Jean de Lambertie. 19 *décembre* 1588.

Les commissaires ordonnez par le roy pour le regallement des tailles et réformation des abus commis au faict de ses finances en la Généralité de Poitiers, à tous ceulx qui ces présentes lettres verront. Salut. Scavoir faisons que ce jourd'huy, datte des présentes, est comparu pardevant nous Jehan de Lambertie, écuyer, sieur de Prung, des Roberts, paroisse de Maraval, lequel suivant l'assignation à luy baillée à la requeste du substitut du procureur général du roy en la dite commission, pour apporter les titres et enseignements de sa noblesse, nous a représenté un partage faict noblement entre Françoys, Jehan, Guy et Raymond de Lambertie, écuyers, frères, enfans de feu Jehan de Lambertie, vivant écuyer, de la succession de leur dict père, du huitiesme septembre mil cinq cent huict. Testament du dict François de Lambertie par lequel il legue à Francoys de Lambertie, son fils et à ses aultres entants, les choses contenues par le dict testament du six août mil cinq cent vingt-huit. Articles accordés sur le mariage dudict François de Lambertie, le jeune, fils dudict François, avec demoiselle Jehanne de La Faye, fille de Jean de La Faye, écuyer, sieur de Menet, du dix-sept décembre mil cinq cent trente-cinq. Testament dudict François le jeune, écuyer, sieur de Menet, sur lequel il institue ses héritiers, Jehan de Lambertie son fils aîné, et Jehan de Lambertie, dit le capitaine de Lambertie, puisné, ses enfants, le huictieme juillet mil cinq cent soixante-huict. Contrat de mariage dudict Jean de Lambertie puisné, duquel est question, en qualité de fils dudict feu François de Lambertie avec demoiselle de Montfrebeuf, fille de feu François de Montfrebeuf, écuyer, sieur du Puy, du vingt-un novembre mil cinq cent soixante-dix-sept, avec aultres titres par luy exhibés, et après

30*

avoir sur ce oy le dit substitut du procureur général du roy, ensemble les députez de la dite paroisse, tout vu et considéré. Nous avons renvoyé et renvoyons ledict Jean de Lambertie, écuyer, de l'assignation à luy baillée à la requeste du substitut du procureur général du roy pour la représentation des tiltres justificatifs de sa noblesse. Sy donnons et mandons au premier huissier ou sergent royal sur ce requis, signiffier ces présentes à tous qu'il appartiendra, de ce faire donnons pouvoir en vertu de celui à nous donné. Mandons à tous officiers et subjets du roy, qu'à luy en ce faisant soit obéy. Donné à Poitiers le dixneuviesme décembre mil cinq cent quatre vingt huict. Signé : DE SAINCTE MARTHE et HECRE, avec paraphes.

Et au dessous est écrit :

Par ordonnance de mesdits sieurs, signé : VALLÉE, avec paraphe.

Baptême de Jean de Lambertie. 12 *août* 1706.

Le douzième jour du mois d'août de l'an mil sept cent six, on a suppléé aux cérémonies du baptême de Jean de Lambertye qui avait déjà été ondoyé, fils de Jacques, seigneur de La Chapelle et Souffrignat et autres places, et de dame Marie-Thérèze de Larochefoucaut; et a été tenu sur les fonts batismaux par Jean de Villedari et Marie Gaillard au nom de messire Jean de Lambertye, seigneur de Menet, parrain, et demoiselle Angelique de Larochefoucaud, marraine.

Le dit Jean de Lambertye est né le dix-septième jour d'avril, baptisé le même jour. Fait à Marval par moi Desgeraud, curé de la paroisse. Le registre est signé : LAMBERTYE, J. DE VILLEDARY, Marie GAILLARD. — (Registres paroissiaux de Marval.)

Sépulture de Marie-Françoise de La Rochefoucault, épouse de Jacques de Lambertie.
1er *novembre* 1737.

L'an mil sept cent trente-sept, le premier de novembre, a été enterrée dans l'église, après avoir reçu les sacrements, dame Marie-Françoise de Larochefoucault, épouse de messire Jacques de Lambertye, écuyer, seigneur de La Chapelle de Saint-Robert, Soufrignat, de Marval et autres places, âgée de cinquante-huit ans; en présence de Lazare Chazelas, Léonard Caru, Pierre Pigearias et Martial Catasor qui n'ont su signer. — (Registres paroissiaux de Marval.)

Mariage de Jean de Lambertie avec Françoise de Lestrade. 18 *octobre* 1740.

Ce jourd'hui 18 octobre 1740, après les trois publications des bans faites aux prônes des messes paroissiales tant de Marval en Poitou, diocèze de Limoges, que de cette paroisse d'Ampilly-les-Bordes, entre messire Jean de Lambertie, chevalier, capitaine au régiment de Poitou, fils légitime d'Illustrissime seigneur messire Jacques de Lambertie, chevalier, comte de Lambertye, seigneur de Marval, la Chapelle de Saint-Robert, Sous-Freignac et autres lieux, et de feu dame Dame Marie-Françoise de La Rochefoucault, ses père et mère, résidant en sa terre de Marval, diocèze de Limoges, d'une part; et demoiselle Mademoiselle

JEAN, Comte de LAMBERTYE

Seigneur en partie de MARVAL, de la CHAPELLE-St-ROBERT
le CLUSEAU, etc.

Capitaine de Grenadiers au Régiment de Poitou,

Chevalier de l'Ordre Royal et Militaire de Saint-Louis,

Marié : 1° à Françoise de LESTRADE de la COUSSE (sans postérité) ;

2° à Elisabeth Aimée ALAMARGOT de FONTBOULLIANT (1747).

(1706 - 1765)

Françoise Delestrade de la Cousse, fille légitime d'Illustrissime seigneur messire Jacques de
Lestrade de la Cousse, chevalier, baron d'Arcelot, seigneur de Bouze, Bouzot, Presilly-les-
Bordes et autres lieux, et de dame Dame Elizabeth de Poney, ses père et mère, la dite
demoiselle de cette paroisse de Notre-Dame d'Ampilly-les-Bordes, d'autre part.

Je soussigné, prêtre desservant la dite paroisse d'Ampilly, après avoir vu la lettre de
recedo de M. le curé de Marval en bonne et due forme, légalisée par Monseigneur
l'évêque de Limoges et reconnue par Monseigneur notre évêque, j'ai donné la bénédiction
nuptialle et ai reçu le consentement mutuel du dit messire Jean de Lambertye et de la
dite demoiselle Françoise de Lestrade de la Cousse, es présence de messire Jacques de
Lestrade de la Cousse et de dame Elizabeth de Poney, père et mère de la dite demoiselle,
de demoiselle Claire Dorsan tante, de Mr Cadouche, lieutenant des gardes suisses, de M. le
chevalier de la Jarrie, de M. le marquis de Saint-Belin et autres, tous parens, amis et
témoins requis, qui se sont soussignés avec nous. — Ont signé au registre : LESTRADE DE
LA COUSSE, LAMBERTYE, LESTRADE D'ARCELOT, DE PONEY D'ARCELOT, DORSAN, DE SAINT-BELIN, DE
LA JARRYE DE CESSEY, P. L. CADOUCHE, VIART DE QUEMIGNY, C. ROUGEOT, curé de Jouis et
d'Ampilly, J. LEJEUNE, recteur d'école, PERRIN, prêtre. — (Registres paroissiaux d'Ampilly-les-
Bordes.)

Sépulture de Françoise de Lestrade, épouse de Jean de Lambertie. 22 décembre 1744.

Le vingt-deux décembre mil sept cent quarante-quatre est décédée dame Dame Françoise
de Lestrade de la Cousse de Lambertye, fille de messire Jacques de Lestrade de la Cousse,
chevalier, baron d'Arcelot, seigneur de Boul, Bouzot et autres lieux, et de dame Dame
Elizabeth de Ponei, sa mère; et épouse de messire Jean, comte de Lambertye, chevalier de
l'ordre militaire de Saint-Louis, ancien capitaine au régiment de Poitou, âgée d'environ
trente-neuf ou quarante ans, après avoir reçu le saint Viatique et derniers sacremens avec
la plus grande piété, et a été inhumée le vingt-trois décembre 1744 à l'église d'Ampilli-
les-Bordes, es présence des seigneurs et dames circonvoisins, parens et amis et des prêtres
et curés soussignez. — Ont signé au registre : LAMBERTYE, PERSON, prieur-curé de Baigneux,
MOREL, curé de Duesme, DORSAN, VIART, LESTRADE DE LA COUSSE, LESTRADE D'ARCELOT,
BRIGANDET, prêtre. — (Registres paroissiaux d'Ampilly-les-Bordes.)

Contrat de mariage de Jean de Lambertie avec Aimée Alamargot de Font-Bouillant.
12 juin 1747.

Furent présents en personnes, messire Jean de Lambertye, chevalier, ancien capitaine
au régiment de Poitou, chevalier de l'ordre militaire de Saint-Louis, fils légitime de haut
et puissant seigneur messire Jacques de Lambertye, seigneur de Marval, La Chapelle Saint-
Robert, Souffragnat et autres places, et de défunte haute et puissante dame Madame Marie-
Françoise de Laroche-Foucault, le dit seigneur Jean de Lambertye, veuf de dame Madame
Françoise de l'Estrade de la Cousse, fille légitime de messire Jacques de l'Estrade, illustrissime seigneur, chevalier, baron d'Arscllot, seigneur de Mirex, Ampilly-les-Bordes, Boussot et
autres lieux et de dame Elisabeth de Poussy ses père et mère, demeurant ledit seigneur Jean
de Lambertye de présent en la ville de Montluçon, paroisse de Notre-Dame, province de Bour-

bonnais, d'une part ; messire Gilbert-Olive Alamargot de Font-Bouillant, chevalier, seigneur de Quinzaines, le Cluzeau, Châteauvieux et autres lieux, sous son autorité dame Madame-Magdelaine de Tissandier, son épouse, et sous leur autorité damoiselle Mademoiselle Elisabeth-Aimée Alamargot de Fontbouillant, leur fille, tous demeurants en la ville de Montluçon, paroisse de Notre-Dame et autre part. Lesquels dit seigneur Jean de Lambertye et dite damoiselle Elisabeth-Aimée Alamargot de Fontbouillant, sous l'autorité que dessus, ont fait le traité de mariage ainsi qu'il suit : savoir, que le dit seigneur de Lambertye de l'avis et conseil du dit seigneur Jacques de Lambertye, comte du dit lieu, son père, de messire Pierre marquis de Lambertye de la Chapelle Saint-Robert, son frère aîné, suivant leurs procurations reçues Bourines notaire royal en Périgord, le 29 mai dernier, duement controllé le dit jour à Nontron par Dufraize commis, de haut et puissant seigneur messire René-Louis Saint-Hermine, prêtre licencié ez droits, des Facultés de Paris, conseiller du Roi en ses conseils, aumonier de la Reine et abbé de l'abbaye de N.-D. de Montbenois, ordre de Saint-Augustin, diocèze de Bezançon, suivant sa procuration reçue Micheteau et Vartry, notaires au Châtelet de Paris, le 27 mai aussi dernier. de damoiselle Mademoiselle Claire-Joseph Dorsan, fille majeure de défunt haut et puissant seigneur messire Claude Dorsan, chevalier Dorvin, seigneur Darosey, ancien capitaine au régiment de la Couronne, suivant sa procuration reçue Porteret notaire et tabellion du Roi héréditaire, Aignais-le-Duc, bailliage de la Montagne, le 30 mai 1747, dûement controllée au dit Aigniais le même jour, par Petit commis, et des dits seigneurs et dame Marquis de Ségure, chevalier seigneur du Grand-Puch et de Voutron, chevalier de l'ordre royal et militaire de Saint-Louis, suivant leurs lettres du 27 mai aussi dernier, lesquelles comme les dites procurations sont demeurées annéxées à la minute des présentes ; et la dite demoiselle Alamargot de Fontbouillant de l'autorité des seigneur et dame ses père et mère, et de l'avis de messire François de Monestay de Chazeron, très-haut et très-puissant seigneur baron des Forges, seigneur de Malicorne, Commentry et autres lieux, chevalier de l'ordre royal et militaire de Saint-Louis, ancien major du régiment de Sommery son oncle maternel, ont promis de se prendre pour époux et épouse sitôt que l'une des parties en sera requise par l'autre, les cérémonies canoniques préalablement observées. Le dit mariage fait et accompli, le dit seigneur et damoiselle future seront communs en tous biens, meubles, et conquets immeubles à faire pendant et constant le dit mariage, suivant la coutume de cette province de Bourbonnais ; et, pour composer la dite communauté, chacun d'eux sera tenu d'y porter et confondre la somme de mille livres qui sera prise sur leurs plus clairs biens ; le surplus de leurs biens demeurera propre à eux et à leurs et à ceux de leur estocq, souche et ligne employé ou non, ensemble tout ce qui leur écherra par dons, legs, successions, ou autrement, soit meubles, soit immeubles ; sera tenu le dit seigneur futur de prendre par inventaire les biens qu'écherront à la dite damoiselle future.

Si le seigneur futur prédécède la dite damoiselle future, il sera loisible à la dite damoiselle future de suivre la communauté ou y renoncer, pourquoi elle aura le tems de l'ordonnance pendant lequel elle, ses enfants et domestiques seront nourris aux dépens de la dite communauté ; renonçant par la dite damoiselle future à la dite communauté, tous ses biens et droits lui seront rendus, comme aussi la somme par elle confondue en icelle et ses avantages cy après déclarés, le tout franc et quitte de toute dette, quoiqu'elle y fut obligée ou condamnée, desquelles obligations ou condamnations elle sera indemnisée par les biens de la succession du dit seigneur futur, et pour ce aura hypothèque sur iceux dès cejourd'hui ; et jusqu'à la dite restitution jouira la dite damoiselle future des biens du dit seigneur futur et fera les fruits siens en pure perte des héritiers du dit seigneur de Lambertye, lesquels héritiers pourront néantmoins en vendre pour les frais de la dite restitution.

Et quelque choix que fasse la damoiselle future, elle aura de gain nuptial, basgues et jóyaux, la somme de douze mille livres sans enfans à prendre sur les biens du dit seigneur futur et même tout l'équipage du dit seigneur futur comme carosse, chevaux, et autres qui se trouveront au jour du décès du dit futur ; laquelle somme de douze mille livres sera prise premièrement sur les payements qui se trouveront avoir été faits à la décharge des dits seigneurs et dame père et mère de la dite damoiselle future et subsidiairement sur les biens de la succession du dit seigneur futur.

Outre quoi la dite damoiselle future aura de douaire viager la somme de quinze cents livres par chacun an, sa vie durant, à condition que le dit douaire cessera par le convol de la dite damoiselle future qui le reprendra, retournant en viduité, sans les arrérages du temps de la cessation, et avec enfants le dit douaire et avantages ci-dessus seront de moitié seulement.

Au cas que la dite damoiselle future convole en secondes noces, elle ne pourra disposer des avantages ci-dessus ; mais elle sera tenue de les laisser aux enfants qui naîtront du présent mariage.

Aura la dite damoiselle future pour droit d'habitation, aussi pendant sa viduité seulement, chacun an, la somme de trois cents livres en logeant avec elle ses enfants du présent mariage mineurs ou non mariés. Au contraire le décès de la dite damoiselle future arrivant le premier sans enfants, ou iceux défaillants, le seigneur futur ne sera tenu de rendre aux héritiers de la dite que ce qu'il aura reçu d'elle ou à cause d'elle franc et quitte comme dessus.

Outre tous les avantages ci-dessus faits à la dite damoiselle future, arrivant le prédécès du dit seigneur futur, elle sera habillé d'habits de deuil que les héritiers du dit seigneur futur seront tenus de lui faire valoir jusqu'à la concurrence de la somme de douze cents livres.

En faveur du présent mariage le dit seigneur futur s'est constitué envers tous les biens et droits à lui acquis par quel acte et titre que ce puisse être.

En la même faveur les seigneur et dame de Fontbouillant père et mère de la dite damoiselle future, ont institué et instituent par les présentes la dite damoiselle future, leur seule et universelle héritière de tous et un chacun des biens, meubles et immeubles dont ils mourront vêtus et saisis, circonstance et dépendance et aux conditions ci-après, qui sont que le dit seigneur et damoiselle futurs seront tenus de payer par forme de dot appanage et légitime à damoiselle Alamargot de Quinsaines, sœur germaine de la dite damoiselle future, la somme de trente-cinq mille livres après le décès des dits seigneur et dame père et mère de la dite damoiselle future, et quitte de toute dette et à la charge par la dite damoiselle de Quinzaines de payer annuellement à la dame de Sainte-Anastasie, sa sœur, religieuse au monastère de Sainte-Ursule de cette ville, à commencer seulement au jour du décès du dernier mourant des seigneur et dame père et mère de la dite damoiselle future et de la demoiselle de Quinsaines, sa sœur, la somme de vingt livres.

Plus les dits seigneur et dame futurs seront tenus d'acquitter toutes les dettes dont pourront être chargées leurs successions au jour de leur décès.

Plus que le dernier mourant du dit seigneur et dame père et mère de la dite damoiselle future aura la jouissance jusqu'à son décès de la totalité des revenus qui composeront leur succession.

Plus qu'où il arriverait aux dits seigneur, et dame, père et mère de la dite damoiselle future, pendant leur vivant ou de l'un d'eux, aucune succession soit directe ou collatérale, l'usufruit ci-dessus réservé au dernier mourant tant des biens qu'ils ont de présent que de ceux qui leur pourront ensuite arriver, seront partagés par moitié entre la dite damoiselle de Quinsaines sa sœur, bien entendu que le seigneur de Marol leur neveu pourra participer aux successions collatérales qui écherront après les décès des dits seigneur et dame, père et mère de la dite damoiselle future.

En avancement d'hoirie les dits seigneur et dame, père et mère de la dite damoiselle future, delaissent à la dite damoiselle future procédante de l'autorité du dit seigneur futur, la terre et seigneurie de Quinsaines consistant en château, haute, basse et moyenne justice, droits honorifiques, domaine, pré de réserve, vignobles, bois et autres redevances, avec la justice haute, moyenne et basse au lieu de Bobignat, cens, rentes, taille, corvés et autres droits seigneuriaux, ensemble le lieu de la Brousse-Tempeste, situé sur la paroisse de Dommerat, consistant en labourages, vignes et dixmes de vin dans la dite paroisse et généralement tout ce qui peut dépendre et compter les dites seigneuries de Quinsaines, Bobignac et Labrousse, tant en cens, rentes, tailles, dixmes, droits seigneuriaux, qu'autres circonstances et dépendances.

A condition que le dit seigneur et damoiselle futurs ne pourront entrer en jouissance du tout qu'au premier janvier prochain, et en ce qu'ils paieront annuellement et à commencer au dit jour premier janvier prochain, au dit seigneur et dame père et mère de la dite damoiselle future et au dernier mourant d'eux, la somme de douze cents livres, payables en deux paiements égaux, dont le premier se fera au jour de Saint-Jean-Baptiste 1748, et le second au jour de Noël suivant, et ainsi à continuer jusqu'au décès du dernier mourant, à la charge par les dits seigneur et dame père et mère de la damoiselle future de loger et nourrir, jusqu'au jour du décès du dernier mourant d'eux, les dits seigneur et dame futurs, avec une femme de chambre, deux laquais, et deux chevaux seulement pour leur usage. Au moyen de quoi demeurent réservés aux seigneur et dame père et mère de la dite damoiselle future, les prix des fermes et arrérages de cens et droits de lot, échus et à échoir jusqu'au dit jour premier janvier prochain dépendant des dites seigneuries de Quinsaines, Bobignac et Labrousse-Tempeste.

Où le dit seigneur et damoiselle future viendraient à expulser les fermiers des dites seigneuries, au dit cas ils seront tenus à dédommager iceux fermiers, en telle sorte que les dits seigneur et dame, père et mère de la damoiselle future, n'en soient recherchés ni inquiétés.

De plus promettent et s'obligent le dit seigneur et damoiselle futurs, en considération de tout ce que dessus, de payer annuellement et à commencer au jour du dernier mourant du seigneur et dame père et mère de la dite damoiselle, à dame Anastasie Alamargot de Fontbouillant, sœur de Sainte-Anastasie, religieuse au monastère de Sainte-Ursule de la dite ville de Montluçon, et jusqu'à son décès, par forme de pension viagère, la somme de quarante livres. Des autres clauses dont n'est fait mention au présent contrat seront régis suivant la coutume de cette province de Bourbonnais en fin de mariage, car ainsi etc., etc.

Fait et passé au dit Montluçon, après-midi le 12 juin 1747, hôtel des seigneur et dame, père et mère de la dite damoiselle future, en présence de haut et puissant seigneur messire Emmanuel de Lambertye, chevalier de l'ordre militaire de Saint-Louis, ancien capitaine au régiment de Poitou, frère germain du dit seigneur futur, représentant tant pour lui que pour haute et puissante dame Madame Anne de Lambertye, veuve de haut et puissant seigneur messire Jean-François de Rocard, chevalier seigneur de Saint-Laurent-de-Céris, Lacour-de-Saint-Maurice, tante du dit seigneur futur. Dame madame très haute et puissante dame de Pérusse des Cars, veuve de très haut et très puissant seigneur Antoine de la Force. Jean marquis de Saint-Piroyer, seigneur de Montagnière (ou Montagrier) de Rillier, Beauvais et autres lieux, cousin du dit seigneur futur. Haut et puissant seigneur Charles de la Ramière, chevalier seigneur du Puycharneau, Croix de Berte, Lamotte, Tessaine, cousin-germain par alliance du dit seigneur futur. Haut et puissant seigneur messire Jean-François de Lambertye, seigneur de Menet, Roussine, Les Fenêtres, et haut et puissant messire Léon de Lambertye son frère, seigneur de Saint-Sornin,

FRANÇOISE DE LESTRADE DE LA COUSSE

Mariée à JEAN, Comte DE LAMBERTIE, Seigneur de MARVAL (1740)

(1706 - 1744)

cousins au quatrième degré du dit seigneur futur. Haut et puissant seigneur messire Emmanuel de Lambertye, seigneur de Saint-Martin-Lars, Lartimache, et de Puydemeaux, cousin au troisième degré du dit seigneur futur. Haut et puissant seigneur Hélie de Vivonne de la Chataignerai, comte du dit lieu, Mage et la Fougeraie, et haute et puissante dame madame de Lambertie Soulpouze, cousin et cousine au troisième degré du dit seigneur futur. Haut et puissant seigneur Coustin, comte d'Oradour, seigneur du Masnadaux et de la Valade, cousin au troisième degré du dit seigneur futur. Haut et puissant seigneur messire François de Péris, comte de Saint-Auvand, marquis de Montmoreau, seigneur de Chauffy et haute et puissante dame madame Françoise Fralière de Mérullière Soulpouze, cousin et cousine au cinquième degré du dit seigneur futur. Et de dame madame très haute et très puissante dame de Ligniville, veuve de très haut et très puissant seigneur Monsieur le marquis de Lambertye, lieutenant-général des armées du roy, marquis de la Grandville et autres lieux, cousin au quatrième degré du dit seigneur futur. Très haut et très puissant seigneur Monsieur l'abbé de Lambertye, abbé de l'abbaye de Bouzonville et prieur de Romont. De haut et très puissant seigneur messire Camille de Lambertye, marquis de Gerbeviller et autres places. Demeurant le dit seigneur Emmanuel de Lambertye ordinairement au château et lieu noble de Marval en Poitou, étant de présent en cette dite ville. De messire Joseph de Courtais, chevalier, ancien lieutenant au régiment de Clermont-Prince cavalerie, tant pour lui que représentant pour très haut et puissant seigneur messire Nicolas Sémin, seigneur de la Pouge, Fonteny, Bagneux, Braussas et autres lieux, oncle paternel par alliance de la dite damoiselle future. Haut et puissant seigneur messire Besse de Richardie, comte au Vernes, chevalier de l'ordre militaire de Saint-Louis, capitaine au régiment Dauphin-Infanterie, cousin germain de la dite damoiselle future. Haut et puissant seigneur messire du Saulnier, chevalier seigneur, comte de Baussas et de Moncles, cousin germain de la dite damoiselle future. De messire Claude de La Marges de Richemont, chevalier, seigneur du dit lieu, Petit Bord, Arquigny, Noyant et autres lieux, capitaine de cavalerie, aussi cousin germain de la dite damoiselle future. De haut et puissant seigneur messire........ du Château, chevalier, seigneur de Valigny, Fretaise, Les Montais, Cérilly et autres lieux, cousin germain de la dite damoiselle future et de dame Madame Magdelaine du Bogaux de Coulombières, mère du dit seigneur Du Château, tante par alliance de la dite damoiselle future. Demeurant le dit seigneur de Courtais en la ville de Montluçon, paroisse de N.-D., et les dits seigneur et dame du Château en leur château des Monteix, paroisse de Breton. Et encore du consentement de dame Madame haute et puissante dame.......... Alexandre du Beausson, épouze de M. le marquis de Bigny et auparavant veuve de Monsieur le comte de Gamache, seigneur de Reymond, cousin germain de la damoiselle future. De dame Madame haute et puissante dame......... Alexandre de Beausson, épouse de haut et puissant seigneur Monsieur de Douzon, baron de Montégut, Labelin, seigneur du dit lieu de Douzon et autres lieux, aussi cousin germain de la dite damoiselle future, toutes les deux absentes et représentées par le dit seigneur de Courtais. De très haut et puissant seigneur Monsieur le marquis de Saint-Hilaire, seigneur de Maltaverne et autres lieux, comte du Saint-Empire, oncle à la mode de Bretagne de la dite damoiselle future. De Monsieur Feideau, baron de Mareclange, seigneur de Moux et autres lieux, et de dame Madame de Curton de Chabanne son épouse, oncle et tante, à la dite mode de Bretagne, de la dite future. De haut et puissant seigneur messire Claude de Thiange, comte de Thiange de Bord, seigneur du Creuzet et autres lieux. De messire François Legroin et la Roumagère, chevalier, bailly, grand croix de l'ordre de Saint-Jean de Jérusalem, commandeur de Villedieu. De messire Charles Legroin, chevalier de la Romagère, Saint-Sauvier et autres lieux, chevalier de l'ordre militaire de Saint-Louis, ancien capitaine d'infanterie au régiment de Royal-Comtois. De messire Jean de Labrosse, chevalier, seigneur du dit lieu et autres ses terres. De messire d'Allade, baron du dit lieu. De messire Gilbert Alamargot, chevalier, seigneur du Max, ancien capitaine d'infanterie au régiment de Normandie, et de plusieurs autres parents et amis des parties, tous demeurant ez paroisses de Coust Notre-Dame et Saint-Pierre de cette dite ville, soussignés avec les dits seigneur et damoiselle parties, et le juré soussigné. Soit controllé. La minute et signé : Du Cluzeau, Fontbouillant, Lambertye, Alamargot de Fontbouillant, Tissandier de Fontbouillant, le chevalier de Lambertye, Alamargot de Quinsaines, Cerestin et autres. Le Raby n^re royal. Controllé à Montluçon le 25 juin 1747. Reçu cent quatre-vingt-sept livres, quatre sols. Insinué le dit jour. Reçu soixante livres pour les gains de survie de la dite damoiselle future, et sept livres quatorze sols d'insinuation des pensions viagères faites en faveur de la dame de Sainte-Anastasie, religieuse. — Signé : Laccordière, commis. Expédié au dit seigneur futur requérant en cette forme. Signé : Raby, n^re royal. — (Archives du château du Cluseau).

Mariage de Jean de Lambertie avec Elisabeth-Aimée Alamargot de Fontbouillant. 13 juin 1747.

L'an mil sept cent quarante-sept et le treize du mois de juin, après avoir publié à la messe de paroisse une seule fois, sans opposition et sans avoir découvert aucun empêchement civil ni canonique, les bans de futur mariage entre : Messire Jean Delambertye, chevalier, ancien capitaine au régiment de Poitou, chevalier de l'ordre militaire de Saint-Louis, fils de haut et puissant seigneur Messire Jacques Delambertye, chevalier, comte de Lambertye, seigneur de Marval, Lachapelle-Saint-Robert, Sous-Frignac et autres places, et de haute et puissante dame Madame Marie-Françoise Delaroche-Foucault, veuf de dame Madame Françoise de Lestrade de la Cousse, demeurant en la paroisse de Marval, d'une part. Et demoiselle Mademoiselle Elizabeth-Aimée Alamargot de Fombouillant, fille de Messire Gilbert-Olive Alamargot de Fombouillant, chevalier, seigneur de Quinsaines, Le Clusau, Chateauvieux et autres lieux, et de dame Madame Magdelaine de Tissandier, demeurant en cette paroisse de Notre-Dame de la ville de Montluçon, d'autre part. Après la célébration des fiançailles ; vu le certificat de pareille publication en la paroisse de Marval et la dispense de publication des deux autres bans, tant de la part de Mgr l'archévêque de Bourges, en date du 27 mai dernier, que de celle de M. l'évêque de Limoges, en date du 1er juin, présent mois ; vu l'extrait mortuaire de l'acte de sépulture de Madame Françoise Lestrade de la Cousse, de son vivant épouse de mondit Sr Delambertye, en date du 23 décembre 1749. Vu aussi le consentement par écrit de mondit Sr Jacques Delambertye, père du contractant : je, curé de Notre-Dame de Montluçon, soussigné, ai donné la bénédiction nuptiale à mondit Sr Jean de Lambertye et à Mademoizelle Elizabeth-Aimée Alamargot de Fombouillant, après avoir reçu leur consentement mutuel, en présence de Messire Emmanuel Delambertye, chevalier, ancien capitaine au régiment de Poitou, chevalier de l'ordre militaire de Saint-Louis, frère du contractant, demeurant en la paroisse de Marval, et aussi en présence et du consentement de mondit Sr Alamargot de Fombouillant, père de la contractatante, de Messire Joseph Decourtaix, chevalier, ancien lieutenant au régiment de Clermont, demeurant en la susdite paroisse de Notre-Dame de Montluçon, et de Jean Queynard, sacristain de la susdite paroisse de Notre-Dame dudit Montluçon, soussignés avec les parties. — (Registres paroissiaux de Notre-Dame de Montluçon.)

Baptême de Claire-Madeleine de Lambertie. 12 avril 1748.

L'an mil sept cent quarante-huit et le 12 d'avril, est née et a été baptisée Claire-Magdelaine Delambertye, fille légitime de Messire Jean Delambertye, chevalier, seigneur et comte de Lambertye et de l'ordre de Saint-Louis, ancien capitaine du régiment royal de Poitou, et de Madame Elizabeth-Aimée Alamargot de Fombouillant, son épouse. Le parrain est Messire Gibert Alamargot de Fombouillant, chevalier, seigneur de Quinsaines, et la marraine est Mlle Claire-Magdelaine Dorsan, fille de M. le baron Dorval, absents, représentés par Gilbert Chatron, qui n'a su signer, de ce enquis, et par Catherine Chabra, soussignée. — (Registres paroissiaux de Montluçon.)

Baptême de Pierre-Michel de Lambertie. 22 avril 1750.

L'an mil sept cent cinquante et le vingt-deux avril, est né et a été baptisé Pierre-Michel de Lambertye, issu du mariage de Messire Jean, comte de Lambertye, ancien capitaine du régiment de Poitou, chevalier de l'ordre de Saint-Louis, et de Madame Elizabeth-Aimée Alamargot. Le parrain est Messire Pierre, marquis de Lambertye, seigneur de Marval, Lachapelle de Saint-Robert, et la marraine est Madame Magdelaine de Tissandier de Quinsaines, épouse de Messire Gilbert Alamargot, écuyer, seigneur de Quinsaines, grand mère de l'enfant ; lesquels parrain et marraine absents ont été représentés par Michel Fournier, qui n'a su signer, de ce enquis, et par Françoise Guillot, qui a signé avec nous. — (Registres paroissiaux de Montluçon.)

Baptême d'Emmanuel de Lambertie. 9 avril 1755.

Le neuf avril mil sept cent cinquante-cinq, a été baptisé, le père absent, Emmanuel de Lambertye, né ce jour, à dix heures du matin, fils de Messire Jean, comte de Lambertye, ancien capitaine du régiment de Poitou, et de dame Elisabeth-Aimée Alamargot de Fombouilliant, ses père et mère légitimes ; parrain Messire Emmanuel de Lambertye, chevalier, ancien capitaine du dit régiment du Poitou, chevalier de l'ordre militaire de Saint-Louis, marraine dame Jeanne Alamargot de Fombouilliant, épouse de Messire Doriac, représentés par Gilbert Centy, domestique au dit Sr de Lambertye, père de l'enfant et Catherine Filagon, fille de chambre à Mme Doriac. Le parrain a déclaré ne savoir signer, enquis, la marraine a signé avec nous. — (Registres paroissiaux de Montluçon.)

Sépulture de Jean de Lambertie. 13 novembre 1765.

Aujourd'huy treize novembre mil sept cent soixante-cinq, a esté inhumé dans le cimetière de cette paroisse, conformément à ses dernières volontés, le corps de Messire Jean de Lambertye, comte, chevalier, seigneur de Quinsennes, Le Cluseau en Bourbonois, ancien capitaine au régiment de Poitou, chevalier de l'ordre royal militaire de Saint-Louis, mort de la veille, après avoir reçu avec édification les sacrements de notre mère la Sainte Eglise romaine ; ont assisté au convoi et enterrement, quatre corps religieux, plusieurs de

M^{rs} les curés et clercs de la ville et autres personnes, dont quelques-uns ont signé avec nous. — Signé : MAULDE ; VOUX, clerc tonsuré ; D. MICHEL ; LEMAITRE, clerc tonsuré ; Michel LIMOUSAIN, clerc tonsuré ; P. MARTIN, curé de Beaulieu. — (Registres paroissiaux de Beaulieu d'Angoulême.)

Mariage de Claire-Madeleine de Lambertie avec Nicolas-Pierre-Elisabeth Geoffroy de Villemain.
10 octobre 1770.

L'an mil sept cent soixante-dix, le dixième jour d'octobre, après la publication d'un ban faitte en cette église, le seize du mois de septembre dernier, et celle faite en la paroisse de Saints-Come-et-Domien, ayant obtenu la dispense des deux autres bans, ensemble la permission d'être fiancés et mariés le même jour, ainsi qu'il conste par la dispense de Mgr l'archevêque, en date du dix-huit septembre dernier, signé † Chris. arch. parisiensis, et plus bas de La touche, insinuée et controlée le même jour et an que dessus. Plus, après la publication d'un ban, faitte à la paroisse Notre-Dame de la ville de Montluçon, diocèse de Bourges, ainsi qu'il nous conste par le certificat de Messire Croisier, curé de la susdite paroisse, en date du onze septembre dernier, ayant aussi obtenu la dispense des deux autres bans, par Mgr l'archevêque de Bourges, en date du dix, susdit mois de septembre dernier, signée Pepin, vicaire général, et plus bas, Merle de la Brugière, insinuée le même jour. Plus, après la publication d'un ban faitte en la paroisse d'Epernay en Champagne, diocèse de Reims, ayant aussi obtenu la dispense des deux autres bans, par Mgr l'archevêque de Reims, en date du dix septembre dernier, mil sept cent soixante-dix, signé : de Lescure, vicaire général, et plus bas, J. Gobreau, insinuée et controlée le même jour et an que dessus, ont été fiancés et mariés par nous, François-Charles de Bermondet, prêtre, vicaire général du diocèse d'Autun et chanoine de cette église, et ont reçu de nous la bénédiction nuptiale, Nicolas-Pierre-Elisabeth Geoffroy de Villemain, demeurant rue Sainte-Hyacinthe, paroisse Saints-Cosme-et-Damien, fils mineur de Mr Antoine-Pierre Geoffroy, écuyer, Sgr de Vandière et autres lieux, conseiller secrétaire honoraire du Roi, maison et couronne de France et de ses finances, et de défunte dame Marie-Marguerite-Elizabeth de Cuisy du Fey, ses père et mère, d'une part : et Claire-Madeleine de Lamberty, demeurant sur cette paroisse, fille mineure de défunt haut et puissant Sgr Jean, comte de Lamberty, chevalier, seigneur de Cuinsaine, du Cluzeau, et en partie de la terre et seigneurie de Marval, ancien capitaine au régiment de Poitou, chevalier de l'ordre royal et militaire de Saint-Louis, et de haute et puissante dame Elizabeth-Emée Alamargot de Fonbouillan, ses père et mère, d'autre part ; et attendu la minorité des deux parties contractantes, il nous conste le consentement de M. Antoine-Pierre Geoffroy, écuyer, seigneur de Vandière, conseiller secrétaire du Roi, maison couronne de France et de ses finances, demeurant ordinairement à Epernay, en Champagne, père du contractant, par la procuration spéciale, à M. Pierre-François Mayenne, bourgeois de Paris, en date du vingt-trois septembre dernier mil sept cent soixante-dix, pardevant Mes Deribe et Cordier, son confrère, notaires au Chatelet de Paris; et pour la contractante, il nous conste le consentement de haut et puissant seigneur Emmanuel-François, marquis de Lamberty, baron de Corigne, chevalier seigneur de Saint-Martin-Larz, Puy de Meaux, Lartimache, Lépine, La Cour d'Usson, Bessé et autres lieux, mestre de camp de cavalerie, brigadier des armées du Roi, ci-devant capitaine-lieutenant de gendarmes Bourguignons, demeurant ordinairement en son chateau de Saint-Martin-Larz en Poitou, tant en son nom comme cousin issu de germain, que comme fondé de procuration de haut et puissant

EMMANUEL, Comte de Lambertye, Dernier Seigneur de Marval

avait Epousé Marie de CHATEAUNEUF (25 décembre 1796)

seigneur Jean-Joseph, marquis de Rochedragon, baron de Mirebeau, chevalier seigneur de la Vaureille, Létres, Fongère, Paillière, curateur créé en justice, de Claire-Madeleine de Lamberty, demeurant ordinairement dans la ville de Montluçon en Bourbonnoy, par procuration pardevant M⁹ˢ Vidal et Petit, son confrère, notaires à Montluçon, le trente-un août mil sept cent soixante-dix, controlé le même jour, signé Lamodière ; légalisé aussi le même jour ; signé Raby. Et les dites parties contractantes ont été assistées, savoir : l'époux d'Antoine Lemaire, officier de cette église, demeurant sur cette paroisse, et de Charles-Gilles Hodelin, aussi officier de cette église, et même paroisse, et l'épouse, d'André-Nicolas Morin, bourgeois de Paris, demeurant sur cette paroisse, et de Claude Francey, officier de cette église, demeurant même paroisse, lesquels témoins ont tous assuré connaître les dites parties, leur domicile, leur liberté, et ont signé avec nous. Ainsi signé au registre : M. Lambertye, Geoffroy de Villemain, Fontbouillant, Lambertye, Trusson, Baudoin de Guemadeuc, Le Maire, Francey, Odelin, Morin, de Lambertye, Mayenne d'Authenay et de Bermondet, vicaire général d'Autun, chanoine. — (Registres paroissiaux de Saint-Honoré de Paris.)

Sépulture de Pierre de Lambertie. 13 février 1775.

Le treize février mil sept cent soixante-quinze est décédé au château de Marval, après avoir reçu les sacrements de pénitence et de l'extrême-onction, Messire Pierre de Lambertye, écuyer seigneur de Marval, âgé d'environ soixante-douze ans ; a été enterré dans un de ses tombeaux, en l'église paroissiale et en présence de M⁹ˢ Pierre Soury, Baptiste Ledot, Joseph Babayon, Joseph de Saint-Fraud qui ont signé. Le registre est signé : Soury, Baptiste Ledot et Cheyrou, vicaire. — (Registres paroissiaux de Marval).

Baptême d'Henriette-Jeanne-Robertine de Saint-Chamans, épouse de Pierre-Michel de Lambertie. 18 juillet 1783.

Du vendredi dix-huit juillet mil sept cent quatre-vingt-trois. Ce jour a été baptisée Henriette-Jeanne-Robertine, née de ce jour, fille de très haut et très puissant seigneur Joseph-Louis vicomte de Saint-Chamans, baron du Peschier, seigneur de Saint-Marc, Pazayac et autres lieux, mestre de camp, commandant du régiment de la Ferre infanterie, et de très haute et puissante dame Augustine-Françoise-Céleste Pinel Dumanoir, son épouse, demeurant rue de Clichy ; le parain très haut et très puissant seigneur Henry-Léonard-Jean-Baptiste Bertin, ministre d'état, baron de Bourdeilles, seigneur de Brancheilles, Chatou, Montessou et autres lieux, commandeur des ordres du roy, demeurant rue Neuve-des-Capucines, paroisse la Magdeleine la ville Levêque à Paris ; représenté par Guillaume Laivel, bourgeois de Paris, demeurant même rue et même paroisse ; la marraine dame Margueritte-Jeanne de Saint-Chamans, épouse de messire Charles-Jacques-Louis de Meulan, chevalier, secrétaire des commandements, maison et finances, de Madame comtesse Dartois, conseiller du roy, receveur général des finances de la généralité de Paris, demeurant rue de Clichy, présentée par Magdeleine-Anne-Ursule Feauquet, épouse de Gabriel Deschamps, bourgeois, demeurant rue de Clichy, lesquels ont signé avec nous, Laivel, Fauquet, Charles, curé. — (Registres paroissiaux de Clichy).

Vente de Marval. 17 *pluviose an II* (5 *février* 1794).

Pardevant Jean-Baptiste Thoumas, notaire à Limoges, furent présents le citoyen Emmanuel Lambertye, et sous son authorité la citoyenne Marie de Châteauneuf, son épouse, demeurant en cette commune rue Pennevayre, section de l'Egalité, lesquels conjointement et solidairement vendent avec toute garantie, même de tous droits et reprises que ladite citoyenne Châteauneuf peut avoir sur les biens ci-après, tant à cause des avantages stipulés en son contrat de mariage, que par autres actes subséquents, au citoyen Etienne Auvray, administrateur du Directoire du district de Limoges, habitant ordinairement dans la commune et canton d'Aixe, district de Limoges, de présent en cette commune, rue Montant-Manigne, section de la République, ici présent et acceptant.

Tous les biens et héritages appartenant aux vendeurs, situés dans la commune de Maraval, canton de Saint-Mathieu, district de Saint-Junien, généralement quelconques, sans aucune exception ni réserve, consistant en une maison de maîtres, cour et autres bâtiments, reserve composée de jardins, prés, paccages, terre labourables, bois taillis, châtaigneraies, forêts appelées du Puychevalier et du Bourlan, et des garennes, champs froids, bruyères, chaumes, etc.......

Plus un domaine appelé de la Porte, au labourage de deux bœufs, situé au bourg de Maraval.

Autre domaine à deux bœufs appelé Audessus du bourg.

Autre appelé de la Farge, au labourage de quatre bœufs, situé audit lieu de la Farge.

Deux autres appelés du Puychevalier, situés au village du même nom au labourage chacun de deux bœufs.

Autre domaine appelé du Mazilier, situé au village du même nom, au labourage de deux bœufs.

Un moulin appelé de Trancor, avec les héritages en dependant à une meule, situé sous l'étang du même nom.

Plus autre moulin appelé du Teillaud, aussi à une meule, situé sous l'étang du même nom.

Et généralement tels que lesdits biens se comportent, et que lesdits domaines et moulins sont exploités par les colons et meuniers, avec toutes les circonstances et dépendances sans exception ni réserve, sauf les mieux désigner et confronter si besoin est.

Plus vendent comme dessus, tous les bestiaux gros et menus, jumènts, cochons, brebis, moutons, charrettes et outils aratoires qui sont tant, dans la réserve que dans les domaines et moulins, aussi sans exception ni réserve, si ce n'est des meubles meublants, linges et étoffes qui sont dans la maison de maîtres qui demeurent reservés aux vendeurs.

La vente est faite moyennant 100.000 livres, et 2.400 de pot de vin, total 102.400 livres, savoir pour les bestiaux et outils aratoires 12.000 livres et 90.400 livres pour les fonds.

En déduction, les vendeurs reconnaissent avoir reçu comptant en monnaie du cours dudit acquéreur celle de 60.400 livres dont ils concèdent quittance solidaire.

Sur les 42.000 livres restant, les vendeurs délèguent 2.000 livres à payer à leur acquit à la citoyenne Vavereix Boisjoly, demeurant à Angoulême, pour le remboursement du tout principal de la rente annuelle et constituée de 100 livres qu'ils lui doivent.

Et pour celle de 40.000 livres restant, icelui acquéreur, a par ces présentes crée, assis et assigné, du consentement des vendeurs, sur tous ses biens, meubles et immeubles, présents et à venir, et par exprès sur ceux susvendus, pour et au profit des vendeurs et du dernier vivant d'eux, iceux vendeurs acceptant conjointement et solidairement, la rente annuelle et viagère de 3.000 livres qui commence à courir dès ce jour, et leur sera payée, comme promet et s'oblige ledit acquéreur, en deux pactes égaux, de six mois en six mois, d'avance, pendant leur vivant, et du dernier d'eux, franche et quitte de toute retenue quelconque, sans que ladite rente puisse diminuer par le décès de l'un des vendeurs, mais continuera d'avoir son cours en son entier au profit du survivant, pour demeurer éteinte et amortie au décès de ce dernier, et sans que leurs héritiers ou ayant droit puissent en façon quelconque rien prétendre ni demander en raison de ce audit acquéreur.

La vente est faite avec toutes les servitudes accoutumées et entrée en jouissance immédiate.

Dont acte. Fait et passé à Limoges en la maison qu'occupent les vendeurs, le 17 pluviose an second de la République française, après midi, en présence des citoyens Léonard Ruade, membre du district, et Athanase-René Méat, secrétaire du district. Signé : LAMBERTYE, CHATEAUNEUF-LAMBERTYE, AUVRAY, RUHADE, MÉAT, THOUMAS. Enregistré à Limoges, le 25 pluviose an 11; reçu 2328 livres. Signé : VIDAUD.

Reçu pour Emmanuel de Lambertie. 7 prairial an II (26 mai 1794).

Nous, percepteur du Rôle à recouvrer dans la commune de Marval pour le don patriotique, reconnaissons avoir reçu du citoyen Lambertie la somme de quatre cents livres, à quoi se monte sondit don patriotique, portée à l'article premier, et croisée sur ledit rôle. A Marval, ce sept prerial l'an deux de la Republique française, une et indivisible. SOURY.

Nous, maire et officier municipaux de la commune de Marval, certifions que la signature apposée au bas du présent certificat est la vraie signature du citoyen Soury, percepteur du don patriotique, et que foi doit y être ajoutée. Maison commune, le 7 prairial an 2e de la République française, une et indivisible et impérissable. GAREAUD, maire; VILLOTTE, officier.

Décès d'Emmanuel de Lambertie. 25 floreal an IV (14 mai 1796).

Aujourd'hui vingt-cinq floréal l'an quatre de la République française, une et indivisible, est décédé ce matin à onze heures, dans la maison du citoyen Faulte Dupuyparlier, scituée rue Peunevere, section de l'Egalité, Emmanuel Lambertye, âgé d'environ quatre-vingt-dix ans, époux de feue Marie Chateauneuf, qui sont tous les renseignements que j'ai pu prendre, ce qui m'a été déclaré et attesté par les citoyens Etienne Auvray Saint-Remy, commissaire du pouvoir exécutif du canton d'Aixe, restant à Aixe, chef-lieu de canton, et par Pierre Lacaud, secrétaire à la municipalité, restant rue Sainte-Catherine, section de la République, et d'âge compétent, qui ont signé avec moi. Signé au registre : AUVRAY, LACAUD et DELOMÉNIE, officier public. — (Registres de l'état civil de Limoges.)

Brevet de maréchal de camp pour Gilbert-Emmanuel de Lambertie. 14 janvier 1798.

Louis, par la grâce de Dieu, roi de France et de Navarre,

Sur le compte qui nous a été rendu des services du sr Gilbert-Emmanuel, comte de Lambertye, sous-lieutenant de nos gardes du corps, avec rang de mestre de camp, de ses talents et capacités militaires, et d'après les preuves qu'il a données de sa fidélité, nous lui avons accordé et accordons par ces présentes, signées de notre main, le brevet de maréchal de camp en nos armées, voulant qu'il en jouisse aux droits, honneurs, autorité et prérogatives qui y sont attachés, et qu'il prenne rang en ladite qualité, du onze mars mil sept cent quatre-vingt-quatorze. Donné le quatorze janvier de l'an de grâce mil sept cent quatre-vingt-dix-huit et de notre règne le troisième. Signé : Louis. Par le roi, signé : le comte DE LA CHAPELLE. — (Archives du château du Cluseau.)

Lettre de la princesse Louise de Radziwille. 6 mars 1798.

A Monsieur le comte de Lambertye, à Hambourg,

Monsieur,

J'ai été infiniment sensible à votre lettre obligeante, et au souvenir que m'a accordé dans ses derniers moments votre intéressante sœur. Je lui étais très attachée et vous ne douterez donc pas, Monsieur, combien j'ai été touchée en lisant le papier que vous me communiquez. Je l'ai faire lire également à mon père, qui a partagé mon attendrissement, et qui désire autant que moi vous être de quelque utilité dans ce pays, mais malheureusement les circonstances ne vous permettront sans doute pas de venir dans nos contrées, et les passeports, si vous auriez ce projet, sont rarement accordés ; mais veuillez vous persuadez de tout mon intérêt et du désir que j'éprouve, Monsieur, de vous le prouver autant qu'il dépendra de moi. Je ne possède pas encore le portrait de votre pauvre sœur, mais il me sera bien précieux, et je saisis cette occasion de vous offrir les assurances des sentiments d'intérêt et de considération que je vous ai voués et avec lesquels je suis, Monsieur, votre dévouée amie, LOUISE, princesse de Prusse Radziwill. — Berlin, 6 de mars 1 98. — (Archives du château du Cluseau.)

---

§ XI. — SEIGNEURS DU BOUCHET ET DE SAINT-MARTIN-LARS MARQUIS DE LAMBERTIE

Mariage de Marie de Lambertie avec Jean du Repaire de Landeix. 25 mars 1698.

Aujourd'hui vingt-cinquième jour de mars mil six cent quatre-vingt-dix-huit, en l'église paroissiale de Boubon, après la publication d'un ban et avoir obtenu dispense des deux autres de Monseigneur l'évêque de Limoges, et les fiançailles faites entre messire Jean du Repaire de Landeix, de la paroisse de Saint-Étienne de Noblac, du diocèse de Limoges,

Et demoiselle Marie de Lambertye, fille de feu messire Jean de Lambertye et de Marie du Regné, son épouse, pensionnaire de la maison de Boubon, et ne s'étant trouvé aucun empêchement, le soussigné prieur curé du dit Boubon les a mariés et leur a donné la bénédiction nuptiale, au jour et an que dessus, en présence de plusieurs personnes de qualité dont le seing paraîtra ci-dessous. — Le registre est signé : F.-M. RINAULT, curé de Boubon ; LANDEIX DU REPAIRE, ROFFIGNAC, PERMANGLE DE LAVIGERIE, Marie DE LAMBERTYE, LAVISGERIE DE FERRIÈRES, MONTFRÉBŒUF, DU REPAIRE, PERMANGLE DES FARGES, Mle DE BROGNIAC. — Registres paroissiaux de Boubon.)

Baptême de François de Lambertie. 15 décembre 1729.

Le quatorze feuvrier mil sept cent trente, les cérémonies du saint baptesme qui avoient estés différées par permission de M. Rabreuil, vicaire général de Monseigneur de Poitiers, pour six mois et de donner l'eau du saint baptisme à l'enfent nouveau né de Monsieur de Lambertye, lequel, moy curé soussigné, ay ondoyé le quinze décembre mil sept cent vingt-neuf, et ay suppléé aux dittes cérémonies le dit iour quatorze feuvrier ; lequel enfent est né le onze décembre mil sept cent vingt-neuf, et légitime de messire Cosme de Lambertye, chevalier, seigneur de la Cour, l'Avau, l'Epine, mestre de camp, chevalier de l'ordre militaire, et premier capitaine au régiment colonel de cavalerie, et de dame Marie-Angélique du Breuil-Hellion, ses père et mère. Le parrain a esté messire François de Vivonne, chevalier, seigneur de la Fougerays, et la mareine dame Françoise du Barry de Lambertye, auquel enfant ils ont donné le nom de François. Signé au registre : F. de Vivonne, du Barry de Lambertye, Angélique du Breuil-Hélion, C. Acaut de Neuchèze, Louise de Bray, Emmanuel de Lambertye, Cosme de Lambertye, Joly de Lespine, Boessinot, curé d'Usson. — (Registres paroissiaux d'Usson.)

Baptême de Gabrielle-Antoinette-Louise de Lambertie. 14 janvier 1738.

Gabriel-Antoinette-Louise, fille légitime de haut et puissant seigneur messire Camille de Lambertye, comte de Tornielle, capitaine du régiment d'Anjou-cavallerie, chambellan de Sa Majesté Polonoise, seigneur d'Audun, Walhey, etc., et de haute et puissante dame Madame Barbe Hurault, son épouse, est née le treizième et baptisée le quatorze de janvier de l'année mil sept cent trente-huit, elle a eu pour parrein messire François-Joseph Hurault de Moranville, doyen des conseillers de la Cour souveraine de Lorraine et Barrois, seigneur d'Ecüelle et autres lieux, et pour marraine haute et puissante dame Antoinette-Louise de Lambertye, marquise douäriere de Gerbevillers, lesquels ont signé. Signé : Hurault, Lambertye Gerbeviller. — (Registres paroissiaux de Saint-Nicolas de Nancy.)

Contrat de mariage d'Emmanuel François de Lambertie avec Marie-Jeanne d'Anché 25 novembre 1747.

Pardevant les notaires royaux, gardes scel de la ville de Poitiers, soussignés, créés ad instar des conseillers du roy, notaires au Chatelet de Paris, furent présents haute et puissante dame, Madame Marie-Angélique Dubreuil-Hellion, veuve de haut et puissant seigneur messire Cosme comte de Lambertie, mestre de camp, commandant le régiment Colonel-Général - cavalerie, chevalier de l'ordre royal et militaire de Saint-Louis, chevalier, seigneur de Lépine, Lavaul, La Cour d'Usson, La Corbière et autres lieux, tant en son nom que de tutrice de haut et puissant seigneur messire Emmanuel-François marquis de Lambertie, chevalier, seigneur des susdits lieux, son fils et du dit feu seigneur comte de Lambertie, présent et établi, lequel ma dite dame autorise, demeurant au dit lieu de l'Epine, paroisse d'Usson en Poitou, d'une part ;

Messire Jean-Baptiste Jouslard chevalier, seigneur du Vergnay, du Sable et de la Moché de Coursay, demeurant au château de Vergnay, paroisse de Magné près Gençay, en Poitou, au nom et comme fondé de procuration spéciale en date du vingt-deux de ce mois, reçue devant maitre Annaud, notaire royal en Angoumois, et ses témoins, de haute et puissante dame Madame Emerye de Voluire, veuve de haut et puissant seigneur messire Louis Danché, chevalier, seigneur de Bessé et autres lieux ; et tutrice des demoiselles Marie-Jeanne et Thérèse Danché, ses filles, et du dit feu seigneur Danché, demeurante au dit lieu et paroisse de Bessé en Angoumois, et aussi fondé de procuration de la dite demoiselle Marie-Jeanne Danché, sous l'autorité de la dite dame sa mère, par le même acte qui est demeuré joint à ces présentes, après avoir été contresigné par le dit seigneur du Vergnay pour le certifier, et de nous dits notaires paraphé à la réquisition des parties, d'autre part.

Entre lesquelles parties et des dits noms ont été faits les traités et conventions de mariage qui suivent, savoir : que le dit seigneur Emmanuel-François de Lambertie, de l'avis et consentement de haut et puissant seigneur Emmanuel marquis de Lambertye, ancien capitaine au régiment colonel-général-cavalerie, chevalier baron de Corigny, seigneur de Saint-Martin-Lars, Puy-de-Maux, l'Artimache et autres lieux, son oncle paternel, et de haute et puissante dame Madame Françoise Dubarry son épouse qu'il autorise, demeurants en leur château de Saint-Martin-Lars en Poitou, présent et établi, a promis prendre à femme et légitime épouse, la dite demoiselle Marie-Jeanne d'Anché, et le dit seigneur du Vergnay en vertu de la dite procuration de la dite demoiselle Marie-Jeanne d'Anché a aussi promis qu'elle prendra pour son mari et légitime époux le dit seigneur de Lambertie, en face de la sainte Eglise catholique, apostolique et romaine, lorsqu'ils en seront requis de part ou d'autre, les cérémonies sur ce gardées et observées, et à cet effet, ma dite dame du Breüil-Hellion, veuve du dit seigneur de Lambertie, marie le dit seigneur de Lambertie son fils, comme son fils ainé principal héritier, et lui donne en faveur du dit futur mariage par préciput et avantage hors part, sans rapport ni précompte, tous les biens, meubles et acquets immembles dont elle peut disposer, pour en entrer en jouissance, ensemble des biens qui peuvent lui revenir comme son fils ainé et de tous les autres dont elle jouit, dès le jour de la bénédiction nuptiale du dit seigneur de Lambertie son fils, et de la dite demoiselle Marie-Jeanne d'Anché, à la charge néantmoins d'une pension viagère de la somme de mille livres franche dixième, que le dit seigneur de Lambertie son fils et la dite demoiselle future épouse lui paieront par chacun an pendant sa vie, à commencer le premier paiement d'avance trois mois après leur bénédiction nuptiale, sur les biens et revenus du dit seigneur futur époux et sur ceux de la communauté, sans que ceux de la dite demoiselle d'Anché y soient affectés, ni hypothéqués, pour continuer ensuite le même jour de chaque année par avance pendant la vie de la dite dame du Breüil-Hellion.

Et le dit seigneur de Lambertie, oncle du dit seigneur proparlé, en même faveur du dit futur mariage, a donné et donne par ces présentes au dit seigneur de Lambertie son neveu, ce acceptant, sous l'autorité de la dite dame du Breüil-Hellion sa mère, et icelle ce acceptant pour lui, par donation pure, simple, irrévocable entre vifs, pour cause de mariage et en la meilleure forme que donation puisse valoir, par préciput et avantage, sans rapport ni précompte, la propriété de tous les biens, meubles et choses mobiliaires, immeubles, domaines, héritages, propres et acquets qui lui appartiennent, sont et dépendent de Puy-de-Meaux et l'Artimache, situés en la paroisse de la Chapelle-Montbrandeix et autres circonvoisins pays de droit écrit, tout ainsi que le tout se consiste et comporte, sans aucune exception ni réserve, à l'effet de quoi il l'institue son héritier universel en les dits biens, de la propriété desquels il s'est dès à présent dévêtu et désaisi, en a vêtu et saisi le dit seigneur de Lambertie, son neveu, sous la réserve néanmoins qu'il se fait de l'usufruit de tous les dits biens, meubles et immeubles pendant sa vie, et après son décès pour ma dite dame du Barry, son épouse, à laquelle il donne par ces présentes aussi par donation entre vifs, l'usufruit de tous les dits biens meubles et immeubles, à commencer le dit usufruit après le décès du dit seigneur de Lambertie, son mari, pour par elle en jouir pendant sa vie, la dite dame du Barry ce acceptant autorisée du dit seigneur son mari, et pour après le décès de l'un et de l'autre, entrer par le dit seigneur de Lambertie leur neveu, en jouissance de tous les dits biens meubles et immeubles. Comme aussi le dit seigneur du Vergnay au dit nom de fondé de procuration de ma dite dame d'Anché de Volvire, en considération du dit futur mariage, marie la dite demoiselle Marie-Jeanne d'Anché en sa qualité d'aînée dans tous les biens, droits et avantages qui lui sont échus de la succession du dit feu seigneur d'Anché, son père ; et attendu que les dits biens acquis à la dite demoiselle future à marier sont communs avec la dite demoiselle Thérèse d'Anché, sa sœur, pour faciliter la jouissance de ce qui peut revenir à la dite demoiselle proparlée dans les dits biens, il est convenu qu'elle jouira, dès le jour de la bénédiction nuptiale, de la maison, terre et seigneurie de Bessé, maitairies, prez, vignes, bois futayes, bois-taillis, terres labourables et non labourables, agriers, terrages, cens, rentes, et de tous autres devoirs, redevances et dépendances sans aucune exception ni réserve.

Plus de la totalité de tous les vaisseaux, vinaires, grands et petits, ensemble de la moitié de tous les meubles, jusqu'à la majorité de la dite demoiselle proparlée et de la dite demoiselle sa sœur, pour lui tenir lieu de ses droits d'ainesse, préciput et portion héréditaire, le surplus des meubles et immeubles dépendant de la succession du dit feu seigneur d'Anché demeurant à la dite demoiselle Thérèse d'Anché pour sa portion héréditaire, desquels meubles pour en établir la consistance, il sera fait un état et partage, par acte séparé des présentes, qui sera joint au présent contrat, et lors de la majorité des dites demoiselles Marie-Jeanne et Thérèse d'Anché, elles pourront convenir que le règlement ci-dessus demeurera pour définitif, mais si elles voulaient de part et d'autre, venir à un partage différent, la dite dame de Volvire d'Anché ne sera point tenue de garantir l'arrangement ci-dessus, le dit seigneur de Vergnay au dit nom réserve pour la dite dame d'Anché expressément les eaux-de-vie qui sont en la dite maison de Bessé, les fûts des dits eaux-de-vie seulement, et les sels qui peuvent être dans les salines comme n'étant compris en ces présentes.

Et pour rendre à la dite demoiselle future à marier sa fille la somme de trente mille livres provenues de Madame de Bourjanville de Caën, le dit seigneur du Vergnay au dit nom promet que ma dite dame de Voluire d'Anché donnera au dit seigneur et demoiselle futurs à marier, dans le jour de leur bénédiction nuptiale, la somme de vingt-un mille livres en effet, et leur délaisse dès à présent les acquets qu'elle a fait depuis le décès du dit seigneur son mari, et qu'elle a joint à la dite maison de Bessé, pour la somme de mille livres, et le moulin de Roche avec toutes ses appartenances et dépendances, sans réserve, pour la somme de huit mille livres, et comme le dit moulin de Roche en vue propre de la succession du dit feu seigneur d'Anché ci-dessus délaissé à la dite demoiselle Thérèse d'Anché, il lui en sera fait raison par la dite dame de Voluire d'Anché sa mère, au moyen de quoi la dite dame d'Anché demeure quitte et valablement déchargée de la dite somme de trente mille livres.

En vu que la dite demoiselle future à marier pourrait être en droit de prendre les intérêts de la dite somme de trente mille livres, et de demander compte à la dame sa mère de l'administration de ses biens depuis le décès du dit seigneur son père, lequel compte la dite dame de Voluire d'Anché n'a pu lui rendre jusqu'à présent à cause de sa minorité, son intention étant non seulement de se libérer à cet égard, mais même de favoriser la dite demoiselle proparlée par des avantages plus considérables, elle se démet volontairement, dès à présent, à son profit de son douaire et autres droits qu'elle aurait à

32*

répéter sur les biens ci-dessus constitués en dot, sous la condition et non autrement qu'il ne lui sera fait aucune question, ni demande des intérêts de la dite somme de trente mille livres, ni de la reddition de compte de la dite tutelle et administration, sous quelques prétextes que ce soit, d'autant plus que la dite dame de Voluire d'Anché remettra dès le jour de la bénédiction nuptiale à la dite demoiselle Marie-Jeanne d'Anché, sa fille proparlée, le total des .... provenus de la dite dame de Boujeanville, tels qu'ils seront spécifiés par l'état préalégué, dont la dite dame de Voluire d'Anché fera raison de la moitié à la dite demoiselle Thérèse d'Anché, sa fille puisnée, au moyen de quoi elle demeure déchargée des dits intérêts et administration, par la dite renonciation à son douaire et à autres droits, en sorte que si les dits seigneur et demoiselle futurs à marier voulaient dans la suite (au préjudice de cette condition) agir contre Madame d'Anché aux fins de lui faire payer les intérêts de la dite somme de trente mille livres, et lui demander un compte détaillé en justice, elle rentrera dans tous ses droits, soit pour son douaire, tant pour le passé que pour l'avenir, soit pour ses reprises, mises et dépenses, frais de compte et autres droits, et pourra au dit cas les faire valoir dans toute leur étendue suivant les privilèges et hypothèques qui lui sont acquis.

Seront les dits seigneur et demoiselle futurs à marier communs en biens, dès le jour de leur bénédiction nuptiale, suivant la coutume de Poitou, aux dispositions de laquelle ils se soumettent pour l'exécution du présent contrat, renonçant expressement à toutes autres coutumes, loix et usage contraires, dans laquelle communauté chacun des dits seigneur et demoiselle proparlés conférera la somme de trois mille livres pour la fonder, et le surplus de leurs biens ensemble ce qui leur échoira, par succession, donation, ou autrement, leur sera censé aux leurs, estoc et lignes propres, dont ils ne pourront disposer que comme bien de cette nature.

En cas d'aliénation de propres de la part des dits seigneur et demoiselle futurs à marier pendant la dite communauté, remploi en sera fait sur les biens de la dite communauté, et subsidiairement par hypothèque de ce jour pour ceux de la dite demoiselle proparlée et autres conventions matrimoniales, sur les propres du dit seigneur futur époux, et sera l'action de remploi censé de même nature aux dits seigneur et demoiselle futurs à marier, aux leurs, estoc et ligne, tant pour disposer que pour succéder.

Pourront la dite demoiselle future à marier, les siens, estoc et ligne, en cas de dissolution de communauté, par mort ou autrement, y renoncer ou l'accepter, et en cas de renonciation elle, les siens, estoc et ligne, reprendre franc et quitte de toutes dettes, quand même elle y serait obligée, tout ce qui sera justifié y avoir été par elle conféré, ensemble ses habits, bagues et joyaux, en espèces ou suivant la valeur qui en sera portée en l'état dont a été ci-dessus parlé, dont du tout, elle, les siens, estoc et ligne, seront garantis par le dit seigneur futur à marier ou par ses héritiers, et courront les intérêts des dites reprises du jour de la dissolution de la dite communauté sans qu'il soit besoin d'en faire demande en justice.

Aura la dite demoiselle à marier, en cas de prédécès du dit seigneur futur époux, ses habits de deuil et son équipage, ou la somme de trois mille livres à son choix et option et sa chambre garnie ou la somme de quinze cents livres aussi à son choix et option, bien entendu que si la dite demoiselle future à marier accepte la dite communauté les dits habits et équipages avec la dite chambre garnie, ou la somme de quatre mille cinq cent livres à laquelle le tout revient, lui seront délivrés, par les enfants et héritiers du dit seigneur futur époux, sur leur moitié de la dite communauté.

Et pour éviter toute discution sur la consistance du douaire coutumier, sur les biens qui y sont sujets, par les coutumes de leur situation, et sur les avantages de survie, qu'on stipule ordinairement en pays de droit écrit, il a été convenu que la dite demoiselle proparlée.

demeurera douée en cas de survie, de la somme de trois mille livres de revenu annuel et viager, s'il n'y a enfant, et de deux mille livres s'il y a enfants, pour être par elle perçues francs et quittes, sur tous les biens du dit seigneur proparlé par forme de douaire préfixe, et pour lui tenir lieu du douaire coutumier et avantages de survie dont il vient d'être parlé.

Au surplus, en cas de prédécès du dit seigneur futur époux, sera lad. demoiselle future à marier, ses domestiques et chevaux, nourris sur les biens de la communauté jusqu'à la fin de l'inventaire.

Stipulé expressément qu'en cas de décès du dit seigneur futur à marier, sans enfant, les biens à lui donnés en dot retourneront à la ladite dame de Lambertye, sa mère, par droit de reversion, à moins qu'il n'en eut autrement disposé, à la charge néanmoins de l'hypothèque subsidiaire de remplois et conventions matrimoniales de la dite demoiselle proparlée.

Et pour faire insinuer ces présentes partout où besoin sera, les dites parties et dits noms ont fait et constitué leur procureur, le porteur d'une expédition du présent contrat, lui donnant à cet effet tout pouvoir, tout ce que dessus elles ont voulu consentir, stipulé et accepté, à ce faire et accomplir ont obligé et hypothéqué tous et chacun leurs biens présents et futurs, et le dit seigneur du Vergnay, au dit nom, tous et chacuns les biens présents et futurs de ma dite dame de Voluire d'Anché et de la dite demoiselle d'Anché, proparlée, en vertu des dites procurations et relativement aux clauses ci-dessus, dont du tout elles ont été jugées et condamnées par nous dits notaires soussignés, après due soumission. Fait et passé au présent château de Saint-Martin-Lars, avant midi, le vingt-cinq novembre mil sept cent quarante-sept; lu, et ont signé avec messieurs et dames, parents et amis desdits seigneur et demoiselle futurs à marier, (les revenus des domaines situés en pays de droit écrit, évalués trois mille livres).

La minute est signée Emmanuel-François de Lambertie, M.-A. du Breüil-Hellion de Lambertie, J.-B. Jouslard, E.-J. de Lambertye, du Barry de Lambertie, du Barry, J. Lambertye, le chevalier de Lambertie, Lapombeliant, Bonneau de la Borderie, Cuirblanc curé de Saint-Martin-Lars, Triboulet, Blondet du Plesset, M. Laurent de Neytrac, Guionneau et Bourbeau, notaires; demeurée audit Bourbeau; controllée à Poitiers, le sept décembre audit an; reçu deux cent quatre-vingt-dix livres huit sols; insinuée pour le deuil en chambre garnie; reçu cinquante-quatre livres, et renvoyé pour l'insinuation des donations tant à la sénéchaussée du domicile du donateur, qu'à celle de la donation des choses données, pour y être scellé conformément à la déclaration du Roy du 17 février 1731; plus, reçu trente sols. Signé REGNOULD. — Signé BOURBEAU.

Mariage de François-Emmanuel de Lambertie avec Marie-Jeanne d'Anché. 8 janvier 1748.

L'an mil sept cent quarante-huit et le huitième jour du mois de janvier, la publication des bans de mariage ayant été faite d'entre haut et puissant seigneur Messire Emanuel-François, marquis de Lambertye, chevalier, seigneur de Corigné, Saint-Martin-Lars, la Cour d'Usson, Lacorbière et autres lieux, fils légitime de très haut et puissant seigneur Messire Cosmes, comte de Lambertye, mestre de camp et commandant le régiment colonel-général-cavallerie, chevalier de l'ordre royal militaire de Saint-Louis, et de haute et puissante dame Madame Marie-Angélique Dubreuil-Hélion, ses père et mère, de la paroisse d'Usson, avec Marie-Jeanne Danché, fille de très hault et puissant seigneur de Bessé, Touchabran, Magné et Le Chatenet, et de haute et puissante dame Madame

Emerye de Volvire, ses père et mère, de ma paroisse, et ne s'étant trouvé en ma connaissance aucun empêchement civil ni canonique, et ayant reçu le consentement mutuel des deux parties, je soussigné, prêtre, curé de Saint-Fabien-Saint-Sébastien, leur avoir donné la bénédiction nuptiale, après avoir observé toutes les règles prescrites par notre mère Sainte Eglise, le dit mariage fait en présence des soussignés.

Le registre est signé : Emanuel-François DE LAMBERTYE ; Marie-Jeanne DANCHÉ ; Emerie DE VOLVYRE DANCHÉ ; Marie-Nicole ......, chevallier DE Bermondet, chargé de la dite procuration ; Thérèse DANCHÉ ; Gabrielle DE VOLLVYRE de GROSBOUS ; A. DULAU ; Réné DEMIER DE GROSBOUS ; Cat.-Hy. DE LA ROCHEFOUCAULT ; Charles-César DEMIER DE GROSBOUS ; Marianne ROUSSAUD ; Jeanne BOURBEAU ; Jeanne PINOTEAU et CHARPENTIER, curé. — (Registres paroissiaux de Bessé.)

Baptême de Joseph-Emmanuel-Auguste-François de Lambertie. 25 septembre 1748.

Le vingt-cinq septembre mil sept cent quarante-huit, est né, et a esté baptisé le six octobre, Joseph-Emmanuel-Auguste-François, fils légitime de Messire Emmanuel-François, marquis de Lambertye, et de dame Marie-Jeanne d'Anché. Le parrain a esté Messire Emanuel-Joseph, marquis de Lambertye, seigneur de Saint-Martin-Lars ; la marraine, Madame Emérie de Voluire d'Anché, que Madame Françoise Duhari de Lambertye a tenue en son nom.

Signé au registre : Emmanuel DE LAMBERTYE, DU BARRY DE LAMBERTYE, Henri-Marie DU BREUIL-HEILLION DE FROMORANT, DEREYRAT, JOULARD D'AYGRON, P.-A. DE BERMONDET, F. DE REYRAC, C.-F. DE BUSSY-LAMETH, CHAUVELIN DE BEAUREGARD, François DE CROMIÈRE, Marianne CUYRBLANC, GAY DE LA BRONE, JOLY DE LESPINÉ, BOESSINOT, curé d'Usson. — (Registres paroissiaux d'Usson.)

Sépulture de Marie-Jeanne Danché, épouse d'Emmanuel-François de Lambertie. 1ᵉʳ février 1752.

Le premier février mil sept cent cinquante-deux a esté enterrée dans le chœur de cette église, dame Marie-Jeanne Danché, âgée de vingt-quatre ans ou environ, femme de Messire Emmanuel-François, marquis de Lambertye, en présence de Mʳᵉ Irdiere, son cousin germain, de Mʳᵉ Duvernié, son oncle, et de Messire Claude-François Bussy-Lameth, son cousin, et autres, ses parents et amis, qui ne se sont présentés pour signer. [Signé au régistre :] J. BOESSINOT, prêtre, curé d'Usson. — (Registres paroissiaux d'Usson.)

Baptême d'Auguste-Joseph-Félicité de Matharel, époux de Marie-Angélique-Louise-Gabrielle de Lambertie. 16 octobre 1753.

Le seize octobre mil sept cent cinquante-trois a été baptisé Auguste-Joseph-Phélicité, né avant-hier, fils de haut et puissant seigneur Marie-Joseph de Matharel, chevalier de l'ordre royal et militaire de Saint-Louis, gouverneur pour le Roy des ville et chateau d'Honfleur et Pont-l'Evêque, et de haute et puissante dame Adélaïde-Félicité de Fienne, son épouse, rue Notre-Dame-des-Champs. Le parein, Julien-Guillaume Arnould, la mareine, Barbe Bourgeois, femme de Jean-Baptiste Bidou, gagne denier ; le père présent, qui a signé, la mareine a déclaré ne savoir écrire.

Signé : MATHAREL, J.-G. ARNOU et DE LAVIOLLE, vicaire. — (Registres paroissiaux de Saint-Sulpice-de-Paris.)

Baptême d'Antoine-Pierre de Riancourt, époux de Camille-Louise-Françoise-Alphonsine de Lambertie. 5 *février* 1754.

Antonius Petrus, filius domini domini Joannis-Baptistæ, marquionis de Raincourt, domini de Fallon, Bournois, Bremondaus et aliorum locorum, et dominæ dominæ Antoninæ-Hellenæ de Grammont, conjugum, natus et domi baptisatus die quinta februarii de licentia vicarii generalis, cujus ceremoniæ suppletæ sunt in ecclesiâ de Fallon, anno sequenti die vigesima tertiâ septembris, anni millesimi septengentesimi quinquagesimi quinti, cujus susceptores fuerunt dominus dominus Antonius-Franciscus du Barral, legatus militum tribunus necnon præfectus in legione de Belsenne equestris, ordinis militaris sancti Ludovici equestris, et domina domina Petra - Dorothea de Raincourt, canonissa in abbætia nobili Balmæ virginum. Præsentæbus domino domino Joanne-Baptistâ, marquione de Raincourt domino de Fallon, Orsano, Leügney, Bournois, Bremondano, etc., domino domino Antidio-Leone de Raincourt, canonico in capitulo nobili St-Claudii ; et qui adfluerunt ceremoniis cum susceptoribus se subscripscrumt :

A.-F. DU BARRAL, P.-D. DE RAINCOURT, Jean-Baptiste, marquis DE RAINCOURT, Charles-Prosper, chevalier DE RAINCOURT, Michel-Joseph-Christophe FALON DE RAINCOURT, M. GOISSEL, Parochus. — (Registres paroissiaux de Fallon.)

Mariage d'Emmanuel-François de Lambertie avec Louise-Antoinette-Gabrielle de Lambertie. 2 *janvier* 1759.

L'an mil sept cent cinquante-neuf, le deuxieme janvier, après avoir ci-devant publié au prosne de l'église paroissiale un premier et dernier ban de mariage, y ayant dispense des deux autres, et ce, le dimanche trente et un décembre mil sept cent cinquante-huit, entre haut et puissant seigneur Messire Emmanuel-François, marquis de Lambertye, baron de Corigny, cornette des chevau-légers d'Aquitaine de la gendarmerie, chevalier, seigneur de Saint-Martin, Puy de Maux, Lars, Lartimache, Lépine, Lavaux, la Cour d'Usson, la Corbière, etc.. veuf de haute et puissante dame Madame Marie-Jeanne Danché, fils de défunt haut et puissant seigneur Messire Cosme, comte de Lambertye, mestre de camp de cavalerie au régiment colonel-général, chevalier de l'ordre militaire et royal de Saint-Louis, et de haute et puissante dame Madame Marie-Angélique du Breuil-Hélion, ses père et mère, de la paroisse de Saint-Martin-Lars du diocèse de Poitiers, d'une part ; et Mademoiselle Louise-Antoinette-Gabrielle de Lambertye, fille de haut et puissant seigneur Messire Camille, comte de Torniel de Lambertye, marquis de Gerbeviller, et de haute et puissante dame Madame Barbe-Françoise Hurault de Moranville, ses père et mère, de la paroisse Saint-Nicolas de Nancy, de droit, et de la paroisse de Bouxières-aux-Chesnes, de fait, d'autre part ; et semblable publication ayant été faite en la dite paroisse de Saint-Nicolas de Nancy, comme il en conste par le certificat du sieur Deville, prestre, curé de la dite paroisse, en date du trente et un décembre mil sept cent cinquante-huit, semblable publication ayant été faite en l'église paroissiale de Gerbeviller, comme il en conste par le certificat du sieur Agathe, curé du dit lieu, en date du vingt sept décembre mil sept cent cinquante-huit, et encore semblable publication ayant été faite en la paroisse de Saint-Martin-Lars, comme il en conste par l'acte de la dispense de deux bans, accordée par Monseigneur de la Marthonie de Caussade, évêque de Poitiers, en date du douze décembre mil sept cent cinquante-huit, lesquels certificats et dispenses sont restés entre mes mains, sans qu'il y ait eu aucun empêchement civil ou canonique, ny opposition quelconque, je soussigné, prestre, et curé de Bouxières-aux-Chesnes, en vertu de la permission accordée par le sieur Joseph Deville, prestre, curé de la paroisse Saint-Nicolas de Nancy, à Mademoiselle Louise-Antoinette-Gabrielle de Lambertye de Gerbeviller, de recevoir la bénédiction nuptiale dans telle église ou chapelle du diocèse de Toul, elle ingérât le plus convenable, et par tel prestre séculier ou régulier elle souhaiterait, lequel acte en date du dernier jour de l'an mil sept cent cinquante-huit, signé de luy est aussi resté entre mes mains, et en conséquence de la dispense de la publication de deux bans, accordée comme dit est cy-dessus par Monseigneur l'évêque de Poitiers, et par celle de Monseigneur l'évêque de Toul, en date du vingt décembre mil sept cent cinquante-huit, avec la permission de fiancer la veille du mariage seulement, et dispense du temps prohibé qui est restée aussi entre mes mains, et après que les consentements de haut et puissant seigneur Messire Camille, comte de Tornielle de Lambertye, marquis de Gerbeviller, et celui de haute et puissante dame Madame Marie-Angélique du Breuil-Hélion m'ont été exhibés, certifie leur avoir donné la bénédiction nuptiale en face de notre mère sainte Eglise, avec les cérémonies accoutumées, et ce en présence de haute et puissante dame Madame Barbe-Françoise Huraut de Moranville; de haute et puissante dame Madame Catherine-Antoinette, née marquise de Lambertye, épouse de haut et puissant seigneur messire Jean-Baptiste-François, marquis de Lenoncourt de Blainville, comte du Saint-Empire; de haut et puissant seigneur messire Nicolas-François-Camille, comte de Tornielle de Lambertye; de haut et puissant seigneur messire Henri, baron Le Royer de Monclos, chevalier de l'ordre royal et militaire de Saint-Louis, seigneur de Champi et autres lieux; de haut et puissant seigneur messire frère Léopold-Blaise Le Prudhomme de Fontenoy, chevalier, grand croix de l'ordre de Saint-Jean de Jérusalem, commandeur de Belle-Croix, étably et fondé de procuration pour le consentement de mariage de Monsieur le marquis de Gerbeviller, et haut et puissant seigneur messire frère Charles-Louis Le Preudhomme de Fontenoy, chevalier et procureur général, et receveur pour son ordre au grand prieuré de Champagne, commandeur d'Avalleur, étably et fondé de procuration par Madame la marquise de Lambertye, la mère, et de demoiselle Louise-Antoinette-Françoise de Lambertye. Lesquels ont tous soussigné au présent acte les an et jour cy-dessus. — Signé : LAMBERTYE, LAMBERTYE-GERBEVILLÉ; le chevalier DE FONTENOY, commandeur d'Avalleur; le bailly DE FONTENOY, HUREAULT-GERDEVILLER, TORNIELLE-LAMBERTYE, LAMBERTYE-LENONCOURT, LAMBERTYE-MONCLOS, GAUVAIN DE FRÉMERY, MONCLOS, DOVIDANT LE GROIN, DE MARIEN DE FRÉMERY. — (Registres paroissiaux de Bouxières-aux-Chênes.)

Baptême de Marie-Angélique-Louise-Gabrielle de Lambertie. 24 novembre 1759.

Marie-Angélique-Louise-Gabrielle, fille légitime de messire Manuel-François, marquis de Lambertie, baron de Corrigny, enseigne de gendarmerie, chevallier, seigneur de Saint-Martin-Lart, Lépine, Lavaux, Lacour-d'Usson, Puis-de-Meaux, Lartimache, et de dame Madame Louise-Antoinette-Grabielle Lambertie, est née et a été baptisée le vingt-quatre novembre 1759; elle a eu pour parrain messire Camille de Lambertie, comte de Torniel, marquis de Gerbeviller, comte de Romont, et représenté par Albert Cambie, valet de chambre, et pour marraine dame Madame Marie-Angélique du Breuil-Helion, veuve de messire Cosme, comte de Lambertie, maistre de camp, commendant le régiment, colonel-général-cavallerie, représentée par Margueritte Piperoux, femme de chambre. — Signé : Albert CAMBIER, Marguerite PIPROUX et AUBERTIN, vicaire. — (Registres paroissiaux de Saint-Nicolas, de Nancy.)

Baptême de Jean-François-César de Guilhermy, époux d'Adelaïde-Mélanie-Marie-Angélique-
Félicité de Lambertie. 19 janvier 1761.

L'an mil sept cens soixante-un, le dix-neuf de l'an, j'ay baptisé Jean-François-César de
Guilhermi, fils de Mʳ François de Guilhermi, citoyen de cette ville, et de dame Jeanne Dassié,
mariés ; parrain Mʳ Jean-François Dassié, avocat es parlement, grand-pere de l'enfant ; marraine
dame Françoise de Guilhermi, veuve de Mʳ Bernard de Cahusac, sa tante, tous signés avec nous.
GUILHERMY, DE GUILHERMY, DASSIÉ et BORREL-VIVIER, vicaire, signé à la minute. — (Registres
paroissiaux de Castelnaudary.)

Titres et Brevets constatant les services de Joseph-Emmanuel-François-Auguste
de Lambertie.

Lettre d'officier au régiment du roy du 26 juillet 1764.

Mons. le comte de Guerchy, ayant donné à Joseph-Emmanuel-Auguste-François de Lambertie
la charge de lieutenant en second sans apointements, en la compagnie de Forget dans mon régiment d'infanterie que vous commandez, vacante et non pourvue, je vous écris cette lettre pour
vous dire que vous ayiez à le recevoir et faire reconnaitre en lad. charge de tous ceux et ainsi
qu'il apartiendra, et la présente n'étant pour autre fin, je prie Dieu qu'il vous ait, Mons. le
comte de Guerchy, en sa sainte et digne garde. — Ecrit à Compiègne, le trente juillet 1764. —
Signé : LOUIS. — Signé : Le duc DE CHOISEUL.

Brevet de lieutenant de cavalerie du 23 février 1766.

Aujourd'hui, vingt-troisième du mois de février 1766. Le roy étant à Versailles, désirant
reconnaitre les bons et fidèles services qui lui ont été rendus par le sʳ Joseph-Emmanuel-Auguste-
François, comte de Lambertye, gendarme en la compagnie d'hommes d'armes de ses ordonnances, qui est sous le titre de Monsieur le comte de Provence, où il a donné, ainsi que dans
toutes les occasions qui s'en sont présentées, des preuves de sa valeur, courage, expérience en
la guerre, vigilence et bonne conduite, et de sa fidélité et affection à son service, Sa Majesté a
jugé à propos, pour lui donner moyen de les continuer encore plus utilement, de lui accorder le
rang de lieutenant dans ces troupes de cavalerie, tant ainsi que s'il y était pourvu d'une charge
de lieutenant en pied. Veut Sa Majesté qu'en cette qualité il jouisse des avantages qui lui apartiennent, toutes les fois que l'occasion s'en présentera, et qu'il sera détaché pour son service avec
les lieutenants en pied de ces régiments de cavalerie. M'ayant, Sa Majesté, pour témoignage de
sa bonne volonté, commandé de lui en expédier le brévet qu'elle a signé de sa main et fait
contresigner par moi son conseiller secrétaire d'Etat de ses commandements et finances. — Signé :
LOUIS. — Signé : Le duc DE CHOISEUL.

Brevet de la charge de guidon des gendarmes d'Artois, du 28 avril 1769.

Aujourd'hui, vingt-huitième du mois d'avril, le roy étant à Versailles, ayant reçu divers bons
témoignages de la valeur, courage, expérience en la guerre et bonne conduite du sʳ Emmanuel-
François-Auguste, comte de Lambertye, ci-devant sous-lieutenant dans son régiment d'infanterie,
ainsi que de sa fidélité et affection à son service, Sa Majesté l'a retenu, ordonné et établi en la
charge de guidon en la compagnie d'hommes d'armes de ses ordonnances sous le titre d'Artois,
vacante par la promotion du sʳ comte de Valauglart à la charge d'enseigne en la compagnie

d'hommes d'armes qui est sous le titre de Monsieur le Dauphin, pour doresnavant en faire les fonctions et en jouir aux honneurs, autorités, prérogatives, droits et apointements qui y appartiennent, tel et semblable dont a jouy ou dù jouir le dit s' comte de Valanglart. Veut Sa Majesté que le dit s' comte de Lambertye soit doresnavant employé en ladite qualité de guidon dans les états qu'elle en fera expédier et payé de ses appointements par les trésoriers généraux de l'ordinaire de ses guerres, présent et à venir, chacun en l'année de son exercice, en la manière accoutumée, mandant Sa Majesté au s' comte d'Auvet, capitaine lieutenant de ladite compagnie, et en son absence à celui qui la commande, de le recevoir et faire recevoir en ladite charge en vertu du présent brévet qu'elle a signé de sa main et fait contresigner par moi, son conseiller d'Etat et de ses commandements et finances. — Signé : Louis. — Signé : Le duc DE CHOISEUL.

Commission de lieutenant-colonel de cavalerie du 28 avril 1769.

Louis, par la grâce de Dieu, roy de France et de Navarre. A notre cher et bien-aimé le s' Emmanuel-François-Auguste, comte de Lambertye, guidon en la C'* d'hommes d'armes de nos ordonnances, qui est sous le titre d'Artois, salut. Mettant en considération les services que vous nous avez rendus dans toutes les occasions qui s'en sont présentées, et voulant vous en témoigner notre satisfaction, à ces causes et autres à ce nous mouvant nous vous avons commis et établi, commettons et établissons par ces présentes, signées de notre main, pour prendre et tenir rang de lieutenant-colonel dans nos troupes de cavalerie legère, du jour et date de ces présentes et ce sous notre autorité et sous celle du s' marquis de Bethune, colonel-général et du s' marquis de Castries, Mestre de camp général d'ycelles, sa part et ainsi qu'il vous sera par nous ou nos lieutenants-généraux commandé et ordonné pour notre service. De ce faire vous donnons pouvoir, commission, autorité et mandement spécial, mandons à tous qu'il appartiendra de vous recevoir et faire reconnaître en ladite charge et qu'à vous en le faisant soit obéi, car tel est notre plaisir. Donné à Versailles, le vingt-huitième jour d'avril, l'an de grâce mil sept cent soixante-neuf, et de notre règne le cinquante-quatrième. — Signé : Louis. — Signé : Le duc DE CHOISEUL.

Brevet de la charge d'enseigne des gendarmes d'Artois du 23 janvier 1771.

Aujourd'hui, vingt-troisième du mois de janvier 1771. Le roy étant à Versailles, désirant reconnaître les bons et fidèles services qui lui ont été rendus depuis plusieurs années par le s' Emmanuel-François-Auguste, comte de Lambertye, guidon en la compagnie des gendarmes d'Artois, tant dans les fonctions de ladite charge, que dans toutes les occasions qui s'en sont présentées, où il a donné des preuves de valeur, courage, expérience en la guerre, vigilance et bonne conduite, ainsi que de sa fidélité et affection à son service, Sa Majesté l'a retenu, ordonné et établi en la charge d'enseigne en la compagnie d'hommes d'armes de ses ordonnances, qui est sous le titre d'Artois, vacante par la promotion du s' marquis de Montaigu à l'enseigne des gendarmes écossais, pour dorénavant en faire les fonctions et en jouir aux honneurs, prérogatives, autorité, droits, états et appointements qui y appartiennent, telle et semblable dont a joui ou dù jouir le dit s' marquis de Montaigu. Veut Sa Majesté que le dit s' comte de Lambertye soit doresnavant employé en ladite qualité d'enseigne dans les états qu'elle fera expédier et payer de ses appointements par les trésoriers généraux de l'ordinaire de ses guerres, présent et avenir, chacun en l'année de son exercice en la manière accoutumée, mandant Sa Majesté au s' comte d'Auvet, capitaine-lieutenant de la dite compagnie, et en son absence à celui qui la commande, de le recevoir et faire reconnaître en la dite charge d'enseigne en vertu du présent brevet qu'elle a signé de sa main et fait contresigner par moi son conseiller secrétaire d'Etat et de ses commandements et finances. — Signé : Louis. — Signé : MONTEGNARD.

Commission de Mestre de camp de cavalerie du 16 octobre 1771.

Louis, par la grâce de Dieu, roi de France et de Navarre, à notre cher et bien aimé le sr Emmanuel-François-Auguste, comte de Lambertye, enseigne en la Cie d'hommes d'armes de nos ordonnances, qui est sous le titre de notre petit-fils le comte d'Artois, salut. Mettant en considération les services que vous nous avez rendus dans toutes les occasions qui s'en sont présentées, et voulant vous en témoigner notre satisfaction, à ces causes et autres à ce nous mouvant, nous vous avons commis, ordonné et établi, commettons, ordonnons et établissons par ces présentes, signées de notre main, pour prendre et tenir rang de mestre de camp dans nos troupes de cavalerie, du jour et datte de ses présentes, et ce sous notre autorité et sous celle du sr marquis de Béthune, colonel-général de notre cavalerie légère, et du sr marquis de Castries, mestre de camp général d'ycelle, sa part et ainsi qu'il vous sera par nous ou nos lieutenants généraux commandés et ordonnés pour notre service, de ce faire vous donnons pouvoir, commission, autorité et mandement spécial, mandons à tous ceux qu'il appartiendra de vous recevoir en faire reconnaître en la dite charge, et qu'à vous en le faisant soit obéi, car tel est notre plaisir. Donné à Fontainebleau, le seizième jour d'octobre, l'an de grâce mil sept cent soixante et onze, et de notre règne le cinquante-septième. — Signé : Louis. — Par le roy, signé : Montegnard.

Brevet de la charge de 1er lieutenant des gendarmes bourguignons du 17 mai 1778.

Aujourd'hui, dix-septième du mois de may, mil sept cent soixante et dix-huit, le roy étant à Marly, désirant reconnaître les bons et fidèles services qui lui ont été rendus depuis plusieurs années par le sr Emmanuel-Joseph-Auguste-François, comte de Lambertye, second lieutenant en la compagnie d'hommes d'armes de ses ordonnances, qui est sous le titre de la reine, tant dans les fonctions de la dite charge que dans toutes les occasions qui s'en sont présentées, où il a donné des marques particulières de sa valeur, courage, expérience en la guerre, vigilance et bonne conduite, ainsi que de sa fidélité et affection à son service, Sa Majesté l'a retenu, ordonné et établi en la charge de premier lieutenant en la Cie des hommes d'armes de ses ordonnances, qui est sous le titre de bourguignons, vacante par la démission du sr vicomte de Lubersac, pour doresnavant faire les fonctions de ladite charge de premier lieutenant en ladite compagnie, et en jouir aux honneurs, autorité, droits, états et appointements qui y appartiennent, tels et semblables dont jouissent ceux qui sont pourvus de pareilles charges. Veut Sa Majesté que le dit sr comte de Lambertye soit doresnavant employé en la dite qualité de premier lieutenant et états qu'elle en fera expédier et payer de ses appointements par les trésoriers généraux de l'ordinaire de ses guerres, présent et à venir, chacun en l'année de son exercice; mandant Sa Majesté au sr comte de Rastignac, capitaine lieutenant de la dite compagnie, et en son absence à celui qui la commande, de recevoir et faire reconnaître ledit sr comte de Lambertye en ladite charge, en vertu du présent brévet qu'elle a signé de sa main, et fait contresigner par moi, son conseiller secrétaire d'Etat et de ses commandements et finances. — Signé : Louis. — Signé : Le prince de Montbarey.

Lettre de chevalier de l'ordre royal et militaire de Saint-Louis du 15 août 1778.

Mons. Emmanuel-Joseph-Auguste-François de Lambertye, la satisfaction que j'ay de vos services m'ayant convié à vous associer à l'ordre militaire de Saint-Louis, je vous écris cette lettre pour vous dire que j'ai commis le sr des Echerolles, ancien lieutenant-colonel d'infanterie et chevalier dudit ordre, pour, en mon nom, vous recevoir et admettre à la dignité de chevalier de Saint-Louis, et mon intention est que vous vous adressiez à luy pour prêter en ses mains le serment que vous êtes tenu de faire en ladite qualité de chevalier dudit ordre, et recevoir de lui l'accolade et la croix que vous devez doresnavant porter sur l'estomac, attachée d'un petit ruban couleur de feu. Voulant qu'après cette réception faite vous teniez rang avec les autres chevaliers dudit ordre et jouissiez des honneurs qui y sont attachés, et la présente n'étant pour autre fin, je prie Dieu qu'il vous ait, Mons. Emmanuel-Joseph-Auguste-François, comte de Lambertye, en sa sainte et digne garde. — Écrit à Versailles, le quinze août 1778. — Signé : Louis. — Signé : Le prince DE MONTBAREY.

Les provisions de la charge de capitaine lieutenant des gendarmes de Flandre, du 1er janvier 1784, ont été remises au Comité de liquidation en 1791, pour opérer le remboursement de cette charge, le comité a gardé ce titre.

Le brevet de maréchal de camp, daté du 9 mars 1788, est resté entre les mains du marquis de Lambertye père, et a été brûlé avec ses autres titres en 1793, pendant le temps qu'il était en incarcération.

Etat des services de Joseph-Emmanuel-Auguste-François, comte de Lambertye, alors maréchal de camp, présenté le 2 octobre 1794, à Son Altesse Royale Monsieur et approuvé de cet auguste prince, pièce qui a été remise à la commission ainsi que les autres titres qui constatent ses services.

Né le 25 septembre 1748 à Usson, province de Poitou, présentement département de la Vienne.

En novembre 1759, reçu page du roy de Pologne Stanislas Ier, duc de Lorraine et de Bar.

30 juin 1764. — Sous-lieutenant au régiment du roi infanterie.

23 janvier 1766. — Gendarme de Provence avec un brevet de lieutenant de cavalerie.

28 avril 1769. — Guidon des gendarmes d'Artois et lieutenant-colonel de cavalerie.

23 janvier 1771. — Enseigne des gendarmes d'Artois.

16 octobre 1771. — Mestre de camp de cavalerie.

1er avril 1776. — Incorporé second lieutenant des gendarmes de la reine.

17 mai 1778. — Premier lieutenant des gendarmes Bourguignons.

15 août 1778. — Chevalier de l'ordre de Saint-Louis.

27 août 1781. — A obtenu une pension de 1,000 ll. sur le trésor royal.

11 novembre 1782. — Capitaine lieutenant des gendarmes Dauphin.

18 octobre 1783. — Augmentation de pension de 1,000 ll.

1er janvier 1484. — Capitaine lieutenant des gendarmes de Flandre.

1er janvier 1784. — Brigadier des armées du roy.

9 Mars 1788. — Maréchal des camps et armées du roi.

En 1789. — Député de la noblesse de la province du Poitou aux Etats généraux.

1890-1791. — Convoqué par le roi où il a constamment défendu la monarchie, la personne sacrée du roi et les intérêts de tous les citoyens, et a signé toutes les protestations faites par les membres dits du côté droit.

En novembre 1791. — Émigré, après avoir déposé sa famille forcée de le suivre par suite de sa conduite aux Etats généraux à Bruge, a été à Coblens et a rejoint le nombreux rassemblement de sa province à Castelane dans le duché de Deux-Ponts.

En 1792. — Employé comme maréchal de camp au corps des hommes d'armes à cheval.

En 1793. — A servi à la tête d'une compagnie de 105 gentilhommes de sa province à la défense de la ville de Maestricht.

En 1794. — A commandé une des deux compagnies de gentilhommes habitant Maestricht qui ont été armés à Liège pour coopérer à la défense de cette ville et du pays qui en dépend.

J'atteste l'exposé des services de M. le comte de Lambertye véritable, et je lui dois le témoignage, que je lui rends avec plaisir, qu'il a toujours servi dans la gendarmerie avec moi, avec autant de zèle que de distinction, qu'il a toujours donné l'exemple du meilleur ton militaire, ce que je certifie, à Dusseldorf le 28 septembre 1794. — Signé : Le marquis d'AUTICHAMP.

Je n'ai rien à ajouter au témoignage de M. le marquis d'Autichamps et j'y joins le mien avec autant de vérité que de satisfaction. — Dusseldorf, 28 septembre 1794. — Signé : Le maréchal duc DE BROGLIE.

Approuvé le présent état de services, au quartier général de l'armée anglaise, ce 2 octobre 1794. — Signé : CHARLES-PHILIPPE.

Certificat de M. le Maréchal de Castries

Nous, Charles-Eugène-Gabriel, maréchal de Castries, ministre d'Etat du roi de France, chevalier de ses ordres, certifions que M. le comte de Lambertye, ancien capitaine-lieutenant de la compagnie des gendarmes de Flandre, a servi sous mes ordres dans le corps de la gendarmerie depuis 1770 jusqu'en 1788, qu'il a été fait maréchal du camp et armée du roi, qu'il s'y est toujours conduit de la manière la plus distinguée et avec le zèle le plus soutenu, certifions de même que ses talents militaires le mettent dans le cas de remplir avec distinction toutes les places qu'on voudra bien lui confier, c'est pourquoi nous lui avons donné le présent certificat pour lui servir, et auquel nous avons fait apposer le cachet de nos armes. — Fait à Eisenach, Saxe ducale, le 12 mai 1795. — Signé : Le maréchal DE CASTRIES.

Nomination d'un lieutenant en la sénéchaussée de Saint-Martin-Lars par François-Emmanuel de Lambertie. 14 janvier 1768.

Nous, François-Emmanuel, marquis de Lambertye, chevalier, seigneur châtelain de Saint-Martin-Lars, seigneur du Puy-de-Mos, Lartimache, La Cour d'Usson, Lepine et autres lieux, mestre de camp de cavalerie, capitaine lieutenant des gens d'armes bourguignons, sur le bon et louable raport qui nous a été fait de la personne de François-Annibal-Thorin, sieur de Lambertière, avocat en parlement et de sa capacité, science, bonne vie et mœurs, et et qu'il professe la religion catolique, apostolique et romaine, lequel nous ayant requis qu'il nous plut luy accorder des lettres de survivant de juge sénéchal de notre châtellenie de Saint-Martin-Lars, à ces causes et sur les dits bons rapports qu'on nous a fait de sa personne, nous lui avons accordé et accordons par ses présentes lettres, signées de notre main, contresignées par notre secrétaire et scellées du sceau de nos armes, l'état et office de lieutenant en notre sénéchaussée et juridiction, et la survivance de sénéchal pour jouir des honneurs, prérogatives et émoluments y attribués, et pour cet effet, mandons à nos officiers supérieurs de le recevoir en ladite charge et aux officiers de notre juridiction, vassaux, censitaires et justiciables de le reconnoistre en cette qualité, car tel est notre plaisir. Donné et fait au chateau de Saint-Martin-Lars, ce quatorze janvier mil sept cent soixante huit. Signé : LAMBERTYE. — (Archives de M. le baron de Guilhermy.)

Mariage d'Auguste-Joseph-Félicité de Matharel avec Marie-Angélique-Louise-Gabrielle de Lambertie. 7 janvier 1775.

L'an mil sept cent soixante quinze, le sept janvier, après la publication de trois bans en cette eglise et en celle de Saint-Sulpice de cette ville, le consentement de très haute et puissante dame Madame la comtesse de Lambertye, mère de la contractante, pardevant deux notaires royaux à Nancy, le tout en bonne forme, les fiançailles faites hier, ont, du consentement de Mᵐᵉ Jean Marduel, docteur de Sorbonne, curé de cette paroisse, de haut et puissant seigneur Mʳᵉ Antoine-François de Matharel, prêtre prieur, curé de Saint-Pierre de Prêtreville, comte du Saint Empire, vicaire · général du diocèse de Lisieux, reçu la bénédiction nuptialle, après avoir pris leur mutuel consentement, très haut et très puissant seigneur Mʳᵉ Auguste-Joseph-Félicité, marquis de Matharel Fiennes, capitaine de cavalerie, fils mineur de très haut et très puissant seigneur Mʳᵉ Marie-Joseph, marquis de Matharel, chevalier, seigneur et patron de Cesny, Montreuil, Saint-Ouin-Lepain, Quatre-Puits et autres lieux, chevalier de l'ordre royal et militaire de Saint-Louis, gouverneur pour le roi des villes et châteaux d'Honfleur, Pont-l'Evêque et pays d'Auge, et de très haute et très puissante dame Adelaïde-Félicitée, née marquise de Fiennes, de fait et de droit de la paroisse Saint-Sulpice d'une part. — Et très haute et très puissante demoiselle Marie-Angélique-Louise-Gabrielle de Lambertye, fille mineure de très haut et très puissant seigneur Mʳᵉ Emmanuel-François, marquis de Lambertye, baron de Corignie, chevalier, seigneur de Saint-Martin-Lars, de Puidemaux, Lartimache, de la grande et petite Epine, de la Cour d'Usson, de la Valette, des Roches et autres lieux, brigadier des armées du roi, chevalier de l'ordre royal et militaire de Saint-Louis, ancien capitaine, lieutenant des gendarmes bourguignons, et de très haute et très puissante dame Madame Louise-Antoinette-Gabrielle, née comtesse de Lambertye, de fait et de droit de cette paroisse, et cidevant de celle de Saint-Sulpice, d'autre part. Ont assisté pour témoins, haut et puissant seigneur Mʳᵉ Armand-Joseph-Henry de Matharel, chevalier non profés de l'ordre de Saint-Jean de Jérusalem dit de Malthe, Mʳˢ Jean-Pierre-Charles Duhamel, prêtre curé de Cesny-aux-Vignes, diocèse de Bayeux. — Très haut et très puissant seigneur Nicolas-François-Camille Tornielle de Lambertye, comte de Tornielle, marquis de Gerbeviller, premier chambellan de Monseigʳ le comte d'Artois, lieutenant-colonel de cavalerie, ancien cornette des chevau-légers d'Aquitaine en son hotel rue des Déjeuneurs. — Et très haut et très puissant seigneur Denis-Michel-Eléonore, comte de Gamache, seigneur et patron de Gamache, baron des Couis, colonel à la suite de cavalerie, chevalier de l'ordre royal et militaire de Saint-Louis, en son hotel rue Jacob, paroisse Saint-Sulpice, tous lesquels témoins nous ayant certifié les libertés et domiciles dudit époux, ont signé avec eux ainsi que les père et mère du contractant, et le père de la contractante, tous présents et consentants. Signé au registre : MATHAREL FIENNES, LAMBERTYE, TORNIELLE LAMBERTYE, LAMBERTYE, le chevʳ DE MATHAREL, FIENNES MATHAREL, LAMBERTYE DE VILLEMAIN, DUHAMEL, curé de Cesny, le comte DE GAMACHE, le comte DE COURCY, l'abbé DE MATHAREL, vicaire général de Lisieux, et NARDUEL, vicaire de Saint-Roch. — (Registres paroissiaux de Saint-Roch de Paris.)

———————

Brevet de la charge de second lieutenant de la Compagnie des gendarmes de la Reine pour Emmanuel-François-Auguste de Lambertie. 1ᵉʳ avril 1776.

Aujourd'hui, premier du mois d'avril 1776. Le roy étant à Versailles, désirant reconnaître les bons et fi ᵗèles services qui lui ont été rendus depuis plusieurs années par le Sʳ Emmanuel-François-Auguste, comte de Lambertye, enseigne à la Compagnie d'hommes d'armes de ses ordonnances sous le titre d'Artois, réformée en conséquence de son ordonnance du 24 février dernier, tant dans les fonctions de la dite charge que dans toutes les occasions qui s'en sont présentées où il a donné des marques particulières de sa valeur, courage, expérience en la guerre, vigilance et bonne conduite, ainsi que de sa fidélité et affection à son service, Sa Majesté l'a retenu, ordonné et établi en la charge de second lieutenant en la compagnie d'hommes d'armes de ses ordonnances qui est sous le titre de la Reine, vacante par la réforme du S^r marquis de Menon, pour doresnavant faire les fonctions de la dite charge de second lieutenant en la dite compagnie, et en jouir aux honneurs, autorité, prérogatives, droits, états et appointements qui y appartiennent, tels et semblables dont jouissent ceux qui sont pourvus de pareilles charges. Veut Sa Majesté que le dit S^r comte de Lambertye soit doresnavant emploïé en la qualité de second lieutenant et états qu'elle en fera expédier, et païé de ses appointements par les trésoriers généraux de l'ordinaire de ses guerres présens et à venir, chacun en l'année de son exercice, mandant Sa Majesté au S^r marquis d'Houdetot, capitaine lieutenant de la dite compagnie et en son absence à celui qui la commande, de faire recevoir le dit S^r comte de Lambertye en la dite charge en vertu du présent brevet qu'Elle a signé de sa main et fait contresigner par moy son conseiller secrétaire d'Etat et de ses commandements et finances. Signé : Louis. — Signé : Saint-Germain. — (Archives de M. le baron de Guilhermy.)

Contrat de mariage de Joseph-Emmanuel-Auguste-François de Lambertie
avec Suzanne-Victoire Farroüilh. 5 octobre 1778.

Pardevant les conseillers du roi, notaires à Moulins soussignés,

Ont comparu haut et puissant seigneur Joseph-Emmanuel-Auguste-François, comte de Lambertye, mestre de camp de cavalerie, premier lieutenant de la compagnie d'hommes d'armes d'ordonnance du roy sous le titre de gendarmes bourguignons, chevalier de l'ordre royal et militaire de Saint-Louis, fils de haut et puissant seigneur Emmanuel-François, marquis de Lambertye, baron de Corigné, chevalier, seigneur de Saint-Martin-Lars, Puy de Meaux, la Cour d'Usson, la grande et petite Epine, Lavalette, les Roches et autres lieux ; brigadier des armées du roy, ancien capitaine lieutenant des gendarmes bourguignons et chevalier de l'ordre royal et militaire de Saint-Louis, et de feüe haute et puissante dame Marie-Jeanne Danché, d'une part ;

Et demoiselle Suzanne-Victoire Farroüilh, majeure de droit, fille de feu Louis Farroüilh, et de dame Anne L'Artigaud, d'autre part ;

Demeurant le dit seigneur de Lambertye et la dite demoiselle Farroüilh en cette ville de Moulins, paroisse de Saint-Pierre d'Izeure,

Lesquels seigneur et demoiselle comparants ont promis se prendre et épouser en légitime mariage, aussitôt que l'un en sera par l'autre requis.

Le mariage fait et célébré seront les seigneur et demoiselle futurs, communs en tous biens meubles de présents, et en conquêts immeubles à faire.

Pour composer la dite communauté, il sera prélevé sur chacune de leurs constitutions de dote ci-après fixées, la somme de trois mille livres et le surplus avec ce qui pourra leur échoir, par succession, donation, bienfait ou autrement, sortira nature de propre, à eux, aux leurs, et à ceux de leur estoc et ligne ; l'action de remploi sortira même nature de propre, dans tous les degrés ci-dessus.

Le dit seigneur futur s'est constitué en dot les biens qui lui sont échus par le décès de dame Marie-Jeanne D'Anché, sa mère, tels et ainsi qu'ils sont constatés par l'acte de famille, reçu Baron et son confrère, notaire au Châtelet de Paris, du treize décembre mil sept cent soixante-quinze.

Et la dite demoiselle future s'est pareillement constitué en dot, la somme de vingt-quatre mille livres qui lui appartiennent et consistent en plusieurs billets et effets présentement remis au dit seigneur futur, lequel s'en est chargé.

Dissolution de communauté arrivant par le prédécès du dit seigneur futur ou autrement, la dite demoiselle future aura le choix de l'accepter ou d'y renoncer; y renonçant, elle retirera toute sa dote et ce que ledit seigneur futur aura reçu d'elle ou à cause d'elle, franc et quitte des dettes de la dite communauté, quoiqu'elle y fut obligée ou condamnée, desquelles obligations ou condamnations, elle sera indemnisée sur les biens du dit seigneur futur époux.

Quelque choix que fasse la dite demoiselle future épouse, soit qu'elle accepte, ou qu'elle renonce, elle aura par préciput ses habits, linge, bagues et joyeaux, dorrures et argenterie de toilette; ou pour les dites bagues, joyeaux, dorrures et argenterie de toilette, la somme de deux mille livres, à son choix. La même liberté d'accepter, renoncer et de reprendre, avec pareille indemnité, est transmissible aux enfants qui naîtront du présent mariage.

Les dits seigneur et demoiselle futurs époux, décidés par les sentiments qui déterminent leur union, se sont fait donnation et au survivant d'eux de tous les meubles meublants, argenteries et autres effets mobiliers, dont le prémourant se trouvera propriétaire au jour de son décès, et de la jouissance de tous les immeubles réels et effectifs, dont le prémourant mourra vêtu et saisi; la présente donnation aura lieu en faveur du survivant, soit qu'il ait enfants ou non survivant le prémourant des dits seigneur et demoiselle futurs; demeurant le dit survivant chargé de donner aux dits enfants une éducation convenable à leur état et condition.

Et pour les autres clauses non exprimées aux présentes, les dits seigneur et demoiselle futurs époux ont déclarés vouloir se régir suivant la coutume de Bourbonnais, dans l'étendue de laquelle ils ont fixé leur domicile.

Car ainsi les dites parties l'ont voulu et consenti, et à l'exécution elles y ont obligé tous et un chacun leurs biens présents et à venir, promettant, etc., renonçant, etc., obligeant, etc. Fait, lu et passé au lieu de Godet, paroisse d'Izeure, en la maison et présence de Mr Joseph de Faucompré, écuyer, et de dame Suzanne Farroüilh, épouse du sieur de Faucompré, beau-frère et sœur de la demoiselle future; de dame Suzanne Farroüilh, épouse du sieur de La Garde; de demoiselle Rose Farroüilh, sœur de la demoiselle future; de Mr Pierre-Joseph-Stanislas Faucompré, de demoiselle Suzanne-Philippe-Joseph de Faucompré, neveu et nièce de la dite future; du sieur Pierre Delaville Bourgeois; de Mr Pacome Adelayde Viot, directeur des domaines de la Généralité de Moulins; Mr Michel-Pierre Mars, ecuyer, conseiller du roy, et son procureur au bureau des finances de la dite Généralité; de Mre Nicolas Barunne de Cremille, écuyer, receveur général des gabelles au dit Moulins; de Mr Joseph Durye, écuyer, avocat en parlement, greffier en chef honoraire au bureau des finances dudit Moulins; de dame Claire Allasœur épouse du dit sieur Durye; de Mr Pierre-Jean-Nicolas de Polonceau, receveur particulier; de noble Pierre Simard, docteur en médecine de la faculté de Montpellier, tous demeurant en la dite ville de Moulins, sous les paroisses de Saint-Pierre d'Izeure et de Saint-Bonnet, lesquels ont signé avec les dites parties et autres le cinq octobre mil sept cent soixante-dix-huit. Signé à la minute des présentes : Lambertye, Farrouilh, Barunne de Cremille, Laville, Dechaux, Marie Farroüilh, Farroüilh La Garde, Mars,

Faucompré, Anne Faucompré, Polonceau, Simard, Bassy du Mai, Ripond de la Salle, Durye, Allasœur Durye, Viot, Bourgarel et Perronnin, notaires royaux. Lequel Peronnin à la minute. Icelle contrôlée à Moulins le 17 octobre 1778, reçu deux cent quatre-vingt livres; insinuée au dit lieu le dit jour au registre des insinuations, des donnations entre vifs de ce bureau, reçu soixante-dix livres, tant pour insinuation de la donnation des conjoints que pour les bagues et joyaux, sauf le demi centième denier seulement lors de l'ouverture des donnations, dans les six mois du décès, et au bureau de leur situation. Signé : BOURGAREL, PÉRONNIN.

Mariage de Joseph-Emmanuel-Auguste-François de Lambertie avec Suzanne-Victoire Farrouilh.
13 octobre 1778.

L'an mil sept cent soixante et dix-huit, et le treizième jour du mois d'octobre, après la publication d'un ban du futur mariage entre messire Joseph-Emmanuel-Auguste-François, comte de Lambertye, mestre de camp de cavalerie, chevalier de l'ordre royal et militaire de Saint-Louis, premier lieutenant de la compagnie d'hommes d'armes d'ordonnance du roy, sous le titre des Bourguignons, de cette paroisse, fils majeur de trente ans révolus, de messire Emmanuel-François, marquis de Lambertye, baron de Corigné, seigneur de Saint-Martin-Lars et autres lieux, brigadier des armées du roy, chevalier de l'ordre royal et militaire de Saint-Louis, et de feue Madame Jeanne D'Anché, paroisse de Saint-Roch de la ville de Paris, d'une part ; et damoiselle Suzanne-Victoire Farrouilh, fille majeure de feu sr Louis Farrouilh, armateur, et de feue dame Anne L'Artigaud, aussi de cette paroisse, faite en cette église et en celle de Saint-Pierre de Moulins, l'une des succursalles de cette même église, aux prônes de nos messes paroissialles, le onze du présent mois, avec avertissement que c'était pour la première et dernière publication, attendu la dispense cy après des deux autres bans, obtenue de Monseigneur l'évêque d'Autun, sans qu'il se soit trouvé aucun empêchement ny opposition, et après les fiançailles célébrées suivant le rit du diocèse; vu l'extrait baptistaire dudit sieur comte de Lambertye, par lequel il parroit qu'il a trente ans accomplis, délivré par le sieur Paquier, vicaire d'Usson, le seize septembre mil sept cent soixante et treize, signé Paquier, vic. d'Usson, duement légalisé les même jours et ans, signé Blondet de Pulvilliene avec le sceau de la juridiction, vu la requette présentée par ledit sieur comte de Lambertye à Monsieur le prévôt de Paris ou M. le lieutenant civil au Chatellet, tendant à ce qu'il luy fut permis de faire sommer Monsieur son père pour consentir à son présent mariage et la permission du juge étant au bas en datte du vingt-six septembre présente année, ainsi signée Petit de La Houville, duement scellée ; vu aussi les trois sommations respectueuses faites en conséquence le vingt-huit, le vingt-neuf et trente septembre dernier par les notaires au Chatelet de Paris, signées Saulnier Giard, duement scellées, restées entre nos mains ; vu la dispense susdite de deux bans, signés de Gay, vic. général, en date du cinq de ce mois, duement controllée et insinuée à Autun le cinq du même mois et an, signée par et contresignée Laurent prosec.; vu encore l'acte baptistaire de la demoiselle Farrouilh, duement en forme et qui constate sa majorité de vingt-cinq ans révolus ; vu aussi les actes mortuaires de ses père et mère, je soussigné, curé de cette paroisse, en conséquence de la permission à moy donnée de vive voix par M. l'abbé de Lely, vicaire général de Mgr l'eveque d'Autun, ai reçu dans la chapelle de Gaudet sur cette paroisse le mutuel consentement de mariage des susdites parties, et leur ai donné la bénédiction nuptialle avec les cérémonies prescrites par la sainte Eglise, en présence de Mr Estienne-François Giraud, ecuier, lieutenant-colonel commandant du bataillon royal, chevallier de l'ordre royal et militaire de Saint-Louis, seigneur des Echerolles ; messire Jean-Nicolas de Bacreine, ecuier, seigneur de Crunille; Mr François Fimard, docteur en

médecine de la Faculté de Montpellier ; Joseph Durye, ecuier, conseiller du roy, greffier en chef
honoraire au bureau des finances de la Généralité de Moulins, avocat au parlement, lesquels nous
ont attestés ce que dessus sur l'âge, qualité et domicile des parties, et demeurant les dits sieurs
susdénommés en la ville de Moulins, paroisse de Saint-Pierre d'Izeure, et le dit sieur Fimard
de celle de Saint-Bonnet et Saint-Jean, annexe, et encore en présence de M. Joseph Faucompré,
ecuier, beau-frère de l'épouse, et plusieurs autres parents et amis, lesquels tous ainsi que
l'époux et l'épouse ont signé avec nous. Le registre est signé : Farrouilh, de Lambertye, Lambertye, Marie Farrouilh, Farrouilh Faucompré, Farrouilh Lagarde, Faucompré, Anne Faucompré,
Giraud des Echerolles, Fimard, Durye, Faucompré fils, Laville, Butaud, Dupoux, curé d'Izeure,
Saint-Pierre de Moulins et la Madeleine, ses annexes, et une signature illisible. — Registres
paroissiaux d'Izeure.)

Baptême de Suzanne-Célinie-Zoé de Lambertie. 30 octobre 1779.

L'an mil sept cent soixante-dix-neuf, le trente octobre, a été baptisée Mademoiselle Susanne-
Célinie-Zoé, née de la veille, fille légitime de messire Joseph-Emmanuel-Auguste-François, comte
de Lambertye, mestre de camp de cavallerie, premier lieutenant de la compagnie d'hommes
d'armes d'ordonnance du roy sous le titre de gens d'armes bourguignons, et chevalier de l'ordre
royal et militaire de Saint-Louis, demeurant en cette paroisse à Gaudet, et de Madame Suzanne-
Victoire Farouilh ; le parrain a été Mr Pierre Laville, bourgeois en cette paroisse, et la marraine
Madame Susanne Farouilh, épouse de Mr de Faucompré, écuyer, directeur de la manufacture
royalle de Gaudet, lesquels ont signé avec nous. Ainsi signé : Laville, Farrouilh Faucompré,
Lambertye, Merle, vicaire. — (Registres paroissiaux d'Izeure.)

Mariage d'Antoine-Pierre de Raincourt avec Camille-Louise-Françoise-Sophronie de Lambertie.
17 avril 1780.

Sachent tous que par devant le conseiller du roi, notaire à Nancy, soussigné, furent
présents en leurs personnes très haut et très puissant seigneur Antoine-Pierre, comte de
Raincourt, chevalier de Saint-George, capitaine au régiment Dauphin-cavalerie, majeur d'ans,
fils de très haut et très puissant seigneur Jean-Baptiste, marquis de Raincourt, Fallon, Bremondans, Lugney et Orsans, ancien capitaine au régiment de Fallaz, et de feue très haute
et très puissante dame Madame Hélène-Antoinette de Grammont, son épouse, demeurant ledit
seigneur Raincourt père en son château de Fallon, en Franche-Comté, et étant de même
que ledit seigneur son fils comparant de présent à Nancy. Ledit seigneur comte de Raincourt procédant, stipulant et traitant de pour lui et en son nom, sous l'autorité, de l'avis,
agrément et consentement du dit seigneur marquis de Raincourt, son père, à ce présent,
qui en convient, d'une part. Et très haute et très puissante dame Madame Camille-Louise-
Françoise-Sophronie, comtesse de Lambertye, encore mineure d'ans, dame chanoinesse de
l'insigne chapitre seculier de Sainte-Menne de Poussey, fille de très haut et très puissant
seigneur Emmanuel-François de Lambertye, baron de Corignié, chevalier, seigneur de Saint-
Martin-Lars, de la Cour-d'Usson, de la grande et petite Épine, de Puy-de-Meaux, des Roches-
de-la-Valette, maréchal des camps et armées du roi, et de très haute et très puissante dame
Madame Louise-Antoinette-Gabrielle de Lambertye, marquise de Lambertye, son épouse, faisant ordinairement sa résidance à Nancy, en l'hôtel de Mademoiselle de Lambertye, sa sœur,

EMMANUEL AUGUSTE, COMTE DE LAMBERTYE, SEIGNEUR DE S^T-MARTIN LARS

COMMANDEUR DE L'ORDRE ROYAL & MILITAIRE DE S^T-LOUIS

ci-après qualifiée, rue d'Alliance, paroisse Saint-Roch, où Madame dame comparante est actuellement à demeure. Madame dame comtesse de Lambertye, chanoinesse de Poussey, procédant, stipulant et traitant également de pour elle et en son nom sous l'autorité, de l'avis, agrément et consentement de mesdits seigneur et dame marquis et marquise de Lambertye, ses père et mère, qui en conviennent, par madite dame marquise de Lambertye, à ce présente, tant en son nom qu'en celui dudit seigneur marquis, son mari, et dont elle est généralement et spécialement autorisée à l'effet des présentes, par l'acte de procuration qu'il a sur elle passé le vingt novembre mil sept cent soixante-dix-neuf, devant Lefebvre et Trutar, notaires à Paris, dont l'original, certifié véritable par Madame dame, a été par elle déposé et annexé à un autre relatif au mariage ci-après, passé devant Watthier, qui en a gardé minutte, et son confrère, notaires à Nancy, le vingt-deux février dernier, d'autre part. Le dit seigneur Antoine-Pierre, comte de Raincourt, étant assisté : Dudit seigneur marquis de Raincourt, son père, à ce présent, et l'autorisant comme dit est. D'illustrissime et révérendissime Monseigneur Raymond de Durfort, archevêque de Besançon. De très haut et très puissant seigneur Louis-Gabriel, comte de Raincourt, chevalier de Saint-George, chanoine, grand trésorier du chapitre noble de Saint-Pierre de Macon, à ce présent ; de très haut et très puissant seigneur Charles-Victoire, comte de Raincourt, chevalier de Saint-Georges ; de très haut et très puissant seigneur Charles-Ignace, chevalier, comte de Raincourt, chevalier de Saint-George, capitaine au régiment Dauphin-cavalerie, tous trois ses frères germains. De très haute et très puissante dame Madame Pierrette-Dorothée de Raincourt, épouse de très haut et très puissant seigneur de Rans, marquis de Franchet ; de très haute et très puissante dame Madame Philippine de Raincourt, dame chanoinesse de Baume, ses deux sœurs germaines. Et des seigneurs et dames ses autres parents, savoir : Du côté paternel, de très haut et très puissant seigneur Léon-Autibe, comte de Raincourt, grand archidiacre du noble chapitre de Saint-Claude ; de très haut et très puissant Gabriel-Gaspard, comte de Raincourt, chevalier de Saint-George, doyen du noble chapitre de Beaume-les-Messieurs ; de très haut et très puissant seigneur Charles-Prosper, chevalier de Raincourt, chevalier de Saint-George, brigadier des armées du roi, lieutenant pour S. M. à Valenciennes, tous trois ses oncles. De très haut et très puissant seigneur François-Xavier, marquis de Champagne, chevalier de Saint-George, chevalier, seigneur de Champagne, Igny, Sainte-Reine, etc., son oncle à la mode de Bretagne. De très haut et très puissant seigneur Claude-Antoine-Louis, comte de Champagne, chevalier de Saint-George, capitaine d'infanterie ; de très haut et très puissant seigneur Adrien-Gabriel, comte de Champagne, chevalier de Saint-George, capitaine de cavalerie, ses deux cousins issus de germain. De très haute et très puissante dame Madame comtesse de Laubepain, abbesse de l'insigne chapitre de Beaume-les-Dames ; de très haut et très puissant seigneur Claude-Antoine Clariadus, marquis de Choiseul, maréchal des camps et armées du roi, lieutenant général de Champagne, commandant en Lorraine, et de très haute et très puissante dame Madame Gabrielle de la Baume-Montrevel, son épouse ; de très haute et très puissante dame Madame Jeanne-Marguerite de la Baume-Montrevel, douairière de très haut et très puissant seigneur Eugène, marquis de Ligniville, prince de Couca, duc de Miniano, à ce présente ; de très haut et très puissant seigneur Jean-Dominique-Robert, comte Duhoux de Dombasle, chevalier, seigneur de Dombasle, Champenoux et autres terres, colonel d'infanterie pour le service de S. M. I.; de très haut et très puissant seigneur Claude-Louis, comte Duhoux de Dombasle, chanoine du noble chapitre de Nancy, vicaire général de Monseigneur l'évêque duc de Laon, second pair de France, à ce présent, tous ses parents du côté paternel.

Et du côté maternel : De très haut et très puissant seigneur Pierre, marquis de Gram-

34*

mont, gouverneur de l'ordre Saint-George, lieutenant général des armées du roy, chevalier
d'honneur au Parlement de Besançon; de très haut et très puissant seigneur Ferdinand,
comte de Grammont, maréchal des camps et armées du roy, ses deux oncles. De très haute
et très puissante dame Madame.............. de Grammont, épouse de très haut et très
puissant seigneur Claude-François, marquis de Salives, chevalier de Saint-George; de très
haute et très puissante dame Madame Louise, comtesse de Grammont, ancienne abbesse de
Poulangy, ses deux tantes. De très haut et très puissant seigneur.............., comte de
Scey, chevalier de Saint-George, lieutenant général des armées du roy, et de très haute et
très puissante dame Madame............, comtesse de Grammont, son épouse, cousine germaine ; de très haut et très puissant seigneur............, marquis de Montrevel, maréchal
des camps et armées du roy, et de très haute et très puissante dame Madame............
de Grammont, son épouse; de très haut et puissant seigneur Théodule-François d'Izelin,
baron de l'Asnan, chevalier de Saint-George, ancien capitaine au régiment du roy, et de très
haute et très puissante dame Madame............ de Grammont, son épouse; de très haute
et très puissante dame Madame.............. de Nosmin, douairière de très haut et très
puissant seigneur.............., prince de Beaufremont-Listenair, etc. ; de très haut et très
puissant seigneur Melchior-François, baron de Malvoisin, chanoine du chapitre noble de Nancy,
abbé commandataire de l'abbaye de Saint-Sauve, ordre de Saint-Benoît, au diocèse d'Amiens,
à ce présent; de très haut et très puissant seigneur Denis-George-Joseph, vicomte de Nedon-
chelles, chevalier seigneur d'Autreuille, et de très haute et très puissante dame Madame
Petronille-Angélique, baronne de Malvoisin, son épouse, à ce présents, tous parents du côté
maternel. De très haut et très puissant seigneur.............., chevalier de Lanans, colonel
du régiment de son nom, brigadier des armées du roy; et de messire Louis Billiard de
Chéville, chevalier, major du régiment Dauphin-cavalerie, chevalier de l'ordre royal et militaire de Saint-Louis, à ce présent, tous deux comme bons amis de la maison de Raincourt.

Et Made dame comtesse de Lambertye, chanoinesse de Poussey, étant assistée : de mesdits
seigneur et dame marquis et marquise de Lambertye, ses père et mère, tous deux ici représentés par Made dame marquise, comme il est dit. De très haute et très puissante dame
Madame Marie-Angélique-Louise-Gabrielle-Camille de Lambertye, épouse de très haut et très
puissant seigneur Joseph-Auguste-Félicité de Matharel, marquis de Fiennes, capitaine de cavalerie.................., sa sœur germaine. Et des seigneurs et dames ses autres parents,
savoir : du côté paternel, de très haut et très puissant seigneur Joseph-Emmanuel-Auguste-
François, dit le comte Auguste de Lambertye, mestre de camp de cavalerie, lieutenant de
la compagnie des gendarmes Bourguignons, chevalier de l'ordre de Saint-Louis, frère consanguin, à ce présent. De très haute et très puissante dame Madame Marie-Angélique-Mélanie-
Adélaïde-Félicité de Lambertye, épouse de très haut et très puissant seigneur Pierre-Louis,
comte de Beaucorps, capitaine de dragons, sœur consanguine. De très haut et très puissant
seigneur Emmanuel, vicomte de Lambertye, seigneur de Marval, chevalier de Saint-Louis, et
de très haute et très puissante dame Madame Elisabeth-Aimée de Fombolhiant, douairière de
très haut et très puissant seigneur Jean, comte de Lambertye, seigneur de Cluseau, Quinzaine, etc., chevalier de Saint-Louis, capitaine au régiment de Poitou; de très haut et très
puissant seigneur Pierre-Michel, comte de Lambertye, capitaine au régiment de Custine-
dragons ; de très haut et très puissant seigneur Emmanuel, dit le comte Emmanuel de
Lambertye, lieutenant-colonel de cavalerie, sous-lieutenant des gardes du corps du roy; de
très haute et très puissante dame Madame Hélène-Madelaine de Lambertye, comtesse de
Villemain ; de très haut et très puissant seigneur Léon de Lambertye, lieutenant-colonel du
régiment de Lionnois, chevalier de Saint-Louis ; de très haut et très puissant seigneur Jean-

Pierre, comte de Lambertye, seigneur de Coumes, lieutenant-colonel d'infanterie, chevalier de Saint-Louis; de très haute et très puissante dame Madame Anne-Françoise de Redon, vicomtesse de Lambertye, dame d'honneur de S. M. S. Mademoiselle de Bourbon; de très haut et très puissant seigneur Pierre-Armand de Bermondet, marquis de Cromières, mestre de camp des dragons; de très haut et très puissant seigneur Jean-Louis-Antoine du Lau, marquis d'Allemans, et de très haute et très puissante dame Madame Marie de Chérisy, son épouse; de très haut et très puissant seigneur Jean-Baptiste, comte du Lau, maréchal des camps et armées du roy, gentilhomme d'honneur de Monsieur frère du roy; d'illustrissime et révérendissime seigneur Monseigneur Jean-Marie du Lau, archevêque d'Arles, cousins et cousines issus de germains. De très haut et très puissant seigneur Charles-Armand-Augustin, vicomte de Pons, brigadier des armées du roy, menin de Monseigneur le Dauphin, actuellement roy de France; de très haute et très puissante dame Madame Antoinette-Rosalie de Pons, duchesse de la Vaughion, dame d'honneur de Madame belle-sœur du roy; de très haut et très puissant seigneur Louis-Antoine de Gontaud, duc de Biron, pair et maréchal de France, chevalier des ordres du roy, colonel des gardes françaises, et de très haute et très puissante dame Madame Pauline-Françoise de la Rochefoucauld de Roye, son épouse; de très haut et très puissant prince Camille de Lorraine, prince de Marsan, chevalier des ordres du roy; de très haut et très puissant seigneur Charles de Rohan, prince de Soubize, pair et maréchal de France; de Son Eminence Monseigneur Louis-René Edouard, prince de Rohan, cardinal de la sainte Eglise romaine, évêque de Strasbourg, grand aumônier de France, commandeur de l'ordre du Saint-Esprit; de très haut et très puissant seigneur.............. de Bouillon, prince de Surrène, ci-devant colonel-général de la cavalerie, et de très haute et très puissante dame Madame de Lorraine, son épouse; de très haut et très puissant seigneur........... de Philipeaux, comte de Maurepas, ministre d'Etat; de très haut et très puissant seigneur... .... prince de Saint-Mauris Monbarey, chevalier des ordres du roy, lieutenant-général de ses armées, ministre et secrétaire d'Etat au département de la guerre; de Son Eminence Monseigneur Dominique de la Rochefoucauld, cardinal de la sainte Eglise romaine, archevêque de Rouen, commandeur de l'ordre du Saint-Esprit; de très haut et très puissant seigneur Louis-Francois-Armand de la Rochefoucauld, duc d'Estissac, pair de France, chevalier des ordres du roy, grand maître de sa garde-robe, et de très haute et très puissante dame Madame Marie de la Rochefoucauld, son épouse; de très haut et très puissant seigneur François-Jean-Charles, marquis de la Rochefoucauld-Bayers, maréchal des camps et armées du roy; d'illustrissime et révérendissime seigneur Monseigneur François-Joseph de la Rochefoucauld, évêque, comte de Beauvais, pair de France; de très haut et très puissant seigneur Victurnien-Jean-Baptiste-Marie, duc de Rochouart-Mortemar, pair de France; de très haute et très puissante dame Madame Marie de Saint-Geslin de Fremarge, marquise de Rochouart; de très haut et très puissant seigneur François-Henry, duc d'Harcourt, lieutenant-général des armées du roy, et de très haute et très puissante dame Madame Catherine-Scholastique d'Aubusson, son épouse; de très haut et très puissant seigneur Anne-Pierre, duc d'Harcourt, pair et maréchal de France, chevalier des ordres du roy, gouverneur de Normandie; de très haut et très puissant seigneur Charles, comte d'Harcourt, commissaire général de la cavalerie; de très haute et très puissante dame Madame Adélaïde-Lucie-Madelaine de Galard-Béarn, gouvernante de Monseigneur le duc d'Angoulême, douairière de très haut et très puissant seigneur Bertrand, marquis de Caumont, premier gentilhomme de la chambre de Monsieur frère du Roy; de très haut et très puissant seigneur Charles-François-Cristhian de Montmorency-Luxembourg, prince de Singry, chevalier des ordres du roy, capitaine de ses gardes du corps; de très haut et très puissant seigneur Anne-Louis-Alexandre de Montmorency,

prince de Robek, grand d'Hespagne, lieutenant-général des armées du roy, et de très haute
et très puissante dame Madame Emilie-Alexandrine de la Rochefoucauld, son épouse ; de
très haut et très puissant seigneur Jean-Louis-François-Paul, duc de Noailles, pair et
maréchal de France, chevalier des ordres du roy ; capitaine de ses gardes du corps ;
de très haut et très puissant seigneur César-Gabriel, duc de Choiseul-Praslin, pair de France,
lieutenant-général des armées du roy, chevalier de ses ordres et ministre d'Etat ; de
très haut et très puissant seigneur Emmanuel-Félicité de Durfort, duc de Duras, pair et
maréchal de France, chevalier des ordres du roy, premier gentilhomme de sa chambre ; de
très haut et très puissant seigneur François-Joseph, marquis de Clermont-Tonnère, maréchal
des camps et armées du roy ; de très haut et très puissant seigneur Henry-Hercule-Joseph,
comte de Lur-Saluces, vicomte de Reillan, maréchal des camps et armées du roy, et de très
haute et très puissante dame Madame Marie-Adélaïde-Félicité de Meaulde, son épouse, dame
de Madame Sophie de France ; de très haut et très puissant seigneur Marc-Antoine-Bernard,
comte de Breuil-Hélion, colonel d'infanterie ; de très haut et très puissant seigneur Pierre-
Arnaud, vicomte d'Aubusson ; d'illustrissime et révérendissime seigneur Monseigneur Christophe de Beaumont, archevêque de Paris, duc de Saint-Cloud, pair de France, commandeur
de l'ordre du Saint-Esprit ; de très haut et très puissant seigneur Louis, marquis de Beaumont, maréchal des camps et armées du roy, et de très haute et très puissante dame
Madame............ de Begnac, son épouse ; d'illustrissime et révérendissime seigneur Monseigneur Henry-Joseph-Claude de Bourdeilles, évêque et comte de Soissons ; de très haut et
très puissant seigneur Gabriel-Marie de Talleyrand, comte de Périgord, chevalier des ordres
du roy, lieutenant-général de ses armées et grand d'Hespagne ; d'illustrissime et révérendissime seigneur Monseigneur Alexandre-Angélique de Talleyrand-Périgord, archevêque, duc de
Rheims, premier pair de France ; de très haut et très puissant seigneur........ de Chapt,
comte de Rastignac, capitaine de gendarmerie, brigadier des armées du roy, et de très haute
et très puissante dame Madame............. d'Hautefort, son épouse, dame de Madame ; de
très haut et très puissant seigneur Louis-Nicolas, comte de Perusse d'Escars, lieutenant général
des armées du roy ; de très haut et très puissant seigneur Louis, duc de Brancas, chevalier
de la Toison d'Or ; de très haut et très puissant seigneur Louis-Léon-Félicité, duc de Laura-
guais, mestre de camp de Royal-Roussillion ; de très haut et très puissant seigneur Louis-
Basile de Brancas, ci-devant colonel du régiment de son nom ; de très haut et très puissant
seigneur Philippe-Julle, comte de Polignac, brigadier des armées du roy, premier écuyer de
la reine ; de très haut et puissant seigneur François-Camille, marquis de Polignac, chevalier
des ordres du roy ; de très haut et très puissant seigneur Abraham-Frédéric, vicomte d'Hautefort, colonel du régiment de Flandre, et de très haute et très puissante dame Madame
Marie-Bertrand d'Hautefort, son épouse ; de très haut et très puissant seigneur............,
comte de Mailly-Rubempze, marquis de Nesles, maréchal des camps et armées du roy, et de
très haute et très puissante dame Madame Camille-Françoise-Gabrielle d'Hautefort, son épouse ;
de très haute et très puissante dame Madame Adelaïde-Félicité, marquise de Fiennes, comtesse de Cantecroix, douairière de très haut et très puissant seigneur Marie-Joseph, marquis
de Matharel, gouverneur d'Honfleur, inspecteur d'infanterie ; de très haute et très puissante
dame Madame Marie-Jeanne de Talleyrand, dame d'atour de la reine, épouse de très haut
et très puissant seigneur Louis-Marie, duc de Mailly ; de très haut et très puissant seigneur
comte de Sainte-Hermine, premier écuyer de Monseigneur le comte d'Artois, et de très haute
et très puissante dame Madame de Polignac, son épouse : de très haut et très puissant seigneur.. .... vicomte de Saint-Hermine, capitaine des gardes de S. A. S. Monseigneur
le prince de Condé ; de très haut et très puissant seigneur Charles-René, comte de Maillé

de la Tourlandry, maréchal des camps et armées du roy, premier gentilhomme de la chambre de Monseigneur le comte d'Arto's ; de très haut et très puissant seigneur.......... de la Tour d'Auvergne, duc de Bouillon, pair de France ; de très haut et très puissant seigneur .... de Crussol, duc d'Uzès, chevalier des ordres du roy, pair de France ; et de très haut et très puissant seigneur............, marquis de Levy, chevalier des ordres du roy, lieutenant-général de ses armées, capitaine des gardes de Monsieur frère du roy, tous parents du dit coté paternel.

Et du côté maternel : De très haut et très puissant seigneur Pierre-Nicolas-Camille, comte de Lambertye, de Tornielle et de Romont, marquis de Gerbeviller, son oncle, premier chambellan de Monseigneur le comte d'Artois. De très haute et très puissante demoiselle Mademoiselle Louise-Françoise-Antoinette de Lambertye, sa tante, à ce présente. De très haute et très puissante dame madame Marie-Françoise de Louvain Desfontaines, douairière de très haut et très puissant seigneur François-Antoine, marquis de Lambertye et de Cons-la-Grandville, chambellan du feu roy de Pologne ; de très haut et très puissant seigneur Charles-Philippe, comte de Lambertye, chevalier de l'ordre de Saint-Jean-de-Jérusalem, premier gentilhomme de la chambre du feu roy de Pologne ; de très haut et très puissant seigneur Charles-Alexandre-Gabriel, marquis de Lambertye, chambellan du roy de Pologne et ministre plénipotentiaire du roy près S. M. Britannique, ses grands-oncles. De très haute et très puissante dame Madame Catherine-Antoinette de Lambertye, douairière de très haut et très puissant seigneur Jean-Baptiste-François, marquis de Lenoncourt et de Blainville, grand-maître de la garde-robe de S. M. R. Léopold, duc de Lorraine, à ce présente ; de très haute et très puissante dame Madame Angélique-Scholastique de Lambertye, épouse de très haut et très puissant seigneur Pierre-François de Loppez, marquis de La Fare, gouverneur de Nice, chevalier de Saint-Louis ; de très haut et très puissant seigneur Christophe-Charles du Bost, marquis du Pont-d'Oye, président et un des chefs de la noblesse du duché de Luxembourg, à cause de feue très haute et très puissante dame Madame Louise-Thérèse-Françoise de Lambertye, son épouse, ses grandes tantes. De très haute et très puissante dame Madame Louise-Pétronille de Ligniville, grande maîtresse de feu S. A. R. Madame la princesse Charlotte de Lorraine, douairière de feu très haut et très puissant seigneur Gabriel, comte de Bielle de Messey, sa grand-grande-tante. De très haut et très puissant seigneur Charles-François-Antoine, marquis de Lenoncourt et de Blainville, son oncle à la mode de Bretagne. De très haute et très puissante dame Madame Charlotte-Christine-Antoinette de Lenoncourt, épouse de très haut et très puissant seigneur Antoine-Gilbert-Alire, marquis de Langbac ; de très hautes et très puissantes dames Mesdames Marguerite-Charlotte, Joseph-Thérèse et Thérèse-Françoise du Bost, marquises du Pont-d'Oye, chanoinesses des chapitres d'Andennes et de Mons, ses tantes à la mode de Bretagne. De très haut et très puissant seigneur Charles-Juste, prince de Beauveau, marquis de Craon, chevalier des ordres du roy, lieutenant général de ses armées, capitaine de ses gardes du corps, grand d'Espagne, et de très haute et très puissante dame Madame Silvie de Rohan-Chabot, son épouse ; de très haute et très puissante dame Madame Margueritte-Anne de Beauveau-Craon, douairière de très haut et très puissant seigneur Henry de Lorraine, prince de Lixheim, et de très haut et très puissant seigneur Charles-Pierre-Gaston de Levis-Lomagne, duc de Mirepoix, maréchal de France, chevalier des ordres du roy, capitaine de ses gardes du corps ; de très haute et très puissante dame Madame Elisabeth-Charlotte de Beauveau-Craon, douairière de très haut et très puissant seigneur Ferdinand-François, marquis de la Baume-Montrevel ; de très haute et très puissante dame Madame Marie-Françoise-Catherine de Beauveau, douairière de très haut et très puissant seigneur François-Louis, marquis de Boufflers, colonel du régiment d'Orléans ; de très haut et très puissant seigneur Léopold-Clément, marquis de Bassompierre, lieutenant-général des armées du roy, premier gentilhomme de la chambre du roy de Pologne, et de très haute et très puissante dame Madame Charlotte de Beauveau, son épouse, dame de Madame Adélaïde de France ; de très haute et très puissante dame Madame.. ...., comtesse de Bielle de Messey, abbesse de Bouxières ; de très haute et très puissante dame Madame...... ..., comtesse de Lenoncourt, dame secrette du chapitre de Remiremont ; de très haut et très puissant seigneur Joseph.........., marquis de Raigecourt-Gournay, à cause de feue très haute et très puissante dame Madame Gabrielle-Charlotte de Lenoncourt, son épouse ; de très haut et très puissant seigneur Christophe, comte de Bouzey, baron de Vitrey, chambellan du feu roy de Pologne, à ce présent ; de très haute et très puissante dame Madame Gabrielle, comtesse de Bouzey, dame de clef d'or de S. M. l'Impératrice-Reine ; de très. haute et très puissante dame Madame......... de Bouzey, épouse de ¡très haut et très puissant seigneur Alexandre-Adhémar de Monteil de Bruncy, comte de Marsannes ; de très haute et très puissante dame. Madame.. .... de Bouzey, épouse de très haut et très puissant seigneur François-Xavier, marquis de Champagne, seigneur de Champagne, Igny, Sainte-Reine, etc..., chevalier de Saint-Georges, tous ses grands oncles et grandes tantes à la mode de Bretagne. De très haute et puissante dame Madame Louise-Marie de Beauveau, épouse de très haut et très puissant seigneur Philippe-Louis-Marc-Antoine de Noailles, prince de Poix, capitaine des gardes du corps du roy ; de très haute et très puissante dame Magdelaine-Charlotte Lepelletier de Saint-Fargeau, douairière de très haut et très puissant seigneur Thomas-Alexandre, prince de Chimay, capitaine des gardes du corps du feu roy de Pologne ; de très haut et très puissant seigneur Philippe-Gabriel-Maurice d'Alsace d'Hénin-Liétard, prince de Chimay, grand d'Espagne, et de très haute et très puissante dame Madame Laure de Fitz-James, son épouse, ·dame d'honneur de la reine ; de très haut et très puissant seigneur Charles-Joseph, prince d'Hénin, capitaine des gardes de Monseigneur le comte d'Artois ; de très haute et très puissante dame Madame Anne-Gabrielle d'Alsace de Chimay, épouse de très haut et très puissant seigneur Victor-Maurice de Rignatti, marquis de Caramand, et de très haute et très puissante dame Madame Gabrielle-Charlotte-Françoise d'Alsace de Chimay, marquise de Cambize ; de très haut et très puissant seigneur Claude-Antoine-Cleriadus, marquis de Choiseul, maréchal des camps · et armées du roy, lieutenant-général de Champagne, commandant en Lorraine, et de très haute et très puissante dame Madame Dianne-Gabrielle de la Baume-Montrevel, son épouse ; de très haute et très puissante dame Madame Jeanne-Margueritte de la Baume-Montrevel, douairière de très haut et très puissant seigneur Eugène, marquis de Ligniville, prince de Conca, duc de Miniano, à ce présente ; de très haut et très puissant seigneur Marc-Louis-François, comte de Bassompierre, mestre de camp de Royal-Picardie ; de très haut et très puissant seigneur.............., comte de Boufflers, chevalier de l'ordre de Saint-Jean de Jérusalem, colonel du régiment de Chartre, ses cousins et cousines issus de germains. De très haut et très puissant seigneur Christophe, comte de Ligniville, chambellan de L. M. I., major du régiment de Viercé ; de très haute et très puissante dame Madame Thérèse de Ligniville, épouse de très haut et très puissant seigneur François Destouteville, duc de Calabritto ; de très haute et très puissante dame Madame Elisabeth de Ligniville, douairière de très haut et très puissant seigneur François, comte de la Tour-Taxis ; de très haute et très puissante dame Madame Françoise-Christine-Louise de Laborey de Viray, grande maîtresse de la maison de S. A. E. Madame la princesse Elisabeth de Saxe, douairière de très haut et très puissant seigneur Léopold-François, comte de la Tour-Taxis ; de très haute et très puissante dame Madame Henriette-Elisabeth de la Tour-Taxis, épouse de très haut et puissant seigneur Louis-Jean-Baptiste de Thomas, comte de la Valette ; de très haut et très puissant

seigneur............, comte de Ligniville, grand veneur du roy de Pologne; de très haut
et très puissant seigneur Pierre-Jean, comte de Ligniville, lieutenant-colonel; et de très haut
et très puissant seigneur Mathieu-Joseph, comte de Ligniville, capitaine de vaisseau; de très
haut et très puissant seigneur Nicolas-Jean-Jacques, comte de Ligniville, chanoine de l'église
primatialle et cathédrale de Nancy; de très haute et très puissante Dame Madame........
de Bassompierre, douairière de très haut et très puissant seigneur.... ...., marquis de
Choiseul-Beaupré, lieutenant-général des armées du roy; de très haute et très puissante dame
Madame Marie-Anne-Louise, comtesse de Bassompierre, abbesse de l'illustre chapitre de Poussay,
à ce présente, de très haute et très puissante dame Madame Marie-Elisabeth, comtesse de
Bassompierre, chanoinesse du même chapitre, à ce présente; de très haut et très puissant
seigneur Adélaïde-Marie-Stanislas, marquis de Boisse, officier dans Royal-Picardie, à ce présent; de très haut et très puissant seigneur Etienne-François, duc de Choiseul, pair de France,
chevalier des ordres du roy, lieutenant-général de ses armées, ministre d'Etat; de très haut
et très puissant seigneur Jacques, comte de Choiseul-Stainville, lieutenant-général des armées
du roy, commandant en chef de la Lorraine; de très haute et très puissante dame Madame
Béatrix de Choiseul, épouse de très haut et très puissant seigneur Antoine-Anthonin, duc de
Grammont, pair de France; de très haute et très puissante dame Madame Marie de Choiseul, épouse de très haut et très puissant seigneur comte de Sonnyèvre, maréchal des camps
et armées du roy; de très haut et très puissant seigneur Claude-Gustave, marquis de Salles,
lieutenant général des armées du roy, gouverneur de Maubeuge, commandeur de l'ordre de
Saint-Louis; de très haute et très puissante dame Madame Françoise des Salles, douairière
de très haut et très puissant seigneur comte de Gournay, duc..........; de très haute et
très puissante damoiselle Mademoiselle Marie, comtesse des Salles de Malpierre; de très haut
et très puissant seigneur............., comte de Fiquelmon, seigneur des Paroyes; de très
haut et très puissant seigneur............., comte de Custine, de Guermanges, brigadier des
armées du roy; de très haut et très puissant seigneur............., vicomte de Custine de
Guermanges, colonel du régiment de Rouergue; de très haute et très puissante dame
Madame......... .. de Custine-Guermanges, épouse de très haut et très puissant seigneur
baron de Pouilly, brigadier des armées du roy, colonel d'un régiment de chevaux-légers;
de très haute et très puissante dame Madame Auguste-Louise de Custine, épouse de très
haut et très puissant seigneur Gabriel-Florent-François, marquis de Ludre et de Frolois,
colonel d'infanterie; de très haut et très puissant seigneur Théodore-Charles, comte de Custine d'Auflance, chevalier de Saint-Louis; de très haut et très puissant seigneur...........,
comte de Custine de Wittz, à ce présent; de très haut et très puissant seigneur Charles-
Etienne, comte de Raigecourt-Fontaine, chevalier de Saint-Louis; de très haut et très puissant seigneur Charles, comte de Raigecourt, seigneur de Menoux, chambellan de L. M. I.;
d'illustrissime et révérendissime seigneur Monseigneur Picard de Raigecourt, évêque d'Aire
en Gascogne; de très haut et très puissant seigneur Florent-Louis-Marie, duc du Chatelet
d'Harancourt, chevalier des ordres du roy, lieutenant général de ses armées; de très haut et
très puissant seigneur............., marquis de Fussey, et de très haute et très puissante
dame Madame .... Labbé du Rouvrois, son épouse; de très haut et très puissant
seigneur Charles-Roger, prince de Beauffremont-Listenois, maréchal des camps et armées du
roy; de très haute et très puissante dame Madame Marie-Anne-Louise de Bressey, douairière
de très haut et très puissant seigneur Thomas..............., comte de Franc d'Anglures;
de très haut et très puissant seigneur............., comte de Franc d'Anglures, chevalier
de l'ordre de Saint-Jean-de-Jérusalem, mestre de camp de cavalerie; de haute et puissante
dame Madame Thérèse de Champel, épouse de haut et puissant seigneur Jean-Charles Labbé,

comte de Rouvrois, conseiller d'Etat, ancien premier président du Parlement de Nancy; de Madame............ de Champel, douairière de messire Claude de Marier, seigneur de Fremery, président en la Chambre des comptes de Lorraine; de messire............ baron de Monclos, capitaine de cavalerie; et de très haut et très puissant seigneur Charles, comte de Nay, de Richicourt, lieutenant-général des armées de l'Impératrice-Reine, colonel, propriétaire du régiment de Savoie, tous ses parents du dit côté maternel. Entre lesquelles parties comparantes, procédantes, autorisées et assistées, comme dit est, ont été faits, conclus et arrêtés les points et articles de mariage qui suivent, savoir :

ARTICLE 1er. — Que le dit seigneur Antoine-Pierre, comte de Raincourt, et made dame Camille-Louise-Françoise-Sophronie, comtesse de Lambertye, ont promis et promettent de se prendre pour mari et pour femme, fiancés et épousés en face de l'Eglise romaine incessamment.

ART. 2e. — Que les futurs époux participeront en toutes acquisitions de meubles et immeubles qui seront par eux faites, constant leur mariage, non obstant toutes les coutumes contraires auxquelles ils dérogent expressément; n'entendant point comprendre dans les acquêts ce qui leur arrivera à titre de successions et dispositions quelconques, ces objets devant rester et tenir nature d'ancien à celle des deux parties à laquelle ils arriveront, il en sera de même pour les meubles et effets qu'elles apporteront en communauté.

ART. 3e. — Le futur époux se fait bon et riche dans les biens qui lui sont échus par le décès de Madame sa mère et celui de Monsieur son oncle Humbert-Joseph, comte de Raincourt; et en faveur du présent mariage, ledit seigneur marquis de Raincourt, père du futur époux, à ce présent, comme il est dit cy-devant, pour en témoigner sa pleine satisfaction, déclare par les présentes instituer le même seigneur futur époux son fils son héritier universel dans tous ses biens meubles et immeubles, terres et seigneuries, présents et à venir, droits, noms, raisons, titres et actions, rescindants et rescisçoires, en quoi le tout puisse être et consister, aux charges de droit, et en particulier (ainsi que le dit seigneur marquis de Raincourt l'a ordonné, et s'en est expliqué en son testament du quatre mars mil sept cent soixante-dix-sept, qui est au protocole de Poulet, notaire à Besançon) de payer, par le dit seigneur futur époux, à chacun des seigneurs Louis-Gabriel, Charles-Victoire et Charles-Ignace de Raincourt, ses trois frères, et à Madame la marquise de Rans, sa sœur, la somme de quarante mille livres, pour ce qu'un chacun des dits légitimaires peut prétendre et espérer, tant dans la succession échue de Madame leur mère, que dans celle à échoir du dit seigneur marquis leur père, et au surplus dans les termes et de la manière qu'il est au long expliqué au dit testament, dans lequel le dit seigneur marquis de Raincourt n'avait réglé lad. légitime au regard du dit seigneur Charles-Ignace de Raincourt, son dernier fils, qu'à la somme de trente-quatre mille livres, voulant qu'il soit parfaitement égal à ses autres frères, sans aucun rapport du prix de ce qu'il en a coûté pour la compagnie de cavalerie dont il est en possession, à moins que le dit seigneur Charles-Ignace de Raincourt ne veuille point se contenter d'avoir au par delà du prix de la dite compagnie, la dite somme de quarante mille livres pour sa légitime; et à la charge, en outre, par le dit seigneur futur époux de payer la pension annuelle et viagère en faveur de Madame sa sœur, chanoinesse de Baume, telle qu'elle a été réglée par son traité de profession, et encore selon les intentions de Madame la marquise de Raincourt, mère du dit seigneur futur époux, qui sont manifestées en son testament du vingt-trois novembre mil sept cent soixante-huit, qui a été publié et qui est aussi au protocole du dit Poulet, notaire à Besançon. Déclarant, tant le dit seigneur marquis de Raincourt que le dit seigneur futur époux son fils, qu'ils veulent et entendent au surplus que les dispositions portées ez dits deux testaments ci-dessus datés, subsistent en toute leur force et vertu et dans toute leur intégrité, notamment à l'égard de la substitution graduelle y établie, sur la terre de Raincourt et sur celle de Villers-Sexel, le cas échéant, dans tous les termes, explications, filiations et déterminations qui sont univoquement stipulés aux dits deux testaments et qui ont été ici transcrits de mot à mot sur celui du dit seigneur marquis de Raincourt comme s'en suit. Savoir : « Je substitue la totalité de la terre de Raincourt qui m'appartient, et je veux que la dite terre demeure pour toujours dans mon agnation et affectée de substitution au profit de celui des enfants mâles de mon dit héritier universel qu'il désignera, et à ce défaut au profit de celui des dits enfants mâles que la mère choisira pour recueillir la dite substitution ; mon intention étant que le père, et à son défaut la mère, ait le droit dans tous les degrés de la substitution que je fais à perpétuité, et tandis qu'il y aura des mâles de la maison de Raincourt, de désigner celui d'entre eux qui recueillera la substitution, pourvu qu'il soit dans le monde et non dans l'état ecclésiastique, et qu'il ne soit pas aveugle, sourd, muet ou dans l'imbecillite ; et si l'un et l'autre des dits père et mère viennent à mourir dans les différents degrés, sans faire aucun choix, la dite terre passera à l'aîné mâle qui sera dans le monde, et ainsi d'aîné mâle en aîné mâle à la même condition, et lorsque l'aîné mâle ne sera pas dans le monde, mais dans l'état ecclésiastique, ou qu'il sera sourd, muet, aveugle ou en démence, la dite terre passera au puîné de l'aîné mâle et ainsi successivement de mâle en mâle, toujours à la même condition, et à défaut encore des mâles du puîné à l'aîné mâle des autres garçons, en suivant également l'ordre de primogéniture, et aussi aux mêmes charges. Dans le cas où mon dit héritier universel viendrait à mourir sans enfants mâles, je substitue la dite terre de Raincourt à mon fils Charles-Ignace de Raincourt sous les mêmes conditions que ci-dessus, en se conformant à l'ordre de substitution que j'ai réglé pour mon héritier universel et ses descendants. Et comme M. Michel-Dorothée de Grammont, lieutenant-général des armées du roy, et Madame Barbe-Maurice de Berbis, dame de Dracy, mes beau-père et belle-mère, ont affecté de substitution leur terre de Villers-Sexel et autres, au profit de leurs enfants mâles et des mâles d'iceux, et à défaut de mâles des mâles, au profit des mâles de leurs filles, en préférant ceux de la fille aînée, et à leur défaut au profit des mâles de la fille puînée, que les fondateurs de la dite substitution ont laissé au père, et à son défaut à la mère, le choix de celui de leurs enfants mâles qui recueillerait la dite substitution, usant du droit qui m'est déféré à cet égard, je déclare que dans le cas où MM. de Grammont, mes beaux-frères, mourraient sans laisser d'enfants mâles, je confirme le choix fait par Madame la marquise de Raincourt dans son testament publié au bailliage de Vesoul, et que je choisis encore où besoin serait pour recueillir la dite substitution, Antoine-Pierre de Raincourt mon fils, et à son défaut et de ses enfants mâles, Charles-Ignace de Raincourt d'Orsans mon autre fils. Je prohibe expressément dans tous les cas ci-dessus énoncés la distraction des quartes légitimaires falcidies et trébellianiques, sous quelque cause et prétexte que ce puisse être. » En conséquence de quoi consent dès ce moment le dit seigneur marquis de Raincourt que la dite substitution établie par le présent contrat de mariage soit publiée en jugement et insinuée partout où besoin sera, afin qu'elle sorte sans retour sa pleine et entière exécution, et tenir lieu de la publication qu'on aurait été obligé de faire à cet égard, de son dit testament du dit jour quatre mars mil sept cent soixante-dix-sept, qu'il veut au surplus être exécuté selon sa forme et sa teneur, en ce qu'il contient ses dernières volontés, auxquelles il s'interdit absolument le pouvoir d'y déroger, clause de rigueur qui, en aucun cas, ne pourra être réputée comminatoire, mais bien considérée avoir été la base des articles qui ont déterminé le présent contrat de mariage.

35*

Art. 4°. — Le dit seigneur marquis de Raincourt, toujours pour donner une marque
plus sensible de sa satisfaction sur le présent mariage, déclare abandonner dès à présent, par
avancement d'hoirie, au dit seigneur futur époux son fils, ce acceptant avec reconnaissance,
la généralité de ses biens, ainsi que les revenus d'iceux, meubles, immeubles, terres et seigneuries, sans en rien retenir, excepter, ni hors mettre, que les choses servant à sa personne et les revenus de la terre de Bremondans, Lugney et Orsans, sur lesquels revenus il
se charge personnellement de payer pendant sa vie la pension viagère ci-devant mentionnée
de Madame sa fille, chanoinesse de Baume.

Art. 5°. — Madame la marquise de Lambertye, mère de la future épouse, autorisée comme
dit est, du seigneur marquis de Lambertye son mari, et mademoiselle de Lambertye, tante de
madame dame future épouse, en faveur du présent mariage, constituent par forme de dot à la
même future épouse, leur fille et nièce, la somme de deux cent mille livres, dont cent vingt
mille de la part de Madame sa mère et quatre-vingt mille du côté de Mademoiselle sa tante,
savoir : quarante-huit mille livres qui seront payées du chef de madame la marquise de Lambertye le jour de la célébration du mariage, et vingt-sept mille livres du chef de mademoiselle
de Lambertye sa tante, qui devront être payées à la même date, et pour les soixante-douze mille
livres qui restent pour faire les cent vingt mille données par madame de Lambertye, elles ne
seront payées qu'après son décès ou même celui de Monsieur son mari (au cas qu'elle lui en
lègue l'usufruit comme elle s'en conserve le droit), se réservant pour elle l'usufruit de la dite
somme de soixante-douze mille livres, comme de son côté mademoiselle de Lambertye se reserve
celui des cinquante trois mille livres qui, avec les vingt-sept mille livres qui doivent être
payées comptant de sa part ainsi qu'il vient d'être dit, forment les quatre-vingt mille livres
dont elle vient de doter la future épouse et qu'elle lui donne irrévocablement; bien entendu
que si la dite future épouse venait à précéder Madame sa mère et Mademoiselle sa tante,
de même que les enfants à naître du présent mariage qui pourraient lui survivre, la dite
constitution dotale sera réduite aux soixante-quinze mille livres qui seront payées le jour
de la célébration comme on vient de le dire, en sorte que le surplus qui est de soixante-
douze mille livres pour madame la marquise de Lambertye et de cinquante-trois pour
mademoiselle de Lambertye, leur reviendront et resteront en toute propriété. Et pour le
payement tant des dites soixante-quinze mille livres que des intérêts qui en échérront,
madame et mademoiselle de Lambertye délèguent, jusqu'en concurrence, les créances qu'elles
ont sur monsieur le marquis de Gerbevillers, leur frère, pour leurs portions héréditaires en
la succession de Madame leur mère, en vertu de la transaction passée devant Berment qui
en a minutte et son confrère notaire à Nancy, au mois d'octobre mil sept cent soixante
et seize, faisant à cet effet aux futurs époux toutes cession et procuration nécessaires pour
recevoir les dites sommes et en donner quittance, leur donnant même pouvoir de recevoir
et exiger dans les termes stipulés par la dite transaction les soixante-douze mille livres qui
restent du chef de madame de Lambertye, et les cinquante-trois mille de celui de mademoiselle de Lambertye, sous la condition dans ce cas de payer à chacune d'elles les
intérêts des dites sommes, attendu qu'elles s'en reservent l'usufruit chacune en ce qui les
concerne, et même à monsieur le marquis de Lambertye, si madame de Lambertye lui
léguait l'usufruit de la somme de soixante-douze mille livres comme il est dit ci-dessus.
Et le cas où ces deux sommes auraient été touchées par les futurs époux et que la future
et ses enfants viendraient, comme il est dit plus haut, à précéder madame et mademoiselle
de Lambertye, le futur époux aura trois ans pour leur rendre et à chacune d'elles les dites
sommes, en continuant de leur en payer jusques là les intérêts; bien entendu qu'en cas d'ouverture de la succession de mademoiselle de Lambertye, la future épouse sa nièce pourra y prendre

la part qui doit lui en arriver, en rapportant seulement à la dite succession la somme de cinquante-trois mille livres des quatre-vingt que Mademoiselle sa tante vient de lui donner, en sorte qu'elle conservera en toute propriété le surplus de vingt-sept mille livres que Mademoiselle sa tante au dit cas lui donne irrévocablement par préciput et avant tout partage.

Art. 6°. — Les futurs mettront en communauté ce qui leur appartient et appartiendra, pour le profit en faire acquêts et être partagé entre eux après que chacun aura prélevé son apport.

Art. 7°. — Les futurs époux ne pourront disposer au profit l'un de l'autre que de la somme de vingt-cinq mille livres pour chacun, à l'effet de quoi la future épouse est autorisée par le présent contract de mariage à tester sans qu'il soit besoin d'aucune autre autorisation, et monsieur le marquis de Raincourt ayant la meilleure confiance dans la conduite de Monsieur son fils futur époux, l'a déjà cy-devant émancipé.

Art. 8°. — Si le futur époux survit il prendra par préciput et avant partage de la communauté sur ce qui lui appartient en propre, ses habits, linges, nippes à son usage, en outre ses équipages, armes et chevaux, ou la somme de douze mille livres à son choix pour les dits équipages, armes et chevaux seulement, et si la future épouse survit elle prendra aussi par préciput et avant tout partage de la dite communauté, ses habits, linge, nippes, bagues, joyaux et toilette, et en outre son carosse et ses chevaux ou la somme de douze mille livres à son choix.

Art. 9°. — En cas d'alliénation des immeubles et de remboursement des capitaux, des contracts, des constitutions d'obligations et des autres dettes actives reservés propres à l'un et à l'autre des futurs époux, le remploi en sera fait sur les acquêts, et en outre à l'égard de ceux de la future épouse, il aura lieu subsidiairement sur les biens propres du futur époux, et l'action en remploi tant des dits immeubles qui seraient alliénés que des dits contracts et dettes actives, sera réputée immobiliaire et tiendra même nature que les dits immeubles alliénés, et les capitaux des dits contracts et dettes actives qui se trouveront remboursés, appartiendront à ceux auxquels auraient retourné et appartenu les dits immeubles, contracts et dettes actives.

Art. 10°. — Si la future épouse mourrait sans enfants avant le futur époux et que pendant le mariage le dit futur époux eut touché en tout ou en partie les sommes données en dot ou assurées par madame et mademoiselle de Lambertye, ainsi qu'il est stipulé en l'article 5 cydessus, il serait accordé un crédit de trois ans pour rendre les dites sommes par lui touchées aux personnes à qui elles appartiendraient, à charge d'en payer l'intérêt légal, et pareil crédit serait accordé, dans le même cas et aux mêmes conditions, aux héritiers du futur époux si la future épouse survit.

Art. 11°. — Douaire échéant, la future épouse aura son logement dans le château de Fallon, ou une rente viagère de la somme de mille livres au choix des héritiers de Monsieur son mari, une rente annuelle et viagère de trois mille livres, au moyen de laquelle rente la future épouse se renonce dès à présent au doüaire coutumier.

Art. 12°. — Le dit seigneur Louis-Gabriel comte de Raincourt, grand trésorier du chapitre noble de Macon, à ce présent, comme il appert cy devant, voulant donner au seigneur futur époux son frère une remarque singulière de l'attachement qu'il lui a toujours porté, et lui témoigner combien le présent mariage lui est agréable, déclare qu'en acceptant et se contentant de la somme de quarante mille livres, à quoi les seigneur et dame leurs père et mère ont fixé sa légitime pour toutes ses prétentions dans les biens de leurs successions échue et à échoir, ainsi qu'il est amplement établi en l'article 3 des présentes, il se déporte en faveur du dit seigneur futur époux, son frère, d'aucune réclamation de la dite somme de quarante mille livres qu'il était attenu de lui payer comme héritier universel institué par le dit article 3, du payement de laquelle le dit seigneur Louis-Gabriel, abbé, comte de Raincourt, déclare expressement decharger le dit seigneur futur époux, son frère, et lui faire don et present, à cause de noce, de la même somme de quarante milles livres, en sorte qu'à jamais il n'aura rien à lui réclamer à aucun titre ce puisse être, tant des biens qui lui sont échus par le décès de Madame sa mère que de ceux à échoir à l'ouverture de la succession de Monsieur son père.

Art. 13e. — Et pour les cas non ici prévus et non expliqués, les parties adoptent et s'en rapportent aux droit et coutume qui regissent la province de Franche-Comté, et aux usages qui y sont observés, encore que leurs biens seraient situés hors de cette province et que leur demeure y serait étrangère.

Art. 14e et dernier. — Enfin il est bien entendu entre les parties respectivement que toutes les sommes stipulées ez treize articles précédents qui forment l'objet du présent contract de mariage, sont convenues en argent au cours commun du royaume et non autrement.

Sous tous lesquels points et articles, conditions et conventions, le dit seigneur Antoine-Pierre comte de Raincourt et madame dame Camille-Louise-Françoise-Sophronie comtesse de Lambertye, procédant, autorisés et assistés comme ci-devant, se sont mutuellement donné promesse de mariage qu'ils promettent chacun à leur égard et sous la responsion solidaire et réciproque des seigneur et dame leurs père et mère, de même que du dit seigneur abbé de Raincourt, grand trésorier de Macon, garder et observer ponctuellement, non obstant toutes loix, us, coutumes, arrêts et règlements faisant au contraire, sous l'obligation respective de tous leurs biens, terres et seigneuries partout où ils puissent être assis et situés, lesquels ils ont soumis à toutes cours de jurisdiction, renonçant à toutes exceptions et choses à ce contraire.

Et pour l'entière exécution des présentes, circonstances et dépendances, et notamment leur publication en jugement, au désir de la conclusion de l'article 3 d'icelles, les dites parties ont constitué pour procureur le porteur de la grosse originale des mêmes présentes, auquel elles donnent pouvoir de requérir et poursuivre la même publication et insinuation partout où il conviendra, car ainsi promettant. Fait et passé à Nancy en l'hôtel de Madame demoiselle de Lambertye, tante de la future, rue d'Alliance, paroisse Saint-Roch, l'an mil sept cent quatre-vingt le lundi dix-sept avril de relevée, en présence de M. Pierre Chamail, prêtre habitué en la paroisse Saint-Sébastien de cette ville et du sieur Pierre-François Poirot, architecte du roy en la même ville, tous deux demeurant à Nancy, témoins connus et requis qui ont signé la minute des présentes avec les parties contractantes et les assistants présents après lecture faite.

Contrôlé à Nancy le vingt-quatre avril mil sept cent quatre-vingt, par Metivier qui a reçu cinquante-huit livres, neuf sols, six deniers. — (Archives de M. le marquis de Raincourt).

Mariage d'Antoine-Pierre de Riancourt avec Camille-Louise-Françoise-Sophronie de Lambertie.
18 avril 1780

L'an mil sept cent quatre-vingt, le dix-huit avril, après la publication ci-devant faite en l'église paroissiale de Saint-Roch de la ville et diocèse de Paris de trois bans du futur mariage, savoir les deux, trois et neuf du présent mois, entre très haut et très puissant seigneur messire Antoine-Pierre comte de Raincourt, chevalier de l'ordre de Saint-George, capitaine au régiment Dauphin-cavalerie, âgé de vingt-six ans, fils de très haut et très puissant seigneur messire Jean-Baptiste, marquis de Raincourt, chevalier de l'ordre de Saint-George, seigneur de Falon, Raincourt, Lugney, Orsans et Brémondas, et ancien capitaine au régiment de Fallard, et de feue très haute et très puissante dame Madame Hélène-Antoinette de Grammont, ses père et mère, de la paroisse de Falon, diocèse de Besançon, d'une part ; et très haute et très puissante dame Madame Camille-Louise-Françoise-Sophronie, comtesse de Lambertye, chanoinesse de l'insigne chapitre de Poussey, âgée de dix-sept ans, fille de très haut et très puissant seigneur messire François-Emmanuel, marquis de Lambertye, baron de Corigné, seigneur de Cour d'Usson, de la grande et de la petite Epine, de Lavaulx, Lartimache, etc., maréchal des camps et armées du roi, et de très haute et très puissante dame, Madame Louise-Gabrielle de Lambertye-Gerbeviller, ses père et mère, de la paroisse de Saint-Roch de Paris de droit, de celle de Poussey, diocèse de Toul de fait, et de celle de Saint-Roch, de la ville et diocèse de Nancy, par sa résidence depuis quatre mois et sur laquelle Madame sa mère est domiciliée d'autre part, sans qu'il y ait eu aucune opposition ni aucun empêchement, comme il conste par le certificat de publication de Mr Marduel, curé de la dite paroisse de Saint-Roch de la ville de Paris, en date du dix du présent mois d'avril, lequel certificat de publication est légalisé par Monseigneur l'archevêque de Paris, sous le seing de Monsieur l'abbé Chevreuil, vicaire général du diocèse de Paris, sous la même date que ci-dessus; après la publication d'un seul ban, avec avertissement de la dispense des deux autres en la paroisse de Poussey, diocèse de Toul, sans aucune opposition ni aucun empêchement, comme il conste par le certificat de publication de Mr Bochonache, curé du dit Poussey, en date du dix du présent mois; semblable publication faite d'un seul ban avec avertissement de la dispense des deux autres en l'église paroissiale de Saint-Roch de la dite ville de Nancy, sans aucune opposition ni aucun empêchement, comme il conste par le témoignage de Mr Rogot, curé de la dite paroisse de Saint-Roch de Nancy, ici présent à la célébration dudit mariage; enfin semblable publication faite en l'église paroissiale du dit Falon, diocèse de Besançon, sans qu'il y ait eu aucune opposition ni aucun empêchement, comme il conste par le certificat de Mr Mouffot, curé du dit Falon et d'Abénaus, en date du trois du présent mois, ledit certificat légalisé par Monseigneur l'archevêque de Besançon, sous le seing de Mr l'abbé de Moudefin, vicaire général du dit diocèse de Besançon, en date du sept du présent mois d'avril; nous soussigné Louis-Gabriel comte de Raincourt, grand trésorier du chapitre noble de Saint-Pierre de Mâcon, frère du futur époux, délégué par Messieurs les curés respectifs et par Mr Duval, curé de Malzéville, en sa qualité de curé de Saint-Max, dans le ressort duquel est située la chapelle de Madame la marquise de Lénoncourt, où doivent se fiancer et marier les futurs époux, en conséquence de la dispense des deux autres bans accordés, savoir pour Monsieur Antoine-Pierre comte de Raincourt, par Monseigneur l'archevêque de Besançon, sous le seing comme il est dit ci-dessus, de Mr l'abbé de Moudefin, vicaire général du diocèse de Besançon, en date du sept du présent mois d'avril, et pour Camille-Louise-Françoise-Sophronie, comtesse de Lambertye, chanoinesse de l'insigne chapitre de Poussey, par Mr l'abbé de Ventoux, vicaire général du diocèse de Toul, en date du cinq du présent mois et par Monsieur l'abbé de Vintimille Lascaris, vicaire général du diocèse de Nancy, en date du douze avril de l'année courante, suivant les actes signés et scellés en bonne forme qui ont été présentés et qui sont restés entre les mains de mondit sieur Ragot, curé de la paroisse de Saint-Roch de Nancy; étant assuré de la permission militaire donnée par lettre de Mr le marquis de Vibraix, colonel du régiment Dauphin-cavalerie, à Monsieur Antoine-Pierre, comte de Raincourt, pour pouvoir contracter mariage, la dite lettre datée du quatorze novembre de l'année dernière; étant aussi assuré du consentement de Mr Jean-Baptiste marquis de Raincourt, père, pour ce comparant, et encore du consentement de Madame Louise-Gabrielle de Lambertye-Gerbeviller, tant en son nom et comme fondée de pouvoir de Monsieur de François-Emmanuel, marquis de Lambertye, son mari, suivant sa procuration passée devant maîtres Lefebvre et Frutas, notaires à Paris, le vingt novembre mil sept cent soixante-dix-neuf, déposée ez nottes de maître Wathier, notaire à Nancy, par acte du

vingt-deux février de l'année courante, avons béni leurs promesses mutuelles dans leurs fiançailles
le dix-huit avril, et le même jour par permission énoncée dans la dite dispense des deux bans,
après avoir reçu leur consentement mutuel, leur avons donné la bénédiction nuptiale, dans la
chapelle de Madame la marquise de Lénoncourt, la dite chapelle située sur la paroisse de Saint-
Max, annexe de Malzéville, en présence de mondit sieur marquis de Raincourt père de l'époux,
de madite dame marquise de Lambertye mère de l'épouse, de très haute et très puissante dame
Madame Catherine-Antoinette de Lambertye, douairière de très haut et très puissant seigneur
messire Jean-Baptiste-François marquis de Lénoncourt, grand maître de la garde robe de S. A. R.
Léopold, duc de Lorraine, grande tante maternelle de l'épouse ; de très haute et très puissante
demoiselle mademoiselle Louise-Françoise-Antoinette comtesse de Lambertie, sa tante maternelle ;
de très haut et très puissant seigneur Charles-Ignace, chevalier de Raincourt, frère de l'époux ;
de très haut et très puissant seigneur Joseph-Emmanuel-Auguste-François, comte de Lambertye,
mestre de camp de cavalerie, lieutenant des gendarmes bourguignons, frère consanguin de
l'épouse ; de très haut et très puissant seigneur Christophe, comte de Bouzey, baron de Vitrey,
chambellan du feu roi de Pologne ; de très haut et très puissant seigneur, Théodore-François de
Paule de Custines, comte de Viltz et de Loupy, tous témoins connus et requis, lesquels nous
ont certifié le domicile, la liberté et la catholicité des époux et ont signé avec eux et ainsi
que les dits sieurs curés de Saint-Roch et de Malzéville. Ont signé : 1° Le comte de
RAINCOURT, 2° LAMBERTYE, 3° Le M. de RAINCOURT, 4° LAMBERTYE-LAMBERTYE, 5° LAMBERTYE-
LENONCOURT, 6° LAMBERTYE, 7° Le chʳ de RAINCOURT, 8° LAMBERTYE, 9° BOUZEY, 10° CUSTINE DE
WILTZ, 11° BASSOMPIERRE, abbesse de Poussey, 12° LA BAUME-MONTREVAL, mᵉ de Ligneville, 13° La
comtesse de BASSOMPIERRE, chanoinesse de Poussai, 14° Le mˢ de BOISSE, 15° BILLARD Edwharth,
16° L'abbé de Dombasle, 17° L'abbé de Malvoisin, 18° L'abbé de Raincourt, 19° RAGOT, curé de
Saint-Roch, 20° DUVAL, curé de Malzéville. — (Registres paroissiaux de Saint-Max).

---

*Baptême de Jean-Emmanuel-Amable Parent de Curson, époux de Céline-Suzanne-Camille-
Victorine de Lambertie.* 22 avril 1782.

Aujourd'hui vingt-deux avril mil sept cent quatre-vingt-deux, a été baptisé, en l'absence
de M. le Curé, par moy soussigné, prêtre, chanoine de l'église cathédrale de Luçon et vicaire
général de Monseigneur l'évêque de Luçon, Jean-Emmanuel-Amable, né de ce jour, fils légitime
de messire Jean-Jacques-Amable Parent, écuyer, seigneur de Curzon, et de dame Anne-Julie
Brumauld de Beauregard, son épouse ; le parrain a été messire Jean Emmanuel Brumauld
de Beauregard, écuyer, frère de la mère de l'enfant, et la marraine dame Marie-Marguerite
Chantalou, épouse de messire Brumauld, écuyer, seigneur de Saint-Georges, lesquels ont été
représentés par Louis Cordoux, qui a déclaré ne savoir signer, et Marie Chailleau. — Le
registre est signé : PARENT DE CURZON, père de l'enfant ; BRUMAULD DE BEAUREGARD, chanoine
et vicaire général ; Marie CHAILLEAU ; BRUMAULD DE BEAUREGARD, vicaire général. — (Registres
paroissiaux de Luçon.)

Baptême de Madeleine-Adélaïde-Marie-Angélique-Félicité de Lambertie. 14 juillet 1782.

L'an mil sept cent quatre-vingt-deux, le quatorze juillet, a été baptisée Mélanie-Adélaïde-
Marie-Angélique-Félicité, fille légitime de haut et puissant seigneur Joseph-Emmanuel-Auguste-
François, comte de Lambertye, chevalier, seigneur de Magné, mestre de camp de cavalerie,

premier lieutenant de la compagnie d'hommes d'armes d'ordonnance du roy sous le titre de
gendarmes bourguignons, chevalier de l'ordre royal et militaire de Saint-Louis, et de haute
et puissante dame Susanne-Victoire Farouilh, comtesse de Lambertye ; le parrain a été haut
et puissant seigneur Emanuel-François, marquis de Lambertye, baron de Corigné, chevalier,
seigneur de Saint-Martin-Lars, Puydemaud, la Cour-d'Usson, la grande et la petite Epine, Lavalette,
les Roches et autres lieux, maréchal des camps et armées du roy, chevalier de l'ordre royal
et militaire de Saint-Louis, demeurant à Paris, et la marraine a été haute et puissante dame
Adélaïde-Mélanie-Marie-Angélique-Félicité de Lambertye, comtesse de Baucorps, demeurant à
Saint-Jean-d'Angeli, lesquels se sont fait représenter par Antoine Belot, domestique chez
M. de Lambertye, et par Marguerite Fayard, domestique au même lieu, lesquels n'ont seu
signer de ce requis. — MERLE, vicaire. — (Registres paroissiaux d'Izeure.)

Provisions de la charge de Capitaine-Lieutenant de la compagnie des Gendarmes-Dau-
phin, pour Emmanuel-Joseph-Auguste-François de Lambertie. 11 *novembre* 1782.

   Louis, par la grâce de Dieu, roi de France et de Navarre, à tous ceux qui ces présentes lettres verront, salut. La charge de capitaine-lieutenant de la compagnie d'hommes
d'armes de nos ordonnances sous le titre Dauphin, dont était pourvu le sieur comte d'Hercu-
lais, étant à présent vacante, par son changement à la charge de capitaine-lieutenant de la
compagnie d'hommes d'armes de nos ordonnances sous le titre de Flandres, et désirant le
remplir d'une personne qui ait toutes les qualités requises pour s'en acquitter dignement,
nous avons estimé que nous ne pouvions faire pour cette fin un meilleur choix que la personne de notre cher et bien-aimé le sieur Emmanuel-Joseph-Auguste-François, comte de Lambertye, premier lieutenant de la compagnie d'hommes d'armes de nos ordonnances sous le
titre de Bourguignons, pour les preuves qu'il nous a données de sa valeur, courage, expérience en la guerre, vigilance et bonne conduite, non seulement depuis qu'il est pourvu de
la charge de premier lieutenant de lad. compagnie, mais aussi dans tous les autres emplois
de guerre qu'il a eus, dont il s'est acquité partout à notre entière satisfaction, et pour la
parfaite confiance que nous prenons en sa fidélité et affection à notre service, dont il nous
a aussi donné des marques particulières dans toutes les occasions qui s'en sont présentées.
Savoir faisons que nous, pour ces causes et autres à ce nous mouvans, avons fait, constitué,
ordonné et établi, faisons, constituons, ordonnons et établissons par ces présentes, signées de
notre main, ledit sieur Emmanuel-Joseph-Auguste-François comte de Lambertye, capitaine-
lieutenant de la compagnie d'hommes d'armes de nos ordonnances sous le titre Dauphin,
pour en jouir et user, et lad. charge doresnavant exercer aux honneurs, autorités, prérogatives, pouvoirs, prééminences, états, gages et apointements qui y appartiennent, tout ainsi
qu'en jouissent ceux qui sont pourvus de pareilles charges, mandons à tous qu'il apartiendra
que led. sieur Emmanuel-Joseph-Auguste-François, comte de Lambertye, après qu'il aura prêté
le serment de nous bien et fidèlement servir en lad. charge, ainsi qu'il est accoutumé, ils
aient à le reconnaître et à lui obéir, et entendre ès choses touchant et concernant lad.
charge sans difficulté ; mandons, en outre, à nos amis et féaux les trésoriers généraux
payeurs des dépenses de la guerre présents et à venir, chacun en l'année de son exercice,
de payer aud. sieur Emmanuel-Joseph-Auguste-François, comte de Lambertye, les dits états,
gages et apointements aux montres et revues qui se feront de la dite compagnie en la
manière accoutumée, suivant les formes et règlements faits par notre dite gendarmerie, et
en raportant ces présentes ou copie d'icelles dûment collationnées, pour une fois seulement,

avec les quittances dud. sieur Emmanuel-Joseph-Auguste-François, comte de Lambertye, sur
ce suffisantes, ensemble les roles de montres et revues de la dite compagnie, nous voulons
les dits gages, états et apointements, et tout ce qui aura été payé à l'occasion, être passé
et alloué en la dépense de leurs comptes, deduit et rabatu de la recette d'iceux par nos
amés et féaux conseillers les gens de nos comptes à Paris, auxquels nous mandons ainsi
le faire sans difficulté, car tel est notre plaisir. En témoin de quoi nous avons fait mettre
le scel à ces dites présentes. Donné à Versailles le onzième jour de novembre, l'an de
grâce mil sept cent quatre-vingt-deux, et de notre règne le neuvième. — Signé : Louis. —
Signé : Segur.

Brevet d'une pension de 2,000 livres pour Joseph-Emmanuel-Auguste-François de Lambertie.
18 octobre 1783.

Aujourd'hui dix-huit octobre mil sept cent quatre-vingt-trois, le roi étant à Fontainebleau. Sa
Majesté s'étant fait représenter le brevet par lequel elle a accordé aud. sieur Joseph-Emmanuel-
Auguste-François, comte de Lambertye, la première grâce cy-dessus désignée, montant annuellement à mille livres, et voulant lui donner une nouvelle marque de la satisfaction qu'elle a de
ses services, elle lui a accordé et fait don, le 18 octobre 1783, de la somme de mille livres,
pour en jouir sans retenue, à titre de pension sur le trésor royal, par augmentation à celle de
mille livres, et ne plus former, à compter dud. jour 18 octobre 1783, qu'une seule pension de
deux mille livres dont il sera payé, soit par le sieur Savalete, que Sa Majesté a chargé
d'acquitter actuellement les pensions, soit par tel autre qu'elle en chargera à l'avenir, et ce sur
quittances par devant notaire, à Paris, et la représentation du présent brevet que pour assurance
de sa volonté Sa Majesté m'a commandé d'expédier, qu'elle a signé de sa main et fait contre
signer par moi, son conseiller secrétaire d'État et de ses commandements et finances. — Signé :
Louis. — Signé : Le maréchal de Segur. — (Archives de M. le baron de Guilhermy.)

Brevet de brigadier de cavalerie pour Emmanuel-François-Auguste, de Lambertie.
1er janvier 1784.

Aujourd'hui premier du mois de janvier 1784. Le roi étant à Versailles, mettant en considération les bons et fidèles services que le sieur Emmanuel-François-Auguste, comte de Lambertie,
mestre de camp de cavalerie, capitaine-lieutenant d'une compagnie d'hommes d'armes de ses
ordonnances, lui a rendus en diverses charges et emplois de guerre qui lui ont été confiés, dans
lesquels il a donné des preuves de sa valeur, courage, expérience en la guerre, diligence et
bonne conduite, ainsi que sa fidélité et affection à son service, et voulant lui en marquer sa
satisfaction, Sa Majesté l'a retenu, ordonné et établi en la charge de brigadier de cavalerie,
pour dorénavant en faire les fonctions, en jouir et user aux honneurs, autorités, prérogatives
et prééminences qui y appartiennent, tels et semblables dont jouissent ceux qui sont pourvus de
pareilles charges, et aux appointements qui lui seront ordonnés par les états de Sa Majesté ;
laquelle, pour témoignage de sa volonté, m'a commandé de lui expédier le présent brevet,
qu'elle a signé de sa main et fait contre-signer par moi, conseiller-secrétaire d'État et de ses
commandements et finances. — Signé : Louis. — Signé : Le maréchal de Segur.

Baptême de Céline-Suzanne-Camille-Victoire de Lambertie. 12 *juillet* 1786.

Le douze juillet mil sept cent quatre-vingt-six, a été baptisée par moi curé soussigné, Célinie-Susanne-Camille-Victorine, née de ce jour du légitime mariage de haut et puissant seigneur Joseph-Emmanuel-Auguste-François, comte de Lambertye, brigadier des armées du roy, capitaine-lieutenant de la compagnie d'hommes d'armes d'ordonnance du roy sous le titre des gendarmes de Flandre, chevalier de l'ordre royal et militaire de Saint-Louis, et de haute et puissante dame Madame Susanne-Victoire Farouille, comtesse de Lambertye, son épouse. Le parrain a été haut et puissant seigneur Auguste-Emmanuel-Maximilien, comte de Fiennes, cousin germain de l'enfant, représenté par Monsieur Jean Sibot-Americain, et la marraine, demoiselle Mademoiselle Susanne-Célinie-Zoé de Lambertye, sa sœur ; le père a signé ainsi que le représentant du parrain. Suivent les signatures : LAMBERTYE, CYBOT, GAUFFREAU, curé. — (Registres paroissiaux de Notre-Dame-la-Petite de Poitiers.)

Donation faite par Emmanuel-François de Lambertie à son fils. 6 *février* 1787.

Par devant les notaires au Châtelet de Paris soussignés, furent présents très haut et très puissant seigneur Monseigneur Emmanuel-François, marquis de Lambertye, baron de Corigné, chevalier, seigneur de Saint-Martin-Lars, Puy-de-Meaux, la grande et la petite Epine, la Cour d'Usson, maréchal des camps et armées du roi, chevalier de l'ordre royal et militaire de Saint-Louis, demeurant à Paris, en son hôtel, rue de Montpensier, paroisse Saint-Eustache : lequel déterminé par de bonnes et justes considérations, et voulant, pour se procurer sa tranquillité, user en faveur de Monsieur son fils, ci-après nommé, de la faculté qui lui est accordée par l'art. 204 de la coutume de Poitou, qui régit les biens ci-après énoncés, à la charge par le dit seigneur son fils de faire dénoncer ces présentes aux dames ses sœurs, à l'effet par elles d'y prendre part, suivant les charges et portions que leur donne la coutume des lieux où les biens sont situés, et d'ailleurs parce que telle est sa volonté et résolution murement prise. A par ces présentes, à titre de donation, par provision de corps et tel autre meilleur titre que ce puisse être, donné irrévocablement et délaissé à très haut et très puissant seigneur Monseigneur Joseph-Emmanuel-Auguste-François, comte de Lambertye, brigadier des armées du roi, capitaine-lieutenant de la compagnie d'hommes d'armes d'ordonnance du roi, sous le titre de gens d'armes de Flandre, et chevalier de l'ordre royal et militaire de Saint-Louis, son fils, demeurant ordinairement au château de Saint-Martin-Lars, en Poitou, étant actuellement en cette ville, logé hôtel d'Antin, rue de Gaillon, paroisse Saint-Roch, à ce présent et acceptant pour lui, les siens et ayant cause : La châtelenie, terre et seigneurie de Saint-Martin-Lars et Corigné et fiefs en dépendant, es paroisse du dit lieu et paroisses circonvoisines, situées en Poitou ; plus les fiefs et seigneuries de la Grande-Epine, la Cour d'Usson, paroisse dudit Usson, situés en Poitou, avec toutes les appartenances et dépendances des dites terres et fiefs, et généralement tous les objets dont est propriétaire M. le marquis de Lambertye, et situés dans les dites paroisses d'Usson, Saint-Martin-Lars et autres circonvoisines, sans aucune exception ni réserve, hors celle ci-après, le tout ainsi qu'en a joui et dû jouir le dit seigneur marquis de Lambertye, qui s'est dévêtu, dessaisi, dépouillé des dites terres, et en a saisi et vêtu le dit seigneur comte de Lambertye, donataire, n'entendant néanmoins comprendre dans la présente donation les objets qu'il aurait acquis ou échangé, se les réservant expressément, desquels objets fait partie entre autres la seigneurie de la Petite-Epine. Cette donation est faite aux charges et conditions ci-après :

36*

PREMIÈREMENT. — L'acte passé en vue des présentes, le 10 mars de l'année dernière, devant maître Pognon, notaire à Nancy, en présence de témoins, par Madame la marquise de Lambertye, épouse séparée de biens, et autorisée par justice, expédition duquel a été dûment controllé et légalisé et demeuré ci-annexé après avoir été des parties signé et paraphé, en présence des notaires soussignés, sera exécuté selon sa forme et teneur.

DEUXIÈMEMENT. — Le dit seigneur comte de Lambertye, donataire, promet et s'oblige de nourrir, loger, alimenter, chauffer et éclairer en sa maison le dit seigneur marquis de Lambertye, donateur, tant en santé qu'en maladie, lequel seigneur aura et pourra avoir à lui seul et à ses ordres, une voiture à quatre glaces et quatre chevaux achetés aux frais du dit seigneur comte de Lambertye, un valet de chambre, un laquais, un cocher et un postillon, les domestiques et les chevaux nourris et entretenus aux frais du dit seigneur comte de Lambertye.

Il réserve expressément le dit seigneur marquis de Lambertye, outre les acquis et échanges qu'il pourrait avoir fait dans les terres et fiefs ci-devant énoncés et donnés par ces présentes au dit seigneur comte de Lambertye, son fils, la terre de Puy-de-Meaux, fief y annexé et dépendances, situés paroisse de La Chapelle-Monbrandeix, en Limousin, coutume et droit écrit, dans l'intention de vendre pour en employer le prix, ainsi qu'il s'y oblige, au payement des créanciers ci-après nommés, dont les créances sont, pour la plupart, antérieures au contrat de mariage de Mme la marquise de Lambertye, savoir :

1° Aux Dames religieuses de Notre-Dame de Limoges, trois cents livres de rente perpétuelle, constituée au principal au denier quarante de douze mille livres, au profit de la ditte communauté, par M. Emmanuel, marquis de Lambertye, oncle du dit seigneur marquis de Lambertye, par contrat passé devant Me Etienne, notaire à Limoges, les seize et vingt-trois octobre 1720, sur le capital de laquelle rente le dit seigneur comte de Lambertye, donataire, a déjà payé 10,000 livres par acte passé devant Fournier, notaire à Limoges, le 27 avril 1785, qui le subroge aux dits droits, ci .... 12.000 ll.

2° Deux parties de rente au principal de 17,300 ll., toutes deux constituées originairement par M. Emmanuel, marquis de Lambertye, oncle du dit seigneur marquis de Lambertye, au profit de dame Catherine Dupin, par deux actes passés devant Me Nicolas, notaire au dit Limoges, les vingt-trois mars 1720 et vingt-huit mai 1721, lesquelles deux parties de rente sont de 505 livres 10 sols, cy... 17.300 ll.

3° 51 ll. de rente au principal de 2,040 ll. dues à Mme de Bois-Ragon, constitué originairement par le dit seigneur Emmanuel, marquis de Lambertye, aux auteurs de la dite dame.. .... 2.040 ll.

4° Une rente obituaire de 37 ll. due aux PP. Jacobins de Limoges, assignée sur des domaines de la seigneurie de Puydemeaux, dont le principal est de 750 ll., cy...... 750 ll.

5° 5,000 ll. à M. Boucher, maître des comptes à Paris, pour le montant de l'obligation consentie à son profit devant Me Baron, le............. cy........................ 5.000 ll.

6° 10,000 ll. aux héritiers du sieur Martin et de sa femme, pour le montant de l'obligation de pareille somme passée devant le dit Me Baron, notaire à Paris, le 1er avril 1769, cy......... .... 10.000 ll.

7° Une rente foncière de 500 ll. de rente, assignée sur la seigneurie de la Petite-Epine, paroisse d'Usson, au principal de 10,000 ll. due à Mme de Muchène, cy........... 10.000 ll.

8° Cinquante livres de rente au principal de mille livres dues aux Dames de l'Union chrétienne de Poitiers, originairement consentie par dame Marie-Angélique du Breuilhélion, mère du dit seigneur marquis de Lambertye.

9° Deux cents livres de rente au principal de 4,000 ll., constituée au profit des sieur et dame Bourgoin par contrat passé devant Romanet, notaire à Poitiers, le 3 février 1752, ci.   4.000 ll.

10° Cent cinquante livres de rente au principal de 3,000 ll., constituée au profit de M. Devillechaise par contrat passé devant Mᵉ Bourbeau, notaire à Poitiers, le 19 août 1757, ci . . . . 3.000 ll.

11° 150 ll. de rente au principal de 3,000 ll., constituée au profit de M. Buffard par acte passé devant Mᵉ Cuisinier, notaire au dit Poitiers, au mois de septembre 1757, ci... 3.000 ll.

12° 50 ll. de rente au principal de 1,000 ll., constituée au profit de Mᵐᵉ de Cressac, par contrat passé devant le dit Mᵉ Cuisinier, notaire à Poitiers, au mois de septembre 1757, ci. . . . . 1.000 ll.

13° 200 ll. de rente au principal de 4,000 ll., constituée au profit de M. Trichet, par contrat passé devant Bourbeau, notaire à Poitiers, le 22 mars 1757, ci . . . . 4.000 ll.

14° Pareilles 200 ll. de rente au principal de 4,000 livres, constituée au profit de Mˡˡᵉ Ingraud, par acte passé devant le dit Bourbeau, notaire à Poitiers, le 17 septembre 1757, ci . . . . 4.000 ll.

15° Cent vingt-cinq livres de rente au principal de deux mille cinq cents livres, constituée au profit de M. l'abbé Longchamp, par acte passé devant le dit Bourbeau, notaire à Poitiers, le 23 avril 1758, ci. . . . . 2 500 ll.

16° Deux cent quinze livres de rente au principal de quatre mille trois cent livres, constituée au profit de Madame Richeteau, par contrat passé devant le dit Bourbeau, notaire, le dit jour vingt-trois avril, ci. . . . . 4.300 ll.

17° Six cents livres de rente au principal de douze mille livres, constituée au profit de M. Roger, par acte passé devant ledit Mᵉ Bourbeau, notaire, le 24 avril 1758, ci. . . . 12.000 ll.

18° Cent livres de rente au principal de deux mille livres, constituée au profit de Madame d'Ausance, par contrat passé devant D'Arbez, notaire à Poitiers, le 24 avril 1758, ci. 2.000 ll.

19° 215 livres de rente au principal de 4,300 livres, dues à Mᵐᵉ la marquise de Maulmont, de Limoges, au payement de laquelle le dit seigneur marquis de Lambertye a esté condamné, ainsi que du capital, par sentence du Chatelet de Paris de l'année 1783, cy . . . . 4.300 ll.

20° Trois parties de rente, formant ensemble sept cent cinquante livres au principal de quinze mille livres, dont le dit seigneur marquis de Lambertye est débiteur envers les Dames religieuses des monastères des Carmélites, de la Visitation et des Ursulines du Poitou, ci. . . . . 15.000 ll.

21° Et de trois cent cinquante livres de rente au principal de sept mille livres, constituée au proffit de M. et Mˡˡᵉ Desgrois, Mˡˡᵉ de Cromère et Mˡˡᵉ Devivonne, par acte passé devant Mᵉ Lefebvre, l'un des notaires soussignés, qui en a la minutte, et son confrère, en mil sept cent quatre-vingt-un, ci. . . . . 7.000 ll.

ToTAL : Cent vingt-quatre mille cent quatre-vingt-dix livres, ci. . . . . 124.190 ll.

S'oblige le dit seigneur marquis de Lambertye, lorsque la dite vente de Puy-de-Meaux et dépendances aura lieu, d'en employer le prix au payement des créanciers ci dessus nommés et d'en justiffier à ma dite dame la marquise de Lambertye, son épouse, et au dit seigneur son fils, affectant spécialement au payement des dits créanciers les dites terres et ses revenus et les acquets et échanges dont il vient de faire la réserve par ces présentes.

Et dans le cas où le dit seigneur comte de Lambertye viendrait à payer, en l'acquit du dit seigneur son père, les dettes en tout ou en partie, dont il demeure chargé par ces présentes, énoncées ci-devant, il se réserve la faculté de se faire subroger aux hypothèques, droit et action des dits créanciers, à laquelle subrogation le dit seigneur de Lambertye consent.

Déclare enfin, le dit seigneur comte de Lambertye, que dès le mois de décembre de l'année 1783, il a vendu la terre et seigneurie de Magné, qui lui appartenait personnellement et dont il a touché et employé le prix, et qu'il n'aurait d'autre justification à faire que celle à laquelle le dit seigneur son père vient de s'obliger en vendant la terre de Puydemeaux.

Et pour l'exécution des présentes et dépendances les parties font élection de domicile aux demeures susdites, auxquels lieux nonobstant promettant, obligeant, renonçant. Fait et passé à Paris en l'étude, l'an 1787, le 6 février, et ont signé la minute des présentes demeurée à Me Lefebvre lainé, l'un des notaires soussignés.

Suit la teneur de la dite annexe.

Cejourd'hui, 10 mars 1786, à Nancy, en l'étude, onze heures du matin, pardevant le conseiller du Roi, notaire à Nancy, y résident, soussigné, et en présence des témoins ci-après nommés, est comparu haute et puissante dame madame Louise-Antoinette-Gabrielle, marquise de Lambertye, seconde épouse, séparée quant aux biens, de très haut et très puissant seigneur Emmanuel-François marquis de Lambertye, baron de Corigné, chevalier seigneur de Saint-Martin-Lars, de Puydemeaux, de la grande et petite Epine, de la Cour d'Usson, de la Valette et autres lieux, maréchal des camps et armées du Roi, demeurant à Paris ; suivant la sentence rendue le 26 janvier dernier en la sénéchaussée et siège présidial de Poitou à Poitiers, extrait légalisé de laquelle restera et demeurera annexée aux présentes.

Laquelle a déclaré volontairement consentir, comme par ces présentes elle consent, que les reprises et remplois qu'elle a droit d'exercer sur les biens du dit seigneur marquis de Lambertye, son époux, soient réduits, à la somme de 118,190 ll. 12 sols, cours commun du royaume. Ma dite dame comparente renonçant pour de bonnes considérations d'équité à la réclamation des rentes et pensions courues depuis le jour de son mariage jusqu'à la confection de l'inventaire de la première communauté du dit seigneur marquis de Lambertye, son mari.

Sur laquelle somme de 118,190 ll. 12 sols, la dame marquise de Matharel-Fiennes, sa fille, a droit de prendre celle de 45,000 ll. qui lui est due de la dotte à elle constituée par ma dite dame comparente sa mère, laquelle somme de 45,000 ll. le seigneur comte de Lambertye fils s'obligera de payer à ma dite dame Matharel-Fiennes, sa sœur, au terme fixé par son contrat de mariage avec les intérêts qui auront couru cejourd'hui.

Quant à la somme de 73,190 ll. 12 sols restante de celle de 118,190 ll. 12 sols, ma dite dame comparente consent que le paiement en soit renvoyé après le décès du dit seigneur marquis de Lambertye, son mari, quand même elle décèderait avant lui, jusqu'au quel temps le dit seigneur comte de Lambertye ne sera réputé en aucun retard pour le paiement de la dite somme de 73,190 ll. 12 sols, qui ne produira aucun intérêt jusqu'au dit temps.

Pour sureté du paiement de la dite somme de 118,190 ll. 12 sols, tant envers ma dite dame comparente qu'envers la dite dame de Matharel-Fiennes, le dit seigneur comte de Lambertye sera tenu d'affecter et hypothéquer tous ses biens meubles et immeubles présents et à venir, spécialement et par privilège, ceux compris dans la cession à faire par Mr le marquis de Lambertye au sieur comte son fils, n'entendant ma dite dame comparente déroger à l'hypothèque précédemment acquise sur les dits biens du jour en date de son contrat de mariage, laquelle demeurera dans toute sa force sur la terre et chatellenie de Saint-Martin-Lars et fief situé en la même paroisse, et sur les seigneuries de la grande et petite Epine et de la Cour d'Usson, ma dite dame comparente ne renonçant à son hypothèque que sur la seigneurie de Puydemeaux, et à l'hypothèque qu'elle acquiert par ces présentes sur la terre de Magné, paroisse de Courconne, en Saintonge, provenant au seigneur comte de Lambertye du côté maternel, consentant ma dite dame comparante que le dit seigneur comte de Lambertye puisse vendre les dites terres de Puydemeaux et de Courconne, mais à la condition expresse que le prix qui en proviendra sera employé à payer les créanciers du seigneur marquis de Lambertye antérieurs à ma dite dame et qu'il en justifiera.

Se réserve aussi ma dite dame marquise de Lambertye son douaire, le cas échéant le dit douaire fixé par son contrat de mariage à la dite somme de deux mille livres dont elle consent la réduction à celle de 1,400 ll. en considération des arrangements futurs, comme aussi consent ma dite dame de prendre son habitation dans le château de Saint-Martin-Lars, ou à son choix la rente viagère de 1,000 ll. cours de France, pour lui tenir lieu de la même habitation et pour le don de survie fixé dans le contrat de mariage à la somme de 5,000 ll. de Lorraine, faisant celle de 3,871 ll. cours de France, ma dite dame comparante consent que, si elle survit le dit seigneur son mari, le seigneur comte de Lambertye ajoutera cette somme de 3,871 ll. à celle de 73,190 ll. 12 sols, dont il restera redevable envers la dite dame, sa belle-mère, et que si le dit seigneur marquis de Lambertye vient lui-même à survivre la dite dame comparante, son épouse, la même somme de 3,871 ll. sera déduite, de sorte que dans le premier cas le seigneur comte de Lambertye sera tenu de payer à la dame sa belle-mère la somme de 7,761 ll. 12 sols, et dans le second cas il ne sera tenu après le décès du seigneur marquis de Lambertye, son père, de payer aux héritiers de la dame marquise de Lambertye, sa belle-mère, la somme de 69,319 ll. 12 sols.

Lesquels consentement et déclaration, ainsi faits et donnés par ma dite dame marquise de Lambertye comparante, elle veut n'avoir lieu et exécution qu'autant que la transaction ou donnation projetée entre messieurs les marquis et comte de Lambertye, père et fils, aura son plein et entier effet, et sera incessamment convenue, arrêtée et signée à la minute de laquelle copie des présentes sera jointe et annexée, attendu la relation intime des présentes, consentement et déclarations, avec les articles devant former la dite transaction à passer, laquelle si elle n'a lieu, alors le contenu es présentes sera nul et de nul effet sans qu'il soit besoin d'aucun acte de révocation. De tout quoi ma dite dame marquise de Lambertye comparante a requis acte, qui lui a été accordé en cette forme, pour servir et valoir ce que de droit, à charge par Messieurs de Lambertye de fournir copie de la dite transaction à passer, laquelle sera autenthique et non sous seings privés.

Fait et passé à Nancy, le dit jour, en présence de Jean-Louis Mathieu, maître perruquier, et Claude Lauterborn, cordonnier, demeurant au dit Nancy, témoins connus et requis qui ont signé à la minute avec ma dite comparante ensemble en marge de la seconde feuille après lecture faite.

Controllé à Nancy, le 11 mars 1786, reçu 21 ll. 7 sols 6 deniers, Signé : Munier.

Suit copie de l'extrait de la sentance enoncée en l'acte ci-dessus.

Marc-Antoine Beuvier, chevalier, marquis des Pulligny, seigneur des Budinières, la Bonunchéres, la Jottandrie et Dery, conseiller du roi en tous ses conseils, grand sénéchal du Poitou, capitaine du château de Poitiers, à tous ceux que ces présentes verront, savoir, faisons qu'entre dame Louise-Antoinette de Lambertye-Gerbéviller, épouse de messire Emmanuel-François marquis de Lambertye, poursuivante sa séparation quant aux biens d'avec lui, et autorisée par justice à la poursuite de ses actions.

Contre le dit seigneur marquis de Lambertye, maréchal des camps et armées du roi, chevalier de Saint-Louis, seigneur de Saint-Martin-Lars et autres lieux, défendeur.

Vu par nous, grosse de notre appointement du 22 décembre dernier, par lequel pour être fait droit aux parties, nous avons ordonné que les pièces seraient mises pardevers nous dans trois jours, avec les conclusions du procureur du roi, signée en la grosse : Charbonnel du Toral, greffier, etc.

Tout considéré, et le saint nom de Dieu invoqué, nous, sans avoir égards aux exceptions du marquis de Lambertye et fesant droit sur les conclusions de la demanderesse, nous lui avons, comme autrefois, donné acte de sa renonciation à la communauté stipulée entre elle et son mari par leur contrat de mariage du 22 décembre 1758, ordonné quelle demeurera séparée quand aux biens d'avec le dit seigneur de Lambertye, que sans son consentement elle pourra jouir et disposer de tous ses meubles et immeubles, à l'effet de quoi elle demeure autorisée par justice à la poursuite et recouvrement de ses droits et actions, condamné le marquis de Lambertye de lui payer par hypothèque du dit contrat de mariage la somme de 118,190 ll. 12 sols, au cours du royaume, pour le dit montant de sa dot, reprises et remplois reconnus aux actes ci-dessus refférés, suivant le compte qui en a été fait par la requête introductive du 26 novembre dernier, ensemble le montant des rentes et pensions qui ont courues au profit de la marquise de Lambertye, depuis son mariage jusqu'à la confection de l'inventaire de la première communauté de son mari, le tout formant les apports et propres fictifs de la marquise de Lambertye reçus par son mari aux intérêts à compter du 26 novembre dernier, condamné en outre le marquis de Lambertye de la garantir et indemniser de tous ses engagements qu'il pourrait lui avoir fait contracter et de faire un fond suffisant pour répondre, le cas arrivant, du douaire préfix et de l'habitation accordée à la marquise de Lambertye au même titre, et encore de la somme de 5,000 ll., cours de Lorraine, une fois payée, à titre de don manuel, pour la valeur de sa toilette, carosse et équipage reconnu au dit contrat de mariage, le tout par hypothèque du même acte, ordonné que notre sentence sera publiée et affichée en cette ville à la manière ordinaire et condamné le marquis de Lambertye en tous les dépens, ce qui sera exécuté par provision, nonobstant appellation, opposition, et sans y préjudicier, attendu que la demanderesse est fondée en titres authentiques non contestés. Sy donnons en mandement et donné, fait et arrêté et prononcé au parquet des gens du roi par nous Pierre-Marie-Irlande de Bazoges, chevalier, conseiller du roi, lieutenant général en la sénéchaussée et siège présidial de Poitou, à Poitiers, le 26 janvier 1786. La minute des présentes est signée de Bazoges etc. Insinué à Poitiers le 26 janvier 1786 etc., scellé etc., et signifié le 28 janvier 1786 etc. Pour extrait, collationné par les conseillers du roi, notaires à Nancy, y résident, soussignés sur la grosse en parchemin de la sentence à eux présentée et par eux remise à l'instant, ce 11 mars 1786, signé : Pognon, et ....

Controllé à Nancy, le 11 mars 1786, par Munier qui a reçu 11 sols ; collationné, signé : Pognon, avec paraphe.

Il est ainsi en la copie du dit acte duement légalisée, signée et paraphée, et demeurée annexée à la minute de la donnation dont l'expédition est ci-dessus et des autres parts. Le tout demeuré à Me Lefebvre, l'un des notaires soussignés. — Averti de l'insinuation. — Signé : LEFEBVRE.

Ce jourd'hui 21 février 1789, à Nancy, en l'étude, sur le midi, par devant le conseiller du roi notaire à Nancy, y résidant, soussigné, et en présence des témoins ci-après nommés, est comparue très haute et puissante dame Madame Louise-Antoinette-Gabrielle de Lambertye, seconde épouse, séparée quant aux biens de très haut et très puissant seigneur Monseigneur Emmanuel-François, marquis de Lambertye, baron de Corigné, chevalier, seigneur de Saint-Martin-Lars, Puydemeaux, la grande et la petite Epine, la Cour-d'Usson, maréchal des camps et armées du roi, chevalier de l'ordre royal et militaire de Saint-Louis, demeurant à Paris, laquelle après avoir pris lecture et communication d'un acte de donation, reçu devant Me Lefebvre et son confrère, notaires à Paris, le 6 du dit courant, et dont copie en bonne forme lui a été envoyée, et passé par mon dit seigneur marquis de Lambertye au profit de M. Joseph-Emmanuel-Auguste-Francois, comte de Lambertye, son fils, en vertu du consentement donné par ma dite dame comparante le 10 mars dernier, suivant l'acte reçu du notaire soussigné, le même jour dont copie en bonne forme a été annexée à la minute du dit acte de donnation, restée es notes du dit M° Lefebvre, a déclaré librement et volontairement aggréer, ratifier et confirmer la dite donnation en tout son contenu, et consentir à sa pleine et entière exécution, en tant toutefois qu'elle ne dérogera aucunement au consentement par elle donné le dit jour 10 mars dernier, et sous toutes les réserves y portées. Promettant ma dite dame comparante n'aller jamais au contraire des présentes, directement ni indirectement, sous l'obligation de droit.

Fait et passé à Nancy le dit jour, présents : Sieur Augustin Thomassin, négotient, et Jean-Nicolas Mathieu, M°-perruquier, y demeurant, témoins connus et réquis, qui ont signé avec madite dame de Lambertye, après lecture faite. — Signé à la minute : LAMBERTYE-LAMBERTYE, A. THOMASSIN, N. MATHIEU et POGNON, notaire,

Controllé à Nancy le 22 février 1787, par Munier, qui a reçu les droits. — Collationné. — Signé : POGNON, avec paraphe.

Il est ainsi en l'expédition du dit acte duement légalisé, certifié véritable, signé et paraphé et déposé pour minute à M° Lefebvre, l'un des notaires, soussigné, par acte de ce jourd'hui et 28 février 1787, étant en marge du dit acte de donation, dont expédition est des autres parts. Le tout demeuré au dit M° Lefebvre, notaire. — Signé : LEFEBVRE. — Scellé les dits jour et an.

L'an 1787, le 14 avril, à la requête de très haut et très puissant seigneur Monseigneur Joseph-Emmanuel-Auguste-François, comte de Lambertye, brigadier des armées du roi, capitaine-lieutenant de la compagnie d'hommes d'armes d'ordonnance du roi sous le titre de gendarmes de Flandres, et chevalier de l'ordre royal et militaire de Saint-Louis, demeurant ordinairement au château de Saint-Martin-Lars, en Poitou, étant actuellement en cette ville, logé hôtel d'Antin, rue de Gaillon, paroisse Saint-Roch, pour lequel domicile est élu en notre demeure.

Nous, Claude-François Lefebvre-Dewallière, huissier, commissaire priseur au Châtelet de Paris, y demeurant, rue de la Vieille-Draperie, paroisse de Saint-Pierre-des-Arcis, soussigné, signifié, dénoncé, et avec ces présentes baillé et laissé copie à Madame la veuve de M. le marquis de Fiennes, demeurant à Paris, chez Mme la duchesse de Bourbon, rue Neuve-des-Petits-Champs, au dit domicile et parlant à un suisse, auquel j'ai donné cinq sols, lequel n'a voulu dire son nom, de ce sommé suivant l'ordonnance.

De l'acte contenant donation en faveur de mon dit seigneur comte de Lambertye, acte de donation, sentence, ratification et autres, dont expédition sous des autres parts, à ce que contenu en iceux mad. dame veuve marquise de Fiennes n'ignore, la dite dénonciation faite pour satisfaire à ce qui est énoncé en la dite donnation, et nous avons, à ma dite dame marquise de Fiennes, au dit domicile et parlant comme dessus, laissé copie du présent, ensemble des dits actes de donation, sentence et ratification dont expéditions sont d'autre part. — Controllé à Paris, le 14 avril 1787. — Signé : LEFEBVRE-DEWALLIÈRE.

L'an 1787, le 5 mai, à la requête de très haut et très puissant seigneur Monseigneur Joseph-Emmanuel-Auguste-François, comte de Lambertye, brigadier des armées du roi, capitaine-lieutenant de la compagie d'hommes d'armes d'ordonnance du roi sous le titre de gendarme de Flandre, et chevalier de l'ordre royal et militaire de Saint-Louis, demeurant ordinairement au château de Saint-Martin-Lars, en Poitou, étant actuellement en cette ville, logé hôtel d'Antin, rue de Gaillon, paroisse Saint-Roch, pour lequel domicile est élu en notre demeure ci-après.

Nous, Claude-François Lefebvre-Dewallière soussigné, commissaire-priseur du Châtelet de

Paris, y demeurant rue de la Vieille-Draperie, paroisse Saint-Pierre-des-Arcis, soussigné, signiffié, dénoncé, et avec ces présentes baillé et laissé copie à Monsieur le comte et à Madame la comtesse de Raincourt, demeurant ordinairement en Franche-Comté, de présent à Paris, logés à l'hôtel du Grand-Balcon, numéros cinq et six, rue Neuve-des-Bons-Enfants, en parlant à un homme domestique qui n'a voulu dire son nom, de ce sommé suivant l'ordonnance. De l'acte contenant donnation en faveur de mon dit seigneur comte de Lambertye, acte, sentence et ratiffication dont expéditions sont des autres parts, à ce que du contenu en iceux mes dits seigneurs comte et dame comtesse de Raincourt n'ignorent; la dite dénonciation faite pour satisfaire à ce qui est ennoncé en la dite donation, et nous leur avons au dit domicile, en parlant comme dessus, laissé copie des présentes, ensemble de la dite donation, acte, sentence et ratiffication, dont expéditions sont d'autre part. — Signé : LEFEBVRE-DEWALLIÈRE. — Centrollé à Paris, le 5 mai 1787. — (Archives de M. le baron de Guilhermy.)

Décès d'Antoine-Pierre de Raincourt, époux de Camille-Louise-Françoise-Sophronie de Lambertie.
23 août 1792.

Auszug aus dem Todtenbuch der katholischen Pfarrei Schwetzingen vom Jahre 1792.

Die vigesima tertia circa horam secundam meridianam Schwetzingae, absolutione et extrema unctione tantum munitus, obiit et altera die in cœmeterio ibidem sepultus est messire Antoine-Pierre, comte de Raincourt, chevalier de l'ordre de Saint-George, lieutenant-colonel du régiment Dauphin-cavallerie, seigneur de Fallon, Raincourt, Dorsant, Bremondart, Bo..... (les lettres de ce dernier verbe sont corrigées), en Franche-Comté, anno aetatis trigesimo octavo. Für die Treue des Auszuges. Die in (23) angefügte Bemerkung ist von Unterzeichnetem eingeschalten; das unleserlich geschriebene Wort kœnnte auch Boarnon gelesen sein. Schwetzingen, den 2 Mærz 1877. — *Kathol. Pfarramt,* MUNCH.

Certificat de M. de Blangy, signé du prince de Hesse, pour Joseph-Emmanuel-Auguste-François de Lambertie. 10 mars 1793.

Je soussigné, lieutenant général des armées du roi de France, commandant la seconde division de la noblesse française, qui a servi à la défense de Maestricht, sous les ordres de S. A. Monseigneur le prince de Hesse, certifie que M. le comte de Lambertye, maréchal de camp, y a commandé la troisième compagnie, sous les ordres de M. le marquis de Mauroy, avec la valeur et la distinction qu'on devait attendre de lui. — A Maestricht, le 10 mars 1793. — Signé : Le comte DE BLANGY. — Signé : FRÉDÉRIC, duc de Hesse. — (Archives de M. le baron de Guilhermy.)

Certificat des bourgmestres de Maestricht pour Joseph-Emmanuel-Auguste-François de Lambertie.
8 avril 1793.

Nous Hauts Ecoutets, Bourguemaitres, Echevins, Conseillers, Jurés et autres du Conseil indivis de la ville de Maestricht, déclarons et attestons que Monsieur Joseph-Emanuel-Auguste-

François, comte de Lambertye, maréchal de camp, député de l'ordre de la noblesse de Poitou aux Etats généraux de France 1789, est du nombre des nobles et des militaires français, que l'honneur, le devoir et leur conscience ont obligé de sortir du royaume, pendant la Révolution, et qui se trouvant dans cette ville lorsqu'elle fut assiégée et attaquée d'une façon violente par les insurgens et rebelles français, ont concouru à sa défense avec la fidélité et le courage qui distinguent toujours la noblesse française.

Ainsi fait et arrêté dans l'assemblée du noble et vénérable Conseil indivis de la ville de Maestricht, le 8 avril 1793. — Par ordonnance : M.-C. LESCARTZ. — (Archives de M. le baron de Guilhermy.)

Pension militaire d'Emmanuel-François de Lambertie. 19 juin 1793.

Extrait du décret de la Convention nationale du 19 juin 1793, l'an deux de la République Française.

La Convention nationale, sur le rapport de son comité de liquidation, qui lui a rendu compte des vérifications qu'il a faites des rapports du directeur général de la liquidation, décrète : 4ᵉ état : Pensions retablies. Naissance de 1729 Lambertye (François), né le 11 décembre 1729. Ancienne pension, 2,400 ll., 16 ans de services, du 18 janvier 1753 à 1769, 4 campagnes, grade de maréchal de camp du premier mars 1780. Rétabli comme officier général pour le produit net en 1789 (art. 5 et 9, tit. 3), pour seize cent quatre-vingt livres. — Collationné et trouvé conforme à l'orignal déposé aux archives de la R. F. En foi de quoi j'ai signé et fait apposer le sceau des dites archives. — Paris, le 9 vendémiaire, l'an IVᵉ de la R. une et indivisible (1ᵉʳ octobre 1793). — L'un des représentants du peuple en l'absence de l'archiviste, signé : P. C. L., BAUDIN. — (Archives de M. le baron Guilhermy).

Certificat pour Joseph-Emmanuel-Auguste-François de Lambertie. 15 décembre 1793.

Nous, Victor-François, duc de Broglie, maréchal général de France, prince du saint empire romain, chevalier des ordres du roi, gouverneur général de Metz et pays Messin, Verdun et pays Verdunois, commandant en chef pour le roi dans les trois évêchés, Metz, Toul et Verdun, cours de la Sarre et de la Meuse, frontières du Luxembourg et de la Champagne, cy-devant général des armées de Sa Majesté le roi de France en Allemagne, etc., certifions que M. Joseph-Emanuel-Auguste-François, comte de Lambertie, maréchal des camps et armées du roi, dont l'attestat signé par M. le comte de Palis porte le N° 1427, a fait la campagne dans l'armée des princes, oncles de Sa Majesté très chrétienne, en qualité de maréchal de camp, employé au corps des hommes d'armes à cheval, et qu'il y a servi avec honneur et distinction. En foy de quoi nous lui avons donné le présent certificat scellé du sceau de nos armes et contresigné par notre secrétaire ordinaire. Prions tous ceux qui sont à prier de le laisser librement passer, de lui donner secours et assistance, même passeport s'il est nécessaire. — Fait à Dusseldorf, le quinze décembre 1793. — Signé : Le maréchal duc DE BROGLIE. (Cachet en cire noire). — Par Monseigneur, signé : NICOLLE. — (Archives de M. le baron de Guilhermy.)

Décès de Suzanne-Victoire Farrouilh, épouse de Joseph-Emmanuel-Augustin-François de Lambertie. 29 décembre 1793.

Extract uit het ten Raadhuize der Stad Maastricht berusten, de Register van overlyden N° 85 der Roomsch Catholyke Parochie van Sint-Nicolaas te Maastricht.

Cathalogus Defunctorum in Parochia Sancti Nicolai Oppidi Mosae Trajectensis, inchoatus anno 1777, mense Martio sub Pastore ejusdem parochiae Joanni Francisco Dominico Cuypers. Anno 1793, Desember 29. Susanna-Victoria Farrouilh, uxor Josephi-Emanuelis-Augustini-Francisci de Lambertye. — Voor extract conform : *De Ambtenaar van den Burgerlyken Stand*, Pyls. — (Registres paroissiaux de Saint-Nicolas-de-Maestricht).

Certificat pour Joseph-Emmanuel-Auguste-François de Lambertie. 17 juillet 1794.

Nous, Bourguemaîtres et Conseillers jurés de la ville de Maestricht, attestons et certifions par cette, que **M.** le comte de Lamberty, maréchal du camp, avec deux demoiselles ses filles, Madame la comtesse de Beaucorps, sa sœur, et le nommé Fournet et sa femme, ainsi que le nommé Seval, sont habitants de cette ville, et ainsi jouissant en cette qualité de toutes franchises, libertés et exemptions competantes à nos habitants, requérants partant tous seigneurs, gouverneurs, officiers et justiciers de vouloir les dits comte de Lamberty..... reconnaître pour tel, laissant librement passer et repasser, hanter et fréquenter dans leurs villes, pays et seigneuries, pour le temps d'un an à la date de cette, sans leur faire ni permettre d'être fait aucun tort, obstacle, ni empêchement, ainsi au contraire toute assistence et faveur, comme nous voudrions faire en semblable cas, en étant requis. En foi de quoi avons fait signer la présente par un de nos greffiers, et munir du seau de cette ville, ce dix-sept juillet de l'an mil sept cent quatre-vingt-quatorze. — Par ordre de Messieurs susdits, signé : M.-C. Lescartz. — (Archives de M. le baron de Guilhermy.)

Arrêté du Comité de sûreté générale en faveur d'Emmanuel-François de Lambertie. 12 vendémiaire an III (3 octobre 1794.)

Comité de sûreté générale et de surveillance de la Convention nationale. Du douze vendémiaire, l'an trois de la République française une et indivisible (3 octobre 1794). Vu les réclamations du citoyen Lambertie de Lépine, presque septuagénaire, le Comité ordonne sa mise en liberté et la levée des scellés au vû du présent ordre, charge l'agent national du district de La Rochefoucauld de son exécution. — Signé : Le Sage Senaust; Goupilleau, de Fontenais; Le Vasseur, de la Meurthe; Collombet, de la Meurthe; Le Gendre et Merlin, de Thionville. — Signé : Grosdeveaux, agent national. — (Archives de M. le baron de Guilhermy.

Lettre du duc de Brunsvic à Marie-Angélique-Mélanie de Lambertie, comtesse de Beaucorps. 15 février 1795.

Madame, la vive part que je prends aux malheurs de la France en général, et en particulier à ceux des victimes, victimes de la religion et de l'honneur, qui en ont été expulsées, me fera voir, vous, Madame, et votre famille avec intérêt dans ce pays-ci, et j'éprouverai beaucoup de satisfaction à vous marquer en toute occasion la parfaite considération avec laquelle j'ai l'honneur d'être, Madame, votre très humble et très obéissant serviteur. — Signé : Le duc de Brunsvic. — Brunsvic, ce 16 février 1795. — (Archives de M. le baron de Guilhermy.)

Lettre du duc de Brunsvic à Marie-Angélique-Mélanie de Lambertie, comtesse de Beaucorps. *3 octobre 1795.*

Madame, la lettre que vous me faites l'honneur de m'écrire vient de m'être remise. Comme des empêchements involontaires me privent de l'avantage de vous rendre mes devoirs en personne, je vous prie, Madame, de vouloir bien me faire parvenir par écrit ce que vous désirez me faire connaître ; je ne manquerai pas d'avoir l'honneur de vous répondre le plus tôt possible. J'ai celui d'être, avec la plus parfaite estime, Madame, votre serviteur très humble. — Le duc de Brunsvic. — Brunsvic, ce 3 octobre 1795. — (Archives de M. le baron de Guilhermy.)

Testament de Camille-Louise-Françoise-Sophronie de Lambertie. 9 novembre 1795.

Au nom de la Très-Sainte Trinité, du Père, du Fils et du Saint-Esprit.

Certaine de mourir un jour, etc..... Je soussignée, Madame Camille-Louise-Françoise-Sophronie de Lambertye, douairière de Monsieur Antoine-Pierre, comte de Raincourt, lieutenant-colonel au régiment Dauphin-cavalerie, institue, après avoir recommandé mon âme à Dieu mon créateur, le priant de la recevoir dans sa miséricorde, par les mérites de Jésus-Christ mon sauveur, et par l'intercession de la bienheureuse vierge Marie, sa sainte mère, de mes patrons et de tous les saints et saintes du Paradis, institue, dis-je, de mon propre mouvement, sans induction de personne, après une mure délibération, et étant bien présente à moi-même, par ces présentes, pour mon héritière universelle, ou plustôt pour mes héritières conjointement, ma très chère mère Madame la marquise de Lambertye, et ma très chère tante, Madame la comtesse de Lambertye, chanoinesse de Doulangy, habitantes toutes les deux de la ville de Nancy, en Lorraine, de ma dote, que je tiens de leurs bontés, de tous mes autres biens, rentes, prétentions, douaire et autres meubles et immeubles qui m'appartiennent ou pourraient m'appartenir ou être dû d'un droit quelconque avant ou à l'heure de mon décès de ce monde, voir et à condition que les susdites héritières auront : 1° Soin de faire rendre à mon corps, après sa séparation de mon âme, les derniers devoirs, de faire dire des messes et de donner des aumônes aux pauvres pour le repos de mon âme, selon la circonstance des temps et des lieux ; 2° qu'elles paieront mes dettes et autres charges que j'ai et aurai contractées avant mon décès de ce monde, soit qu'elles soient rapportées dans cet acte ou non ; 3° qu'au plustôt possible mes héritières avancent ou lèvent sur cette même dote, douze mille livres cours de France, chacune six mille livres, mettent ensuite cette somme de douze mille livres une fois entre les mains de Madame la comtesse de Ganay, née Ouël, femme de Monsieur le comte de Ganay, officier au régiment Dauphin-cavalerie, laquelle somme moi testatrice je lègue pour un établissement à fonder et à régler selon la teneur d'un acte particulier ci-joint ; l'établissement étant fondé et réglé, ma dite dame comtesse de Ganay en conservera la direction et nommera aux places du dit établissement jusqu'à sa mort, et après sa mort, les héritiers de Monsieur Antoine-Pierre, comte de Raincourt (aussi longtemps

qu'il en restera dans les terres et communes de Sallon, Bournois, de Raincourt et de Bremondans) sont priés de régler le susdit établissement selon les mêmes formes que j'en ai prié ma dite
dame de Ganay, en cas qu'il ne le serait pas, ou qu'elle Madame de Ganay ou son époux, ou
aussi Monsieur le chevalier de Raincourt, oncle de mon mari, ne le pourrait pas, et d'en continuer la direction et nomination aux mêmes places des personnes des susdites communes ; mais
s'il arrivait qu'il n'existât plus de possesseurs de quelques-unes de ces terres, la direction et
nomination en est par cela même remise aux curés ou administrateurs des communes cy-dessus
mentionnées ; 4° Qu'étant rentrées en possession de mes biens, elles seront alors tenues de payer
annuellement une pension de deux cents livres cours de France à Marie-Joseph Hyacinthe Parent,
surnommé la Trompe, mon domestique, sa vie durante, dont la moitié après sa mort sera
reversée sur la tête d'Anne Derexelle, sa femme ; de plus une pension viagère de cent livres
cours de France à Anne-Marie-Thérèse Thiébaut, ma femme de chambre, à tous deux pour les
fidèles services qu'ils ont rendus tant à feu mon mari qu'à moi, à compter de trois mois après
ma mort, si mes héritières recouvrent plus des deux tiers de mes biens ; mais si elles ne recouvrent qu'environ la moitié de ma dote, elles ne seront tenues à payer que la moitié des sommes
léguées dans le présent article, à compter du jour de mon décès à celui du recouvrement de cette
dite dote ; 5° qu'après le décès de ma très chère mère, Madame la marquise de Lambertye, et
de ma très chère tante Madame, la comtesse de Lambertye, chanoinesse de Doulangy, Madame la
comtesse de Fiennes, ma sœur (après sa mort, son fils) entrera en possession de ma dote
aux mêmes charges que celles que j'impose par mes legs à mes héritières et aux autres conditions mentionnées et spécifiées.

Moi testatrice, j'espère comme un nouveau bienfait ajouté à ceux que j'ai déjà reçus de ma
très chère mère et de ma très chère tante que, dans le cas qu'elles survivent à ma sœur et à
mon neveu, elles dirigeront une partie de leurs bontés en faveur de mon frère paternel, Monsieur le comte de Lambertye, maréchal des camps, au service du roy de France, et de sa
famille.

De plus, je recommande à Dieu, mon âme et aussi aux prières des fidèles, principalement
de mes proches, surtout de mes héritières, pour qu'elles s'en souviennent et aussi de mes dernières volontés et dispositions de mes biens et aux conditions, clauses et décharges comme
ci-dessus, afin que nos volontés et désirs n'ayant été qu'un sur la terre, nous méritions notre
réunion éternelle ensemble au Paradis céleste, par les mérites de J.-C. notre sauveur, etc., etc.
Ainsi soit-il.

Je reconnais la teneur du dit acte entièrement conforme à mes volontés. — Signé : Lam-
BERTYE, douairière d'Antoine-Pierre, comte de Raincourt. — Fait à Duisbourg, dans le duché de
Clèves, ce neuf novembre de l'an mil sept cent quatre-vingt-quinze, en présence des témoins
cy-dessous soussignés : Fr. Joannes-Baptista GHYSENS, can. régul. ord. S. crucis odservitor
actualis pastoralum Duisburgensis in fidem substus ; François-Antoine DIDON, émigré français, cor-
delier. — (Archives de M. le baron de Guilhermy.)

Décès de Camille-Louise-Françoise-Sophronie de Lambertie. 10 *novembre* 1795.

Auszug aus dem Sterberegister vom katholischen Gemeinde in Duisburg.

Die Græfin Camilla-Louise-Françoise-Sophronie de Lambertye, Wittwe des Grafen Peter-
Anton de Raincourt, ist im Jahre siebenzehn hundert fünf und neunzig (1795), den zehnten
(10) November, hierselbst gestorben. — Für die Richtigkeit : Duisburg, den 8ten Januar 1877.
Der Pfarrer, VENNEWALD.

Lettre de l'abbé de Dombasle annonçant la mort de Camille-Louise-Françoise-Sophronie de Lambertie. 11 novembre 1795.

Essen, 11 novembre 1795.

Je tremble, mon cher Comte, en remplissant la triste commission dont je suis chargé; je suis trop affligé, moi-même, pour pouvoir vous offrir des consolations. C'est hier que nous avons eu le malheur de perdre Madame votre sœur. Cette excellente femme est morte comme elle a vécu; c'était un ange, et jamais on n'a déployé plus de vertus, ni pendant sa vie, ni à sa mort. Depuis sept mois qu'elle est malade, nous avons eu la douleur de la voir décliner de jour en jour, et approcher de sa fin; elle jugeait elle-même de son état, comme nous en jugions nous-mêmes; mais elle attendait la mort, sans frayeur, il semblait même qu'elle la désirait. Depuis la perte qu'elle avait faite, la vie n'était plus pour elle que des amertumes. Aujourd'hui elle jouit du bonheur. Ce n'est pas pour elle que nous pouvons le regretter, c'est pour nous, qui ne jouirons plus des agréments de sa société et de l'exemple de ses vertus. Pour vous, mon cher Comte, je n'ai pas d'autres motifs de consolation à vous proposer, que les considérations de la religion. Je sçais à quel point vous en estes pénétré, et je vous abandonne à ces réflexions. Dieu vous a demandé bien des sacrifices dans ces dernières années, et vous avez montré le courage qu'il attendait de vous.

Vous savez, mon cher Comte, que depuis un mois Mad. votre sœur était allée à Duis_bourg, pour se mettre sous la conduite d'un médecin de grande réputation. Ses fonds étaient épuisés, mais nous avons tous fourni de nos petites bourses ce qui lui était nécessaire; elle a gardé ses domestiques, qui l'ont servi jusqu'à la fin avec une grande affection. Sa malheureuse mère, qui est inconsolable, l'était allé voir deux jours avant sa mort; elle était revenue sans espérance, mais elle ne la croyait pas si près de sa fin. Dans cette triste circonstance, il serait désirable que M. de la Vieuville continue à payer l'argent qu'il avait promis. Il faut payer les gages à ses gens, acquitter ses petites dettes si est possible. D'ailleurs, la mère et la tante sont dans un dénument absolu. Vous verrez par le testament dont je joins icy la copie qu'elles sont instituées héritières universelles. Dans cette qualité, elles donneraient quittance valable à M. de la Vieuville. Tâchez, mon cher Comte, de faire réussir cette négociation.

Ces deux dames sont tellement pénétrées de chagrin qu'il leur est impossible de vous écrire par ce courrier; je me suis chargé à leur place de ce triste ministère. Mad. de Ter-venus, ma sœur, et Cheville vous prient de recevoir l'assurance de la part très sensible qu'ils prennent à cette perte.

Pour moi, mon cher comte, j'ai autant de besoin d'être consolé que vous. Adieu, je vous embrasse bien tristement, mais de tout mon cœur et de toutes mes forces. — Signé: L'abbé DE DOMBASLE. — (Archives de M. le baron de Guilhermy.)

———————

Correspondance de Joseph-Emmanuel-Auguste-François de Lambertie. 1795-1814.

A Monsieur le comte de Lamberty, maréchal des camps et armées de S. M. T. C. et colonel d'un régiment au service de S. M. B. King Street Portman Square, n° 30, à Londres

Au quartier général, près Dérentes, ce 17 janvier 1795.

Ayant appris, Monsieur le comte, que Sa Majesté le roi d'Angleterre vous avoit accordé un régiment à sa solde, j'espère que vous voudrez bien me faire le plaisir de donner une compagnie au comte de Néel, un de mes gentilshommes de la Manche, colonel ayant régiment avant la Révolution et qui est actuellement en Angleterre, et une lieutenance à M. de Rennes, capitaine dans mon régiment de dragons depuis dix ans.

Si vous voulez bien accorder ces grâces à ces deux officiers vous serez assuré de m'avoir fait un très grand plaisir.

Ne doutez jamais, Monsieur le comte, de tous mes sentiments d'estime et de considération la plus particulière. — Signé : LOUIS-ANTOINE. — (Archives de M. le baron de Guilhermy.)

———————

A Monsieur le comte de Lamberty, maréchal des camps et armées de S. M. T. C. et colonel d'un régiment au service de S. M. B., Londres.

Au quartier général d'Osnabruck, le 17 février 1795.

Je vous ai écrit, Monsieur le comte, le 17 du mois dernier de Dérente, par Helraÿt Jluys, mais la communication étant déjà formée je crains fort que ma lettre ne vous soit parvenue. J'ai écrit depuis au comte de Sérens pour vous parler des deux demandes que je vous faisais d'une compagnie pour le comte de Néel et d'une sous-lieutenance pour M. de Rouquès, officier dans mon régiment de dragons. Je crains bien de vous importuner, mais je vous avouerai que je désire savoir votre réponse le plus tôt possible. Vous me feriez le plus grand plaisir de m'accorder ces deux places, mais au cas que vous ne puissiez m'en accorder qu'une seule, celle à laquelle je tiens le plus est à la sous-lieutenance pour M. de Rouquès, j'attache pourtant aussi un grand prix à ce que le comte de Néel ait une compagnie. Si vous pouvez les placer tous les deux, comme je m'en flatte, je vous en devrai une grande reconnaissance. Faites-moi, je vous prie, surtout passer votre réponse le plus tôt possible. Ne doutez jamais, Monsieur le comte, de tous mes sentiments d'estime et considération la plus particulière. — Signé : LOUIS-ANTOINE. — (Archives de M. le baron de Guilhermy.)

———————

A Monsieur le comte de Lamberty, maréchal de camp au service de S. M. T. C. et colonel d'un régiment au service de S. M. B., London.

Au quartier général, près Brême, 2 avril 1795.

Je n'ai reçu qu'hier, Monsieur le comte, votre lettre du 20 février et je m'empresse de vous marquer toute ma sensibilité pour la manière pleine de grâce et d'honnêtetés avec laquelle vous avez bien voulu m'accorder les deux places que je vous demandais.

J'espère que vous aurez reçu la lettre que je vous ai écrite le 17 février par laquelle je vous priais de substituer M. de Rouquès à M. de Rennes, comme sous-lieutenant.

J'écris aujourd'hui au comte de Néel, qui est en Angleterre, pour l'informer que sur ma demande vous avez bien voulu lui accorder une compagnie et pour lui dire d'aller prendre vos ordres en conséquence. A l'égard de M. de Rouquès, il est ici près, et je vous prie de vouloir bien lui faire passer vos ordres par moi, soit pour qu'il vous rejoigne en Angleterre, soit que vous l'employez sur le continent.

Recevez, je vous prie, Monsieur le comte, l'assurance de tous mes sentiments de reconnaissance, d'estime et de considération. — Signé : LOUIS-ANTOINE. — (Archives de M. le baron de Guilhermy.)

———————

Lettre de **Mgr** comte d'Artois, en lui envoyant la liste des officiers que Monsieur Régent de France et lui indiquent pour être placés dans son régiment en Angleterre, au comte de Lambertie.

Lilienthal, près Bremen, ce 4 avril 1795.

L'inquiétude où je suis, Monsieur, sur le sort du paquebot qui vous portait une lettre du 9 février avec la liste des officiers que le Régent et moi désirent de voir placer dans votre corps, me détermine à vous envoyer un duplicata de cette liste. Je n'ai reçu que hier votre lettre du 25 février, j'y ai trouvé de nouvelles preuves de votre zèle et de votre dévouement. Croyez, Monsieur, que je compte bien sur tous vos sentiments, ne doutez jamais sur ceux que vous m'avez inspirés. — Signé : CHARLES-PHILIPPE. — (Archives de M. le baron de Guilhermy.)

——————

A Monsieur le comte de Lambertye, 30 Paddington Street Badur Street, Londres.

A Wanstead, ce 12 février 1806.

Je vous fais mon compliment de tout mon cœur, Monsieur, sur le nouveau lien que vous venez de former ; les grâces de Mademoiselle votre fille et l'attachement qu'elle vous a marqué dans votre maladie, ne permettent pas de douter, qu'elle ne s'occupe avec succès du bonheur de son père et de son mari ; j'espère même qu'il s'étendra jusqu'à sa tante ; vous devez être bien persuadé de l'intérêt que je prendrai toujours à deux royalistes aussi sûrs que le beau-père et le gendre et de l'amitié que je me flatte, Monsieur, que vous me connaissez pour vous. — Signé : Louis-Joseph de BOURBON. — (Archives de M. le baron de Guilhermy.)

——————

A Monsieur le comte de Lambertye (Puy de Maux), 30 Paddington Street, Manchester sq° London.

Fwickenham, ce 17 février 1806.

Je vous félicite, Monsieur, sur le mariage de Mademoiselle votre fille avec M. de Guilhermy et c'est de tout mon cœur que je leur souhaite la plus grande prospérité. J'ai bien du regret que mes efforts pour rendre leur fortune un peu meilleure n'aient pas eu plus de succès, mais nous sommes tous que trop habitués à ce que nos efforts soient infructueux. Je serai charmé, Monsieur, d'avoir le plaisir de vous voir et de vous assurer moi-même de tous mes sentiments pour votre gendre et pour vous. — Signé : Louis-Philippe d'ORLEANS. — (Archives de M. le baron de Guilhermy.)

——————

Lettre autographe de S. M. Louis XVIII à Monsieur le comte de Lambertye (Puy de Maux).

A Mittau, ce 5 mars 1806.

J'ai reçu, Monsieur, votre lettre du 7 février ; je suis extrêmement sensible aux sentiments qu'elle renferme, ainsi qu'à ceux que le comte d'Avaray m'a exprimés de votre part. Je vous fais mon compliment sur le mariage de Mademoiselle votre fille avec M. de Guilhermy ; vous avez tous les deux, dans le commencement de nos malheurs, combattu sous les mêmes enseignes, là, vous l'avez connu, vous l'avez apprécié et je ne doute pas que comme époux, comme gendre, il ne montre les mêmes qualités qu'on lui a vu développer comme bon Français et sujet fidèle. Soyez donc bien persuadé, Monsieur, de la part que je prends à votre bonheur, ainsi que de mes sentiments pour vous et les vôtres. — Signé : Louis. — (Archives de M. le baron de Guilhermy.)

——————

A Monsieur le comte de Lambertye (Puy de Maux).

Mittau, le 12 mars 1806.

Me nommer mon respectable père, Monsieur le comte, c'est toucher la corde la plus sensible de mon cœur ; que ne puis-je, avant que nous ne fermions les yeux l'un et l'autre, porter dans ses bras un fils honoré, pendant tant d'années de malheur et d'exil, des bontés de son roi et des témoignages de l'estime de tous les Français qui vous ressemblent. Mais, Monsieur le comte, un sentiment étranger au devoir flatteur que j'ai à remplir ne doit pas plus longtemps m'entraîner. Vous trouverez ci-joint la réponse du roi à votre lettre et il serait indiscret de ma part de vous en distraire autrement qu'en vous priant de recevoir mon compliment et les vœux les mieux assurés qu'on puisse former, puisqu'ils sont ceux du bonheur de Madame votre fille, confié au plus galant homme qu'il vous fut possible de choisir pour l'assurer. Agréez, Monsieur le comte, l'hommage sincère des sentiments qui vous sont dus à tant de titres et avec lesquels j'ai l'honneur d'être.

Votre très humble et très obéissant serviteur. — Signé : le comte d'AVARAY. — (Archives de M. le baron de Guilhermy.)

A Monsieur le comte de Lambertie, Paddington Street.

George Street, février 11, 1806.

Le duc de Harcourt a l'honneur de faire ses compliments à Monsieur le comte de Lambertie. Il s'est acquitté de sa commission auprès de Mgr le duc de Berri qui donne avec grand plaisir son agrément au mariage de Mademoiselle sa fille.

S. A. R. charge le duc de Harcourt de témoigner de sa part à Monsieur le comte de Lambertie toute la part de l'intérêt qu'il y prend. — (Archives de M. le baron de Guilhermy.)

A Monsieur le comte de Lambertye, à Londres.

Londres, ce 13 février 1806.

J'apprends de vous, Monsieur, avec une véritable satisfaction, le mariage de Mademoiselle de Lambertye avec Mᵉ de Guilhermy, une figure et des qualités aimables jointes à l'excellence de principes de part et d'autre ; une union contractée sous de pareils auspices ne peut qu'être aussi heureuse que je le désire. Croyez, Monsieur, à tout l'intérêt que j'y prends et particulièrement pour le bonheur que vous en éprouver personnellement autant qu'à l'affection et bien sincère que je vous ai vouées. — Signé : L.-H.-I. de BOURBON. — (Archives de M. le baron de Guilhermy.)

Sépulture de Marie-Angélique-Mélanie de Lambertie. 1797.

Burials in the Parish of St-Pancras, in the County Middlesey; in the year one Thousaud seven hundred and ninety-seven.

June 1797

	Age	Died	Then Buried
Marie Milaine Adelaide Angelique Felicite de Lamberty	48	5	7

I certify the aboor tobe a tone copy of the register of Burials of the Parish of St-Pancras Middlesey this fifth dan of july 1877 by one. — Signé : J.-St-STOWBURGH curate of the aforesaid Parish.

Certificat pour Emmanuel-François de Lambertie. 15 floréal an VI (4 mai 1798).

Nous, membres de l'administration municipale du canton de Montbron, soussignés, sur l'attestation des citoyens Jean et Léonard Brucher, maçons, et Jean Marchadier, cordonnier, domiciliés au chef-lieu de la commune dudit Montbron, et que nous déclarons bien connaître, certifions que le citoyen Emmanuel-François Lambertie est vivant, s'étant ce jourd'hui présenté devant nous, qu'il réside au lieu de Sainte-Catherine, maison de la citoyenne veuve Villards, depuis les premiers jours de juin 1792 (vieux style) jusqu'à ce jour, qu'il n'est point émigré, n'y détenu pour cause de suspicion ou de contre révolution, et, en un mot, qu'il a acquitté les charges auxquelles il a été imposé. — Suit le signalement : Emmanuel-François Lambertye, âgé de soixante-trois ans, taille de cinq pieds six pouces, cheveux et sourcils gris, front découvert, yeux bruns, nez long, bouche moyenne, menton pointu, visage long, marqué d'une cicatrice à la joue gauche. — Délivré à Montbron, en la salle de l'administration, le quinze floréal de l'an VI de la République française une et indivisible, et a le dit citoyen de Lambertie signé avec nous, et non les attestants pour ne le savoir. — Signé : LAMBERTYE, MATHELLON, NAUD, PREY, P. de LAVALLADE, LOGEAS, LAVRAUX, agent; VALENTIN. — Vu par la commission du directoire exécutif : RAOUL.

Mariage de Jean-François-César de Guilhermy avec Marie-Mélenie-Adélaïde-Angélique-Félicité de Lambertie. 13 février 1806.

Transcription de l'acte de mariage de Monsieur de Guilhermy avec Mlle de Lambertye (art. 171 du Code). — Extrait des registres des mariages de la chapelle catholique française de King Street, Portman square à Londres. — L'an mil huit cent six, le treizième jour du mois de février, nous prêtre soussigné, dument autorisé, avons reçu le consentement mutuel pour le mariage des parties contractantes ci-après nommées, savoir : de messire Jean-François-César de Guilhermy, chevalier, conseiller du roi très chrétien en tous ses conseils, maître des requêtes ordinaires de l'hôtel de Sa Majesté, conseiller d'honneur et procureur honoraire de Sa Majesté au présidial de Castelnaudary, député du tiers-état de la sénéchaussée dudit Castelnaudary aux Etats libres et généraux de France, convoqués par le feu roi Louis seize, en mil sept cent quatre-vingt-neuf, ancien conseiller au conseil de régence pendant la minorité du feu roi Louis dix-sept, habitant ordinairement avant la Révolution de France en la dite ville de Castelnaudary, diocèse de Saint-Papoul, province de Languedoc, présentement en celle de Londres Pudington Street de Machenster square, fils majeur légitime de feu messire François de Guilhermy, écuyer, cosseigneur des villes et lieux de Castelnaudary, Lé Mas, Sainte-Puelle, Montferrand et la Bastil-d'Anjou, et de feue dame Jeanne-Anne Dassié, ses père et mère, habitant dudit Castelnaudary, le dit messire Jean-François-César de Guilhermy, veuf de dame Gabrielle-Pétronille de Luager de Part ; et de demoiselle Marie-Mélanie-Adélaïde-Angélique-Félicité de Lambertye, fille légitime et majeure de haut et puissant seigneur messire Joseph-Emmanuel-Auguste-François, comte de Lambertye, chevalier, baron de Corigny, seigneur de Saint-Martin-Lars, Lacour-Dusson, Lartimache, les Roches et autres lieux, maréchal des camps et armées de Sa Majesté très chrétienne, chevalier de l'ordre royal et militaire de Saint-Louis, député de la noblesse de Poitou aux Etats libres et généraux de France convoqués par le feu roi Louis seize en mil sept cent quatre-vingt-neuf, et de feue haute et puissante dame Madame Susanne-Victoire de Farrouilt, ses père et mère, habitant ordinaire-

38*

ment avant la Révolution de France en leur château de Saint-Martin-l'Ars, diocèse de Poitiers, province de Poitou, le dit comte de Lambertye, ainsi que la demoiselle sa fille,
demeurant présentement en cette ville de Londres Padington Street de Manchester square,
d'autre part.

Et nous leur avons donné la bénédiction nuptiale selon les formes de la sainte Eglise
catholique apostolique et romaine. En présence du dit messire de Lambertye, père de l'épouse,
et consentant au dit mariage, et l'illustrissime et révérendissime Charles-Eutrope de Laurencie, évêque de Nantes, et de haut et puissant seigneur messire Alexandre-François-Marie
Lefilleul, comte de la Chapelle, maréchal des camps et armées de Sa Majesté très chrétienne, grand'croix de l'ordre royal et militaire de Saint-Louis, et de messire Roch-François-
Antoine de Bellet de Ramsay, lieutenant de vaisseaux de la marine royale de France, chevalier de l'ordre royal et militaire de Saint-Louis, témoins pour l'époux ; et de haut et
puissant seigneur messire Charles-Esprit-Marie de la Bourdonnaye, comte de la Bourdonnaye
de Bloussac, chevalier, conseiller d'Etat ordinaire de Sa Majesté très chrétienne, intendant
de Soissons, et de haut et puissant seigneur messire Jean-Louis de Chardebœuf, comte de
Pradel, maréchal des camps et armées de Sa Majesté très chrétienne, chevalier de l'ordre
royal et militaire de Saint-Louis, témoins pour l'épouse, lesquels tous de ce requis ont signé
avec nous le présent acte inscrit sur le registre de la chapelle catholique française de King
Street Portman square à Londres, les dits an et jour. — Signé : J.-F. DE GUILHERMY,
M.-M.-A.-A-F. DE LAMBERTYE, DE GUILHERMY, le comte DE LAMBERTYE, † l'évêque de Nantes,
LEFILLEUL, comte DE LA CHAPELLE, comte DE LA BOURDONNAYE, DE BELLET-RAMSAY, le comte DE
PRADEL, le comte Charles LEFILLEUL, DE LA CHAPELLE, le comte DE VILLIERS, VIOMENIL, comtesse DE LA TOUR DU PIN, F. DE VINVILLE, le marquis DE GUILHEM, CLERMONT-LODÈVE, S.-A.
DELAPELOUSE-BOURRET, P.-D. DE LA CHAPELLE, vicaire général ; Jérôme DE TRAVAUX, prêtre nommé
en mil sept cent quatre-vingt-onze à la cure de S.-Leu-S.-Gilles, du diocèse et de la ville
de Paris. — Nous soussigné, directeur de la dite chapelle, certifions le présent extrait en
tout conforme à l'original, en foi de quoi nous l'avons délivré et signé à Londres le dix
du mois de juillet, l'an de grâce mil huit cent quatorze. Signé : R. CHEIS, directeur de
la chapelle. — J'atteste la vérité des signatures apposées au présent acte et que foi doit y
être ajoutée. Londres, le 22 juillet 1814. Signé : DE LA CHASTRE, ambassadeur de S. M. T. C.
près la cour de Londres. — Le ministre des affaires étrangères certifie véritable la signature
ci-dessus de M. le comte de la Chastre. Paris, le 24 août 1814 ; par autorisation du ministre,
le conseiller d'Etat directeur des chancelleries du département, signé : REINHARD ; par le
ministre, le chef du bureau des passeports, signé : BRULEY Jo. — Suit la copie de l'acte de
célébration de mariage dans la paroisse de S.-Mery-le-Bon, au comté de Middlesex, mil
huit cent six, page 522, no 1565 : Jean-François-César de Guilhermy, veuf, et demoiselle
Marie-Mélanie-Adélaïde-Angélique-Félicité de Lambertye, tous deux de la dite paroisse, ont été
mariés par licence ce jourd'hui treize février de l'an mil huit cent six, par moi Benjamin
Lawrence, vicaire ; ce mariage a été célébré entre nous Guilhermy, M.M. de Lambertye,
en présence de E.-J.-A., comte de Lambertye, R.-J.-A. de Bellot-Ramsay. — Certifié par moi
soussigné, le présent extrait conforme au registre des mariages de la dite paroisse, le vingt
octobre 1813, signé : R.-L. CHAPNUIN, vicaire. — Fidèlement traduit de l'anglais en français
à l'interprétation générale des langues, Paris le 26 août 1814. Le directeur chef de
l'interprétation générale des langues, signé : L. NUNEZ DE TABOUDA, rue de Richelieu, 38.
— Collationné par nous, maire du 2e arrondissement de Paris, sur une expédition dument
légalisée du dit acte de mariage, laquelle demeure déposée à l'état-civil de cette mairie, le
six septembre mil huit cent quatorze, signé : PICARD.

D'après les ordres de Son Altesse Royale Monseigneur le duc de Berry, il est permis à Monsieur le comte de Lambertye, maréchal des camps et armées du roi, de porter la décoration de la Fleur de Lys. — Signé : le comte DE NANTOUILLET. — Paris, le 27 juin 1814. — (Archives de M. le baron de Guilhermy.)

A Son Excellence Monsieur le général comte Dupont, ministre et secrétaire d'Etat au département de la guerre. 28 juillet 1814.

ÉTAT DES SERVICES DE JOSEPH-EMMANUEL-AUGUSTE-FRANÇOIS, MARQUIS DE LAMBERTYE, MARÉCHAL DE CAMP

Né à Usson, en Poitou, le 25 septembre 1748.

Page du roi de Pologne, duc de Lorraine, etc., en décembre 1759.

Sous-lieutenant au régiment de roi, infanterie, 3 juillet 1764.

Gendarme de Provence et brévet de lieutenant, 23 février 1766.

Guidon des gendarmes d'Artois et lieutenant-colonel, 28 avril 1769.

Enseigne des gendarmes d'Artois, 23 janvier 1771.

Mestre de camp de cavalerie, 16 octobre 1771.

Lieutenant en second des gendarmes de la Reine, 1er avril 1776.

Premier lieutenant des gendarmes Bourguignons, 17 may 1778.

Chevalier de l'ordre royal et militaire de Saint-Louis, 15 août 1778.

Pensionné de 1,000 fr. sur le trésor royal, 27 août 1781.

Capitaine-lieutenant des gendarmes Dauphin, 11 novembre 1782.

Augmentation de pension de 1,000 fr., 18 octobre 1783.

Capitaine-lieutenant des gendarmes de Flandre avec supplément d'appointements de 2,000 fr., 1er janvier 1784.

Brigadier des armées du roi, 1er janvier 1784.

Maréchal des camps et armées du roi, 9 mars 1788.

Député de la noblesse du Poitou aux Etats généraux de 1789, où il a constamment défendu la monarchie, la personne sacrée du roi, l'état des personnes et l'inviolabilité des propriétés, en 1789, 1790 et 1791.

Emigré, joint le cantonnement de sa province à Castelane, duché de Deux-Ponts, en octobre 1791.

Maréchal de camp employé au corps des hommes d'armes à cheval, campagne de 1792.

A la tête d'une compagnie de sa province a défendu Maëstricht en 1793.

Idem a été à Liège pour coopérer à la défense de cette ville, 1794.

Il passa en Angleterre pour solliciter le moyen de servir la cause à laquelle il avait voué son existence. Sa Majesté britannique, en considération d'une alliance très rapprochée, que par sa mère il a l'honneur d'avoir avec l'auguste maison d'Hanovre, daigna lui faire annoncer qu'elle le nommait au commandement d'un régiment en décembre 1794. L'expédition de cette grâce éprouvant des lenteurs, il rejoignit à Southampton le rassemblement d'officiers français qui était destiné, sous les ordres de lord Moira, à coopérer à une expédition qui devait soutenir celle partie pour Quiberon, en 1795. Le non recrutement des autres régiments français et différentes autres circonstances ayant mis obstacle à la levée du régiment qui lui était accordé, il fut, en attendant des temps plus heureux, attaché aux cadres français composés d'officiers ; à leur réforme il obtint une demi-paye comme dédommagement, qui fut portée à 15 livres sterlings par mois, dont il a joui jusqu'à présent, et qui cesse par l'événement heureux qui rend le bonheur à sa patrie, dont il est de son devoir et de son inclination de ne plus se séparer.

Le marquis de Lambertye a l'honneur de mettre sous les yeux de Votre Excellence l'état de ses services. Elle y verra qu'il a, dans tous les temps, manifesté son zèle et son dévouement au service de son roi et de sa patrie, dont il a toujours considéré les intérêts comme les mêmes : Rentré dans son pays au milieu de l'allégresse générale (qu'il partage bien vivement), après vingt-trois ans de malheurs et d'infortunes, il trouve ses propriétés totalement vendues, même celles de son vertueux père, maréchal de camp, âgé de 85 ans, qui n'a pu subsister que d'une pension viagère que le gouvernement français lui faisait, en remplacement de ses propriétés vendues pendant son incarcération. La mort de ce vieillard, qui a eu lieu peu de jours avant le retour de son fils, a comblé son malheur. Resté seul pour soutenir sa famille, le marquis de Lambertye ne peut avoir de ressources que dans la continuité de ses services ; son âge et ses forces lui permettant de se livrer au sentiment que son dévouement pour le meilleur des rois et pour sa patrie n'ont cessé de lui inspirer, le font solliciter avec instances Votre Excellence de vouloir bien apprécier auprès du roi ses demandes, et si Sa Majesté fait une promotion de lieutenants-généraux qui comprenne des maréchaux de camp de 1788, de vouloir bien le proposer pour le grade de lieutenant-général. Son activité n'ayant jamais cessé, la demi-paye dont il jouit en Angleterre l'ayant toujours laissé à la disposition du gouvernement, il sollicite avec la même instance Votre Excellence de vouloir bien le proposer pour être employé suivant son grade partout où elle le croira utile au service du roi, désirant, jusqu'au dernier moment, prouver par sa manière de servir, qu'il est digne des grâces de Sa Majesté. Si, contre son désir, des circonstances quelconques mettaient un obstacle à ce qu'il fut employé immédiatement, sans renoncer à l'espérance de l'être un jour, il objecterait à Votre Excellence le dénuement absolu dans lequel il se trouve et la prierait de solliciter des bontés du roi un traitement qui pût le faire subsister en attendant. Il observe, de plus, que cinq ans avant que d'être fait maréchal de camp il avait obtenu 2,000 ll. de pension et que comme capitaine-lieutenant des gendarmes de Flandre il jouissait de 2,000 ll. de suplément d'apointements.

Le marquis de Lambertye ose espérer ne pas invoquer en vain l'intérêt de Votre Excellence, il se fonde sur l'irréprochabilité de sa conduite qui lui a toujours mérité l'estime et l'approbation de ses chefs, l'amitié de ses camarades et la considération de ses subalternes, et particulièrement sur l'heureux hazard qu'il a d'être le compatriote de Votre Excellence, à laquelle il lui sera d'autant plus doux de devoir le premier adoucissement à ses malheurs. Il a l'honneur d'être, avec le sentiment de la reconnaissance et respect, Monsieur le Comte, de Votre Excellence, le très humble et très obéissant serviteur. — Signé : Le marquis DE LAMBERTYE, maréchal des camps et armées du roy. — Paris, 28 juillet 1814, rue de Clichy, N° 17, chaussée d'Antin. — (Archives de M. le baron de Guilhermy.)

Emmanuel-Joseph-Auguste-François de Lambertie, nommé lieutenant-général.
7 novembre 1814.

Louis, par la grâce de Dieu, roi de France et de Navarre. Prenant une entière confiance dans les talents, la valeur, l'expérience à la guerre, la bonne conduite, ainsi que dans la fidélité et l'affection à notre service du sieur Emmanuel-Joseph-Auguste-François marquis de Lambertye, maréchal de camp, lui avons conféré et conférons par ces présentes, signées de notre main, le grade de lieutenant-général, pour tenir rang dans nos armées, du treize août mil huit cent quatorze.

Mandons et ordonnons à nos officiers généraux et autres à qui il appartiendra, de le reconnaître et faire reconnaître en la dite qualité.

Donné au château des Tuileries, le sept novembre 1814. — Signé : Louis. — Par le roi, le Ministre secrétaire d'Etat de la Guerre, signé : comte Dupont. — (Archives de M. le baron de Guilhermy).

Lettre de M. de Chamborant. 1815.

A Monsieur le rédacteur de la *Gazette de France*.

Confolens, 10 février 1815.

Ayant remarqué que vous éprouviez une certaine satisfaction à faire connaître les arrangements qui s'opéraient entre les acquéreurs des biens des émigrés et les anciens propriétaires, j'ai espéré que vous ne refuseriez pas d'insérer dans votre prochain numéro la déclaration que j'ai l'honneur de vous adresser.

Je déclare donc que, soit avant, soit depuis le retour de notre légitime souverain, je n'ai jamais entendu profiter des dépouilles de M. de Lamberty, acquises par les grands-pères paternel et maternel de ma femme, née Corderoy ; et dans le cas où les négociations entamées entre les parents de ma femme et M. de Lamberty n'auraient pas le succès que doivent me promettre les sentiments de justice et d'honneur dont mon beau-père fait profession, je déclare n'avoir aucune prétention sur le bien de M. de Lamberty, et je veux, avec l'aide de Dieu, conserver sans tache la devise de mes ancêtres : *oncques n'ai failli*. — Recevez, Monsieur, etc. — Signé : de Chamborant.

Certificat pour Joseph-Emmanuel-Auguste-François de Lambertie. 1ᵉʳ janvier 1816.

Nous, Charles-Ferdinand, duc de Berry, fils de France, colonel général des chasseurs à cheval et lanciers, commandant en chef de l'armée royale en Belgique, etc., etc., etc.

Certifions que M. le marquis de Lambertye.......... lieutenant-général, a suivi le roi en Belgique, qu'il a fait partie du corps d'armée sous mon commandement, et qu'il y a donné des preuves de fidélité, de zèle et de son dévouement pour le service de Sa Majesté.

En foi de quoi nous lui avons fait expédier le présent certificat que nous avons revêtu de notre signature et auquel nous avons fait apposer le sceau de nos armes.

Fait au château des Tuileries, le 1ᵉʳ janvier 1816. — Signé : Charles-Ferdinand. — Par Son Altesse Royale, le secrétaire-général, signé : Colonel-chevalier de Fontanet. — (Archives de M. le baron de Guilhermy.)

Retraite et traitement de réforme de Joseph-Emmanuel-Auguste-François de Lambertie. 26 avril 1816.

A Monsieur le marquis de Lambertye (Joseph-Emmanuel-Auguste-François), lieutenant-général retiré à Paris, département de la Seine.

Paris, le 26 avril 1816.

Monsieur, j'ai l'honneur de vous informer qu'en exécution de l'ordonnance du 1ᵉʳ août 1815 et d'après le compte que j'ai rendu au roi, de vos services, Sa Majesté vous a accordé, par décision du 20 avril 1816, une solde de retraite de 6,000 fr. qui annuelle celle de 4,000 fr. que vous avez obtenue le 24 décembre 1814.

Cette nouvelle solde de retraite courra du 1er janvier 1816, époque de la cessation de votre traitement d'activité. Le ministre, secrétaire d'Etat des finances sera chargé d'en assurer le paiement, je lui adresserai les indications nécessaires à cet effet. Ces formalités une fois remplies, les réclamations que vous auriez à faire ultérieurement au sujet du paiement de votre solde de retraite rentreront dans les attributions de Son Excellence le ministre secrétaire d'Etat des finances.

J'ai l'honneur d'être avec un parfait attachement, Monsieur, votre très humble et très obéissant serviteur. — Signé : Le Duc de Feltre. — (Archives de M. le baron de Guilhermy.)

Lettres de Commandeur de l'ordre royal et militaire de Saint-Louis pour Joseph-Emmanuel-Auguste-François de Lambertie. 3 mai 1816.

Louis, par la grâce de Dieu, roi de France et de Navarre, chef souverain, grand-maître et fondateur de l'ordre royal militaire de Saint-Louis, à tous ceux qui ces présentes lettres verront, salut. Etant à notre connaissance que plusieurs dignités de commandeur de l'ordre sont vacantes, et jugeant nécessaire d'y pourvoir, conformément à ce qui est prescrit par les édits de création, nous avons cru devoir conférer l'une de ces dignités au sieur Joseph-Emmanuel-Auguste-François marquis de Lambertye, lieutenant-général de nos armées et chevalier dudit ordre, ayant toujours servi avec distinction et observé fidèlement les statuts dudit ordre. A ces causes, nous avons le dit S. marquis de Lambertye, fait, constitué, ordonné et établi, et par ces présentes, faisons, constituons, ordonnons et établissons commandeur du dit ordre de Saint-Louis ; et ce faisant, lui avons donné et accordé la faculté de porter une croix d'or émaillée sur laquelle il y aura l'image de Saint-Louis ; laquelle sera attachée à un ruban large, couleur de feu, qu'il mettra en écharpe ; pour la dite dignité de commandeur avoir, tenir, et dorénavant exercer par ledit S. marquis de Lambertye aux honneurs qui sont dus ; à condition de continuer à obverver les statuts de l'Ordre, sans y contrevenir directement ni indirectement, et de se rendre à notre cour et suite, toutes et quantes fois nous le lui ordonnerons pour notre service, et pour le bien et utilité de l'Ordre. Si donnons en mandement à tous Grand'Croix et Commandeurs, de faire reconnaître ledit S. marquis de Lambertye de tous ceux et ainsi qu'il appartiendra, et à tous chevaliers de lui obéir, après, toutefois, qu'il aura prêté le serment requis et accoutumé. En témoin de quoi, nous avons signé de notre main ces présentes, que nous avons fait contre-signer par notre ministre-secrétaire d'Etat ayant le département de la guerre. — Donné à Paris, le troisième jour du mois de mai, l'an de grâce mil huit cent seize. — Signé : Louis. — Par le Roi, chef souverain, grand-maître et fondateur de l'ordre royal militaire de Saint-Louis. — Signé : Le duc de Feltre. — (Archives de M. le baron de Guilhermy.)

CHATEAUX

CHATEAUX

CHATEAU DE LAMBERTIE

C'est au xiie siècle à l'époque où vivaient les premiers représentants connus de la famille, que fut construit l'ancien château de Lambertie. Ce que j'ai vu de ses ruines, accuse nettement cette époque, surtout lorsqu'on le compare aux autres châteaux bâtis dans le voisinage au xiie siècle. Ses tours carrées, ses contreforts plats, ses murs d'enceinte avec galerie intérieure, reproduisent exactement ceux du château de Las Tours bâti à la fin du xie siècle, de celui de Montbrun, construit par Aymeric Brun vers 1119, et de celui de Chalucet, élevé par Eustorge, évêque de Limoges en 1132. C'est d'ailleurs à cette époque que cette frontière du Limousin, sous l'impulsion de ses vicomtes, se couvrait de châteaux forts. Quant à l'église qui existait à Lambertie et dont j'ai fouillé les bases, c'est la reproduction de celle de Dournazac qui est aussi du xiie siècle.

Ce premier château avait été placé à l'extrémité méridionale d'un plateau dominant la Dronne, à cheval sur la limite du Limousin et du Périgord, « de telle sorte qu'un acte passé dans son enceinte était soumis à une coutume différente, suivant qu'il avait été fait dans une tour ou dans une autre. » Il fut pris et brûlé par les Anglais, sous le règne de Charles VI, c'est-à-dire après 1380. Il en restait encore quelques débris il y a quelques années, notamment la plate-forme d'une tour avec son parapet, qui, sapée à la base, avait dû tomber tout d'une pièce ; un mur d'enceinte reliant l'église au château proprement dit, dans l'épaisseur duquel était un couloir pour établir une communication entre eux, etc. Les mortiers du moyen-âge, mélangés aux moellons de granit formaient un tout si homogène que les murailles se désagrégeaient à peine dans leur chûte.

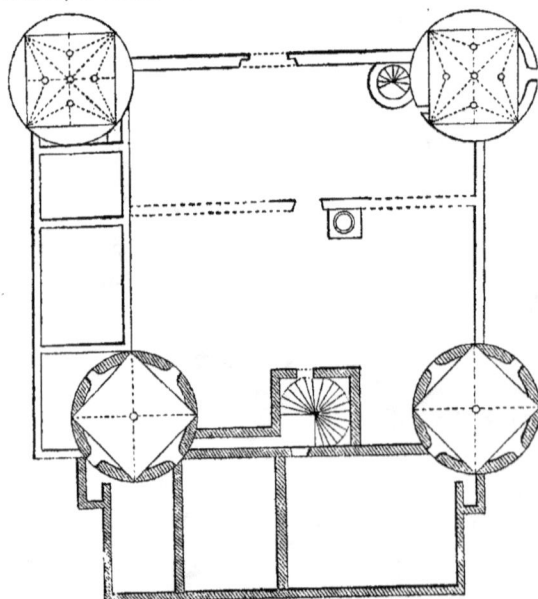

Après la ruine de ce premier

39*

château par les Anglais, Pierre de Lambertie, époux de Catherine des Farges, en construisit un autre un peu plus au nord, où nous le voyons aujourd'hui. Il se composait d'un corps de logis flanqué de deux grosses tours rondes, avec une tour carrée au centre. Cette dernière surmontait la porte d'entrée, précédée d'une cour. Un large fossé entourait le tout. L'ébauche de plan qui accompagne ces lignes, en montre les dispositions dans sa partie ombrée ; et la gravure (page 15) donne sa façade méridionale lorsque cette partie du château a été relevée et couverte en 1893.

Deux siècles plus tard, pendant que François de Lambertie servait dans les armées du roi, les soldats de Coligny s'emparèrent de son château et le brûlèrent avec tout ce qu'il renfermait. Le granit rougi de ses murailles a gardé la trace indélébile de cet incendie sous les crépis faits postérieurement et surtout dans la tour du côté du levant. « Coligny, rapporte de Thou (1), détacha Antoine de La Rochefoucault-Chaumont, avec un bon corps d'infanterie pour se saisir de Nontron, place importante appartenant à la reine de Navarre, où les ennemis avaient quatre-vingts hommes de garnison. Il l'emporta d'emblée le 7 juin [1569] et passa la garnison au fil de l'épée ; après quoi ils continuèrent leur marche » par Marval et Lambertie pour se rendre au combat de La Roche-l'Abeille le 24 du même mois. Dans un procès-verbal judiciaire de 1571, signé de plus de cent témoins, on décrit les ruines de ce château nouvellement incendié et celles de l'ancien château et village de Lambertie précédemment brûlés par les Anglais.

Peu après ce dernier désastre, François de Lambertie non-seulement releva son château incendié, mais encore l'agrandit considérablement. Le plan ci-dessus donne une idée exacte de ses dispositions et la gravure (page 5) nous le montre tel qu'il fut alors rebâti et tel qu'il s'est conservé jusqu'à la fin du siècle dernier. Il fit construire sur le côté du couchant un second corps de logis presque aussi considérable que le premier, avec lequel il forme un angle droit, et doubla presque la grandeur de la cour primitive, la ferma au nord et à l'est par deux puissantes courtines que surmontait une couronne de machicoulis, pourvut la façade d'un grand portail avec pont-levis, éleva aux extrémités de cette dernière deux belles tours rondes, dont une seule est encore debout, et, enfin, creusa le fossé qui continue celui de l'ancien château et protège cet ensemble de constructions. La tour placée au levant avait une tourelle accolée · à sa paroi extérieure, qui renfermait l'escalier desservant les galeries crénelées du sommet et celles des machicoulis entourant tout ce château fort. Quant à la tour elle-même, elle formait une chapelle qui mérite une mention spéciale.

L'intérieur est un carré de cinq mètres vingt-cinq centimètres de côté. Sa voûte aux riches nervures prismatiques formant une étoile à quatre pointes, porte la date de sa construction 1591. On voit au centre l'écusson des Lambertie. Au-dessus de l'autel qui est liturgiquement orienté au levant, se trouve celui de François de Lambertie, le constructeur de cette chapelle, mi-partie avec celui de Jeanne d'Abzac, sa femme ; plus loin celui de son père avec celui de sa mère Jeanne Helie de Colonges ; puis celui de Marguerite de Maumont, sa grand'mère, et de Jeanne de Vigier, son arrière-grand'mère, réunis aussi à ceux de leurs maris.

La peinture décora ce gracieux sanctuaire. Il est, nous avons dit, de forme carrée dans une tour ronde. Une fenêtre ogivale, découpée en trilobe au sommet, s'ouvre à l'orient ; l'autel dont il ne reste plus · de traces était placé au-dessous. De chaque côté le mur était

---

(1) DE THOU, *Histoire Universelle*, tome V, page 521.

couvert de remarquables peintures qui ont presque entièrement disparu. C'était, à droite, des personnages qui semblaient revêtus d'un costume épiscopal (peut-être les rois mages) ; à gauche on voit la Sainte-Vierge à genoux, l'ange Gabriel tenant une branche de lis, et dans le haut le Saint-Esprit sous forme de colombe, entourée de rayons lumineux (l'Annonciation). Sur les autres côtés les peintures représentaient la famille de Lambertie avec tous les personnages dont elle était composée à l'époque de leur confection : Du côté du nord est figurée une galerie de quatre arcades, que soutenaient des colonnes doriques, et sous lesquelles se voyaient agenouillées les effigies en grandeur naturelle de François de Lambertie et de ses huit fils. La figure du père de cette nombreuse lignée, qui était bien conservée en 1843, laisse aujourd'hui à peine quelques traces. Il prie age-nouillé sur un prie-Dieu qui porte un livre, et qu'ombrage une draperie disposée en manière de dais, il a des moustaches et la barbe taillée en pointe. Son vêtement consiste en un pourpoint noir et un petit manteau de même couleur. Le premier de ses enfants qui vient après lui porte aussi un manteau ; on lit au-dessous le mot ; Gabriel. Le troisième per-sonnage avait le visage juvénil et gracieux. Trois autres étaient assez apparents et les derniers presque entièrement oblitérés lorsque, à la date citée plus haut, on en releva un dessin. Cette galerie des fils de François de Lambertie, se poursuivait jusque sur le mur de l'ouest. Il reste du côté sud quelques vestiges d'une galerie semblable où étaient sans doute rangées, dans le même ordre, Jeanne d'Abzac, dame de Lambertie et ses sept filles.

A l'extinction de la branche aînée, lorsque mourut Marie d'Aydie, en 1712, la terre de Lambertie passa par droit de succession à sa nièce Marie-Jacqueline-Eléonore d'Aydie de Ribérac, qui, par contrat du 25 avril 1724, épousa Charles Chapt-de-Rastignac, marquis de Laxion. Le fils aîné de ces derniers, lorsqu'il mourut en 1796, la laissa à sa seconde femme, Cécile-Marguerite-Françoise de Chabans de Richemont, qui la porta à son nouvel époux Louis Grand de Bellussières. Enfin elle fut vendue le 28 juin 1828 au marquis de Cromières. C'est aux héritiers de ce dernier que M. le marquis de Lambertie, de Cons-la-Grandville l'a achetée en 1875.

A la fin du siècle dernier le château de Lambertie n'était plus habité que par des fermiers et des régisseurs, et surtout n'était plus entretenu ; aussi ne tarda-t-il pas à tomber en ruine, et au commencement de ce siècle on y puisait, comme dans une carrière, tous les matériaux de construction dont le voisinage avait besoin. Au moment de l'acquisition presque toutes les pierres de taille des fenêtres avaient été enlevés ; de longues brèches existaient dans tous les murs et les débris amoncelés dans l'étage inférieur formaient des monticules que couvraient les ronces et les broussailles. Mais peu après cette époque, ce berceau de la famille commença à sortir de ses ruines. Les bâtiments de l'ouest reçurent d'abord une couverture provisoire ; puis la tour de la chapelle fut couverte assez à temps pour conserver sa charmante voûte gothique, mais non ses peintures qui avaient disparu avec les crépis ; ensuite la partie centrale du château avec sa tour carrée fut déblayée, les murs relevés, les ouvertures refaites, et bientôt une nouvelle toiture en ardoise, coupée de grandes lucarnes aux pignons aigus, couvrit cette reconstruction qui se poursuit tous les jours.

CHATEAU DE MONTBRUN

Le premier château de Montbrun a été bâti vers 1119 par Aymeric Brun. Ce lieu se nommait alors Trados et ne fut appelé Montbrun qu'un peu plus tard. La dernière héritière des seigneurs de Montbrun, dont les armes étaient *d'azur à la croix d'or*, le porta en mariage, le 20 octobre 1566, à Ponthus d'Estuer : et c'est leur petit-fils, Louis Estuer de Caussade, qui le vendit en 1598 à François de Lambertie.

Ce premier château, outre une vaste enceinte de murailles et de tours, formait un carré de quarante mètres de côté. Il avait à chacun de ses angles une tour aussi carrée. Celle qui existe encore aujourd'hui renfermée dans une tour ronde du XVᵉ siècle mesure 105 pieds d'élévation ; elle a 6 mètres 20 de côté, et l'épaisseur de ses murailles est de 3 mètres 30. A l'extérieur deux contreforts plats l'appuient sur chaque face dans toute sa hauteur, et une fenêtre géminée l'éclaire du côté du Midi. Sa couronne de machicoulis et de créneaux était en grande partie tombée, mais il en restait encore assez pour permettre de juger avec quelle hardiesse et quelle solidité ils avaient été placés à une semblable hauteur. Ce magnifique donjon, vu à quelque distance, surtout lorsque son image est reproduite dans les eaux de l'étang qui baigne sa base, à l'heure où le soleil couchant l'illumine de ses reflets rougeâtres, apparaissait comme un géant, debout au milieu des ruines du château qu'il dominait, dessinant ses formes sévères et grandioses dans l'azur du ciel.

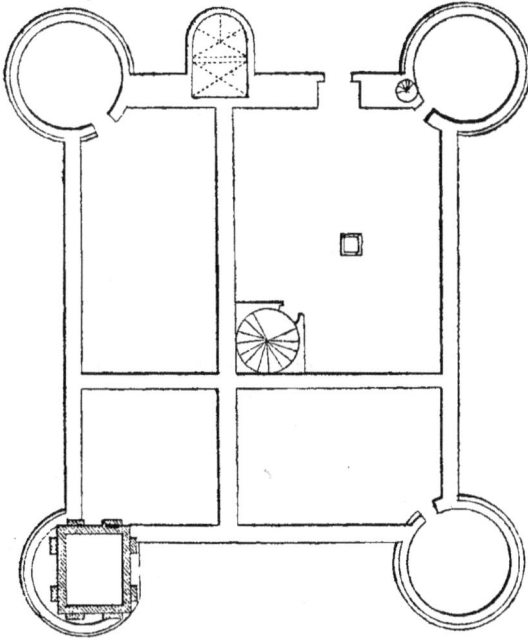

Ce château, comme celui de Lambertye dont il est voisin, eut beau coup à souffrir pendant la guerre des Anglais. On voit d'abord qu'en juillet 1214, lorsque mourut Aimeric de Montbrun, Jean-sans-Terre, roi d'Angleterre, le prit sous sa protection (1). Plus d'un siècle après les Anglais y tenaient encore garnison, puisqu'en 1353 Arnould d'Audrehen, lieutenant du roi entre Loire et Dordogne, les en chassa (2). Il avait tellement été endommagé pendant ces guerres que Pierre de Montbrun, élu évêque de Limoges en 1426 et mort en 1457, fut obligé de travailler à sa reconstruction.

Le nouveau château est aussi de forme rectangulaire, soutenu à ses angles de quatre puissantes tours rondes, de douze mètres de diamètre intérieur. Celle du Sud-Ouest renferme le donjon carré du

---

(1) Archives de la Haute-Vienne. — L. 147.
(2) *Bulletin de la Société archéologique du Limousin.* — XXXI, 369.

xii° siècle et s'élève seulement à moitié de sa hauteur. La porte d'entrée qui regarde le Nord, pourvue d'une herse et d'un pont-levis, était encore défendue par une petite tour ronde. Cette dernière renfermait au rez-de-chaussée une salle pour le corps de garde, et au premier étage une chapelle ou oratoire particulier. Au midi et au couchant de la cour intérieure s'élevaient de vastes logements qui communiquaient avec ceux de différents étages des tours. Enfin, une galerie crénelée, au-dessus des machicoulis, entourait entièrement le château que protégeaient encore des fossés remplis d'eau.

En 1562, les protestants avaient au château de Montbrun une garnison de trente hommes; ils y périrent tous dans une attaque dirigée contre eux (1).

C'est par contrat du 7 décembre 1598 que François de Lambertie acheta Montbrun et tout ce qui en dépendait. Au mois de juin 1644, le roi de France érigea le comté de Lambertie en faveur de Gabriel, son fils; il comprenait la terre et châtellenie de Lambertie, les terres de Miallet et de Pensol, et la baronnie de Montbrun.

A l'extinction de la branche aînée de la maison de Lambertye, la terre de Montbrun échut à Jeanne de Maumont, qui la porta en mariage à Jean de Campniac. La petite-fille de ces derniers, Marie de Campniac, devint, le 24 mars 1746, l'épouse d'Alexis de Conan, et leurs descendants la possédaient encore lorsque la Révolution les en dépouilla. Sur l'insti-gation des représentants du peuple Brival et Boric, en mission dans le département, le château fut saccagé et ses riches archives brulées. La propriété fut divisée et vendue natio-nalement; les ruines du château furent acquises par M. Laumonerie. Les propriétaires actuels MM. de Labonne, ont relevé récemment ce vaste château, tel que le montre la gravure (page 34) faite d'après une photographie.

CHATEAU DE CONS-LA-GRANDVILLE

Cons-la-Grandville, situé sur la Chiers, dans le département de Meurthe-et-Moselle, était le chef-lieu d'une importante seigneurie relevant du comté de Bar. Cette terre fut primitive-ment érigée en baronnie, puis en marquisat par lettres patentes du duc Léopold, du 3 jan-vier 1719, en faveur de Nicolas-François, marquis de Lambertie, premier gentilhomme de sa chambre.

Le monticule contourné par la Chiers, sur lequel a été bâti le château, est séparé du côteau qui lui fait suite vers le Nord par un large fossé formant aujourd'hui une rue. La partie située au Midi supporte l'église paroissiale et les bâtiments d'un ancien prieuré qui dépendait de l'abbaye de Saint-Hubert. On voit encore à l'angle sud-est du château les restes d'une tour dont l'origine peut remonter à la fin du xii° ou au commencement du xiii° siècle. C'est tout ce qui subsiste de l'ancienne résidence des sires de Cons, dont les armes sont d'argent à une branche de cinq roses de gueules, 1, 2 et 2, tigées et feuillées de sinople.

Le château et la terre de Cons-la-Grandville passèrent de cette famille dans celles des

---

(1) *Bulletin de la Société archéologique du Limousin.* — XXXIV, 272.

Neu-Chatel de Varize, d'Epinal, et enfin de Custine, qui les possédèrent successivement, soit en totalité, soit en partie. Martin de Custine le rebâtit en 1572, comme en témoignent l'écusson de ses armes à la clef de voûte dans une tourelle d'angle et l'inscription suivante :

> L AN MDLXXII HONORE SEIG
> NEVR MARTIN DÉ CVSTINE SEIG
> NEVR DE CONS ET DE VILLI
> AIT COMENCÉ A REDIFFIER CEST
> MAISON QVI CERVINOIT.

Cette inscription, gravée en creux, se voit au-dessous d'une image de Saint-Martin, sculptée en haut relief dans une niche, au milieu de la façade septentrionale du château. Martin de Custine y est représenté à genoux devant son patron. Ce pieux symbole de la charité, placé pour ainsi dire comme enseigne, sur la face principale du château, semblait dire aux passants : Frappez et on vous ouvrira.

Jean de Lambertie en devint propriétaire en épousant Jeanne de Custine, le 1er janvier 1641, et ses descendants le possèdent encore aujourd'hui.

La masse imposante du château de Cons domine le mamelon sur lequel il est bâti et la ville qui s'étend autour de lui. Sa façade septentrionale (page 53), entièrement construite en belles pierres de taille du pays, est remarquable à la fois par ses vastes proportions et par l'élégance de ses fenêtres de la Renaissance, au-dessus desquelles on ne voit plus que la place de nombreux écus blasonnés aux armes des illustres alliances des nobles seigneurs de Cons. Ces mêmes blasons se retrouvent encore dans un état de mutilation moins complet dans la galerie voûtée formant le vestibule du côté de la cour.

Le pignon qui termine l'aile orientale, du côté du Midi, offre des rampants taillés en gradins, garnis de statues représentant des arquebusiers en costume du temps de la Renaissance

Les faces du midi et de l'est sur la cour sont modernes, du siècle dernier; cette reconstruction partielle fut motivée par les désastres de l'invasion suédoise. La porte communiquant de la cour à la salle d'honneur, est monumentale et décorée de personnages allégoriques en haut relief. Cette magnifique salle, qui occupe toute la longueur de l'aile, est terminée à l'est par une petite abside en encorbellement faisant saillie sur la face orientale, qui permettait de la transformer au besoin en chapelle castrale (pages 55 et 61).

La cheminée de cette salle présente un des beaux types de l'art de la Renaissance (page 69). Elle est construite en pierre blanche d'un grain très fin, venant probablement de la Meuse. Les chapiteaux, ainsi que les têtes saillantes de la frise du haut et les espèces d'écussons sans blasons, encastrés au-dessous des trois sujets sculptés de la face principale, sont en pierre grise d'une toute autre nature, ou peut-être même en marbre.

On lit sur deux écussons en marbre noir incrustés dans les faces latérales, à gauche : *Dieu est mon espoir;* à droite : *Dieu est mon confort.* Trois autres écussons, également en marbre noir, portent des inscriptions donnant la description des sujets mythologiques sculptés sur la façade principale qu'ils accompagnent.

La gravure ne peut donner qu'une idée bien imparfaite de ce chef-d'œuvre du xvie siècle où l'on admire le fini des sculptures, la délicatesse des détails et l'élégance du monument dans son ensemble. La plaque de fonte dressée au fond de l'âtre porte la date 1670 ; elle montre les deux écussons accolés de Lambertie et de Custine, surmontés d'une couronne de comte, avec la devise : *Fais ce que dois, arrive ce que pourra.*

La frise courant au-dessous de la corniche de cette salle est décorée de peintures à fresque représentant une série de sujets de chasse et de scènes empruntées aux délassements du seigneur châtelain à la campagne (1).

CHATEAU DE GERBÉVILLER

Gerbéviller était une baronnie qui, passée au pouvoir des ducs de Lorraine, servit longtemps d'apanage pour les cadets de cette illustre maison.

Le premier seigneur connu est Gérard, comte de Kerford, seigneur baron de Gerbéviller. Sa fille, Adeline, épousa Simon Ier, duc de Lorraine, qui mourut en 1138.

Dès le XIIe siècle le château de Gerbéviller avait son importance. Il fut détruit, ainsi que la ville, au XVe siècle lorsque le duc de Bourgogne porta la guerre en Lorraine. Jean de Visse, seigneur de Gerbéviller, mort en 1409, le releva de ses ruines. En 1486 Madeleine de Visse épousa Huet, de l'illustre famille des du Châtelet, dans laquelle elle porta la seigneurie de Gerbéviller, et Anne du Châtelet la porta en 1590 à Joachim-Charles-Emmanuel comte de Tornielle. Ce dernier, avec sa belle-sœur Christine du Châtelet, fonda les RR. PP. Carmes à Gerbéviller.

Cette baronnie fut érigée en marquisat par lettres du 4 mai 1621.

En 1636, pour que la Lorraine ne fut plus en état de porter ombrage à ses voisins, la démolition de tous ses châteaux fut décidée dans le conseil de Louis XIII. C'est alors que le château de Gerbéviller fut détruit de nouveau.

Anne-Joseph de Tornielle, seigneur de Gerbéviller, époux d'Antoinette-Louise de Lambertie n'ayant pas eu d'enfants, peu de temps avant sa mort, arrivée le 30 mai 1737, choisit pour héritier Camille de Lambertie. Ce dernier a rebâti le château de Gerbéviller que donne la gravure (page 77); et ses descendants le possèdent et l'habitent encore aujourd'hui. C'est également à lui qu'on devait les magnifiques jardins qui l'accompagnent. Il en confia l'exécution au célèbre Yves Descours, qui traça aussi ceux de Lunéville et d'Einville. Le beau talent de cet habile artiste lui valut en 1715 un anoblissement de Léopold. Les statues qui décoraient le parc furent sculptées par Remy-François Chassel, élève de Lecomte, sculpteur de Louis XIV.

Un vitrail de la chapelle de Saint-Antoine, annexe de la vieille église, portait les armes de la ville de Gerbéviller : *d'azur à la croix d'argent, cantonnée de quatre gerbes de blé d'or, liées de même, à la bordure crénelée aussi d'or, timbrées d'une couronne murale d'argent, sommée de la croix de Lorraine de même, issant d'une gerbe de blé d'or.* Devise : *Fiat pax in virtute tua, et abundantia in tunibus tuis* (2).

---

(1) *Les châteaux de la Moselle*, par G. Boulangé. — Metz, 1855.

(2) *La chapelle palatine de Gerbéviller*, in-4° de 84 pages, Saint-Nicolas, 1865. — Piérot-Olry, *Notice historique sur la ville de Gerbeviller*, in-18 de 215 pages, Paris, 1851.

CHATEAU DE MENET

Le château de Menet est situé dans la commune de Montbron (Charente) sur un monticule qu'entoure presque la Tardoire. La famille de Céris le possédait au xiiᵉ siècle : Boson de Céris (*de Ceresio*), chevalier, seigneur de Menet, faisait un accord avec le prieur de Montbron en 1280. Marguerite de Céris, fille de Boson de Céris IIᵉ du nom, le porta en mariage à Arnaud de la Faye, chevalier, en 1308.

Deux siècles plus tard François de Lambertie en devint propriétaire par son mariage avec Jeanne de la Faye, le 7 décembre 1535. Depuis il est toujours resté dans la famille de Lambertie qui l'habite encore aujourd'hui.

On connaît « une sauvegarde et exemption octroyée par Monseigneur, frère du roi, au sieur de Menet, homme d'armes de la compagnie du sieur de La Vauguyon, de loger gens de guerre dans la terre de Menet. Donné au camp de Montbron, le 12 mai 1569. »

Il n'a pas été possible de prendre la façade principale de ce château qui est cachée par les arbres ; la gravure (page 93), faite d'après une photographie, en donne la façade nord qui est en contre-bas, et ne le fait connaître que très imparfaitement.

CHATEAU DE MARVAL

La seigneurie et la terre de Marval appartenaient au xiiᵉ siècle aux vicomtes de Limoges ; elles passèrent par eux aux vicomtes de Rochechouart leurs descendants. Là se trouvait un château-fort qui touchait l'église construite aussi au xiiᵉ siècle ; il portait le nom de château de la Robertie ou des Roberts, et formait une seigneurie différente de celle de la paroisse. Jean de Lambertie, fils de François, seigneur de Menet, et de Jeanne de La Faye, semble en être entré en possession à l'époque du mariage qu'il contracta le 22 novembre 1577 avec Catherine de Montfrebeuf, fille de François, écuyer seigneur de Prun, et de Marguerite des Poussés. On trouve encore que par acte du 1ᵉʳ avril 1605, Jean de Lambertie, demeurant en son château noble des Roberts, achetait à Jean de Rochechouart tous ses droits sur les paroisses de Milhaguet et de Marval, sans y comprendre ceux qui avaient été vendus au sieur de Montfrebeuf.

Ce premier château fut saccagé et détruit en partie, comme l'église, par les troupes calvinistes en juin 1569.

Quelques années après il fut reconstruit, un peu plus au midi, et probablement par Jean de Lambertie qui en était devenu seigneur. La gravure (page 133) nous le montre avec l'église et le bourg de Marval. Cette façade du midi n'offre rien de particulier, celle du nord, au contraire, conserve encore une porte surmontée d'une tourelle en encorbellement, défendue par des machicoulis.

Ce château fut constamment habité par les membres de la famille jusqu'au moment de la Révolution. A cette époque, le dernier propriétaire, Emmanuel de Lambertie, qui était âgé, infirme et sans enfants, de plus emprisonné à Limoges comme suspect, le vendit par acte du 17 pluviôse, an II (5 février 1794) à Etienne Auvray-de-Saint-Remy.

Léonarde Auvray-de-Saint-Remy le porta à Joseph David comte de Lastour en se mariant avec lui. Leur fille Louise, qui en hérite, devint l'épouse de M. Aubin Garrigou-Lagrange, et la fille de ces derniers qui l'a eu en partage a épousé M. Hyacinthe Durtel de Saint-Sauveur.

CHATEAU DE PUYDEMAUD

Puydemaud, commune de La Chapelle-Montbrandeix, entouré de jardins anglais et dominant une belle pièce d'eau, est dans une position fort pittoresque.

Léonard de Lambertie, fils de Jean l'auteur de la branche de Marval, qui était né en 1600, en devint propriétaire, conjointement avec son frère Gabriel, par acte passé au château de Marval, le 20 novembre 1626, lors du partage de la succession de leur mère Catherine de Montfrebeuf.

Léonard de Lambertie, écuyer seigneur de Puydemaud, fut curé de Marval et vivait encore à la fin de l'année 1663 : il restaura et agrandit la propriété de Puydemaud et construisit le château tel que nous le voyons aujourd'hui et que le représente la gravure (page 135). La porte et les mansardes sont ornées de quelques sculptures dans le goût de l'époque. Les bâtiments de servitude, terminés par une grille et un portail en fer, forment au devant une belle cour et portent à leurs angles des tourelles en cul-de-lampe, construites avec une grande hardiesse et du meilleur effet. A la mort de Léonard de Puydemaud ce château resta à son frère Gabriel l'auteur de la branche du Bouchet et de Saint-Martin-Lars.

Pendant la Révolution la terre de Puydemaud fut affermée par arrêté du département du 13 nivôse, an VI. Elle fut cependant rendue à son propriétaire. Emmanuel-François de Lambertie la vendit (le château et huit domaines), par acte du 12 juin 1807 passé devant Thion, notaire à Paris, à Etienne-Paul Pioc-Dutreix. La fille de ce dernier, Julie-Thérèse Pioc-Dutreix, l'apporta en se mariant au vicomte Auguste-Xavier Sallain du Saillant, dont la fille unique Marie-Camille-Sidonie a épousé, en 1839, M. Jean-Frédéric Gaillard de Vaucoucourt. A la mort de ce dernier elle a été vendue au tribunal de Périgueux, le 11 octobre 1876, à M. Jean-Baptiste-Chéri Chemison-Dubois, ancien receveur des domaines.

LOGIS DE LA CHAPELLE-SAINT-ROBERT

La Chapelle-Saint-Robert est dans la commune Le Javerlhac, canton de Nontron (Dordogne). C'est la famille de Saint-Martin qui a dû construire le logis parfaitement conservé (page 141), attenant à la forge de ce nom. Nous voyons, en effet, que Marie de Saint-Martin, dame de la forge de la Chapelle-Saint-Robert, épousa par contrat du 6 septembre 1533, Jean du Faure écuyer, seigneur du repaire noble de Beauvais.

« Les caractères de l'architecture de ce logis dénotent les dernières années du xvᵉ siècle, ou les premières du xviᵉ. C'est un corps de logis assez long, à toits aigus, à fenêtres en croix, de pierre, dont les montants et les meneaux à moulures prismatiques se pénètrent à leur rencontre Un petit pavillon barlong, couronné de machicoulis, et placé à une des extrémités de sa façade, donne un aspect de gentilhommière à cette vieille maison qui, depuis sa construction et sans avoir été agrandie, a servi de résidence, jusqu'à nos jours, aux divers propriétaires de l'usine. En 1583 Salique de Fontlebon, écuyer, sieur de la Chapelle-Saint-Robert, épousait Marie de Boissière (1). » Léonard de Lambertie, chevalier, seigneur de Marval, épousa par contrat du 22 juillet 1648, leur petite-fille, Marie de Fontlebon, fille de Charles, seigneur de la Chapelle-Saint-Robert, qui lui porta en dot cette terre. Elle est restée dans la famille jusqu'au moment de la Révolution.

CHATEAU DE SAINT-MARTIN-LARS

Le château de Saint-Martin-Lars, l'un des plus importants de l'arrondissement du Civray (Vienne), est situé près du bourg, sur les bords du Clain. Il a été reconstruit vers 1770 par Emmanuel-François, marquis de Lambertye, à la place d'un château du xvᵉ siècle dont on a conservé seulement quatre tours rondes formant les angles d'un carré régulier, qui composait l'ancien château et son enceinte fortifiée entourée de fossés (p. 157). La façade principale, simple et correcte, est surmontée d'une élégante balustrade en pierre, coupée au milieu par un fronton demi-sphérique On y voit sculpté un bel écusson aux armes de Lambertie, sur un écartelé *de France, de Lorraine, de Savoie* et *de Saluces,* en souvenir des alliances princières de la famille. Le blason surmonté de la couronne de marquis est entouré d'armes et d'attributs de chasse. On y distingue les étendards des compagnies de gens d'armes de la garde du roi, dont le marquis de Lambertie et son fils étaient capitaines-lieutenants. Devant le château se trouve une vaste avant-cour bordée de bâtiments d'exploitation et fermée par une belle grille à pilastres. L'ensemble présente un grand air seigneurial.

---

(1) Le baron de Verneilh-Puyrazeau, *Les anciennes forges,* page 10.

La châtellenie s'étendait sur les paroisses de Saint-Martin-Lars et d'Usson et comprenait une vingtaine de fiefs avec des droits féodaux considérables On y avait réuni la seigneurie de Corigné qui avait le titre de baronnie au xviii° siècle.

Saint-Martin-Lars appartenait, au xiv° siècle, à Hugues Boniface, écuyer, époux de Marguerite de Fédeau, qui fit aveu de son fief au château de Civray en 1395. Son fils, Guillaume Boniface, écuyer, fit hommage le 4 janvier 1408. (Ces Boniface avaient pour blason un lion.) On trouve en 1429 Ithier de Moussy, écuyer, seigneur de Saint-Martin-Lars, à cause de sa femme, Huguette de Fédeau, qui épousa ensuite Guillaume Tison, écuyer. Pierre de Salignac, écuyer, seigneur de Saint-Martin-Lars, est connu par plusieurs actes de 1460, 1476, 1482, 1496. C'est lui, sans doute, qui fit construire le château du xv° siècle, dont les tours ont été conservées autour du château moderne. Espérance de Ravenel, dame de Saint-Martin-Lars, veuve de Pierre de Salignac, fit aveu au roi, à cause du château de Civray, le 28 janvier 1498. Charlotte de Salignac, leur fille, mariée à Jean de La Tousche, écuyer, seigneur de Marigny, puis à Jeannon de Maillé, écuyer, seigneur de la Guéritaude, eut du premier lit une fille unique, Marguerite de la Tousche, dame de Saint-Martin-Lars, qui épousa Regnault de Moussy, chevalier, seigneur de Puybouillard, vice-amiral de Guyenne. Leur fils aîné, René de Moussy, chevalier, seigneur de Puybouillard et de Saint-Martin-Lars, fit aveu de ce dernier fief au château de Civray le 18 janvier 1544. Pantaléon de Moussy, chevalier, seigneur de Saint-Martin-Lars, petit-fils de René, n'eut qu'une fille, Barbe de Moussy, dame de Saint-Martin-Lars, mariée à François Vigier, chevalier, seigneur de la Guéronnière. Leur fille, Barbe Vigier de Moussy, dame de Saint-Martin-Lars, épousa, en 1653, Pierre du Breuil-Hélion, chevalier, seigneur de Lavau, dont la petite-fille, Marie-Angélique du Breuil-Hélion, épousa, en 1718, Cosme, comte de Lambertie. Mais la transmission héréditaire de Saint-Martin-Lars se trouva interrompue par la vente de ce fief, saisi par divers créanciers en 1654. Il fut acquis par Claude Pellot, maître des requêtes, qui le vendit, en 1674, à Marie-Françoise de Meschinet, épouse de Charles du Raynier, marquis des Déffans. Leur fille, Marie du Raynier, dame de Saint-Martin-Lars, épouse de Jean de Lambertie, marquis du Bouchet, lui porta ce fief, dont il fit hommage au château de Civray le 12 juin 1677. Marie du Raynier épousa en secondes noces Jean de Vivonne, chevalier, seigneur de Moye ; mais Saint-Martin-Lars resta aux Lambertie issus de son premier mariage. Emmanuel-François, marquis de Lambertie, fils du comte Cosme de Lambertie et de Mlle du Breuil-Hélion, seule représentante de la famille des anciens seigneurs de Saint-Martin-Lars, se trouva remis en possession de l'héritage de ses ancêtres maternels. Ayant reconstruit le château en 1770, il le céda à son fils en 1784, mais la Révolution en spolia la famille.

FIN

ALLIANCES

ERRATA ET ADDITIONS

Page 41. — Ligne 15ᵉ. Dans les armes de la famille d'Arlot la grappe de raisin est *d'argent tigée et feuillée de sinople.*

— 66. — Ligne 27ᵉ. Au lieu de 1759, *lisez* : 1753.

— 69. — Ligne 17ᵉ. *Lisez* : Charles Lambert, marquis des Armoises, fils de Pierre-Louis, ainsi qu'on le trouve aux documents, pages CXXI, CXXXI, CXXXVII, CXLII. De ce mariage est né, à Etain (Meuse), le 1ᵉʳ octobre 1742, Louis-Elisabeth-Charles des Armoises.

— 73. — Ligne 3ᵉ. Marie-Charlotte-Blanche de Lambertie est décédée à Vandelainville le 2 juin 1894.

— 74. — Ligne 12ᵉ. Au lieu de Leduc de Sougnier, *lisez* : de Le Duc et de Sougné.

— 75. — Ligne 2ᵉ. Au lieu de 6 décembre, *lisez* : 7 décembre.

— 75. — Ligne 10ᵉ. 1º Marie-Nicolas-François de Lambertie, mort à Paris le 14 mai 1895, inhumé à Cons-la-Grandville ; 2º Marie-Ferdinande-Joseph de Lambertie, né au château de Cons-la-Grandville le 23 août 1894; 3º Françoise-Marguerite-Marie de Lambertie, née au château de Cons-la-Grandville le 3 juin 1896.

— 78. — Ligne 36ᵉ. *Lisez* : Piérot-Olry.

— 108. — Ligne 6ᵉ. Au lieu de mai, *lisez* : mars.

— 115. — Ligne 15ᵉ. Joseph-Thibaut-Roger de Lambertie a épousé à Montbron, le 21 avril 1896, demoiselle Marguerite-Marie-Valentine de Roffignac, fille de Raymond-Joseph-Ferdinand de Roffignac et de dame Elisabeth-Louise de Lambertie. Armes : *d'or au lion de gueules.*

— 125. — Ligne 30ᵉ. Marie-Elisabeth-Félicité de Jobal est décédée au château d'Essey-les-Nancy le 26 octobre 1894.

— 126. — Ligne 7ᵉ Au lieu de : Elle est décédée, *lisez* : Il est décédé le 25 juin 1873.

— 127. — Ligne 18ᵉ. Augusta-Marie-Elisabeth de Lambertie a épousé à Compiègne, le 28 mai 1895, le vicomte Marie-Etienne-Henri-Louis de Gonzague de la Tullaye, fils de feu Raoul comte de la Tullaye et de Eudoxie Bouhier de l'Ecluse, né à Paris le 24 avril 1853, domicilié au château de la Vignardière (Eure-et-Loire). Les armes de la famille de la Tullaye sont : *écartelé aux 1ᵉʳ et 4ᵉ d'or au lion de gueules, aux 2º et 3º de sable à six rocs d'échiquier d'argent, 3, 2 et 1.*

— 155. — Ligne 14ᵉ. Claire-Robertine de Saint-Chamans est décédée à Versailles (Seine-et-Oise) le 1ᵉʳ mai 1896.

— CCXLIII. — Au bas du portrait d'Emmanuel de Lambertie, *lisez* : (Mort le 25 floréal an IV. — 14 mai 1796).

— CCCX. — Ligne 15ᵉ. Au lieu de Jeanne, *lisez* : Marguerite.

TABLE

Généalogie

Documents

Notices sur les Châteaux

PLANCHES

Châteaux

Portraits

§ I. SEIGNEURS DE LAMBERTIE.

§ II. SEIGNEURS DE CONS-LA-GRANVILLE.

§ III. SEIGNEURS DE GERBEVILLER.

§ IV. SEIGNEURS DE VILLERS-LA-CHEPVRE.

§ VI. SEIGNEURS DE MENET.

§ VII. SEIGNEURS DE SAINT-SORNIN.

§ IX. SEIGNEURS DE MARVAL.

§ XI. SEIGNEURS DE SAINT-MARTIN-LARS.

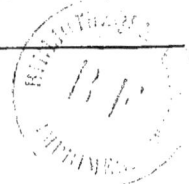

www.ingramcontent.com/pod-product-compliance
Lightning Source LLC
Chambersburg PA
CBHW071139270326
41929CB00012B/1802